W0060916

Psychologie in Unterricht und Erziehung

Psychologie in Unterricht und Erziehung

Einführung in die Pädagogische Psychologie
für Pädagogen und Psychologen

von

Gerd Mietzel

unter Mitarbeit von

Christa Rüssmann-Stöhr

4. Auflage

Hogrefe · Verlag für Psychologie
Göttingen · Bern · Toronto · Seattle

Dr. *G. Mietzel*, 1936 in Lübeck geboren, studierte Erziehungswissenschaften an der Universität Hamburg, wo er auch das Studium der Psychologie begann, das er an der Universität Kiel bis 1965, dem Jahr der Promotion zum Dr. rer. nat., fortsetzte. Nach der Tätigkeit als Pädagogischer Assistent an der Pädagogischen Hochschule Braunschweig von 1964 bis 1968 war er seit 1969 als Dozent an der PH Ruhr, Abteilung Duisburg tätig. Nach kurzer Verwaltung einer Professur an der PH Niedersachsen, Abteilung Braunschweig, wurde er 1970 zum Ordentlichen Professor an der Pädagogischen Hochschule Ruhr, Abteilung Duisburg (jetzt Universität Duisburg) ernannt. Sein Hauptarbeitsgebiet stellt die Pädagogische Psychologie dar.

Wichtigste Veröffentlichungen: Kombinierter Schultest (1973), Pädagogische Psychologie (1973; span. Ausgabe 1976), Wege in die Psychologie (1979), Interpretation von Schulleistungen (1982)

Dr. *Rüßmann-Stöhr*, 1948 in Wesel geboren, studierte von 1966 bis 1974 Psychologie an der Ruhr-Universität Bochum. Sie promovierte an der Universität Duisburg zum Dr. phil. im Jahre 1981. Frau Dr. Rüßmann-Stöhr war von 1976 bis 1978 im Fachgebiet Pädagogische Psychologie der Universität Duisburg zunächst als Forschungsassistentin, anschließend als Wissenschaftliche Assistentin bzw. Wissenschaftliche Angestellte tätig. Seit Oktober 1985 übt sie eine freiberufliche Tätigkeit aus.

Die 1. und 2. Auflage erschien unter dem Titel „Pädagogische Psychologie –
Einführung für Pädagogen und Psychologen".

© by Hogrefe, Verlag für Psychologie · Göttingen 1993

Das Werk einschließlich aller seiner Teile ist urheberrechtlich geschützt. Jede Verwertung außerhalb der engen Grenzen des Urheberrechtsgesetzes ist ohne Zustimmung des Verlages unzulässig und strafbar. Das gilt insbesondere für Vervielfältigungen, Übersetzungen, Mikroverfilmungen und die Einspeicherung und Verarbeitung in elektronischen Systemen.

Gesamtherstellung: Hubert & Co., Göttingen
Printed in Germany
ISBN 3-8017-0255-3

Für Hannelore, Jan, Kai-Thomas und Thorsten

Vorwort

Im Vorwort der ersten Auflage des Lehrbuchs „Pädagogische Psychologie", das im Jahre 1973 erschienen war, wurde die Vermutung zum Ausdruck gebracht, daß „die Pädagogische Psychologie im Laufe der kommenden Jahre eine neue Grundlegung und Standortbestimmung als angewandter und interdisziplinärer Zweig der Psychologie" erfahren werde. Obwohl in der Zwischenzeit mehr als 13 Jahre vergangen sind, kann dieser Prozeß immer noch nicht als abgeschlossen gelten; er ist vielmehr noch in vollem Gange. Bis heute existiert keine einheitliche Konzeption der Pädagogischen Psychologie. Allerdings sind faszinierende Erkenntnisfortschritte zu konstatieren, durch die die pädagogisch-psychologischen Praxisfelder eine weitere Aufhellung erfahren haben.

Dieser Stand der Wissenschaft hat für das vorliegende Buch zwei Konsequenzen:

1. Zum einen kann es nicht das Ziel eines Lehrbuchs sein, vorhandene Heterogenität und Widersprüchlichkeiten zu ignorieren, denn damit wäre nur ein verzerrtes Bild von einer Wissenschaft zu vermitteln. Wissenschaftliche Theorien und Ergebnisse liegen nun einmal nicht widerspruchsfrei vor. Andererseits sollte ein Lehrbuch auch nicht darauf zielen, den Leser mit den tatsächlichen wissenschaftsimmanent vorhandenen Kontroversen unvermittelt zu konfrontieren. Dieser Zielkonflikt erfordert eine außerordentlich schwer zu verwirklichende Gratwanderung. Das Angebot an den interessierten Leser, einen Einblick in relevante pädagogisch-psychologische Theorien und Ergebnisse zu gewinnen, wird teilweise mit dem Anspruch verknüpft, kontroverse wissenschaftliche Diskussionen „ertragen" zu können. Diese Vorgehensweise widerspricht sicherlich dem Rezeptwunsch vieler Praktiker.

2. Speziell im Forschungsbereich der kognitiven Prozesse sind gewaltige Fortschritte erzielt worden, die Eingang in das vorliegende Werk finden mußten und die zur völligen Überarbeitung der bisher vorliegenden Pädagogischen Psychologie geführt haben (dies bringt rein äußerlich bereits der veränderte Titel zum Ausdruck). So wird der Leser u.a. über kognitive Strategien, über Metakognitionen, über konstruktivistische Tendenzen des Lernenden bei der Erkenntnisgewinnung oder über Mnemotechniken zur Einprägung unterrichtsrelevanten Materials zu informieren sein. Studien, die unmittelbaren Bezug zu institutionell organisierten Lehr- und Lernprozessen haben und deren Kenntnisse für Personen relevant sind, die in Aus-, Fort- und Weiterbildung Aufgaben in der Instruktion wahrnehmen, prägen in verstärktem Maße den Inhalt des vorliegenden Lehrbuchs. Da dem Umfang Grenzen gesetzt waren, ließ die stärkere Berücksichtigung instruktionspsychologischer Erkenntnisse einen Verzicht auf andere Themen unvermeidlich werden. Es fiel vor allem schwer, auf das für das Verständnis empirischer Untersuchungen grundlegende Methodenkapitel zu verzichten. Es bleibt zu hof-

fen, daß die in den einzelnen Kapiteln exemplarisch angeführten kritischen methodischen Anmerkungen dem Leser den Blick dafür zu schärfen vermögen, daß wissenschaftliches Arbeiten immer auch Methodenkenntnis und -reflexion bedeutet und daß vom jeweiligen methodischen Vorgehen die Generalisierbarkeit auf die eigenen Lehr- und Lernpraxis abhängt.

Gespräche mit Pädagogen, Erziehern und Lehrern, haben immer wieder zu dem Schluß geführt, daß der Informationsfluß von der Forschung zur Praxis gehemmt ist. Viele praxisrelevanten Erkenntnisse kommen offenkundig beim Adressaten niemals an. Eine Ursache dafür ist sicherlich die bereits erwähnte Heterogenität und Widersprüchlichkeit in Theorie und Empirie. Erschwerend auf die Verständlichkeit wirkt offenbar auch eine ausführliche Darstellung methodischer Einzelheiten; daher wird beim vorliegenden Werk auf die Darstellung von Graphiken, Zahlentabellen, Signifikanzangaben usw. völlig verzichtet. Eine ebenso häufig genannte Kommunikationsbarriere ist die gehobene wissenschaftliche Fachsprache. Bei der nachfolgenden Textgestaltung ist deshalb versucht worden, die Fachsprache auf ein notwendiges Maß zu beschränken und eine Wortwahl zu finden, die dem gebildeten Leser keine nennenswerten Schwierigkeiten bereiten sollte. Schließlich ist die Darstellungsweise noch von einem weiteren Gesichtspunkt geprägt worden: dem mangelnden Praxisbezug, wo immer möglich, entgegenzuwirken. So häufig wie eben vertretbar werden Beispiele als Veranschaulichungshilfe aufgeführt. Die notwendige Auswahl aus der Fülle der vorliegenden empirischen Untersuchungen wurde durch die Leitlinie „Anwendungsbezug" wesentlich mitbestimmt. Die nachfolgende Darstellung wird von dem Wunsch getragen, die oftmals bemängelte Kluft zwischen theoretischer Wissenschaft und Praxis überbrücken zu helfen.

Es wäre unmöglich, alle Namen derjenigen zu nennen, die durch ihre Diskussionsbereitschaft sowie durch kritische, ergänzende Stellungnahmen an diesem Buch direkt oder indirekt mitgearbeitet haben. Folgenden Kollegen gilt mein Dank dafür, daß sie ein oder mehrere Kapitel kritisch durchgelesen haben: Herrn Prof. Dr. Heineken (Universität Duisburg), Herrn Prof. Dr. Lück (Fernuniversität Hagen), Herrn Dr. Nentwig (Universität Duisburg) und Herrn Prof. Dr. Raatz (Universität Duisburg). Herr Dipl.-Ing. Helmut Ross hat den größten Teil der neu aufgenommenen Zeichnungen hergestellt. Den studentischen Hilfskräften Melanie Sperling und Kerstin Werth verdanke ich beträchtliche Hilfen bei der Beschaffung und Organisation der zugrundeliegenden Literatur. Hubert Röser und Volker Reintjes haben mich in hervorragender Weise beim Korrekturlesen unterstützt. *Last not least* gilt mein besonderer Dank meiner Mitarbeiterin Frau Dr. Rüßmann-Stöhr, weil sie sämtliche Kapitel sehr kritisch gelesen und mir unzählige Vorschläge zur Verbesserung gemacht hat.

Duisburg, im Sommer 1986

Gerd Mietzel

Inhalt

1. Kapitel: Aufgaben und Ziele der Pädagogischen Psychologie   1

1.1   Zur Kennzeichnung der Psychologie   3
1.1.1.   Verhalten als Gegenstand der Psychologie   4
1.1.2   Wissenschaftliches Arbeitsgebiet   5
1.1.2.1   Beschreibung und Interpretation des Verhaltens   5
1.1.2.2   Aufdeckung von Zusammenhängen   7
1.1.2.3   Entwicklung von Theorien   8
1.1.2.4   Methoden der Psychologie   10
1.1.3   Bedingungen und Folgen   11
1.2   Grundlegende theoretische Ansätze in der Psychologie   13
1.2.1   Der behavioristische Ansatz   13
1.2.2   Der kognitive Ansatz   15
1.2.3   Der humanistische Ansatz   16
1.2.4   Der handlungstheoretische Ansatz   18
1.2.5   Integrationsversuch mehrerer Ansätze   19
1.3   Zur Kennzeichnung der Pädagogischen Psychologie   21
1.3.1   Abgrenzung der Pädagogischen Psychologie   21
1.3.2   Das Normenproblem in der Pädagogischen Psychologie   24
1.3.3   Die Pädagogische Psychologie als Reformer oder Stabilisator schuli-
          scher Systeme   25
1.3.3.1   Erstes Demonstrationsbeispiel: Intelligenztests   26
1.3.3.2   Zweites Demonstrationsbeispiel: Verhaltensmodifikation   27
1.3.4   Die Rolle der Pädagogischen Psychologie bei institutionalisierten
          Lernprozessen   28
1.3.4.1   Unterrichten als Prozeß ständiger Entscheidungen   30
1.3.4.2   Die Pädagogische Psychologie als Orientierungshilfe für den Lehrer   32
1.4   Der Aufbau der nachfolgenden Darstellung   34

2. Kapitel: Allgemeine Determinanten der Entwicklung   37

2.1   Das Anlage-Umwelt-Problem: Von der Addition zur Interaktion . .   37
2.1.1   Die Methode der Zwillingsforschung   38
2.1.2   Die Methode des Rassenvergleichs   39
2.1.3   Das Anlage-Umwelt-Problem aus pädagogisch- psychologischer
          Sicht   41
2.2   Über das Zusammenwirken von Anlage und Umwelt   43
2.2.1   Mittelbare Zusammenhänge zwischen Anlagen und Verhalten   43
2.2.2   Erbeinflüsse über soziale Stereotype   44
2.3   Über das Zusammenwirken von Reifung und Lernen   44

2.3.1 GESELLs Zwillingsstudie 45
2.3.2 Die Beobachtungen von DENNIS bei den Hopi-Indianern 46
2.3.3 Reifung und Lernen als Determinanten von Entwicklung 48
2.4 Das Problem der Lernbereitschaft 49
2.4.1 Das traditionelle Konzept: Lernbereitschaft abwarten 49
2.4.2 Ein Alternativkonzept: Lernbereitschaft herstellen 49
2.4.3 Das interaktionistische ökopsychologische Konzept: Lernbereit-
      schaft als Ergebnis komplexer Wechselwirkungen 53
2.4.4 Sensible Phasen in der Entwicklung 54
2.4.5 Lernen im Erwachsenenalter 59

3. Kapitel: Entwicklung des Denkens 63
3.1 Der Erwerb von Kenntnissen nach PIAGET 64
3.1.1 Anpassung durch Assimilation und Akkomodation 64
3.1.2 Die Organisation von Informationen 67
3.2 Die Stadien der Denkentwicklung 67
3.2.1 Die sensu-motorische Phase 68
3.2.2 Die voroperationale Phase 68
3.2.2.1 Die Verwendung von Symbolen 69
3.2.2.2 Wahrnehmungsmäßige Dominanz der Denkabläufe 69
3.2.2.3 Veränderungen in den Klassifikations-Leistungen 72
3.2.2.4 Egozentrik des Denkens 73
3.2.3 Die konkret-operationale Phase 74
3.2.3.1 Operationen bei Invarianzproblemen 74
3.2.3.2 Operationen bei Klassifikations- und Reihenbildungsproblemen . . 75
3.2.4 Die Phase der formalen Operationen 76
3.2.4.1 Von der Wirklichkeit zur denkbaren Möglichkeit 77
3.2.4.2 Analyse von Problemsituationen 77
3.2.4.3 Der Einfluß der Egozentrik auf das Denken 78
3.3 Entwicklungspsychologisch relevante Konzeptionen Jerome BRU-
      NERs 78
3.3.1 Kennzeichen kognitiver Entwicklung 79
3.3.2 Verschiedene Formen des Wissens 80
3.3.2.1 Die aktionale Repräsentation 80
3.3.2.2 Die ikonische Repräsentation 80
3.3.2.3 Die symbolische Repräsentation 81
3.4 Einige pädagogisch relevante Implikationen der Theorien PIAGETs
      und BRUNERs 82
3.5 Entwicklung des Denkens - Ein neuer Interpretationsansatz 83

4. Kapitel: Lernformen behavioristischer Genese 86
4.1 Zur Kennzeichnung des Lernens 87
4.2 Klassisches Konditionieren 88
4.2.1 Analyse des klassischen Experiments von PAVLOV 88
4.2.2 Das Erlernen emotionaler Reaktionen 90
4.2.3 Klassisches Konditionieren im Klassenzimmer 91
4.2.4 Extinktion emotionaler Reaktionen 92

X

4.3	Lernen nach dem Kontiguitätsprinzip	93
4.4	Die Operante Konditionierung	94
4.4.1	Reaktives und operantes Verhalten	95
4.4.2	Erhöhung der Verhaltenshäufigkeit durch Verstärkung	96
4.4.2.1	Positive Verstärkung	96
4.4.2.2	Exkurs: Das Lehrerlob als Verstärker	97
4.4.2.3	Negative Verstärkung	99
4.4.2.4	Entstehung neuer Verhaltensweisen durch Ausformung	99
4.4.2.5	Partielle Verstärkung	101
4.4.3	Verminderung der Verhaltenshäufigkeit	101
4.4.3.1	Konsequenter Entzug von Verstärkern	101
4.4.3.2	Bestrafung	102
4.4.4	Diskriminative Reize	103
4.4.5	Verhaltensmodifikation in der Pädagogischen Praxis	105
4.4.5.1	Hilfestellung und deren Ausblendung	105
4.4.5.2	Verstärkung durch Aufmerksamkeitszuwendung	108
4.4.5.3	Wertmarken-Verstärker	109
4.4.5.4	PREMACK-Prinzip	111
4.4.5.5	Kontingenzverträge im Unterricht	111
4.4.5.6	Extinktion	112
4.4.5.7	Verhaltensmodifikation durch Einsatz aversiver Reize	113
4.4.5.7.1	Mögliche Reaktionen auf aversive Reize	114
4.4.5.7.2	Empfehlungen zum Einsatz von Bestrafung	116
4.5	Lernen durch Beobachtung (Modellernen)	117
4.5.1	Komponenten des Beobachtungslernens	118
4.5.1.1	Die Aneignungsphase	118
4.5.1.2	Die Ausführungsphase	119
4.5.2	Effekte des Beobachtungslernens	119
4.5.2.1	Modellierungs-Effekte	120
4.5.2.2	Aneignungs-Effekte	121
4.5.3	Selbststeuerung des Verhaltens	121
4.5.3.1	Beobachtung des eigenen Verhaltens	122
4.5.3.2	Bewertung des eigenen Verhaltens	123
4.5.3.3	Bestimmung von Verhaltenskonsequenzen	124

/38

5. Kapitel: Das Problemlösen und seine Voraussetzungen		125
5.1	Das Erlernen von Begriffen	126
5.1.1	Kennzeichnung des Begriffs	126
5.1.1.1	Begriffe als Kategorien gemeinsamer Merkmale	128
5.1.1.2	Begriffe als Prototypen	128
5.1.1.3	Integration von Merkmals- und Prototypansatz	130
5.2	Das Lehren von Begriffen	130
5.2.1	Die Begriffsanalyse in der Planungsphase des Unterrichts	131
5.2.2	Förderliche Bedingungen des Begriffslernens in der Instruktionsphase	132

5.2.2.1 Das Mitteilen einer Definition 132
5.2.2.2 Hervorhebung relevanter Merkmale 133
5.2.2.3 Positive und negative Beispiele 134
5.2.2.4 Auswahl einer ausreichenden Anzahl von Beispielen 137
5.2.2.5 Informative Rückkoppelung 137
5.2.2.6 Benennung der relevanten Merkmale und Begriffe 138
5.2.3 Abschließende Lernzielüberprüfung 139
5.3 Das Problemlösen 139
5.3.1 Kennzeichnung des Problems 140
5.3.2 Der Problemlösungsprozeß 141
5.3.2.1 Die Schaffung geeigneter Anreizbedingungen 141
5.3.2.2 Die Vorbereitung: Identifikation relevanter Elemente 142
5.3.2.3 Die Produktion von Hypothesen 144
5.3.2.4 Das Einholen von Informationen 149
5.3.2.5 Bewertung von Hypothesen 150
5.3.3 Die Förderung des Problemlösens durch Übung 152
5.3.3.1 Problemlösen nach Versuch und Irrtum 152
5.3.3.2 Problemlösen durch Einsicht 153
5.3.3.3 Versuch – und – Irrtum *und* Einsicht – Versuch einer Integration . . 153
5.4 Das Problem der Lernübertragung (Transfer) 155
5.4.1 Die Abhängigkeit des Transfers von Bedingungen außerhalb des
       Lernenden 157
5.4.2 Die Abhängigkeit des Transfers von Bedingungen im Lernenden . . 158
5.4.3 Die Förderung des Transfers im Unterricht 160
5.5 Schöpferisches Verhalten (Kreativität) 161
5.5.1 Kennzeichen der Kreativität 161
5.5.1.1 Kriterien für schöpferisches Verhalten 162
5.5.2 Zusammenhang mit anderen Persönlichkeitsmerkmalen 163
5.5.2.1 Kreativität und Intelligenz 163
5.5.2.2 Kreativität und weitere Persönlichkeitsmerkmale 163
5.5.3 Entstehungsbedingungen des schöpferischen Verhaltens . . . 164
5.5.3.1 Über die Bedeutung des Umwelteinflusses 164
5.5.3.2 Häuslicher Erziehungsstil und Kreativität 165
5.5.4 Die Förderung der Kreativität 166
5.5.5 Zur Frage der Lernvoraussetzungen von Kreativität 167

6. Kapitel: Behalten und Vergessen 169
6.1 Ein Mehr-Speichermodell des Gedächtnisses 170
6.1.1 Das Sensorische Register 171
6.1.2 Das Kurzzeitgedächtnis 172
6.1.2.1 Übertragung ins Kurzzeitgedächtnis 173
6.1.2.2 Wiederholungen 174
6.1.2.3 Das Herstellen von Informationseinheiten 175
6.1.3 Das Langzeitgedächtnis 177
6.1.3.1 Das Verschlüsseln von Informationen 177
6.1.3.2 Die Bedeutung von Abrufreizen 179

6.2	Eine Alternative zum Mehr-Speichermodell	179
6.3	Theorien des Vergessens	180
6.3.1	Die Theorie des Spurenverfalls	181
6.3.2	Die Interferenztheorie	181
6.3.3	Das Fehlen geeigneter Abrufreize	182
6.4	Bedingungen, die das Behalten fördern	184
6.4.1	Die Darbietung von potentiell sinnvollem Material	184
6.4.2	Die Berücksichtigung präinstruktionaler Maßnahmen	186
6.4.3	Fragen als postinstruktionale Maßnahme	188
6.4.4	Motivierung des Lernenden	190
6.4.5	Aktivierung relevanter Gedächtnisinhalte	191
6.4.6	Aktive Auseinandersetzung mit Textmaterialien	192
6.4.7	Verwendung von Mnemotechniken	194
6.4.8	Über die Dauer der Einprägungsphase	196
7. Kapitel: Weitere Beiträge zur Instruktionspsychologie		**198**
7.1	Die Förderung der Instruktion durch angemessene Lernziele	199
7.1.1	Kennzeichnung von Lernzielen	199
7.1.2	Unterschiedliche Allgemeinheitsgrade von Lernzielen	200
7.1.2.1	Die operationalisierte Lernzieldefinition	200
7.1.2.2	Lernzieldefinitionen unter kognitiver Orientierung	201
7.1.2.3	Expressive Lernziele	202
7.2	Information der Schüler über Lernziele	203
7.3	Verschiedene Arten von Lernzielen und ihre Organisation	204
7.3.1	Die Taxonomie von Lernzielen nach BLOOM	204
7.3.1.1	Lernziele im kognitiven Bereich	205
7.3.1.2	Lernziele im affektiven Bereich	206
7.3.1.3	Lernziele im motorischen Bereich	209
7.3.2	Die Taxonomie von Lernergebnissen nach GAGNÉ	209
7.3.2.1	Intellektuelle Fertigkeiten	209
7.3.2.2	Verbale Informationen	210
7.3.2.3	Kognitive Strategien	212
7.4	Die Theorie des kumulativen Lernens	212
7.5	Darstellung einzelner Lehrverfahren	214
7.5.1	Lernen durch selbständiges Entdecken	214
7.5.2	Lehren durch sinnvolle Darstellung	216
7.5.3	Die Frage im Unterricht	218
7.5.4	Vortragen und Erklären des Lehrers	222
7.5.5	Diskussionen im Unterricht	224
7.5.6	Der Programmierte Unterricht	225
7.5.7	Die Computer-unterstützte Instruktion	230
7.6	Die Berücksichtigung individueller Differenzen	232
7.6.1	Die Gruppierung nach Fähigkeiten	233
7.6.2	Die Größe der Schulklasse	236
7.6.3	Das Konzept des zielerreichenden Lernens	237

7.6.4   Wechselwirkungen zwischen Schülermerkmalen und Instruktions-
        verfahren   239

8. Kapitel: Psychologie der Motivation   244

8.1   Das Aufgabengebiet der Motivationspsychologie   245
8.1.1   Das Erklärungsdefizit der Instinkttheorien   246
8.1.2   Einige Merkmale der behavioristischen Antriebstheorien   247
8.1.3   Einige Merkmale kognitiver Motivationstheorien   248
8.1.4   Motivation als zu erklärendes Konstrukt   249
8.2   Motivationale Erklärungen des Lern- und Leistungsverhaltens . .   250
8.2.1   Die Neugier   250
8.2.1.1 Spezifisches und diversives Neugierverhalten   251
8.2.1.2 Förderung des Neugierverhaltens   254
8.2.2   Motivationale Determinanten des Leistungsverhaltens   257
8.2.2.1 Selbstwert-Theorie der Leistungsmotivation   257
8.2.2.1.1 Kennzeichen einer leistungsthematischen Grundsituation   258
8.2.2.1.2 Anstrengungs- und Fähigkeitskonzeptionen   260
8.2.2.1.3 Aufgaben- und ego-zentrierte Einstellungen   261
8.2.2.1.4 Strategien zur Vermeidung von Mißerfolg und ihre Konsequenzen   263
8.2.2.1.5 Interpretation von Leistungsergebnissen   265
8.2.2.1.6 Weitere kognitive und affektive Konsequenzen von Erfolg und
          Mißerfolg   268
8.2.2.2 Relevante Beiträge der Angstforschung   269
8.2.2.2.1 Kennzeichnung der Angst   269
8.2.2.2.2 Beeinträchtigung des Leistungsverhaltens durch Angst   271
8.2.2.2.3 Anpassung der Unterrichtsbedingungen an ängstliche Schüler . .   272
8.2.2.3 Gelernte Hilflosigkeit   273
8.2.2.3.1 Kennzeichnung der Gelernten Hilflosigkeit   274
8.2.2.3.2 Erklärung des kognitiven Defizits   275
8.2.3   Die Förderung der Motivation im unterrichtlichen Kontext   277

9. Kapitel: Sozialpsychologische Aspekte des Lernens   279

9.1   Die Schulklasse als soziales System   280
9.1.1   Merkmale formaler und informaler Systeme   281
9.1.1.1 Die Struktur sozialer Systeme   281
9.1.1.2 Attraktivität sozialer Systeme   283
9.1.2   Führungs- und Leitungsaufgaben des Lehrers   285
9.1.2.1 Unterschiedliche Formen der Machtausübung   286
9.1.2.2 Unterschiedliche Lehr- und Erziehungsstile   287
9.2   Aspekte der Schüler-Schüler-Interaktion   292
9.2.1   Der Wettstreit im Unterricht   293
9.2.2   Kooperative Arbeitsformen im Unterricht   294
9.2.2.1 Dimensionen kooperativer Arbeitsbedingungen   294
9.2.2.2 Der Einfluß kooperativer Arbeitsformen auf das Leistungsverhal-
        ten   296

XIV

9.2.2.3   Die Bedeutung kooperativer Arbeitsformen für Erfahrungen im
          sozial-emotionalen Bereich   298
9.2.2.3.1 Steigerung des Selbstwertgefühls   298
9.2.2.3.2 Förderung sozialer Integrationsprozesse   299
9.3   Erwartungseffekte im Klassenzimmer   300
9.3.1   Der Lehrer als Pygmalion   302
9.3.1.1   Die Wahrnehmung der Schülerpersönlichkeit   302
9.3.1.2   Differentielle Behandlung von Schülern   305
9.3.1.3   Interpretation des Lehrerverhaltens durch den Schüler   307
9.3.1.4   Akzeptierung der Lehrererwartungen durch den Schüler   309
9.3.1.5   Realisierung der Lehrererwartungen durch den Schüler   310
9.3.2   Der Schüler als Pygmalion   311   /32

10. Kapitel: Messung und Interpretation von Schulleistungen   313

10.1   Lehrer-Entscheidungen unter Bedingungen divergierender Ziel-
          vorgaben   314
10.1.1   Implikationen bildungsstrukturbedingter Entscheidungen   314
10.1.2   Implikationen lernprozeßbedingter Entscheidungen   315
10.2   Funktionen der Leistungsdiagnostik   316
10.2.1   Motivierung des Lernenden   317
10.2.2   Kontrolle und Steuerung des Lernens   317
10.2.3   Bewertung der individuellen Fähigkeit   319
10.2.4   Bewertung der Unterrichtsgestaltung   320
10.3   Konstruktionsmerkmale von Schultests   321
10.3.1   Die Aufgabenanalyse   322
10.3.2   Über die Objektivität von Tests   325
10.3.3   Über die Zuverlässigkeit von Tests   327
10.3.4   Über die Gültigkeit von Tests   329
10.3.4.1 Inhaltliche Gültigkeit   329
10.3.4.2 Konstruktgültigkeit   330
10.3.4.3 Kriteriumbezogene Gültigkeit   331
10.4   Konstruktion informeller Tests   333
10.4.1   Die Lernzielmatrix   333
10.4.2   Aufgabenformen und ihre Konstruktion   334
10.4.2.1 Die freie Aufgabenbeantwortung   335
10.4.2.2 Ergänzungs- und Kurzantwortaufgaben   337
10.4.2.3 Aufgaben mit Alternativ-Antworten   338
10.4.2.4 Mehrfachantwort-Aufgaben (Multiple Choice)   339
10.4.2.5 Aufgaben mit Zuordnungsantworten   341
10.4.2.6 Umordnungsaufgaben   342
10.5   Tests als integrativer Bestandteil von Lehr- und Lernprozessen . .   342   /30

Literaturverzeichnis   344

Sachwortregister   391

1. KAPITEL

Aufgaben und Ziele der Pädagogischen Psychologie

Es gibt eine nahezu unüberschaubare Anzahl von pädagogisch bedeutsamen Fragen, die in interessierten und betroffenen Kreisen immer wieder Grund zum Nachdenken und Anregung zu Diskussionen liefern.

Dazu lassen sich zwei Beispiele aus dem täglichen Leben betrachten:

Ein Lehrer macht sich schon seit längerer Zeit Sorgen, weil einer seiner Schüler in einem bestimmten Fach eine erhebliche Teilleistungsschwäche zeigt. Dem Lehrer erscheint dies unerklärlich, da der Schüler ansonsten normale Leistungen aufweist, er ist aufgeweckt und motiviert. Der Lehrer fürchtet auch, daß dieses ständige, nur partiell auftretende Versagen auf andere Fächer überzugreifen droht, es verunsichert den Schüler und beeinflußt dessen gesamte Einstellung zur Schule negativ.

Eine Mutter hat Schwierigkeiten, ihren dreijährigen Sohn abends ins Bett zu bekommen. Der Junge quengelt und weint in seinem Bett so lange, bis die Mutter nachgibt und das Kind wieder aufstehen läßt. Dieses steht dann so lange im Mittelpunkt des ganzen Geschehens, bis ihm die Augen vor Müdigkeit zufallen und das ganze Problem sich quasi von selbst gelöst hat. Aber eine derartige Prozedur läßt sich – wie jeder Erziehende aus Erfahrung weiß – selbstverständlich nicht jeden Abend wiederholen.

Sowohl der Lehrer wie die Mutter stehen vor einem Problem ihres täglichen Lebensbereiches, ihrer Lebenspraxis. Beide haben nun bei der Lösung ihres Problems prinzipiell zwei Möglichkeiten:

1. Sie verlassen sich beide auf ihr pädagogisches „Wissen", auf ihre Sensibilität, auf ihre Lebenserfahrung, sozusagen auf ihr pädagogisch-psychologisches Alltagswissen, oder
2. sie versuchen, für die Lösung ihres Problems weitere Informationsquellen zu finden; sie halten nach zusätzlichen Entscheidungshilfen Ausschau, die über ihr Alltagswissen hinausgehen. In diesem Falle werden sie Fragen an diejenige Wissenschaft stellen, die sich Aspekte von menschlichem Verhalten und menschlichen Problemen zum Forschungsgegenstand gemacht hat; im vorliegenden Falle werden diese Fragen an die Psychologie gestellt, insbesondere an die Pädagogische Psychologie.

Von solchen konkreten Beispielen ausgehend läßt sich eine Reihe weiterer Fragen und Problemstellungen allgemeinerer Art formulieren, deren Ursprung sich immer aus einem ganz bestimmten Lebensbereich ergibt und die man durch Nachdenken zu bewältigen hofft.

– Welche Voraussetzungen muß man besitzen, um ein guter Lehrer oder Erzieher zu werden? Wird man dazu geboren, oder ist jeder Mensch prinzipiell zur Übernahme entsprechender Aufgaben befähigt? Läßt sich rechtfertigen, daß ein Staat Milliardenbeträge investiert, damit zukünftige Lehrer eine wissenschaftliche Ausbildung in Pädagogik und Psychologie erhalten? Selbstverständlich ist die Beteiligung der Erziehungswissenschaften an diesem Studium jedenfalls nicht. So wurden beispielsweise 1854 in Preußen Pädagogik- und Psychologieunterricht in der Lehrerausbildung explizit verboten (nach GIESE, 1961).

- Inwieweit ist ein Schüler – vor allem bezüglich seiner Leistung – überhaupt durch den Erzieher beeinflußbar bzw. veränderbar?
- Sind Vorschulprogramme den Entwicklungsvoraussetzungen eines Kindes angemessen?
- Inwieweit gibt die Beurteilung des Lehrers – so z.B. seine Benotung – die erbrachte Schülerleistung angemessen wieder?
- Welches ist der angemessene Unterrichtsstil? Soll der Lehrer im Unterricht energisch durchgreifen? Soll er sich vor allem bemühen, möglichst viel Lernstoff zu vermitteln, weil in unserer heutigen, durch Arbeitslosigkeit gekennzeichneten Zeit nur der qualifiziert Ausgebildete eine Chance hat, erfolgreich bei seinen Bewerbungen zu sein?
- Lernen Erwachsene anders als Kinder? Ist die gesellschaftlich geforderte Anpassung an die sich ständig verändernden beruflichen Anforderungen durch Fort- und Weiterbildung im Erwachsenenalter zu leisten?

Das sind Fragen, die nicht nur ihren Platz in Kommentaren der Tagespresse finden; sie implizieren gleichzeitig auch ein Anfragen an die Psychologie, genauer an die Pädagogische Psychologie.

Das Schrifttum auf vielen Regalen einer Bibliothek dokumentiert die Überzeugung, daß die Psychologie helfen kann, die Effektivität der Arbeit in Unterricht und Erziehung zu erhöhen. Das Verfügen über wissenschaftliche – auch pädagogisch-psychologische – Erkenntnisse verbessere die Voraussetzungen des Lehrers, im Rahmen seiner Unterrichtsarbeit angemessene Entscheidungen zu treffen. Diese Überzeugung findet jedoch nicht von allen Seiten einhellige Zustimmung. Viele „Betroffene“, d.h. viele Lehrer fühlen sich von der Psychologie gerade bei der Bewältigung alltäglich auftretender psychologischer Probleme im Stich gelassen. Die Praktiker beklagen die Realitätsferne des Elfenbeinturms Wissenschaft: was helfen schon die Darstellungen der traditionellen Lehrbücher über das Erlernen sinnloser Silben und über Tierversuche (METZIG und SCHUSTER, 1982), wenn es gilt, Probleme der pädagogischen Praxis zu lösen?

Es muß zugestanden werden, daß die Psychologie über einen längeren Zeitraum hinweg Erkenntnisse an den Lehrer herangetragen hat, die keineswegs jene Fragen beantworteten, die dem Lehrer wichtig erschienen. Es ist der wissenschaftlichen Psychologie weiterhin der Vorwurf zu machen, daß sie sich erst sehr spät um eine Annäherung an das alltägliche Handeln bemüht hat, z.B. durch Erforschung des psychologischen Alltagswissens (LAUCKEN, 1974; FIETKAU und GÖRLITZ, 1981).

Dieses Defizit an praxis-orientierter Forschung ist aber teilweise durch die Geschichte der Psychologie erklärbar. Es muß nämlich berücksichtigt werden, daß die Psychologie eine vergleichsweise junge Wissenschaft darstellt. Zunächst war

2

ihre Forschungsstrategie darauf angelegt, eine intensive Grundlagenforschung zu betreiben (z.B. Wahrnehmungs-, Lern-, Gedächtnispsychologie usw.). Man hoffte auf diese Weise, einzelnen Grundprinzipien bzw. -mechanismen des psychischen Apparates auf die Spur zu kommen, um dann hinterher quasi sukzessiv globalere theoretische Konzeptionen zu entwickeln, die der Komplexität menschlicher Aktivität gerecht würden.

Die Pädagogische Psychologie ist sicherlich zur Selbstüberprüfung herausgefordert, wenn Pädagogen sich resignierend von ihr abwenden. Dabei bleibt allerdings zu beachten, daß an die Psychologie Erwartungen herangetragen werden, die sie nicht zu erfüllen vermag, und das muß notwendigerweise zu Enttäuschungen führen. So erwartet man vielfach Patentrezepte von der Psychologie. Genau dies kann und wird sie jedoch nicht leisten können, denn Menschen sind keine Automaten, deren Funktionieren nach korrektem Anwenden einer Gebrauchsanweisung zu steuern wäre. Um den pädagogisch Tätigen und Interessierten zu helfen, realistische Erwartungen an die Psychologie heranzutragen, soll im folgenden zunächst eine allgemeine Kennzeichnung dieser wissenschaftlichen Disziplin gegeben werden. Anschließend ist dann zu versuchen, das Aufgabenfeld der Pädagogischen Psychologie abzugrenzen.

1.1 Zur Kennzeichnung der Psychologie

Was im folgenden für die Psychologie als allgemeine Kennzeichnung angeführt wird, gilt grundsätzlich auch für die Pädagogische Psychologie.

Die Notwendigkeit, vor der Charakterisierung der Pädagogischen Psychologie das Aufgabengebiet und die Ziele der Psychologie eingehender zu kennzeichnen, mag vielleicht nicht jedem sofort einleuchten. Zweifellos ist „Psychologie" allgemein sehr wohl bekannt. Wer zudem noch glaubt, über besondere Menschenkenntnisse zu verfügen, wird nicht zögern, sich selbst als „einen guten Psychologen" zu bezeichnen. Zum psychologischen Gegenstandsbereich stehen jedermann Vorerfahrungen zur Verfügung, sog. Alltagswissen, wie man mit Menschen umzugehen hat (s. die Beispiele auf S. 1 f.). Die Massenmedien verbreiten im Namen der Psychologie Lehren und Ratschläge, mit denen der Fachmann keineswegs immer übereinstimmen kann. Auch in politischen Diskussionen fehlt fast nie der Hinweis auf sog. „psychologische" Erwägungen. Insgesamt ist in der Öffentlichkeit ein Bild von der Psychologie entstanden, das man entweder als falsch oder wenigstens doch als gefährlich einseitig bezeichnen muß. So veröffentlichen z.B. zahlreiche Zeitschriften Pseudo-Tests (z.B. „Sind Sie ein treuer Partner?" „Besitzen Sie ein gutes Selbstgefühl?"), die angeblich von Psychologen erstellt werden, die vielfach einen falschen Eindruck von der Wissenschaft Psychologie hervorrufen. Damit wird auch erklärbar, weshalb viele Studenten eine gewisse Überraschung zeigen, wenn sie erstmalig von den Anliegen und Arbeitsmethoden der akademisch betriebenen Psychologie hören. Es dauert zumeist einige Zeit, bis sie ihre anfänglichen Erwartungen revidiert und ein realistischeres Bild von dieser wissenschaftlichen Disziplin entwickelt haben.

Auf den ersten Blick erscheint es einfach, eine allseits akzeptierbare Kennzeichnung von Psychologie zu geben. Definiert man Psychologie als die *Wissenschaft vom menschlichen Verhalten, die sich darum bemüht, neben dem Verhalten auch dessen Bedingungen und seine Folgen zu beschreiben, zu erklären und vorherzusagen,* so kann man sich der Zustimmung vieler zeitgenössischer Psychologen sicher sein. Was jedoch jeweils konkret unter den einzelnen Bestimmungsstücken der Definition verstanden wird, dürfte als strittig gelten und bedarf daher einer Erläuterung.

1.1.1. Verhalten als Gegenstand der Psychologie

Den Laien mag es wundern, daß sich die Psychologie primär mit dem Verhalten beschäftigt und offensichtlich nicht mit der namensstiftenden „Psyche". Die Bezeichnung Verhalten hebt darauf ab, daß der Gegenstand der wissenschaftlichen Psychologie etwas Beobachtbares, Registrierbares oder Meßbares sein soll, während „Psyche" (oder Geist oder Seele) ein sehr vager Begriff ist, der eher philosophisch-theologische Bedeutung hat.

Der Verhaltensbegriff ist historisch sehr eng gefaßt worden. John WATSON (1878–1958), der als Hauptbegründer des behavioristischen Ansatzes (s. S. 13 ff.) anzusehen ist, forderte, nur solche Verhaltensweisen zum Gegenstand wissenschaftlicher Forschungen zu machen, die offen beobachtbar, die unmittelbar der Messung zugänglich sind.

Zu den für die psychologische Forschung relevanten Verhaltensweisen gehören für WATSON auch interne Aktivitäten des Organismus, wie Herzfrequenz, Drüsensekretionen und Muskelkontraktionen, denn diese sind ja ebenfalls über entsprechende Meßgeräte objektiv erfaßbar. Für die orthodoxen Behavioristen waren damit – aus methodischen Gründen – Denkprozesse, Gefühlsregungen, Empfindungen von der wissenschaftlichen Psychologie ausgeklammert, da diese Prozesse nicht unmittelbar beobachtbar sind.

Dieser behavioristisch bestimmte Verhaltensbegriff ist vor allem von den kognitiv orientierten Psychologen (s. S. 15 ff.) als viel zu eng abgelehnt worden. Sie wiesen in ihren Kritiken darauf hin, daß solche „innere Prozesse" wie Denken, Fühlen, Wünsche, Zielvorstellungen, Erwartungen usw. unverzichtbar zur Erklärung des offen beobachtbaren Verhaltens herangezogen werden müssen. Neben dem gezeigten Verhalten des Menschen gehören folglich auch „innere Ereignisse", sog. kognitive Prozesse, zum Gegenstand der Psychologie.

> Der Laie hat dies schon immer gewußt: „Liebe macht blind" heißt doch nichts anderes, als daß der persönliche innere Zustand des Liebenden bestimmend für seine Wahrnehmung der Welt und sein Handeln gegenüber dem Partner wird. Dieses Beispiel macht deutlich, daß der Mensch selektiv wahrnimmt; Grundlage der selektiven Wahrnehmung sind Wünsche, Zielvorstellungen und Erwartungen. Er verarbeitet die aufgenommenen Informationen in einer für ihn spezifischen Weise.

Solche inneren Prozesse steuern bzw. begleiten das offen gezeigte Verhalten; sie sind daher sehr wohl Gegenstand der wissenschaftlichen Psychologie. Allerdings besteht ein Zugang zu diesen Prozessen ausschließlich über das Individuum mit-

4

tels Selbstbeobachtung (Introspektion). Es handelt sich dabei also „nur" um subjektiv erfahrbares Verhalten und nicht um objektiv beobachtbare Phänomene. Dies wirft Probleme bei der Auswahl der Methoden zur Erfassung auf.

1.1.2 Wissenschaftliches Arbeitsgebiet

Die Einstufung der Psychologie als eine *eigenständige Wissenschaft* wurde vor gut hundert Jahren vorgenommen. Selbstverständlich ist die Psychologie als Arbeitsbereich, der sich mit den menschlichen Verhaltensweisen beschäftigt, so alt wie die Menschheit selbst. Bereits ARISTOTELES hat z.B. Abhandlungen über das menschliche Gedächtnis, ein originär psychologisches Thema, formuliert. – Was unterscheidet nun die wissenschaftliche von einer vorwissenschaftlichen Psychologie? Welches sind die besonderen Merkmale einer Wissenschaft, und wie lassen sich diese von jenen einer Nicht-Wissenschaft abgrenzen? Wie kann man die Psychologie einordnen, wenn die klassische Unterscheidung von Natur- und Geisteswissenschaft zur Auswahl steht?

Mit „Wissenschaft" ist immer ein Prozeß der Erkentnisgewinnung angesprochen. Wissenschaft – auch die Psychologie – will *Zusammenhänge* zwischen bestimmten Phänomenen *beschreiben* und diese zur Grundlage für *Erklärungen* und *Vorhersagen* machen. Um die Aufdeckung von Zusammenhängen bemüht man sich in allen Wissenschaften. Als Ergebnis entsprechender Forschungsaktivitäten kennt man in der Physik z.B. Zusammenhänge zwischen Temperatur und der Ausdehnung verschiedenartiger Materialien, in der Medizin zwischen Blutdruck und Lebensalter, in der Soziologie zwischen gesellschaftlicher Unterdrückung und Kriegsgefahr und in der Psychologie zwischen Intelligenz und Schulleistung.

Zu einer Wissenschaft gehören zum einen zentrale Konzepte und in bestimmter Weise definierte Begriffe, zum anderen theoretische Beziehungen zwischen diesen Konzepten. Dazu rechnen muß man aber ebenso auch Daten, Materialsammlungen und Methoden zu ihrer Erkenntnisgewinnung.

1.1.2.1 Beschreibung und Interpretation des Verhaltens

Der Psychologe beschränkt sich nicht darauf, Verhalten zu beschreiben; sein Ziel ist es, über das Beobachtete hinauszugehen, zu erklären. Erklären heißt, ein Ereignis auf jene Bedingungen zurückzuführen, die es hervorgerufen oder ausgelöst haben. Genauso geht aber nicht nur der Wissenschaftler vor, sondern ebenfalls der Laie. Auch der Lehrer beschreibt und erklärt gleichzeitig das Schülerverhalten. Die Erklärung kann zum einen äußere Bedingungen in Anspruch nehmen. So erklärt man z.B. den bei einem Schüler beobachteten Leistungsanstieg mit lobenden Stellungnahmen des Lehrers. Zusätzlich zu den äußeren behauptet man aber auch innere Bedingungen. Der Lehrer erklärt sich die Leistungen eines Schülers z.B. mit dessen „Intelligenz", seinem „Fleiß" oder auch mit seiner geringen „Begabung" oder seinem „Konzentrationsmangel".

Begriffe wie Begabung, Konzentrationsfähigkeit und Fleiß entziehen sich (ebenso wie in der Physik etwa die Schwerkraft oder Temperatur) der direkten Beobachtung. Entsprechendes gilt auch für jene Eigenschaftsbegriffe, derer man sich in alltäglichen Unterhaltungen bedient (z.B. Petra ist „pünktlich", Stephan ist „ehrlich"). Bei Inanspruchnahme solcher Begriffe geht man über die Beobachtungsebene hinaus. Derartige Begriffe – sie stellen das Ergebnis einer Interpretationsleistung dar – bezeichnet man als *Konstrukte*. Darunter versteht man (gedankliche) „Konstruktionen", die Beobachtungen zusammenfassen bzw. erklären sollen. Es kann sehr wohl sein, daß zwei Menschen dasselbe Verhalten sehr unterschiedlich interpretieren, also unterschiedliche Konstrukte in Anspruch nehmen. Beispielsweise beobachtet ein Lehrer, daß ein Schüler während des Unterrichts wiederholt schwatzt, aus dem Fenster schaut und gerade gestellte Fragen nicht zu wiederholen vermag. Der Lehrer faßt diese Verhaltensbeobachtung zusammen und erklärt sie mit „Konzentrationsmangel". Ein Beobachter dagegen klassifiziert den Unterricht möglicherweise als wenig abwechslungsreich, als eintönig. Für ihn ist dasselbe Verhalten des Schülers kein Anzeichen von mangelnder Konzentration, sondern Ausdruck von Langeweile oder unzureichender Motivierung durch den Lehrer.

> Die Erklärung von Verhaltensweisen bestimmt wesentlich mit, wie man sich dem betreffenden Menschen gegenüber fortan verhält. Wenn ein Lehrer einen Schüler z.B. für faul hält, wird er diesen vermutlich anders behandeln, als wenn er dessen schwache Leistungen mit mangelnder Begabung erklärt (s. hierzu ausführlicher S. 262). Welche einschneidende Bedeutung die Inanspruchnahme unterschiedlicher Konstrukte für Verhaltenserklärungen haben kann, erfuhren im achtzehnten Jahrhundert Patienten, als sie einen neuen Arzt, den Franzosen PINEL, erhielten. Wenn Menschen im Mittelalter ungewöhnliche und für die Zeitgenossen unverständliche Verhaltensweisen zeigten, bezeichnete man sie als „vom Teufel besessen". PINEL hob sich – so wird berichtet – von dieser Erklärung ab und führte die gleichen Verhaltensweisen auf „Geisteskrankheit" zurück. Konsequent befreite er diese Menschen im Jahre 1792 aus ihren dunklen Verliesen, in denen sie in Ketten gelegt worden waren, und brachte sie in helle und saubere Anstalten. Dort vermochte er ihren Zustand entgegen den seinerzeit vorherrschenden Erwartungen zu verbessern. PINEL hatte zur Erklärung von Verhaltensweisen ein anderes Konstrukt als seine Vorfahren und Zeitgenossen in Anspruch genommen und damit einen entscheidenden Schritt für die Entwicklung veränderter Denkweisen in der Psychiatrie getan.

Konstruktbezeichnungen beziehen sich zwar auf beobachtbare Ereignisse; häufig werden sie aber auch verwendet, ohne daß dieser Bezug erhalten bleibt bzw. explizit gemacht wird. Ein Lehrer, der sich im Rahmen einer Elternberatung auf die Mitteilung beschränkt, daß ein Kind „aggressive Tendenzen" zeige, informiert unzureichend, denn er überläßt die Definition dieses Begriffes den Eltern. Diese könnten darunter verstehen, daß ihr Kind andere schlägt oder den Lehrer beschimpft, daß es wütend Schulhefte durch die Klasse schleudert oder daß es Klassengegenstände zerstört usw. Das Kind könnte auch an sich gar nichts tun; vielleicht offenbart es nur einen herausfordernden Gesichtsausdruck (denn es wurden ja nur „Tendenzen" konstatiert). Möglicherweise interpretieren die Eltern das vom Lehrer in negativer Wertung gemeinte Konstrukt „aggressive Tendenzen" als natürliches (positiv verstandenes) Austoben ihres Kindes. Mißverständnisse zwischen Lehrer und Eltern sind unter den geschilderten Bedingungen jedenfalls wahrscheinlich. In einer angemesseneren Auskunft teilt der Lehrer den Eltern eine *operationale Definition* mit. In einem solchen Fall beschreibt der Lehrer ihnen jene

6

„Operationen", d.h. jene beobachteten Verhaltensweisen zusammen mit den Bedingungen, unter denen sie aufgetreten sind, um auf diese Weise transparent zu machen, was ihn zur Inanspruchnahme des Konstruktes „aggressive Tendenzen" veranlaßt hat.

Auch im Alltag werden also Konstrukte verwendet, die allerdings auf ganz unterschiedlichen Beobachtungen basieren können. Für ein wissenschaftliches Vorgehen dagegen ist es unabdingbar, die beobachtbare, meßbare Grundlage eines Konstruktes mitzuteilen, also eine operationale Definition anzugeben. In wissenschaftlichen Diskussionen wird die Forderung nach einer solchen erfüllt, indem man jene Maßnahmen (Operationen) schildert, die ergriffen wurden, um ein Konstrukt zu messen.

So könnte man z.B. die Intelligenz wie folgt definieren:
– Intelligenz ist das Gehirngewicht in Gramm.
– Intelligenz ist die Schnelligkeit (in Sekunden), mit der auf zwanzig neuartige Aufgaben bestimmter Art reagiert wird.
– Intelligenz ist die Anzahl der richtigen Antworten auf dreißig zu spezifizierende Rechenaufgaben.

Alle drei Definitionen sind operationale Definitionen, die sich allerdings erheblich voneinander unterscheiden. Welche der Definitionen als adäquat angesehen wird, hängt vom jeweiligen theoretischen Vorverständnis ab. Um es mit den Worten Albert EINSTEINs auszudrücken: Erst die Theorie entscheidet darüber, was man beobachten kann. MOEBIUS (1900) beispielsweise („Über den physiologischen Schwachsinn des Weibes"), der die Intelligenz als angeboren betrachtet und im Gehirnvolumen verankert sieht, würde die erste Definition für angemessen halten. Wer dagegen Intelligenz mit streng logischem Denken in Verbindung bringt, dürfte der dritten Definition den Vorzug geben.

1.1.2.2 Aufdeckung von Zusammenhängen

Mit der Interpretation einer Verhaltensweise durch Inanspruchnahme eines Konstrukts ist die wissenschaftliche Arbeit selbstverständlich nicht abgeschlossen. Es stellt sich weiterhin die Frage, welche Beziehungen Konstrukte untereinander aufweisen. Nachdem man also z.B. eine beobachtete Verhaltensveränderung auf Lernprozesse zurückgeführt hat, könnte sich zusätzlich die Frage stellen, ob zwischen dem behaupteten Lernprozeß einerseits und anderen Konstrukten wie der Intelligenz, dem Leistungsmotiv, der Angst usw. andererseits Abhängigkeiten bestehen.

Im einfachsten Fall prüft man die Beziehung von nur zwei Konstrukten. Man fragt z.B., ob sich ein zwischen Intelligenz und Lernen vermuteter Zusammenhang bestätigen läßt. Eine Klärung kann erst erfolgen, nachdem für die beiden Konstrukte „Lernen" und „Intelligenz" operationale Definitionen gefunden worden sind. Deshalb erfolgt zunächst die Entscheidung, daß die Intelligenz durch den Intelligenztest X zu diagnostizieren ist. Grundsätzlich gibt es immer mehrere Möglichkeiten zur Operationalisierung (s. Abb. 1.1). Das zweite Konstrukt, die Lernfähigkeit, kann über Schulzensuren ausgewählter Fächer bestimmt werden (man könnte die Operationalisierung selbstverständlich auch mittels eines Schultests vornehmen). Vergleichen lassen sich sodann auf empirischem Wege, d.h. durch Beobachtung, nur die vorliegenden Daten: die Intelligenztestwerte und die Schulnoten. Ein möglicherweise zwischen ihnen registrierter Zusammenhang wird auf die Ebene der Konstrukte projiziert. Anhand der folgenden Abbildung 1.1 läßt sich verdeutlichen, daß die Frage nach Bestehen einer Beziehung zwischen den beiden Konstrukten, hier als konzeptueller Zusammenhang benannt, zu prüfen ist, nachdem die „Operationalisierungen" der Konstrukte festgelegt worden sind.

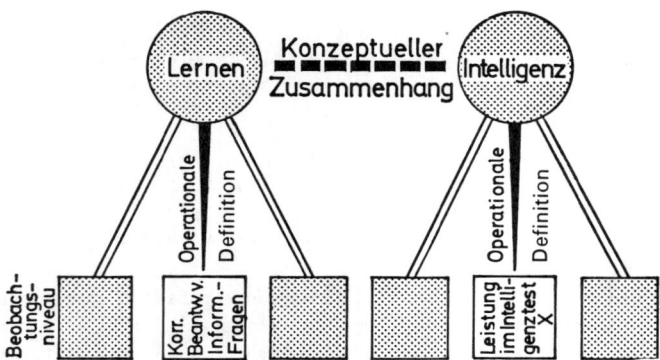

Abb. 1.1: Schematische Darstellung der operationalen Definition von Konstrukten und eines konzeptuellen Zusammenhangs (nach KENDLER, 1974)

1.1.2.3 Entwicklung von Theorien

Mit der Inanspruchnahme von Konstrukten befindet man sich bereits auf einem theoretischen Niveau, denn man geht ja über das Beobachtete hinaus. Der Begriff „Theorie" (griech.: Anschauung, Ansicht) wird sehr breit verwendet.

Ein großer Teil der empirischen Forschung ist dem Nachweis des theoretisch postulierten Zusammenhangs zwischen zwei oder mehreren Konstrukten gewidmet, so z.B. dem bereits erwähnten Zusammenhang zwischen Lernen und Intelligenz oder zwischen Schulerfolg und beruflicher Laufbahn usw. Über die reine Beschreibung hinaus wird von einer Theorie erwartet, daß sie den beobachteten Zusammenhang erklärt. Sie hat z.B. anzugeben, *warum* zwischen Aufmerksamkeit und Schulleistung die beobachteten Zusammenhänge aufzeigbar sind.

> Eine Theorie kann sich auf ein eng begrenztes Phänomen beziehen, wie z.B. die Theorie des einäugigen Tiefensehens. Sie ist möglicherweise aber auch phänomenübergreifend, aber spezifisch für bestimmte Wissenschaftsdisziplinen, wie für die Psychologie z.B. die Theorie der Psychoanalyse. Auch eine fächerübergreifende Weltanschauung, wie der Materialismus, stellt eine Theorie dar. Schließlich gibt es noch eine höhere Ebene: die Wissenschaftstheorie (z.B. der Positivismus), die sich mit den Voraussetzungen von Wissenschaft, ihren Methoden und Begriffen, der Entwicklung, Überprüfung und Anwendung von Theorien usw. beschäftigt.

In einer vorwissenschaftlichen Denkweise wird vielfach von einem Gegensatz zwischen Theorie und Praxis ausgegangen. Dies wird dann in die Feststellung ge-

8

kleidet, daß ein bestimmter Zusammenhang in der Theorie behauptet werden könne; in der Praxis sähe es dann aber ganz anders aus. Ist – so muß man nach einer solchen Äußerung kritisch fragen – Praxis demnach theorielos? Stellen Theorie und Praxis tatsächlich unüberbrückte, vielleicht unüberbrückbare Gegensätze dar? Ist es das Entscheidende von Wissenschaft, Theorien zu bilden und abzusichern, während sich die Nicht-Wissenschaft, der Alltag, als theorielos darstellt?

Jedes Handeln im Alltag ist stets – ebenso wie in der Wissenschaft – theoriegeleitetes Handeln. Allerdings sind die theoretischen Annahmen über Gründe und vermutete Folgen des Tuns dem Handelnden in der Regel nicht gegenwärtig. Die Gegenüberstellung von Theorie und Praxis ist nichts weiter als ein „Scheingegensatz" (FIETKAU, 1981), wenngleich sich nicht übersehen läßt, daß sich wissenschaftliche von Alltagstheorien in einiger Hinsicht unterscheiden können.

Vorwissenschaftliche Theorien weisen z.B. häufig *Widersprüche* auf. Man denke an die Aussagen einiger Sprichwörter, deren Inhalte auf genereller Ebene nicht miteinander zu vereinbaren sind („Gleich und gleich gesellt sich gern" und „Gegensätze ziehen sich an"). Weiterhin enthalten vorwissenschaftliche Theorien nicht selten *unklare* Begriffe. Als Beispiel sei hier das Sprichwort genannt: „Früh übt sich, wer ein Meister werden will". Man erfährt nichts über die Art der Übungen. Unklar bleibt, auf welchen Alterszeitraum sich der Begriff „früh" bezieht und welche Kriterien für den „Meister" kennzeichnend sind.

Dieselbe Feststellung müßte, um wissenschaftlichen Anforderungen standhalten zu können, erheblich differenzierter, ihre Begriffe klarer gefaßt, also operationalisiert werden. Wissenschaftliche Theorien haben ihre Voraussetzungen, unter denen sie gelten sollen, ausdrücklich zu spezifizieren, die verwendeten Begriffe müssen eindeutig definiert sowie der Geltungsbereich abgesteckt werden. Ebenso wird verlangt, daß innerhalb eines theoretischen Bezugs Widersprüchlichkeiten aufgedeckt und eliminiert werden.

Wissenschaftliche Theorien sollten *überprüfbar* und durch die Empirie (Beobachtung) korrigierbar sein, und das bedeutet, daß die Möglichkeit zur Falsifikation (d.h. zur Widerlegung) gegeben ist. Es gehört zum Wesen eines wissenschaftlichen Konstruktes und einer wissenschaftlichen Theorie, unaufhörlich erweitert, korrigiert oder sogar verworfen zu werden. Die Entwicklung einer „endgültigen" psychologischen Theorie wird niemals gelingen, obwohl alle Bemühungen in der Wissenschaft von der Hoffnung getragen werden, den tatsächlichen, „objektiven" Ordnungsgrad von Gegebenheiten immer angemessener beschreiben zu können. Eine endgültige, verzerrungsfreie, umfassende Widerspiegelung der Wirklichkeit kann allein schon deshalb nicht gelingen, weil „sich der Zeitgeist ändert". *Eine Theorie ist immer eine Hilfskonstruktion* für bestimmte Zwecke, für bestimmte Subjekte, in bestimmten Zeitabschnitten.

Eine solche Position wird auch von SCARR (1985) vertreten. Für sie ist Wissen aller Art eine Konstruktion des menschlichen Geistes. Jeder Mensch tendiere dazu, nach solchen „Fakten" zu suchen, die zu seinen Überzeugungen passen. SCARR nennt als Beispiel die sechziger und siebziger Jahre, in denen viele Sozialwissenschaftler nach Belegen für „Schäden" suchten, die nach damals vorherrschenden Auffassungen durch alleinerziehende Müttern entstehen mußten. Von Jungen erwartete man z.B. Schwierigkeiten beim Hineinwachsen in die männliche Rolle. Nach dem Aufkommen der Frauenbewegung

9

änderten viele Wissenschaftler ihre Auffassungen über die Geschlechterrollen und damit auch über die Erziehungskompetenz von alleinerziehenden Müttern. „Für Jungen ist es nicht länger eine Tugend, supermännlich zu sein; sie sollten ‚fürsorgliche‘ Männer werden, die in der Lage sind, sich um Kinder zu kümmern, zu kochen und zu putzen, die aber auch außerhalb des Hauses arbeiten können, denn die Erwachsenenrolle wird gemeinsame Verantwortlichkeiten für das eigene Heim einschließen. ... Sogar die nur aus einem Elternteil bestehende Familie mag Stärken haben, die die frühere Generation von Forschern übersehen hat. Tugende wie Androgynie (der Besitz guter Merkmale beider Geschlechter) werden von Sozialwissenschaftlern befürwortet, nicht weil diese sie entdeckt, sondern weil diese sie erfunden haben“ (SCARR, 1985).

In neuerer Zeit wird verstärkt ein weiteres Bewertungskriterium für die Güte einer Theorie betont. Dabei geht es um den *Nutzungswert* einer Theorie für den Alltag, d.h. darum, inwieweit sie sich für die Bewältigung konkreter, alltäglicher Probleme hier und jetzt eignet (ökologische Validität; Tauglichkeit). Die Angemessenheit dieses Kriteriums – so sehr es dem Praktiker einleuchten mag – ist umstritten. HERRMANN (1980) z.B. lehnt es ab; nach ihm ist „der Zwang zum sofort und immer Nützlichen für die Entwicklung der psychologischen Wissenschaft geradezu tödlich“. Wissenschaftliche Forschung benötige Kreativität, kühne Spekulation und damit auch riskante, wenig verläßliche Ergebnisse. HERRMANN grenzt die Psychologie als Wissenschaft von der Psychologie als Technologie ab; nur die letztere wolle „die nicht forschende Praxis effizienter und rationaler machen“.

1.1.2.4 Methoden der Psychologie

Die Geburtsstunde der Psychologie als eigenständige Wissenschaft wird allgemein mit der Gründung des ersten Psychologischen Instituts der Welt durch Wilhelm WUNDT in Leipzig 1879 angesetzt. Damit ist zugleich die Abgrenzung der Psychologie von der Philosophie durch die Einführung naturwissenschaftlicher Methodik vollzogen worden. *Das* klassische naturwissenschaftliche methodische Vorgehen ist die streng kontrollierte, planvolle Beobachtung: das Laborexperiment. Das Experiment gestattet es, „harte Fakten“ zu produzieren. Subjektivität, das ist die Abhängigkeit der Beobachtungsergebnisse vom Beobachter, soll damit weitgehend ausgeschaltet sein. Im Experiment werden die Reizbedingungen (unabhängige Variable) vom Forscher systematisch manipuliert. Zugleich erfolgt ein systematisches Registrieren der Reaktionen (abhängige Variable). Mögliche Störgrößen versucht man auszuschalten oder konstant zu halten. Bei Einhaltung der entsprechenden methodischen Vorschriften sollen die auf diesem Wege gewonnenen empirisch-experimentellen Erkenntnisse objektiv, d.h., für jeden nachprüfbar und jederzeit wiederholbar sein.

Eine solche Doktrin, nach der nur solche Erkenntnisse wissenschaftlich akzeptabel sind, die unter objektiven, nachprüfbaren und wiederholbaren Bedingungen gewonnen wurden, wirft für die Psychologie nahezu unüberwindbare Schwierigkeiten auf, denn wie kann ein subjektiver Prozeß, wie z.B. das Denken, objektiv erfaßbar sein bzw. erfaßbar gemacht werden? Wie lassen sich Gefühle wie Wut oder Freude von einem außenstehenden Beobachter nachprüfen? Wie soll eine individuelle einzigartige Empfindung dem Wiederholbarkeitskriterium genügen?

Weitere grundsätzliche Einwände sind gegen das experimentelle Vorgehen erhoben worden. An dieser Stelle sollen nur einige herausgegriffen werden. Das Experiment – so heißt es – sei lebensfremd; die unter künstlichen Laborbedingungen gewonnenen Ergebnisse ließen sich nicht auf das „normale" Alltagsleben übertragen. Das Experiment würde der Natur des Menschen nicht gerecht, da es diesen als Versuchsperson zum manipulierbaren, beliebig ersetzbaren Objekt degradiere. Das Experiment habe keine Aussagekraft, da sich der Mensch durch den „Eingriff" der Untersuchung als Versuchsperson selbst verändere. Das Experiment könne in seiner rigorosen Form für viele psychologischen Phänomene nicht eingesetzt werden, da sie nicht manipulierbar sind. Das Experiment, so lautet die letzte hier wiederzugebende Kritik, vermag der Komplexität menschlichen Verhaltens nicht gerecht zu werden.

Auch die unfruchtbare Diskussion, ob die Psychologie als Natur- oder Geisteswissenschaft einzuordnen sei, hat Einfluß auf die Methodendiskussion genommen. Parallel zu der heute vorherrschenden pragmatischen Lösung, die Psychologie sowohl als natur- wie auch geisteswissenschaftlich ausgerichtet einzustufen, wird eine Methodenvielfalt weitgehend akzeptiert. Methoden, die sich durch geringere Manipulation und Kontrollierbarkeit auszeichnen, also z.B. geisteswissenschaftliche, hermeneutische Verfahren, werden im wissenschaftlich-psychologischen Bereich eingesetzt und somit zumindest stellenweise befürwortet.

Das unter behavioristischem Einfluß als unwissenschaftlich abgelehnte Verfahren der Selbstbeobachtung sowie Einzelfallanalysen finden teilweise in jüngster Zeit wieder Anerkennung („N = 1-Methodologie" vgl. PETERMANN, 1982; „Komparative Kasuistik" vgl. JÜTTEMANN, 1983). Damit scheint sich allmählich eine bereits sehr alte Forderung nach Methodenpluralismus (so z.B. von BÜHLER, 1929) zu realisieren. Die Psychologie ist somit „eine experimentierende *und* zugleich verstehende, eine phänomenologisch beschreibende *und*, wo die Umstände das zulassen, auch messende und rechnende Wissenschaft" (METZGER, 1982).

1.1.3 Bedingungen und Folgen

Ebenso wie in anderen Wissenschaften bemüht sich die Psychologie um die Aufdeckung von Zusammenhängen, vor allem von Kausalzusammenhängen. Erst Kausalzusammenhänge, im einfachsten Fall in der Form „wenn A, dann B", erlauben Vorhersagen. Der Erreichung dieses Ziels stehen jedoch mehr Schwierigkeiten entgegen, als es auf den ersten Blick erscheinen mag. Wenn z.B. festgestellt worden ist, daß Personen mit höherer Intelligenz (IQ-Meßwerte) über eine bessere Lernfähigkeit (Schulleistungen) verfügen als Personen mit niedriger Intelligenz, bleibt noch völlig offen, wie diese Beziehung zustandegekommen ist. Die Antwort könnte z.B. lauten, daß die Intelligenz eines Individuums bestimmt, was und wie schnell es etwas zu lernen vermag. Denkbar wäre auch ein Einfluß in umgekehrter Richtung: Je mehr ein Mensch lernt, desto höhere intellektuelle Leistungsfähigkeit entwickelt er. Und schließlich ist es möglich, daß eine dritte Größe, z.B. bestimmte Erbanlagen oder ein besonders anregender häuslicher Erziehungsstil, den Zusammenhang zwischen Intelligenz und Lernfähigkeit bestimmt. Auch auf eine vierte

Möglichkeit sei hingewiesen: Es wäre denkbar, daß der experimentell ermittelte Zusammenhang ein Zufallsergebnis darstellt; in einem solchen Fall hätten Intelligenz und Leistungsfähigkeit nichts miteinander zu tun (was sagt schon der Befund, daß sich in Schleswig-Holstein im Sommer 1983 sowohl die Anzahl der Störche als auch die der Geburten rapide erhöht hat?). Es bedarf also weiterer empirischer Studien, um Aufschluß über womöglich bestehende Kausalzusammenhänge zu erhalten. Tatsächlich liegen die Verhältnisse jedoch noch erheblich komplizierter.

In der Regel besteht zwischen mehreren Konstrukten ein Verhältnis der Interdependenz oder wechselseitiger Abhängigkeit. Zumeist bedarf es einer größeren Anzahl von Konstrukten, um das Auftreten und die Veränderung von Verhaltensweisen erklären zu können. So wäre z.B. in die Beziehung zwischen der Intelligenz und dem Lernen noch das Konstrukt Motivation einzubeziehen und folgende wechselseitige Abhängigkeiten zu konstatieren: Je mehr ein Mensch motiviert ist, sich mit den Problemen seiner Umwelt auseinanderzusetzen, desto mehr lernt er und desto mehr verbessert sich zugleich seine intellektuelle Leistungsfähigkeit, die wiederum förderlich auf seine Bereitschaft zur Auseinandersetzung mit den Umweltproblemen wirkt, was nicht ohne Einfluß auf seine Intelligenz bleibt. Man könnte diese Ereigniskette endlos fortsetzen. Sehr bald würde sich aber die Notwendigkeit ergeben, weitere Konstrukte in Anspruch zu nehmen, denn die Beobachtung zeigt z.B., daß sich die Aktivität des Lernenden – wahrscheinlich in Folge einsetzender Müdigkeit – verändert, daß die Konzentrationsfähigkeit nachzulassen scheint usw. Auch das Eintreten in eine soziale Situation bleibt nicht ohne Einfluß auf sein Verhalten. Belohnungen anderer erhöhen, Bestrafungen mindern seine Lernbereitschaft.

Die Psychologie geht zwar davon aus, daß menschliches Verhalten in Gesetzmäßigkeiten zu fassen ist und von daher prinzipiell vorhersagbar ist. Sie ist jedoch weit davon entfernt, alle relevanten komplexen Determinationen für menschliches Verhalten erforscht zu haben. Die bisher ermittelten Bedingung-Folge-Gesetzmäßigkeiten sind keine Naturgesetze, sondern Wahrscheinlichkeitsaussagen. Die Psychologie vermag ihre Ergebnisse nur in Form sog. statistischer Gesetze vorzulegen, „die keine absolut sichere Vorhersage gestatten, sondern nur Voraussagen von höherer oder geringerer Wahrscheinlichkeit" (TRAXEL, 1964). Das heißt, daß eine Vorhersage, die für den Durchschnitt gültig ist, im *konkreten Einzelfall nicht* zutreffen muß.

Man sollte solche Aussagen aber nicht zum Anlaß nehmen, den Leistungsstand der aktuellen Psychologie zu unterschätzen. Die Fortschritte, Verhalten zu verstehen, vorauszusagen und zu kontrollieren, sind unübersehbar. ROGERS (1956) stellte bereits vor mehr als zwanzig Jahren fest: „Wir wissen zuverlässig, wie man Individuen auswählt, die bestimmte Verhaltensweisen zeigen werden; wie man Bedingungen in Gruppen schafft, die zu verschiedenen, voraussagbaren Gruppenverhaltensweisen führen werden und wie man Bedingungen schafft, die bei einem Individuum spezifische Verhaltensweisen zeitigen werden. Unsere Fähigkeit, das Verhalten von Tieren zu verstehen, vorauszusagen und zu kontrollieren, reicht noch weiter und läßt vielleicht ahnen, welche zukünftigen Schritte in bezug auf den Menschen möglich wären."

12

1.2 Grundlegende theoretische Ansätze in der Psychologie

Unabhängig vom konkreten Forschungsgegenstand eines Psychologen – er mag sich mit Gruppenprozessen und Führungsverhalten oder mit Konstanzphänomenen in der Wahrnehmung beschäftigen – kennzeichnet ihn als Wissenschaftler eine theoretische Grundüberzeugung über die menschliche Natur allgemein. Solche Grundüberzeugungen sind in der Psychologie ebenso wie im gesellschaftlichen, kulturellen oder politischen Bereich gewissen Veränderungen – „um nicht zu sagen Moden" – unterworfen (FIETKAU und GÖRLITZ, 1981). Lange Zeit hat man in der Psychologie der Tatsache kaum Beachtung geschenkt, daß in jede Theorie vom menschlichen Verhalten und Erleben, aber auch in jedes methodische Verfahren wesentliche, aber zumeist ungeprüfte Annahmen über den Menschen und seine Natur mit eingegangen sind.

> Folgender Widerspruch ist erst in jüngerer Zeit in den Blickpunkt der Psychologie gerückt: Zum einen wird der Mensch als Wesen gesehen, das seine Umwelt aktiv wahrnimmt, sich mit ihr auseinandersetzt und daraufhin handelt. Andererseits wird derselbe Mensch als Versuchsperson im Experiment in eine Situation gebracht, in der ihm keine eigenständige Aktivität und selbständigen Bewertungsfunktionen zugeschrieben werden. Dort hat er nämlich lediglich passiv auf die Reizbedingungen des Versuchsleiters zu reagieren. Mit der Feststellung: „Die gute Versuchsperson denkt nicht" (BUNGARD, 1980) wird diese naive Betrachtungsweise sehr anschaulich wiedergegeben. Tatsächlich ist jedoch davon auszugehen, daß der Mensch als Versuchsperson sehr wohl denkt; er setzt sich nämlich auch in der experimentellen Situation aktiv mit den Reizgegebenheiten auseinander. Er stellt Vermutungen darüber an, was Ziel der Untersuchung sein könnte, an der er teilnimmt, und in Abhängigkeit von den Ergebnissen seiner Überlegungen ist er womöglich bereit (ohne daß ihm dies gegenwärtig sein muß), die Erwartungen des Versuchsleiters entweder zu erfüllen oder ihnen entgegenzuwirken. Mit der Einsicht, daß die Versuchsperson im Experiment von seiten des Versuchsleiters nicht leicht zu kontrollierende Interpretationen vornimmt, ist verbunden, daß zahlreiche als abgesichert geltende Ergebnisse der Psychologie grundsätzlich in Frage gestellt werden müssen.

In der Psychologie lassen sich mehrere fundamentale theoretische Ansätze unterscheiden, die jeweils bestimmte Menschenbilder implizieren, z.T. auch explizieren. Im folgenden sind allerdings nur jene Ansätze zu skizzieren, die für die Pädagogische Psychologie von Bedeutung sind. Dazu lassen sich der behavioristische, der kognitive, der humanistische und der handlungstheoretische Erklärungsansatz rechnen.

1.2.1 Der behavioristische Ansatz

In seinem grundlegenden Werk trifft WATSON (1930), der Begründer des Behaviorismus, folgende Feststellung:

> „Der Behaviorist fragt: Warum machen wir nicht das, was wir beobachten können, zum eigentlichen Gebiet der Psychologie? Wir wollen uns auf Dinge beschränken, die beobachtbar sind, und Gesetze formulieren, die sich nur auf solche Dinge beziehen. Was aber können wir beobachten? Wir können Verhalten beobachten – das, was der Organismus tut und sagt."

13

WATSONs Forderung, in der Psychologie nur Beobachtbares zum Gegenstand der Forschung werden zu lassen, wurde konsequent in die sog. S-R-Psychologie (S = Stimulus, Reiz; R = Reaktion, Verhalten) umgesetzt. Aufgabe der Psychologie ist danach das Registrieren von Reizen einerseits, also von Umweltbedingungen, und Verhaltensweisen des Organismus andererseits. Da Phänomene wie Bewußtsein, Seele usw. für den Behavioristen als Forschungsgegenstand nicht in Frage kamen, bot sich als Forschungsobjekt nicht nur der Mensch, sondern ebenso das Tier an.

Die S-R-Psychologie hoffte, mit der Aufdeckung von Reiz-Reaktions-Verbindungen die Voraussetzungen zu verbessern, bei Darbietung oder Identifikation eines Reizes vorhersagen zu können, welche Verhaltensweisen als Reaktionen diesem folgen werden. Die Kenntnis psychologisch relevanter Zusammenhänge sollte weiterhin dazu befähigen, bei Auftreten einer Verhaltensweise zu spezifizieren, welcher Reiz sie ausgelöst hat (bzw. welche Reize sie ausgelöst haben).

> Auf innere Prozesse wie z.B. Denken oder Fühlen richtete sich das Interesse des Behavioristen nicht. Die Person wird als eine *black box* konzipiert. Der Behaviorist leugnet damit zwar keine inneren Prozesse; er kann diese aber nur dann zum Gegenstand seiner Forschungen machen, wenn sie der objektiven Messung zugänglich sind (so kennzeichnete WATSON das Denken z.B. als „subvokales Sprechen" und Gefühle als „gelerntes und ungelerntes Verhalten der Eingeweide").

Da sich die Behavioristen auf die Erforschung beobachtbarer Gegebenheiten beschränkten, lag es für sie nahe, eine Annahme in ihren Ansatz zu integrieren, die vor allem auf den englischen Philosophen John LOCKE (1632-1704) zurückzuführen ist. LOCKE lehrte, daß der Mensch als „unbeschriebenes Blatt" (*tabula rasa*) auf die Welt käme, und erst die nachfolgenden Erfahrungen würden dieses beschreiben. Wenn man also zu erklären hat, warum Menschen, die sich objektiv in gleichen Situationen befinden, unterschiedliche Verhaltensweisen offenbaren, braucht man nur aufzudecken, welche jeweils spezifischen Lernerfahrungen sie im Verlauf ihres bisherigen Lebens gesammelt haben.

Mit der Überzeugung der Behavioristen, daß Verhalten durch Umwelteinflüsse zu verändern und zu kontrollieren ist, wird deren außerordentliches Interesse zur Erforschung des Lernens und seiner Bedingungen verständlich. Ebenso wie Papier passiv zu „erdulden" hat, daß es beschrieben wird (der auf LOCKE zurückführbare Vergleich), sieht der Behaviorist auch in dem heranwachsenden Menschen ein *reaktives, passives Wesen*; Verhaltensweisen können nur auftreten, wenn (identifizierbare) Reize sie auslösen. Die Frage, wie Menschen aktiv selbst auf ihr eigenes Verhalten und auf ihre Umwelt einzuwirken vermögen, war bei dem für verbindlich erklärten methodischen Zugang, sich auf das beobachtbare Verhalten zu beschränken, gar nicht erst zu stellen.

Mit dem außerordentlich großen Interesse für das Lernen ist zwischen dem Behavioristen und dem Lehrer zweifellos sehr schnell eine Gemeinsamkeit herzustellen. Für die meisten Pädagogen dürfte diese Gemeinsamkeit aber ebenso schnell ihre Grenzen finden, weil sie im Schüler keinen Menschen zu sehen vermögen, der sich nur passiv und reaktiv verhält, dem man nur die geeigneten Reizbedingungen präsentieren muß, um das gewünschte Verhalten hervorzurufen. Viele Lehrer dürften WATSON nicht zustimmen, daß die Änderung der Persönlichkeit ebenso leicht sei „wie die der Form einer Nase, nur dauert es etwas länger" (WATSON, 1930). Menschen sind nicht so reizabhängig und beliebig von außen kontrollierbar, daß aus ein und demselben Individuum nach Belieben ein Arzt, ein Dieb oder ein Nobelpreisträger in Physik zu machen wäre. Der Mensch ist keine Maschine, kein programmierbarer Roboter.

1.2.2 Der kognitive Ansatz

Die planmäßige Beobachtung von Säuglingen zeigt, daß diese während ihrer wachen Stunden nicht nur auf Reize reagieren. Sie setzen sich vielmehr aktiv mit ihrer Umwelt auseinander. „Der Säugling ist neugierig und wartet nicht darauf, daß sich in seiner Umwelt irgendetwas ereignet, sondern macht die Ereignisse selbst ausfindig und ist immer um Verhältnisse bemüht, die ihn stimulieren und anregen" (GINSBURG und OPPER, 1978).

Aus der Sicht des kognitiv orientierten Psychologen – wie z.B NEISSER (1976) – ist der Mensch nicht passiv, sondern aktiv. Diese Aktivität erschöpft sich allerdings nicht im Aufsuchen neuer Reizsituationen; der wahrgenommene Reiz wird vielmehr interpretiert; er erfährt durch den Wahrnehmungsprozeß eine Veränderung.

Umweltreize stellen für den kognitiven Psychologen nicht einfach Verhaltensauslöser im mechanistischen Sinne dar. Reizen wird vielmehr Bedeutung zugeschrieben. Ein und derselbe Reiz, z.B. eine Figurenanordnung auf dem Schachbrett, kann völlig unterschiedlich wahrgenommen werden. Für das Kleinkind stellen die Figuren möglicherweise attraktive Objekte dar, die man in den Mund stecken und mit denen man spielen kann. Für den Anfänger im Schachspielen ist die gleiche Reizgegebenheit eine komplizierte, unüberschaubare Konstellation. Für den Angehörigen der Meisterklasse bedeutet das Reizbild eine eindeutige Partie in der Schlußphase, die nach weiteren drei Zügen nur remis enden kann. Ebenso werden die schwarzen Zeichen auf dieser Seite für den Wahrnehmenden zu Buchstaben, die sich zu Wörtern und zu Sätzen zusammenfügen lassen. Wer die Zeichen zu lesen versteht, wird zum Empfänger von Informationen. Diese Informationen werden mit bereits Bekanntem verglichen, eventuelle Unvereinbarkeiten werden geklärt, das Neue wird in die vorhandene Kenntnisstruktur eingefügt. „Wahrnehmen, Bedeutung zuschreiben, Abrufen und Vergleichen mit Gedächtnisinhalten sowie Entscheidungen treffen sind nur einige Stationen eines vermuteten kognitiven Prozesses, der Einfluß auf das Verhalten nehmen kann" (MIETZEL, 1979).

Zwischen dem physikalisch meßbaren Reiz und dem objektiv zu erfassenden Verhalten wird also das Ablaufen komplizierter Prozesse behauptet, die der kognitiv orientierte Psychologe bei seinen Forschungsaktivitäten mitberücksichtigt. Ihn leitet dabei die Überzeugung, daß eine Mißachtung dieser Prozesse zwangsläufig zur Folge haben muß, daß nur noch ein sehr eingeschränkter Teil menschlichen Verhaltens angemessen zu erklären ist. Zur Illustration vergegenwärtige man sich folgendes Beispiel: Zwei Schüler werden von ihrem Lehrer in identischer Weise gelobt; beide reagieren darauf jedoch uneinheitlich. Der eine steigert seine Leistun-

15

gen, während der andere auf dem gleichen Niveau verharrt. Der Behaviorist könnte in dem Versuch, diese Verhaltensunterschiede zu erklären, noch die Möglichkeit einer jeweils unterschiedlichen Lerngeschichte in Betracht ziehen. Der kognitiv orientierte Psychologe würde diese Erklärung ohne weiteres akzeptieren können; sie erscheint ihm jedoch in keiner Weise erschöpfend. Für ihn stellt sich die weitergehende Frage, ob sich als Folge der behaupteten, jeweils unterschiedlichen Lerngeschichte relevante Unterschiede im kognitiven Bereich der beiden Kinder nachweisen lassen. Möglicherweise deckt er im Rahmen seiner Studien auf, daß die beiden Schüler das Lehrerlob sehr unterschiedlich interpretiert haben: der eine sieht darin eine Bestätigung seiner hohen Begabung; der andere, der sich für wenig befähigt hält, vermag nicht zu erkennen, daß er die positive Stellungnahme des Lehrers überhaupt verdient hat; deshalb kann sie ihn nicht motivieren.

Für den kognitiv orientierten Psychologen hat die Aktivität des Menschen noch eine weitere Dimension: Der Mensch setzt sich nicht nur – wie die aufgeführten Beispiele zeigen – kognitiv mit seiner Umwelt auseinander, sondern er wirkt auch aktiv, verändernd auf diese ein. Wegen der unterschiedlichen Verarbeitung des Lehrerlobs durch die beiden Schüler reagieren diese ebenfalls ungleich; sie beeinflussen dadurch ebenso den Lehrer und dessen kognitive Prozese in jeweils spezifischer Weise. Der Lehrer könnte z.B. den Schüler, der seine Leistungen steigerte, freundlicher behandeln als den zweiten. Dieses Lehrerverhalten hat sodann wiederum seine spezifischen Auswirkungen auf die beiden Schüler. Letztlich kommt also menschliches Verhalten durch einen dynamischen Interaktionsprozeß (vgl. LANTERMANN, 1980) zustande, d.h., die von den Interaktionspartnern vorgenommenen Interpretationen bedingen sich wechselseitig. Aus diesem Grunde müßte ein kognitiver Psychologe folgender Feststellung des Behavioristen SKINNER (1971) vehement widersprechen: „Was immer wir tun und folglich, wie immer wir es auch wahrnehmen, die Tatsache bleibt, daß es die Umwelt ist, die auf die wahrnehmende Person einwirkt. Es ist nicht die wahrnehmende Person, die auf die Umwelt einwirkt."

1.2.3 Der humanistische Ansatz

Die wesentlichen Aussagen der Humanistischen Psychologie sind keineswegs neu; vielmehr bringt sie Gedanken zum Ausdruck, die in der Geschichte der Philosophie und der Pädagogik bereits einen breiten Raum einnehmen. Gegenwärtig lassen sich unter der Bezeichnung humanistische Psychologie z.T. widersprüchliche Strömungen nachweisen, die allerdings auch gewisse Gemeinsamkeiten aufweisen. Eine dieser Gemeinsamkeiten ist ihre Distanzierung von einem deterministischen, d.h. von einem „von außen" bestimmten Menschenbild. Humanisten sehen den Menschen als selbstreflektierendes, selbstbestimmendes Wesen. Damit verwerfen sie z.B. solche psychoanalytischen Vorstellungen, wonach menschliches Verhalten entscheidend von unbewußten Triebkräften bestimmt wird. Sie heben sich auch von Behauptungen der Behavioristen ab, daß der Mensch primär durch Reizeinwirkungen von seiten der Umwelt kontrolliert und manipuliert würde.

16

Für den Humanistischen Psychologen rückt vor allem in den Blickpunkt, „wie Menschen von den persönlichen Bedeutungen bestimmt und geleitet werden, die sie ihren Erfahrungen beimessen. Es ist ein Standpunkt, der im Brennpunkt nicht so sehr die Triebe der Menschen hat, sondern ihre Ziele; nicht so sehr die Reize, die auf sie treffen, sondern die Wünsche, etwas zu sein oder zu tun; nicht so sehr ihre vergangenen Erfahrungen, sondern deren aktuelle Umstände; nicht so sehr die ,Umweltkräfte' als solche, sondern die Wahrnehmung dieser Kräfte. Somit ist die Betonung mehr auf den *subjektiven Qualitäten* menschlicher Erfahrungen, der persönlichen Bedeutung, die Erfahrungen für Menschen haben und weniger auf deren objektiven, beobachtbaren und meßbaren Verhaltensweisen" (HAMACHEK, 1979)

Der Widerstand der „Humanisten" richtet sich gegen Fremdbestimmung und damit auch gegen eine hochtechnisierte Welt, die den Menschen zu einem Spielball macht. Menschen, Schüler ebenso wie ältere Personen, sollen in die Lage versetzt werden, *sich selbst* zu entdecken. Das eigene Selbstverständnis ist von zentraler Bedeutung, denn es gestattet dem Menschen, seine Stärken und Schwächen zu erkennen. Die Humanisten gehen davon aus, daß das Verhalten des Menschen bestimmt wird von seinen Gefühlen, Einstellungen, Glaubensüberzeugungen, seinen Hoffnungen, Wahrnehmungen und vor allem von seinen Zielsetzungen. Mit einem positiven Selbstbild werden günstige Voraussetzungen geschaffen, um in eigener Verantwortung jene Ziele auswählen zu können, durch die der einzelne sich „selbst zu verwirklichen" vermag. Diese Feststellungen betonen zugleich die Bedeutung der Zukunftsperspektive und Zielgerichtetheit: „Der Mensch lebt zielgerichtet (intentional), sein Leben wird durch Werte und Sinngebung bestimmt" (v. SCHEIDT, 1981).

„Von FREUD lernten wir, daß die Vergangenheit jetzt in der Person existiert. Nun müssen wir lernen ..., daß die Zukunft auch jetzt in Form von Ideen, Hoffnungen, Zielen, unverwirklichten Potentialen, als Schicksalsauftrag, als Bestimmung usw. existiert. Jemand, für den keine Zukunft besteht, ist zum Konkreten, zur Hoffnungslosigkeit, zur Leere verkümmert" (MASLOW, 1962).

Die Humanisten (z.B. MASLOW, 1968, 1970; ROGERS, 1969, 1970) versuchen, jene Bedingungen darzustellen, die die behauptete menschliche Eigen-Initiative und Selbstverantwortlichkeit fördern. Dies geschieht nach ihrer Überzeugung, indem man dem Lernenden eine warme und akzeptierende Umgebung schafft.

Nach den Vorstellungen Humanistischer Psychologen „sollten Schüler eine aktive Rolle bei der Entscheidung darüber spielen, was und wann gelernt werden soll. – Lernende sollten ihre eigenen Zielrichtungen auswählen, ihre eigenen Probleme formulieren, ihre eigenen Lernmöglichkeiten entdecken, über ihre eigenen Handlungswege entscheiden und mit deren Konsequenzen leben. Sie (Humanistische Psychologen) glauben weiterhin, daß Schüler die Hauptverantwortung bei der Bewertung ihrer Aktivitäten und ihrer Arbeit übernehmen sollten" (VANDER ZANDEN, 1980).

Eine weithin gesehene Schwäche des humanistischen Ansatzes liegt in dem Gebrauch unzureichend definierter Begriffe, deren Überwindung erst in den Ansätzen steckt. Die Aussage, höchstes Ziel des Menschen sei die Selbstverwirklichung, hört sich ebenso anspruchsvoll an wie die Forderung, man solle den Lernenden in der Entdeckung unterstützen, wer er ist und wie er werden möchte. Worin unterscheidet sich aber nun ein Mensch, der dem Ziel der Selbstverwirklichung näher ist, von einem anderen, der von diesem Ziel noch weit entfernt ist? Weiß der Lehrer, was er konkret tun soll, wenn er die Empfehlung erhält, sich nicht weiter als Informationsvermittler und als Leistungsbewerter zu verstehen, sondern stattdessen alles zu tun, was dem Schüler Handlungsfreiheit gewährt, was Selbstentscheidungen ermöglicht? Es ist leicht, sich *gegen* zu straffe Reglementierung, externen Druck, Wettstreit als Mittel der Motivierung, irrelevante Unterrichtsinhalte usw. sowie *für* Selbstkontrolle, partnerschaftliche Lehrer-Schüler-Atmosphäre usw. auszusprechen. Viel schwieriger ist es, den Nachweis zu erbringen, daß eine auf diese Weise „humanisierte" Schule Absolventen entläßt, die den Anforderungen in Beruf, Freizeit und Familie vergleichsweise besser gewachsen sind und sich insgesamt als glücklicher erleben.

1.2.4 Der handlungstheoretische Ansatz

In der Arbeitspsychologie östlicher Provinienz hat man der Handlungstheorie bereits seit langem eine zentrale Stellung eingeräumt (HACKER, 1973; VOLPERT, 1980). In der westlich ausgerichteten Psychologie vollzog sich erst im Verlauf der siebziger Jahre ein „Wechsel von der Verhaltens- zur Handlungswissenschaft" (GROEBEN, 1981). Er wurde weithin mitvollzogen, denn in nahezu allen psychologischen Teildisziplinen und Forschungsbereichen finden sich handlungstheoretische Modelle, so z.B. zur Erklärung des prosozialen Verhaltens (PLATZKÖSTER, 1983), der Leistungsmotivation (HECKHAUSEN; 1980), des Sprechens (HERRMANN, 1982), der Klinischen Psychologie (QUEKELBERGHE und EICKELS, 1982) oder des Unterrichts von Lehrern (HOFER, 1981). Was aber ist das Besondere des handlungstheoretischen Ansatzes?

Die Wende zum kognitiven Ansatz stellte – wie oben ausgeführt – gegenüber dem behavioristischen einen Fortschritt dar, denn er hellte die *black box* von SKINNER auf. Aber auch dem kognitiven Ansatz sind einige Schwachstellen angekreidet worden. Man kritisierte vor allem die Überbetonung kognitiver Prozesse in der Verhaltenssteuerung. Man hat zu bedenken gegeben, daß sich der Mensch in vielen alltäglichen Entscheidungssituationen nicht so rational – wie in zahlreichen Beiträgen kognitiver Orientierung implizit angenommen – verhalten dürfte. Da der Mensch nur eine beschränkte Informationsverarbeitungskapazität hat, wäre die Anpassung an die Umwelt in Frage zu stellen, wenn sie nur kognitiv zu erfolgen hätte. In vielen Alltagssituationen, so z.B. wenn man das Frühstück bereitet oder Auto fährt, werden bestimmte Aufgaben hochgradig automatisiert bzw. routinemäßig erledigt (diese Feststellung ist allerdings grundsätzlich auch von einigen Autoren kognitiver Orientierung zu übernehmen. So geht z.B. LANGER, 1978, ebenfalls von automatisierten Verhaltensweisen aus, die „gedankenlos" und ohne Aufmerksamkeitszuwendung ablaufen). Weiterhin gibt es viele Verhaltensweisen, bei denen Emotionen eine stärkere Rolle spielen als der kognitive Ansatz traditionell berücksichtigt hat.

Aus diesen und weiteren Überlegungen leiten die Handlungstheoretiker den integrativen Anspruch ab, psychologische Probleme ganzheitlicher und prozeßhafter

18

zu betrachten. Das Tun des Menschen ist als „System von aufeinanderbezogenen Kognitionen, Gefühlen und Verhaltensweisen" (SCHIEFELE und KRAPP, 1981) zu konzipieren oder – mit anderen Worten – als eine Handlung.

Handlungstheoretiker – so heterogen ihre jeweiligen Ansätze auch sein mögen – differenzieren also zwischen dem Verhaltens- und dem Handlungsbegriff. Für Handlungstheoretiker – wie z.B. WERBIK, LANTERMANN, LENK und von CRANACH – ist *Verhalten*, ähnlich wie bei WATSON, alles das, was an menschlicher Aktivität registriert werden kann. Die *Handlung* fassen sie demgegenüber als ein theoretisches Konstrukt (s. S. 6), denn darunter wird eine zielgerichtete, bewußte, geplante und beabsichtigte Tätigkeit verstanden. Eine Handlung ist ein komplexer Prozeß, der neben dem offen gezeigten Verhalten eine Reihe von kognitiven und emotionalen Prozessen – die sich wechselseitig beeinflussen – mit einschließt.

Vor allem die von den Handlungstheoretikern angenommenen ständig erfolgenden Rückkoppelungs-Prozesse, die z.T. völlig automatisiert, unbewußt ablaufen, und die Annahme verschiedener Kausalitätsrichtungen dürften der menschlichen Verhaltenskomplexität angemessen sein. Allerdings gibt es noch zahlreiche theoretische und methodische Probleme, die zunächst zu lösen sind, bevor handlungstheoretische Konzeptionen in der pädagogisch-psychologischen Praxis eingesetzt werden können.

1.2.5 Integrationsversuch mehrerer Ansätze

Keiner der oben skizzierten Ansätze zur Erklärung menschlichen Verhaltens kann als umfassend bezeichnet werden. Im übrigen wären ihnen noch weitere hinzuzufügen, so z.B. der Psychoanalytische Erklärungsansatz oder die Kritische Psychologie HOLZKAMPs. Vordergründig könnte man zu dem Ergebnis gelangen, daß der Theorienpluralismus und der Streit, der zwischen Anhängern verschiedener Richtungen ausgefochten wird, einen beklagenswerten Zustand und damit zugleich die Unreife der Psychologie abbilden. Sollte man dieser wissenschaftlichen Disziplin angesichts der dargestellten Situation empfehlen, möglichst bald eine Einheitskonzeption vorzulegen?

Bereits vor längerer Zeit hat sich HOFSTÄTTER (1957) gegen dogmatische Intoleranz gewehrt und die Ansicht vertreten, daß von Richtungen und Psychologien nicht gesprochen werden sollte, denn „fast ausnahmslos handelt es sich um eine ... unerkannte Arbeitsteilung, wobei die Schule X einen Teilbereich des Faches kultiviert, dem die Schule Y nur geringes Interesse entgegenbringt". Diese Forderung gilt ganz besonders auch für die in diesem Rahmen als sehr umfassend konzipierte Pädagogische Psychologie. Jede Richtung arbeitet bestimmte Aspekte des Untersuchungsgegenstandes mehr heraus und vernachlässigt andere. Nur bei Berücksichtigung mehrerer Ansätze kann erwartet werden, daß ein Ausgleich der jeweiligen Schwächen wenigstens bis zu einem gewissen Grade erfolgen kann.

Können aber auch mehrere unterschiedliche Menschenbilder, die den einzelnen theoretischen Erklärungsansätzen zugrundeliegen, gleichermaßen „richtig" sein? Prinzipiell lassen sich entworfene Modelle wie folgt voneinander abheben:

1. Der Mensch ist passiv, seine Umgebung aktiv.
2. Der Mensch ist aktiv, seine Umgebung passiv.
3. Der Mensch ist ebenso wie seine Umgebung aktiv.

Die zuerst genannte Sichtweise vertritt der orthodoxe Behaviorismus. Seine Anhänger betrachteten den Menschen als ein von der Umwelt determiniertes Wesen. In diesem mechanistischen Modell der Maschinen-Analogie ist die Umwelt des Individuums der Auslöser für Verhalten und dessen Veränderung.

Die zweite Sichtweise, die von einigen kognitiven und humanistischen Psychologen vertreten wird, versucht das Verhalten und seine Veränderung durch Inanspruchnahme von Gegebenheiten im Individuum zu erklären. Die Umwelt kann auf die Entwicklung des Menschen nur förderlich oder hindernd wirken.

Einige kognitive Ansätze gehen ebenso wie die Handlungstheorien von einer „echten" Interaktion aus. Das Individuum verändert sich nicht nur aufgrund von Einwirkungen durch die Umwelt; ebenso wirkt das Individuum gestaltend und damit verändernd auf seine Umwelt. Diese Sichtweise beinhaltet, daß der Mensch „seine Existenz reflektiert und sich gegen die aus der Vergangenheit abgeleiteten Vorhersagen entscheiden kann" (ECKENSBERGER, 1982).

Auch diese grundlegenden Modelle vom Menschen müssen sich nicht unbedingt wechselseitig ausschließen. Der Mensch ist sicherlich sowohl aktiv als auch passiv, sowohl ein bestimmtes (determiniertes) wie ein bestimmendes (determinierendes) Wesen. Der Mensch ist auch ein über sich selbst reflektierendes und ein „irrationales", emotionales Wesen. „So vielfältig der Mensch selbst ist, so vielfältig müßten auch die Ansätze sein, ihn zu begreifen" (BALMER, 1982). Dies gilt in gleicher Weise für die Pädagogische Psychologie, die nicht nur einzelne Aspekte des Lehr- und Lernprozesses, sondern das gesamte Geschehen im Blickpunkt behalten muß.

In einer Pädagogischen Psychologie, für die das Wissen um das Lernen und seine Bedingungen von zentraler Bedeutung ist, sind die unter behavioristischer Orientierung geleisteten Forschungen von hohem Wert.

Zu einem besseren Verständnis komplexerer kognitiver Prozesse, wie z.B. Problemlösen, kreatives Denken, Gedächtnis usw., gelangt der Pädagogische Psychologe über die Beiträge kognitiv orientierter Psychologen.

Auch pädagogisch relevante Zielsetzungen der Humanistischen Psychologen, z.B. die Forderung nach einem Abbau von Fremdkontrolle des Lernenden und nach größerer Übertragung von Eigenverantwortung, stellen für die Pädagogische Psychologie eine Herausforderung dar, zu der sie Stellung zu nehmen hat. Ebenso wie die „Humanisten" anerkennen auch die Pädagogischen Psychologen die Notwendigkeit, daß besondere Fähigkeiten eines Menschen erkannt werden und daß alles zu tun ist, damit diese zur bestmöglichen Ausprägung gelangen.

Schließlich sind auch die Beiträge der Handlungstheorie zu begrüßen. Sie betont die verhaltenssteuernde Funktion von Zielen, von Gründen, die in der Zukunft liegen. Sie hat einen komplexen konzeptuellen Rahmen geschaffen, der u.a. auch ein besseres Verständnis der Lehrerpersönlichkeit und seiner Handlungen eröffnen könnte. Die Handlungstheorien fassen den Interaktionismusbegriff wörtlich als Interaktion und nicht als Interreaktion; sie können damit eine sicherlich angemessene Betrachtung der Lehrer-Schüler-„Interaktion" vornehmen.

1.3 Zur Kennzeichnung der Pädagogischen Psychologie

Die Probleme bei der allgemeingültigen Bestimmung des Gegenstandsbereichs der Psychologie gelten auch für die Pädagogische Psychologie, die „eine der ältesten und traditionsreichsten Teildisziplinen der Psychologie" (HERZOG, 1984) darstellt: „Eine allgemein anerkannte Definition dieses Teilgebietes der Psychologie existiert bisher nicht" (BRUNNER und ZELTNER, 1980).

Man kann die Grenzen der Pädagogischen Psychologie enger oder auch weiter ziehen. Bei einer engeren Sichtweise beschränkt sich die Pädagogische Psychologie auf das Untersuchungsfeld Schule. Man kann aber ebenso das Gebiet der Pädagogischen Psychologie so weit fassen, daß Lehr- bzw. Unterrichtsprozesse innerhalb und außerhalb der Institution Schule in sämtlichen Altersstufen zum Forschungsgegenstand werden: „Der Mensch im Umfeld der Erziehung ist Thema dieser Wissenschaft" (HEINELT, 1983). Das vorliegende Buch ist bezüglich seiner Darstellung weder eindeutig der engeren noch der weiteren Sichtweise zuzuordnen, wenngleich es eine klare Akzentuierung von Themen vornimmt, die mit schulischem Lernen und der dort gegebenen Instruktion in Beziehung stehen.

Bei dem folgenden Versuch, die Pädagogische Psychologie zu kennzeichnen, sollen zunächst Abgrenzungsfragen dieser Disziplin aufgeworfen werden. Es ist zu fragen, ob die Pädagogische Psychologie ein selbständiges Fachgebiet mit eigenständigen Fragestellungen, Methoden und Inhalten zu repräsentieren vermag. Es ist in einem nächsten Abschnitt auf die Ziele der Pädagogischen Psychologen einzugehen. Versteht sich der Pädagogische Psychologe als „Techniker", der unreflektiert Zielbestimmungen übernimmt und der sich in seiner Aufgabenstellung darauf beschränkt, Wege zu entdecken und aufzuzeigen, die ein besseres Erreichen der vorgegebenen Ziele erwarten lassen, oder hat die Pädagogische Psychologie auch eine gesellschaftspolitische Verantwortung? Anhand von zwei Beispielen ist in der nachfolgenden Darstellung aufzuzeigen, wie problematisch Beiträge einer Pädagogischen Psychologie sein können. Schließlich ist ein konzeptueller Rahmen zu beschreiben, aus dem sich die Themen der nachfolgenden Kapitel ableiten lassen.

1.3.1 Abgrenzung der Pädagogischen Psychologie

Die Pädagogische Psychologie enthält die Namen zweier Wissenschaften, „Psychologie" und „Pädagogik". Die Diskussion um das grundsätzliche Verhältnis beider zueinander ist ebenso alt wie kontrovers; sie wird zumeist auf der Dimension „theoretische Wissenschaft/praktisches Handeln" geführt. Bis heute lassen sich mindestens drei verschiedene Konzeptionen voneinander unterscheiden:

1. Der Pädagogischen Psychologie fällt die Aufgabe zu, jene Forschungsergebnisse auszuwählen und mitzuteilen, *die für Lehrer und Erzieher relevant sind.* Welche psychologischen Sachverhalte wären aber für Lehrer und Erzieher nicht von Bedeutung? Pädagogisch aufschlußreiche Informationen lassen sich in allen Teilbereichen der Psychologie entdecken, nicht nur in der Entwicklungspsy-

chologie, sondern ebenso in der Persönlichkeits-, Lern-, Motivations-, Sozial-, Klinischen Psychologie usw. Durch diese Konzeption würde die Pädagogische Psychologie zu einem „Sammelsurium" (EWERT, 1979); sie wäre nicht mehr als eine mehr oder weniger beliebige und unverbindliche Sammlung von allgemein-psychologischen Fakten und Gesetzmäßigkeiten.

2. Gegen ein solches Verständnis von Pädagogischer Psychologie hat man bereits sehr früh Einwände erhoben (z.B. JAMES, 1899). Die Kritiker bemängelten, daß es nicht ohne weiteres möglich wäre, aus Erkenntnissen, die meist auf Laborexperimenten basierten, Anweisungen für den Unterricht abzuleiten. Lernkurven, die beispielsweise aufgrund des Einprägens sinnloser Silben entstanden sind, lassen keine kritiklose Übertragung auf das Lernen im schulischen Unterricht zu. Folglich müßten Prinzipien und Methoden, die man in der Psychologie entwickelt hat, zunächst in der pädagogischen Situation erprobt werden, damit sie dann zur Lösung pädagogischer Probleme beitragen können.

Nach dieser zweiten Konzeption stellt die Pädagogische Psychologie ein *eigenständiges Teilgebiet der Angewandten Psychologie* dar, das sich der Theorien und des Methodenarsenals der Psychologie bedient, um sie auf Phänomene innerhalb des pädagogischen Kontexts zu übertragen.

3. Auch dieses zuletzt genannte Verständnis von Pädagogischer Psychologie hat man als unzureichend kritisiert. Man wies den Versuch als unhaltbar zurück, in anderen psychologischen Bereichen entwickelte Theorien zur Aufhellung der Erziehungs- und Unterrichtsprozesse in Anspruch zu nehmen. Die vielfältigen Wechselwirkungen, die außerordentliche Komplexität des Unterrichtsgeschehens, die spezifischen sozialpolitischen sowie institutionellen Randbedingungen und Einflußgrößen, vor allem aber spezifische pädagogische Ziele und Entscheidungssituationen verlangen eine Pädagogische Psychologie mit *eigenständigem Forschungsansatz*.

Tatsächlich ist festzustellen, daß die Pädagogische Psychologie seit den sechziger Jahren auf dem Wege ist, sich zu einer „Theorie der Praxis" (EWERT, 1979) bzw. einer eigenständigen Fachrichtung mit eigenem umgreifenden theoretischen Bezugsrahmen und spezifischen Methoden zu entwickeln (FARLEY und GORDON, 1981). Vor allem im schulischen Bereich ist dieses Selbstverständnis der Pädagogischen Psychologie akzeptiert worden. Dieses wird z.B. durch die neue Förderungsdiagnostik (KORNMANN et al., 1983) oder die Instruktionspsychologie (GLASER, 1982) dokumentiert.

HERRMANN (1979) würde die Pädagogische Psychologie als „Technologie" einstufen und sie von der der Psychologie als „reiner Wissenschaft" abheben. Das Verhältnis von Pädagogischer Psychologie und Psychologie ist am besten mit einem Vergleich zu verdeutlichen: Es entspricht dem Verhältnis von Ingenieurwissenschaften zur Physik. Während der Physiker spekulativem Denken freien Raum geben kann und nicht in Kategorien von Nützlichkeit und Anwendbarkeit zu denken braucht, muß der Flugzeugkonstrukteur zwar über physikalische Kenntnisse verfügen; er darf (soll) auch experimentieren; sein Endziel bleibt dabei stets auf die Fertigstellung einer „effektiven" Konstruktion gerichtet. Das Flugzeug sollte also beispielsweise sicher sein, bezüglich seiner Kosten dem Wettbewerb des Marktes standhalten usw.

Ebensowenig wie Ingenieuren und Flugzeugkonstrukteuren die „Wissenschaftlichkeit" abzuerkennen ist, hat sich auch die Pädagogische Psychologie an grundsätzliche Kriterien wissenschaftlicher Arbeitsweisen zu halten. Neben *Analyse und Verstehen der Erziehungswirklichkeit* hat sie gegenüber der allgemeinen Wissenschaftsdisziplin einen erweiterten Anspruch: Sie will zur *Effizienzsteigerung, zur Optimierung des Lehr- und Lernprozesses beitragen.*

> Ein typischer Vertreter dieser Sichtweise ist BRUNER (1966c), denn er stellt fest, daß z.B. die allgemeinpsychologische Lerntheorie „aus Verhaltensbeschreibungen in Situationen herausdestilliert worden ist, in denen die Gestaltung der Bedingungen entweder erfolgte, um eine bessere Beobachtung von Lernverhalten zu ermöglichen oder wegen eines theoretischen Interesses an einem besonderen Aspekt des Lernens. ... Aber eine Theorie der Instruktion, die zum Kernpunkt einer Pädagogischen Psychologie gehören muß, ist grundsätzlich an der Klärung interessiert, wie Bedingungen zu gestalten sind, damit das Lernen in Einklang mit verschiedenen Kriterien zu optimieren ist".

Das zuletzt herausgestellte Selbstverständnis der Pädagogischen Psychologie eröffnet eine gute Chance, eine bis zur Gegenwart zu konstatierende unbefriedigende Situation zu überwinden, die sie mit einem Bein im praktischen Erziehungsprozeß (bzw. im Klassenzimmer), mit dem anderen in der psychologischen (Grundlagen-)Forschung (im Experimentalraum) stehen läßt. Durch eine derartige Spagatstellung befindet sich diese Disziplin aber leider nicht in der Mitte von beiden Aktivitätsfeldern, sondern im „Niemandsland", sagt GRINDER (1981), der darüberhinaus feststellt: „Das Überleben der Pädagogischen Psychologie hängt davon ab, ob sie die Kluft zwischen exakter Wissenschaft und pädagogischer Praxis überwindet, damit sie zu einem echten Mittler wird." Somit wird ein Weg gewiesen, dessen Ziel sicherlich nicht einfach zu erreichen ist. Sofern man nämlich das Konzept der interaktionistischen Komplexität des Erziehungsgeschehens konsequent weiterdenkt, betritt man „einen Spiegelsaal, der sich ins Unendliche ausdehnt" (CRONBACH, 1975). Konkret führt die Berücksichtigung der alltäglichen Komplexität z.B. zu folgender Aussage: Eine bestimmte Unterrichtsmethode A hat den Effekt X nur noch bei bestimmten Lehrern, bei bestimmten Schülern, in bestimmten Altersstufen, bei bestimmten institutionellen Randbedingungen, in bestimmten Unterrichtsfächern usw.

Man wird notwendigerweise neue Forschungsansätze entwickeln müssen, denn einerseits soll die pädagogisch-psychologische Forschung erziehungsrelevante, anwendbare Informationen liefern, sich andererseits aber auch „einwandfreier" Methoden bedienen und Theorien vorlegen, die einen hohen Erklärungswert aufweisen. Der Konflikt zwischen beiden Zielen liegt auf der Hand. Zu seiner Lösung gibt es zwar Ansätze (vgl. hierzu SNOW, 1974; RÜPPELL und RUDINGER, 1979); aber vor einem zu großen Optimismus seitens der Praktiker muß gewarnt werden: „Für die Pädagogische Psychologie als Wissenschaft ist es völlig unmöglich, fertige Handlungsregeln für alle nur denkbaren, pädagogischen Situationen zur Verfügung zu stellen" (HUBER et al., 1984).

1.3.2 Das Normenproblem in der Pädagogischen Psychologie

Sicherlich wird es der Pädagogischen Psychologie bei ihrer Aufgabenbestimmung auch nicht erspart bleiben, das Werteproblem anzufassen. Sofern sie die Aufgabe akzeptiert, eine Effizienz(steigerung) und Optimierung von Erziehungs- und Sozialisationsprozessen zu erreichen, bedarf es zugleich einer Klärung, inwieweit die Pädagogische Psychologie „zur Kritik und gegebenenfalls zur Veränderung erziehungs- und entwicklungsrelevanter Normen und Werte beitragen kann oder darf" (BRANDTSTÄDTER et al., 1979).

Die Auffassungen sind zu dieser Frage geteilt. ROTH (1974) auf der einen Seite meint, „...die Erörterungen und Auseinandersetzungen um die Frage nach dem Ziel der Erziehung können von einer Pädagogischen Psychologie nicht geleistet werden, wenn sie auch durchaus ihren Bezug zu diesem Problem hat. Die Pädagogische Psychologie kann zur Frage des Menschenbildes nur ihren – allerdings unentbehrlichen – empirisch-psychologischen Teil beitragen". RÖHRS (1971) hingegen befürwortet nicht nur eine wissenschaftsinterne kritische Auseinandersetzung mit Erziehungszielen (wie z.B. auch FARLEY und GORDON, 1981; GROEBEN, 1979), er schreibt außerdem „der Pädagogischen Psychologie ein entscheidendes Mitspracherecht in der Planung und Durchführung pädagogischer Reformen zu". Die Pädagogische Psychologie erhält somit gesellschaftspolitische Verantwortung.

Jene zahlreichen Vertreter der Pädagogischen Psychologie, die eine gesellschaftspolitische Verantwortung – aus welchen Günden auch immer – ablehnen, differenzieren in der Regel zwischen *Zielen* von Lehr- und Lernprozessen und *Mitteln* zu ihrer Erreichung. Sie weisen der Pädagogischen Psychologie die Aufgabe zu, geeignete Mittel zur Zielerreichung bereitzustellen; die Zielbestimmung hat jedoch außerhalb der Pädagogischen Psychologie durch die Gesellschaft im allgemeinen oder z.B. durch die Pädagogik im besonderen zu erfolgen (z.B. ELLIS, 1956; GAGE, 1972). Dieses Verständnis von Pädagogischer Psychologie ist auch als „Werkzeugkasten-Konzept" bezeichnet worden: „Die Pädagogische Psychologie stellt die Werkzeuge zur Verfügung, um dem pädagogischen Praktiker die Verwirklichung seiner Aufgabe zu ermöglichen" (HERZOG, 1984). Diese Ziel-Mittel-Trennung ist aus mehreren Gründen keine Lösung der Normproblematik.

Auf welcher Ebene will man die Trennung zwischen „Zielen" und „Mitteln" realisieren? Das Ziel einer Unterrichtsstunde ist sicherlich kein Ziel in diesem Sinne, denn es ist gleichzeitig auch Mittel zur Erreichung des Zieles der Unterrichtsreihe und steht insofern in einem sachlogischen, empirisch überprüfbaren Zusammenhang.

Weiterhin sind die auf höheren Ebenen angesiedelten Erziehungsziele, wie z.B. eine möglichst umfassende Bildung für alle oder eine angstfreie Erziehung, nicht nur durch Argumente außerhalb des pädagogisch-psychologischen Zuständigkeitsbereichs zu begründen. Meist sind sie nicht nur um ihrer selbst willen gewählt, sondern auch aufgrund bestimmter „Nebenwirkungen", die durchaus einer empirischen Überprüfung und nur einer solchen zugänglich sein können. Als Beispiel sei hier die Frage genannt, ob eine verlängerte Ausbildungsdauer zu einer größeren Lebenszufriedenheit führt, oder die Frage, ob eine angstfreie Erziehung selbstbewußtere Menschen hervorbringt. Erziehungsziele könnten auch unbeabsichtigte Nebenwirkungen haben. Wenn aus psychologischer Sicht Anlaß zu solchen Vermutungen besteht, sind diese nachzuprüfen.

Man denke in diesem Zusammenhang an die aktuelle Diskussion zur Intensivierung des Informatikunterrichts an den Schulen. Diese Auseinandersetzung wird nicht nur auf normativer Ebene (Ist diese Vorbereitung auf eine Computerwelt moralisch zulässig?) oder auf der Ebene gesellschaftlicher Sachzwänge (technischer Fortschritt setzt sich immer durch), sondern auch mit psychologischer Fragestellungen geführt (Welche psychischen Folgen bringt eine zunehmende Computerisierung von Schule und Beruf?).

Der Pädagogische Psychologe kann auch herausgefordert sein, die Unvereinbarkeit verschiedener Erziehungsziele nachzuweisen, z.B. zwischen unbedingtem Gehorsam und selbstverantwortlicher Initiative.

Selbst wenn man sich darauf beschränkt, nach Mitteln und Wegen zu suchen, damit gesetzte Ziele möglichst optimal erreicht werden, ohne sich an deren Bestimmung zu beteiligen, hat ein empirischer Wissenschaftler tatsächlich bereits – wenn auch implizite – Wertentscheidungen getroffen, z.B. bei der Auswahl seiner Forschungsinhalte, ebenso auch bei der Operationalisierung von Untersuchungsthemen wie Aggressivität und Intelligenz. „Die Behauptung, daß man bei der Überführung solcher Begriffe in den wissenschaftlichen Sprachgebrauch durch entsprechende Explikation und Präzisierung die wertende Komponente völlig eliminieren könnte, ist Wunschdenken" (GROEBEN, 1979).

1.3.3 Die Pädagogische Psychologie als Reformer oder Stabilisator schulischer Systeme

Jeder Bürger im Alter zwischen sechs und sechzehn Jahren unterliegt der Schulpflicht. Der Staat hat sich das Recht vorbehalten, über die Struktur der zu besuchenden Institutionen, also über Lernbedingungen und Lernziele, selbst zu bestimmen. Angesichts dieser Situation ist stets damit zu rechnen, daß Besucher dieser Bildungsinstitutionen oder deren Anwälte mit getroffenen staatlichen Entscheidungen nicht übereinstimmen. Die Kritik kann sich z.B. auf die ausgewählten Lernziele, ebenso aber auch gegen die Art und Weise richten, wie Unterricht realisiert wird. Viele der täglich entstehenden Konflikte lassen sich durch gemeinsames Bemühen von Lehrern, Schülern und Eltern bewältigen. Es können aber Probleme entstehen, deren Lösung nicht ohne weiteres gelingt. Wenn ein Pädagogischer Psychologe in einer solchen Situation seine Mithilfe anbietet, sollte er sich – den obigen Ausführungen entsprechend – bewußt sein, daß jede von ihm empfohlene oder getroffene Maßnahme stets auch Wertentscheidungen voraussetzt. Wenn sein Urteil z.B. im Falle eines Schülers gefordert wird, der sich den Anforderungen des Unterrichts nicht anpaßt und aus der Sicht des Lehrers stört, können grundsätzlich drei verschiedene Maßnahmen in Betracht gezogen werden:

1. Die Unterrichtsbedingungen werden dahingehend verändert, daß der Schüler den Anforderungen zu entsprechen vermag;

2. Der Schüler wird dahingehend verändert, daß er sich den Unterrichtsbedingungen anzupassen vermag;
3. Unterricht *und* Schüler werden verändert.

Bevor sich der Pädagogische Psychologe für eine dieser drei Maßnahmen entscheiden kann, muß er prüfen, welche sich am besten mit seinen eigenen Wert- und Zielvorstellungen vereinbaren läßt. Er sollte, bevor er sich z.B. für die zuerst genannte Maßnahme entscheidet, stets gründlich geklärt haben, ob er damit womöglich den Lernenden an ein System anpaßt, das diesem in reformierter Form besser gerecht werden könnte. Zwei Beispiele sollen verdeutlichen, daß die Pädagogische Psychologie bei jeder praxisrelevanten Theorie- und Methodenentwicklung implizit eine bildungspolitische Stellungnahme abgibt.

1.3.3.1 Erstes Demonstrationsbeispiel: Intelligenztests

Allgemein führt man den ersten Intelligenztest im modernen Sinne auf den französischen Psychologen Alfred BINET zurück. Dieser hatte um die Jahrhundertwende vom französischen Unterrichtsministerium den Auftrag erhalten, ein Verfahren zur schnellen und treffsicheren Identifikation solcher Kinder zu entwickeln, die den Anforderungen der allgemein-öffentlichen Schulen nicht zu entsprechen vermochten. Die auf diese Weise ausgewählten Schüler sollten auf Sonderschulen eine ihren Fähigkeiten entsprechende Förderung erhalten.

Der hier erteilte Auftrag kann sehr wohl einer wohlmeinenden pädagogischen Zielsetzung entsprungen sein: Kinder, die durch den Unterricht einer normalen Schule nicht zu fördern waren, sollten einer Sonderschule zugewiesen werden, in der man auf verminderte Lernfähigkeiten besser Rücksicht nehmen konnte. Wahrscheinlicher ist allerdings, daß es den Auftraggebern darum ging, ein Instrument zur schnellen Identifikation der Tüchtigsten zu erhalten. Die so Ausgelesenen sollten von den „Schwächeren" befreit und einer vermeintlich optimaleren Förderung zugeführt werden. Die nachfolgende Entwicklung weiterer Eignungstestverfahren für Bereiche außerhalb der Pädagogischen Psychologie hat die Konzeption von der Selektion einer Elite noch stärker zur Ausprägung gebracht.

Man kann diese Testkonzeption für den Bereich der Wirtschaft und Armee noch akzeptieren. Man denke z.B. an die verlorenen Investitionen, die sich ergeben, wenn ein Unternehmen für mehrere Jahre die recht kostspielige Pilotenausbildung finanziert hat und erst bei den Abschlußprüfungen die fehlende Eignung eines Kandidaten zur Kenntnis zu nehmen hat.

Die Übertragung einer derartigen Auslese auf den pädagogischen Bereich ist dann problematisch, wenn sie zu sehr auf Kosten der Schwächeren geht. Der Pädagogische Psychologe darf sich nicht nur an der Klärung der Frage beteiligen, auf welche Weise begabtere Schüler zu identifizieren und zu fördern sind. In der Pädagogik sind in die Fürsorgepflicht auch jene Schüler einbezogen, die den schulischen Anforderungen nicht ohne weiteres gewachsen sind. Folglich ist die Frage als berechtigt anzuerkennen, *warum* eine Leistung vergleichsweise schwach ausgefallen ist. Die meisten der für den schulischen Bereich bereitgestellten Intelligenztests müssen auf diese Frage eine Antwort schuldig bleiben. Sie sind vor allem als Instrumente zur Selektion entwickelt worden. Sie vermögen keine Ursachen für

Leistungsschwächen aufzudecken. Folglich können sie auch keine Hinweise auf deren Beseitigung geben. Die meisten dieser Tests leisten vor allem einen Beitrag, um Schüler an vorfindliche schulische Bedingungen anzupassen. Ob aber diese Bedingungen für alle Schüler adäquat sind, ob sie möglicherweise die Entstehung von Leistungsschwächen mitbedingen, bleibt von vornherein ungeprüft.

1.3.3.2 Zweites Demonstrationsbeispiel: Verhaltensmodifikation

Mit dem Begriff ‚Verhaltensmodifikation' verbindet sich ein lernpsychologisch fundiertes Programm, das bei systematischer Anwendung geeignet ist, erwünschtes Verhalten aufzubauen und unerwünschtes abzubauen (im Rahmen des vierten Kapitels wird ausführlicher darüber zu informieren sein; S. 105 ff.). SULZER und MEYER (1972) rechtfertigen den Einsatz derartiger Programme mit dem o.g. Ziel-Mittel-Argument. Diese Autoren stellen nämlich fest, daß die Vorgehensweise in der Verhaltensmodifikation von der Frage bestimmt wird, *wie* Verhaltensveränderungen herbeizuführen sind, und nicht davon, *welche* Verhaltensweisen geändert werden sollten. Ansatzpunkte für solche Modifikationsprogramme sind häufig Verhaltensweisen einzelner oder mehrerer Schüler gewesen, die ein Lehrer als „unerwünscht" klassifiziert hat, z.B. mit dem Stuhl schaukeln oder Umherlaufen, und die er durch „erwünschte" ersetzen möchte.

Wie jeder Mensch neigt auch der Lehrer dazu, Verhaltensunterschiede verstärkt mit Merkmalen der Schülerpersönlichkeit in Beziehung zu bringen (s. S. 302 f.). „Die Zuschreibung von Leistungsstörungen und Auffälligkeiten im Bereich des sozialen Verhaltens wird selten auf soziale Situationen in der Institution Schule bezogen oder auf die sie kennzeichnenden sozialen Beziehungsfelder. ... Verhaltensauffälligkeiten werden auf Ursachen zurückgeführt, die man im ‚abstrakt-isolierten' Individuum vermutet" (KEUPP, 1975). Es ist nur konsequent, wenn sich das Bemühen des Lehrers fortan darauf richtet, den Schüler zu verändern bzw. ihn den von ihm bestimmten Bedingungen anzupassen. Der Lehrer sieht die Unterrichtssituation – ohne daß ihm dabei negative Absichten zu unterstellen wären – aus seiner Perspektive.

Es sei aber angenommen, dieser Lehrer führte seinen Unterricht langweilig oder mit unzureichender Organisation durch.

So beobachtete ARLIN (1979) in zahlreichen Unterrichtsstunden, wie Lehrer Überleitungen von einer Lernaktivität zur nächsten realisierten. Einige Lehrer bereiteten sich und ihre Klasse rechtzeitig auf einen Wechsel vor. Nachdem sie z.B. eine Diskussion zum Abschluß gebracht hatten, warteten sie mit den Anweisungen für die nächste Aktivität so lange, bis alle Schüler wieder Aufnahmebereitschaft signalisiert hatten. Andere Lehrer kontrollierten nicht sorgfältig genug, ob die vorausgegangenen Aktivitäten von allen zum Abschluß gebracht worden waren. Sie begannen ihre Mitteilungen, die sich auf die nächste Lernaktivität bezogen, bevor sichergestellt war, daß alle zuhörten. Kurze Zeit darauf erfolgten erste Rückfragen einzelner Schüler, durch die der Lehrer zunehmend die Kontrolle über das Gesamtgeschehen im Klassenzimmer verlor. ARLIN (1979) konnte zeigen, daß es mit relativ wenig Aufwand möglich ist, Überleitungen rechtzeitig vorzubereiten und klar zu strukturieren; unter solchen Bedingungen waren die Schüler eher bereit, ihre Aufmerksamkeit der neuen Lernphase zuzuwenden und erneut mitzuarbeiten.

27

Wenn der Lehrer eine Lehrform zu abrupt wechselt und beispielsweise nicht sicherstellt, daß alle Schüler die vorausgegangene Aufgabe abgeschlossen haben, muß er mit Unruhe der Lernenden rechnen oder damit, daß diese ihre Aufmerksamkeit der neuen Aufgabe nicht zuwenden. Sofern sich solche Situationen mehrfach wiederholen, könnte der Lehrer versuchen, dem unerwünschten Verhalten der Schüler durch Maßnahmen der Verhaltensmodifikation entgegenzuwirken. Es sei nun weiterhin unterstellt, daß durch seine Maßnahmen die Unruhe gesenkt und die Mitarbeit der Schüler erhöht würde. Der „Druck" auf den Lehrer, seine eigene Unterrichtsarbeit zu überdenken und zu überprüfen, ist dadurch aber gleichzeitig vermindert. Bei der Übernahme der nächsten Klasse könnte sich bei unverändertem Unterrichtsstil wiederum die gleiche Entwicklung offenbaren. Problematisch ist nicht, daß unter pädagogisch-psychologischer Verantwortung Therapiemaßnahmen durchgeführt werden; abzulehnen ist aber, wenn ihr Einsatz nur erfolgt, um *grundsätzlich* den Schwächeren bzw. den Abhängigen (das ist hier der Schüler) an die vom Stärkeren (das ist letztlich die das schulische System tragende und für ihre Gestaltung verantwortliche Autorität) bestimmten Bedingungen anzupassen.

Bereits vor etwas längerer Zeit haben WINETT und WINKLER (1972) darauf aufmerksam gemacht, daß zahlreiche Autoren in ihren Untersuchungen zur Verhaltensmodifikation zuviel Aufmerksamkeit jenen Verhaltenszielen gewidmet haben, die im Einklang mit den im traditionellen Erziehungssystem geforderten standen. Es wurde versäumt, das Erziehungssystem selbst in Frage zu stellen und es zum Gegenstand einer kritischen Betrachtung zu erheben.

Die Pädagogische Psychologie insgesamt kann sich in ihren Zielsetzungen nicht darauf beschränken, die Effektivität von Methoden zu überprüfen und gleichzeitig die Frage nach Erziehungszielen zu vernachlässigen (vgl. SULZER und MAYER, 1972).

1.3.4 Die Rolle der Pädagogischen Psychologie bei institutionalisierten Lernprozessen

Der Lehrer (im weiteren Sinne) ist immer noch Hauptadressat der Pädagogischen Psychologie. Das ist z.T. historisch bedingt, hat aber auch heute noch seine Berechtigung, denn Lehrer besitzen „Macht und Einfluß von einzigartiger Tragweite" (EBERT, 1980). Der Lehrer ist der Gestalter von systematischen Lehr- und Lernprozessen. Eine solche Formulierung stellt jedoch nicht heraus, wie vielfältig die Aufgaben tatsächlich sind.

Ein Lehrer hat zunächst einmal die Aufgabe eines *Instrukteurs* zu übernehmen, d.h., er vermittelt den Lernenden Informationen. Viele Lehrer betrachten es weiterhin als ihre Aufgabe, beim Schüler die Bildung von Einstellungen und Wertüberzeugungen anzuregen. Dazu gehören auch Haltungen im Sozialbereich. Das Leben im sozialen Miteinander verlangt u.a. gegenseitige Rücksichtnahme und erforderlichenfalls Hilfe. Mit Einflußnahmen dieser Art, die vorwiegend den affektiven Bereich des Schülers ansprechen, übernimmt der Lehrer Funktionen, die ihn als *Erzieher* tätig werden lassen.

Üblicherweise hat der Lehrer seinen Unterricht mehreren Angehörigen eines Jahrgangs gleichzeitig zu erteilen. Stärker als im Falle eines Einzelunterrichts wird

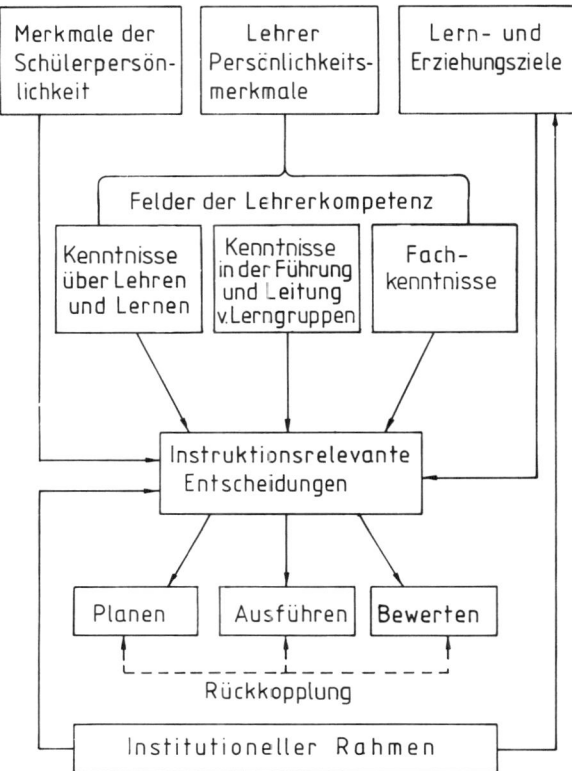

Abb. 1.2: Pädagogisch-psychologisch relevante Sachverhalte oder Beziehungen im schulischen Kontext (teilweise nach COOPER, 1977)

vom Lehrer deshalb ein gewisses *Management* gefordert. Schüler können Schwierigkeiten in der Anpassung an die Unterrichtsbedingungen offenbaren.

In umfangreichen Analysen von Unterrichtsstunden stellte KOUNIN (1970) fest, daß es einigen Lehrern besser als anderen gelingt, die Aktivitäten der Klassenmitglieder zu koordinieren und zu beeinflussen. Sämtliche Lehrer griffen zu grundsätzlich ähnlichen Maßnahmen, wenn es galt, Ordnungen wieder herzustellen. Dagegen unterschieden sich die Lehrer in ihren Fähigkeiten, präventive Maßnahmen zu ergreifen. So stellte KOUNIN beispielsweise fest, daß einige Lehrer während des Unterrichts stets eine gute Übersicht über das Geschehen im Klassenzimmer besaßen, indem sie „dabei waren". Bei den Schülern konnte daher der Eindruck entstehen, daß ihren Lehrern nichts entging; die Unterrichtenden besaßen die sprichwörtlichen Augen im Hinterkopf. Ein weiteres Kennzeichen von Lehrern mit gutem Klassen-Management bezeichnete KOUNIN als „Überlappung"; wer dieses Merkmal in stärkerer Ausprägung besaß, war in der Lage, zwei Dinge gleichzeitig zu tun. Ein Lehrer konnte sich z.B. einem Schüler zuwenden, gleichzeitig einen anderen auffordern, sich wieder auf den Platz zu setzen, um die zugewiesene Arbeit zu vollenden. Ein Lehrer mit gutem Klassen-Management vermochte

„störendes" Verhalten sofort zu identifizieren und „noch im Keim zu ersticken". In der Regel gelang es ihm auch sehr gut, jene Schüler ausfindig zu machen, von denen das unerwünschte Verhalten ausgegangen war.

Schließlich ist zu berücksichtigen, daß der Lehrer ein *Staatsbediensteter* ist; deshalb kann er seine Maßnahmen nicht nur nach seinen eigenen Konzeptionen ausrichten. Die Erteilung von Zensuren, die Verpflichtung, bestimmte Lernziele zu realisieren, mag seinen eigenen fachlichen und pädagogischen Überzeugungen widersprechen. Der institutionelle Rahmen setzt seinem Entscheidungsspielraum bestimmte Grenzen, bei deren Mißachtung er mit Disziplinarmaßnahmen zu rechnen hat.

Welche Beiträge hat die Pädagogische Psychologie anzubieten, um den Lehrer bei der Übernahme schulisch relevanter Aufgaben zu unterstützen? Die Beantwortung dieser Frage kann über das in Abbildung 1.2 dargestellte Modell erfolgen, das teilweise Konzeptionen berücksichtigt, die COOPER (1977) mitgeteilt hat. Der Abbildung läßt sich entnehmen, welche Sachverhalte oder Beziehungen für die Pädagogische Psychologie von grundsätzlicher Relevanz sind.

Jedes der in der Abbildung dargestellten Kästchen ist ebenso wie die zwischen diesen bestehenden Beziehungen Gegenstand umfangreicher Forschungen. Das Modell berücksichtigt einen Lehrer, der seinen Schülern gegenübertritt, um innerhalb eines gegebenen institutionellen Rahmens Lern- und Erziehungsziele zu realisieren. Über den Erfolg der Bemühungen des Lehrers entscheidet seine Kompetenz, die ihn instruktionsrelevante Entscheidungen treffen läßt und zwar sowohl in der Planungsphase seines Unterrichts als auch während der Ausführung. Als wesentlicher Bestandteil der Instruktion ist die Bewertung herauszustellen. Ihre Ergebnisse liefern dem Lehrer Rückkoppelungen bezüglich der Effekte des Unterrichts auf seiten der Schüler; auch sie nehmen folglich Einfluß auf seine Entscheidungsprozesse.

1.3.4.1 Unterrichten als Prozeß ständiger Entscheidungen

Wie der Unterricht abläuft und wie erfolgreich er ist, hängt zunächst einmal von dem Lehrer ab, der bestimmte Kenntnisse, Überzeugungen und andere Persönlichkeitsmerkmale in die Situation einbringt.

> In ersten Forschungsansätzen war man von der Überzeugung ausgegangen, daß es Lehrer mit hoher, andere mit geringerer Qualifikation gäbe und man nur diejenigen Merkmale zu identifizieren brauche, die zwischen diesen beiden Gruppen am besten differenzierten. Inzwischen haben allerdings viele Forschungsergebnisse den Schluß nahe gelegt, daß die Qualifikation des Lehrers nicht generell an bestimmte Merkmale zu binden ist, denn ein Lehrer, der in einer höheren Klassenstufe sehr erfolgreich unterrichtet, kann in der Grundschule versagen. Ebenso hängt es vom sozio-ökonomischen Status der Schüler ab, ob ein Lehrer mit seinem besonderen Unterrichtsstil bei ihnen erfolgreich ist (BROPHY und EVERTSON, 1976).

Aus der Feststellung, daß eine zentrale Aufgabe des Lehrers in der Anregung und Kontrolle von Lernprozessen besteht, wäre abzuleiten, daß eine fundierte Kenntnis von den Lernprozessen und ihren Bedingungen eine Voraussetzung für effektive Unterrichtsarbeit ist. Aber „Hintergrundwissen" (vgl. HUBER et al.,

1984) über Lern-, Denk- und Entwicklungsprozesse machen noch nicht automatisch den „guten" Lehrer aus. Ohne damit die Bedeutung dieser Voraussetzung für eine effektive Unterrichtsarbeit zu schmälern, muß festgestellt werden, daß zahlreiche weitere Bedingungen mitbestimmen, welche Lernfortschritte Schüler zeigen.

Auch eine umfangreiche theoretische Kenntnis über Möglichkeiten zur Gestaltung des Unterrichts hilft dem Lehrer nur wenig, wenn er nicht weiß, wie man sie effektiv in die Praxis umsetzt. Damit wird auf sein unterrichtliches Können angesprochen. So muß der Lehrer zwar wissen, wie man Impulse gibt, Fragen stellt, erklärt usw.; es erfordert aber zusätzlich ein erhebliches Maß an Übung, um eine Frage im richtigen Moment zu stellen, die Unterrichtsmethode zu wechseln, bevor die Schüler ermüden usw.

Da der Lehrer stets mehrere Schüler gleichzeitig zu unterrichten hat, muß er Leitungsfunktionen übernehmen. Wie die oben (s. S. 29 f.) teilweise wiedergegebenen Beobachtungen KOUNINs gezeigt haben, gelingt das dabei erforderliche Klassen-Management nicht allen Lehrern in gleicher Weise; entsprechend finden sich bei einigen mehr Disziplinschwierigkeiten als bei anderen.

Der Vollständigkeit halber sei auch die fachliche und didaktische Kompetenz des Lehrers angesprochen. Dabei geht es darum, welche Informationen der Lehrer innerhalb seines Fachgebietes besitzt und wie er diese verarbeitet hat. Dazu gehört auch, was er von seiner Fachkenntnis für den Unterricht auswählt und wie er es darstellt.

In der Wahrnehmung seines Auftrags sieht sich der Lehrer ständig herausgefordert, Entscheidungen zu treffen. Einige Entscheidungen muß er bereits im Rahmen seiner Unterrichtsvorbereitungen, also im Rahmen seiner Planungen, fällen. Zwar wird dem Lehrer vorgegeben, welche Lernziele er zu erreichen hat; diese sind jedoch in der Regel sehr komplex und global. Der Lehrer muß deshalb festlegen, auf welche Teilaspekte sich der Unterricht konzentrieren soll. Der Lehrer entscheidet weiterhin, mit welchen Unterrichtsformen sich seine jeweiligen Ziele am besten erreichen lassen. Dabei muß er auch Merkmale der Schüler berücksichtigen. Wenn diese bislang z.B. nur starke Lenkung im Unterricht erfahren haben, wird man sie nicht unversehens mit Gruppenarbeit konfrontieren können. Ebenso wichtig ist die Beachtung des jeweiligen Kenntnisstandes der Schüler. Die Bewältigung einer Aufgabe ist stets an bestimmte Lernvoraussetzungen gebunden.

Die Unterrichtsqualität wird weiterhin wesentlich von den Entscheidungen bestimmt, die der Lehrer während seines Unterrichts, also bei der Ausführung seiner Planungen, trifft. Die situativen Umstände, dazu gehört vor allem das Schülerverhalten, fordern vom Lehrer, daß er sich in der Verfolgung seiner Ziele hohe Flexibilität bewahrt: Empfiehlt es sich z.B., in der zuvor entworfenen Lehrsequenz fortzufahren, oder benötigen die Lernenden zum Verständnis eines Sachverhaltes mehr Übungen als zunächst angenommen? Soll der Lehrer auf den Zwischenruf eines Schülers eingehen, oder ist es besser, diesen zu ignorieren? Läßt sich der wachsenden Unruhe in der Klasse durch Wechsel der Unterrichtsform entgegenwirken? Auf solche und viele weitere Fragen hat der Lehrer während des Unterrichts möglichst schnell eine Antwort zu finden.

Entscheidungen des Lehrers werden nicht nur von Sachzwängen bestimmt. Wie ein Lehrer sich im Einzelfall entscheidet, hängt vor allem von der Güte der Theorien ab, an denen er sich orientiert. Wenn sich ein Lehrer in einer gegebenen Situation für eine bestimmte unterrichtliche Vorgehensweise entschieden hat, bedeutet dies ja, daß er aufgrund eines akzeptierten Zusammenhangs die Vorhersage macht, daß unter der jeweils vorliegenden Bedingung die Maßnahme X jene erwünschten Veränderungen herbeiführen wird. Sollte der Lehrer im Verlauf seines Unterrichts bemerken (hier stellt sich die Frage nach dem Grad seiner Sensibilität), daß er den angestrebten Zielen nicht näher kommt, wäre die Möglichkeit ins Auge zu fassen, es mit einer anderen Vorgehensweise zu versuchen.

Daraus wird deutlich, daß die Unterrichtseffektivität eines Lehrers erheblich davon abhängt, welche Reizgegebenheiten er beachtet, wie er diese interpretiert und zur Grundlage seiner Entscheidungen bei der Unterrichtsvorbereitung, ebenso aber auch während der Instruktion werden läßt.

Um nach dem Abschluß der unterrichtlichen Arbeit den Erfolg seiner Bemühungen abschätzen zu können, vollzieht der Lehrer Leistungsbewertungen. Der Lehrer beurteilt, ob ein Lernender die an ihn herangetragenen Anforderungen in zu akzeptierender Weise erfüllt hat. Die Bewertungsperspektive – die sich auch im Aufbau des jeweils verwendeten Verfahrens widerspiegelt – kann dabei unterschiedlich sein. Man kann die Leistungen eines Schülers im Längsschnitt beurteilen, indem man sein aktuelles Verhalten mit früheren Leistungen vergleicht und bewertet (individuelle Bezugsnorm). Eine andere Bewertungsperspektive setzt die Leistungen des einzelnen mit denen der Mitschüler oder einer anderen Gruppe in Beziehung (soziale Bezugsnorm). So stellt man z.B. fest, daß die Leistungen eines Schülers als gut zu bezeichnen sind, weil er damit die Mehrheit seiner Mitschüler überragt.

Der Lehrer informiert sich im Rahmen des Unterrichts fortlaufend, ob er den jeweils akzeptierten Zielen tatsächlich näherkommt (Rückkoppelung). Wenn ein Lehrer z.B. den Eindruck gewonnen hat, daß die Mehrheit der Schüler ein Teilziel erreicht hat, könnte er sich daraufhin entschließen, in seinem Unterricht fortzufahren, um weitergehende, komplexere Teilziele anzustreben. Ob diese Entscheidung richtig war, hängt allerdings wesentlich von den diagnostischen Fähigkeiten des Lehrers ab.

1.3.4.2 Die Pädagogische Psychologie als Orientierungshilfe für den Lehrer

Aus dem dargestellten Entscheidungsmodell geht hervor, daß die Pädagogische Psychologie gar nicht in der Lage sein kann, konkrete Handlungsanweisungen für jede unterrichtliche Situation zu schaffen. Der Erzieher „muß selbst feststellen, wie angemessen sein Verhalten ist, d.h. welchen Einfluß es auf die Leistungen der Schüler hat" (BROPHY und GOOD, 1976). Es bleibt die Aufgabe der Pädagogischen Psychologie, dem Lehrer Orientierungshilfen zu geben, von denen im folgenden einige herauszugreifen sind:

1. Die Pädagogische Psychologie kann dem Lehrer Theorien darstellen, die in erster Linie heuristischen Wert besitzen (WESTMEYER, 1976). Sie können die *Sensibilität* des Erziehers für Bedingungsgefüge *erhöhen*. Der als störend wahrgenommene Schüler muß nicht „aufsässig" oder „leistungsunwillig" sein. Vielleicht signalisiert er nur, daß er seine Aufmerksamkeit nicht weiter auf eine be-

32

reits schon länger andauernde Darstellung des Lehrers zu richten vermag; ein Wechsel der Unterrichtsform könnte der partiellen Ermüdung entgegenwirken. Möglicherweise stehen hinter anderen Verhaltensweisen eines Schülers, die der Lehrer als störend wahrnimmt, Versuche des Lernenden, Anerkennungen bei Mitschülern zu gewinnen, die ihm diese ansonsten versagen.

2. Die Theorien der Pädagogischen Psychologie können dem Lehrer weiterhin *Handlungsmöglichkeiten aufzeigen*, deren Angemessenheit dieser in der jeweils vorliegenden konkreten Situation selbst noch zu prüfen hat. Was sollte ein Lehrer beispielsweise tun, um die Motivation eines Schülers anzuregen, dessen Aufmerksamkeit zu erhalten, sein Begriffsverständnis zu fördern usw.? Wie reagiert er am besten auf Verhaltensweisen, die er als störend wahrnimmt?

3. Die Pädagogische Psychologie sollte Lehrern außerdem aufzeigen, wie sie Schüler darin unterstützen können, *Kontrolle über die eigenen Lern- und Verstehensprozesse* zu gewinnen oder – mit anderen Worten – wie diese das Lernen lernen können.

In diesem Zusammenhang haben vor allem Untersuchungen zur Erforschung der *Metakognition* Bedeutung gewonnen. Nach vorliegenden Definitionen werden bei diesem Begriff allgemein zwei Komponenten voneinander unterschieden (BAKER, 1982; BROWN und PALINCSAR, 1982). Dabei handelt es sich zum einen darum, daß man sich bewußt mit eigenen Kognitionen auseinandersetzt, d.h. z.B., daß man weiß, welche Fertigkeiten, welche Kenntnisse, welche Könnensvoraussetzungen man benötigt, um eine Lernaufgabe effektiv anzupacken und durchzuführen. Die zweite Komponente hat „selbstregulatorische Mechanismen" zum Inhalt. Ein etwas älterer Schüler, der sich einen Text einzuprägen hat, weiß z.B., daß man sich durch Wiederholungen „im Kopf", durch eigene Fragen nach dem jeweiligen Lernmaterial, durch aktives Suchen nach Bedeutungszusammenhängen, durch Anfertigung von Notizen usw., die Gedächtnisaufgabe erleichtern kann. Es gibt Schüler, die sich solcher Methoden nicht spontan bedienen; sie profitieren aber davon, wenn diese zum Gegenstand der Instruktion gemacht worden sind. Die Kenntnis solcher Methoden, die an späterer Stelle auch als „kognitive Strategien" zu bezeichnen sein werden, gewinnen vor allem in einer Zeit an Bedeutung, die als informationsreich zu kennzeichnen ist.

Der amerikanische Bildungskritiker COLEMAN (1971) hat z.B. darauf hingewiesen, daß es für eine Schule des 19. Jahrhunderts sehr wohl angemessen war, vorwiegend Informationen zu vermitteln, denn die außerschulischen Lebensbedingungen der Schüler waren als informationsarm und handlungsreich zu kennzeichnen. Die meisten Menschen konnten weder lesen noch schreiben. Inzwischen hat sich aber ein erheblicher Wandel vollzogen. Heute konkurrieren viele Medien mit einem reichen und teilweise attraktiv gestalteten Angebot an Informationen; sie können vom einzelnen kaum noch angemessen verarbeitet werden. In dieser als handlungsarm und informationsreich zu kennzeichnenden Lebenswelt wird der Nachwuchs nun zum Besuch einer Schule verpflichtet, die handlungsarm und informationsreich geblieben ist. Tatsächlich wäre es angemessener, so führt COLEMAN aus, beim Schüler die Entwicklung jener Voraussetzungen zu verbessern, die ihn zur Organisation von Informationen und zur gezielten Nutzung vorhandener Informationsquellen befähigen würden.

4. Die Pädagogische Psychologie kann dazu beitragen, *erziehungsrelevante Sachverhalte begrifflich präziser* zu fassen. Was z.B. kennzeichnet einen zur Leistung motivierten Schüler? Bezeichnen die Begriffe „Instinkt", „Trieb", „Motiv" und „Motivation" jeweils verschiedenes, oder stellen sie lediglich austauschbare Bezeichnungen für ein und dasselbe dar?

5. Die Pädagogische Psychologie kann helfen, *erziehungsrelevante Sachverhalte eindeutiger zu vermitteln.* Welchen Informationswert hat beispielsweise die den Eltern gegebene Mitteilung, ihr Sohn müsse sich im Unterricht „mehr beteiligen"? Soll dieser den Unterrichtsstoff in den Hausarbeiten besser nach- oder vorarbeiten? Soll er im Unterricht häufiger aufzeigen? Soll er aufmerksamer folgen? – Der Lehrer muß sich aber auch fragen lassen, ob der den Eltern mitgeteilte Sachverhalt letztlich in ihre Zuständigkeit gehört.

6. Die Pädagogische Psychologie kann *Entscheidungshilfen* anbieten. Sie stellt z.B. Instrumente zur Diagnostik von Leistungen bzw. von Lernschwierigkeiten zur Verfügung. Sie informiert zusätzlich über deren Möglichkeiten und Grenzen, um den Lehrer über seine Entscheidungsgrundlage aufzuklären. Weiterhin nennt die Pädagogische Psychologie Bedingungen, unter denen auch ein Tadel leistungsmotivierend wirken kann usw.

7. Die Pädagogische Psychologie kann den Erzieher anregen, über *sein eigenes Verhalten nachzudenken.* Ruft er die Schüler, die er für gut hält, häufiger auf als die vermeintlich schwächeren? Beurteilt er die Leistungen mehr im Querschnitt, vergleicht er also die Leistungen des einzelnen mit denen der Mitschüler, oder mehr im Längsschnitt, d.h., vergleicht er den einzelnen mit seinen vorausgegangenen Leistungen?

1.4 Der Aufbau der nachfolgenden Darstellung

Da der Mensch im Umfeld der Erziehung, dieser „lebenslangen Realität" (RÖHRS, 1971), Gegenstand der Pädagogischen Psychologie ist, gibt es schließlich „überhaupt kein Gebiet der Psychologie, das für die Pädagogische Psychologie völlig nebensächlich oder bedeutungslos wäre" (RÖHRS, 1971). Allerdings lassen sich Inhalte herausheben, die zentraler Bestandteil dieser wissenschaftlichen Disziplin sein müssen und die im vorliegenden Buch entsprechend zu thematisieren sind.

Lehrer bzw. allgemein im Erziehungsfeld tätige Personen haben es mit Menschen unterschiedlichen Alters zu tun. Für den Lehrer stellt sich das Problem, Unterschiede in der Entwicklung oder in den Lernvoraussetzungen, sowohl zwischen Gruppen als auch zwischen einzelnen, im Unterricht zu berücksichtigen. Die Beantwortung der Frage nach den Ursachen und Bedingungen des Entwicklungsverlaufs hat weitreichende Konsequenzen für die Einflußmöglichkeiten des Lehrers bzw. Erziehers. Ist *Entwicklung* – zumindest in früheren Stadien – im wesentlichen reifungsbedingt, muß man also abwarten, bis man bestimmte Anforderungen stellen kann, oder gibt es Möglichkeiten, durch kompensatorische Maßnahmen Defizite auszugleichen oder Entwicklungsverläufe zu beschleunigen? Lassen sich Lebensalter oder Entwicklungsphasen identifizieren, in denen man für bestimmte Lernanregungen besonders aufgeschlossen bzw. lernfähig ist (z.B. für das Erlernen von Sprachen, Klavierspielen usw.)? Wie verändert sich die Lernfähigkeit im höheren Alter? Der Beantwortung solcher Fragen ist das 2. Kapitel gewidmet.

Der größte Teil der Lernziele in der Schule ist kognitiver Natur. Lernziele affektiver oder psychomotorischer Art stehen dort immer noch im Hintergrund. Auch die Vermittlung der Lerninhalte geschieht während des Unterrichts in der Regel auf sprachlich-symbolische Weise. Aus diesem Grunde sind für den Lehrer Kenntnisse über die *Entwicklung des Denkens* besonders wichtig, denn er sollte wissen, welche Lernziele aufgrund der jeweiligen kognitiven Voraussetzungen überhaupt erreichbar sein können. Nachdem im 2. Kapitel allgemeine Fragen zur Entwicklung dargestellt worden sind, ist im 3. Kapitel die Entwicklung des Denkens ausführlicher zu beschreiben. Dabei wird vor allem die Theorie von Jean PIAGET zu berücksichtigen sein.

Für die Pädagogische Psychologie ist das *Lernen* und seine Bedingungen von zentraler Bedeutung. Da der Lernbegriff einen sehr heterogenen Gegenstandsbereich (der von gelernter Angst bis zum Lösen von Problemen der formalen Logik reicht) umfaßt, ließ sich bislang noch keine einheitliche Theorie entwickeln. Mehrere Kapitel, nämlich 4, 5 und 6, sind folglich diesem komplexen Themenbereich gewidmet.

Im vierten Kapitel werden *Lerntheorien behavioristischer Genese* und ihre Erweiterungen vorgestellt. Der Schwerpunkt liegt bei diesen Theorien nicht bei den kognitiven Lernzielen, sondern auf offen beobachtbarem Verhalten. Es geht dabei um die Frage, wie man Verhalten auslösen und die Häufigkeit gelernter Verhaltensweisen steigern oder absenken kann. Für Lehrer und Erzieher sind diese Theorien vor allem deshalb relevant, weil sie aus bestimmter Sicht die Möglichkeit eröffnen, Verhaltensweisen, die dem Unterricht förderlich oder hinderlich sind, zu verstehen, zu kontrollieren und zu verändern.

Das fünfte Kapitel beschäftigt sich mit *kognitiven Lernformen*. Es geht dabei um das Erlernen von Begriffen sowie um die Konsequenzen, die sich daraus ergeben. Das Begriffslernen stellt gleichzeitig eine Voraussetzung für die höchste und komplizierteste Form des Lernens, nämlich für das Problemlösen, dar. Das fünfte Kapitel wird über zugrundeliegende Prozesse und Möglichkeiten seiner Förderung ausführlicher informieren.

Lernen wäre ohne die Möglichkeit des Behaltens nicht denkbar. Wie aber sollen Einprägungsbedingungen gestaltet sein, damit Gelerntes nicht so schnell wieder vergessen wird? Wie läßt sich dem Vergessen entgegenwirken? Die Beantwortung solcher Fragen setzt Kenntnisse über die Struktur und Arbeitsweise des *Gedächtnisses* voraus. Sie sind im sechsten Kapitel zu vermitteln.

Die bisher angesprochenen Kapitel haben Befunde und Theorien der Psychologie zum Inhalt, die keineswegs alles abdecken, was für die Gestaltung des Unterrichts von Relevanz ist. Für die *Instruktion* relevante Ergänzungen werden im siebten Kapitel zu geben sein. Es soll über Lernziele, ihre Definition und Organisation, informieren. Es werden weiterhin ausgewählte Lehrverfahren vorzustellen und Kriterien für ihren Einsatz zu benennen sein. Im letzten Teil dieses Kapitels sind Möglichkeiten aufzuzeigen, wie dem Problem interindividueller Differenzen im

Unterricht Rechnung zu tragen ist; in diesem Rahmen werden unter anderem Begriffe wie zielerreichendes Lernen oder Wechselwirkung zwischen Schülermerkmal und Unterrichtsmethode zu erläutern und kritisch zu beleuchten sein.

Als Schlüsselbegriff für unterrichtliche Effektivität gilt allgemein die Motivierung des Schülers. Vor allem während der ersten Lebensjahre offenbart ein Kind eine außerordentlich hohe Neugier, die aber – wie häufig zu beobachten ist – im Laufe der Schulzeit nachläßt. Gibt es im Unterricht realisierbare Bedingungen, die solchen Entwicklungen entgegenwirken oder die das Interesse eines Menschen an seiner Umwelt sogar fördern? Im Rahmen des 8. Kapitels, das über einige Ergebnisse der *Motivationsforschung* berichtet, soll solchen Fragen nachgegangen werden. Weitere Beiträge aus den Bereichen der Leistungsmotivation, der Angst und der Gelernten Hilflosigkeit haben gezeigt, daß vor allem in einem Kontext, der zum Wettbewerb herausfordert, vor und während der Auseinandersetzung mit einer Aufgabe Gedanken entstehen können, die das Leistungsverhalten eines Lernenden beeinträchtigen. Deshalb verdienen Empfehlungen Beachtung, die eine Veränderung der Bewertungsperspektive nahelegen.

Da Unterrichten stets ein soziales Ereignis darstellt, muß Lernen auch unter *sozialpsychologischer Perspektive* gesehen werden. Um die Aufgabe des Klassen-Managements lösen zu können, sollte der Lehrer wissen, welche Struktur soziale Systeme besitzen und wie sie funktionieren. Das etablierte Schulsystem schafft für Lernende vor allem Wettbewerbssituationen. Läßt sich eine solche Arbeitsform rechtfertigen? Wie wirken kooperative Arbeitsformen auf das Verhalten? Mit Fragen dieser Art beschäftigt sich das 9. Kapitel; es wird außerdem den aktuellen Forschungsstand abbilden, der bezüglich der Erwartungseffekte im Klassenzimmer vorzufinden ist.

Das 10. Kapitel beschäftigt sich schließlich mit der *Messung und Interpretation* von Schulleistungen. Es zeigt auf, daß viele Tests vorrangig konstruiert wurden, um den Lehrer bei Selektionsmaßnahmen zu unterstützen. Über Lernfortschritte des Schülers oder – gegebenenfalls – über Lerndefizite geben diese Instrumente keinen Aufschluß; sie widersprechen deshalb grundlegenden Zielsetzungen der Pädagogischen Psychologie. Zu einem generellen Verzicht auf Tests sollte die im 10. Kapitel zu übende Kritik an herkömmlichen Verfahren jedoch nicht führen. Lernziel- bzw. informelle Tests können unter bestimmten Voraussetzungen nämlich wichtige Funktionen im Rahmen der Instruktion übernehmen. Sollten dem Lehrer solche Instrumente nicht zur Verfügung stehen, bleibt ihm die Möglichkeit, derartige Verfahren selbst herzustellen. Einige Hinweise zu ihrer Konstruktion runden die Ausführungen des letzten Kapitels ab.

2. KAPITEL

Allgemeine Determinanten der Entwicklung

Der Behaviorist John WATSON war davon überzeugt, daß die Entwicklung eines Menschen ausschließlich von der Umwelt abhängt. In einer berühmt gewordenen Feststellung behauptete er, er könnte aus gesunden Kindern alles machen: einen Arzt, einen Rechtsanwalt, ebenso aber auch einen Bettler oder Dieb; er müßte nur volle Kontrolle über die Umwelt haben, d.h. festlegen können, unter welchen Bedingungen die Kinder aufwüchsen. Ähnlich – aber nicht ganz so weitgehend – hatte sich sehr viel früher bereits der englische Philosoph John LOCKE (1632–1704) in der Einleitung seiner Schrift „Gedanken über Erziehung" mit der Feststellung geäußert: „... ich darf wohl sagen, daß von zehn Menschen, denen wir begegnen, neun das, was sie sind, gut oder böse, nützlich oder unnütz, durch ihre Erziehung sind. Sie ist es, welche die großen Unterschiede unter den Menschen schafft. ... Ich stelle mir vor, daß der kindliche Geist wie das Wasser ebenso leicht in diese oder jene Richtung gelenkt werden kann." – Eine Position, die dem Lernen eine derartig hohe Einflußmöglichkeit zuschreibt, bürdet selbstverständlich Lehrern und Erziehern zugleich eine außerordentlich hohe Verantwortung auf.

Heute sind solche Extrempositionen nicht mehr vorherrschend: die Einflußmöglichkeiten des Milieus werden nicht übertrieben optimistisch oder pessimistisch eingeschätzt. Die meisten Entwicklungspsychologen neigen vielmehr der Auffassung zu, daß Entwicklung von einem sehr komplizierten Zusammenspiel der Anlage- und Umweltfaktoren bestimmt wird. Damit verringert sich die Verantwortung des Pädagogen allerdings nicht, denn in der Tat hat er Möglichkeiten, auf die Entwicklung eines Menschen einzuwirken. Dabei muß er der Wechselwirkung von Anlage und Umwelt Rechnung tragen.

2.1 Das Anlage-Umwelt-Problem: Von der Addition zur Interaktion

Es fällt auf, daß Gespräche außerhalb der psychologischen Fachwelt vielfach die Frage in den Mittelpunkt rücken, was wohl wichtiger sei, die Anlage oder die Umwelt. Eine so gestellte Frage läßt darauf schließen, daß die Diskutierenden das Zusammenwirken von Anlage und Umwelt in einem additiven Sinne auffassen. Wenn man sich etwas ältere psychologische Literatur einmal daraufhin anschaut, dann findet man dort für eine entsprechende Konzeption sehr wohl Vorbilder. Immer wieder hat man zu bestimmen versucht, wie hoch der genetische im Vergleich zum Umwelteinfluß ist.

Stimmen, die sich an einem additiven Erklärungsansatz orientieren, berufen sich in der Regel auf die Ergebnisse empirischer Studien. Sie haben u.a. Befunde aus der Zwillingsforschung in Anspruch genommen; ebenso häufig wurden Differenzwerte genannt, die beim Testvergleich schwarzer und weißer Stichprobengruppen regelmäßig gefunden worden sind. Eine eingehendere Analyse dieser Untersuchungsmethoden zeigt jedoch, daß ihre Aussagekraft sehr schwach fundiert ist.

2.1.1 Die Methode der Zwillingsforschung

Die entwicklungspsychologische Forschung hat sich die Tatsache zunutze gemacht, daß verschiedenartige Zwillinge geboren werden. Sie können sich aus einer einzigen befruchteten Eizelle (Zygote) entwickelt haben, und sind deshalb genetisch völlig gleich (eineiige Zwillinge, EZ). Sie vermögen sich aber auch aus zwei Eizellen zu entwickeln (zweieiige Zwillinge, ZZ); in einem solchen Fall ähneln sie sich genetisch nicht mehr als andere Geschwister.

ERLENMEYER-KIMLING und JARVIK (1963) haben in einem Überblick eine größere Anzahl von Studien über die Ähnlichkeit der intellektuellen Leistungsfähigkeit, gemessen durch Intelligenztests, zwischen eineiigen und zweieiigen Zwillingen zusammengestellt. Folgende Ergebnisse sind in diesem Zusammenhang aufschlußreich (je höher die Koeffizienten, desto mehr ähneln sich die Paare):

Tab. 2.1: Ähnlichkeit der Testintelligenz zwischen eineiigen (EZ) und zweieiigen Zwillingen (ZZ) (nach: ERLENMEYER-KIMLING und JARVIK, 1963)

	Median der Koeffizienten
ZZ zusammen aufgewachsen	+.53
EZ getrennt aufgewachsen	+.75
EZ zusammen aufgewachsen	+.87

Die sehr hohe Übereinstimmung des intellektuellen Leistungsverhaltens bei zusammen aufgewachsenen EZ könnte sowohl als Folge gleicher Milieubedingungen, ebenso aber auch aufgrund der identischen Erbausstattung zustande gekommen sein. Vergleicht man diesen Korrelationskoeffizienten jedoch mit dem zusammen aufgewachsener ZZ, dann fällt bei einem Median-r von +.53 die eindeutig verminderte Übereinstimmung auf.

Anlagetheoretiker haben nicht nur die Feststellung, daß – jeweils bei gemeinsamen Aufwachsen – EZ bezüglich ihrer Intelligenz-Quotienten mehr übereinstim-

38

Umwelt weniger als Erbanlage?
EZ verbringen mehr Zeit miteinander + ähneln in gesundh. Hinsicht

men als ZZ, zugunsten ihrer Position interpretiert. Sie verweisen auch darauf, daß die Korrelation der Intelligenzleistungen von EZ, die frühzeitig, zumeist sehr bald nach der Geburt voneinander getrennt worden sind und dann in verschiedenen Pflegefamilien aufwachsen mußten, mit +.75 höher liegt als diejenige von ZZ, die gemeinsam bei ihren biologischen Eltern leben konnten (+.53).

Haben die Anlagetheoretiker nach den vorliegenden Daten alle Argumente auf ihrer Seite? – Die Umwelttheoretiker verneinen dies. Sie verweisen z.B. darauf, daß die hohe Übereinstimmung von Testleistungen zusammen aufgewachsener EZ auch darauf zurückzuführen sein kann, daß für diese die Umwelt im Vergleich zu ZZ ähnlicher ist: EZ verbringen nämlich mehr Zeit miteinander, finden sich häufiger in derselben Schulklasse, ähneln sich mehr in gesundheitlicher Hinsicht usw. als ZZ (JONES, 1946; REZNIKOFF et al., 1973).

Auch das Ergebnis, daß getrennt aufgewachsene EZ sich einander mehr ähneln als zusammen aufgewachsene ZZ kann nicht kritiklos als Beleg für einen dominierenden Einfluß von Erbanlagen hingenommen werden. Jugendämter befolgen nämlich bestimmte Richtlinien, wenn sie für Zwillingspaare Pflegeeltern suchen. Sofern eine Trennung unumgänglich ist, werden sie bestrebt sein, zwei Familien zu finden, die sich nicht allzu sehr voneinander unterscheiden. Tatsächlich ließ sich in den Studien von NEWMAN et al. (1937) folgender Zusammenhang aufzeigen: Je mehr sich die Milieuverhältnisse, in denen getrennte Zwillinge aufwachsen mußten, voneinander unterschieden, desto geringer war der Grad der Übereinstimmung ihrer Testintelligenz. Wären die Pflegeeltern, in Abweichung zu den Plazierungsstrategien der Jugendämter, nach einem Zufallsprinzip ausgewählt worden, hätte sich wahrscheinlich für getrennt aufgewachsene EZ ein geringerer Ähnlichkeitswert ergeben. Diese Feststellung soll nicht den inzwischen eindrucksvoll erhärteten Befund kaschieren, daß die Ähnlichkeiten von biologisch Verwandten, die in unterschiedlichen Umwelten aufgewachsen sind, beachtliche Werte erreichen (SCARR und CARTER-SALTZMAN, 1982).

Sozialauslese

Wenn man sich also mit der Methode der Zwillingsforschung eingehender beschäftigt, kommt man zu dem Ergebnis, daß man *sowohl* Anlage- *als auch* Umweltfaktoren zu berücksichtigen hat, wenn man den Übereinstimmungsgrad von Zwillingen erklären will. Diese Feststellung stützt die Position, daß Anlage und Umwelt nicht trennbar sind; Entwicklung ist vielmehr als das Ergebnis ihres Zusammenwirkens zu sehen.

Entwicklung ≙ Zusammenspiel Umwelt + Erbanlage

2.1.2 *Die Methode des Rassenvergleichs*

In einer Vielzahl von Untersuchungen hat sich immer wieder nachweisen lassen, daß Schwarze im Vergleich zu Weißen geringere Durchschnittsleistungen in Intelligenztests erzielen; die Differenz liegt zumeist zwischen 10 und 15 IQ-Punkten.

Arthur JENSEN (1969), ein Psychologe von der University of California in Berkeley, löste auch in wissenschaftlichen Kreisen Empörung aus, weil er behauptete, dieser Unterschied sei das Ergebnis von entsprechenden Gen-Differenzen der Rassen; er meinte also, die Schwarzen wären den Weißen bezüglich ihrer intellektuellen Leistungsfähigkeit biologisch unterlegen. Es sei darauf verzichtet, die zahlreichen Argumente wiederzugeben, die Kritiker gegen JENSENs Thesen vorbrachten. Nach MACKENZIE (1984) ist es ein Trugschluß, die Umwelt-Hypothese generell zu verwerfen, weil es nicht gelungen ist, in ausreichendem Umfang spezifische Umweltursachen zur Erklärung der beobachteten Intelligenzunterschiede zwischen den Rassen zu identifizieren. Bei mangelnder Kenntnis von Umweltfaktoren darf ja nicht gefolgert werden, daß solche tatsächlich nicht vorhanden wären. Zudem besteht keine Berechtigung, die Hypothese eines genetischen Einflusses zu akzeptieren, weil man die Umwelthypothese nicht zu bestätigen vermochte.

Heute wird von vielen Psychologen die durch entsprechende Untersuchungen recht gut fundierte Auffassung vertreten, daß die beim Vergleich der Rassen beobachtete IQ-Differenz dadurch zustande kommt, daß Schwarze von frühester Kindheit an Lebensbedingungen vorfinden, die sie gegenüber weißen Vergleichspartnern benachteiligen. Wenn ein schwarzes Kind nämlich während seines ersten bis dritten Lebensjahres von einer weißen Familie der Mittelschicht adoptiert wird, erreicht es im Schulalter im Durchschnitt einen IQ von 106. Dieser Wert liegt über dem Durchschnitt weißer und schwarzer Kinder. Damit zeigt sich, daß die Umwelt einen beachtlichen Einfluß auf die getestete Intelligenz haben kann. Gleichaltrige schwarze Kinder, die bei ihren biologischen Eltern aufgewachsen sind, erreichen dagegen nur einen mittleren IQ von 90 (SCARR und WEINBERG, 1976).

JENSEN (1977) selbst sah sich gezwungen, nach eigenen Ergebnissen dem Umwelteinfluß mehr Bedeutung beizumessen. Ein solcher Umwelteinfluß ist die rassenpolitische Ausrichtung des Landes, in dem die untersuchten Versuchspersonen lebten. Im amerikanischen Bundesstaat Georgia, der wegen vergleichsweise stärkerer Rassendiskriminierungen bekannt gewesen ist, stellte JENSEN fest, daß der IQ eines schwarzen Kindes im Alterszeitraum zwischen 6 und 16 Jahren um bis zu 14 bis 16 Punkten fallen konnte. Bei weißen Kindern aus demselben Bundesland ließ sich ein Absinken des intellektuellen Leistungsverhaltens nicht nachweisen. Bei einer Stichprobe aus dem liberaleren Kalifornien war von JENSEN (1974) ein solcher Abfall der Intelligenzleistung bei Schwarzen mit steigendem Lebensalter nicht aufzudecken. In einer Literaturübersicht von SCARR und CARTER-SALTZMAN (1982) wird zusammenfassend festgestellt, daß es keine empirischen Grundlagen gibt, beobachtete Leistungsdifferenzen zwischen den Rassen genetisch zu erklären.

Jede Intelligenzleistung gibt stets das Produkt eines Prozesses wieder, in dem Anlage- *und* Umweltfaktoren zusammengewirkt haben. Keine Methode eröffnet die Möglichkeit, durch Analyse des Produkts die beiden Faktoren nachträglich wieder zu trennen und nach Prozenten zu gewichten (also nicht: 80% Anlage plus 20% Umwelt = Intelligenzleistung). Wenn die Entstehung eines Phänomens von zwei Bedingungen abhängt, ist es sinnlos, nach der wichtigeren von beiden zu fragen. Dies gilt insbesondere, wenn man von einer pädagogischen Interessenlage ausgeht und wissen möchte, unter welchen Bedingungen auf ein Individuum am günstigsten einzuwirken ist. „... das Ausmaß der Vererbbarkeit ist nicht die Information, die man für effektive Interventionen benötigt. Was wir vielmehr wissen müssen, ist, wie, auf welchem Wege, genetische Differenzen ihre Wirkungen ausüben" (SCARR und CARTER-SALTZMAN, 1982).

40

2.1.3 Das Anlage-Umwelt-Problem aus pädagogisch-psychologischer Sicht

Für den Pädagogischen Psychologen reicht die Feststellung, daß Anlage- und Umweltfaktoren untrennbar zusammenwirken, noch nicht aus. Theoretisch wird ja mit dem Postulat der Wechselwirkung keineswegs ausgeschlossen, daß die Erbanlagen gewisse Grenzen setzen, über die hinaus trotz intensiver Übungstätigkeit kein Leistungsanstieg mehr stattfinden kann. Die Pädagogische Psychologie bezweifelt nicht, daß es eine solche genetisch bestimmte Grenze gibt.

Wenn sich bei einem Lernenden trotz intensiver Übungen keine Leistungssteigerungen mehr einstellen, ist zu vermuten, daß damit einer bestimmten Art und Weise, ein Problem zu lösen, Grenzen gesetzt sind. Wer Schreibmaschine schreibt und sich dabei der sog. Zweifinger-Methode bedient, wird bezüglich der Schreibgeschwindigkeit trotz fortdauernder Übung an eine Grenze kommen. Erst mit dem Erwerb einer neuen, zehn Finger fordernden Methode lassen sich mehr Zeichen pro Minute schreiben. Weitere Beispiele hat der Sport geliefert. Dort ist in der Vergangenheit wiederholt von fachkundiger Seite versichert worden, daß man mit einem jüngst erzielten Rekord nunmehr die Grenze des Menschenmöglichen erreicht habe. Anatomisch-physiologische Gegebenheiten verhinderten weitere Verbesserungen. Mit Erstaunen nimmt man dann später von der Überbietung des früheren Rekordes Kenntnis, aber auch der neue Leistungshöchststand sollte dann keineswegs der letzte sein. Wenn man nach den Ursachen für solche Entwicklungen fragt, erhält man die Antwort, daß sie das Ergebnis verbesserter Trainingsmethoden sind. Nach solchen Erfahrungen reagieren Fachleute inzwischen sehr viel zurückhaltender, wenn sie vorhersagen sollen, bei welcher Leistung in einer sportlichen Disziplin einmal die absolute und damit endgültig nicht mehr überschreitbare Grenze erreicht sein wird.

Man möchte diese Zurückhaltung auch den Lehrern empfehlen, wenn sie bei Schülern Lernschwierigkeit beobachten. Ihnen sollte angesichts einer solchen Situation die Interpretation naheliegen, daß die Problemkinder nur unter den gegebenen Bedingungen und der jeweils realisierten Unterrichtsmethode keine Lernfortschritte erbringen können. Eine solche Stellungnahme läßt vor allem die Möglichkeit offen, daß bei Variation der Lehr- bzw. Lernmethode sehr wohl eine Chance besteht, die Lernschwierigkeiten zu überwinden.

Aus pädagogisch-psychologischer Sicht ist also die Auffassung zu vertreten, daß die Lernchancen eines Schülers günstiger liegen, wenn Lehrer und Erzieher sich bemühen, zur Interpretation wahrgenommener Schwierigkeiten zunächst stets nach lernpsychologisch bedingten Ursachen zu suchen und an innere, d.h. beim Schüler liegende, konstante Gegebenheiten erst dann zu denken, wenn andere Erklärungsmöglichkeiten erschöpft sind. Eine solche Interpretationstendenz setzt aber voraus, daß die Abhängigkeit des Leistungsverhaltens von genetischen Faktoren nicht überbewertet wird. Sicherlich kann ein vorschneller Griff zu genetischen Faktoren für den einzelnen Lehrer entlastend sein. Es ist allerdings auf die Gefahr hinzuweisen, daß die Einschätzung eines Schülers als angeborenermaßen wenig intelligent oder als mathematisch unbegabt zu einer sich selbst erfüllenden Prophezeiung wird (vgl. S. 300 ff.).

41

Die Gefahren, die sich aus einer Unterschätzung der Umwelteinflüsse ergeben könnten, lassen sich auch anhand jener Bedingungen dokumentieren, die offenbar die Entwicklung herausragender Talente zu fördern vermögen. Aufschlußreich sind in diesem Zusammenhang Befunde, die BLOOM (1982) und seine Mitarbeiter vorgelegt haben. Sie konnten aus mehreren Bereichen jeweils 25 Personen identifizieren, die z.B. als Konzert-Pianisten, als bildende Künstler, als Mathematiker, als Schwimmer oder Tennisspieler internationale Spitzenleistungen erbracht hatten. BLOOM zweifelte nicht daran, daß ein Mensch genetisch bestimmter Voraussetzungen bedarf, um eine herausragende Stellung innerhalb eines Bereichs erreichen zu können. Er begann seine Untersuchungen auch mit der Annahme, daß die von ihm ausgewählten Personen zunächst spezielle Begabungen und Qualitäten besaßen, die dann anschließend Eltern und Lehrer veranlaßt haben, ihnen gesonderte Förderung zuteil werden zu lassen. Die eingehenden Untersuchungen führten jedoch zu einem anderen Schluß. Als Kinder wuchsen die untersuchten Talente in einer Umgebung auf, in der spezielle Tätigkeitsbereiche außerordentlich hoch bewertet worden sind. Deshalb förderten die Eltern ihren Nachwuchs in den von ihnen favorisierten Feldern und erst danach wurden bei diesem besondere Talente wahrgenommen. Eltern und Lehrer gründeten dabei ihre Diagnose auf spezielle Qualitäten. Sie entdeckten z.B. ein absolutes Gehör oder eine andere Fähigkeit, die viele andere Menschen gleichen Alters sehr wohl auch besitzen konnten und die somit keineswegs einzigartig sein mußte. Wichtig war aber die Interpretation dieser Signale durch die Eltern und Lehrer und die daraufhin verstärkten Anstrengungen zur Förderung des Kindes. Wie stark das nachfolgende Schicksal durch bestimmte Charakteristika der Wechselwirkungen zwischen Eltern, Kind und Lehrer bestimmt worden ist, macht die folgende Schilderung deutlich:

„In dem Maße, wie das Kind Fortschritte in dem Bereich seiner besonderen Begabung machte, erwartet der Lehrer von dem Kind in zunehmendem Maße, daß es für die nächste Stunde gut vorbereitet sein mußte; dies machte er dem Kind und den Eltern klar. Danach achteten auch die Eltern darauf, daß das Kind gut präpariert war und daß es ausreichend Übungszeit für die nächste Stunde aufbrachte. ... Typischerweise erwarb das Kind ebenfalls eine Vorstellung von den erwarteten Standards und es trug wie der Lehrer und die Eltern gleichsam dafür Sorge, daß die erwarteten Standards mehr als ausreichend erfüllt wurden. ... Mit weiteren Fortschritten des Kindes wurde es bald (bezogen auf sein Alter) zum Starschüler des Lehrers, der zur gleichen Zeit 10 oder 20 weitere Schüler hatte. Der Lehrer wies dem Kind besondere Schlüsselrollen zu ... Zu Hause wurde das Kind bald ein ‚spezielles' Kind. ... Wenn Freunde und Verwandte zu Besuch kamen, wurde das Kind gerühmt und es hatte seine Fortschritte zu demonstrieren. Die Eltern ... sahen mehr und mehr die Notwendigkeit für bessere Lehrer, ... für bessere Rahmenbedingungen, wie z.B. ein würdevolleres Piano, die Bereitstellung höherer Kosten, damit der Besuch von Schwimmwettbewerben, besonderen Schulen oder Sommerkursen in Mathematik ermöglicht wurde, sie erbrachten höhere Kosten für Reisen zu und von besseren Lehrern, für relevantes Arbeitsmaterial usw." (BLOOM, 1982).

Was nach BLOOMs Überzeugung die Entwicklung einer außergewöhnlichen Leistungsfähigkeit bedingte, waren also nicht nur die Erbausstattungen, die wahrscheinlich bei einem Teil der Altersgenossen auch nachzuweisen gewesen wären. Mit der Entdeckung bestimmter Signale, mit ihrer Wertschätzung durch Eltern und Lehrer und einem außerordentlichen Engagement zur Förderung der vermeintlichen Begabung war erst eine entscheidende Weiche für die Karriere dieser Personen gestellt worden. Auf die Frage, was „sowohl für die frühere als auch für die spätere Entwicklung eines Talents zu den menschlich höchstmöglichen Niveaus zentral zu sein scheint", antwortet BLOOM, dies sei der Glaube an eine besondere Begabung, ebenso die damit einhergehenden Erwartungen, die Eltern, Lehrer und Kind veranlassen, etwas Besonderes in einem bestimmten Bereich zu tun.

2.2 Über das Zusammenwirken von Anlage und Umwelt

Mit der Feststellung, daß Anlage und Umwelt in der Bestimmung von Entwicklung zusammenwirken, ist zunächst ein sehr allgemeiner Rahmen für verschiedenartige Geschehnisse vorgezeichnet worden. Einen Schritt weiter führt die Antwort auf die Frage, *wie* die beiden Faktoren zusammenwirken können. Im Falle einer Chromosomen-Anomalie – als Beispiel sei das DOWN-Syndrom (Mongolismus) genannt – ist der Anteil eines Erbfaktors auf die Verminderung der intellektuellen Leistungsfähigkeit relativ hoch; allerdings gelten selbst hier Wechselwirkungsgesetze: eine günstige Umwelt vermag die Symptomatik noch abzuschwächen. Bevor man auf Kinder mit DOWN-Syndrom gezielt einzuwirken wußte, waren sie in aller Regel für die Zeit ihres Lebens Pflegefälle; viele von ihnen überlebten nicht das 13. Lebensjahr. Bei den heute bekannten medizinischen sowie pädagogisch-psychologischen Einwirkungsmöglichkeiten hat sich die Lebenserwartung weit über das Jugendalter hinaus erweitert. Darüberhinaus, so stellen LERNER und HULTSCH (1983) fest, kann man Kindern mit DOWN-Syndrom Selbstvertrauen vermitteln. Ihre intellektuelle Leistungsfähigkeit läßt sich häufig so weit steigern, daß eine gewisse Schulung, manchmal sogar die Übernahme einfacher beruflicher Tätigkeiten möglich wird.

Es gibt weiterhin genetische Fixierungen, bei denen es nur bei bestimmten Umweltkonstellationen zu intellektuellen Beeinträchtigungen kommt. Solche Wechselwirkungen, von denen sich nach ANASTASI (1958) mehrere Formen unterscheiden lassen, sind nunmehr in den Blick zu nehmen.

2.2.1 Mittelbare Zusammenhänge zwischen Anlagen und Verhalten

Es gibt genetische Defekte, die unmittelbar auf ein Körperorgan, aber mittelbar auch auf die Intelligenz einwirken und zwar entweder in beeinträchtigender oder in fördernder Weise. Beispiele der zuerst genannten Art sind bei Schädigungen von Sinnesorganen gegeben. Angeborene Blindheit oder Taubheit können die wirkungsvolle Auseinandersetzung der Betroffenen mit ihrer Umwelt erheblich erschweren. Dabei wirkt sich ein Defekt der Hörfunktionen deshalb besonders ungünstig aus, weil er das Erlernen der Sprache behindert. Tatsächlich sind bei gehörlosen Kindern verminderte Leistungsfähigkeiten beobachtet worden (MEYER-

SON, 1957). Ein rechtzeitiges Erkennen der Sinnesschädigung eröffnet jedoch die Möglichkeit, einer unerwünschten Entwicklung mit speziellen Schulungen zu begegnen. Durch den Einsatz von technischen Hilfsmitteln, wie Büchern in Blindenschrift, Hörhilfen usw., ließe sich eine intellektuelle Retardation beseitigen oder wenigstens vermindern.

Noch weniger unmittelbar wirkt der genetische Einfluß, wenn eine erhöhte erbbedingte Anfälligkeit für Erkrankungen vorliegt. Dadurch wird womöglich ein normaler Schulbesuch erschwert oder das betroffene Kind veranlaßt, sich gehäuft mit seinen körperlichen Schwierigkeiten zu beschäftigen. Allerdings besteht bei kränklichen Menschen auch die Möglichkeit, daß sie bestrebt sind, die organischen Unzulänglichkeiten im Sinne von ADLER (1920) zu kompensieren. So könnte ein gesundheitlich geschwächter Schüler bemüht sein, seine gesamten Energien auf solche Fächer zu konzentrieren, die ihn körperlich weniger belasten, dafür aber vor allem den Einsatz intellektueller Funktionen herausfordern.

2.2.2 Erbeinflüsse über soziale Stereotype

Weiterhin können genetische Einflüsse über den Mechanismus sozialer Stereotype Einfluß auf das intellektuelle Verhalten nehmen, denn sie bestimmen das Geschlecht eines Menschen, seine Rassenzugehörigkeit und viele körperliche Merkmale, die den Angehörigen einer Gesellschaft als Indikatoren für die Höhe der Intelligenz dienen können. Damit werden Zusammenhänge behauptet, die aus erbbiologischen Gründen keineswegs bestehen müssen, sich aber als Folge bestimmter Reaktionen der Umwelt tatsächlich entwickeln können. So hat z.B. traditionell bei den Bewohnern der Südstaaten Nordamerikas eine hohe Bereitschaft bestanden, dem durch dunkle Hautfarbe, krauses Haar, aufgeworfene Lippen usw. ausgewiesenen Schwarzen eine verminderte Erbausstattung zuzuschreiben. Entsprechend bietet die weiße Majorität ihm in dem von ihr vorwiegend kontrollierten Bildungssystem verminderte Lernchancen. Wenn sich daraufhin beim Schwarzen eine unterdurchschnittliche Intelligenzentwicklung nachweisen läßt, erhält der vorurteilsvolle Weiße schließlich noch eine Bestätigung für seine ursprünglich unbegründete Auffassung. Ein verhängnisvoller Teufelskreis hat sich damit geschlossen, der nur schwer wieder zu durchbrechen ist. Das zeigt sich auch daran, daß die in früheren Zeiten allgemein behauptete Intelligenzunterlegenheit der Frau in der Gegenwartsgesellschaft keineswegs ausgerottet zu sein scheint.

2.3 Über das Zusammenwirken von Reifung und Lernen

Ebenso wie das Anlage-Umwelt-Problem hat auch die Frage nach dem Einfluß von Reifungsprozessen im Entwicklungsgeschehen, also von solchen Prozessen, die genetisch gesteuert quasi automatisch zu bestimmten Zeitpunkten ablaufen, heftige Diskussionen ausgelöst. Die Antworten sind nicht ohne Einfluß auf die Arbeiten in Unterricht und Erziehung geblieben. Sollte sich herausstellen, daß der

Entwicklung nicht durch genet. Faktoren, da sonst E + L → Abwartende wären

Entwicklungsverlauf in hohem Maße von genetischen Faktoren gesteuert wird, wären Eltern und Lehrer gewissermaßen in die Rolle des Abwartenden gedrängt. Mit Umweltanregungen wären unter diesen Umständen keine Veränderungen in der Geschwindigkeit und in der Richtung des Entwicklungsverlaufs zu erreichen; sie könnten sich womöglich sogar schädlich auswirken. Sofern dem Lernen dagegen eine größere Bedeutung zuerkannt werden müßte, würde damit sofort die Frage, was Kinder wie und zu welchem Zeitpunkt lernen sollten, in den Vordergrund des Interesses rücken.

Nach den vorliegenden Untersuchungsergebnissen ist es nicht berechtigt, Entwicklung entweder nur auf Lernen oder nur auf Reifungsprozesse zurückzuführen. Ebenso wie bei der Beantwortung des Anlage-Umwelt-Problems wird man die Entwicklung von Kindern und Jugendlichen am angemessensten erklären, wenn man darin das Ergebnis einer Wechselwirkung von Lern- und Reifungsprozessen sieht.

Wechselwirkung von Lern- u. Reifungsprozeß

2.3.1 GESELLs Zwillingsstudie

In älterer entwicklungspsychologischer Literatur hat man vielfach die Ergebnisse eines Experiments von GESELL und THOMPSON (1941) zitiert, um damit den Standpunkt zu belegen, daß – wenigstens im motorischen Bereich – die Entwicklung im wesentlichen von Reifungsprozessen abhängt. Eine genauere Betrachtung der experimentellen Bedingungen führt jedoch zu der Feststellung, daß die daraus gezogenen Schlußfolgerungen unberechtigt sind.

> In dem Experiment von GESELL und THOMPSON (1941) diente ein Paar eineiiger Zwillinge als Versuchspersonen. Bevor die eigentliche Studie begann, konnten die beiden Versuchszwillinge im Alter von 46 Wochen keine Treppe ersteigen. Einer der beiden Zwillinge, T (abgeleitet von *trained*), erhielt täglich zehn Minuten lang Gelegenheit, sich im Treppensteigen zu üben, während der andere Zwilling C (abgeleitet von *control*) auf diesem speziellen Gebiet nicht trainiert wurde. Als T nach Ablauf von sechs Wochen einen erheblichen Leistungsvorsprung im Vergleich zu C erreicht hatte, setzte man die Übungen für ihn ab. Eine Woche später begann dann ein vierzehntägiges Training im Treppensteigen bei C, der daraufhin die Leistungswerte von T nicht nur bald erreichte, sondern dieselben sogar noch übertraf. Nachdem schließlich für beide Zwillinge die gezielten Übungen abgesetzt worden waren, glichen sie sich einander schnell in ihren Leistungen an.

Aus diesem und weiteren Experimenten von HILGARD (1933) und McGRAW (1943) schloß man, daß Übungsanregungen, die bei noch vorhandener Unreife der betreffenden Funktionen gegeben wurden, als unökonomisch zu gelten hätten, weil sich zu einem späteren und geeigneteren Zeitpunkt mit sehr viel weniger Aufwand ein bedeutend größerer Effekt erzielen ließe. Die Frage lautet nun, ob man diese Feststellung tatsächlich unmittelbar aus dem Verhalten der Zwillinge im Experiment ableiten darf.

Zu beachten ist, daß der Zwilling C während der Trainingsdauer von T keineswegs jeglicher Lernchancen beraubt gewesen ist. Unbeachtet ließ GESELL, daß Zwilling C während der Zeit, in der T trainiert wurde, Erfahrungen sammeln konnte, denn ihm blieb ja – von Übungen im Treppensteigen abgesehen – die Gelegenheit zu vielfacher motorischer Betätigung. Es steht wohl außer Frage, daß er unter diesen Umständen nicht mehr unter den gleichen Voraussetzungen wie zuvor T mit dem Training begann. Er besaß nämlich mehr Erfahrungen auf motorischem Gebiet und damit den Vorteil, auf diese aufbauen zu können. Möglicherweise begann er das Training auch mit einer erheblich höheren Lernmotivation, weil er sich nunmehr ebenfalls der Beschäftigung widmen durfte, die seinem Partner bereits sehr viel früher gestattet worden war. GESELL hat folglich nicht die Frage untersucht, ob nach Abschluß eines Reifungsprozesses plötzlich und ohne Lerneinfluß Verhaltensweisen entstehen. Streng genommen hat GESELL lediglich festgestellt, daß sieben Lebenswochen die Effektivität von Übungen verändert haben. Die Frage, warum C offenbar mehr von den Übungen profitiert hat, wurde einseitig mit fortgeschrittenen Reifungsprozessen beantwortet.

GESELL hat weiterhin die Möglichkeit übersehen, daß zwischen Trainingsmethoden und Reifungsentwicklung Wechselwirkungen bestehen. Man kann nämlich einen Säugling sehr wohl früher zum Laufen bringen, wenn man seine Trainingsmethode auf das jüngere Lebensalter abstimmt. ZELAZO et al. (1972) knüpften mit ihrem Training z.B. am sog. Schreitreflex Neugeborener an. Wenn man ein Neugeborenes im Alter von einer Woche aufrecht hält und dessen Füße eine Unterlage leicht berühren läßt, dann zeigt es primitive Gehbewegungen. Normalerweise verschwindet dieser Reflex zwischen der zweiten und achten Lebenswoche. ZELAZO et al. veranlaßten nun Mütter, den Reflex während des genannten Zeitraums täglich für mehrere Minuten zu trainieren. Unter diesen Bedingungen verschwand der Reflex nicht. – Während der Trainingsphase zeigten diese Kinder daraufhin mehr Schreitreaktionen als untrainierte. Weiterhin vermochten die trainierten Kinder im Alter von 10 Monaten zu laufen, mehr als zwei Monate früher als untrainierte Kinder.

Dem geschilderten Experiment ist nicht zu entnehmen, daß es wünschenswert wäre, bereits im Säuglingsalter mit dem Lauftraining zu beginnen; es belegt aber die Wechselwirkung zwischen Reifungsniveau und Lernmethode.

2.3.2 Die Beobachtungen von DENNIS bei den Hopi-Indianern

Es gibt noch eine andere Untersuchung, auf die sich die Reifungstheoretiker gern zur Begründung ihres Standpunkts berufen. Sie geht auf DENNIS und DENNIS (1940) zurück und wurde an Kindern von Hopi-Indianern durchgeführt. Bei den Angehörigen dieses Stammes besteht – ähnlich wie bei den Albaniern (SCHENK-DANZINGER, 1965) und einigen anderen Völkern – die Gepflogenheit, die Säuglinge unmittelbar nach ihrer Geburt fest auf ein Brett zu binden. Dadurch werden die Kinder gehindert, ihre Beine zu beugen, den Arm zu bewegen oder sich umzudrehen. Bis etwa zum dritten Lebensmonat befreit man die Säuglinge nur dann aus dieser eingeengten Lage, wenn sie gewaschen oder neu gekleidet werden sollen. Während der ersten Lebensmonate verlassen die Kinder dieses Brett insgesamt nur selten. Danach wird ihnen normalerweise mehr motorische Freiheit gewährt, wenngleich einige diese Bandagierungen bis zur Beendigung des ersten Lebensjahres behalten.

46

DENNIS und DENNIS fanden seinerzeit keine Hinweise dafür, daß diese Restriktionen einen nachhaltigen Einfluß auf die weitere Entwicklung ausübten (erst in neuerer Zeit ist man darauf aufmerksam geworden, daß die Bandagierungen gehäuft orthopädische Defekte im Gefolge haben – ALEXANDER et al., 1980). DENNIS und DENNIS berichten, sie hätten einige Hopi-Mütter dazu gebracht, auf diese Bandagierungen vollkommen zu verzichten. Auf der Grundlage ihrer nachfolgenden Beobachtungen gelangten beide Autoren zu dem Schluß, daß diese „befreiten" im Vergleich zu den bandagierten Kindern das Laufen nicht früher erlernten. Hat diese Untersuchung nun belegen können, daß der Zeitpunkt des Laufenlernens genetisch fixiert und durch Variation der Lernanregung nicht zu verändern ist? – Sicherlich nicht, denn trotz ihrer Bandagierungen besaßen die Kinder während ihrer ersten Lebensmonate eine Vielzahl von Lerngelegenheiten.

Die Hopi-Kinder wurden nämlich wenigstens während der Zeit des Waschens von ihren „Fesseln" befreit. Welches Maß an Übungsgelegenheiten ihnen dadurch alltäglich ermöglicht war, blieb unkontrolliert. Außerdem wurden die Säuglinge auf dem Rücken ihrer Mütter umhergetragen. Folglich sammelten sie schon früher als andere Kinder Erfahrungen darin, wie man bei senkrechter Position das Gleichgewicht hält und wie man seinen Kopf auf dem Rumpf balanciert. Ihre besondere Situation gestattete es ihnen zudem, viele Menschen beim Gehen zu beobachten. Auf diese Weise könnten sich bei ihnen Imitationstendenzen entwickeln, die ihre Voraussetzungen zum Laufenlernen verbessert haben könnten. Dieser Gedanke ist keineswegs abwegig. Lange Zeit nahm man an, daß motorische Leistungen sich nur dann verbessern lassen, wenn man sie wiederholt aktiv ausübt. Wer das Schwimmen erlernen will, so hieß es, muß ins Wasser und dort versuchen, die richtigen Bewegungen auszuführen. GORDON (1968) kommt nach Durchsicht zahlreicher relevanter Forschungsergebnisse zu dem Schluß, daß die Gelegenheit, vor den eigenen Übungen die zu erlernenden Verhaltensweisen bei anderen zu beobachten (vgl. S. 117 ff.), sehr günstige Lernvoraussetzungen schafft. „Eine Möglichkeit, das Fahrradfahren zu erlernen, besteht darin, zunächst andere beim Fahrradfahren zu beobachten, zu sehen, was sie dabei tun, und erst danach zu versuchen, ihr Verhalten nachzuahmen" (GORDON, 1968).

Auch der japanische Musikpädagoge SUZUKI empfiehlt, die Bereitschaft eines jungen Menschen, Beobachtetes nachzuahmen, systematisch auszunutzen. Er ermuntert die Mütter, ihren Kindern bereits während des ersten Lebensjahres Aufnahmen sehr guter Geigenvirtuosen zu Gehör zu bringen. Danach müssen die Mütter lernen, die sehr einfachen Themen selbst vor den Augen ihrer Kinder zu spielen. Sie wecken damit den Wunsch der Kleinen, das Verhalten des Erwachsenen zu imitieren. Nach mehrmaligem Bitten erhalten die jungen Lernenden eine kleine Geige und Hinweise, wie diese mit beiden Händen zu bedienen ist. Die Klangqualität, die SUZUKIs Schüler bereits im Alter von vier oder fünf Jahren auf ihren Instrumenten erreichen, ist selbst von sehr gut spielenden Jugendlichen kaum zu überbieten. Einige seiner Talente, die der japanische Musikpädagoge während seiner Amerikareise vorführte, veranlaßten einen zwanzigjährigen Musikstudenten, Schüler des Julliard-Instituts, seinem Nachbarn ins Ohr zu flüstern: „Laßt uns unsere Instrumente verbrennen" (WHITTAKER, 1970).

Zu beachten ist, daß SUZUKI keine Methode entwickelt hat, die dem Lernenden das Üben erspart. Bevor er aber mit dem systematischen Unterricht beginnt, sorgt er für die Entwicklung der erforderlichen Motivation. Er geht davon aus, daß durch die Beobachtung anderer Imitationswünsche geweckt werden, denn darin sieht er, ebenso wie GORDON, den wahren Schlüssel zum Lernen.

Demnach ist auch das Verhalten der bandagierten Hopi-Kinder kein Beleg für die Auffassung, daß das Laufenlernen zu einem genetisch fixierten Zeitpunkt erfolgt, der von Variationen der Umweltanregungen unbeeinflußt bleibt. Tatsächlich sah sich DENNIS später gezwungen, seinen eigenen Standpunkt zu revidieren. In Beirut entdeckte er ein Waisenhaus, in dem extrem reizarme Bedingungen bestanden. Bei den jungen Insassen waren schwere Retardierungen der sensu-motorischen Intelligenz festzustellen. Im Alterszeitraum von drei bis zwölf Monaten lag der durchschnittliche Entwicklungsquotient bei 63. Bei vergleichbaren Kindern, die sich in einer unter amerikanischen Leitung stehenden Klinik befanden, ergab sich dagegen ein signifikant höherer Durchschnitts-Entwicklungsquotient von 101. Das ist eine bedeutsame Differenz. DENNIS und NAJARIAN (1957) sehen die Ursache für diese Retardierungen vor allem in den unzureichenden Lerngelegenheiten. Tatsächlich zeigte sich bei anderen Kindern in einem Waisenhaus Teherans, wo erheblich mehr Lernanregungen gegeben wurden, ein normaler Entwicklungsverlauf (DENNIS, 1960).

2.3.3 Reifung und Lernen als Determinanten von Entwicklung

Offenbar wird die nachgeburtliche Entwicklung zu keiner Zeit ausschließlich von Reifungsprozessen bestimmt. Eine Überbetonung des Reifungsanteils zieht zwangsläufig die Gefahr nach sich, daß Lernprozesse übersehen und folglich nur unzureichend angeregt werden. Dem entwicklungspsychologischen Schrifttum lassen sich zahlreiche Belege dafür entnehmen, daß die Umweltabhängigkeit bestimmter Verhaltensweisen verkannt worden ist. Ein Beispiel stellt der frühkindliche Trotz dar, der etwa vom Ende des zweiten Lebensjahres an für mehrere Monate zu beobachten ist. Er tritt jedoch, wie man heute weiß, keineswegs allgemein auf, sondern muß als spezifische Reaktion auf die Anforderungen einer bestimmten Gesellschaft verstanden werden (KEMMLER, 1957). Auch bei den oft beschriebenen Verhaltensweisen während der Pubertät handelt es sich nicht um ein Ergebnis endogener Programmierung. Sie stellen ebenfalls eine Reaktion auf bestimmte Umweltgegebenheiten dar, denn sie treten keineswegs in allen Kulturen auf (BONDY, 1956).

Die vorliegenden Forschungsergebnisse berechtigen nicht dazu, Reifungsprozesse gänzlich zu leugnen. Sie stützen aber die Empfehlung AEBLIs (1969), zuerst immer nach möglichen Lernprozessen zu suchen, um Entwicklungsvorgänge zu erklären, „und erst den durch diese nicht mehr erklärbaren Rest ... der Reifung zuzuschreiben".

48

Lernbereitschaft = Motivation, Interesse
Fähigkeit

2.4 Das Problem der Lernbereitschaft

Der Begriff Lernbereitschaft beschreibt die Gesamtheit der Voraussetzungen, die gegeben sein müssen, damit weiterführende, aufbauende Lernprozesse erfolgreich ablaufen können. In der älteren Entwicklungspsychologie wurde der Begriff fast ausschließlich mit der Reifung in enge Beziehung gesetzt. Der Begriff ist dadurch etwas vorbelastet, was dazu geführt hat, daß er von einigen zeitgenössischen Autoren gemieden wird. Wo der Begriff Lernbereitschaft weiterhin verwendet wird, hat er in der Regel eine Ausweitung seiner Bedeutung erfahren, indem er auch Faktoren wie Interesse (Motivation) und Fähigkeit mit berücksichtigt.

2.4.1 Das traditionelle Konzept: Lernbereitschaft abwarten

Die traditionelle Entwicklungspsychologie mußte zwangsläufig eine Pädagogik des Abwartens empfehlen. Anforderungen sollten jeweils so lange zurückgestellt werden, bis die dafür notwendige Lernbereitschaft, sprich Reifung, vorhanden war; denn nur sie – so behauptete man – gestattete es dem Kind, von seinen Übungen zu profitieren.

Wie sich eine solche entwicklungspsychologische Konzeption in der Praxis auswirkte, läßt sich sehr gut am Beispiel der sog. Schulreife demonstrieren. Um sie zu diagnostizieren, konstruierte KERN den Grundleistungstest. Die darin geforderten Leistungen (u.a. Schreiben, Zeichnen, Mengenerfassung) sollten Aufschluß über die Gliederungsfähigkeit eines Kindes geben, denn in dieser „Grundfunktion" offenbart sich nach KERN (1954) „einer der bedeutendsten Indikatoren der Entwicklungslage des Reifestandes eines Schulanfängers".

KERN (1954) hat in seinem Buch „Sitzenbleiberelend und Schulreife" den Standpunkt vertreten, daß ein Zusammenhang besteht zwischen verfrühter Einschulung und späterem Sitzenbleiben. Ein sechsjähriges Kind mit unzureichender Gliederungsfähigkeit sollte vom Schuleintritt zurückgestellt werden und damit die Gelegenheit zur Nachreifung erhalten. Da nach KERNs Auffassung die Entwicklungsprozesse einer endogenen Steuerung unterliegen, lassen sie sich von außen her nicht beschleunigen.

KERN hat mit seinen Warnungen vor einer zu frühen Einschulung von Kindern sicherlich Einfluß auf die öffentliche Diskussion genommen. Im Jahre 1955 beschlossen die Kultusminister der Länder in der Bundesrepublik Deutschland eine Heraufsetzung des Mindestalters für die Einschulung um drei Monate. Allerdings zeigte sich, daß die Maßnahme nicht den erwarteten Erfolg brachte. Die Anzahl der Schulversager, die nach KERNs Feststellungen hätte abnehmen müssen, veränderte sich in der Folgezeit nur unwesentlich (TIETZE, 1973). Offenbar war der von KERN behauptete Zusammenhang doch etwas zu einfach konzipiert.

2.4.2 Ein Alternativkonzept: Lernbereitschaft herstellen

Bereits im Jahre 1962 konnten KEMMLER und HECKHAUSEN durch eine Studie belegen, daß die sog. Schulreife nicht einfach ein Reifungsproblem darstellt.

Einer ihrer wesentlichen Befunde stand im Gegensatz zu den Behauptungen KERNs. Es ergab sich, daß die Gliederungsfähigkeit, wie sie der Grundleistungstest erfaßt, in hohem Maße übungsfähig ist; sie läßt sich vor allem durch einen Schreib-Lese-Unterricht fördern.

Gleichzeitig setzte zunächst in Amerika, mit etwas Verspätung auch in Deutschland, eine Bewegung mit dem Ziel ein, Kinder bereits vor der Einschulung mit Aufgaben zu konfrontieren, die traditionell den ersten Schuljahren vorbehalten waren. Man stellte fest, daß sich Methoden entwickeln ließen, durch die Kinder im Vorschulalter ohne weiteres in der Lage waren, z.B. das Lesen und Schreiben zu erlernen. Man setzte 1968 das Einschulungsalter wieder herab. BRUNER (1966) schürte seinerzeit den Förderungsoptimismus mit seiner Behauptung, wonach „jeder Stoff jedem Kind in jedem Stadium der Entwicklung in intellektuell redlicher Weise wirksam vermittelt werden kann".

> Um die Regeln der Wahrscheinlichkeit zu verstehen, bedarf es sicherlich sehr fortgeschrittener Denkformen. Die Wahrscheinlichkeit offenbart sich aber auch als das Ergebnis von Aktivitäten, die bei Grundschulkindern bereits anzuregen sind. „Spiele, in denen Lose gezogen werden, Roulettespiele und Spiele, bei denen das Ergebnis der Gaußschen Normalverteilung folgt, sind alle geeignet, dem Kind eine erste Vorstellung der logischen Operationen zu geben, die für ein Denken in Begriffen der Wahrscheinlichkeitstheorie nötig sind. In solchen Spielen entdecken die Kinder zunächst einen qualitativen Begriff des Zufalls, der als ein ungewisses Ereignis definiert wird im Gegensatz zu einem völlig gewissen. Der Begriff der Wahrscheinlichkeit als eines Bruchteils der Gewißheit wird erst später entdeckt" (BRUNER, 1961).

Solche Ausführungen, die übrigens vielfach auch mißverständlich interpretiert worden sind, ließen, ebenso wie erste Erfahrungen aus den vorschulischen Förderungsprogrammen, das Pendel in die andere Richtung schlagen. Lernbereitschaft, so hieß es jetzt, hinge „von geeigneten Reizanregungen und der Gelegenheit für die relevanten Lernerfahrungen", nicht aber vom Lebensalter ab (TYLER, 1964). Lernbereitschaft brauche man nur „herzustellen" (BROWNELL, 1951). Allerdings bedarf es dazu der Entwicklung angemessener Lernsequenzen. „Ein Schüler ist bereit, etwas Neues zu lernen, wenn er die notwendigen Leistungsmöglichkeiten durch voraufgehendes Lernen erworben hat" (GAGNÉ, 1969). Wenn sich bei einem Schüler Lernschwierigkeiten zeigen, dann deutet das darauf hin, daß er zu früh mit neuen Anforderungen konfrontiert worden ist. „Die bequeme Ausflucht, daß ein Schüler nicht ‚reif' genug ist, um irgendeinen speziellen Gehalt zu lernen, muß mit Bedacht vermieden werden, da sie nur für die früheren Lebensjahre Geltung beanspruchen kann" (GAGNÉ, 1969).

Erhebliche Bedenken gegenüber solchen Auffassungen meldete der schweizer Entwicklungspsychologe Jean PIAGET an, der damals zwar bereits auf eine sehr lange Forschungstradition zurückblicken konnte, internationale Beachtung fanden seine Arbeiten aber erst in den sechziger Jahren. Nach PIAGETs Überzeugung wird das Kind durch ein komplexes Zusammenwirken von Reifung und Umwelt in die Lage versetzt, sich die Realität mehr und mehr zu strukturieren. Nach dieser interaktionistischen Sichtweise ist zwar ohne Übung keine kognitive Entwicklung zu erwarten; gleichzeitig dürfte es aber auch bei intensivster Übung nicht gelingen, die reifungsbedingte kognitive Entwicklung entscheidend zu beschleunigen. Mit

50

Piaget: auch durch Übung kognitive Prozesse nicht zu beschleunigen

solchen Auffassungen hat PIAGET das Forschungsinteresse vor allem lernpsychologisch und kognitiv orientierter Entwicklungspsychologen herausgefordert. Eine
Methode zur Überprüfung der Konzeption PIAGETs ist der interkulturelle Ver-
gleich. So war z.B. zu belegen, daß Kinder sich darin unterschieden, in welchem
Alter sie Verständnis dafür hatten, daß eine Masse, der man nichts wegnimmt und
der man nichts hinzufügt, trotz andersartiger Form konstant bleibt (Prinzip der
Mengeninvarianz). Kinder, deren Eltern in Mexiko das Töpferei-Handwerk be-
trieben, entwickelten früher Verständnis für das Prinzip der Mengeninvarianz als
Altersgenossen, deren Familien anderen handwerklichen Tätigkeiten nachgingen
(ASHTON, 1975). In anderen Studien wählte man typische PIAGET-Aufgaben
aus, um zu prüfen, ob man Kinder durch ein spezielles Training dazu bringen
könnte, diese in einem früheren Alter zu bewältigen, als es nach PIAGETs Konzeption zu erwarten gewesen wäre.

In einer ziemlich bekannten Aufgabe werden fünfjährige Kinder mit folgender
Situation konfrontiert: Man gießt vor ihren Augen eine bestimmte Menge Flüssigkeit aus einem Gefäß mit größerem Durchmesser in ein anderes mit geringerem
Durchmesser. Die Frage, ob in beiden Gefäßen die gleiche Flüssigkeitsmenge enthalten war, haben die Befragten PIAGETs – wegen des unterschiedlichen Ausse-
hens der Flüssigkeitssäulen – häufig verneint. PIAGET führte diese objektiv falsche Antwort auf die unzureichende Reife der kognitiven Struktur eines fünfjährigen Kindes zurück.

GAGNÉ (1968) hat die soeben geschilderte Aufgabe analysiert. Er ist zu dem
Schluß gekommen, daß eine falsche Beantwortung nicht notwendigerweise belegt,
daß das Kind bestimmte logische Operationen nicht zu vollziehen vermag. Dem
Kind könnte die Antwort vielmehr mißlingen, weil ihm bestimmte Informationen
fremd sind, die als Voraussetzung zur Problembewältigung unverzichtbar sind. Zu
ähnlichen Feststellungen ist auch SIEGLER (1976; SIEGLER und RICHARDS,
1982) gekommen, dessen Befunde an dieser Stelle nur ausschnittweise wiederzugeben sind. Auch SIEGLER wählte eine typische PIAGET-Aufgabe aus und versuchte, so genau wie möglich, ihre Komponenten (Lernvoraussetzungen in Form
von lösungsrelevanten Regeln) zu ermitteln.

In einer seiner Studien hat SIEGLER seine Versuchspersonen mit Problemen an einem
Waagebalken konfrontiert (s. Abb. 2.1); an dessen Hebelarmen sind in jeweils gleichen
Abständen zum Drehpunkt Stifte angebracht, an denen sich Metallgewichte befestigen
lassen.
Der Waagebalken wurde zunächst in waagerechter Position festgestellt. Sodann hat der
Versuchsleiter eine bestimmte Anzahl von Gewichten in bestimmter Entfernung vom
Drehpunkt befestigt. Die fünf- und achtjährigen Versuchspersonen sollten vorhersagen,
nach welcher Seite sich der Waagebalken voraussichtlich neigen werde. Zur Beantwortung einer solchen Frage kann man sich grundsätzlich an einer der folgenden Regeln
orientieren:
REGEL I: Der Befragte gründet sein Urteil nur auf eine dominante Dimension: Er beachtet lediglich die Anzahl der Gewichte auf beiden Seiten und läßt deren Entfernung
vom Drehpunkt unberücksichtigt.
REGEL II: Der Befragte beachtet nur dann ausschließlich die Werte der dominanten
Dimension, wenn diese ungleich sind. Sofern diese gleich sind, berücksichtigt er in seinem Urteil auch die untergeordnete Dimension. Also nur wenn die Anzahl der Gewichte

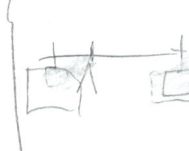

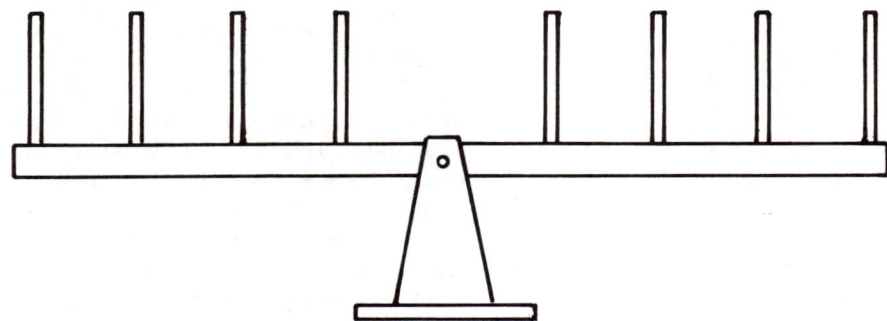

Abb. 2.1: Darstellung eines Waagebalkens, der in einer Studie von SIEGLER (1976) verwendet worden ist.

auf beiden Seiten ungleich ist, berücksichtigt er zusätzlich deren Entfernung vom Drehpunkt.

Regel III: Der Befragte berücksichtigt gleichzeitig beide Dimensionen; er löst die Aufgaben aber nur richtig, wenn die Werte mindestens einer Dimension gleich sind. Wenn also eine Seite stärker gewichtet ist oder wenn die Abstände auf beiden Seiten vom Drehpunkt ungleich sind, gerät der Anwender von Regel III in Verwirrung.

REGEL IV: Der Befragte ist in der Lage, die Anzahl der auf beiden Seiten befestigten Gewichte sowie deren jeweilige Entfernung vom Drehpunkt *gleichzeitig* zu berücksichtigen. Er gelangt deshalb zu richtigen Vorhersagen.

Nach SIEGLERs (1976) Beobachtungen orientierten sich alle vierjährigen Kinder an der Regel I, die auch von Fünfjährigen fast ausnahmslos benutzt wurde. Bei älteren Kindern war zunehmend die Berücksichtigung von II und III nachweisbar. Aber nur eine Minderheit der Jugendlichen ließ eine Orientierung an Regel IV erkennen. SIEGLER interessierte sich u.a. für die Frage, warum die Fünfjährigen Fehlantworten gaben. Er erhielt Hinweise dafür, daß sie nur die Gewichte auf beiden Seiten beachteten; für sie waren deren Entfernungen vom Drehpunkt offenkundig nicht relevant. SIEGLER trainierte diese Versuchspersonen daraufhin, sowohl die Anzahl der Gewichte als auch deren Entfernung vom Drehpunkt zu beachten. Es gelang ihm daraufhin, die Leistungen der Fünfjährigen denen der Achtjährigen anzugleichen.

SIEGLER und RICHARDS (1982) stellen unter Berücksichtigung einschlägiger Untersuchungsergebnisse fest, daß man Kinder durch entsprechendes Training dazu bringen kann, Aufgaben der konkret- und formal-operationalen Phase (s. S. 74 ff.) sehr viel früher zu bewältigen, als nach den Beschreibungen PIAGETs zu erwarten wäre. Es hat sich zeigen lassen, daß dieses trainierte Wissen „echtes Verständnis" darstellt (SIEGLER und RICHARDS, 1982). Der Genfer Arbeitskreis um PIAGET hat eine gewisse Bereitschaft erkennen lassen, derartigen Erkenntnissen Rechnung zu tragen (INHELDER et al., 1974).

ELKIND (1981) bestätigt diese Flexibilität PIAGETs, indem er schreibt: „Für mich war es einer der bewegendsten Augenblicke, die ich jemals erlebt habe, als ich PIAGET bei einem öffentlichen Vortrag zuhörte, den er anläßlich eines Treffens der Jean PIAGET-Gesellschaft in Philadelphia hielt. PIAGET deutete bei dieser Zusammenkunft die Möglichkeit an (er war damals 80 Jahre alt), daß einige Kinder die Mengenkonstanz durch

52

andere Strategien als von ihm zuvor dargestellt worden war, erreichen könnten. Für einen Mann dieses Alters war der Wechsel eines fundamentalen Lehrsatzes seiner Theorie, wie ich meine, ein bemerkenswertes Testament seines außerordentlichen wissenschaftlichen Engagements." *Piaget gat's eingesee (80J.)*

2.4.3 Das interaktionistische ökopsychologische Konzept: Lernbereitschaft als Ergebnis komplexer Wechselwirkung

Sicherlich ist von KERN und vielen Entwicklungspsychologen der damaligen Zeit die Bedeutung des Lernens unterschätzt worden. Deshalb war es konzeptuell ein Fortschritt, bei mangelnder Lernbereitschaft oder bei Schulversagen zunächst die Möglichkeit fehlender oder unzureichender Lernvoraussetzungen zu erwägen, statt vorschnell Unreife oder Begabungsmängel als Erklärung in Anspruch zu nehmen. Einige Beobachtungen zeigten jedoch, daß der neue Ansatz offenbar immer noch zu eng gewählt worden war. So ließ sich z.B. feststellen, daß es wesentlich von den Bedingungen des häuslichen Milieus abhing, ob ein Kind über die Voraussetzungen zur Einschulung verfügte (z.B. BRAND, 1955). Wiederholt war nachzuweisen (u.a. von HENNING, 1970), daß ein großer Teil der Kinder, die man alljährlich vom Schulbesuch zurückgestellt bzw. nur mit Bedenken eingeschult hatte, aus Familien stammte, die zu den sozioökonomisch schwächer gestellten Bevölkerungsschichten gehörten (LÖSCHENKOHL, 1975; MANDL und KRAPP, 1978). Wenn man solche Kinder im Rahmen von Interventionsprogrammen gezielt förderte, dann reagierten sie zwar häufig mit nennenswerten Steigerungen ihres Leistungsverhaltens. Diese Fortschritte blieben jedoch nicht erhalten; vielmehr gingen sie nach Beendigung der Fördermaßnahmen allmählich wieder verloren (ZIGLER und SEITZ, 1982). Aufgrund solcher Feststellungen hat man wiederholt den Schluß gezogen, daß es nicht ausreichen kann, sich im Rahmen der Interventionsprogramme mit Förderungsmaßnahmen nur an die beteiligten Kinder zu wenden. Erzielte Fortschritte im Leistungsverhalten können nur dann dauerhaft erhalten bleiben, wenn durch entsprechende Kooperation mit den Familien eine Erhöhung ihrer Unterstützungsfunktion zu erreichen ist.

Damit wird deutlich, daß die Lernbereitschaft und das Leistungsverhalten nicht nur von kognitiven Faktoren eines Lernenden abhängen. Um sich an die schulischen Bedingungen anpassen zu können, ist es für einen Lernenden von erheblicher Bedeutung, welche Einstellungen er gegenüber dem schulischen Lernen entwickelt hat, wie ausdauernd er an der Überwindung von Schwierigkeiten zu arbeiten vermag, welches Selbstvertrauen er besitzt, wie er seine Sozialkontakte zum Lehrer und zu Gleichaltrigen zu gestalten vermag, durch welche Unterrichtsbedingungen er zu motivieren ist usw. „Die soziale bzw. wirtschaftlich-materielle Situation der Familie bildet eine der wichtigsten ökologischen Hintergrundvariablen der psychophysischen Entwicklung des Kindes und damit auch der Ausbildung schulischer Lernvoraussetzungen" (NICKEL, 1981). Eine erst in jüngerer Zeit verstärkt in den Mittelpunkt des Interesses gerückte *ökologische Psychologie* fragt deshalb nach häuslichen und gesellschaftlichen Bedingungen eines Kindes (BRONFENBRENNER, 1981; NICKEL, 1984; VASKOWICS, 1982). Man sucht nach

Zusammenhängen zwischen der Persönlichkeit des Kindes und seinen häuslichen Wohnverhältnissen, man fragt u.a. nach der materiellen Ausstattung der Wohnung, nach dem Erziehungsstil der Eltern, deren Sprachverhalten, ihren Werteinstellungen usw. Wenn zwischen den häuslichen und schulischen Bedingungen zu große Diskrepanzen bestehen, dürfte es dem Kind schwerer fallen, Lernbereitschaft zu entwickeln; Lernschwierigkeiten werden unter solchen Umständen wahrscheinlicher.

2.4.4 Sensible Phasen in der Entwicklung

Bisher ging es wiederholt um die Frage, ob fehlende Reifung die Bewältigung bestimmter Aufgaben verhindern könnte. Reifungstheoretisch orientierte Pädagogen und Psychologen haben entsprechend vor einem „zu früh" gewarnt. Ergänzend dazu hat man auch die Frage gestellt, ob es möglicherweise auch ein „zu spät" gibt, d.h., ob damit gerechnet werden muß, daß die Effektivität von Übungen in dem Maße abnimmt, wie der Abstand zu einer zurückliegenden „optimalen Phase" zunimmt.

Dieses Problem hat man in der Vergangenheit zumeist unter dem Stichwort „kritische Phase" diskutiert. Damit sind Zeitabschnitte in der Entwicklung eines Lebewesens gemeint, in denen Prozesse stattfinden, die irreversibel sind, die sich also nicht wieder rückgängig machen lassen.

Kritische Phasen sind zuerst in der tierischen Entwicklung konstatiert worden. Ein sehr gutes Beispiel liefern einige Vögel (Gänse und Enten) und andere Tiere. Sie haben die Tendenz, demjenigen Objekt zu folgen, das sich während der kritischen Zeitspanne (bei Enten etwa zwischen der 13. und 16. Stunde nach dem Ausschlüpfen aus dem Ei, nach HESS, 1959) in ihrer unmittelbaren Nähe bewegt. Normalerweise ist das ihre Mutter; es kann aber auch ein Mensch oder eine bewegliche Spielente sein. LORENZ (1935) schlug für dieses Phänomen, das andere Tierforscher bereits früher beobachtet hatten, den Namen „Prägung" vor. Hat die Prägung auf die Mutter oder ein anderes Objekt stattgefunden, erweist sie sich als ziemlich irreversibel.

Kritische Phasen lassen sich auch während des Schwangerschaftszeitraums nachweisen. In der Regel fallen kritische Phasen mit jenen Zeiten zusammen, in denen Körperteile besonders schnell wachsen. Wenn die werdende Mutter während des ersten Drittels einer Schwangerschaft z.B. an bestimmten Infektionen (etwa Röteln) erkrankt, ist mit Beeinträchtigungen des kindlichen Gehirns zu rechnen, weil dieses Organ anfänglich relativ schnell wächst.

Beachtung haben im entwicklungspsychologischen Schrifttum auch Arbeiten gefunden, die unter dem Stichwort „sensorische Deprivation" diskutiert werden. Nur wenige Beispiele davon seien hier wiedergegeben. THOMPSON und MELZACK (1956) zogen schottische Terrier im Alter von sieben bis zehn Monaten in einer Umgebung auf, in der sie von den normalen Reizen isoliert waren. Später vermochten diese Hunde nicht mehr zu lernen, schmerzvolle Reize zu vermeiden. Auch HARLOW hat auf eine kritische Phase im Sozialisationsprozeß von Affen (Makaken) hingewiesen. Die Tiere wurden sechs bis zwölf Stunden nach ihrer Geburt von ihren Müttern getrennt und unter kontrollierten Bedingungen mit Ersatzmüttern aufgezogen. Für einige Jungaffen stand eine Mutter zur Verfügung, die aus hartem Draht bestand. Andere Tiere fanden eine Mutter aus Holz vor, die mit weichem Schaumstoff überzogen war. Die so aufgewachsenen

54

Tiere zeigten im Erwachsenenalter erhebliche soziale Anpassungsschwierigkeiten, auffallend war eine hohe Apathie und ein sehr geringes Interesse an den Artgenossen. Die Tiere erwiesen sich zudem als unfähig, ihre eigenen Kinder zu bemuttern.

Ein kritischer Entwicklungspsychologe wird sicherlich nicht Befunde der Tierpsychologie ohne weiteres auf den menschlichen Bereich übertragen; hier bedarf es einer unabhängigen Prüfung: Gibt es kritische Phasen auch in der menschlichen Entwicklung? Bekanntlich besteht bei Psychoanalytikern eine hohe Bereitschaft, dies zu bejahen. Auch HEBB (1949) hat die Überzeugung vertreten, daß eine normale Entwicklung der Wahrnehmungsfunktionen sowie der Intelligenz nur erfolgen kann, wenn die Umwelt während der ersten Lebensmonate geeignete Reizanregungen bietet. BOWLBY (1953) kommt nach Durchsicht der einschlägigen Literatur zu dem Schluß, daß die Entbehrung der Mutter vor dem zweiten, vielleicht vor dem dritten Lebensjahr, schwere Persönlichkeitsschäden in der weiteren Entwicklung des Kindes hervorruft. LENNEBERG (1967) hat eine Fülle von Material zusammengetragen, das auf eine kritische Phase für die Entstehung der primären Sprache hinzuweisen scheint.

Zu fragen bleibt jedoch, ob die Beobachtungen, die hinter den zuletzt genannten Feststellungen stehen, durch den Begriff der kritischen Phase angemessen interpretiert werden, denn damit verbindet sich sehr eng die Irreversibilität. Es läßt sich exemplarisch an der Sprachentwicklung zeigen, daß die Folgen verminderter oder fehlender Reizanregungen wenigstens bis zu einem gewissen Grade auszugleichen sind.

> So beschreibt CURTISS (1977) den Fall eines Mädchens, zu dem bis zum Alter von 13;6 Jahren kein Mensch gesprochen hatte und das geschlagen wurde, wenn es nur einen Laut von sich gab. Als es dann befreit wurde, konnte dieses Kind weder aufrecht stehen noch sprechen. Man brachte es zunächst in eine Klinik und anschließend in eine Pflegefamilie. Dort lernte das Mädchen in Sätzen zu sprechen, sich in seiner Wohngegend zurechtzufinden, mit dem Bus zur Schule zu fahren usw., es vermochte sogar einzelne Erinnerungen aus der ungewöhnlichen Kindheit zu Protokoll zu geben.
> Die Beobachtungen an diesem Fall belegen also, daß ein Spracherwerb offenbar auch nach der Pubertät noch möglich ist. Dennoch waren bestimmte Fehler bzw. Unzulänglichkeiten nicht mehr zu beseitigen. Offenbar hatte die Fähigkeit zum Lernen durch die besonderen Kindheitsbedingungen doch eine dauerhafte Beeinträchtigung erfahren.

Weil der Begriff der kritischen Phase sehr eng mit der Irreversibilität verbunden worden ist, empfiehlt es sich, von einer *sensiblen Phase* zu sprechen, wenn zum Ausdruck gebracht werden soll, daß es bestimmte Zeiträume in der Entwicklung gibt, in denen Reizanregungen wirksamer als in anderen Abschnitten sind. So behauptet ROTH (1957) z.B., „daß keiner, der erst als Zwanzigjähriger oder später das Schwimmen lernte, je mit den Wasserfröschen aus der Knabenzeit ernsthaft hat wetteifern können". Derselbe stellte auch fest: „Es stimmt schon, wer in diesen Jahren (gemeint ist die Zeit um das 11. Lebensjahr) nicht Klavierspielen angefangen hat, Fremdsprachen, Latein, Schwimmen, Radfahren, Lieder und Sprüche, der lernt es so – nie mehr." Solche Feststellungen schließen also keineswegs aus, daß z.B. das Radfahren oder die lateinische Sprache auch noch von Menschen in einem fortgeschritteneren Alter erlernt werden kann; allerdings müssen Übungen außer-

55

halb der sensiblen Phase intensiver sein und länger andauern, und u.U. führen sie nur zu einem vergleichsweise niedrigeren Leistungsniveau.

Über die Faktoren, von denen sensible Phasen abhängen, weiß man noch recht wenig. Früher dominierte die Auffassung, daß sie in enger Beziehung zur Reifeentwicklung stehen. Das mag während der sehr frühen Kindheit zutreffen. Mit wachsendem Alter eines Menschen werden jedoch lernpsychologische Bedingungen zunehmend bedeutsamer. Auch die motivationalen Voraussetzungen ändern sich.

Häufig sind die Lernfortschritte – sowohl beim Erwachsenen als auch beim Kind – zu Beginn eines Lernprozesses für einen längeren Zeitraum recht gering. Es spricht sehr viel dafür, daß jüngere Kinder ihre übende Tätigkeit auch dann noch fortsetzen, wenn (wenigstens aus der Sicht erwachsener Beobachter) keine Fortschritte mehr erkennbar sind. Mit wachsendem Lebensalter steigen jedoch in den für relevant erachteten Bereichen auch die Erwartungen an die Ergebnisse eigener Übungstätigkeit. Der Dreißigjährige, der sich erstmalig an ein Klavier setzt, wird es deshalb sehr schwer haben, die Übungstätigkeit eine längere Zeit fortzusetzen, weil er kaum Leistungsverbesserungen zu erkennen vermag. Im Verlauf dieses Stadiums muß er nicht nur neue Grundlagen lernen. Er muß außerdem zahlreiche früher erlernte Verhaltensweisen wieder zum Erlöschen bringen, d.h. vergessen, weil sie nicht zu jenen Tätigkeiten gehören, die das Klavierspielen fordert bzw. die diesem sogar entgegenstehen. Folglich steht der Dreißigjährige vor einer schwierigeren Aufgabe als z.B. ein Sechsjähriger. Vielfach ist der Ältere sehr bald in der Versuchung, das Üben wieder aufzugeben, um die Energien dann auf einem Gebiet investieren zu können, auf dem er bereits über mehr Erfahrungen verfügt. Die Umwelt wird diesen Entschluß mit dem Hinweis erleichtern, daß ein Mensch dieses Alters tatsächlich nicht mehr in der Lage sei, das Klavierspielen zu erlernen. In welch günstigerer Situation befindet sich dagegen der sehr viel jüngere Mensch! Die ihn fördernden Personen sind womöglich selbst dann noch bereit, seine enormen Fortschritte zu preisen, wenn sie solche noch gar nicht zu erkennen vermögen. Ein Kind wird diesen der Aufmunterung dienenden Rückmeldungen sehr viel eher Glauben schenken als ein älterer Lernender.

Um festzustellen, wann zum Erlernen einer Leistung jeweils die optimale Lernzeit oder die sensible Phase besteht, genügt es also nicht, das Lebensalter zu berücksichtigen. Eine Vielzahl von lern-, sozial- und persönlichkeitspsychologischen Bedingungen bestimmt, zu welchem Zeitpunkt ein Mensch für bestimmte Lernaufgaben besonders lernbereit ist. Nur eine genaue Kenntnis dieser Bedingungen wird es gestatten, Lernschwierigkeiten zu vermeiden und eine hohe Effektivität zu erzielen.

Gelegentlich werden der wissenschaftlichen Öffentlichkeit jedoch Forschungsergebnisse vorgelegt, die nach Interpretation ihrer Autoren die Existenz sensibler Phasen in Frage stellen, d.h., es wird z.B. behauptet, daß extreme Reizarmut (Deprivation) im frühen Kindesalter zu einem späteren Zeitpunkt wieder voll auszugleichen ist. In exemplarischer Form sei hier kurz auf Beobachtungen von KAGAN und KLEIN (1973) eingegangen.

In einem abgelegenen ländlichen Gebiet Guatemalas müssen die Kinder während ihres ersten Lebensjahres die meiste Zeit in einer kleinen, dunklen Hütte ohne Fenster verbringen. Übliches Spielzeug steht nicht zur Verfügung, Erwachsene haben relativ selten

56

Kontakt mit den Kleinen. In weniger als 10% der Zeit wenden sich andere mit Sprach-
oder Spielanregungen an die Kinder (die Vergleichszahlen für amerikanische Elternhäuser sind 25 bis 40%). Das erste Lebensjahr dieser Kinder ist also durch Deprivation gekennzeichnet.

Nachdem diese jungen Menschen jedoch das Alter von 13 bis 16 Monaten erreicht haben, erlaubt man ihnen, die Hütte zu verlassen. Draußen eröffnet sich ihnen eine Welt,
in der sie sich mit Haustieren, anderen Kindern usw. auseinandersetzen können. Acht-
und Zehnjährige haben bereits zahlreiche Aufgaben von Erwachsenen zu übernehmen:
sie helfen ihrem Vater auf dem Feld, kochen, putzen, holen Wasser usw. Wenn ein Kind
etwa elf Jahre alt ist, erreicht es in Intelligenztests, die relativ wenig den Umwelteinfluß
berücksichtigen, etwa die gleichen Leistungen wie ein amerikanisches Kind der Mittel-
klasse – trotz der Reizarmut in den ersten zwölf Monaten.

Läßt sich aus solchen Beobachtungen nun der Schluß ziehen, daß sich die Folgen extre-
mer Reizarmut stets im weiteren Entwicklungsverlauf ausgleichen lassen? Ist auch die
Annahme von sensiblen Phasen unberechtigt? Die mitgeteilten Beobachtungen lassen einen solchen Schluß nicht zu, denn so anregungsarm war die Umwelt dieser Kinder gar
nicht. Ihnen standen zum Spielen z.B. Apfelsinen, Maiskörner und kleine Lehmklumpen
zur Verfügung. Außerdem hielt sich die Mutter fast immer in der Nähe auf; die Kinder
waren praktisch nicht allein. Weiterhin bestand eine Atmosphäre emotionaler Wärme, in
der die Kleinen akzeptiert wurden. Schließlich ist zu beachten, daß sich etwa im Alter
von 13 bis 16 Monaten die Erfahrungsmöglichkeiten erheblich erweiterten.

Die Behauptung der Existenz einer sensiblen Phase der Intelligenzentwicklung während
der ersten fünfzehn Lebensmonate kann auf der Grundlage der vorgelegten Untersuchungsergebnisse nicht zurückgewiesen werden. Die vorhandenen Reizangebote waren
wahrscheinlich ausreichend, so daß mit einer Beeinträchtigung der Intelligenzentwicklung gar nicht zu rechnen war.

DENNIS und NAJARIAN (1957) haben nach ihren Studien im Vorderen Ori-
ent zunächst einen ähnlichen Standpunkt wie KAGAN und KLEIN eingenommen.
Sie fanden in einer Untersuchung, die sie in einem Kinderheim Beiruts durchgeführt haben, keine Hinweise dafür, daß die durch fehlende Reizanregungen entstandenen Verzögerungen der Intelligenzentwicklung irreversibel waren. Später
hat DENNIS (1973) seinen Standpunkt jedoch etwas verändert. Er stellte in einem
Waisenhaus des Libanon, in dem Kinder ihre ersten zehn Lebensjahre verbringen
mußten, einen relativ konstanten Intelligenz-Quotient von 50 fest. Das ist ein außerordentlich geringer Wert. Tatsächlich fanden die Heiminsassen auch besonders
ungünstige Bedingungen vor; denn für insgesamt 100 Kinder standen nur fünf
Schwestern zur Verfügung. Da die Behörden jedoch während der Anwesenheit
von DENNIS ihre Adoptionspolitik änderten, nutzte dieser die Gelegenheit eines
„natürlichen Experiments". Man war fortan bemüht, die Heimkinder in Pflegefamilien zu geben; DENNIS erhielt dadurch die Möglichkeit, die Intelligenzentwicklung von den Kindern zu verfolgen. Seine Befunde gibt die folgende Abbildung wieder: (siehe Seite 58)

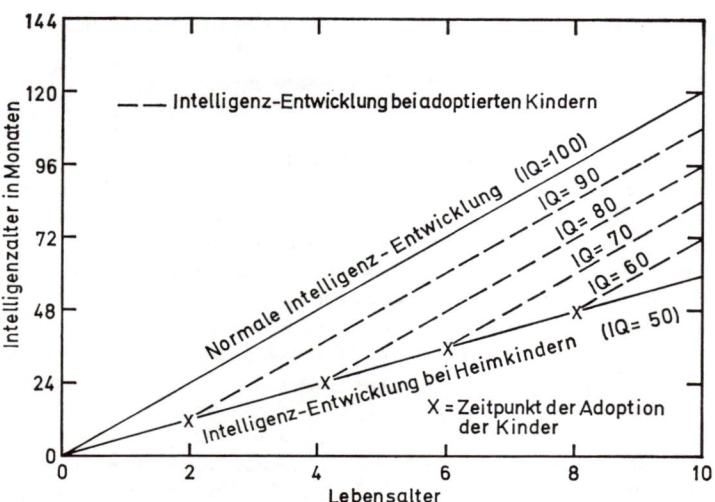

Abb. 2.2: Schematische Darstellung der Intelligenzentwicklung von adoptierten und nicht adoptierten Waisenkindern nach Befunden von DENNIS (1973)

Wenn die von DENNIS beobachteten Heimkinder vor dem zweiten Lebensjahr zu Pflegeeltern kamen, verlief die weitere Intelligenzentwicklung innerhalb eines normalen Bereichs. Gab man die Kinder dagegen nach dem zweiten Lebensjahr in eine Pflegefamilie, stieg ihr Intelligenzalter nach der Adoption zwar normal an; es war jedoch nicht mehr möglich, das zuvor während des Heimaufenthalts erfahrene Defizit auszugleichen. Ein im Alter von acht Jahren adoptiertes Kind konnte mit zehn Jahren deshalb nur noch einen IQ von 60 erreichen; es übertrifft damit aber immer noch die Leistungen der Altersgenossen, die im Heim verblieben waren. Insgesamt gilt für DENNIS: Je niedriger das Alter der Adoption, desto günstiger verläuft die weitere Intelligenzentwicklung. In jedem Fall bleibt aber die Aussage bestehen, daß die durch anregungsarme Umweltbedingungen mitbestimmte ungünstige Intelligenzentwicklung in jeder (!) Altersstufe des Kindes mittels geeigneter Förderungsprogramme wenigstens bis zu einem bestimmten Grade positiv zu beeinflussen ist.

Zu einem vergleichbaren Schluß gelangt man, wenn man die Ergebnisse der vorschulischen Förderungsprogramme analysiert, die vor allem in den sechziger Jahren in den U.S.A. durchgeführt worden sind, um Kindern aus sozial benachteiligten Familien bessere Möglichkeiten zu bieten, von den Bildungsangeboten öffentlicher Schulen zu profitieren. Je früher solche Förderungsprogramme ansetzen, desto stärker läßt sich Einfluß auf die Intelligenzentwicklung nehmen (ROBINSON und ROBINSON, 1971).

Zusammenfassend muß man also von der Existenz sensibler Phasen in der Entwicklung ausgehen. Wenn aber ein Kind während dieser Zeit nicht die optimale Förderung erfährt, sind die Folgen nicht, wie es das Konzept der kritischen Phase

58

nahelegte, irreversibel. Auch nach Ablauf einer solchen Phase bestehen sehr wohl Förderungsmöglichkeiten, wenngleich nicht auszuschließen ist, daß mit verstärkten Anstrengungen nur geringere Effekte zu erreichen sind.

2.4.5 Lernen im Erwachsenenalter

Die Durchsicht von Lehrbüchern der Pädagogischen Psychologie – auch solcher neueren Publikationsdatums (z.B. GAGE und BERLINER, 1984; ROSSER und NICHOLSON, 1984; ROYER und FELDMAN, 1984; REILLY und LEWIS, 1983; VANDER ZANDEN und PACE, 1984) – führt fast ausnahmslos zu dem Ergebnis, daß diese keinerlei Ausführungen über das Lernen und Behalten im Erwachsenenalter enthalten. Die Ausklammerung dieses Themengebietes ist unverständlich, weil es heute praktisch für sämtliche Berufe unerläßlich ist, sich mit technischen und anderen Neuerungen fortlaufend auseinanderzusetzen. Einer jüngeren Schätzung für die Ingenieurwissenschaften folgend, konnte man im Jahr 1940 davon ausgehen, daß nach zwölf Jahren etwa die Hälfte des damaligen Kenntnisstandes als überholt gelten konnte. Im Jahre 1980 hatte sich diese „Halbwertzeit" auf fünf Jahre verringert (DOYLE, 1980). Diese mehr oder weniger für alle Fachgebiete zu beobachtenden schnellen Veränderungen im Erkenntnis- und Wissensstand führten zur unumgänglichen Forderung nach einem „lebenslangen Lernen"; daraus ergeben sich Konsequenzen: die meisten Menschen werden nach dem Verlassen der allgemeinbildenden Schule oder der Universität – zumindest für die Dauer ihrer aktiven Berufsausübung – wiederholt Kurse zur Umschulung, Fort- und Weiterbildung zu besuchen haben.

Der genannten Forderung steht vielfach die Überzeugung entgegen, daß es für das Lernen allgemein eine sensible Phase gäbe („Was Hänschen nicht lernt, lernt Hans nimmermehr"), die vor allem die Jugendlichen sowie Erwachsene im dritten Lebensjahrzehnt begünstigen mag; spätestens aber in den vierziger Jahren – so meinen viele – müßte mit Beeinträchtigungen des Lernens und Behaltens gerechnet werden. Der international renommierte Psychologe Donald HEBB hat dazu beigetragen, daß solche Auffassungen eher noch bestärkt als in Frage gestellt werden. In der Zeitschrift „Psychologie heute", zu deren Leserschaft sicherlich in großem Umfang interessierte Laien gehören, berichtet HEBB (1979) unter dem Titel „Wie ich alt werde" u.a. von einem Erlebnis, das ihn, wie er feststellt, „sehr erschreckte". Im Alter von 47 Jahren las er einen Zeitungsartikel, der direkt auf einige seiner Arbeiten, an denen er gerade saß, Bezug nahm. Er dachte: „Davon muß ich mir eine Notiz machen." Als er dann aber die Seite umblätterte, fand er bereits eine Bleistiftnotiz in seiner eigenen Schrift. „Das war ein richtiger Schock. ... dieser kleine Ausfall meines Gedächtnisses war bestimmt altersbedingt ..." so schreibt HEBB weiter, „Mit 47 Jahren hatte ich etwas verloren, was zuvor vorhanden war."

Das Problematische an HEBBs Schilderung ist nicht, daß er mit 47 Jahren etwas vergessen hat, sondern daß er offenbar unkritisch bereit war, die Erklärung eines altersbedingten Gedächtnisausfalls zu akzeptieren. Die tägliche Erfahrung lehrt, daß Vergessen ein ganz normales Phänomen darstellt, das in jedem Lebensalter vorkommt. Während ein Jugendlicher aber hochgradig bereit ist, das Erlebnis eines Gedächtnisausfalls kommentarlos zu übergehen, zeigt sich bei älteren Menschen eine zunehmende Tendenz, dem gleichen Ereignis allein schon deshalb hohe Relevanz zuzuschreiben, weil sie es als Ausdruck eines fortgeschrittenen Lebensalters interpretieren.

Es ist zweifellos legitim, in allen Abschnitten der Entwicklung bei der Erklärung von Leistungsverhalten Bedingungen zu berücksichtigen, die mit dem jeweiligen Alter in Beziehung stehen. Die Erklärung sollte allerdings nicht implizieren, daß womöglich schon gegen Ende der zwanziger Jahre ein biologisch bedingter Abbau einsetze, dem notwendigerweise eine generelle Minderung der Leistungsfähigkeit folgen müßte. Die einschlägige Forschung berechtigt lediglich zu der Feststellung, daß ein Fünfzigjähriger unter anderen Bedingungen lernt als z.B. ein Jugendlicher. Das Entscheidende wäre somit nicht der Nachweis, daß ein älterer einem jüngeren Lernenden nach Auseinandersetzung mit einer Lern- und Gedächtnisaufgabe unterlegen ist. Von sehr viel größerer Bedeutung ist vielmehr, ob der Fünfzig- oder Sechzigjährige unter Bedingungen arbeitet, die sich jeglicher Kontrolle und Einflußnahme entziehen.

Es ließ sich beispielsweise wiederholt nachweisen, daß ältere Menschen mehr Schwierigkeiten als jüngere im Behalten von Wortpaaren haben. Derartige Aufgaben können im Rahmen eines psychologischen Experiments vorkommen; dort fordert man gelegentlich die Einprägung sinnlos erscheinender Kombinationen (wie z.B. HAUS-WASSER, WALD-STERNE oder REGEN-BLUME). Aber auch im Rahmen des Fremdsprachenunterrichts stellen sich ähnliche Lernaufgaben (man prägt sich z.B. die Wortpaare TISCH-CHAIR, HAUS-MAISON, STADT-CIUDAD ein). Verminderte Leistungen bei Lern- und Gedächtnisaufgaben treten ausgeprägter zumeist erst im Verlauf der sechziger Jahre auf (SCHAIE, 1980). Selbst bei dieser Altersgruppe sollte aber nicht primär an einen biologisch bedingten Abbau ihrer geistigen Funktionen gedacht werden. Für beobachtete Ausfälle kommen nämlich auch alternative Erklärungen in Frage (die folgenden Zusammenhänge gelten vor allem für Personen, die sich bereits in den siebziger oder achtziger Jahren befinden, in entsprechend schwächerer Ausprägung könnten sie aber sehr wohl bereits früher nachweisbar sein):

1. Ältere Menschen kennzeichnet eine größere Vorsicht und außerdem eine geringere Bereitschaft, Risiken einzugehen. Sie neigen dazu, erst dann eine Antwort zu geben, wenn sie ziemlich sicher einen Irrtum auszuschließen vermögen (BIRKHILL und SCHAIE, 1975).

2. Ältere Menschen zeigen ziemlich generell Beeinträchtigungen ihrer Leistungen, wenn man ihnen Lern- oder andere Aufgaben vorlegt, deren Bewältigung von der Schnelligkeit abhängt (MADDEN und NEBES, 1980). Sofern man diesen Lernenden aber mehr Zeit für die Einprägung bietet, nutzen sie diese gar nicht (CANESTRARI, 1963). Ein solcher Befund weist darauf hin, daß ältere Personen sogar unter Zeitdruck bessere Leistungen erbringen könnten, wenn sich bei ihnen unter dieser Bedingung nicht ein offenbar zu hoher Grad an Aufgeregtheit entwickeln würde. Zur Überprüfung dieser Vermutung hat man älteren Versuchspersonen Drogen verabreicht, die eine Verminderung der physiologi-

60

schen Erregung bewirkten. Tatsächlich stiegen die Leistungen nach dieser Maßnahme eindeutig an (EISDORFER et al., 1970).

3. Ältere Versuchspersonen zeigen vor allem dann vergleichsweise geringere Leistungen, wenn sie (wie vielfach im Rahmen psychologischer Experimente) sinnlos erscheinendes Material zu lernen haben. Möglicherweise besteht bei ihnen
einfach motivational keine Bereitschaft, sich mit derartigen Aufgaben auseinanderzusetzen. Vielleicht sind aber auch andere Bedingungen während der Einprägung für diese Minderung verantwortlich. Auf eine altersbedingte Gedächtnisschwäche sollte man aber dennoch nicht ohne weiteres schließen, denn die
Leistungen dieser Menschen bleiben im Vergleich zu jüngeren weniger zurück
– oder zeigen sogar das gleiche Niveau –, wenn man ihnen aus dem Alltag vertraute Aufgaben vorlegt, die einen sinnvollen Kontext aufweisen (BIRREN et
al., 1983).

4. Ältere Menschen machen im Vergleich zu jüngeren Erwachsenen spontan sehr
viel seltener von effektiven Einprägungstechniken Gebrauch (SANDERS et al.,
1980), über die im sechsten Kapitel ausführlicher zu berichten sein wird
(S. 184 ff.). Die Einprägung einer Wortliste erschweren sie sich z.B. erheblich
dadurch, daß sie Begriffe nicht nach ihrem Bedeutungsgehalt (wie z.B. WAS
SER und SCHIFF oder NOTE und LIED) ordnen (DENNEY, 1974). Wirkungsvolle Strategien zur Einprägung von Lernmaterial erwirbt man durch Übungen, und zu diesen wird man vor allem in der Schule angeregt. Personen mit
einem längeren Schulbesuch und solche, die sich noch in der Schule befinden,
müßten demnach bessere Gedächtnisleistungen erbringen als andere, die nur relativ kurze Zeit die Schule besucht haben und/oder deren Schulerfahrungen bereits weiter zurückliegen. Tatsächlich gibt es Hinweise dafür, daß sich die Gedächtnisleistungen eines Menschen besser vorhersagen lassen, wenn man weniger sein Lebensalter, dafür aber die Dauer seines Schulbesuchs und weiterhin
berücksichtigt, wie weit seine letzten Schulerfahrungen zurückliegen (ZIVIAN
und DARJES, 1983). Wenn man Personen mit geringerem Übungsumfang oder
weiter zurückliegendem Schulbesuch aber Organisationstechniken aufzeigt und
sie zusätzlich zu Übungen in ihrer Anwendung anregt (HULTSCH, 1971), verbessern sich ihre Behaltensleistungen erheblich. Beachtliche Steigerungen in
den Erinnerungsleistungen ließen sich auch nachweisen, nachdem man ältere
Menschen mit der Nutzung von Mnemotechniken vertraut gemacht hatte (RO
BERTSON-TCHABO et al., 1976).

5. Ältere Menschen haben nicht nur mehr Schwierigkeiten, neue Informationen in
das Gedächtnis zu bekommen (z.B. weil sie weniger Gebrauch von effektiven
Einprägungstechniken machen oder weniger motiviert sind), es fällt ihnen auch
schwerer, gespeicherte Inhalte abzurufen. Auch zur Erklärung dieser Beobachtung ist an mangelnde Motivation zu denken, denn nachdem LANGER et al.
(1979) den Bewohnern eines Altersheims attraktive Anreize geboten hatten, reproduzierten diese erheblich mehr Erinnerungsleistungen.

Ältere Menschen lernen somit unter anderen Bedingungen als jüngere. Deshalb
müssen sie auf „altersbedingte" Veränderungen mit einer entsprechenden Anpassung ihrer Lern- und Einprägungsstrategien reagieren; andernfalls dürfte ein Ab

sinken ihrer Leistungen unvermeidlich sein. Wenn man einmal von Einwirkungen krankhafter Prozesse absieht, kann man verallgemeinernd feststellen, daß sich für jedes Alter Bedingungen (z.B. Arbeiten ohne Zeitdruck) sowie Lern- und Einprägungsstrategien entwickeln lassen, unter denen ein Leistungsabfall entweder nicht auftritt oder zumindest entscheidend zu vermindern ist. Hindernisse zur Realisierung der jeweils notwendigen Anpassung liegen weniger in der Biologie (z.B. in einem vermeintlich biologischen Abbau) als in der mangelnden Motivation des Lernenden; allerdings läßt sich darauf durch Schaffung adäquater Anreize von seiten der Umwelt Einfluß nehmen.

3. KAPITEL

Entwicklung des Denkens

Es ist zweifellos ein beachtenswerter Entwicklungsprozeß, der aus einem völlig hilflosen Neugeborenen einen erwachsenen Menschen mit der Fähigkeit werden läßt, Probleme in der Umwelt zu erkennen, sie zu durchdenken und zu bewältigen. Wie diese Veränderungen im Verlauf der Entwicklung zustande kommen, ist bis heute Gegenstand intensiver Diskussionen (vgl. die Anlage-Umwelt-Diskussion, S. 37 ff.). Bei der heute vorherrschenden interaktionistischen Sichtweise wird dem Kind in der Regel eine vergleichsweise aktive Rolle zugeschrieben. Es wird hervorgehoben, daß das Kind von sich aus Reizsituationen aufsucht oder das Bestreben erkennen läßt, solche herbeizuführen. Danach registriert das Kind ein wahrgenommenes Umweltereignis nicht passiv, sondern interpretiert dieses. „Es ist diese Interpretation, nicht das Ereignis selbst, wodurch das Verhalten beeinflußt wird" (GINSBURG und OPPER, 1969). Diese zuletzt genannte Auffassung ist vor allem von dem Schweizer Psychologen Jean PIAGET (1896-1980) vertreten worden.

Während eines zweijährigen Aufenthalts an der Pariser Universität arbeitete PIAGET u.a. mit SIMON zusammen, der maßgeblich an der Entwicklung der ersten Intelligenztests im modernen Sinne beteiligt war. Die standarisierte Durchführung und Auswertung von Intelligenztests vermochte das Interesse PIAGETs nicht zu erregen. Ihn faszinierten aber die falschen Antworten, die viele der kindlichen Versuchspersonen gaben. Für PIAGET waren die kindlichen Reaktionen gar nicht fehlerhaft; sie schienen vielmehr eine vom Erwachsenen unterschiedliche Denkweise zu verraten. „Das eigentliche Problem der Intelligenz sah PIAGET darin, die verschiedenen Methoden des Denkens zu trennen, deren sich Kinder verschiedenen Alters bedienen" (GINSBURG und OPPER, 1969).

PIAGET hat die ausführlichste Untersuchung und damit die umfassendste Theorie von der Entwicklung des kindlichen Denkens vorgelegt. Sorgfältig durchgeführte Nachuntersuchungen konnten sehr viele Erkenntnisse PIAGETs bestätigen.

Unverkennbar ist, daß sich das Hauptinteresse PIAGETs darauf richtete, wie sich Kinder mittels ihrer Intelligenz an ihre Umwelt anpassen. „PIAGET gelangte zu der Auffassung, daß die humane Intelligenz, die rationale Funktion des Menschen, das vereinheitlichende Prinzip aller Wissenschaften, einschließlich der sozialen, biologischen und naturwissenschaftlichen Disziplinen darstellte. Es war ein Standpunkt, der für seine gesamte Karriere leitend war" (ELKIND, 1976). Themengebiete wie z.B. Motivation und Lernen vermochte er nur insoweit in den Blickpunkt seiner Aufmerksamkeit zu rücken, als sie zur Intelligenz in Beziehung stehen. Aus diesem Grunde bietet es sich an, nach Darstellung der als relevant erachteten Beiträge PIAGETs, im zweiten Teil dieses Kapitels einige Konzeptionen des amerikanischen Psychologen Jerome BRUNER vorzustellen. BRUNERs Interesse hat sich vorrangig auf die Frage gerichtet, wie Lehren und Lernen in Beziehung zur intellektuellen Entwicklung zu setzen sind. Theorien der Entwicklung erscheinen BRUNER nur von sehr eingeschränktem praktischen Wert, solange sie nicht für das pädagogische Handeln aufbereitet werden.

3.1 Der Erwerb von Kenntnissen nach PIAGET

Obwohl es kaum noch ein Buch der Entwicklungspsychologie gibt, das nicht seinen Namen erwähnt, hat PIAGET sich selbst nie als Psychologe verstanden. Seinem eigenen Verständnis entsprach es vielmehr, sich als genetischer Epistemologe vorzustellen. In der Epistemologie geht es um die Frage, wie der Mensch zu seinen Erkenntnissen gelangt. Unter genetischer Orientierung gilt es zu klären, wie Menschen innerhalb bestimmter Lebensabschnitte Erkenntnisse gewinnen.

Ein zentraler Prozeß ist für PIAGET in der Anpassung gegeben; auf ihn ist er bereits im Rahmen seiner frühen biologischen Arbeiten aufmerksam geworden. PIAGET richtete sein Interesse deshalb auch auf die Intelligenz, die dem Individuum die Anpassung an die Umwelt gestattet. Dieser Begriff Anpassung (Adaptation) meint bei PIAGET allerdings zweierlei: Es ist zum einen die Erfüllung von Anforderungen von seiten der Umwelt; der Begriff umfaßt aber ebenso die Fähigkeit, sich die Umwelt passend zu machen. Es sind folglich zwei Teilvorgänge zu unterscheiden: PIAGET spricht von Assimilation und Akkomodation.

3.1.1 Anpassung durch Assimilation und Akkomodation

Nach PIAGETs Überzeugung ist ein Lebewesen vom Zeitpunkt der Geburt an ständig bemüht, seinen Anpassungsgrad an die Umwelt zu erhöhen. Diese Anpassung vollzieht sich zum einen durch Assimilation. Dabei werden neue Reize oder Situationen so interpretiert, daß sie als vertraut erscheinen. Ein Säugling, dem man einen Ball gegeben hat, fängt möglicherweise an, daran zu saugen; er behandelt also den Ball so, als ob es der ihm bekannte Gummisauger wäre. Unterschiede beider Gegebenheiten werden nicht wahrgenommen. Sofern aber die bestehenden Interpretationsmöglichkeiten nicht ausreichen, um das Neue zu assimilieren, müssen sie erweitert werden; dies passiert im Prozeß der Akkomodation. Dabei lernt das Kind, daß ein Ball anders zu behandeln ist als ein Gummisauger. Auch Linus vollzieht in seiner Auseinandersetzung mit Keksen zunächst eine Assimilation und sodann eine Akkomodation (s. Abb 3.1).

In der Abbildung 3.1 geht Linus an den Keks offenbar mit der Erwartung heran, dieser ließe sich – wie z.B. eine Scheibe Brot – biegen. Die Einordnung in die bisherige Erfahrung, also die Assimilation, mißlingt jedoch. Linus kommt nach meh-

64

© 1956 United Features Syndicate, Inc.

Abb. 3.1: Assimilation und Akkomodation in einer Cartoon Darstellung

reren Versuchen zu einer Erkenntnis, die auf einen Akkomodationsprozeß schließen läßt: Kekse sind nicht elastisch. Sie zerbrechen.

Auf der Grundlage eines bereits vorhandenen „Wissens" trägt Linus eine Erwartung an die für ihn neue Gegebenheit ‚Keks' heran. Da sich seine Erwartung nicht
bestätigt, muß er sein ‚Wissen' den gewonnenen Erfahrungen anpassen. Assimila-
tions- und Akkomodationsprozesse vollziehen sich also am ‚Wissen', das PIAGET
als Schema bezeichnet.

Wie allerdings die eingehendere Analyse von naturwissenschaftlichen Unterrichtsstunden ergeben hat, vollziehen Schüler keineswegs immer so bereitwillig eine Akkomodation, wie es nach der Cartoon-Darstellung den Anschein haben könnte. Beispielsweise beobachtete man in Physikstunden Schüler, die Darstellungen im Textbuch assimilierten (d.h. auf der Grundlage ihres bisherigen Wissens erklärten), obwohl ein adäquates Verständnis nur mit einer Akkomodation (Berücksichtigung Newtonscher Prinzipien) zu erreichen gewesen wäre (RESNICK, 1983).

Auch KAGAN (1970a, 1970b) verwendet den Schemabegriff und sieht darin eine „Repräsentation von Erfahrungen". Er hebt davon einen hypothetischen Prozeß ab, der die „potentielle Handlungsbereitschaft eines Individuums gegenüber einem Objekt repräsentiert". Bei PIAGET (1969) findet sich diese Differenzierung nicht. Der Begriff Schema umfaßt für ihn sowohl die innere Repräsentation des Objekts als auch eine Bereitschaft, sich damit auseinanderzusetzen. Nachdem ein Säugling ausreichend Gelegenheit gehabt hat, das Gesicht seiner Mutter zu betrachten, ordnet er sich die dabei gewonnenen Informationen zu einem Gesichtsschema. Die Handlungskomponente veranlaßt das Kind, dieses immer wieder zu betrachten. Dadurch wird das repräsentierte Wissen wiederholt überprüft und – beim Auftreten der Mutter – bestätigt.

Das Bild, welches das Gesicht der Mutter auf der Netzhaut des kindlichen Auges hinterläßt, verändert sich bei Bewegungen der Mutter; es ergibt sich ein anderes Abbild, wenn das Gesicht von der Seite, von oben oder von unten betrachtet wird. Das Gemeinsame dieser Veränderungen wird jedoch im Gesichtsschema angelagert. Entsprechendes gilt für Handlungsschemata. Wenn der Säugling nach seiner Rassel greift, kann er sie von der Seite oder von vorne greifen, die Hand mehr oder weniger öffnen, den Arm direkt oder in einem Bogen zum Spielgegenstand bewegen. Für PIAGET sind diese kleinen Unterschiede in den Handlungen nicht von Bedeutung. Im Greifschema ist vielmehr das Gemeinsame sämtlicher Greifakte repräsentiert.

Einige Schemata sind bereits zum Zeitpunkt der Geburt vorhanden. Die ihnen innewohnende Aktivitätskomponente veranlaßt das Kind aber sehr bald, die unzulänglich ausgebildeten, angeborenen Schemata zu üben. Bei dieser Auseinandersetzung mit der Umwelt gewinnt das Kind Erfahrungen, die es entweder assimiliert oder die es veranlassen, die vorhandenen Schemata zu akkomodieren.

Sofern ein Mensch Erfahrungen sammelt, die ihm so neu erscheinen, daß sie sich nicht assimilieren lassen, befindet er sich in einem kognitiven Konflikt; PIAGET spricht von einem Zustand fehlenden Gleichgewichts (Disequilibrium), den das Individuum zu überwinden trachtet. Das Gleichgewicht ist wieder hergestellt, sobald das herausgeforderte Schema so verändert worden ist, daß sich die neue Erfahrung assimilieren läßt. Sobald ein Gleichgewichtszustand erreicht worden ist, so stellt PHILLIPS (1969) fest, besitzen die Schemata ein klareres Profil, „sie sind besser herausgearbeitet als vorher". Aber gerade diese Klarheit läßt Widersprüche und Lücken in der Struktur erkennbar werden, die vorher niemals in die Augen sprangen. Jeder Gleichgewichtszustand trägt die Saat seiner Zerstörung in sich, denn die Aktivitäten sind fortan darauf gerichtet, solche Widersprüche abzubauen und solche Lücken zu schließen.

66

Equilibration

Für PIAGET stellt die „Equilibration" ein Prozeß dar, der hauptsächlich von innen reguliert wird. Das Kind kann einem Ungleichgewicht entgegenwirken, indem es akkomodiert. Dazu muß es aber wegen der behaupteten Selbstregulation von sich aus bereit sein; es kann nicht von außen, also z.B. durch ein spezielles Instruktionstraining, dazu gedrängt werden. Es wurde bereits im vorausgegangenen Kapitel (s. S. 52 f.) darauf hingewiesen, daß diese Annahme PIAGETs – zumindest in dieser strikten Form – nicht aufrecht zu halten ist.

3.1.2 Die Organisation von Informationen

In seiner Auseinandersetzung mit der Umwelt sammelt das Kind eine große Vielfalt von Erfahrungen. Eine Anpassung des Individuums wäre jedoch nicht zu erreichen, wenn nicht eine Aufarbeitung, eine Ordnung oder – wie PIAGET es nennt – eine Organisation erfolgen würde. Diese Organisation stellt, ebenso wie die Adaptation, eine invariante (d.h. das ganze Leben hindurch wirksame) Funktion der Intelligenz dar.

Der Säugling übt z.B. anfänglich das Greifen und das Sehen für sich, d.h. mit den Augen sammelt er zum einen Erfahrungen, und zum anderen übt er den Gebrauch seiner Hand. Die Unabhängigkeit von Auge und Hand bleibt aber nicht erhalten. Durch Interaktion mit der Umwelt erwirbt das Kind zunehmend die Möglichkeit zum koordinierten Einsatz: Greif- und Sehschema stimmen sich aufeinander ab. Der Differenziertheitsgrad der einzelnen Schemata sowie ihr Beziehungsgeflecht untereinander sind für das jeweilige Strukturniveau bestimmend.

3.2 Die Stadien der Denkentwicklung

PIAGET hat durch Beobachtung von Kindern in ihrer natürlichen Umgebung bei bestimmten Problemsituationen sowie durch Auswertung von Antworten auf seine gezielten Fragen versucht, Hinweise auf die Entwicklung der geistigen Struktur zu erhalten. Er hat den gesamten kindlichen Entwicklungszeitraum in vier verschiedene Phasen eingeteilt: 1. die sensu-motorische Phase, 2. die voroperationale Phase, 3. die Phase der konkreten und 4. die der formalen Operationen. Eine eingehende Beschreibung der innerhalb dieser Phasen ablaufenden Entwicklung kann hier nicht erfolgen; diesbezüglich muß auf die einschlägige entwicklungspsychologische Literatur verwiesen werden. In diesem Rahmen sind nur einige bemerkenswerte Veränderungen in der Entwicklung des kindlichen Verständnisses herauszustellen.

PIAGET ist sich zweifellos der Problematik bewußt gewesen, die jede Einteilung der Entwicklung in Phasen und Stufen mit sich bringt. Er betont ausdrücklich, daß es sich bei der Entwicklung um einen graduellen und kontinuierlichen Prozeß handelt. Die von ihm für jeden Abschnitt als kennzeichnend herausgegriffenen Verhaltensweisen sind idealtypisch. Wesentlich ist für PIAGETs Konzeption, daß die von ihm beschriebenen Stadien eine invariante Abfolge darstellen,

1. scusa-motorische
2. voroperationale
3. konkrete Operationen
4. formale

Phasen nach Piaget

d.h., sie müssen in der von ihm beschriebenen Reihenfolge ohne Auslassungen durchlaufen werden, denn in jedem Stadium wird auf die „Errungenschaften" der vorausgegangenen aufgebaut; die Möglichkeit der Erreichung nachfolgender Stufen wird jeweils vorbereitet, ohne daß die vorausgegangenen „Errungenschaften" verlustig gehen.

3.2.1 Die sensu-motorische Phase

Während der ersten beiden Lebensjahre befindet sich ein Kind in der sensu-motorischen Phase. Diese Bezeichnung ist entstanden, weil das Kind während dieses Zeitraumes der Entwicklung zum einen Erfahrungen mit seinen Sinnesorganen („sensu"), zum anderen mit seinem Bewegungsapparat (motorisch) sammelt und beides aufeinander zu beziehen lernt.

Am Anfang dieser Phase stehen die kindlichen Aktivitäten vor allem unter dem Einfluß von Reflexen. Infolge der invarianten Funktionen (Assimilation und Akkomodation) entwickeln sich die Schemata ständig weiter. Das Wissen von der Welt baut sich das Kind auf, indem es Aktivitäten an tatsächlich vorhandenen Gegebenheiten vollzieht; es saugt oder zieht daran, schüttelt sie, betrachtet sie.

Fortschritte in der geistigen Entwicklung gestatten es dem Kind, ein Objekt auch innerlich zu repräsentieren. Es entdeckt z.B., daß seine Mutter auch dann existiert, wenn sie mit den Sinnesorganen nicht wahrnehmbar ist; auch die Spielsachen sind nicht verschwunden, wenn man sie gerade nicht wahrnimmt. Mit der Entdeckung der Objekt-Konstanz geht die Erkenntnis einher, daß Gegebenheiten Teil einer stabilen, außerhalb des Kindes existierenden Wirklichkeit sind.

Gegen Ende der sensu-motorischen Phase vermag sich das Kind ansatzweise mit einer Problemsituation auf begrifflich-symbolischer Ebene auseinanderzusetzen. Es braucht dann Lösungsmöglichkeiten nicht mehr durch tatsächliches Verhalten durchzuprobieren; es kann bereits im Repertoire befindliche Verhaltensweisen verinnerlichen. Der innere Repräsentationsprozeß gestattet es dem Kind auch, neue Lösungswege zu erfinden. Fast ebenso wie KÖHLERs (1917) Schimpansen in der Lage waren, eine außerhalb des Käfigs gelegene Banane mit Hilfe eines Stocks heranzuholen, gelingt es auch den Kindern gegen Ende des zweiten Lebensjahres, in den Besitz von Gegenständen zu kommen, die außerhalb der unmittelbaren Reichweite liegen. Damit steht das Kind an der Schwelle zu einer Phase, in der sich seine Fähigkeit zur konzeptuell-symbolischen Auseinandersetzung mit einer gegebenen Problemsituation weiter entwickeln wird.

3.2.2 Die voroperationale Phase

Für den Zeitraum, der ungefähr zwischen dem zweiten und siebten Lebensjahr liegt, sind für ein Kind Denkleistungen typisch, die PIAGET als voroperational bezeichnet. Unter Operationen versteht PIAGET Ereignisabläufe, die auf gedanklicher Ebene nach bestimmten logischen Regeln ablaufen. In der voroperationalen Phase vermag sich das Kind Handlungen, die es bereits tatsächlich ausgeführt hat,

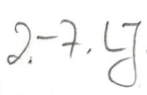

68

gedanklich vorzustellen. Entsprechendes gilt für Ereignisse, die es selbst herbeigeführt hat. Da aber in den kindlichen Denkabläufen vor allem des Vorschulalters bestimmte Verstöße gegen logische Regeln immer wieder vorkommen, spricht PIAGET vom *vor*operationalen Denken.

3.2.2.1 Die Verwendung von Symbolen

Kennzeichnend für ein Symbol ist, daß es stellvertretend für eine Sache steht. Ein sprachlicher Begriff kann an die Stelle eines Gegenstandes treten. Vor allem die Entwicklung der Sprache hilft dem Kind, sich von den Beschränkungen physikalischer Wirklichkeit zu befreien.

Für PIAGET liegen die Ursprünge der Symbolbildung in der sensu-motorischen Phase, d.h., die symbolischen Vorstellungen entwickeln sich in einem erheblichen Umfang aus den konkreten Beobachtungen und Verhaltensweisen. BRUNER (1966d) spricht von einer handlungsmäßigen Repräsentation und bezeichnet damit motorisches Handeln, das für Objekte oder Beziehungen steht.

> Ein Beispiel für eine handlungsmäßige Repräsentation in der sensu-motorischen Phase liefert PIAGET (1969), der folgende Beobachtung an seiner fünfzehn Monate alten Tochter mitgeteilt hat: Das Kind spielt mit einem Clown, dessen langer Fuß zufällig in den Ausschnitt des Kleides geraten war. Nur mit Mühe kann das Mädchen ihn loshaken, versucht aber gleich wieder, den Fuß noch einmal an die gleiche Stelle zu bringen. Als sie dabei erfolglos bleibt, schaut sie ihre Hand an und krümmt den Zeigefinger rechtwinklig ab, um die Form des Clown-Fußes nachzuahmen. Sie bewegt daraufhin die Hand ebenso wie vorher den Clown. Dabei gelingt es ihr, den Finger in den Ausschnitt zu stecken.
>
> Aus dieser Beobachtung wird deutlich, wie die Nachahmung dem Kind dient, um sich ein zunächst unbekanntes Ereignis verständlich zu machen. Der Finger wird zu einem Symbol für den Fuß, denn er wird so bewegt, daß er die für diese Situation entscheidenden Merkmale des Fußes repräsentiert. Das Kind imitiert also mit dem Finger die besondere Form des Fußes und vollzieht damit eine Akkomodation.

Das Kind vermag sich Dinge und Ereignisse im Verlauf der voroperationalen Phase in ständig verbessertem Maße auch vorzustellen und sich mit ihnen auf gedanklicher Ebene auseinanderzusetzen.

3.2.2.2 Wahrnehmungsmäßige Dominanz der Denkabläufe

Weitere Hinweise auf Kennzeichen des voroperationalen Denkens haben die kindlichen Antworten bei Auseinandersetzung mit sog. Invarianz-Problemen geliefert, bei denen stets ein Merkmal konstant ("invariant") bleibt, während andere verändert werden. Aus den zahlreichen Beispielen sei hier zur Veranschaulichung das Umschüttungs-Problem ausgewählt und dargestellt. Dabei werden Flüssigkeiten in Gefäßen unterschiedlicher Breite umgeschüttet. Die kindlichen Versuchspersonen sind jeweils Zeuge dieses Vorgangs. Anschließend haben sie zu beurteilen, ob sich daraus Mengenveränderungen ergeben haben.

69

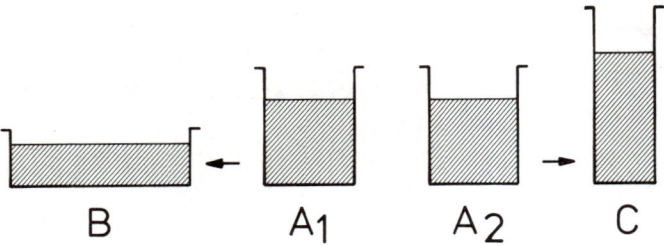

Abb. 3.2: Materialien zum Mengen-Invarianz-Versuch

Bei Durchführung dieses Versuchs werden

1. zwei nach Form und Größe identische Gefäße (A1 und A2 in Abbildung 3.2) mit einer Flüssigkeit gefüllt.
2. Anschließend hat das Kind zu beurteilen, ob die beiden Gefäße den gleichen Füllungsgrad aufweisen.
3. Sofern die Versuchsperson die Gleichheit der Mengen bestätigt, wird der Inhalt *eines* dieser Gefäße in ein andersförmiges (nach Abbildung 3.2 in B oder C) gegossen, um dem Kind
4. die Frage stellen zu können, ob die Gefäße A und B (bzw. A und C) eine gleiche oder ungleiche Menge Saft enthalten würden.
5. Abschließend wird die Versuchsperson gebeten, ihre Antwort zu erläutern.

Die typische Antwort eines voroperationalen Kindes lautet, daß sich der Inhalt quantitativ verändert habe. Hochgradig fehlerfreie Antworten bei mehreren Variationen dieser Aufgabe erhält man im allgemeinen erst nach Überschreitung etwa des elften Lebensjahres (INHELDER und PIAGET, 1958).

Bezüglich der Interpretation einer solchen „typischen" Antwort gibt es jedoch Unterschiede. Könnten die Versuchsumstände sowie die Fragen des Versuchsleiters nicht geeignet sein, dem Kind die falsche Antwort nahezulegen? Dieser Möglichkeit sind u.a. ROSE und BLANK (1974) nachgegangen. Sie unterließen es, ihre sechsjährigen Versuchspersonen vor dem Umschütten der Flüssigkeiten danach zu fragen, ob die in den Gefäßen enthaltene Menge gleich groß gewesen sei. Wäre es nicht möglich, daß die gleiche Frage vor und nach dem Umschütten dem Kind suggeriere, es solle seine Antwort ändern? – Die Ergebnisse des Experiments sprechen für diese Möglichkeit, denn die Kinder machten unter dieser Bedingung weniger Fehler.

Möglicherweise sind die Eindrücke, die ein voroperationales Kind über die Wahrnehmung empfängt, für den Denkablauf noch dominierend. Darüber hinaus identifizierte PIAGET weitere Merkmale des Denkens, die erklären können, weshalb voroperationale Kinder Fragen zum Problem der Mengen-Invarianz in der genannten Weise beantworten.

Eines dieser Merkmale bezeichnet PIAGET als *Zentrierung.* Es ist dadurch charakterisiert, daß ein voroperationales Kind nicht gleichzeitig mehrere variierende Merkmale zu beachten und in Beziehung zu setzen vermag. In der Umschüttungsaufgabe verändern sich z.B. sowohl Höhe als auch Breite der Flüssigkeitssäule und

70

zwar in einem kompensatorischen Verhältnis. Kinder im Alter zwischen zwei und fünf Jahren beachten vor allem die Höhe der Säule und schließen von dieser auf die Gesamtmenge. Fünf- und sechsjährige Kinder vermögen zwar Breite und Höhe in Blick zu nehmen; sie können aber die dabei gewonnenen Informationen noch nicht integrieren. Während der voroperationalen Phase bleibt ihnen verschlossen, daß sich das Volumen aus Höhe mal Breite bestimmen läßt.

Das Denken in dieser Phase der kognitiven Entwicklung ist weiterhin dadurch gekennzeichnet, daß das Kind bei einer Ereignisabfolge jeweils einzelne *Zustände*, nicht aber den Prozeß sieht, durch den ein Zustand in einen anderen übergeht (Transformationen). In dem Umschüttungs-Versuch beachtet das Kind zunächst die Flüssigkeit im Gefäß A und – nach dem Umschütten – die offensichtlichen Veränderungen in den Gefäßen B oder C, nicht aber den Prozeß, der beide Bedingungen miteinander verbindet.

Die offenkundige Begrenztheit des kindlichen Informationssystems zeigt sich auch, wenn man einem Kind im Alter von etwa fünf Jahren die Darstellung der Abbildung 3.3 vorlegt.

Abb. 3.3: Bildvorlage zur Prüfung der Fähigkeit, Transformationen zu erkennen

Normalerweise sieht das Kind in der Darstellung Bleistifte in unterschiedlicher Lage. Ein Erwachsener nimmt darin mit sehr viel höherer Wahrscheinlichkeit eine Sequenz wahr, die ein Bleistift durchläuft, der aus einer ursprünglich senkrechten Position umkippt. Das Kind sieht also einzelne Zustände, der Erwachsene einen Prozeß. Wenn man einem voroperationalen Kind den Vorgang tatsächlich vorführt, beachtet es den Anfangs- und den Endzustand; es übersieht aber die Veränderungen, die dazwischen liegen.

Das voroperationale Denken gestattet noch nicht, eine Reihe aufeinanderfolgender Bedingungen zu einem integrierten Ganzen zu verknüpfen, indem es sich verändernde Gegebenheiten untereinander verbindet, um sie zu einem logisch kohärenten System zu vereinen (FLAVELL, 1963).

71

Schließlich ist beim voroperationalen Niveau auch das Verständnis dafür verschlossen, daß Ereignisabfolgen ebenso in umgekehrter Reihenfolge durchlaufen werden können. Das Kind kann sich deshalb auch nicht vorstellen, daß die Flüssigkeit aus den Behältern B bzw. C wieder zurück in den Behälter A gegossen werden kann. Ereignisabläufe sind im voroperationalen Denken noch *irreversibel.* PIAGET (1924) gibt für diese Besonderheit kindlichen Denkens ein aufschlußreiches Beispiel:

Erwachsener: Hast du einen Bruder?
Junge: Ja.
Erwachsener: Wie heißt er?
Junge: Jim.
Erwachsener: Hat Jim einen Bruder?
Junge: Nein!

3.2.2.3 Veränderungen in den Klassifikations-Leistungen

Ein wesentlicher Fortschritt in der geistigen Entwicklung ist erreicht, wenn ein Kind eine Gegebenheit als Ganzes und gleichzeitig als Träger einzelner Merkmale wahrzunehmen vermag. Die Fähigkeit zur Abstraktion dieser Merkmale stellt die Voraussetzung zur Bewältigung von Klassifikationsaufgaben dar. Wenn man jedoch Kindern im Alter zwischen zwei und fünf Jahren geometrische Figuren aushändigt, die sich nach Form, Größe und Farbe voneinander unterscheiden, und sie zu einer Ordnungsleistung auffordert, wird man bei der Verhaltensbeobachtung auf eine Unregelmäßigkeit aufmerksam. Während das Kind die Aufgabe ausführt, wechselt es das klassenbildende Merkmal: Es beginnt vielleicht damit, mehrere rote Quadrate in eine Reihe zu legen. Sodann ergänzt es die Reihe möglicherweise mit blauen Quadraten und anschließend mit blauen Dreiecken. Es hat den Anschein, als ob das Kind das klassenbildende Merkmal während seiner Arbeit einfach vergißt.

Kinder der voroperationalen Phase sind noch nicht in der Lage, Gesamt- und Teilmengen miteinander zu vergleichen. Ein einfacher Versuch mit Holzperlen – bestehend aus 15 braunen und 5 weißen Perlen – macht dies deutlich. Das typische fünf- bis siebenjährige Kind wird nach den Beobachtungen PIAGETs in der Lage sein, weiße und braune Perlen voneinander zu trennen. In der Regel wird es auf eine entsprechende Frage hin auch zutreffend antworten, daß mehr braune als weiße Perlen vorhanden sind. Schwierigkeiten zeigt das voroperationale Kind jedoch, wenn es Holzperlen (Gesamtmenge) und braune Perlen (Teilmenge) vergleichen soll. Eine typische Antwort lautet, daß mehr braune als Holzperlen vorliegen. PIAGET schließt aus dieser Beobachtung, daß dem voroperationalen Kind die logische Operation der Klassifikation noch nicht gelingt. Erst das Kind der nachfolgenden Phase ist in der Lage, Unterklassen zu addieren (weiße + braune Perlen = Holzperlen) und wieder umzukehren (Holzperlen − weiße Perlen = braune Perlen).

Auch ELKIND (1968) geht davon aus, daß das voroperationale Kind noch nicht über den abstrakten Klassenbegriff verfügt. Nach seiner Interpretation befindet

72

sich entsprechend der Vorstellung eines solchen Kindes eine Perle an einem wei-ßen *oder* an einem braunen „Platz". Dasselbe Kind könnte sich aber nicht vorstel-len, daß eine Perle sich sowohl an einem Holz- als auch an einem braunen „Platz" befindet, weil sich eine Gegebenheit nicht gleichzeitig an zwei verschiedenen „Plätzen" finden kann. Allerdings wird man mit dieser Interpretation auch nicht sämtlichen Beobachtungen gerecht. DONALDSON (1979) berichtet beispiels-weise von einer Studie, in der man sechsjährigen Kindern drei schwarze und eine weiße Spielzeugkuh präsentiert hat. Sämtliche Tiere wurden sodann mit der Be-merkung an die Seite gestellt, sie würden nun schlafen. Sodann folgte die typische PIAGET-Frage: „Sind dort mehr schwarze Kühe oder mehr Kühe?" – Nur 25% der Kinder antworteten richtig, es gäbe mehr Kühe. Sodann fragte der Versuchs-leiter die Kinder jedoch: „Sind dort mehr schwarze oder mehr schlafende Kühe?" Daraufhin gaben 48% der Versuchspersonen die richtige Antwort: „Mehr schla-fende Kühe." Allein die Verwendung eines Adjektivs erleichterte den Befragten of-fenbar das Problem. Diese Beobachtung wirft die Frage auf, ob – zumindest einige – sechsjährige Kinder vielleicht doch zur logischen Operation der Klassenbildung fähig sind, vorausgesetzt man formuliert die Frage in sprachlich adäquater Weise; in dem geschilderten Experiment haben offensichtlich einige Begriffe die Auf-merksamkeit der beteiligten Kinder mehr als andere auf die jeweils klassenbilden-den Merkmale gerichtet.

3.2.2.4 Egozentrik des Denkens

PIAGET benutzt den Begriff der Egozentrizität, um damit eine Charakterisie-rung des Denkens zu geben; er hat nichts mit dem Alltagsverständnis von Egois-mus bzw. Egozentrismus zu tun. Aufschlußreich ist ein Interviewausschnitt, in dem es um die Egozentrik kindlicher Denkabläufe geht (HALL, 1970):

Frage: Wenn Sie sagen, das kleine Kind sei egozentrisch, was meinen Sie damit genau?

PIAGET: Der Begriff hat von allen Begriffen, die ich verwendet habe, die schlimmsten Interpretationen erfahren ...
Wenn ich mich auf das Kind beziehe, dann verwende ich den Begriff in einem epistemologischen Sinne ... Das egozentrische Kind – und alle Kinder sind egozentrisch – betrachtet seinen eigenen Blickpunkt als den einzigen möglichen. Es ist unfähig, sich in die Stellung eines anderen zu versetzen, denn es ist ihm nicht gegenwärtig, daß die andere Person eine Sichtweise hat.

Frage: Würde dies dem Glauben des Menschen entsprechen, daß sich das Uni-versum um die Erde dreht?

PIAGET: Das ist exakt das Beispiel, das ich gerade geben wollte. Es ist eine natür-liche Tendenz der Intelligenz, und sie wird sehr langsam mit der Rei-fung des Kindes korrigiert. Wie Sie wissen, glauben viele Kinder, daß die Sonne und der Mond ihnen beim Gehen nachfolgen. Ein mehr pro-saisches Beispiel ist die Art, wie ein Kind ein neues Wort schafft und an-nimmt, daß jedermann genau wüßte, was es damit meint.

Nach PIAGETs Interpretation bereitet der kognitive Entwicklungsstand dem Kind Schwierigkeiten, sich die Welt aus der Sicht eines anderen vorzustellen; es scheint davon auszugehen, daß sämtliche Sozialpartner ebenso wie es selbst denken und fühlen.

Nach den Beobachtungen von CHARLESWORTH und HARTUP (1967) vollzieht sich bezüglich der kognitiven Fähigkeiten im Alter zwischen drei und vier Jahren normalerweise eine beachtenswerte Veränderung. Vierjährige sind vielfach in der Lage, auf Wünsche anderer einzugehen, attraktive Spielsachen zu teilen oder sich in deren Nutzung abzuwechseln. In diesem Alter scheinen Kinder oft bemüht zu sein, zwischen „Geben" und „Nehmen" einen Ausgleich zu schaffen, denn es ist zu beobachten, daß ein Kind soviel Anerkennung, Zustimmung und Unterstützung erhält, wie es anderen gegeben hat.

> Vielfach werden auch die Beobachtungen von PIAGET und INHELDER (1967) beim sog. Drei-Berge-Problem als Beleg für kindliche Egozentrizität genannt. Eine junge Versuchsperson soll sich darin vorstellen, wie eine Bergszene von einer Puppe aus verschiedenen Perspektiven gesehen wird. Voroperationale Versuchspersonen können zwar die Beschreibung von ihrem eigenen Standpunkt aus wiedergeben; Schwierigkeiten bereitet ihnen jedoch die Vorstellung, was die Puppe sieht. Gegen diese Versuchsanordnung sind jedoch zahlreiche methodische Kritiken vorgebracht worden. BORKE (1975) erhielt z.B. Hinweise, daß bei Verwendung altersangemessener Aufgaben drei- und vierjährige Kinder sehr wohl in der Lage sein *können*, die Perspektive eines anderen zu verstehen (ebenso: COX, 1975; VERKORZEN, 1975). In Übereinstimmung damit stellt FLAVELL (1979) nach einer Literaturdurchsicht fest, daß Kinder – im Vergleich zu früheren Annahmen – in einem sehr viel jüngeren Alter in der Lage sind, die Ansicht einer Gegebenheit aus dem Blickwinkel eines anderen zu rekonstruieren, „vorausgesetzt das Dargestellte ist hinreichend überschaubar (z.B. aus einem statt aus drei Objekten zusammengesetzt), und die Aufgabe des Kindes ist diesem sehr klar mitgeteilt worden".

3.2.3 Die konkret-operationale Phase

Normalerweise vollziehen sich im Alter zwischen sechs und sieben Jahren weitere Veränderungen in der Entwicklung des Denkens. Das Kind wird fähig, auf geistiger Ebene zu operieren, wenngleich es dabei noch sehr engen Bezug zur konkreten Gegenstandswelt benötigt. An zwei Aufgabenbereichen läßt sich zeigen, daß dem Kind neue Möglichkeiten zur Verfügung stehen, sie zu bewältigen: An Invarianz- und Klassifikationsproblemen.

3.2.3.1 Operationen bei Invarianzproblemen

Das Kind, dem man die o.g. Umschüttungs-Aufgabe vorführt, hat in der Phase der konkreten Operationen keine Schwierigkeiten mehr, die zutreffende Antwort zu geben. Das Kind versteht nunmehr, daß sich eine Menge solange nicht ändert, wie ihr nichts hinzugefügt oder weggenommen wird. Die Menge 5 bleibt erhalten, ob sie sich nun aus 3 + 2 oder aus 4 + 1 zusammensetzt. Weiterhin weiß ein Kind in dieser Phase, daß eine Veränderung in einer Richtung durch eine gleichzeitige Veränderung in eine andere Richtung zu kompensieren ist. Schließlich vermag das

74

Kind auch reversibel zu denken, d.h., es vermag einen beobachteten Prozeß gedanklich umzukehren. Im Falle der Umschüttungs-Aufgabe würde es seine Antwort z.B. damit belegen, daß es feststellt, man könne die Flüssigkeit ja wieder in das Originalgefäß zurückgießen. Für diese Altersphase ist es selbstverständlich, daß sich die Operation 2 + 4 = 6 durch die inverse Operation 6 – 4 = 2 wieder rückgängig machen läßt.

PIAGET beobachtete allerdings, daß sich das Verständnis für verschiedene Arten von Invarianzen zu unterschiedlichen Zeitpunkten entwickelt. So verstehen Kinder bereits relativ früh, daß sich die Flüssigkeit durch Umschütten in verschiedenartige Gefäße mengenmäßig nicht verändert. Später – nämlich im Alter von neun bis zehn Jahren – können sie ihre Kenntnis der Mengen-Invarianz auf Gewichtsprobleme anwenden und schließlich, mit elf und zwölf Jahren, haben sie in der Regel auch Verständnis für Volumen-Invarianz entwickelt, d.h. sie werden die Frage, ob ein bestimmter Körper in gefüllten Gefäßen unterschiedlicher Größe die gleiche Menge Wasser verdrängt, richtig beantworten können.

Diese Beobachtungen lassen deutlich erkennen, wie stark das Kind bei seinen Denkprozessen noch Bezug zu den konkreten Gegebenheiten nimmt. Es vermag seine Erkenntnisse, die es in einer Situation gewonnen hat, noch nicht auf andere, prinzipiell ähnliche Situationen zu übertragen (GINSBURG und OPPER, 1978).

3.2.3.2 Operationen bei Klassifikations- und Reihenbildungsproblemen

Die Bewältigung von einfachen Klassifikationsproblemen bereitet einem Kind in der konkret-operationalen Phase keine Schwierigkeiten mehr. Da es inzwischen auch zur *Dezentrierung* befähigt ist, d.h. gleichzeitig mehrere Merkmale einer Reizgegebenheit zu berücksichtigen vermag, kann man ihm die Aufgabe stellen, aus geometrischen Figuren z.B. alle großen, blauen Vierecke sowie alle kleinen, roten Dreiecke zusammenzustellen.

Die erreichte Stufe der Denkentwicklung ermöglicht es weiterhin, Mengen und Teilmengen miteinander zu vergleichen. Die in dem bereits genannten Perlenversuch (s. S.72) gestellte Frage, ob mehr braune oder mehr Holzperlen vorhanden sind, vermag das Kind in der konkret-operationalen Phase in der Regel treffsicher zu beantworten.

Leistungsfortschritte lassen sich auch bei Aufgaben erkennen, die eine Reihenbildung fordern. PIAGET legte seinen Versuchspersonen z.B. Stäbchen unterschiedlicher Länge vor und forderte sie auf, diese der Größe nach zu ordnen.

Kindern, die sich am Ende der voroperationalen Phase der Denkentwicklung befinden, gelingt es – allerdings mit Schwierigkeiten und gelegentlichen Fehlern – eine Rangordnung nach der Größe zu erstellen. Kennzeichnendes Merkmal solcher Kinder ist es, daß ihr Vorgehen augenscheinlich noch von Versuch und Irrtum bestimmt wird. Eine Ausrichtung an einem zugrundeliegenden Ordnungsprinzip liegt offenbar nicht vor. Entsprechend den Beobachtungen PIAGETs ändert sich dies, nachdem das Kind etwa sechs oder sieben Jahre alt geworden ist.

Das Kind der konkret-operationalen Phase vermag Ordnungsrelationen zu erkennen, sofern ihm konkretes Material vorliegt. Nunmehr scheint der Lösung der

Stäbchenaufgabe eine bestimmte Strategie zugrunde zu liegen; es sucht z.B. zunächst nach dem kürzesten, dann nach dem zweitkürzesten usw.

Wenn das Kind klassifizieren kann und in der Lage ist, Reihenbildungen nach Ausprägungsgrad eines Merkmals vorzunehmen, ist auch eine wesentliche Voraussetzung zur Bildung des Zahlbegriffs gegeben. PIAGET übersieht nicht, daß das Zählen bereits Kindern in der voroperationalen Phase gelingt. Er weist aber zugleich darauf hin, daß ein Aufsagen der Zahlenreihe keineswegs mit einem echten Verständnis des Zahlenbegriffs gleichzusetzen ist. So gibt beispielsweise ein fünfjähriges Kind zutreffend die Antwort, daß vor ihm auf dem Tisch drei Apfelsinen liegen; entsprechend zählt es ab: „1-2-3". Auf die Bitte eines Erwachsenen, ihm die drei zu geben, händigt es ihm aber u.U. nur eine aus: diejenige, die beim Abzählen der drei zugeordnet worden ist. Diese Beobachtungen lassen erkennen, daß ein solches Kind die Zahl noch im Sinne einer Rangziffer (1.-2.-3.) und nicht als Symbol für eine Menge begreift.

> Mit der Entstehung eines echten, d.h. auf die entsprechende Menge bezogenen Zahlbegriffs müßte ein Kind der konkret-operationalen Phase auch eine Aufgabe der folgenden Art bewältigen können: Peter ist größer als Uwe, Uwe ist größer als Günter; wer ist von den dreien der Größte? – Befragte dieser Phase der Intelligenzentwicklung lösen die Aufgabe in der Regel jedoch nur, solange die genannten Kinder vor ihnen stehen oder ihnen wenigstens bestens bekannt sind. Formuliert man die Aufgabe in symbolisch-abstrakter Form (A > B > C), ist allenfalls mit einem Zufallstreffer zu rechnen.
>
> Man sollte das Versagen des Kindes mit der abstrakt formulierten Aufgabe nicht vorschnell als Ergebnis kognitiver Unreife interpretieren. Eine derartige Aufgabenform stellt nämlich sehr hohe Anforderungen an das Gedächtnis. Dieses wird entlastet, wenn eine konkrete Anschauungsgrundlage gegeben ist. BRYANT und TRABASSO (1971) konnten zeigen, daß sogar sehr junge (d.h. Vorschul-) Kinder logische Schlußfolgerungen zu ziehen vermögen, wenn man die Darstellung der Aufgabe in einer Weise vornimmt, daß die darin enthaltenen Informationen zu behalten sind.

3.2.4 Die Phase der formalen Operationen

Das Kind der konkret-operationalen Phase ist bezüglich seiner Denkabläufe immer noch sehr stark auf die Gegenwart bezogen. Sofern von seiten der Umwelt die dafür geeigneten Anregungen geboten werden, setzt sich die Entwicklung fort, bis im Alterszeitraum von elf bis zwölf Jahren noch einmal neue Qualitäten der intellektuellen Funktionen erkennbar werden; PIAGET spricht von den „formalen Operationen". Das Kind hat inzwischen die Adoleszenz erreicht; es vermag sein Denken nunmehr auf die Zukunft, auf das Abstrakte und das Theoretische zu richten.

Die formal-operationale Phase des Denkens wird allerdings nicht mehr von allen Menschen erreicht. Hier spielen offenbar kulturelle, sozio-ökonomische und vor allem Bildungsfaktoren eine Rolle (NEIMARK, 1975). Viele College-Studenten scheitern an Aufgaben, die nach PIAGETs ursprünglicher Konzeption Zwölf- und Dreizehnjährige bewältigen sollten (SIEGLER und RICHARDS, 1982). Aufgrund solcher Befunde hat PIAGET (1972) inzwischen zugestanden, daß ein Mensch die Phase der formalen Operationen wahrscheinlich nur in jenen Berei-

76

chen zu erreichen vermag, für die er hochgradige Interessen entwickelt hat oder in denen er besonders fundierte Kenntnisse besitzt. – Damit wird auch verständlich, daß Menschen, die dieses Denkniveau erreicht haben, es nicht konsistent offenbaren (BERZONSKY et al., 1975). So kann ein Erwachsener sich mit einem Problem auseinandersetzen und bei der Lösungssuche formal-operationale Fähigkeiten zum Einsatz bringen. Derselbe Mensch fällt aber möglicherweise, sofern er sich später mit einer ihm völlig unbekannten Aufgabe konfrontiert sieht, in eine konkret-operationale Denkform zurück. Ob ein Mensch die für die formal-operationale Phase typischen Denkformen offenbart, hängt von seinen bisherigen Erfahrungen, seinem Bildungsgrad, seinen Interessen und nicht zuletzt von dem Problem ab, das den kognitiven Prozeß in Gang gesetzt hat (MARTORANO, 1977).

manchmal möglich manchmal nicht

3.2.4.1 Von der Wirklichkeit zur denkbaren Möglichkeit

Das konkret-operationale Kind ist sehr stark der Wirklichkeit verhaftet. Es bereitet ihm in der Regel enorme Schwierigkeiten, wenn es einer Gegebenheit gedanklich ein Merkmal zuschreiben soll, das diese tatsächlich nicht besitzt. Sofern man ein solches Kind z.B. auffordert, die Annahme nachzuvollziehen, Milch sei schwarz, dann antwortet es womöglich, das ginge nicht, denn Milch sei weiß.

Für viele Probleme, wie sie u.a. im wissenschaftlichen und politischen Bereich finden, besteht jedoch nur dann die Aussicht, daß eine Lösung gefunden wird, wenn man Maßnahmen und ihre möglichen Effekte vor der Ausführung gedanklich durchspielt. Im Alter der Adoleszenz kann ein Mensch sich Ideale schaffen und realistische Perspektiven für die Zukunft entwickeln.

3.2.4.2 Analyse von Problemsituationen

Der junge Erwachsene kann Problemsituationen sehr viel systematischer analysieren als in früheren Phasen der kognitiven Entwicklung. In einer physikalischen Problemsituation vermag er die wirksamen Variablen zu isolieren, um diese dann – den Hypothesen entsprechend – zu kombinieren.

INHELDER und PIAGET (1958) geben ihre Beobachtungen aus einem Experiment wieder, in denen die Versuchspersonen herauszufinden hatten, wovon es abhängt, ob ein Körper auf der Wasseroberfläche schwimmt. Als Gründe für das Schwimmen oder Sinken nannten konkret-operationale Kinder häufig das Gewicht („weil er schwer bzw. leicht ist") oder die Größe („weil er groß ist"). Diese Kinder konnten auch das Zusammenwirken beider Merkmale in Betracht ziehen (z.B. klein und schwer). Sie gerieten jedoch in Verwirrung, wenn sie z.B. erklären sollten, warum ein kleines Stück Holz schwamm. Sie waren nicht in der Lage, Hypothesen zu finden, die andere als beobachtbare Merkmale (Größe und Gewicht) zum Inhalt hatten.
Versuchspersonen der formal-operationalen Phase vermochten dagegen Merkmale zu erschließen, die sich ihrer unmittelbaren Beobachtung entzogen. Folgende Äußerung einer Versuchsperson läßt vermuten, daß sich bei ihr eine gewisse Vorstellung vom spezifischen Gewicht eines Körpers gebildet hat: „Es sinkt, weil es klein ist, es ist nicht ausgedehnt genug. ... Es müßte etwas Größeres sein, damit es auf der Oberfläche bleibt, etwas von gleichem Gewicht, aber mit mehr Ausdehnung."

3.2.4.3 Der Einfluß der Egozentrik auf das Denken

Mit allmählich fortschreitender Entwicklung gelingt es einem jungen Menschen zunehmend besser, sein eigene Wahrnehmung, seine Motive und Gefühle von denen anderer zu unterscheiden. Ein Merkmal, das bereits das Denken der voroperationalen Phase kennzeichnete, tritt noch einmal verstärkt während der Adoleszenz in Erscheinung: die Egozentrik. Sie nimmt zwar nicht unmittelbar Einfluß auf den Denkprozeß; die Egozentrik kann aber bewirken, daß der junge Mensch das Ergebnis seiner Überlegungen überschätzt. Da es ihm in der Regel aber noch an bestimmten Erfahrungen mangeln kann, meint er, Veränderungen – z.B. solche, die die Art des mitmenschlichen Zusammenlebens oder die Gesellschaft allgemein betreffen – herbeiführen zu können, die sich tatsächlich seiner Einflußnahme entziehen.

Eine Form der Egozentrik, die ELKIND (1967) beschreibt, läßt sich als persönliche Täuschung charakterisieren; im Alter der Adoleszenz glaubt der Jugendliche, er sei etwas ganz Besonderes und Einmaliges. Diese Selbsttäuschung kann sehr leicht zu risikovollem Verhalten führen. Viele Verkehrsunfälle, an denen Jugendliche beteiligt sind, lassen sich wahrscheinlich auf diese Äußerungsform der Egozentrik zurückführen. Der Jugendliche fährt zu schnell mit seinem Fahrzeug, weil ihn die Überzeugung leitet, Unfälle seien nur auf die Ungeschicklichkeit anderer zurückzuführen. Diese Egozentrik kann sich auch darin äußern, daß Maßnahmen zur Empfängnisverhütung vernachlässigt werden, weil die vermeintliche Einzigartigkeit die Täuschung nährt, vor unerwünschten Schwangerschaften sicher gefeit zu sein.

[handschriftliche Notiz:] Kritik: keine Aussagen zu Motivation — — ind. Differenzen
[handschriftliche Notiz:] Keine Aussage zur Persönlichkeits- und Sozialentwicklung

3.3 Entwicklungspsychologisch relevante Konzeptionen Jerome BRUNERs

Jerome BRUNER, geboren 1915, ist von PIAGET – mit dem er auch ein Jahr in Bern zusammengearbeitet hat – entscheidend beeinflußt worden. In wesentlichen Aussagen unterscheidet sich BRUNER allerdings von PIAGET. Beide haben sich dafür interessiert, wie das Kind seine Kenntnisstruktur erwirbt. BRUNERs Schwerpunkt liegt jedoch vielmehr bei der Klärung der Frage, wie die Entwicklung der Intelligenz zum Lehren und Lernen in Beziehung zu setzen ist. Für ihn ist eine Theorie der Entwicklung wenig sinnvoll, wenn sich nicht aufzeigen läßt, welche Bedeutung sie für den Bereich der Pädagogik besitzt.

Wie das Studium seiner Schriften offenbart, ist BRUNERs Forschungsinteresse thematisch weit gestreut. Es reicht von Experimenten mit Ratten über Analysen nationalsozialistischer Propagandasendungen, Untersuchungen über soziale Wahrnehmung, kognitive Stile bis hin zu Auseinandersetzungen mit Sigmund FREUD. Im folgenden soll lediglich über entwicklungspsychologische Konzeptionen BRUNERs berichtet werden. Auf weitere Beiträge, vor allem im Bereich der Instruktionspsychologie, wird an anderer Stelle (Kapitel 7) zurückzukommen sein.

78

3.3.1 Kennzeichen kognitiver Entwicklung

BRUNER (1966d) nennt sechs Orientierungspunkte, die nach seiner Überzeugung die Natur der intellektuellen Entwicklung festlegen:

1. *Entwicklung ist gekennzeichnet durch immer größere Unabhängigkeit des Verhaltens von der unmittelbaren Eigenart des Reizes.*

   Das bedeutet, daß man bei sehr kleinen Kindern noch weitgehend ihre Reaktionsweisen vorhersagen kann, wenn man weiß, welchen Reizen sie ausgesetzt sind. Mit voranschreitender Entwicklung erlangen sie jedoch zunehmend Freiheit von den Reizgegebenheiten der Umwelt. Diese Freiheit wird ihnen durch vermittelnde Prozesse ermöglicht, die – etwas grob gesprochen – das Denken umfassen.

2. *Entwicklung hängt davon ab, daß Ereignisse in ein Speichersystem gebracht werden, das der Umwelt entspricht.*

   Das Kind baut sich aufgrund seiner Erfahrungen ein Bild von der Wirklichkeit auf. Die damit zur Verfügung stehenden Informationen werden genutzt, um zu vergleichen und Vorhersagen zu machen.

3. *Intellektuelle Entwicklung geht mit einer Verbesserung der Fähigkeit einher, sich selbst und anderen durch Worte und Symbole mitzuteilen, was man getan hat oder zu tun vorhat.*

   Damit entwickelt sich eine Fähigkeit, Verhalten über die bloße Anpassung hinauszuheben und es zu reflektieren bzw. als logische Folge eigener Überzeugungen und Absichten zu fassen.

4. *Intellektuelle Entwicklung wird bestimmt von einer systematischen Wechselwirkung zwischen Lehrenden und Lernenden.*

   Das Kind benötigt also einen menschlichen Lehrmeister, das sind beispielsweise Eltern, Lehrer, Freunde oder andere Vorbilder, die sich nicht (etwa durch elektronisch gesteuerte Lernumwelten) ersetzen lassen.

5. *Unterrichten wird erheblich durch das Medium der Sprache erleichtert, das nicht nur ein Mittel zum Informationsaustausch darstellt, sondern nunmehr vom Lernenden selbst genutzt werden kann, um Ordnung in seine Umwelt zu bringen.*

   Die Sprache hilft dem Kind vor allem, um sich gedanklich über das Hier und Jetzt hinwegzusetzen, d.h., nicht nur das Reale zu beschreiben, sondern auch das Mögliche zu erfassen.

6. *Intellektuelle Entwicklung ist durch die wachsende Fähigkeit gekennzeichnet, gleichzeitig mehrere Alternativen in Blick zu nehmen, im gleichen Zeitpunkt mehrere Abfolgen durchspielen zu können sowie Zeit und Aufmerksamkeit in angemessener Weise auf diese verschiedenartigen Anforderungen aufzuteilen.*

   Dadurch wird es dem Kind z.B. möglich, PIAGETs Umschüttungsproblem (s. S. 69 f.) zu lösen; es vermag den Prozeß gedanklich zu wiederholen und sich auch die Umkehr der Abfolge vorzustellen. Durch Berücksichtigung von Höhe und Breite gelangt es zur Invarianz.

BRUNER sieht also das Kind – ebenso wie PIAGET – als ein aktives Wesen, bei dem sich Fortschritte in der Intelligenzentwicklung nur dadurch vollziehen können, daß sich das Kind mit seiner Umwelt auseinandersetzt. Es sammelt dabei Erfahrungen, d.h., es gewinnt Informationen, die es kodieren, mit seiner jeweils vorliegenden Kenntnisstruktur in Beziehung setzen und abspeichern muß.

Wie das Kind die Welt sieht und wie es auf diese einwirkt, ändert sich im Verlauf der Entwicklung. BRUNER unterscheidet entsprechend zwischen verschiedenen Repräsentationsformen (*modes of representation*). Sie lassen sich zwar in gewisser Hinsicht den Entwicklungsstufen PIAGETs zuordnen; gleichzeitig unterscheiden sie sich von jenen jedoch in bemerkenswerter Weise.

3.3.2 Verschiedene Formen des Wissens

Wie ein Kind seine Umwelt sieht und wie es sich mit dieser auseinandersetzt, hängt davon ab, wieweit es in seiner Entwicklung in einem Prozeß fortgeschritten ist, den BRUNER (1966d) Repräsentation nennt. BRUNER unterscheidet folgende drei Formen: die aktionale (*enactive*), ikonische und symbolische Repräsentation. Im Verlauf der Entwicklung bauen die drei Formen in der genannten Reihenfolge aufeinander auf. Die aktionale Repräsentationsform entspricht in etwa der sensu-motorischen Phase PIAGETs. Ebenso läßt sich die ikonische Repräsentationsform grob der früheren voroperationalen Phase und die symbolische Repräsentation der späteren voroperationalen Phase sowie den nachfolgenden Jahren zuordnen.

BRUNER hebt allerdings hervor, daß einem Kind oder einem Erwachsenen alle drei Repräsentationsformen zur Verfügung stehen können. Wenn sich also z.B. während der Grundschuljahre die symbolische Repräsentation verstärkt herausbildet, bedeutet das nicht, daß die anderen aus dem kindlichen Repertoire verschwinden; die eine gewinnt allenfalls Dominanz über die anderen. Wechselwirkungen bleiben bestehen.

3.3.2.1 Die aktionale Repräsentation ≙ Sensumotorischen Phase

Kennzeichnend für die aktionale Repräsentationsform ist, daß das Kind die Welt durch motorische Aktivitäten kennenlernt. Es lernt durch Tun oder durch Beobachtung von Verhaltensweisen anderer. Eine Gegebenheit ist für einen Lernenden dadurch repräsentiert, daß er weiß, was man damit tun kann, ohne daß es dabei bildlicher Vorstellungen oder Wörter bedarf. Zur Veranschaulichung weist BRUNER (1966d) darauf hin, daß bereits sehr kleine Kinder nach dem Prinzip der Balkenwaage zu handeln vermögen. So wissen sie z.B., daß sie sich weiter nach außen setzen müssen, wenn sie erreichen wollen, daß sich die Wippe auf ihrer Seite absenkt. Auch dem Erwachsenen bereitet es in einigen Fällen Schwierigkeiten, ausschließlich mit Worten zu beschreiben, was er weiß. Wie würde sich beispielsweise auf ausschließlich sprachlicher Ebene mitteilen lassen, was man alles tut, wenn man Fahrrad fährt?

3.3.2.2 Die ikonische Repräsentation ≙ grob frühoperationalen Phase

Die ikonische Repräsentation bezieht sich auf das Vorstellungsvermögen eines Menschen (Ikon = Bild). Durch die ikonische Repräsentation kann sich das Kind ein Ereignis oder eine konkrete Gegebenheit vorstellen. Es löst sich damit von dem

80

Hier und Jetzt, d.h., es vermag sich eine Handlung zu vergegenwärtigen und muß sie nicht mehr tatsächlich ausführen.

Die Beobachtungen in einem Experiment von BRUNER und KENNEY (1966) mit fünfzig Kindern im Alter zwischen drei und sieben Jahren zeigen etwas sehr Typisches für diese Repräsentationsform auf. Den Versuchspersonen wurde eine 3 x 3 Matrix mit neun Gläsern dargestellt, die sich entsprechend der folgenden Abbildung voneinander unterschieden.

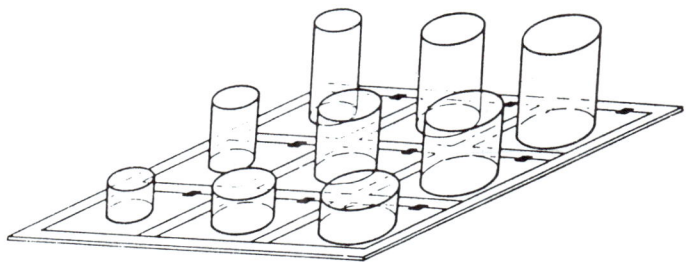

Abb. 3.4: Darstellung einer Matrix mit Gläsern unterschiedlicher Höhe und Breite (nach BRUNER und KENNEY, 1966)

Zunächst hatten die Kinder die Frage zu beantworten, worin sich die Gläser glichen und worin sie sich unterschieden. Sodann entfernte man ein, zwei oder drei Gläser und forderte die Kinder auf, sie wieder an den richtigen Platz zurückzustellen. Dann begann das eigentliche Experiment.
Sämtliche Gläser wurden in eine gewisse Unordnung gebracht. Den Kindern fiel die Aufgabe zu, die ursprüngliche Ordnung wieder herzustellen. Es zeigte sich, daß die meisten drei- bis vierjährigen Kinder dieser Aufforderung nicht nachzukommen vermochten; sie befanden sich offenkundig noch im Stadium aktionaler Repräsentation, und das setzte sie außerstande, sich ein visuelles Abbild von der Reizgegebenheit einzuprägen. Demgegenüber bereitete die Aufgabe den fünf-, sechs- und siebenjährigen Kindern keine bemerkenswerten Schwierigkeiten; sie befanden sich offenbar im Stadium ikonischer Repräsentation.

Durch die ikonische Repräsention kann man sich mit einem Kind über bestimmte Pflanzen oder Tiere unterhalten, ohne daß diese tatsächlich vorhanden sein müssen. Es ist in der Lage, Rechenaufgaben zu bearbeiten, ohne daß es die Lösung an den Fingern abzählen muß.
Die ikonische Repräsentation besitzt allerdings noch sehr starken Bezug zum konkret Erfahrenen. Wenn also beispielsweise im Kindergarten oder in der Schule über den Hund gesprochen wird, dann denkt das Kind an einen bestimmten Hund, den es zu Hause hat oder aus der Nachbarschaft kennt.

3.3.2.3 Die symbolische Repräsentation $\hat{=}$ *Späteren vor operal. Ph.+ nachfolg. Jahre*

Im Verlauf der Grundschulzeit verstärkt sich zunehmend die Möglichkeit des Kindes, Ereignisse und Objekte durch ein Symbol zu repräsentieren, das willkürlich auf das bezogen sein kann, was es darstellen soll. Das Wort *Buch* besitzt keinen Bezug mehr zu der konkreten Gegebenheit Buch. Die symbolische Repräsentation ermöglicht es, von einem Buch zu sprechen, ohne daß es dabei der bildlichen Vorstellung eines Buches bedarf.

Aufgaben im Rahmen des bereits erwähnten Experiments von BRUNER und KENNEY lassen erkennen, welche Leistungen die symbolische Repräsentation ermöglicht. Der Versuchsleiter nimmt sämtliche Gläser von der 3 x 3 Matrix (s. S. 81). Darauf hin stellt er das Glas, das zuvor vorne ganz links gestanden hatte, in die Ecke vorne rechts. Dazu gibt er die Aufgabe, ohne Veränderung des bereits plazierten Glases eine gleiche Anordnung wie zuvor aufzubauen. Von dem Kind wird somit eine *Transposition* verlangt, d.h., es muß die Anordnung unter leicht veränderten Umständen herstellen; allein unter Rückgriff auf eine visuelle Repräsentation ist diese Aufgabe folglich nicht zu lösen. Tatsächlich versagten die fünfjährigen Versuchspersonen an dieser Aufgabe völlig, während die Mehrheit der Siebenjährigen sie zu bewältigen vermochte. BRUNER interpretiert diesen Befund dahingehend, daß die älteren unter Inanspruchnahme der symbolischen Repräsentation eine Übertragung des wahrgenommenen Bildes in eine sprachliche Regel vorzunehmen vermochten (z.B.: „Die Gläser werden in der einen Richtung dicker und in der anderen höher.").

Die symbolische Repräsentation gestattet es den Kindern, Gegebenheiten oder Ereignisse in Klassen zu ordnen und diese mit einem Symbol zu versehen. Das ermöglicht ihnen, über Haustiere zu sprechen und damit sämtliche entsprechenden Lebewesen zu bezeichnen, nicht nur die, die sie bereits gesehen haben.

3.4 Einige pädagogisch relevante Implikationen der Theorien PIAGETs und BRUNERs

Im Unterschied zur behavioristischen Konzeption betonen PIAGET und BRUNER die aktive Rolle des Lernenden. Ein Lehrer, der überwiegend Lernmaterial darbietet und den Schülern nur die Möglichkeit der passiven Aufnahme läßt, ist weit von den Empfehlungen entfernt, die sich aus den genannten Theorien ableiten lassen. PIAGETs Theorie würde einen Unterricht nahelegen, in dem die Schüler Gelegenheit zum aktiven Explorieren, zum selbständigen Fragen und zur Suche nach Antworten erhalten.

Zu welchen Aktivitäten man den Kindern Gelegenheit gibt, bestimmt sich nach ihrer jeweiligen kognitven Entwicklung. In einer frühen Phase der Intelligenzentwicklung sollte das Kind vor allem Möglichkeiten zur motorischen Betätigung erhalten. Auch während der Grundschulzeit sollte es eine häufige Erfahrung von Schülern sein, konkrete Gegebenheiten zu erhalten, um sie zu „begreifen" und um etwas mit ihnen zu tun.

PIAGET (1971) möchte die Forderung nach Aktivität des Lernenden aber nicht nur als manuelle Betätigung erfüllt wissen. Auf fortgeschritteneren Niveaus kann sich die Aktivität in gedanklichen Überlegungen, in der Suche nach höheren Abstraktionsformen oder im aktiven Handhaben der Sprache äußern. PIAGET wäre aber völlig mißverstanden, würde man ihm die Empfehlung zuschreiben, Lernende im Alter der Adoleszenz oder im Erwachsenenalter dürften *in jedem Fall* mit abstrakt-symbolischem Material konfrontiert werden. Auch BRUNER läßt in dieser Hinsicht keine Fehlinterpretationen zu, denn er geht ja – wie dargestellt – davon aus, daß höhere Repräsentationsformen nicht frühere ersetzen, sondern über andere Dominanz gewinnen können. Deshalb sollte einem Schüler, der Schwierigkeiten offenbart, einen abstrakten Zusammenhang zu verstehen, Gelegenheit geboten werden, sich mit jenen Aspekten der Lernaufgabe auseinanderzusetzen, die sich bildlich oder aktional repräsentieren lassen.

[handschriftliche Notiz am Rand: Bruner + Piaget]

PIAGETs und BRUNERs gemeinsames Bemühen ist es, den Lehrer für die jeweils mögliche Denkstruktur bzw. für das jeweils vorherrschende Repräsentationsniveau seines Schülers zu sensibilisieren. Die angemessene Einschätzung der jeweils aktuellen Kenntnis- und Verarbeitungsstruktur stellt die Voraussetzung zur Auswahl und Bereitstellung jenes Lernmaterials bzw. solcher Lernaufgaben dar, die das kognitive Gleichgewicht des Lernenden in einem mittleren Grade stören. Über die Wirkung dieses kognitiven Konflikts zur Aktivierung der Neugier wird im 8. Kapitel noch eingehender zu informieren sein (s. S. 250 ff.).

Wenn man aber, den Empfehlungen PIAGETs und BRUNERs folgend, Bedingungen so zu gestalten versucht, daß der Lernende nicht passiv aufnimmt, sondern aktiv fragt, Antworten sucht und ausprobiert, sind Fehler nicht auszuschließen. In der Schule der Gegenwart sieht man in der fehlerhaften Reaktion in der Regel etwas, was es möglichst zu vermeiden gilt. Dem Fehler wird im modernen Bildungswesen eine negative Bewertung zugeschrieben. PIAGET hat bereits im Rahmen seiner Arbeiten am BINET-Institut seine Überzeugung demonstriert (s. S. 63), daß er vermeintlichen Fehlern mehr Bedeutung zuschreibt als den „richtigen" Antworten; tatsächlich verrieten sie ihm aufschlußreiche Einzelheiten über die Besonderheiten kindlicher Denkleistungen. Sollte PIAGETs Erfolg für den Lehrer nicht Anlaß genug sein, seine Einstellung zum „Fehler" noch einmal recht gründlich zu überprüfen?

3.5 Entwicklung des Denkens – Ein neuer Interpretationsansatz

Es hat in den vergangenen Jahren nicht an Versuchen gefehlt, die an der kindlichen Denkentwicklung beteiligten kognitiven Prozesse etwas weitergehend aufzuhellen. Auf einen Ansatz von CASE (1981) sei hier näher eingegangen, der Gedächtnisfunktionen mit in die Erklärung einbezieht (vgl. Kapitel 6).

CASE geht – ebenso wie PIAGET – von vier verschiedenen Phasen aus, in denen jeweils fundamentale Operationen erworben werden. Im Verlauf der Entwicklung werden Strategien zunehmender Komplexität entwickelt, in welche die jeweiligen Operationen eingebettet sind.

Dies läßt sich an einer Aufgabe von NOELTING (1975) veranschaulichen, die Kindern verschiedener Altersstufen vorgelegt worden ist. Ihnen wurden zwei große Krüge A und B gezeigt. Der Versuchsleiter teilte ihnen mit, daß er in jeden Krug mehrere Gläser gießen würde, die entweder mit Fruchtsaft oder Wasser gefüllt waren. Die Kinder sollten danach angeben, aus welchem der beiden Krüge der Inhalt stärker nach Fruchtsaft schmecken würde.

Kinder im Alter von drei bis vier vermochten die grundlegende Operation auszuführen: Sie konnten zählen. Sie vermochten aber nur die Anzahl der Fruchtsaft-Gläser zu zählen, die entweder in den einen *oder* in den anderen Krug gegossen worden waren. Im Alter von viereinhalb bis sechs Jahren gelang es ihnen, die Anzahl der mit Fruchtsaft gefüllten Gläser zu zählen, die in *beide* Krüge geschüttet worden sind. Sechs- bis Achtjährige waren in der Lage, die Anzahl der mit Wasser *und* mit Fruchtsaft gefüllten Gläser zu registrieren, die der Versuchsleiter jeweils in *beide* Krüge gegossen hatte. In den nachfolgenden Jahren ließen sich Leistungen beobachten, die auf noch komplexere Strategien schließen ließen.

Die grundlegende Operation, das Zählen, blieb für sämtliche Altersgruppen die gleiche. Während sich aber die drei- bis vierjährigen Kinder nur auf das Zählen *einer* Gegebenheit konzentrierten, waren die Viereinhalb- bis Sechsjährigen in der Lage, das Ergebnis des ersten Zählvorgangs kurzfristig zu speichern, während eine weitere Zählprozedur ausgeführt werden konnte. Die Sechs- bis Achtjährigen mußten sogar zwei Werte im Kopf behalten, während die Anzahl der in den zweiten Krug geschütteten Fruchtsaftgläser gezählt werden mußte.

CASE geht davon aus, daß im sog. Arbeitsspeicher (der im 6. Kapitel als Kurzzeitgedächtnis eingehender zu beschreiben sein wird, S. 172) einerseits „Platz" (*processing space*) sein muß, um grundlegende Operationen (wie z.B. das Zählen) auszuführen. Zum anderen bedarf es einer gewissen Kapazität für kurzfristige Speicherungen. Man könnte nun argumentieren, daß die Kapazität dieses Arbeitsgedächtnisses bei Kindern noch sehr gering ist und erst mit fortschreitendem Alter zunimmt. Wenn Kinder aber, was sich eindeutig nachweisen läßt, mehr Zeit als Erwachsene zur Verarbeitung von Informationen benötigen, so gibt es dafür auch eine andere Erklärung: sie verfügen noch nicht über ausreichende Erfahrungen, um sich in der Entwicklung und Anwendung effektiver Verarbeitungsstrategien zu üben. Obwohl diese Erklärungsmöglichkeit noch nicht als eindeutig belegt gelten kann, neigen mehrere Autoren dazu, in den Grenzen kindlicher Informationsverarbeitung weniger ein strukturelles (d.h. kapazitatives) und mehr ein funktionales (die Strategien der Verarbeitung betreffendes) Problem zu sehen (CHASE und ERICSSON, 1981; CHI und GALLAGHER, 1982).

Die Ausübung einer neuen Operation fordert anfänglich derartig viel Verarbeitungskapazität, daß dem Kind eine kurze, gleichzeitige Speicherung nicht möglich ist. Reifungsprozesse, so meint CASE, schaffen jedoch die Voraussetzung zur Entwicklung wirkungsvollerer Strategien für die Ausführung der grundlegenden Operationen. Um diese entstandenen Möglichkeiten zu nutzen, bedarf es zusätzlich einer gewissen Übungsaktivität. Mit dem Fortschreiten der kognitiven Entwicklung erfordert die Ausführung einer grundlegenden Operation zunehmend weniger Aufmerksamkeitszuwendung. Dadurch wird gleichzeitig die Kapazität für Kurzzeitspeicherungen erhöht.

84

Wenn man Kinder mit PIAGET-Aufgaben konfrontiert, zu deren Bewältigung diese noch nicht in der Lage sind, dann bietet sich nach CASE die Erklärung an, daß ihre Bewältigung mehr Kapazität für Kurzzeitspeicherungen erfordert als aktuell zur Verfügung steht, weil die grundlegenden Operationen noch zu viel Aufmerksamkeitszuwendung in Anspruch nehmen. Mit dem Fortschreiten der zentralnervösen Reifung und angemessener Übungsgelegenheit wird dem Defizit an Kurzzeitspeicherkapazität allerdings zunehmend entgegengewirkt. Das Kind gelangt damit in die Lage, Aufgaben wachsender Komplexität zu bewältigen.

Case: Speicherdisparität
gewisse Verarbeitungsdisparität muß vorhande
sein.

4. KAPITEL

Lernformen behavioristischer Genese

Wie im dritten Kapitel herausgearbeitet wurde, gibt es im Verlauf der individuellen Entwicklung nur Fortschritte, wenn Lerngelegenheiten stattgefunden haben. Reifungsprozesse allein vermögen keine relativ dauerhaften Verhaltensänderungen zu bewirken. Damit wird dem Lernen zur Erklärung von Verhaltensänderungen innerhalb des individuellen Entwicklungsganges eine einzigartige Bedeutung zugewiesen.

Da jedes erzieherische bzw. unterrichtliche Geschehen auf Lernen abzielt, ist Lernen ein zentraler Begriff der Pädagogischen Psychologie. Deshalb sind die Erwartungen, die ein Lehrer an die Lernpsychologie im Rahmen der Pädagogischen Psychologie stellen dürfte, sehr hoch. Die Lernpsychologie müßte eine weitgehende Aufklärung dessen leisten, was in der Schule passiert; die möglichen Anforderungen an eine Lerntheorie reichen von Fragen nach Möglichkeiten zur Steigerung der Unterrichtseffektivität durch lerntheoretisch fundierte Curriculumgestaltung bis zu der Behebung individueller Lernschwierigkeiten, von der Erklärung, wie der Mensch Emotionen wie Wut oder Freude lernt, bis zu Lernhilfen für das Einprägen von Lateinvokabeln, von der Verbesserung der Hochsprungleistungen bis zur Bewältigung der Anforderung im Straßenverkehr.

Bereits an diesen wenigen Beispielen läßt sich die Komplexität des Gegenstandsbereiches „Lernen" ablesen; diese Komplexität hat die Annahme verschiedener Lernformen nahegelegt, die sich jedoch nicht quasi voraussetzungslos aus dem Gegenstandsbereich ergeben; sie sind vielmehr das Ergebnis unterschiedlicher wissenschaftstheoretischer Traditionen (s. S. 13 ff.). Der Praktiker sieht sich deshalb mit einer Vielfalt von Lerntheorien mit zum Teil widersprüchlichen Empfehlungen konfrontiert. Leider ist es bislang nicht gelungen, die verschiedenen Lernformen in eine umfassende Theorie vom Lernen zu integrieren. Die nachfolgende Darstellung muß dieser Tatsache Rechnung tragen, in dem sie die einzelnen Lernformen in jeweils gesonderten Abschnitten – stets aber in Hinblick auf ihre pädagogische Relevanz – diskutiert.

Im vorliegenden Kapitel ist zunächst zu versuchen, eine allgemeine Kennzeichnung des Lernens zu geben. Anschließend sind drei Lernformen zu erörtern, die eng mit dem behavioristischen Ansatz verknüpft sind oder ihm entstammen. Die beiden behavioristischen Lernformen, die Klassische und die Operante Konditionierung, nehmen zur Erklärung des Lernens primär Bedingungen außerhalb des Individuums in Anspruch. Auch die nachfolgend darzustellende soziale Lerntheorie akzentuiert Charakteristika der Umwelt, sie hat jedoch im Verlauf ihrer Entwicklung zunehmend Merkmale der Person mitberücksichtigt.

86

4.1 Zur Kennzeichnung des Lernens

Obwohl der Lernbegriff sowohl innerhalb als auch außerhalb wissenschaftlicher Diskussionen häufig verwendet wird, bereitet seine eindeutige Kennzeichnung erhebliche Schwierigkeiten. Die Gründe sind am besten herauszuarbeiten, wenn man sich kritisch mit einer typischen Definition des Lernens auseinandersetzt. BOWER und HILGARD (1981) beziehen z.B. Lernen auf eine Veränderung im Verhalten oder im Verhaltenspotential eines Individuums; eine solche wird hervorgerufen durch wiederholte Erfahrungen des Individuums in der gleichen Situation, vorausgesetzt diese Verhaltensveränderung ist nicht auf der Basis angeborener Verhaltenstendenzen, als Ergebnis von Reifung oder infolge vorübergehender Zustände (wie Ermüdung, Drogeneinflüsse oder motivationaler Art) zu erklären.

Diese Kennzeichnung geht zunächst davon aus, daß Lernen einen Prozeß darstellt, der aufgrund von Verhaltensbeobachtungen lediglich zu *erschließen* ist. Lernen *kann* in Verhaltensveränderungen zum Ausdruck kommen. Wenn sich also ein Individuum in der gleichen Situation zu verschiedenen Zeitpunkten unterschiedlich verhält, besteht eine gewisse Berechtigung, die Veränderung des Verhaltens auf Lernen zurückzuführen. Allerdings wird vorausgesetzt, daß der Lernprozeß durch *Erfahrungen* angeregt worden ist. Das Individuum muß sich *aktiv* mit seiner Umwelt auseinandergesetzt haben. Diese Einschränkung gilt als bedeutsam, weil auch andere Einflüsse – so z.B. Ermüdung, Erkrankungen oder Adaptationen von Sinnesorganen an unterschiedliche Reizintensitäten – Verhaltensveränderungen herbeiführen können. Um diese Einflußfaktoren vom Lernen abzugrenzen, kennzeichnet man ihre Einwirkung zumeist als vorübergehend und schließt auf Lernen nur bei relativ überdauernden Verhaltensveränderungen. Voll befriedigend ist die Abgrenzung damit allerdings nicht gelungen, weil z.B. Kurzzeitspeicherungen im menschlichen Gedächtnis nur in einem Zeitraum von wenigen Sekunden verhaltensverändernd wirken (s. S. 171); sollte man in einem solchen Fall nicht von Lernen sprechen dürfen?

Die Definition von BOWER und HILGARD berücksichtigt weiterhin, daß Lernprozesse stattfinden können, die keine beobachtbaren Verhaltensveränderungen herbeiführen. Deshalb sprechen die beiden Autoren von einem Verhaltenspotential. Das bedeutet, daß als Folge des Lernens eine *Möglichkeit* geschaffen worden ist; sie muß sich nicht unbedingt, möglicherweise nur bei Eintreten bestimmter Bedingungen, in Verhalten umsetzen. Ein Prüfungskandidat macht z.B. die Erfahrung, daß er während des Examens nicht alles aus seinem Gedächtnis abrufen kann, was er sich in seinen Vorbereitungen eingeprägt hat.

Für einen orthodoxen Behavioristen ginge die Definition von Lernen, wie sie z.B. BOWER und HILGARD gegeben haben, zu weit. Strenge Verhaltenstheoretiker behaupten nämlich gar keinen Lernprozeß; wie die nachfolgende Beschreibung der klassischen und operanten Konditionierungsformen deutlich machen wird, beschränken sie sich darauf, beobachtbare Bedingungen und Ereignisse zu registrieren, die mit nachgewiesenen Verhaltensveränderungen in Beziehung stehen.

4.2 Klassisches Konditionieren

Wenn man das folgende, für die Lernform der Klassischen Konditionierung grundlegende, Experiment des Physiologen PAVLOV (1849-1936) erstmalig zur Kenntnis nimmt, fällt es möglicherweise schwer, dessen Bedeutung für die pädagogische Praxis ohne weiteres zu erkennen.

PAVLOVs Interesse richtete sich auf Funktionen des Verdauungssystems. Da ihm bekannt war, daß die Speicheldrüsen bei Mensch und Tier nach Nahrungsaufnahme auf natürliche Weise, d.h. durch Reizung entsprechender Sinnesorgane in Zunge und Mundschleimhaut, aktiviert werden, verwirrte ihn, daß die Absonderung der Verdauungssäfte als Reaktion auf die Nahrungsaufnahme nicht nach einem konstanten Zeitintervall erfolgte. Diese Beobachtung veranlaßte ihn zu einem Experiment, an dem er Hunde als Versuchstiere beteiligte. Durch eine eigens konstruierte Meßapparatur war PAVLOV in der Lage, die Menge der Speichelabsonderungen seiner Tiere zu messen. Ein entscheidendes Charakteristikum seines Experiments bestand darin, daß PAVLOV unmittelbar vor Darbietung des Futters ein Klingelzeichen darbot. Nach mehreren Wiederholungen dieser Abfolge zeigte sich, daß die Speichelsekretion auch durch das Klingelzeichen allein anzuregen war. Das Tier hatte offenbar gelernt, auf einen bestimmten Reiz mit einer Speichelsekretion zu reagieren.

Bekanntlich entzieht sich die Sekretion einer Drüse der willkürlichen Steuerung. Über die von ihm entdeckte Lernform gelang es PAVLOV aber, eine gewisse Kontrolle über dieses Organ zu erlangen. Tatsächlich zeigte sich in nachfolgenden Forschungen, daß auch emotionale Reaktionen auf grundsätzlich gleiche Weise zu lernen sind. Die ungewöhnlich starke Furcht, die ein Schüler gegenüber Prüfungssituationen zum Ausdruck bringt, seine Abneigung gegenüber einem Schulfach, seine Angst, frei vor der Klasse zu sprechen, stellen nur einige Beispiele für Reaktionen dar, über die nicht unmittelbar Kontrolle besteht, auf die aber nach PAVLOVs Entdeckungen unter bestimmten Bedingungen Einfluß zu nehmen ist.

4.2.1 Analyse des klassischen Experiments von PAVLOV

Um die im Rahmen der Klassischen Konditionierung verwendeten Begriffe sowie die grundlegenden Annahmen PAVLOVs kennenzulernen, empfiehlt sich eine Orientierung an seinem klassischen Experiment.

Für PAVLOV basiert die Speichelabsonderung als Reaktion auf die Berührung entsprechender Sinnesorgane auf einem angeborenen Reflex, d.h. auf einem Zusammenhang, der nicht gelernt werden muß. Ein solcher Reflex besteht aus einem unkonditionierten Reiz (das Futter im Maul des Tieres; auch UCS genannt – UC für unkonditioniert und S für Stimulus, Reiz) und einer unkonditionierten Reaktion (Speichelsekretion; auch UCR genannt – R für *response* = Verhalten; C = konditioniert, nach dem englischen Wort *conditioned*). Vor Durchführung des Experiments erwies sich das Klingelzeichen in bezug auf die Speichelsekretion als neutral (NS = neutraler Reiz), d.h., es löste die unkonditionierte Reaktion nicht aus. Nach mehrfacher, fast gleichzeitiger Darbietung des neutralen und des unkonditionierten Reizes (der neutrale geht dabei dem unkonditionierten nur um

Bruchteile von Sekunden voraus) erwirbt der **neutrale Reiz die Funktion eines konditionierten Reizes (CS)**, d.h., durch ihn ist nunmehr ebenfalls die Speichelsekretion auszulösen. Sofern die Speichelsekretion im Gefolge eines konditionierten Reizes auftritt, spricht man von einer **konditionierten Reaktion (CR)**. Sofern sie auftritt, hat sich eine Konditionierung vollzogen, d.h., es ist eine **neue Beziehung zwischen einem Reiz und einer Reaktion** erfolgt. Mit Hilfe der folgenden Abbildung 4.1 lassen sich die Zusammenhänge veranschaulichen.

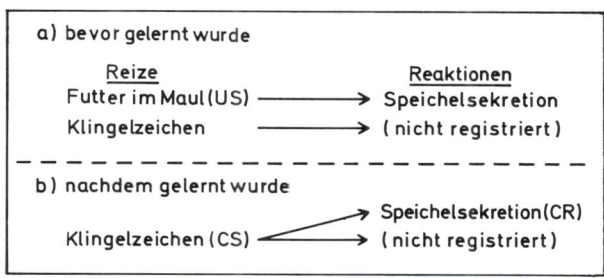

Abb. 4.1: Schematische Darstellung der Klassischen Konditionierung

Aus dem Schema geht hervor, daß der **neutrale Reiz** (in diesem Fall das Klingeln) die **Funktion eines konditionierten Reizes (CS)** erworben hat. Es wäre durchaus möglich, daß dieser neutrale Reiz gleichzeitig die Funktion eines unkonditionierten Reizes besitzt und als ein solcher auch eine unkonditionierte Reaktion (vielleicht das Zucken der Ohren?) auszulösen vermag; diese wurde jedoch nicht registriert. Die dem Klingelreiz zugeschriebene Neutralität bezieht sich also nur darauf, daß er ursprünglich keine Anregung der Speicheldrüsen bewirkt hat.

Festzuhalten bleibt, daß nach der Lernform des Klassischen Konditionierens *keine neue Reaktion* gelernt wird; so ist z.B. das Speicheln bereits Bestandteil eines Reflexes. Es entsteht lediglich eine neue Reiz-Reaktions-Verbindung.

PAVLOV stellte in weiteren Untersuchungen fest, daß es zur Auslösung der konditionierten Reaktion nicht stets des gleichen konditionierten Reizes bedarf; er vermochte die Speichelsekretion auch mit einem Reiz auslösen, der dem Klingelzeichen ähnelte, z.B. mit einem Flötenton. Wenn ein Organismus auf einen Reiz ebenso wie auf einen konditionierten Reiz reagiert, obwohl sich beide unterscheiden, spricht man von einem Prozeß der *Generalisation*. Beim Menschen bestimmt sich die Identität bzw. Ähnlichkeit zweier Reize nicht nur nach ihren physikalischen Charakteristika, sondern auch danach, wie man sie wahrnimmt bzw. welche Ähnlichkeit man ihnen zuschreibt (LACEY und SMITH, 1954). Den Prozeß, der einer Generalisation entgegenwirkt, bezeichnet man als *Diskrimination*. Dabei lernt das Tier, nur auf spezifische Reize zu reagieren und diese von ähnlichen zu unterscheiden. So konnten PAVLOVs Hunde z.B. lernen, nur bei einem Kreis, nicht aber bei einer Ellipse zu speicheln. Die Tiere reagierten somit auf die beiden Reize unterschiedlich; sie vollzogen eine „Diskrimination".

[Handschriftliche Notizen am rechten Rand:] lediglich Reiz-Reaktions-Verbindung jedoch keine neue Reaktion

[Handschriftliche Notizen am unteren Rand:] Generalisation = auch auf ähnliche Reize reagieren
Diskrimination = spezifische Reizreaktion, ähnliche keine Reaktion

Im Verlauf seiner Untersuchungen machte PAVLOV eine weitere wichtige Beobachtung. Er stellte fest, daß die konditionierte Reaktion schwächer wurde (es floß weniger Speichel), wenn der konditionierte Reiz längere Zeit nicht mehr mit dem unkonditionierten gekoppelt worden war. Diese Entdeckung könnte dazu veranlassen, dem unkonditionierten Reiz die Funktion eines *Verstärkers* zuzuschreiben. Wenn diese Verstärkung ausbleibt, verliert der konditionierte Reiz allmählich die Möglichkeit, die konditionierte Reaktion auszulösen. Die Reiz-Reaktionsverbindung wird somit langsam schwächer oder – wie man auch sagt – zur *Extinktion* gebracht.

4.2.2 Das Erlernen emotionaler Reaktionen

Ohne den Nachweis, daß zahlreiche emotionale Reaktionen beim Menschen durch den Prozeß der Klassischen Konditionierung zu erwerben sind, hätte die mit dem Namen PAVLOV verknüpfte Lernform im Rahmen der Pädagogischen Psychologie wohl kaum nennenswerte Beachtung gefunden. In einem ebenfalls klassisch gewordenen (aber ethisch keineswegs unproblematischen) Experiment von WATSON und RAYNER (1920) wurden entsprechende Zusammenhänge erstmalig nachgewiesen.

Als Versuchsperson wählten WATSON und RAYNER ein neun Monate altes Kind mit dem Namen Albert aus, das zwar Furchtreaktionen (UCR) bei überraschend dargebotenen lauten Geräuschen (UCS) zeigte (Stadium zwei in der Abbildung 4.2), auf weiße Mäuse und Kaninchen (NS) jedoch ohne Furcht reagierte (Stadium eins in der Abbildung).

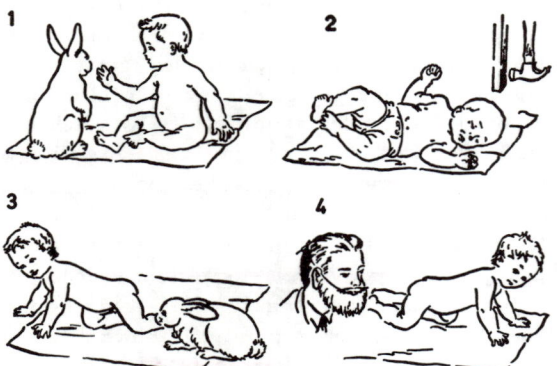

Abb. 4.2: Entwicklung von Furchtreaktionen beim Kind durch Konditionierung (nach THOMPSON, 1962)

Die Versuchsanordnung sah vor, daß stets ein lautes Geräusch ertönte, wenn Albert seine Hand nach dem Kaninchen ausstreckte. Daraufhin reagierte das Kind erwartungsgemäß mit Erschrecken, und es drückte sein Gesicht gegen das Bett. Nach mehreren weiteren fast gleichzeitigen Darbietungen von Geräusch (UCS) und Tier (NS) erfolgte bei Albert schließlich eine Furchtreaktion (CR), sobald das Tier (CS) vor ihm stand (Stadium drei der Abbildung). Das Kaninchen hatte offenbar die Funktion eines konditionierten Reizes erworben. Außerdem ließ sich feststellen, daß Albert fortan auch beim Anblick eines anderen flauschigen Tieres oder eines Bartes – also solcher Reize, die dem Originalreiz ähnelten – Furcht zeigte (Stadium vier in der Abbildung). Es war eine Reizgeneralisation aufgetreten.

4.2.3 Klassisches Konditionieren im Klassenzimmer

WATSON versuchte durch sein Experiment mit Albert zu zeigen, daß ein Individuum lernen kann, auf ursprünglich neutrale – sogar attraktive – Reize mit Furcht zu reagieren. Übertragen auf den schulischen Bereich wird die Lernform der Klassischen Konditionierung oft als eine Art Standarderklärung für das Erlernen positiver oder negativer Einstellungen zur Schule herangezogen. Ein Lehrer, der seinen Schülern freundlich, aufmunternd usw. begegnet, ruft in der Funktion eines unkonditionierten Reizes positive emotionale Reaktionen beim Schüler hervor. Die mit dem Auftreten des Lehrers gleichzeitig wahrnehmbaren Reizbedingungen, Schulbücher, Charakteristika des Klassenzimmers, fachspezifische Aufgaben, erwerben im Verlauf der Zeit die Funktion konditionierter Reize, die ihrerseits die positiven Emotionen auszulösen vermögen.

Die Entstehung einer negativ emotionalen Einstellung zur Schule stellt man sich entsprechend vor. Viele Schüler müssen vielfach auch die Erfahrung machen, daß einige Ereignisse – Fragen des Lehrers, Klassenarbeiten und andere Prüfungssituationen – negative Konsequenzen nach sich ziehen; Mißerfolge rufen negative Erlebnisse hervor, die eventuell durch die Kommentare des Lehrers, die Reaktionen der Mitschüler oder die Maßnahmen der Eltern noch verstärkt werden. Im Gefolge einer Klassischen Konditionierung genügt das Auftreten des Lehrers, der Anblick des Klassenzimmers oder die Wahrnehmung des Mathematikbuchs, um beim Schüler die gleichen Reaktionen auszulösen, da sie die Funktion eines konditionierten Reizes übernommen haben. Es reicht sodann die Ankündigung einer Klassenarbeit, um Furcht oder Übelkeit auszulösen, denn die Klassenarbeit ist ja mit den Emotionen des Versagens verbunden (assoziiert) worden.

Aus kognitiver Sicht muß allerdings davor gewarnt werden, sich das Ablaufgeschehen allzu mechanistisch vorzustellen, denn es ist stets entscheidend, wie ein Schüler Reizsituationen wahrnimmt. Ob ein Schüler seine negativen Erfahrungen mit einem bestimmten Lehrer auf das von diesem unterrichtete Fach oder auf die Schule generalisiert, hängt – wohlgemerkt bei Orientierung am kognitiven Ansatz – von den Interpretationen des Lernenden ab. Eine Diskrimination könnte bewirken, daß nur ein ganz bestimmter Lehrer mit unangenehmen Emotionen verknüpft wird. Vielleicht bleibt eine Konditionierung sogar ganz aus, weil der Schüler die ungünstige Bewertung seiner Arbeiten anerkennt und sich zur Erhöhung seiner Anstrengung entschlossen hat.

4.2.4 Extinktion emotionaler Reaktionen

Man kann WATSON nicht den Vorwurf ersparen, daß sein oben geschildertes Experiment zum Aufbau von Furchtreaktionen bei einem Kind verantwortungslos war. Seinerzeit bestanden nämlich noch außerordentlich lückenhafte Kenntnisse bezüglich der Frage, wie sich eine gelernte Furchtreaktion wieder zur Extinktion bringen läßt. Inzwischen sind zwar geeignete Therapieverfahren entwickelt worden, ihre Effektivität dürfte jedoch im Rahmen eines normalen Schulunterrichts erheblich vermindert sein. Auch deshalb müßte es im Interesse des Lehrers liegen, von vornherein zu verhindern, daß Schüler lernen, auf schulische Aktivitäten mit Furcht und Abwehr zu reagieren.

Welche Möglichkeiten verbleiben aber einem Lehrer gegenüber solchen Schülern, bei denen sich offenkundig eine Furchtreaktion entwickelt hat? Grundsätzlich besteht seine Aufgabe ja darin, eine gelernte CS-CR-Verbindung wieder zu löschen. Ein Schüler soll z.B. keine Angst mehr bekommen (CR), wenn er vom Sprungbrett aus auf das Wasser (CS) blickt, das sich tief unter ihm findet. Ein Extinktionsprogramm ist aber dadurch erschwert, daß der Schüler bemüht sein wird, Aktivitäten möglichst zu vermeiden, die für ihn mit Furcht verbunden sind. Wenn also zum Beispiel ein Sprung ins Wasser negative Emotionen auslöst, dürfte er sich erheblich dagegen sträuben, eine entsprechende Handlung auszuführen. Folglich verschließt er sich der Erfahrung, daß ein Sprung ins Wasser auch positive Konsequenzen nach sich ziehen kann.

Vergleichbare Schwierigkeiten bestehen, wenn es gilt, die Folgen von Erfahrungen wieder zu löschen, die ein Lernender z.B. bei Prüfungen gesammelt hat. Zwar stehen dem Lehrer gewisse Möglichkeiten zur Verfügung, um die Teilnehmer einer Prüfung zu beruhigen. Sofern diese Maßnahmen bei einem Schüler aber wirkungslos bleiben, ist die Gefahr gegeben, daß die aktivierte Furcht eines Schülers seine Leistungsfähigkeit mindert. Mißerfolge und die damit verbundenen negativen Erfahrungen wären die Folge; die gelernte Furchtreaktion würde auf diese Weise eher verstärkt als abgebaut. Unter dieser Bedingung führen folglich einfache Extinktionsverfahren nicht mehr zum Ziel. Vielmehr müssen die Bemühungen zur Löschung der gelernten S-R-Verbindung mit der Herausforderung sog. inkompatibler Reaktionen kombiniert werden. Inkompatible Reaktionen sind solche, die sich gegenseitig ausschließen; sie können deshalb nicht gleichzeitig auftreten. Als Beispiel lassen sich Entspannung und Erregung (z.B. in Form von Furcht) nennen. Ein Mensch kann nicht gleichzeitig entspannt und erregt sein.

Nun gelingt es bekanntlich vielen Menschen nicht, sich in einer Prüfungssituation zu entspannen, weil die Furcht dominiert. Wie sieht es aber mit Situationen aus, die nach Wahrnehmung eines Schülers der Prüfungssituation ähneln? Das Verfahren der „systematischen Desensibilisierung", das von WOLPE (1958) entwickelt worden ist, fordert den Lernenden auf, solche Situationen zu benennen; diese sind anschließend nach der Intensität ihrer Furchtauslösung hierarchisch anzuordnen. Die Desensibilisierung beginnt mit der untersten Stufe der Hierarchie, d.h. mit der Situation, in der sich der Kandidat noch zu entspannen vermag. Vielleicht kann er auf dieser Stufe der Aufforderung nachkommen, möglichst entspannt auf Prüfungsarbeiten zu reagieren, die er zu Hause ohne Wettbewerbsdruck bearbeitet. Gelingt ihm die Entspannung auf dieser Ebene, muß er sich mit der nächsthöheren Stufe auseinandersetzen; dies könnte die gedankliche Vorstellung einer realen Prüfungssituation außerhalb der Schule sein. Sobald ihm auch dabei die Entspannung möglich ist, wird das gleiche auf der nachfolgenden Stufe gefordert – also eventuell die Entspannung bei einer leichten Aufgabe in der Schule. Insgesamt läßt sich das Verfahren somit dadurch kennzeichnen, daß eine graduelle Annäherung an die kritische Prüfungssituation bei jeweiliger Aktivierung inkompatibler Reaktionen einzuüben ist. Der Desensibilisierungsprozeß, der sich über einen längeren Zeitraum erstrecken kann, gelangt zu seinem Abschluß, wenn es dem Lernenden schließlich gelingt, sich auch in der realen Prüfungssituation (hier die oberste Stufe der Hierarchie) wenigstens soweit zu entspannen, daß keine massive Beeinträchtigung des Leistungsverhaltens mehr eintritt.

Die vorangegangenen Ausführungen sollten nicht zu dem Schluß führen, daß die Lernform der Klassischen Konditionierung ein quasi universelles Prinzip für das Erlernen von Emotionen darstellt. Die Feststellung, daß man mit einer bestimmten Methode emotionale Reaktionen erlernen kann, heißt nicht, daß *jede* emotionale Reaktion auf diese Weise erlernt wird. So gelingt z.B. der Nachweis unangenehmer oder traumatischer Erfahrungen mit angstauslösenden Objekten bei Phobikern, also bei Personen mit erheblich gesteigerter Angstsymptomatik, nicht immer. (DAVISON u. NEALE, 1979).

4.3 Lernen nach dem Kontiguitätsprinzip

In PAVLOVs Theorie ist der Ausgangspunkt für das Lernen eine UCS-UCR-Verbindung, wobei dem unkonditionierten Reiz die Funktion eines Verstärkers zugeschrieben werden kann. Einige Lernpsychologen früher behavioristischer Orientierung – hierbei ist vor allem Edwin GUTHRIE (1886-1959) zu nennen – meinten dagegen, auf die Annahme von Verstärkungsmechanismen verzichten zu können. Nach GUTHRIEs Auffassung hat PAVLOVs Hund auf die Darbietung des Klingelzeichens nicht deshalb mit Speichelabsonderung reagiert, weil der akustische Reiz und das Futter zuvor gekoppelt worden sind, sondern weil das Klingelzeichen und die Speichelsekretion (ausgelöst durch das Futter) in zeitlicher Nähe aufgetreten sind (s. auch CARLSON, 1980). GUTHRIE (1942) behauptete also – etwas vereinfacht ausgedrückt –, daß zwei Ereignisse miteinander verbunden (assoziiert) werden, sofern sie zusammen aufgetreten sind (Kontiguität = raum-zeitliches Zusammentreffen). Wenn man also in einer bestimmten Situation eine Aktivität zeigt, wird man später in der gleichen Situation die Tendenz offenbaren, die Aktivität zu wiederholen.

Viele Psychologen, vor allem solche kognitiver Orientierung, sind sicherlich nicht bereit, jegliches Lernen als das Ergebnis von Assoziationen zu betrachten, die immer zustande kommen, wenn zwei Ereignisse gleichzeitig auftreten. Es läßt sich allerdings nicht übersehen, daß ein Teil schulischer Übungen nicht mehr zu fordern scheint als die Verknüpfung von Reizgegebenheiten. So haben sich Schüler z.B. einzuprägen, daß die Gegebenheit Tisch in der englischen Sprache als „table" bezeichnet wird, daß ‚Rad' am Ende mit d zu schreiben ist und daß 6 x 6 = 36 ergibt. Vor allem Übungsmethoden, die sich als „Drill" kennzeichnen lassen, können mit dem Konzept des Assoziationslernens erklärt werden.

Es läßt sich nicht übersehen, daß drillartige Übungen – Auswendiglernen – weiterhin ihren Platz im Unterricht besitzen. Die Empfehlungen einer Unterrichtslehre moderner Orientierung würden allerdings darauf hinaus laufen, Drillübungen zugunsten eines Lernens, das Verständnis anstrebt, auf ein Mindestmaß zu beschränken. Werden die Lernenden für Wiederholungsübungen nicht adäquat motiviert und aktiviert, besteht die Gefahr verminderter Effektivität der Übungen. Vielleicht war GUTHRIE zum Abschluß seiner Schaffensperiode von dieser Einsicht gar nicht so weit entfernt, denn in seinem letzten Aufsatz hebt er die Bedeutung der Aufmerksamkeit hervor (GUTHRIE, 1959), deren Richtung ja – nach moderneren Auffassungen – wesentlich von der Motivation des Individuums mitbestimmt wird.

Es steht weiterhin außer Frage, daß an dem Zustandekommen von Stereotypen auch das Kontiguitätsprinzip beteiligt ist. So sind die Medien nicht unwesentlich daran beteiligt, welches Bild z.B. von „der" Frau und „dem" Mann vorherrscht. Wenn das Werbefernsehen die Frau unter vielfacher Wiederholung bei häuslicher Tätigkeit darstellt, während der Mann mehr mit beruflichen Aktivitäten in Verbindung gebracht wird (und die hausfraulichen Fähigkeiten seiner Partnerin allenfalls bewundert), dann wird damit ein Stereotyp von den Geschlechtern entwickelt, das in der Wirklichkeit so nicht zutreffen muß, dennoch aber die Orientierung des einzelnen entscheidend mitbestimmen kann.

4.4. Die Operante Konditionierung

Es war Burrhus Frederic SKINNER (geb. 1904), der nach ausführlicher Beschäftigung mit der Klassischen Konditionierung zu der Erkenntnis gekommen war, daß diese Lernform nur für einen begrenzten Verhaltensbereich anzuwenden ist: auf unwillkürliches Verhalten, das unter völliger Reizkontrolle steht, d.h. immer im Gefolge bestimmter Reize auftritt; SKINNER hielt PAVLOVs Beitrag für ergänzungsbedürftig.

SKINNER griff teilweise auf Annahmen des einflußreichen Psychologen Edward L. THORNDIKE (1874-1949) zurück. THORNDIKE interessierte bei seinen Experimenten vor allem die Frage, auf welche Weise die Konsequenzen eines Verhaltens Einfluß darauf nehmen, wie ein Individuum sich in der Zukunft verhält.

> Als Doktorand an der Columbia Universität in New York stand THORNDIKE keine experimentelle Ausstattung zur Verfügung, die sich mit den Arbeitsbedingungen PAVLOVs hätte vergleichen lassen können. THORNDIKE fing sich in den Straßen New Yorks einige streunende Katzen ein und sammelte sich aus ausgedientem Verpackungsmaterial Kisten, die er zu Problemkäfigen umbaute. Nach Fertigstellung beobachtete THORNDIKE, wie es seinen Versuchstieren gelang, einen Mechanismus zu betätigen, durch den sich die Käfigtür öffnete; im Falle eines Erfolgs stand dem hungrigen Tier der Weg zu einer außerhalb des Käfigs plazierten Futterschüssel frei. Eine entschei-

dende Entdeckung THORNDIKEs bestand darin, daß es den Katzen nach Wiederholung des Versuchs zunehmend schneller gelang, die Käfigtür zu öffnen.

THORNDIKE faßte seine Beobachtungen in dem sog. „Effektgesetz" zusammen. Es besagt, daß Verhaltensweisen mit angenehmen Konsequenzen wiederholt werden, während solche mit unangenehmen Konsequenzen eine Schwächung erfahren und wahrscheinlich nicht zur Wiederholung kommen.

SKINNER hat THORNDIKEs Arbeiten in entscheidender Weise verfeinert und ausgeweitet. Das Effektgesetz tritt bei ihm unter der Bezeichnung Verstärkungsprinzip wieder auf. SKINNER entwickelte ein klares Begriffssystem der Verhaltensbeschreibung und der Verhaltensbeeinflussung, das zunächst dargestellt werden soll, bevor die daraus abgeleiteten pädagogisch relevanten Techniken der Verhaltensmodifikation beschrieben werden.

4.4.1 Reaktives und operantes Verhalten

In PAVLOVs Experiment wurde die Speichelsekretion durch den unkonditionierten Reiz, das Futter (später durch einen konditionierten Reiz), ausgelöst. Das Tier brauchte also nur auf einen Reiz zu reagieren. THORNDIKEs Katze mußte dagegen erst mittels bestimmter Verhaltensweisen auf die Umwelt wirken („operieren"), bevor sie Zugang zum Futter hatte. Es zeigt sich also, daß das Auftreten einer Verhaltensweise entweder damit zu erklären ist, daß ihr ein bestimmtes Ereignis vorausgeht (Futter in PAVLOVs Experiment) oder daß ihr ein bestimmtes Ereignis nachfolgt (Futter in THORNDIKEs Experiment). Symbolisch läßt sich diese Abfolge wie folgt darstellen:

Vorausgehende Reiz-Darbietung	Verhalten	Nachfolgendes Reiz-Ereignis
S ----------------------	R -----------------------	S^+

Man kann folglich mit SKINNER zwei Klassen von Verhalten unterscheiden. Das reaktive (oder Antwort-) Verhalten S-R; es tritt in der Klassischen Konditionierung bei einer UCS-UCR- oder bei einer CS-CR-Verbindung auf. Die zweite Klasse von Verhalten bildet das operante oder (Wirk-)Verhalten, das eine Konsequenz nach sich zieht; es ist folglich als S^+ zu kennzeichnen. Grundsätzlich kann man eine Verhaltensweise zu verändern versuchen, indem man 1. ihre vorausgehende Bedingung, 2. das nachfolgende Ereignis (ihre Konsequenz) oder 3. beides verändert. SKINNER interessierte sich vor allem für den zweiten Zusammenhang.

Beim operanten oder (Wirk-) Verhalten spielen die dem Verhalten vorausgehenden Reize zunächst keine Rolle. Nachdem eine Verhaltensweise einmal aufgetreten ist – aus welchen Gründen auch immer -, hängt es von ihren Konsequenzen ab, ob und in welcher Häufigkeit sie nachfolgend wiederholt wird. SKINNER unterschied Konsequenzen danach, ob sie die Wahrscheinlichkeit des Auftretens einer Verhaltensweise erhöhten oder verminderten.

95

4.4.2 Erhöhung der Verhaltenshäufigkeit durch Verstärkung

Es hängt von den Konsequenzen ab, ob eine Verhaltensweise häufiger oder seltener auftritt. Zunächst sind Bedingungen und Ereignisse zu beschreiben, die die Wahrscheinlichkeit des Auftretens einer operanten Verhaltensweise erhöhen; in solchen Fällen schreibt man den Konsequenzen die Funktion eines Verstärkers zu. Diesen bereits in der Klassischen Konditionierung genannten Begriff hat SKINNER in einen anderen konzeptuellen Rahmen eingebettet.

4.4.2.1 Positive Verstärkung

In seinen ersten Experimenten stützte sich SKINNER ausschließlich auf die Beobachtung von Tieren, für die er einen besonderen Käfig, eine sog. SKINNER-Box, gebaut hatte.

> In einem typischen Experiment wurde einer Ratte zunächst für eine bestimmte Zeit die Nahrung entzogen. Sodann beobachtete man, wie sie sich in der SKINNER-Box verhielt. Das Tier reagierte auf diese Situation, indem es zahlreiche operante Verhaltensweisen zeigte. Es beschnupperte z.B. zunächst den Boden, die Wände und die Decke des Käfigs, es putzte sich zwischendurch, berührte mit der Nase den leeren Futterspender usw. Im Verlauf dieser Aktivitäten, deren Auslöser man nicht kennt, wurde auch ein vorhandener Hebel gedrückt; unmittelbar darauf fiel eine Futterpille in den Futterspender. Im Laufe des weiteren Erkundungsverhaltens fand die Ratte das Futter und fraß es. Da eine einzelne Futterpille nicht ausreichte, den Hunger der Ratte zu stillen, blieb sie weiter aktiv. Eher oder später betätigte das Tier abermals den Hebel. Im Verlauf der Zeit wurden die Abstände zwischen Hebeldruck und Fressen, sowie zwischen den einzelnen Hebelbetätigungen immer geringer, bis die Ratte unverzüglich – offenbar bis zur ihrer Sättigung – den Hebel drückte und Futter fraß.

In dem geschilderten Experiment hat sich die Häufigkeit zahlreicher Verhaltensweisen (putzen, schnuppern usw.) nicht geändert, denn diese blieben ohne Konsequenzen. Allerdings trat eine Ereignisfolge auf, die sich wie folgt beschreiben läßt: 1. das Tier drückt einen Hebel herunter, 2. als Konsequenz fällt eine Futterpille in den Spender, die das Tier frißt, und 3. die Wahrscheinlichkeit des Hebeldrückens erhöht sich daraufhin. Nach SKINNER besteht zwischen diesen drei Ereignissen eine Beziehung, die als *Kontingenz* zu bezeichnen ist; sie sind nämlich systematisch aufeinander bezogen; damit hat sich eine operante Konditionierung vollzogen. Da die Wahrscheinlichkeit des Hebeldrückens erhöht wird, besitzt die Konsequenz im vorliegenden Fall die Funktion eines *Verstärkers* (S+). Die geschilderte Ereignisfolge stellt deshalb ein Beispiel für eine verstärkende Kontingenz oder – wie man es auch häufig nennt – für eine *Verstärkung* dar.

Wenn also eine Verhaltensweise Konsequenzen hat, in deren Gefolge sich die Auftretenswahrscheinlichkeit eben dieser Verhaltensweise erhöht, so bezeichnet man diese Konsequenzen als Verstärker. SKINNER definiert diesen Begriff somit streng operational. Er fragt folglich auch nicht, warum ein Verstärker verstärkend wirkt oder ob es sich bei der Reizsituation um eine angenehme bzw. unangenehme Konsequenz handelt. Aus dieser Konzeption läßt sich die Mahnung ableiten, Verstärkungen nicht über subjektive Überzeugungen zu definieren. Eine Maßnahme erhält ja nicht dadurch Verstärkungscharakter, daß derjenige, der sie ergreift, ihr eine solche zuschreibt. Diese Feststellung läßt sich am Beispiel des Lehrerlobs erläutern.

4.4.2.2 Exkurs: Das Lehrerlob als Verstärker

Vor einigen Jahren fand sich an einigen Autos ein Aufkleber mit der Frage: „Hast Du Dein Kind heute schon gelobt?" Die Fahrzeughalter wollten auf diese Weise offenbar zum Ausdruck bringen, daß die Adressaten ihre Kinder insgesamt zu wenig lobten. Sie mußten weiterhin von der positiven Wirkung des Lobens überzeugt gewesen sein, denn sie mahnten ja, es häufiger auszusprechen. Wie steht nun die Pädagogische Psychologie zu einem solchen Appell?

Im allgemeinen spricht man in der wissenschaftlichen Literatur nicht von Lob, wenn ein Lernender lediglich sachlich über den Grad der Korrektheit bzw. Angemessenheit eines von ihm vorgelegten Arbeitsergebnisses informiert wird. Ein Lob enthält darüber hinaus stets eine Bewertung, die sich entweder an einem individuellen (jemand hat sich verbessert) oder einem sozialen (jemand ist besser als andere) Maßstab (s. S. 261) orientiert; es bringt Anerkennung und Zustimmung zum Ausdruck.

Bezüglich der Häufigkeit des Lobens liegen einige Beobachtungen aus Schulen vor (DUNKIN und BIDDLE, 1974). WHITE (1975) registrierte beispielsweise bei über 100 Lehrern – vor allem in Klassenstufen oberhalb der Grundschule – eine durchgehend größere Neigung zum Tadeln als zum Loben. BROPHY (1981) stellte nach Auswertung zahlreicher Untersuchungen fest, daß „Lehrer das Lob im Standard-Klassenzimmer sparsam einsetzen". Die erste Annahme, die der oben genannte Aufkleber zum Ausdruck bringt, wäre somit zu bestätigen. Sollte man z.B. Lehrer aber auch ermahnen, ihre Schüler *häufiger* zu loben? In dieser pauschalen Formulierung wird man die Frage verneinen müssen. Wenn man nämlich lobt, ohne bestimmte Grundregeln zu beachten, wird es entweder wirkungslos bleiben oder sogar Effekte hervorrufen, die den Intentionen widersprechen.

Wenn man Anforderungen zugrundelegt, die Vertreter der pädagogischen Verhaltensmodifikation formuliert haben (O'LEARY und O'LEARY, 1977), dann besitzt ein Lob nur dann Verstärkungsfunktion, wenn es wenigstens drei Voraussetzungen erfüllt: Es muß erstens *kontingent* gegeben werden, zweitens hat es zu *spezifizieren*, auf welche Verhaltensaspekte es sich bezieht und drittens ist unerläßlich, daß der Lobende *glaubwürdig* bleibt, d.h. er darf sich nicht verbal anerkennend äußern und über andere Ausdrucksformen signalisieren, daß nach seiner Meinung objektiv gar keine Berechtigung für ein Lob gegeben ist (s. S. 308 f.). Das Lehrerlob, so stellt BROPHY (1981) zusammenfassend fest, erfüllt diese drei Voraussetzungen in der Regel nicht, deshalb „wirkt es typischerweise nicht als Verstärker".

Ob das Lehrerlob als Verstärker wirkt, bestimmt sich aber nicht nur danach, wie kontingent, spezifisch und glaubwürdig es gegeben wird. Zusätzlich sind Persönlichkeitsmerkmale des Empfängers zu berücksichtigen. Dies zeigen die Ergebnisse von Studien, die sich mit einer besonderen Form des Lobes, mit Lehrerkommentaren, beschäftigt haben.

Erste Untersuchungen über Lehrerkommentare und ihre Wirkungen hat PAGE (1958) durchgeführt. Er beteiligte daran 74 Lehrer und deren Schüler, die sich in den 7. bis 12. Schuljahren befanden. Zu Beginn der Studie gaben die Lehrer in ihren Klassen einen Schulleistungstest, den sie ohnehin als nächstes vorgesehen hatten. Nach dessen Auswertung wurden die Kinder durch Losentscheid einer der drei folgenden Gruppen zugewiesen: Angehörige der ersten Gruppe erhielten nur eine Mitteilung über das tatsächlich erzielte Leistungsergebnis ohne zusätzlichen Kommentar. Bei Teilnehmern der zweiten Gruppe fügte der Lehrer dem Testergebnis schriftlich noch eine freie Stellungnahme hinzu, die er bei dem jeweiligen Schüler für besonders angemessen hielt. Die Angehörigen der dritten Gruppe empfingen neben der Mitteilung ihres Testergebnisses spezielle Stellungnahmen, die bereits im voraus für die einzelnen Leistungsniveaus formuliert worden waren und allgemein ermutigenden Charakter trugen (1: Ausgezeichnet, mach weiter so! 2: Gute Arbeit, bleib so! 3: Könntest Du versuchen, Dich noch ein wenig zu verbessern? 4: Laß uns dies anheben. 5: Wir müssen diese Zensur verbessern!).

In allen Gruppen gaben die Lehrer die zensierten und teilweise zusätzlich schriftlich kommentierten Testergebnisse an die Schüler zurück, ohne dabei mündlich noch eine Stellungnahme hinzuzufügen. Bald darauf mußten die Schüler einen weiteren Test bearbeiten. Dabei zeigte sich, daß Schüler der zweiten Gruppe, die von ihrem Lehrer zuvor eine freie, persönliche Stellungnahme erhalten hatten, nunmehr besser abschnitten als solche, denen als Angehörige der dritten Guppe eine vorfixierte Stellungnahme gegeben worden war. Eindeutig am schwächsten schnitten diejenigen Schüler ab, die außer der Mitteilung des Ergebnisses keine zusätzlichen Kommentare von ihren Lehrern erhalten hatten.

Die Ergebnisse von PAGE fanden offenbar relativ große Beachtung, denn es folgten zahlreiche Nachuntersuchungen, die allerdings – wie STEWART und WHITE (1976) zusammenfassend feststellten – widersprüchliche Ergebnisse erbrachten; der vergleichsweise hohe Arbeitsaufwand des Lehrers war nur, wenn überhaupt, von geringen und noch nicht einmal durchgängig positiven Effekten gefolgt. Wie lassen sich solche Befunde erklären?

KRAMPEN (1985) hat Mathematiklehrer aus 13 Realschulklassen gebeten, unter Klassenarbeiten Kommentare zu schreiben, die entweder an einem sachlichen, an einem individuellen oder an einem sozialen Maßstab orientiert waren. Wie wirkten diese Stellungnahmen auf das Leistungsverhalten der Schüler? Einige Ergebnisse KRAMPENs lassen sich wie folgt zusammenfassen:

Erstens wirken Lehrerkommentare, die die Leistung des einzelnen in Vergleich zu derjenigen anderer setzen, bei leistungsschwächeren Schülern deutlich negativ, bei leistungsstärkeren neutral oder leicht positiv. Dieser Befund ist verständlich, denn die Leistungsfähigkeit von schwachen Schülern wird vor allem beeinträchtigt, wenn diese unter Wettbewerbsbedingungen zu arbeiten haben (s. S. 293 ff.).

Zweitens wirken Kommentare, die lernzielbezogen den jeweiligen Leistungsstand wiedergeben, tendenziell bei allen Schülern positiv, wenngleich die Effekte gering sind.

Drittens fand KRAMPEN generell günstige Wirkungen, wenn die Kommentare der Lehrer das aktuelle Arbeitsergebnis mit vorausgegangenen Leistungen eines Lernenden in Beziehung setzten.

Aus diesen Ergebnissen ist zu entnehmen, daß ein pauschaler Appell zur häufigen Äußerung lobender Stellungnahmen nicht zu rechtfertigen ist. Ob ein Lob nämlich positiv wirkt, hängt nicht nur von seiner inhaltlichen Formulierung, sondern auch von Merkmalen der Schülerpersönlichkeit ab. Wenn ein Lehrer gelegentlich und unter Berücksichtigung bestehender Wechselwirkungen lobt, ist mit erhöhter Wahrscheinlichkeit damit zu rechnen, daß seine als Lob intendierte Stellungnahme auch tatsächlich die Funktion eines Verstärkers im Sinne SKINNERs erhält.

4.4.2.3 Negative Verstärkung

Eine weitere Methode zur Erhöhung der Auftretenshäufigkeit von Verhaltensweisen ist die negative Verstärkung. Sie setzt die Verfügbarkeit eines aversiven Reizes voraus. Ein Reiz wird als aversiv bezeichnet, sofern ein Individuum darauf mit Abwehr oder Vermeidungsverhalten reagiert. Als aversiv gelten z.B. Schmerzreize; aber auch das Schimpfen eines anderen Menschen oder sein Nörgeln kann Abwehrverhalten zur Folge haben. Von einem negativen Verstärker ist bei Vorliegen einer Verhaltenskonsequenz zu sprechen, deren Beseitigung bzw. Vermeidung die Auftretensfrequenz einer Verhaltensweise *erhöht*.

> Die negative Verstärkung hat SKINNER zunächst im SKINNER-Käfig unter folgender Versuchssituation studiert: Eine Ratte erhält einen elektrischen Schlag. Dessen Auftreten ist jedoch durch Hebeldrücken zu beenden oder – bei rechtzeitiger Betätigung – sogar zu vermeiden.

Aufgrund eines Lernprozesses kann ein Individuum zum einen in der Lage sein, einen bereits aufgetretenen aversiven Reiz zu beseitigen. Ein Schüler nimmt z.B. bei auftretenden Kopfschmerzen eine Tablette; möglicherweise ist bereits früher die Tabletteneinnahme negativ verstärkt worden, weil sie die Ausschaltung der Kopfschmerzen im Gefolge hatte. Ein Schüler kann aber bereits vor Beginn des Schultages zur Tablette greifen. Dadurch vermeidet er die Kopfschmerzen und verstärkt auf diese Weise das Verhalten „Einnahme von Tabletten" negativ.

Von negativen Verstärkern wird im alltäglichen Unterricht relativ viel Gebrauch gemacht. Sie treten dort häufig in Form von Drohungen auf („Wenn Ihr nicht ruhig seid, erhaltet Ihr eine Strafarbeit" – „Solange nicht jeder auf seinem Platz sitzt, gehen wir nicht in die Pause"). Auch neutrale Hinweise oder Warnungen („Vorsicht Glatteis") werden in der Erwartung abgegeben, daß sie als diskriminative Reize (s. S. 103 f.) für negative Verstärker wirken.

Im Unterschied zur Bestrafung, über die noch zu sprechen sein wird, kann bei der negativen Verstärkung der aversive Reiz durch eigene Aktivität vermieden werden. Wenn die Schüler gut mitarbeiten, müssen sie keine Strafarbeit erledigen. Wenn sich alle Schüler auf ihre Plätze begeben, wird die Pause beginnen. Der Einsatz aversiver Reize ist aus pädagogischer Sicht nicht grundsätzlich zu rechtfertigen; sie können nämlich, wie bei der Kennzeichnung der Bestrafung noch ausführlicher dargestellt wird – Fluchtverhalten auslösen (ZEILER, 1978). Jedenfalls ist ihre Wirkung vielfach nicht sicher genug vorherzusagen.

4.4.2.4 Entstehung neuer Verhaltensweisen durch Ausformung

Die bisherige Darstellung baute darauf auf, daß sich eine Verhaltensweise bereits im Repertoire eines Individuums befindet. Damit ist aber erst ein sehr kleiner Teil von Problemen gelöst, die im Rahmen von Lernprozessen und auch eines alltäglichen Unterrichts auftreten. Die meisten Menschen würden wahrscheinlich niemals das Schreiben lernen, wenn man darauf zu warten hätte, bis die einzelnen Schriftzeichen erstmalig „von alleine" auftreten. Um solchen Problemen zu begegnen, setzt man in der Operanten Konditionierung ein Verfahren ein, das unter der Bezeichnung Verhaltensausformung (engl. *shaping*) bekannt geworden ist.

Bei der Verhaltensausformung handelt es sich um einen Prozeß, in dessen Verlauf sukzessiv solche Verhaltensweisen verstärkt werden, die jeweils die vergleichsweise größte Annäherung an das Endverhalten offenbaren.

> Am Anfang eines Ausformungsprozesses wird man auftretende Verhaltensweisen großzügig zu verstärken haben. Der Verstärker bewirkt nämlich nicht nur, daß die Auftretensfrequenz der unmittelbar zuvor gezeigten Verhaltensweise ansteigt; sie führt weiterhin dazu, daß Verhaltensweisen entstehen, die nicht unmittelbar verstärkt worden sind (REYNOLDS, 1968). Das Individuum zeigt als Folge quantitativ mehr Verhaltensweisen und verbessert damit die Voraussetzung, auch die Verhaltensweisen zu zeigen, die den gewünschten ähneln. Man erreicht gleichzeitig, daß auch ähnliche Verhaltensweisen häufiger auftreten. Verstärkt man beispielsweise die kindliche Äußerung „dada", ist damit zu rechnen, daß das Kind auch „baba" und „gaga" sagt (REYNOLDS, 1968). Dieses Phänomen bezeichnet man in der Lernpsychologie als ‚Generalisation'. Man müßte bei exakterer Ausdrucksweise von Verhaltensgeneralisation sprechen, denn es treten Verhaltensweisen auf, die dem ursprünglich gezeigten Verhalten teilweise ähneln.

SKINNER erprobte die Ausformungsprozedur zunächst an Tieren. Später (1954, 1958) reizte es ihn jedoch, seine Erkenntnisse auch im menschlichen Bereich anzuwenden. Die wohl inzwischen populärste Anwendungsform ist die *Programmierte Instruktion* (s. S. 225 f.). Man hat die Verhaltensausformung aber auch auf anderen Gebieten eingesetzt, so z.B. zur Förderung des Sozialverhaltens (HART und RISLEY, 1968), zur Unterstützung der Teilnahme am Mathematikunterricht (SCHULZE, 1973), zur Erhöhung der Diskussionsbereitschaft und zur Förderung motorischer Lernprozesse (BECKER et al., 1971). – Da die Methode der Verhaltensausformung stets in sozialen und damit in ziemlich komplexen Situationen eingesetzt worden ist, läßt sich im Falle von positiven Befunden nicht immer mit Sicherheit ausschließen, daß an ihrem Zustandekommen auch andere Lernformen beteiligt waren.

Bei der Ausformung wird also jeder Fortschritt, jede Annäherung an ein Ziel verstärkt. Die Methode setzt deshalb voraus, daß ein jeweils zu erreichendes Endverhalten in Teilziele zerlegt wird, deren Aneinanderreihung so erfolgt, daß sie kleine Schrittfolgen bilden, die der Schüler zu durchlaufen hat. In der Praktizierung dieser Methode würde sich ein Lehrer, der die Handschrift eines Schülers zu verbessern versucht, nicht auf die Feststellung beschränken, dieser müßte besser schreiben. Vielmehr hätte er aus vorgelegten Schreibarbeiten jene Buchstaben und Wörter herauszusuchen und hervorzuheben (z.B. indem er sie einkreist), die bezüglich ihrer Ausgestaltung seinen Vorstellungen von guter Schrift im Vergleich zu allen anderen am nächsten kommen. Dieser Vorgang wiederholt sich, bis sich der Schüler bezüglich der Güte seiner Handschrift den Zielvorstellungen seines Lehrers in befriedigender Weise angenähert hat. Ebenso geht man beim sportlichen Training vor. Jede Bewegung oder Bewegungsfolge im Rahmen einer Übung, die den Zielvorstellungen vergleichsweise am meisten entspricht, wird verstärkt.

4.4.2.5 Partielle Verstärkung

Bisher wurde stillschweigend davon ausgegangen, daß einer Verhaltensweise stets eine Verstärkung folgt. Eine solche *kontinuierliche Verstärkung* empfiehlt sich, sofern sich der Schüler noch in einem sehr frühen Stadium des Lernprozesses befindet. In fortgeschrittenen Stadien sollte man jedoch allmählich auf partielle Verstärkungsformen übergehen. Sie stellen auch im Alltagsleben die Regel dar. Dort kommen Verstärkungen vielfach nur gelegentlich vor, und sie sind nicht immer vorhersehbar.

> „Wir finden nicht immer gute Eis- oder gute Schneeverhältnisse vor, wenn wir Schlittschuh- oder Skilaufen gehen. Wir erhalten nicht immer eine gute Mahlzeit im Restaurant (...). Wir bekommen nicht immer Anschluß, wenn wir einen Freund anrufen, denn der Freund ist nicht ständig zu Hause. Die Verstärkungscharakteristika der Industrie und der Erziehung sind fast immer partiell, denn es ist gar nicht durchführbar, Verhalten dadurch zu kontrollieren, daß man jede Verhaltensweise verstärkt" (SKINNER, 1953).

Bei einem massiven Einsatz besteht die Gefahr, daß Verstärker ihre Funktion allmählich verlieren. Die Wirksamkeit eines Lobes geht zurück, wenn es zu oft ausgesprochen wird (HOLLAND und SKINNER, 1961); das gilt allerdings vor allem dann, wenn es überwiegend zur Ermunterung des Lernenden gegeben wird, weniger, wenn es ihn vorrangig bezüglich seines Leistungsergebnisses informieren soll.

Weiterhin ist von großer praktischer Bedeutung, daß auch mit dem sparsamen Einsatz von Verstärkern eine hohe Verhaltenshäufigkeit erzielt werden kann. Menschen, die vor Glücksspielautomaten sitzen, geben dafür vielfach ein anschauliches Beispiel. Die partielle Verstärkung dieser Maschine bewirkt in der Regel, daß der Spieler sich ihr gar nicht oder nur schwer entziehen kann.

Mag es sich zu Beginn eines Lernprozesses empfehlen, daß kontinuierlich verstärkt wird; in fortgeschritteneren Stadien sollte man auf partielle Verstärkungsformen übergehen, damit die aufgebauten Verhaltensweisen eine gewisse Stabilisierung erfahren (s. hierzu Extinktion, über die im folgenden berichtet wird).

4.4.3 Verminderung der Verhaltenshäufigkeit

Lernen nach der Operanten Konditionierung heißt nicht nur, daß sich die Häufigkeit des Auftretens einer Verhaltensweise erhöht. Es kann die Anpassung eines Individuums an seine Umwelt, eventuell sogar seine Chancen zum Überleben erhöhen, wenn er bestimmte Aktivitäten nicht offenbart. Durch Lernen kann sich somit die Auftretenswahrscheinlichkeit einer Verhaltensweise auch vermindern. In der Operanten Konditionierung sind vor allem zwei Methoden untersucht worden, mit denen eine Verminderung der Verhaltenshäufigkeit zu erreichen ist: die Extinktion und die Bestrafung.

4.4.3.1 Konsequenter Entzug von Verstärkern

Mit dem Begriff Extinktion kennzeichnet man einen Prozeß, in dessen Verlauf die Verstärkung für eine zuvor verstärkte Verhaltensweise konsequent mit dem Ziel entzogen wird, das Verhalten abzubauen. Die entscheidende Wirkung einer

Extinktion besteht in einer *Absenkung der Auftretensfrequenz* einer operanten Verhaltensweise bis auf das Niveau, das vor der Verstärkungsphase bestanden hat (der Begriff Extinktion = Auslöschung ist also etwas irreführend, denn es kann als Folge der Extinktion keine völlige Löschung bzw. Eliminierung des Verhaltens erfolgen).

Unmittelbar nach Beginn einer Extinktionsprozedur muß mit einer *vorübergehenden Erhöhung* statt mit einer Verminderung der Auftretensfrequenz einer Verhaltensweise bzw. der Stärke ihres Auftretens gerechnet werden (REYNOLDS, 1968). Die Ratte, die im SKINNER-Käfig bislang für jeden Hebeldruck Futter erhalten hat, reagiert auf das Ausbleiben des Verstärkers mit erhöhter Aktivität. Das Ausbleiben der Verstärkung zu Beginn einer Extinktionsphase ruft auf seiten des Individuums wahrscheinlich eine Frustration hervor, die nach den Beobachtungen von AMSEL und RUSSEL (1952; AMSEL, 1972) mit einer Aktivierung des Organismus verbunden ist, was wenigstens teilweise die geschilderte Reaktion am Anfang eines Extinktionsprozesses erklären könnte.

4.4.3.2 Bestrafung

Sofern man das Verhalten von Lehrern und Eltern im Alltag von Unterricht und Erziehung einerseits beobachtet und andererseits einschlägiges pädagogisches Schrifttum studiert, wird man wahrscheinlich auf eine Diskrepanz aufmerksam: „Bestrafung ist seit vielen Jahren von Eltern angewandt worden, obwohl die ‚Experten‘ der Psychologie angenommen haben, daß die Strafe ein extrem wirkungsloses Mittel wäre, um menschliches Verhalten zu kontrollieren. Die verfolgten und gequälten Eltern, die die Bestrafung als ein Mittel zur Disziplinierung ihrer Schützlinge eingesetzt haben, sind vielleicht gescheiter gewesen als die Experten, denn jüngere Forschungen haben gezeigt, daß die Strafe unter bestimmten Bedingungen eine wirkungsvolle Kontrolltechnik sein kann" (PARKE, 1977). Tatsächlich weiß die Wissenschaft Psychologie über die Strafe und ihre Wirkungen immer noch recht wenig. Die Abneigung vieler Autoren, aus wissenschaftlichem Interesse mit Strafreizen zu experimentieren, wird hauptsächlich von ethischen Bedenken getragen. Viele Erkenntnisse basieren auch auf Tierexperimenten. Man sollte deshalb beachten, daß die Gültigkeit der in diesem Abschnitt mitzuteilenden Ergebnisse der Forschung für den schulischen Bereich nicht generell belegt werden kann.

Von Bestrafung ist nach SKINNER zu sprechen, wenn eine Verhaltensweise eine aversive Konsequenz hat und sich die Auftretensfrequenz dieser Verhaltensweise daraufhin verringert. Ob ein Reiz Bestrafungsfunktion hat, läßt sich somit erst entscheiden, nachdem die Konsequenzen der Reizwirkung beobachtet worden sind. Strafmaßnahmen können in der vielfältigsten Form auftreten; eine „Tracht Prügel" ist hierzu ebenso zu rechnen wie ein Klaps, eine zusätzlich aufgegebene („Straf"-) Arbeit oder ein ernster Blick – immer vorausgesetzt, diese Maßnahmen werden vom Empfänger als aversiv wahrgenommen und verringern die Auftretensfrequenz einer vorausgegangenen Verhaltensweise. Tatsächlich konnte empirisch nachgewiesen werden, daß von Lehrern als Bestrafung gedachte Maßnahmen in Wirklichkeit Verstärkungsfunktion besaßen. Häufig wird übersehen, daß jede Zurechtweisung eines Schülers zugleich mit einer Aufmerksamkeitszuwendung verbunden ist, die aber – darauf wurde bereits früher hingewiesen – die Funktion eines Verstärkers besitzen kann.

Eine weitere Maßnahme, der Ausschluß (engl. *time-out*), wird in der Literatur teilweise zur Bestrafung gerechnet oder von dieser abgehoben und gesondert dargestellt. Man versteht darunter eine Methode, bei der nach Auftreten einer als unerwünscht geltenden Verhaltensweise zeitlich begrenzt jegliche Möglichkeit zur positiven Verstärkung entzogen wird. Der Lehrer setzt z.B. einen Schüler vor die Tür. Im Unterschied zur Bestrafung wird beim Ausschluß also kein aversiver Reiz dargeboten. FERSTER und SKINNER (1957) kommen aber zu dem Schluß, daß Reize, die mit dem Ausschluß assoziiert sind, die Funktion aversiver Reize erwerben.

Vielfach besteht die Erwartung, daß durch Einsatz von Bestrafung unerwünschtes Verhalten zur Extinktion zu bringen ist. Bereits in frühen Tierversuchen von SKINNER (1938) und ESTES (1944) ließ sich jedoch nachweisen, daß mit Bestrafung offenbar lediglich eine *Unterdrückung* von Aktivitäten – eventuell allerdings sehr dauerhaft (BOE und CHURCH, 1967) – zu erreichen ist.

Die meisten Untersuchungen stimmen darin überein, daß die Auftretensfrequenz von Verhaltensweisen nach Darbietung von aversiven Reizen *unverzüglich* absinkt (AZRIN und HOLZ, 1966) und daß diese Aktivitäten für längere Zeit nicht mehr auftreten. Dieser Effekt kann in einigen Situationen von unschätzbarem Wert sein. Man denke nur an die Notwendigkeit, Kinder an die Verhältnisse im Straßenverkehr anzupassen. Es ist häufig für einen Menschen lebensrettend, wenn er gelernt hat, nicht spontan über die Straße zu laufen. Dieses Ziel läßt sich wirkungsvoll mit der Setzung von Strafreizen erreichen.

Grundsätzlich gilt, daß sich ein Verhalten um so schneller und dauerhafter unterdrücken läßt, je stärker der aversive Reiz ist (APPEL, 1963). AZRIN und HOLZ (1966) kommen jedoch nach ihrer eingehenden Analyse der ihnen vorliegenden Literatur zu dem Schluß, daß auch schwächere Strafreize eine wirkungsvolle Verminderung der Verhaltensfrequenz zu bewirken vermögen, sofern gleichzeitig Gelegenheit zur Ausübung alternativer Verhaltensweisen besteht, denen verstärkende Konsequenzen folgen.

4.4.4 Diskriminative Reize

Wenn einer Verhaltensweise ein Verstärker folgt, erhöht sich daraufhin ihre Auftretenswahrscheinlichkeit. *Wann* aber ein Verhalten auftritt, ist für einen Beobachter damit noch nicht vorhersagbar. In der Regel erfolgt eine Verstärkung ja nicht deshalb, weil eine Verhaltensweise *überhaupt* auftritt, sondern weil sie für eine bestimmte Reizgegebenheit angemessen ist. Beispielsweise wird ein Schüler im Unterricht nicht gelobt, weil er etwas gesagt hat, sondern weil er auf eine Frage oder einen Impuls richtig reagiert hat. Es kommt also darauf an, in einer Situation *das Angemessene* zu tun. Der Lernende muß folglich wissen, *unter welchen besonderen Bedingungen* er mit bestimmten Konsequenzen zu rechnen hat. Aktivitäten, die während des Unterrichts unangebracht sind, können in der Pause auf dem Schulhof sehr wohl Verstärkungen nach sich ziehen und umgekehrt. Die hierbei erforderliche Orientierung liefern diskriminative Reize.

Auch SKINNERs Ratte konnte z.B. lernen, daß das Hebeldrücken nur unter bestimmten Bedingungen zur Freigabe einer Futterpille führte. Eine Verstärkung erfolgte lediglich, wenn eine Lampe im Käfig eingeschaltet war. Das Versuchstier vermochte sich dieser Variante des Experiments anzupassen, indem es zwischen jenen Reizbedingungen diskrimierte, unter denen das Hebeldrücken entweder eine Verstärkung im Gefolge hatte (Licht eingeschaltet) oder nicht (Licht ausgeschaltet). Auf ähnliche Weise war ein aversiver Reiz zu vermeiden, denn dessen Darbietung wurde ebenfalls vorher von einer Lampe im Käfig signalisiert. Wenn das Tier daraufhin sofort den Hebel drückte, war der elektrische Schock zu vermeiden.

Man bezeichnet einen Reiz, der anzeigt, daß eine operante Verhaltensweise verstärkt wird, als einen diskriminativen Reiz (S^D); somit läßt sich die Abfolge durch folgendes Schema darstellen:

Diskriminativer Reiz	Operantes Verhalten	Verstärker
S^D -------------------------	R -------------------------	S^+

Diskriminative Reize, die einen aversiven Reiz ankündigen, tragen vielfach das Symbol S^Δ. Im Unterschied zum unkonditionierten Reiz der Klassischen Konditionierung löst der diskriminative Reiz kein Verhalten aus; er signalisiert nur die Möglichkeit einer Verstärkung, vorausgesetzt die dafür angemessene Verhaltensweise wird gezeigt. Ebenso kündigt er das Auftreten eines aversiven Reizes an; es hängt aber vom Individuum ab, ob es dagegen geeignete Maßnahmen ergreift.

In der Schule lassen sich viele Reize identifizieren, die – nicht unbedingt für sämtliche Schüler – die Funktion diskriminativer Reize besitzen. Grundsätzlich kommt dafür jede Lehreraufforderung in Frage. Beispielsweise bittet der Lehrer, ein Buch aufzuschlagen. Sofern ein Schüler diesem Wunsch sofort nachkommt, besteht erhöhte Wahrscheinlichkeit, dafür vom Lehrer eine Verstärkung, z.B. in Form eines Lächelns oder einer verbalen Anerkennung, zu erhalten. Die Mißachtung der Aufforderung kann für den Schüler aversive Konsequenzen haben. Zwar sind die meisten diskriminativen Reize in der Schule verbaler Art; es gibt aber auch andere Möglichkeiten. Unter Umständen genügt ein ernster Blick, der einen Schüler mahnen soll, eine unerwünschte Tätigkeit zu unterlassen. Auch die Schulglocke liefert ein Beispiel für einen diskriminativen Reiz. Wenn Lehrer zu Beginn einer Schulstunde vor der Klasse lange warten müssen, bis Ruhe eintritt, ist offenkundig versäumt worden, adäquate diskriminative Reize für diese Situation aufzubauen.

Zu beachten ist, daß diskriminative Reize das Ergebnis eines Lernprozesses darstellen. Das Individuum lernt, daß bei Gegenwart bestimmter Reize die Gelegenheit zu einer Verstärkung besteht. Bleibt die Verstärkung wiederholt aus, verlieren die Reize allmählich ihre Hinweisfunktion und das heißt, daß damit die Möglichkeit einer Reiz-Kontrolle operanter Verhaltensweisen absinkt.

4.4.5 Verhaltensmodifikation in der Pädagogischen Praxis

Obwohl SKINNERs Erkenntnisse zu einem erheblichen Teil darauf basieren, daß er Tiere (vorwiegend Ratten und Tauben) unter experimentell gut kontrollierten Bedingungen beobachtet hat, darf ihm keineswegs das Interesse für Anwendungsbereiche abgesprochen werden. Auch die Teilnahme an schulischen Unterrichtsstunden seiner Töchter hat ihn in der Überzeugung bestärkt, daß eine systematische Anwendung von Prinzipien der Operanten Konditionierung zu einer Effektivitätssteigerung schulischen Lernens führen könnte; dies veranlaßte ihn z.B. zur Entwicklung des Programmierten Lernens (s. S. 225 ff.).

Die Aufgabe des Lehrers ist aber nicht nur auf die Förderung akademischen Lernens beschränkt. Im Rahmen eines normalen Schultages hat er einen beträchtlichen Teil seiner Aufmerksamkeit auf Verhaltensweisen zu richten, die ihm als auffällig bzw. störend erscheinen. Wenn Schüler sich nicht ausreichend am Unterricht beteiligen, während der Stunde wiederholt ihre Plätze verlassen, sich aggressiv gegenüber Mitschülern verhalten, Einrichtungen und Material der Schule zerstören, dem Unterricht fernbleiben usw., ist für den Lehrer eine Problemsituation gegeben. Er könnte solche Verhaltensweisen auf klinisch relevante Störungen der Schülerpersönlichkeit zurückführen und davon ausgehen, daß ihre Beseitigung den ausgebildeten Therapeuten erfordere. SKINNERs Konzeption eröffnet jedoch einen anderen Zugang.

SKINNER geht ja davon aus, daß *jedes* operante Verhalten, also auch als unerwünscht Etikettiertes, zu verändern ist. Der Lehrer besitzt zweifellos – wegen seiner einzigartigen Stellung – günstige Gelegenheiten, um Vorläuferbedingungen von Schülerverhaltensweisen und deren Konsequenzen mitzugestalten. Sollte es ihm unter systematischer Anwendung einschlägiger Prinzipien nicht gelingen, auf unerwünschtes Verhalten im Rahmen des Unterrichts selbst einzuwirken? Seit mehr als zwei Jahrzehnten sind Programme durchgeführt worden, deren Autoren sich durch diese Frage herausgefordert fühlten. Soweit diese Programme an der Operanten Konditionierung orientiert sind und im pädagogischen Bereich angewendet werden, klassifiziert man sie im allgemeinen unter der Bezeichnung „pädagogische Verhaltensmodifikation". Aus diesem inzwischen sehr umfangreich gewordenen Themengebiet repräsentieren die folgenden Abschnitte nur eine kleine Auswahl. Zunächst wird exemplarisch zu zeigen sein, wie durch Schaffung geschickt ausgewählter, zusätzlicher diskriminativer Reize Hilfestellungen für den Lernprozeß zu geben sind. Der größere Teil der nachfolgenden Darstellung beschreibt Anwendungsmöglichkeiten der Operanten Konditionierung, indem eine systematische Gestaltung von Verhaltenskonsequenzen erfolgt.

4.4.5.1 Hilfestellung und deren Ausblendung

Möglicherweise ist im Verlauf eines Lernprozesses festzustellen, daß bestimmte Reize für einen Lernenden nicht die Funktion eines diskriminativen Reizes erwerben, weil sie sich z.B. nicht auffällig genug von anderen relevanten Reizen abheben. In einem solchen Fall muß man, wenigstens vorübergehend, auf Reize zurückgreifen, deren Charakteristika das Diskriminationslernen fördern. Durch solche

Maßnahmen werden Hilfestellungen geboten, die allerdings vor Abschluß des Lernprozesses wieder zurückzunehmen bzw. auszublenden sind, ohne daß dadurch das Erreichte wieder verloren geht.

Der pädagogische Alltag liefert eine große Anzahl von Beispielen für Hilfestellungen. Sie werden sowohl zum Erlernen motorischer Fähigkeiten als auch bei Auseinandersetzung mit Aufgaben im verbalen Bereich gegeben. Sie sollen beim Lernenden die Wahrscheinlichkeit erhöhen, auf bestimmte Hinweisreize hin eine Verhaltensweise zu zeigen, die anschließend verstärkt wird. Die Mutter möchte z.B. erreichen, daß das Kind dem Vater bei dessen Abschied nachwinkt. Sein Fortgehen besitzt für das Kind jedoch nicht genügend Aufforderungscharakter. Deshalb gibt die Mutter zusätzliche Hinweisreize mit dem Ziel, die Auftretenswahrscheinlichkeit der gewünschten Bewegung zu erhöhen; sie gibt z.B. den verbalen Hinweis: „Mach winke-winke!" oder ähnliche Hilfen.

Solche diskriminativen Reize werden stets dargeboten, um das Auftreten einer Verhaltensweise, die eine Verstärkung im Gefolge hat, zu erleichtern. Allerdings gilt der Lernprozeß in der Regel erst dann als abgeschlossen, wenn die Hilfestellungen wieder abgebaut sind und das Kind auf jene diskriminativen Reize zu reagieren vermag, die die natürliche Situation kennzeichnen.

Den Prozeß der allmählichen Zurücknahme von Hilfestellungen, die aus lernpsychologischen Gründen gegeben worden sind, bezeichnet man als Ausblenden (engl. *fading*). Dem Kind in dem oben genannten Beispiel sollte schließlich der Anblick des davongehenden Vaters genügen, um darauf mit Winken zu reagieren.

Beispiele für Hilfen und deren anschließende Zurücknahme findet man vielfältig in Materialien zum programmierten Unterricht. Ein Auszug aus einem Programm findet sich in Tabelle 4.1.

Aus der Darstellung läßt sich ablesen, daß der Lernende bis zum fünften Programmschritt jeweils bestimmte Hilfen geboten bekommt, die dann systematisch zurückgenommen werden, bis schließlich im sechsten Schritt die Ausblendung stattgefunden hat, denn die Reproduktion hat an dieser Stelle vollkommen selbständig zu erfolgen.

Ein weiteres Beispiel für gebotene Hilfen und deren Ausblendung hat REESE (1966) geliefert. Seine Vorschläge haben das Ziel, den Lernprozeß von Kindern zu unterstützen, die zu Beginn des Schreibenlernens erhebliche Schwierigkeiten offenbaren. Jeder Schüler erhält sowohl ein besonders präpariertes Schreibpapier als auch einen speziellen Schreibstift. Zu Beginn des Prozesses hat das Kind lediglich Buchstaben zu ergänzen, die bereits weitgehend vorgedruckt sind. Allmählich werden die Hilfen dann zurückgenommen, bis der jeweils geforderte Buchstabe selbständig vom Kind geschrieben werden kann. Der Lernende erhält zudem eine sofortige Rückmeldung, denn die Schrift erscheint schwarz, solange der jeweilige Buchstabe richtig reproduziert wird; weicht der Schüler dagegen von der korrekten Orthographie ab, hinterläßt die Schrift eine orange-farbige Schreibspur. Der Lernende hat somit noch während des Schreibens die Möglichkeit, Fehlern entgegenzuwirken.

Es gibt selbstverständlich weitere Möglichkeiten, das Diskriminationslernen mit Hilfe der im Prinzip geschilderten Methode zu unterstützen. Ein Kind könnte z.B. Schwierigkeiten bei der Unterscheidung zwischen einem Dreieck und einem Vier-

Tab. 4.1: Eine Reihe von Lernschritten, durch die die richtige Schreibweise des Wortes „Fabrizieren" zu erlernen ist (verändert nach SKINNER, 1958)

1. F a b r i z i e r e n bedeutet ‚herstellen‘ oder ‚erzeugen‘. Die Autohersteller fabrizieren Autos. Schreib hier das Wort ab.

□□□□□□□□□□□

2. In seiner heutigen Bedeutung leitet sich das Wort aus dem Französischen ab. Dort heißt das entsprechende Hauptwort ‚Werkstätte‘.

FA □□□□ I E R E N

3. Das Wort hat die gleiche Endung wie ver l i e r e n oder schm i e r e n.

FABRIZ □□□□□

4. In die beiden freien Kästchen gehört jeweils derselbe Buchstabe:

F A B □ I Z I E □ E N

5. In die beiden freien Kästchen gehört jeweils derselbe Buchstabe

F A B R □ Z □ E R E N

6. Die Autohersteller □□□□□□□□□□ Autos.

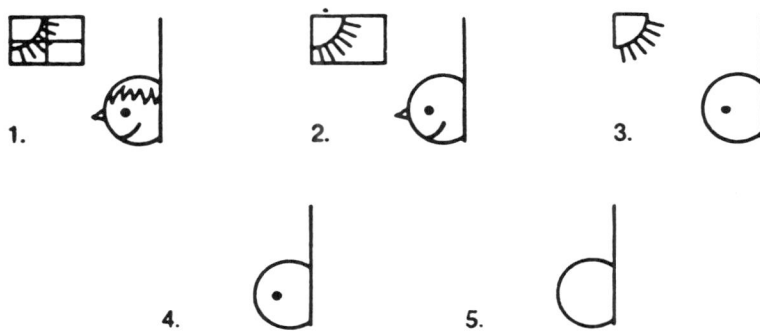

1.   2.   3.

4.   5.

Abb. 4.3: Beispiel für eine Reizsequenz, in der Hilfestellungen zur Förderung des Diskriminationslernens allmählich ausgeblendet werden (nach: SULZER und MAYER, 1972)

eck zeigen, oder es verwechselt ständig die Buchstaben M und N, diskriminiert nicht zwischen 4 und 7 etc. Man geht bei einem Schüler, der die erforderliche Diskriminationsleistung nicht vollziehen kann, davon aus, daß eine Verwechslung von S^D und S^Δ vorliegt (s. S. 104) bzw. S^D und S^Δ noch nicht als unterschiedliche diskriminative Reize identifiziert worden sind. In Abhängigkeit von der jeweiligen Leistungsfähigkeit eines Kindes wird man die Aufgabe durch Hinzufügung weiterer Reize (Hilfestellungen) erleichtern. Vor allem müssen aber die relevanten Reizunterschiede herausgestellt werden. SULZER und MAYER (1972) geben ein anschauliches Beispiel, wie die Unterscheidung von ‚b' und ‚d' zu fördern ist. Danach wird die in Abbildung 4.3 wiedergegebene Reizsequenz dargeboten.

4.4.5.2 Verstärkung durch Aufmerksamkeitszuwendung

Es ist bereits wiederholt auf die Bedeutung der Verstärkung durch Aufmerksamkeitszuwendung hingewiesen worden. Man hat diesen Verstärker als fast ideal bezeichnet; er steht dem Lehrer ohne weiteres zu Verfügung und ist leicht anzuwenden. Zu beachten ist, daß die Aufmerksamkeitszuwendung notwendigerweise vorhanden sein muß, wenn der Lehrer einen Schüler lobt, ihn ermahnt, ihn tadelt, an ihn eine Frage richtet, ihm individuell eine Erklärung gibt usw. Möglicherweise verstärkt der Lehrer damit unbeabsichtigt auch unerwünschte Verhaltensweisen.

> MADSEN und seine Mitarbeiter (1968) studierten z.B. die Reaktionen von Lehrern auf Schüler, die sich während des Unterrichts nicht auf ihren Plätzen befanden. Normalerweise wurden die Schüler ermahnt, sich auf ihre Stühle zu setzen. Die Autoren äußerten jedoch die Vermutung, daß diese Reaktion des Lehrers tatsächlich verstärkend wirkte. Diese Annahme ließ sich durch die Daten der Untersuchung bestätigen. Je häufiger die Lehrer den Kindern, die sich nicht auf ihren Sitzplätzen befanden, ihre Aufmerksamkeit zuwandten, indem sie sie öffentlich tadelten, desto mehr verließen sie ihre Plätze und umgekehrt.

Der Mächtigkeit des mit der Aufmerksamkeitszuwendung gegebenen Verstärkers scheinen sich Lehrer vielfach allerdings nicht bewußt zu sein, denn es hat sich wiederholt nachweisen lassen, daß Lehrer den vergleichsweise größeren Anteil ihrer Aufmerksamkeit auf unerwünschtes Verhalten richten. So fanden THOMAS et al. (1978) z.B. Lehrer, die dreimal häufiger mißbilligende als anerkennende Stellungnahmen aussprachen, was mit einer nicht ausbalancierten Aufmerksamkeitszuwendung einhergehen mußte. Dieses Mißverhältnis in der Zuwendung läßt sich bei sämtlichen Klassenstufen nachweisen (WHITE, 1975). In einer anderen Studie war festzustellen, daß Lehrer als Adressaten für ein Lob zumeist die gesamte Klasse wählten, während sie sich bei Mißbilligungen (z.B. bei unaufgefordertem Sprechen in die Klasse) individuell an den jeweiligen Schüler wandten (McALLISTER et al., 1969).

Aus den dargestellten Untersuchungsergebnissen darf nicht die Empfehlung abgeleitet werden, unerwünschtes Verhalten konsequent zu ignorieren. Solche Reaktionsweisen würden einem permissiven Lehrstil entsprechen, der das Koordinieren der Aktivitäten einer Schulklasse eher erschwert als erleichtert (s. S. 290). Außerdem gelang nach den Beobachtungen KOUNINs (s. S. 29 f.) ja vor allem solchen Lehrern eine gute Disziplinierung in ihren Klassen, die durch „Dabeisein" unerwünschtes Verhalten fast noch im Keim zu ersticken vermochten, indem sie recht-zeitig darauf aufmerksam wurden. Die aus der Verhaltensmodifikation abzulei-tende Empfehlung an den Lehrer kann deshalb nur lauten, einen verhältnismäßig hohen Anteil seiner Aufmerksamkeit auf erwünschte Verhaltensweisen zu richten.

4.4.5.3 Wertmarken-Verstärker

Ein Problem beim Aufbau von Verhalten ist die Bereitstellung von adäquaten Verstärkern. Wie oben bereits ausgeführt, sind soziale Verstärker in ihrer individu-ellen Wirksamkeit unterschiedlich; nicht jedes Kind spricht auf ein Lob oder auf eine gute Leistungsbewertung an. Materielle Verstärker, wie z.B. Bonbons, oder Aktivitätsverstärker, wie z.B. Fußballspielen, sind für den Einsatz im Unterricht als sofortige Verstärkung weniger geeignet, da das Unterrichtsgeschehen durch sie ge-stört wird. Ein Ausweg sind sogenannte Wertmarken-Verstärker (engl. *token*).

Eine Wertmarke ist irgendein Gegenstand (z.B. Münze oder Pappplättchen), der im Unterricht gegeben wird und nachher, zumeist nach Ansammlung einer zuvor festgelegten Anzahl, gegen ein begehrtes Objekt (sog. Eintauschverstärker) abge-geben oder zur Ausübung einer attraktiven Aktivität eingesetzt werden kann. So kann ein Schüler für z.B. zwei Wertmarken ein Eis eintauschen, für fünf Wertmar-ken Süßigkeiten, für acht Wertmarken erhält er die Erlaubnis zur Teilnahme an ei-ner Filmveranstaltung. Die Wertmarke selbst ist somit an sich als wertlos zu be-zeichnen.

> Eintauschverstärker werden vielfach danach ausgesucht, ob sie leicht verfügbar sind und möglichst wenig kosten. Man sollte aber auch prüfen, ob sie mit pädagogischen Zielen vereinbar sind. So ist nichts dagegen einzuwenden, wenn die Ausübung schulimmanen-ter Tätigkeiten (Lesen, Sport oder Basteln) als Eintauschverstärker ausgewählt werden. Demgegenüber empfiehlt sich aber z.B. nicht –wie in einigen Studien geschehen (z.B. HEINEN, 1984) –, eine befristete Freistellung vom Unterricht als Verstärkung in Aus-sicht zu stellen. Eine solche Befreiung kostet zwar nichts, sie steht dem Lehrer auch ohne weiteres zur Verfügung; sie läßt sich allerdings schwer mit pädagogischen Zielset-zungen vereinbaren, denn wenn man Unterrichtsbefreiung als Verstärker einsetzt, aner-kennt man ja implizit, daß der Unterrichtsbesuch tatsächlich ein aversives Ereignis dar-stellt. Ein solcher Eintauschverstärker dürfte umso wirkungsvoller werden, je geringer der Schüler den Unterricht bezüglich seiner Attraktivität einstuft.

O'LEARY und DRABMAN (1971) haben einige Merkmale zusammengestellt, die die Wertmarken-Verstärker besitzen sollten. Dazu gehört u.a., daß ihr Wert leicht von jedem verstanden werden muß, daß die Spielregeln für alle Beteiligten transparent sind, daß sich die Wertmarken leicht handhaben lassen, daß sie sich ohne Schwierigkeiten vom Ort des Empfangs zur Stelle des Eintausches bringen lassen; sie sollten ferner als Eigentum eines bestimmten Kindes identifizierbar sein (z.B. durch Verwendung unterschiedlicher Farben) und so auszuteilen sein, daß die Aufmerksamkeit möglichst wenig vom eigentlichen Lerngegenstand abgelenkt wird.

Die ersten Erfahrungen mit Wertmarken-Verstärkern wurden in psychiatrischen Anstalten gesammelt, wo die Patienten u.a. für die Sauberhaltung ihrer Zimmer, für Bettenmachen und dafür, daß sie sich regelmäßig wuschen, Wertmarken erhielten, die gegen Süßigkeiten, Filmbesuche usw. einzutauschen waren (AYLLON und AZRIN, 1965). Mit Kindern im Vorschulalter und mit Entwicklungsstörungen haben BIJOU et al. (1969) Erfahrungen gesammelt. Anwendung fand dieses System auch im schulischen Bereich (THOMPSON et al., 1974; SAFER und ALLEN, 1976), vielfach in Sonderklassen, in denen u.a. Lernbehinderte (BIRNBAUER et al., 1965) und junge Rechtsbrecher zusammengefaßt waren. Es liegen weiter Berichte vor, denen zu entnehmen ist, daß mit Hilfe dieser Methode die Leistungen im Lesen, Schreiben und in der Mathematik verbessert werden konnten (WOLF et al., 1968; McKENZIE et al., 1968; McLAUGHLIN und MALABY, 1972; STAATS, 1973). Es gelang auch, – wenigstens vorübergehend – das Aufmerksamkeitsverhalten zu erhöhen (WALKER und BUCKLEY, 1968), Aggressionen gegenüber Mitschülern abzubauen (PERLINE und LEVINSKY, 1968), das Verbleiben auf dem eigenen Platz während des Unterrichts zu sichern, die Meldehäufigkeit zu erhöhen (HEINEN, 1984) oder einen hohen Lärmpegel in der Klasse abzubauen (SCHMIDT und ULRICH, 1969).

Langzeiteffekte sind in den vorgelegten Studien vielfach nicht überprüft oder nicht nachgewiesen worden (ATTHOWE, 1973; LEVINE und FASSNACHT, 1974), obwohl es nicht an Empfehlungen mangelt, wie diese sich erreichen ließen. So fordern O'LEARY und BECKER (1967) z.B., die Schüler systematisch und allmählich zu „entwöhnen", d.h. von kontinuierlicher auf partielle Verstärkung überzugehen. Entsprechend verlangten diese Autoren in ihrer Studie ein fortlaufendes höheres Maß an Aktivitäten als Voraussetzung zur Erlangung einer Wertmarke, wodurch die Verstärkung zeitlich immer mehr hinausgezögert wurde. Eine Koppelung von Wertmarken-Vergabe und gleichzeitigem Lob sollte bewirken, daß schließlich das Lob die Funktion eines Verstärkers übernahm. – Muß aber unter solchen Umständen, wo es der Lehrer ist, der über Vergabe oder Zurückhaltung von Verstärkung entscheidet, nicht befürchtet werden, daß der Schüler sich in hohem Maße als von außen kontrolliert erlebt? DEIKER und MATSON (1979) meinen, eher das Gegenteil in ihren Studien nachgewiesen zu haben; denn wenn klare Regeln vereinbart worden sind, weiß der Schüler genau, welche Konsequenzen seine Aktivitäten zur Folge haben, und gerade das fördere die Möglichkeit zur Selbstkontrolle. Entsprechend glaubt auch ROST (1981a) im Rahmen einer Literaturübersicht feststellen zu können: „Durch die ständige Konfrontation mit dem eigenen Verhalten und der Bewußtmachung der Tatsache, daß Verhalten Konsequenzen nach sich zieht und daß diese Konsequenzen gezielt zu beeinflussen sind, indem man sein eigenes Verhalten gezielt verändert, können Token-Ökonomien auch erste Ansätze zur Selbstbeobachtung und Selbstkontrolle anbahnen – zumindest aber sie häufig nicht behindern."

Zu berücksichtigen ist bei einer Beurteilung des Wertmarken-Systems, daß selbst Befürworter nicht dessen allgemeine Einführung in den Unterricht fordern. Sie empfehlen es nur für solche Fälle, in denen ein normaler Unterricht nicht mehr möglich ist und andere Maßnahmen (Ermahnung, Lob usw.) des Lehrers wirkungslos bleiben. In einem günstigeren Fall kann das Wertmarken-System den Unterrichtenden also vorübergehend davon entlasten, sich ausschließlich auf die Suche und Anwendung von Disziplinarmaßnahmen zu konzentrieren. Sofern der Lehrer die „Entlastung" nicht nutzt und die Art seiner Unterrichtsführung unüberprüft und unverändert läßt, sind keine Langzeitwirkungen zu erwarten. Token-Systeme dürfen kein Ausgleich für langweiligen Unterricht werden. „Token-Systeme können sinnvoll nur als Teil weitreichender didaktischer Planungen eingesetzt werden" (DOERKS-KOUBENEC, 1978).

4.4.5.4 PREMACK-Prinzip

Auf der Suche nach potentiellen Verstärkern ergeben sich oft Schwierigkeiten, weil ihre Beschaffung möglicherweise mit Kosten verbunden ist und entsprechende Mittel häufig nicht zur Verfügung stehen. Um einen Ausweg aufzuzeigen, weist man in der einschlägigen Literatur vielfach auf ein Prinzip hin, das seinen Namen von PREMACK (1959) erhalten hat. Es besagt, daß eine Verhaltensweise, der eine hohe Auftretenswahrscheinlichkeit zukommt, als Verstärker für eine Verhaltensweise benutzt werden kann, die mit geringerer Frequenz auftritt. Dieses Prinzip ist im Alltag keineswegs unbekannt und wird sehr häufig angewendet, so z.B. wenn die Mutter ihrem Kind erst dann gestattet, den Spielwünschen (Verhalten hoher Auftretensfrequenz) nachzugehen, wenn es seine schulischen Aufgaben (leider zumeist Verhalten mit geringerer Auftretensfrequenz) erledigt hat. PREMACK ist das Verdienst zuzuschreiben, die Gültigkeit dieses Prinzips mit sorgfältig kontrollierten Experimenten belegt zu haben.

Eine Anwendung des PREMACK-Prinzips kann dadurch erfolgen, daß man vom Klassenzimmer einen Bereich abteilt, der für Aktivitäten hoher Frequenz reserviert wird. Welche Objekte dort plaziert sind, hängt von dem Alter und den Interessen der Schüler ab. Jüngere Kinder finden dort z.B. Plastilin, verschiedene Spielsachen und einfache Musikinstrumente, zu denen sie Zugang erhalten, sofern sie das gewünschte Verhalten gezeigt haben. Für ältere Kinder bietet der Verstärkungsbereich u.a. beliebte Schallplatten, Miniaturautos u.ä. an (HARING und KUNZELMANN, 1966). Der Zugang zu diesen Verstärkern wird nach Erledigung der jeweils zu fördernden Aktivitäten gestattet.

Nach Meinung einiger Befürworter eröffnet die Anwendung des PREMACK-Systems vor allem den Vorteil, daß Aktivitäten, die die Schüler ohnehin ausführen und somit im Klassenzimmer verfügbar sind, Verstärkungsfunktion erhalten. „Es sollte deutlich sein, daß das PREMACK-Prinzip für den Lehrer nach ein wenig Überlegung unbegrenzte Ausblicke eröffnet, um Aktivitäten zur Stärkung wünschenswerter Verhaltensweisen im Klassenzimmer zu benutzen. Viele Lehrer verschenken ständig ihre Verstärker, anstatt sie als Hilfe für das Lernen ihrer Schüler einzusetzen" (BECKER, 1973).

4.4.5.5 Kontingenzverträge im Unterricht

Sowohl bei der Darstellung der Wertmarken-Verstärker wie auch des PREMACK-Prinzips wurde jeweils davon ausgegangen, daß Verstärkungen nur nach Erfüllung bestimmter Voraussetzungen erfolgen. Fraglich ist, ob die zugrundeliegenden Regeln allen Beteiligten – also Lehrern *und* Schülern – bekannt sind und ob sie von sämtlichen Partnern auch akzeptiert werden. Um dieses sicherzustellen, empfehlen HOMME et al. (1969) dem Lehrer, mit seinen Schülern Verträge (sie sprechen von Kontrakten) auszuhandeln und zu verabschieden. Solche Verträge „sind eigentlich nichts mehr als in verständlicher Sprache formulierte Übereinkommen zwischen zwei Parteien, die sich im Sinne eines gegenseitigen Austausches von Verpflichtungen und Gratifikationen über die Bedingungen ihrer Interaktion einigen" (ROST, 1981b). Man kann sich darauf beschränken, sie lediglich mündlich festzulegen; vielfach wird jedoch empfohlen, sie schriftlich zu fixieren. In einem solchen Kontrakt wird exakt festgelegt, was die Schüler tun müssen, um eine bestimmte Verstärkung zu erlangen, deren Inhalt u.U. erst als das Ergebnis der gemeinsamen Verhandlungen festgelegt wird.

Durch diese Kontingenzverträge soll mindestens zweierlei erreicht werden: Zum einen ist der Schüler an der Festsetzung der Regeln, die für ihn relevant sind, beteiligt. Verträge, die nicht die Zustimmung des einzelnen finden, werden wahrscheinlich von ihm mißachtet. Aus dieser Erfahrung erfolgt die Empfehlung an den Lehrer, darauf zu achten, daß die Verträge, die er mit dem einzelnen abschließt, zustimmungsfähig und erfüllbar sind. Die Diskussion soll dem Schüler zum anderen helfen, bezüglich der als wünschenswert erachteten Verhaltensziele und deren Konsequenzen mehr Klarheit zu gewinnen.

In frühen Stadien mag ein Schüler den Kontingenzvertrag vielleicht nur deshalb einhalten, weil er wahrnimmt, daß andere – der Lehrer ebenso wie Mitschüler – darauf achten und Abweichungen sanktionieren können. Befürworter des Verfahrens der Kontingenzverträge (HOMME et al., 1969) sehen allerdings das Hauptziel darin, an die Stelle der Kontrolle durch andere die Selbstkontrolle treten zu lassen. Der Schüler soll also in die Lage versetzt werden, sich eigene Ziele zu setzen und eigenverantwortlich deren Realisierung anzustreben. Um dies zu erreichen, empfehlen HOMME et al. (1969) den Abschluß eines Eigenvertrages, eines Vertrages mit sich selbst.

4.4.5.6 Extinktion

Der konsequente Entzug von Verstärkern ist im maximal kontrollierten Experimentalraum zweifellos leichter zu realisieren als im Klassenzimmer. Zum einen muß dafür Sorge getragen werden, daß das Verhalten, das der Lehrer zu extingieren wünscht, nicht weiterhin von Mitschülern verstärkt wird. Zum anderen wird vom Lehrer uneingeschränkte Konsequenz verlangt, damit keine partielle Verstärkung erfolgt.

> Der als „Klassen-Clown" bekannte Schüler zeigt z.B. häufig Verhaltensweisen, die der Lehrer als Störung interpretieren mag. Mit jeder mißbilligenden oder ermahnenden Stellungnahme rückt der auffällige Schüler in den Mittelpunkt der Aufmerksamkeit, was für ihn womöglich eine Verstärkung darstellt. Zur Extinktion gehört folglich auch die völlige Eliminierung negativer, eventuell mit der Zuwendung von Aufmerksamkeit verbundener Stellungnahmen. Nur unter dieser Bedingung wird der Lernende veranlaßt, nach alternativen Verhaltensweisen zu suchen, die ihm die erstrebte Aufmerksamkeitszuwendung erbringen.

Mit der Extinktionsmethode wurde im Bereich der Schule experimentell versucht, zahlreiche „störende" Verhaltensweisen (dazu gehören u.a. unerlaubtes Sprechen, Umherlaufen im Klassenzimmer, Spielen mit Gegenständen während

112

des Unterrichts, Umdrehen zum Nachbarn usw.) abzubauen (ZIMMERMAN und ZIMMERMAN, 1962; O'LEARY und BECKER, 1967). Ebenso hat man aggressives Verhalten (BROWN und ELLIOTT, 1965; SCOTT et al., 1967) durch die Extinktionsmethode reduzieren und fehlendes Arbeitsverhalten (HALL et al., 1968) beseitigen können. Im pädagogischen Alltag empfiehlt es sich, die Extinktion mit der Verstärkung des jeweils erwünschten Verhaltens zu kombinieren (O'LEARY und O'LEARY, 1977).

Auch im Klassenraum hat man zu Beginn einer Extinktionsprozedur beobachtet, daß Schüler darauf zunächst mit einer *Erhöhung* bzw. *Intensivierung* der Auftretensfrequenz der ignorierten Verhaltensweise reagierten. Man hat dies als Versuch der Schüler interpretiert, „das System zu testen", d.h. zu prüfen, wie lange der Lehrer überhaupt bereit ist, das „störende" Verhalten zu tolerieren (DRABMAN et al., 1976). Sollte der Lehrer unter diesen Bedingungen das Ignorieren fortsetzen, besteht die Gefahr, daß die Schüler diese Reaktion als mangelnde Autorität bzw. als Unfähigkeit zur Ausübung von Kontrolle interpretieren; dieser Eindruck auf seiten der Schüler könnte die bestehenden Probleme eher erhöhen als vermindern.

Nach Überwindung der unmittelbar am Anfang der Extinktionsphase normalerweise zu beobachtenden Erhöhung der Verhaltensfrequenz erfolgt eine *Verminderung*. Es hängt allerdings von mehreren Faktoren ab, wie schnell eine Verhaltensweise abzubauen ist. Bei vorausgegangener partieller Verstärkung ist eine ziemlich hohe Resistenz gegenüber Extinktion vorhanden (s. S. 101). Eine Verhaltensweise, die zuvor zu hundert Prozent verstärkt worden ist, müßte folglich schneller zu extingieren sein als eine andere, die eine partielle Verstärkung erfahren hat. Allerdings gilt dies nur, wenn der Lernende seine vorausgegangenen Handlungsresultate auf den Zufall zurückgeführt hat. Wenn er dagegen glaubt, daß sein Verhalten von den eigenen Fähigkeiten bestimmt worden war, findet sich unter der hundertprozentigen Verstärkungsbedingung im Vergleich zur partiellen eine höhere Extinktionsresistenz (ROTTER, 1966).

Nicht selten wird beobachtet, daß die Verminderung der Verhaltensfrequenz im Verlauf eines Extinktionsprozesses abgebremst wird. Unter Umständen erfolgt sogar eine Umkehrung der Tendenz insofern, als die scheinbar extingierte Verhaltensweise plötzlich wieder auftritt, obwohl keine inzwischen erfolgte Verstärkung nachweisbar ist. Dieses Phänomen bezeichnet man als *spontane Erholung.*

4.4.5.7 Verhaltensmodifikation durch Einsatz aversiver Reize

Der Einsatz aversiver Reize in der pädagogischen Verhaltensmodifikation ist stets mit Risiken verbunden, weil sich schwer vorhersagen läßt, wie darauf reagiert wird. Drohungen und Bestrafungen können zwar unter bestimmten Voraussetzungen effektiv sein. Wenn sie aber zu häufig und ohne Berücksichtigung der jeweiligen Umstände eingesetzt werden, muß man mit Wirkungen rechnen, die mit pädagogischen Zielsetzungen nicht mehr zu vereinbaren sind. Einige solcher unerwünschter Effekte sind im folgenden zu beschreiben. Es wird aber auch von seiten der Pädagogischen Psychologie anerkannt, daß das Bemühen, Leben und Gesundheit eines Lernenden zu wahren, in einigen Situationen sogar die Bestrafung rechtfertigen kann. In solchen Fällen sollte man die Maßnahme aber so einsetzen, daß sie möglichst rasch wieder überflüssig wird. Empfehlungen zum effektiven und somit nur kurzfristigen Einsatz von Bestrafungen sollen die Darstellung über Grundlagen der pädagogischen Verhaltensmodifikation abrunden.

4.4.5.7.1 Mögliche Reaktionen auf aversive Reize

Ebenso wie im Falle einer Verstärkung muß auch bei *aversiven Reizen* mit dem Auftreten von *Reiz-Generalisation* gerechnet werden. Eine solche war in dem Experiment von WATSON und RAYNER (s. S. 90 f.) beobachtet worden. Nachdem Albert gelernt hatte, auf das Kaninchen mit Furcht zu reagieren, ließ sich feststellen, daß auch andere pelzige Objekte, ebenso der Bart des Versuchsleiters, die Funktion eines konditionierten aversiven Reizes erworben hatten. In ähnlicher Weise kann z.B. ein Schüler, der für ein bestimmtes Verhalten eine Bestrafung erhalten hat, entweder auf den maßregelnden Lehrer, auf das von diesem unterrichtete Fach oder auf die gesamte schulische Situation mit Aggressivität oder mit Flucht reagieren (SULZER und MAYER, 1972). Unter gewissen Voraussetzungen mag der Lehrer zwar durch Einsatz aversiver Reize aktuelle Verhaltensveränderungen erwirken. Allerdings ist damit zu rechnen, daß der bestrafte Schüler die Tendenz entwickelt, den Lehrer zunehmend zu meiden. Die Möglichkeiten des Erwachsenen, zukünftig Einfluß auf das Verhalten eines so reagierenden Kindes zu nehmen, werden dadurch wahrscheinlich vermindert (REDD et al., 1975).

Die Darbietung aversiver Reize geht in der Regel mit Verhaltensweisen einher, die die Kennzeichnung aggressiv verdienen. Dabei kann es sich um Drohungen, körperliche Bestrafungen ebenso wie um Beschimpfungen handeln. Aus den teilweise noch darzustellenden Forschungsergebnissen von BANDURA und seinen Mitarbeitern (s. S. 118) ist hervorgegangen, daß bei Kindern unter bestimmten Bedingungen die Tendenz besteht, aggressive Verhaltensweisen *nachzuahmen*. Diese Nachahmungstendenz erklärt möglicherweise das Ergebnis einer Untersuchung von KOUNIN und GUMP (1961), in der das Verhalten von Schülern mit strafenden und nicht-strafenden Lehrern verglichen worden ist. Kennzeichnend für die strafenden Lehrer war, daß sie ernste Drohungen aussprachen und Strafmaßnahmen ergriffen, wenn Anordnungen nicht befolgt wurden. Die Autoren fanden in den Klassen strafender Lehrer einen vergleichsweise hohen Prozentsatz aggressiver Kinder.

Ähnliche Zusammenhänge sind auch für das Elternhaus zu erwarten. Sofern ein Kind dort häufig mit körperlichen Bestrafungen konfrontiert wird, wächst die Wahrscheinlichkeit eines Hineingleitens in eine kriminelle Karriere. GLUECK und GLUECK (1950) fanden z.B., daß sich bestehende Erziehungschwierigkeiten durch den Einsatz von Bestrafung eher verstärken als beseitigen lassen. Bei ihrem Vergleich von 500 kriminellen mit 500 nicht-kriminellen Jugendlichen ergab sich, daß 60 Prozent der Eltern von Kriminellen körperliche Strafen als Erziehungsmaßnahmen eingesetzt hatten. Ebenso verfuhren aber nur 35 Prozent der Eltern von Nicht-Kriminellen. (Sofern man dieser lernpsychologischen Interpretation skeptisch gegenüber steht, wird man allerdings behaupten können, daß das Verhalten der kriminellen Jugendlichen zu Hause wahrscheinlich viel Bestrafung herausgefordert hat.) Auch STAPF et al. (1972) registrierten bei einer Befragung jugendlicher Delinquenten, daß diese ihren Vater als relativ streng (d.h. häufig strafend) schilderten. In einer Literaturübersicht, in der 25 einschlägige Studien

„Dies wird dich lehren, andere Leute nicht zu schlagen"

Abb. 4.4: Kinder tendieren dazu, die aggressiven Verhaltensweisen ihrer Eltern zu imitieren

berücksichtigt worden sind, fand MARTIN (1975) Zusammenhänge zwischen härteren Strafen zu Hause einerseits und Aggressionen der bestraften Kinder gegenüber Gleichaltrigen, Lehrern und gegenüber Einrichtungen der Gesellschaft andererseits.

Es gibt zahlreiche Verhaltensweisen, die zwar in einer spezifischen, keineswegs aber in allen Situation gezeigt werden dürfen. So sind beispielsweise auf dem Schulhof viele Aktivitäten erlaubt, die im Klassenzimmer und vor allem während des Unterrichts nicht zu tolerieren sind. Aversive Reize können insofern informativ wirken, als sie die Voraussetzungen des Lernenden zu verbessern vermögen, zwischen beiden Situationen zu unterscheiden, mit anderen Worten, sie können zu einer *Erhöhung seiner Diskriminationsleistungen* führen (MARSHALL, 1965). Bei sachgerechter Anwendung ist mit Hilfe aversiver Reize also auch einer Generalisationstendenz entgegenzuwirken. Im Verlauf des Lernprozesses wird das Individuum jene (diskriminativen) Reize identifizieren, in deren Gegenwart es mit Bestrafung zu rechnen hat. Allerdings muß die Verbesserung der Diskriminationsleistung keineswegs immer in der erstrebten Richtung verlaufen. So berichtet BIRN-BAUER (1968) von dem Ergebnis seiner Bemühungen, mit Hilfe von aversiven Reizen destruktives Verhalten eines Patienten zu beseitigen. Das Kind lernte auf diese Weise, zwischen Situationen zu unterscheiden, in denen ein Verhalten entweder bestraft wurde oder nicht. Eine Eliminierung des Verhaltens fand damit jedoch nicht statt; das Kind reagierte lediglich situationsspezifischer, zeigte also z.B. destruktives Verhalten, wenn der Versuchsleiter nicht anwesend war.

115

4.4.5.7.2 Empfehlungen zum Einsatz von Bestrafung

Grundsätzlich sollten aversive Reize niemals ohne Vorwarnung gegeben werden. Deshalb empfiehlt sich, negative Verstärkungen dem Einsatz von Bestrafungen vorzuschalten. Dem potentiellen Empfänger bietet man auf diese Weise stets eine gewisse Kontrollmöglichkeit, denn er kann ja die unangenehme Konsequenz einer unerwünschten Verhaltensweise vermeiden. Sofern die Warnung jedoch unbeachtet bleibt, sollte die zuvor angekündigte Maßnahme auch realisiert werden; anderenfalls ist damit zu rechnen, daß jegliche Vorwarnung allmählich ihre Funktion verliert. Wer Drohungen ausspricht, ohne sie auszuführen, begeht eine Inkonsequenz, die aus dem Erziehungsalltag möglichst verbannt bleiben sollte. Mangelnde Konsequenz zeigt sich auch darin, daß Lehrer und Eltern unerwünschte Verhaltensweisen nur manchmal bestrafen, während sie bei anderen Gelegenheiten ignoriert werden. Wenn ein Lehrer beispielsweise bei seinem Unterricht auf die Zwischenrufe eines Schülers in einer Situation mit einer ernsten Ermahnung reagiert und sie bei einer anderen Gelegenheit mit zustimmendem Lachen quittiert, ist mit einiger Wahrscheinlichkeit vorherzusagen, daß er dadurch seine Kontrollmöglichkeit über das Schülerverhalten allmählich einbüßt (PARKE und DEUR, 1972). Wer also inkonsistent Bestrafungen vornimmt, setzt deren Wirksamkeit systematisch herab (DEUR und PARKE, 1970).

Ein weiterer Faktor, der die Wirksamkeit einer Strafmaßnahme mitbestimmt, ist durch die Größe des *zeitlichen Intervalls* gegeben, das zwischen einer Verhaltensweise und dem Auftreten des aversiven Reizes liegt. Grundsätzlich gilt, daß eine Konsequenz dem jeweiligen Verhalten unverzüglich zu folgen hat. Allerdings läßt sich diese Empfehlung im Alltagsleben nicht immer realisieren. Vielfach gelingt die Entdeckung einer „Straf"-Tat erst erhebliche Zeit nach ihrer Ausführung. Sollte dennoch – z.B. aus Gründen der Konsequenz – eine Bestrafung erfolgen müssen, empfiehlt es sich, die Sanktionsmaßnahme ausreichend zu erklären. Es hat sich zeigen lassen, daß die Wirksamkeit einer Bestrafung dadurch erheblich steigt, daß die Gründe für ihre Notwendigkeit aufgezeigt werden (PARKE, 1977; VERNA, 1977).

Zu achten ist auch darauf, daß eine Bestrafung bei einem Menschen nur dann eine Verhaltensveränderung herbeiführen kann, wenn diesem eine *Verhaltensalternative* zur Verfügung steht. Ein Schüler, der dem Unterricht nicht folgen kann, weil dieser ihn überfordert, mag sich daraufhin anderen Aktivitäten zuwenden. Der Lehrer könnte diese als „Störung" oder „Unaufmerksamkeit" interpretieren und sie mit Strafmaßnahmen zu unterdrücken versuchen. Eine solche Sanktionierung dürfte aber kaum Veränderungen herbeiführen, denn die Ausführung der vom Lehrer erwünschten Verhaltensalternative ist dem Schüler ja gerade nicht möglich.

Schließlich sollte man berücksichtigen, daß die Wirksamkeit aversiver Reize wesentlich auch von dem sozial-emotionalen Verhältnis abhängt, das zwischen dem Strafenden und dem Bestraften besteht. Ein Lehrer, der mit seinen Schülern eine warme und freundliche Beziehung aufgebaut hat, kann davon ausgehen, daß seine Maßnahme – auch wenn sie nur geringe Intensität besitzt – wirksamer ist als die eines Kollegen, der von den Lernenden ohnehin als kühl und distanziert wahrgenommen wird (PARKE, 1969). Letzterer sollte auf die Anwendung von Strafreizen unbedingt verzichten, denn dadurch distanziert er sich von seinen Schülern nur noch mehr, ohne die erwartete Wirkung zu erzielen.

Zur Erhaltung eines guten sozial-emotionalen Klimas sollte vor Erwägung einer Bestrafungsmaßnahme stets zuerst daran gedacht werden, dem Auftreten einer Verhaltensweise entgegenzuwirken, indem man eine andere verstärkt, die mit jener nicht zu vereinbaren und somit *inkompatibel* ist. Verhaltensweisen sind dann inkompatibel, wenn eine das Auftreten einer anderen ausschließt. Wer auf seinem Platz sitzt, kann nicht gleichzeitig im Klassenzimmer umherlaufen. Wer einer Lehrerdarstellung aufmerksam zuhört, vermag nicht gleichzeitig eine Unterhaltung mit seinem Nachbarn zu führen. Die Auftretenswahrscheinlichkeit einer Verhaltensweise ist somit auch dadurch abzusenken, daß man eine Aktivität identifiziert, die mit ihr inkompatibel ist; diese muß sodann verstärkt werden. Auf diese Weise umgeht man die unerwünschten Konsequenzen, mit denen man bei Einsatz aversiver Reize zu rechnen hat.

4.5 Lernen durch Beobachtung (Modellernen)

In den Chor jener Kritiker, die zu Beginn der sechziger Jahre Unzufriedenheit mit dem strengen behavioristischen Ansatz bekundeten, reihte sich auch Albert BANDURA ein. Zwar sieht er selbst die Wurzeln des von ihm entwickelten Konzepts in der behavioristischen Lerntheorie; allerdings hat er sich von dieser zunehmend entfernt. Insbesondere SKINNERs Operante Konditionierung schien ihm keine ausreichende Erklärung für menschliches Lernen zu bieten. „Wenn Handlungen ausschließlich durch Belohnungen und Bestrafungen bestimmt würden, müßten sich Menschen wie Wetterfahnen verhalten und sich ständig in völlig andere Richtungen drehen, damit sie sich den Launen anderer anpassen können" (BANDURA, 1971). Ein Mensch verändert sein Verhalten nicht nur, wenn er Verstärkungen von anderen erhält; er kann andere (sog. Modelle) auch beobachten und deren Verhalten nachahmen. Dabei ist nicht erforderlich, daß Modelle dem Beobachter leibhaftig gegenüber treten. Handlungen, die über Filme - eventuell auch mit Zeichentrick-Inhalten - dargeboten werden, können ebenso zur Nachahmung anregen.

Im Unterschied zur Sichtweise SKINNERs bestimmt nach BANDURAs Erklärungsansatz nicht ausschließlich die Umwelt, wann und was gelernt wird, denn „Verhalten schafft teilweise die Umwelt und die resultierende Umwelt beeinflußt ihrerseits das Verhalten" (BANDURA, 1971). Damit wird der Lernende aus der unmittelbaren Abhängigkeit von der Umwelt befreit. „Der Mensch ist ein denkender Organismus; er besitzt Fähigkeiten, die ihm einige Möglichkeiten zur Selbststeuerung eröffnen" (BANDURA, 1971). Ein Mensch kopiert also nicht wie ein Automat. Vielmehr bestimmen Aufmerksamkeitsprozesse, was er wahrnimmt und wie er es verarbeitet. Von seiner Interpretation einer gegebenen Situation hängt es weiterhin ab, ob er eine durch Beobachtung gelernte Verhaltensweise zeigt oder nicht. Um deutlich zu machen, daß es sich beim Lernen durch Beobachtung nicht um einen mechanischen Kopiervorgang, sondern um einen Prozeß handelt, an dem Kognitionen beteiligt sind, bevorzugt BANDURA den Begriff „Modellernen".

Bevor zum Abschluß dieses Kapitels die Konzeption BANDURAs von der Selbststeuerung wiederzugeben sein wird, ist jener Prozeß zu beschreiben, den BANDURA zur Erklärung des Beobachtungslernens in Anspruch nimmt. Die Palette des durch Beobachtung zu Erlernenden ist breit; sie reicht von der Hemmung und Enthemmung bereits im Repertoire befindlicher Verhaltensweisen bis hin zum Regellernen. Ob und wann das Gelernte tatsächlich gezeigt wird, bestimmt sich zum einen nach Charakteristiken der jeweils gegebenen Situation bzw. danach, wie diese wahrgenommen wird, zum anderen nach den Verhaltenskonsequenzen, die der Lernende bislang kennengelernt hat.

4.5.1 Komponenten des Beobachtungslernens

Das Studium des Beobachtungslernens hat BANDURA veranlaßt, zwischen einer Erwerbs- (oder Lern-) und einer Nachbildungs- (oder Verhaltens-)Phase zu unterscheiden. Mit dieser Zweiteilung hebt sich BANDURA ebenfalls vom behavioristischen Ansatz ab, denn nach SKINNER kann erst dann von Lernen gesprochen werden, wenn es sich im Verhalten manifestiert hat.

Die Berechtigung, zwischen den beiden genannten Phasen zu unterscheiden, leitete BANDURA (1965) aus den Ergebnissen des folgenden Experiments ab: Vorschulkinder sahen in einem Film einen Akteur (in der Terminologie BANDURAs: das Modell), der eine Reihe aggressiver Verhaltensweisen offenbarte. Unter einer ersten Bedingung bot man Kindern eine Filmversion, in der die Aggressionen zu einem Erfolg führten. Unter einer zweiten Bedingung führten dieselben Verhaltensweisen zu Bestrafungen. In einer dritten Version des Filmes hatten die Aggressionen keinerlei Konsequenzen. Nachdem man in einem zweiten Teil des Experiments sämtliche Kinder einzeln in ein Zimmer geführt hatte, beobachtete man sie unauffällig beim Spielen. Die Kinder, die zuvor den Film der Bedingung eins gesehen hatten (Aggressionen wurden belohnt), ahmten das Modell häufiger und ausgeprägter nach als die Kinder der beiden anderen Bedingungen (Aggressionen wurden bestraft bzw. blieben ohne Konsequenzen). Nachdem man allerdings den jungen Versuchspersonen in einem dritten Teil des Experiments attraktive Anreize für gute Nachahmungen versprochen hatte, verschwanden die zuvor registrierten Verhaltensunterschiede völlig. Nunmehr waren auch die Kinder, die die zweite und dritte Version des Films gesehen hatten, in der Lage, die beobachteten aggressiven Verhaltensweisen nachzuahmen (BANDURA et al. 1963).

. Die Aneignungsphase bezeichnet einen Prozeß, in dessen Verlauf gelernt wird, wie auf eine Situation reagiert werden könnte. In der Ausführungsphase wird das zu einem früheren Zeitpunkt gelernte Verhalten manifestiert.

4.5.1.1 Die Aneignungsphase

Menschen ahmen keineswegs alle Verhaltensweisen nach, die in ihrer Gegenwart auftreten. Einige Menschen sind für einen Beobachter relevanter als andere, ebenso werden einige Verhaltensweisen bereitwilliger als andere nachgeahmt. Die

118

Auswahl erfolgt über *Aufmerksamkeitsprozesse*. Längere Zeit hat man in der Forschung zu klären versucht, welche Reizcharakteristika in einer sozialen Situation die Aufmerksamkeit eines Beobachters zu erregen vermögen. Zwar haben sich kaum verallgemeinerungsfähige Resultate ergeben, mit einiger Vorsicht ist aber zu vermuten, daß Lehrer grundsätzlich wegen ihrer sozialen Macht (BANDURA et al., 1963) – sie können z.B. Verstärkungen und Bestrafungen veranlassen – , bei freundlichem Verhalten (BANDURA und HUSTON, 1961) und bei fachlicher Kompetenz (ROSENBAUM und TUCKER, 1962) bereitwilliger nachgeahmt werden als andere mit geringerer Ausprägung dieser Merkmale.

Ein Verhalten, das in den Blickpunkt der Aufmerksamkeit geraten ist, muß in das *Gedächtnis* übertragen werden, wenn es jemals nachgeahmt werden sollte. Man unterscheidet zwei Möglichkeiten der gedächtnismäßigen Fixierung. Das Verhalten eines Modells kann in Form eines visuellen Abbildes gespeichert werden. Es ist ebenso möglich, daß der Beobachter das Wahrgenommene in eine sprachliche Beschreibung umsetzt. Wiederholungen fördern in der Regel den Behaltensprozeß.

4.5.1.2 Die Ausführungsphase

Nicht alles, was ein Mensch beobachtet hat, vermag er auch auszuführen. Selbst die aufmerksame Beobachtung eines Kunstspringers oder Eiskunstläufers ermöglicht es den meisten Zuschauern nicht, das Dargestellte *motorisch nachzuahmen*. Allerdings eröffnet die Möglichkeit zur wiederholten Beobachtung einer Leistung und der Versuch ihrer Nachahmung, daß Rückmeldungsprozesse das gespeicherte Verhaltensmuster korrigieren und ergänzen. Dadurch können sich die Nachahmungen dem Modell zunehmend annähern.

Die vollständige Aneignung einer Verhaltensweise bedeutet nicht, daß sie auch tatsächlich ausgeführt wird; dazu bedarf es nämlich einer ausreichenden *Motivation*. Menschen sind nur dann bereit, eine Verhaltensweise zu manifestieren, wenn sie mit einer Verstärkung rechnen können. Wenn sie in der Vergangenheit für Nachahmungen Verstärkungen erhalten haben, steigt die Wahrscheinlichkeit für zukünftige Nachahmungen.

Wie bereits die oben wiedergegebene Beschreibung des Experiments von BANDURA (1965) gezeigt hat, muß ein Beobachter eine Verstärkung nicht direkt erfahren haben. Verhaltensweisen können auch dann nachgeahmt werden, wenn beobachtet worden ist, daß sie bei anderen zu positiven Konsequenzen geführt haben. Wenn ein Beobachter zur Nachahmung eines Modells bereit ist, weil dieses eine Verstärkung erhalten hat, spricht BANDURA von einer *stellvertretenden Verstärkung*. Es bedeutet selbstverständlich eine enorme Ökonomie für den Lernenden, wenn er nicht jede Erfahrung selbst machen muß, sondern übernehmen kann, was andere erfahren haben.

4.5.2 *Effekte des Beobachtungslernens*

Der Beobachter kann, indem er seine Aufmerksamkeit auf ein Modell richtet, zum einen erfahren, welche Verhaltensweisen dieses in einer gegebenen Situation zeigt. Ein Passant, der vor einer Verkehrsampel steht, sieht z.B., daß ein anderer

119

Fußgänger die Straße überquert, obwohl die Anlage rot signalisiert. Möglicherweise folgt der Beobachter dem Modell daraufhin. Eine neue Verhaltensweise hat er damit allerdings nicht gelernt, denn das Überqueren einer Straße war bereits vorher Bestandteil seines Verhaltensrepertoires. Der Beobachter hat lediglich entschieden, sich ebenso wie das Modell zu verhalten. BANDURA (1969) spricht in einem solchen Fall von einem Modellierungs-Effekt.

Durch Beobachtung eines Modells läßt sich zum anderen eine neue Verhaltensweise erwerben. Der Tennislehrer zeigt seinem Schüler z.B., wie der Schläger zu halten ist. Der Lernende soll dabei eine Verhaltensweise lernen, die für ihn neu ist, die er also erst erwerben muß. Deshalb läßt sich bei dieser Wirkung des Beobachtungslernens von einem Aneignungs-Effekt sprechen. Solche Effekte müssen keineswegs auf den Erwerb einer bestimmten Verhaltensweise beschränkt sein. Möglicherweise variiert das Modell sein Verhalten nach einer ganz bestimmten Regel. Sofern der Beobachter auf diese Regel aufmerksam wird, sollte er in der Lage sein, neue Verhaltensweisen zu zeigen, die dieser Regel entsprechen; erworben wurde folglich regel-geleitetes Verhalten.

So eindeutig wie in den genannten Beispielen läßt sich nicht immer entscheiden, ob ein Modellierungs- oder ein Aneignungs-Effekt vorliegt. Wenn ein Kind z.B. beobachtet, daß seine Mutter Furcht vor einem Hund hat, kann es bei weiteren Begegnungen mit einem solchen Tier ebenso reagieren. Was hat das Kind nun durch diese Beobachtung gelernt? Gefürchtet hat es sich bereits früher bei anderen Anlässen. Auch der Begriff *Hund* ist ihm bereits bekannt. Allerdings hat ihm die Beobachtung der Mutter vermittelt, daß man sich vor einem Hund fürchten muß. Da das Kind bei zukünftigen Begegnungen mit diesem Tier ebenso reagiert, liegt ein relativ dauerhafter Lern-Effekt vor, der vielleicht durch weitere Beobachtungen wieder zu beseitigen ist. BANDURA und Mitarbeitern (1967) gelang es, bei Kindern dadurch eine Hundefurcht abzubauen, daß sie diesen die Möglichkeit boten, Gleichaltrige zu beobachten, die unbefangen mit einem Hund spielten.

4.5.2.1 Modellierungs-Effekte

In der Regel haben Passanten *Hemmungen*, eine Straße bei roter Ampel zu überqueren. Vielleicht konnten sie bereits selbst erfahren, möglicherweise auch bei anderen beobachten, daß eine derartige Verhaltensweise womöglich von einer Bestrafung gefolgt wird. Sollte ein Modell allerdings vorführen, daß man auch ohne negative Konsequenzen die Straße überqueren kann, besteht die Möglichkeit, daß ihr Verhalten *enthemmend* auf den Beobachter wirkt; in einem solchen Fall folgt er dem Vorbild.

Die Enthemmung ist nicht mit einem anderen Prozeß zu verwechseln, den man in deutschsprachigen Übersetzungen zumeist als *Auslöser* (engl.: *facilitation*) bezeichnet (der Begriff Auslöser ist etwas unglücklich, weil er eng mit mechanistischen Vorstellungen verknüpft ist). Damit ist eine Situation gemeint, in der – aber nicht, weil eine Verhaltensweise infolge Bestrafungen gehemmt gewesen ist – ein Modell einem Beobachter vorführt, daß eine Verhaltensweise durchaus angemessen sein kann. Modeerscheinungen verbreiten sich auf diese Weise häufig.

120

Lehrer sollten dafür sensibilisiert sein, daß über die Beobachtung anderer Hemmungen und Enthemmungen entstehen können. Wenn Klassenkameraden z.B. wahrnehmen, daß einer ihrer Mitschüler Disziplinarregeln des Unterrichts mißachtet, ohne daß der Lehrer diesem Verhalten negative Konsequenzen folgen läßt, kann es zu einem *Wellen-Effekt (ripple-effect* nach KOUNIN, 1970) kommen, d.h., es ist möglich, daß sich das unerwünschte Verhalten daraufhin wellenförmig ausbreitet. Entsprechende Beobachtungen bewirken, daß sich Hemmungen bei anderen Schülern verringern; sie wären dann fortan eher bereit, ebenfalls Ordnungen des Unterrichtsablaufs zu mißachten. Ein Lehrer, der regelwidriges Verhalten nicht rechtzeitig bemerkt und es unterläßt, entsprechend darauf zu reagieren, schafft sich somit für die Zukunft erschwerende Bedingungen zur Erhaltung der Disziplin (s. S. 27 f.). Entsprechende Zusammenhänge gelten natürlich auch, wenn der Lehrer erwünschtes Verhalten für andere sichtbar herausstellt.

4.5.2.2 Aneignungs-Effekte

In seinen früheren Experimenten war BANDURA zumeist um den Nachweis bemüht, daß Beobachter – es waren in der Regel Kinder im Vorschulalter – unter bestimmten Bedingungen zur Nachahmung von neuen Verhaltensweisen bereit waren. Im Alltagsleben werden auf diese Weise zweifellos ungezählte Fertigkeiten erworben. Eltern zeigen ihren Kindern beispielsweise, wie man eine Schere benutzt, wie man eine Schleife bindet oder ein Schloß öffnet. Beim schulischen Lernen steht seltener die Nachahmung relativ einfacher Verhaltensweisen im Mittelpunkt. Lehrer bemühen sich weit häufiger darum, Begriffe oder Regeln zu vermitteln. Experimentell hat sich eindeutig zeigen lassen, daß Beobachter nicht nur konkrete Verhaltensweisen, sondern ebenso deren Regelhaftigkeiten zu erfassen und nachzuahmen vermögen (s. z.B. ROSENTHAL und ZIMMERMAN, 1978).

> In einschlägigen Untersuchungen hat man Lernende zunächst mit einem Modell konfrontiert, das ein regel-geleitetes Verhalten vorgeführt hat: es verwendet z.B. eine bestimmte Form von Fragesätzen (s. S. 150) oder stellt dar, wie typische PIAGET-Aufgaben bewältigt werden. Üblicherweise wiederholt das Modell das nachzuahmende Verhalten mehrere Male.
> Das beobachtende Kind erhält sodann die Möglichkeit, das Modell nachzuahmen. Dabei achtet der Versuchsleiter darauf, daß nicht nur kopiert wird. Vielmehr wird das Kind angeregt, seine Regelkenntnis zu demonstrieren, d.h., es soll neue Verhaltensweisen zeigen, indem es mit einer leicht veränderten PIAGET-Aufgabe konfrontiert wird und Gelegenheit erhält, seine Fragesätze auf einen neuen Inhalt hin zu formulieren.

4.5.3 Selbststeuerung des Verhaltens

Für einen Behavioristen ist das Verhalten letztlich von der Umwelt determiniert. Die Suche nach Möglichkeiten der Selbststeuerung verbietet sich schon deshalb, weil dabei früher oder später Prozesse angenommen werden müßten, die sich der Beobachtung entziehen. Wenn Pädagogen Antwort auf die Frage haben möchten, wie sie eine zunehmende Selbststeuerung beim Lernenden fördern können, dürfen sie von einem Behavioristen letztlich keine befriedigende Antwort erwarten. Das bedeutet aber nicht, daß ihnen die Psychologie insgesamt eine Antwort schuldig bleiben muß. Fragen nach dem Wesen der Selbststeuerung sowie nach deren Förderung beim Menschen haben nicht nur das Interesse der Klinischen, sondern ebenso das der Pädagogischen Psychologie erregt. Ermutigend wirkten dabei Literaturübersichten, aus denen hervorgegangen ist, daß „von außen auferlegte Kontingenzen ebenso effektiv sind wie selbst-bestimmte Kontingenzen" (McLAUGHLIN, 1976). Bezüglich der Selbststeuerung wurden mehrere Konzepte vorgelegt, deren Gemeinsamkeiten und Unterschiede in diesem Rahmen nicht weiter verfolgt werden sollen. Der folgende Beitrag beschränkt sich darauf, einige Charakteristika jener Prozesse herauszustellen, die BANDURA (1977, 1978) für sein System der Selbststeuerung in Anspruch nimmt.

Von einer Selbststeuerung des Verhaltens ist zu sprechen, wenn ein Individuum selbst Maßnahmen ergreift, die bei ihm eine Verhaltensveränderung im Gefolge haben. Selbststeuerung ist mit einem Konflikt verbunden, denn es muß eine Entscheidung getroffen werden, ob man z.B. eine wahrscheinlichere, aber kleinere Verstärkung sofort oder eine weniger wahrscheinliche, dafür aber größere Verstärkung später haben will. Man muß sich entscheiden, ob man eine weniger unangenehme Situation in der Gegenwart tolerieren will, um eine stärker aversive Situation in der Zukunft zu vermeiden (BRIGHAM, 1978).

Hausaufg.
jetzt oder
später?

So steht ein Schüler z.B. vor der Frage, ob er – statt zum Spielen zu gehen – die weniger geliebten Schularbeiten sofort macht oder ob er sie hinausschiebt, womit er allerdings das Risiko eingeht, später nicht mehr ausreichend Zeit zur Verfügung zu haben (was in der Schule mit erheblichen negativen Konsequenzen verbunden sein kann). Ein Mensch, der Gewichtsprobleme hat, steht vor der Frage, ob er weiterhin viel Nahrung zu sich nimmt. Ein teilweiser Essensverzicht könnte ihm – nicht nur in gesundheitlicher Sicht – erhebliche Unannehmlichkeiten für die Zukunft ersparen.

Die Übernahme von Selbststeuerung setzt stets eine Zukunftsperspektive voraus, d.h. die Fähigkeit, eine in der Zukunft liegende Konsequenz in Betracht zu ziehen und das gegenwärtige Verhalten danach auszurichten und zwar selbst dann, wenn damit ein Verzicht auf ein angenehmes Erlebnis in der Gegenwart verbunden ist.

Zur Erklärung einer Selbststeuerung des eigenen Verhaltens behauptet BANDURA drei grundlegende Prozesse: Selbstbeobachtung, Bewertungsprozesse und selbstvermittelte Verhaltenskonsequenzen.

3
grundlegende
Prozeße

4.5.3.1 Beobachtung des eigenen Verhaltens ≙ Selbstbeobachtung

Der Prozeß einer Selbststeuerung erfordert zunächst die Beobachtung und Protokollierung des eigenen Verhaltens. Diese Methode spielt offenbar nicht nur in klinischen Bereichen eine Rolle. Auch berühmte Schriftsteller registrieren täglich die Anzahl der erstellten Seiten (WALLACE und PEAR, 1977). Ebenso kann ein Grundschullehrer seine Schüler anregen, sich bezüglich der Anzahl der täglich gelesenen Seiten oder der für eine bestimmte Übung aufgewandten Zeit Notizen zu machen. In Studien zur Verhaltensmodifikation hatten Schüler zu protokollieren,

122

wenn sie sich unerlaubt vom Platz entfernt hatten, mit dem Nachbarn gesprochen hatten usw.

Einige Autoren berichten von Verhaltensveränderungen, die bereits dadurch entstanden sind, daß Personen lediglich ihr eigenes Verhalten beobachtet bzw. protokolliert haben (PIERSEL und KRATOCHWILL, 1979; ROSENBAUM und DRABMAN, 1979). Beispielsweise registrierten Studenten in einer Studie von YATES und ZIMBARDO (1977) die tägliche Zeit, die sie für die Bearbeitung von Studientexten aufgewandt hatten; diese erzielten daraufhin bessere Zensuren als andere, die nicht zur Anfertigung entsprechender Notizen angeregt worden waren. Solche Ergebnisse wecken jedoch den Verdacht, daß die Studenten sich nicht auf die Selbstbeobachtung beschränkt, sondern auch Selbstbewertungen und ggf. Selbstverstärkungen vorgenommen haben.

4.5.3.2 Bewertung des eigenen Verhaltens   ≙ Bewertungsprozesse

Bevor man sich für seine eigenen Leistungen belohnen oder bestrafen kann, muß man sie bewertet haben. Dieser Prozeß setzt einen Leistungsstandard voraus, durch den festgelegt ist, wieviel man von sich selbst verlangt. Standards entwickeln sich aufgrund eigener Erfahrungen oder durch Beobachtung anderer. Wer z.B. eine bestimmte Sportart ausübt, weiß, wo er sich selbst bezüglich seiner Leistungsfähigkeit einordnen kann. Unter bestimmten Voraussetzungen steigert man allmählich die Anforderungen, die man an sich selbst stellt (s. S. 268 ff.). Die Standardsetzung hängt in erheblichem Maße davon ab, wie hoch eine Aktivität bewertet wird. „Menschen interessieren sich nicht sehr dafür, wie sie Aufgaben bewältigen, die für sie nur wenig oder keine Bedeutung haben" (BANDURA, 1978). Beispielsweise lassen sich in der Bevölkerung viele Personen identifizieren, die nur wenige Kenntnisse im politischen Bereich besitzen oder häufig bei mathematischen Problemen – auch relativ leichter Art – versagen. Da sie diese Gebiete aber nicht sonderlich hoch bewerten, stellen sie nur geringe diesbezügliche Anforderungen an sich selbst.

BANDURA konnte zeigen, daß Erwachsene eine bedeutsame Rolle bei der Standardsetzung von Kindern spielen. In einem Experiment von BANDURA und KUPERS (1964) hatten Kinder bei einem Kegelspiel die Gelegenheit, ein Modell zu beobachten, das unter einer ersten Bedingung hohe, unter einer zweiten Bedingungen geringe Anforderungen an sich stellte. Anschließend beobachtete man die Kinder, wie sie sich in einer Alleinsituation verhielten. Es ergaben sich deutliche Hinweise dafür, daß Beobachtungslernen stattgefunden hatte, denn die Kinder der ersten Bedingung schienen ebenfalls hohe Anforderungen an sich zu stellen; sie waren nämlich mit ihren Leistungen zumeist unzufrieden, während die Kinder der zweiten Gruppe sogar relativ schwache Leistungen zu akzeptieren vermochten. Dieses Ergebnis offenbart einen wesentlichen Zusammenhang: Wenn Eltern oder Lehrer sowohl im Handeln wie auch in Worten Nachsicht offenbaren, müssen sie damit rechnen, daß sich auch ihre Kinder bzw. Schüler mit mittelmäßigen Leistungen zufrieden geben (BANDURA, 1977; JONES und EVANS, 1980).

123

4.5.3.3 Bestimmung von Verhaltenskonsequenzen = *selbstvermittelte Verhaltenskonsequenzen*

Wie den Bekenntnissen berühmter Schriftsteller zu entnehmen ist, registrieren sie täglich genau den Fortgang ihrer Arbeiten (WALLACE und PEAR, 1977). Erst bei Erfüllung der jeweils gesetzten Standards gestatten sie sich eine Belohnung, z.B. in Form einer Pause oder eines materiellen Verstärkers. Ernest *Hemingway* mußte zunächst sein Soll erfüllt haben, bevor ihm sein Gewissen gestattete, zum Angeln zu gehen. Die Belohnung kann somit auch ein angenehmer emotionaler Zustand sein: man ist mit sich zufrieden oder stolz auf die vollbrachte Leistung. In all diesen Fällen spricht BANDURA von Selbstverstärkung. Eine solche liegt vor, wenn ein Mensch eine uneingeschränkte Kontrolle über verfügbare Verstärker besitzt, die er sich selbst bei Erreichung bestimmter Verhaltensstandards verabreichen kann. „Es existieren zahlreiche Belege, die zeigen, daß Menschen, die sich für ihr eigenes Verhalten belohnen, höhere Leistungsniveaus erreichen als jene, die dieselben Aktivitäten nach Anweisung ohne Verstärkung ausführen, die nicht-kontingent belohnt werden oder die ihr eigenes Verhalten überwachen und sich Ziele setzen, sich aber für das Erreichte keine Belohnungen verabreichen" (BANDURA, 1978).

Wenn die Bewertung des eigenen Verhaltens ungünstig ausfällt, wenn man also den eigenen Anforderungen nicht gerecht geworden ist, kann man für sich negative Konsequenzen bestimmen. Man versagt sich eine attraktive Tätigkeit, oder man fühlt sich einfach schlecht, erlebt Unzufriedenheit oder Scham. Wenn seine Leistungen hinter dem Soll zurückgeblieben waren, nahm der Schriftsteller Anthony *Trollope* z.B. wahr, wie „ihm die Trägheit ins Gesicht starrte" oder wie ihm „der Schmerz ans Herz ging" (WALLACE und PEAR, 1977).

Die Bestimmung der Verhaltenskonsequenzen hängt zunächst einmal davon ab, ob das Leistungsergebnis die eigenen Erwartungen erfüllt hat oder nicht. Darüber hinaus ist von Bedeutung, wie man das Resultat der eigenen Arbeit interpretiert. Wenn man die vollbrachten Leistungen als Ergebnis eigener Tüchtigkeit oder hoher Anstrengungen sieht, fällt die Selbstverstärkung in der Regel relativ intensiv aus. Dagegen verstärkt man sich bei ansonsten gleichem Leistungsergebnis weniger, wenn man wahrnimmt, daß es vor allem durch Mitwirkung externer Faktoren, wie z.B. Mithilfe anderer oder Glück, zustandegekommen ist.

Die Anerkennung BANDURAs, daß subjektiv wahrgenommene Ursachen eines Leistungsergebnisses entscheidend mitbestimmen, ob und wie man sich verstärkt, dokumentiert deutlich, wie stark BANDURA sich aus der behavioristischen Orientierung gelöst hat. Dies dokumentiert ebenso seine Auffassung, daß Selbstverstärkungen die Funktion von Anreizen für weiteres Handeln haben und folglich Motivationsfunktion besitzen. Damit werden aber Konzepte angesprochen, die an dieser Stelle nicht weiter verfolgt zu werden brauchen, weil ihrer Darstellung im achten Kapitel ein breiter Raum zu widmen sein wird.

5. KAPITEL

Das Problemlösen und seine Voraussetzungen

In dem vorangegangenen Kapitel ist ein typisches Experiment SKINNERs vor-gestellt worden. Es war dadurch gekennzeichnet, daß eine hungrige Ratte in einen Käfig gesetzt wurde. Damit war für das Tier eine Problemsituation gegeben, denn es vermochte zunächst keine Verhaltensweise zu zeigen, die ihm den Zugang zum begehrten Futter ermöglicht hätte. Erst im Verlauf mehrerer Versuchswieder-holungen lernte die Ratte, daß sie einen vorhandenen Hebel herunterzudrücken hatte, um damit eine Nahrungsfreigabe zu bewirken.

Für den Lernpsychologen stellt sich die Frage, *wie* diese Verhaltensveränderung zustandegekommen ist. SKINNER verwies in seiner Antwort bekanntlich auf de-ren Abhängigkeit von den Verhaltenskonsequenzen. Nachfolgende Verstärkungen würden die Auftretenswahrscheinlichkeit der Verhaltensweisen erhöhen, Konse-quenzen mit Bestrafungscharakter hätten eine Absenkung zur Folge.

Von einem kognitiv orientierten Psychologen wäre folgende Antwort zu geben: die Ratte hat aufgrund der unterschiedlichen Konsequenzen ihrer Verhaltenswei-sen Informationen gewonnen, durch die das Tier „entdeckt" haben muß, daß unter den gegebenen Versuchsbedingungen dem Hebel im Vergleich zu anderen Reizen des Käfigs insofern eine besondere Funktion zuzuschreiben war, als dieser ein In-strument zur Erlangung von Futter werden konnte. Mit der „Einsicht" in diesen Zusammenhang war es für das Versuchstier kein Problem mehr, auftretenden Hunger zu stillen.

Um den Übergang zu den Fragen des vorliegenden Kapitels zu schaffen, könnte man SKINNERs Experiment gedanklich noch etwas weiterführen. Die Ratte wäre dabei mit Hebeln unterschiedlicher Art zu konfrontieren gewesen. Eher oder spä-ter hätte das Tier wahrscheinlich gelernt, daß es unerheblich war, welche Beschaf-fenheit der Hebel hatte; er konnte lang oder kurz, schwarz oder weiß, aus Holz oder Metall sein. Lediglich ein bestimmtes Formenmerkmal des Hebels blieb bei der ansonsten zu beobachtenden Merkmalsvariation erhalten; dieses offenkundig relevante Merkmal galt es zu entdecken, weil sich mit dessen Hilfe der Hebel iden-tifizieren ließ, der mit der Futterfreigabe in Beziehung stand. Mit der Entdeckung dieses Merkmals war für die Ratte etwas entstanden, was man in der Lernpsycho-logie als *Begriff* (selbstverständlich nicht im sprachlichen Sinne) bezeichnet. Mit der Anwendung der *Regel* „wenn der Hebel gedrückt wird, dann erfolgt die Frei-gabe von Futter" ist die lernpsychologisch erklärbare Anpassung des Tieres an die besonderen Bedingungen eines Käfigs erfolgt.

Begriffs- und Regellernen werden als wichtige Voraussetzungen zur Lösung von Problemen angesehen. Wie gezeigt wurde, studierte – im Anschluß an THORN-DIKE – auch SKINNER das Problemlösungsverhalten von Organismen. Das vorliegende Kapitel geht über SKINNERs Interpretation insofern hinaus, als Konsequenzen von Verhaltensweisen als eine Grundlage von Informationen gesehen werden, die vom Lernenden aufzunehmen und zu verarbeiten sind, was sich im weiteren Verlauf als Verhaltensveränderung operationalisieren kann. Wie entstehen aber Begriffe und Regeln und wie läßt sich ihr Erwerb in der Weise fördern, daß die Bemühungen des Lernenden zur effektiven Auseinandersetzung mit Problemsituationen dadurch unterstützt werden? Einige Antworten zu dieser sehr komplexen Frage sollen im vorliegenden Kapitel gegeben werden.

5.1 Das Erlernen von Begriffen

Alle Lebewesen stehen vor dem Problem, sich an eine Welt anzupassen, die außerordentlich komplex ist, denn in ihr gleichen selten zwei Objekte oder Ereignisse einander vollkommen. Es wäre unmöglich, auf jede individuelle Besonderheit spezifisch zu reagieren. Ein Individuum würde sich sonst hoffnungslos in Einzelheiten verlieren, und eine Anpassung an die Umweltgegebenheiten wäre unter solchen Umständen nicht mehr zu leisten. Man denke nur an die Welt der Farben, von denen ein Mensch mehrere tausend unterscheiden könnte. Tatsächlich kommt er im praktischen Alltag jedoch mit erheblich weniger Farbbezeichnungen aus.

Man hat Begriffe als Bausteine des Wissens und Denkens bezeichnet; ohne sie wäre kein intelligentes Verhalten vorstellbar. Die Schule trägt ihrer Bedeutung Rechnung, denn der größte Teil der Unterrichtszeit ist darauf gerichtet, Begriffe zu lehren, ihr Verständnis zu prüfen und ihre Anwendung beim Problemlösen zu üben.

In den nachfolgendenden Abschnitten wird zunächst eine Kennzeichnung des Begriffs zu geben sein. Anschließend sollen Hinweise für den Lehrer gegeben werden, wie er im Rahmen seines Unterrichts das Erlernen von Begriffen unterstützen kann.

5.1.1 Kennzeichnung des Begriffs

Wenn das kleine Kind zum ersten Mal gelernt hat, daß es sich bei einem bestimmten Gegenstand um einen „Apfel" handelt, verfügt es noch nicht über einen Begriff, sondern es kennt und verwendet damit lediglich eine Namensbezeichnung. Erst wenn es im weiteren Verlauf seiner Erfahrungsgewinnung darauf aufmerksam geworden ist, daß dieser Gegenstand bezüglich Größe, Form, Farbe usw. beträchtlich variieren kann und dennoch stets als „Apfel" zu bezeichnen ist, liegt ein Begriff vor. Begriffe sind folglich Kategorien, die benutzt werden, um Gegenstände – darüberhinaus aber auch Ideen, Ereignisse usw. – zu klassifizieren. Im Rahmen alltäglicher Konversationen reicht es in zahlreichen Situationen völlig aus, wenn man auf die vielfältigen Erscheinungsformen einer bestimmten Gegebenheit stets mit dem Begriff „Apfel" reagiert. Aus der Mannigfaltigkeit ist Einheitlichkeit entstanden, indem der Wahrnehmende einer Kategorie zugeordnet hat, was nach seiner Interpretation zusammengehört.

> Der Mensch kategorisiert aber nicht nur seine Gegenstandswelt. Alltäglich hat er auch eine Fülle von sozialen Kontakten. Mitmenschen begegnen ihm und offenbaren vielfältige Verhaltensweisen, die sich ebenfalls kategorisieren lassen. So mögen sich nach dem Eindruck eines Wahrnehmenden Verhaltensweisen eines anderen z.B. auf die Begriffe „freundlich", „selbständig", „intelligent" und „empfindlich" zurückführen lassen. KELLY (1963) hat solche auf Menschen bezogenen Begriffe als *personale Konstrukte* bezeichnet.

Nachdem man einen Gegenstand wahrgenommen hat, der an einem Baum wächst, eine abgerundete Form aufweist, gelb und grün gefärbt ist usw., läßt dieser sich als „Apfel" identifizieren. Man kann nunmehr über den Apfel Aussagen machen, die über das Beobachtbare hinausgehen. Es läßt sich z.B. die Feststellung treffen, daß er eßbar oder saftig ist. Einem Erwachsenen dürfte es zudem keine Schwierigkeiten bereiten, „Äpfel" z.B. neben „Birnen", „Pflaumen" usw. als Teilmenge einer oder mehrerer Oberkategorien (z.B. „Kernfrüchte", „Obst") zu erfassen, die ihrerseits wiederum Unterkategorien zulassen (Cox-Orange, Boscop usw.). Begriffe weisen also Beziehungen zu anderen Begriffen auf; sie lassen sich wie in Abbildung 5.1 in eine hierarchische Ordnung bringen.

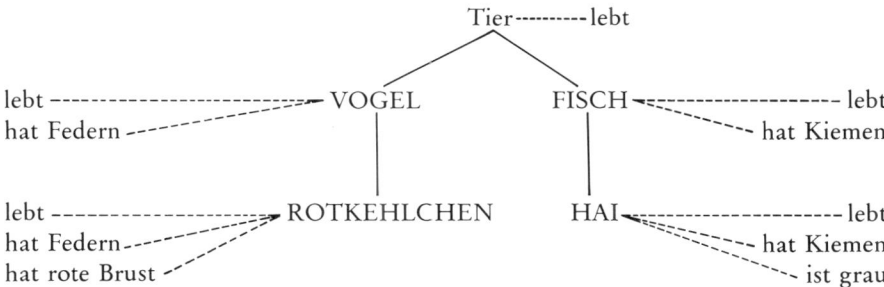

Abb. 5.1: Eine Hierarchie von Begriffen. Die durchgezogenen Linien zeigen unmittelbare Beziehungen zwischen Begriffen an. Die gestrichelten Linien führen zu (relevanten) Merkmalen der Begriffe (nach HILGARD et al., 1979).

Wie gelingt es aber einem Wahrnehmenden, eine bestimmte Frucht als „Apfel" oder ein anderes Lebewesen als „Fisch" zu identifizieren? Was beachtet ein Wahrnehmender an jenen Reizgegebenheiten, die er zu einer Kategorie zusammenfaßt? Solche Fragen werden zum gegenwärtigen Zeitpunkt in der Wissenschaft nicht übereinstimmend beantwortet. Es lassen sich wenigstens zwei Positionen unterscheiden. Es ist zum einen die Auffassung vertreten worden, daß Begriffe als Kategorien von Objekten bzw. Ereignissen aufzufassen sind, die jeweils ein oder mehrere Merkmale gemeinsam besitzen, die ihrerseits nach bestimmten Regeln kombiniert sind. Von dieser Position heben sich zum anderen Autoren ab, die in Begriffen „Prototypen" von Objekten und Ereignissen sehen.

5.1.1.1 Begriffe als Kategorien gemeinsamer Merkmale

Seit einer klassischen Studie von HULL aus dem Jahre 1920 hat man vielfach einen Begriff als Kategorie definiert, dem nach bestimmten Regeln Ereignisse oder Objekte zuzuordnen sind. Folgendes Experiment zum Begriffslernen veranschaulicht das Kennzeichnende dieser Position:

> Der Versuchsleiter legt seinen Versuchspersonen zahlreiche geometrische Figuren vor, die sich bezüglich ihrer Farbe, Größe und Form voneinander unterscheiden. Der Versuchsleiter denkt sich daraufhin eine Kategorie aus; so definiert er z.B. in einem Durchgang die relevanten Merkmale *groß*, *rund* und *rot*. Die Versuchsperson wählt sodann Figuren aus und erfährt jeweils unmittelbar darauf vom Versuchsleiter, indem dieser mit „ja" oder „nein" reagiert, ob die benannte Figur in die gesuchte Kategorie gehört. Ein Durchgang gilt als erfolgreich abgeschlossen, wenn eine Versuchsperson sämtliche relevanten Merkmale erraten hat.
>
> Diesem Experiment liegen folgende Annahmen zugrunde (s. hierzu auch ECKES und SIX, 1984):
>
> 1. Jede Kategorie ist durch das Vorhandensein einer (zumeist) kleineren Anzahl von „relevanten" Merkmalen definiert (so war in dem geschilderten Experiment eine Kategorie durch die Merkmale *groß*, *rund* und *rot* gekennzeichnet).
> 2. Ein Objekt bzw. Ereignis gilt nur dann als Beispiel der jeweils definierten Kategorie, wenn es Träger eben dieser relevanten Merkmale ist. Ein Ereignis oder Objekt *ist* einer Kategorie zugehörig oder nicht; es gibt keine Abstufungen, nach der eine Kategorie einem Beispiel zugehört (Ein Objekt ist also groß oder nicht; ein Objekt *mittlerer* Größe würde in eine andere Kategorie gehören).
> 3. Innerhalb einer bestimmten Abstraktionsebene sind die einzelnen Kategorien klar voneinander unterschieden; ein Objekt oder Ereignis kann nicht gleichzeitig zwei Kategorien angehören (entsprechend ist ein Tisch von einem Stuhl zu unterscheiden, erst auf der Abstraktionsebene „Möbel" lassen sich beide in eine Kategorie zusammenfassen).
> 4. Die einzelnen relevanten Merkmale unterscheiden sich nicht nach ihrer Bedeutung; sie sind alle gleich wichtig (im Falle der geometrischen Figuren kommt dem Merkmal *rot* die gleiche Bedeutung zu wie den Merkmalen *groß* und *rund*).

5.1.1.2 Begriffe als Prototypen

Kritisch hat man gegenüber dem Ansatz, der Begriffe über Merkmale definiert, geltend gemacht, daß konkrete Gegebenheiten sich keineswegs immer so eindeutig kategorisieren lassen, wie jene Reizobjekte, die man bevorzugt in typischen Experimenten zur Begriffsbildung benutzt hat. Im alltäglichen Sprachgebrauch werden – worauf sowohl Philosophen (z.B. WITTGENSTEIN, 1969) wie auch Psychologen (z.B. ROSCH, 1978) hingewiesen haben – Gegebenheiten zusammengefaßt, die sich nicht vollständig über eine bestimmte Anzahl von Merkmalen definieren lassen.

128

WITTGENSTEIN hat dies am Begriff „Spiel" aufgezeigt: das Spielmaterial kann maximal variieren. Einige Spiele erfordern mehrere Beteiligte, bei anderen unterhält man sich
alleine. Die meisten Spiele sind auf Gewinnen und Verlieren ausgelegt, aber nicht alle
(das kindliche Spiel oder das musikalische). Viele Spiele sollen unterhalten; gilt das aber
auch für solche, die professionell ausgeübt werden? Man mag – wie WITTGENSTEIN
festgestellt hat – Ähnlichkeiten und Beziehungen zwischen verschiedenen Spielen entdecken; man wird aber keine Merkmale finden, die *allen* Spielen gemeinsam sind.

Es ist weiterhin festzustellen, daß viele Begriffe des täglichen Gebrauchs keine
klaren Grenzziehungen aufweisen. Läßt sich z.B. stets zwischen einem Strauch
und einem Busch, einem Teich und einem See, einem Strom und einem Fluß unterscheiden? Die Übergänge zwischen natürlichen Gegebenheiten sind vielmehr flie-
ßend, normalerweise nicht durch verschiedene Merkmale eindeutig voneinander
abgehoben.

Da offenkundig nicht sämtliche Gegebenheiten der natürlichen Umwelt über
eine Reihe von Merkmalen zu definieren sind, wie z.B. ein rechtwinkliges Dreieck,
stellt sich die Frage, wie es einem Individuum dann gelingen kann, einen bestimmten Vierbeiner als „Hund" oder eine Pflaume als „Obst" zu identifizieren. Ein weiteres Beispiel ist mit der nicht eindeutigen Figur von Abbildung 5.2 gegeben. Handelt es sich dabei um ein Drei- oder Viereck?

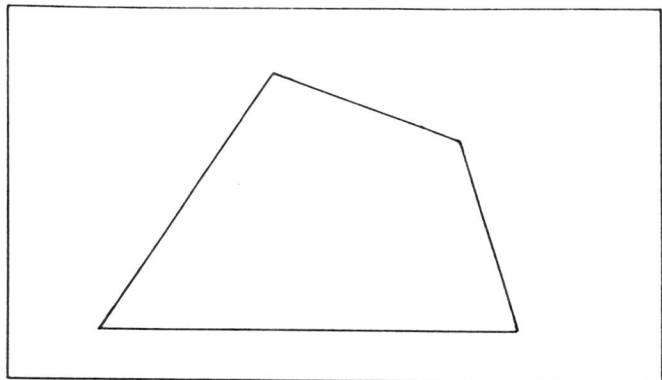

Abb. 5.2: Eine mehrdeutige Figur als Grundlage für Begriffsbildung: Drei- oder
Viereck? (nach HOUSTON, 1981)

Eine Möglichkeit, die gestellte Frage zu beantworten, besteht darin, daß man die
Abbildung mit einem idealen Dreieck und einem idealen Viereck – bzw. mit entsprechenden Prototypen – vergleicht und sodann versucht, eine Entscheidung zu
treffen.

ROSCH (1975, 1978) meint, daß das Begriffslernen in der natürlichen Welt
nicht dadurch erfolgt, daß relevante Merkmale identifiziert werden. Vielmehr entwickelt man – so meint sie – ein Beispiel, welches das jeweilige Konzept am besten

darstellt (ein Prototyp), und spezifiziert durch zusätzliche Regeln, welcher Grad der Abweichung eines Beispiels vom Idealbild noch toleriert werden kann. Ein Beispiel gilt als typisch, wenn es dem Idealbild weitgehend entspricht; es gilt als weniger typisch, wenn es vom Prototyp zwar abweicht, aber dennoch innerhalb tolerierbarer Grenzen verbleibt. Nach den Befunden von ROSCH (1975) kommt ein Spatz dem „inneren Idealbild" vom Begriff „Vogel" sehr nahe; für den „Vogel" wäre der Spatz somit ein besseres Beispiel als das Huhn oder der Pinguin. Der Begriff „Obst" wird offenbar besser durch eine Apfelsine als durch eine Tomate repräsentiert.

5.1.1.3 Integration von Merkmals- und Prototypansatz

Fraglich ist, ob die beiden dargestellten Ansätze sich tatsächlich so ausschließen, wie einige ihrer Vertreter behaupten. Man kann z.B. auch den Prototyp-Ansatz so definieren, daß er eine Reihe von Merkmalen berücksichtigt, von denen einige eine höhere Gewichtung erhalten als andere (NEUMANN, 1977). Ebenso besteht mit SMITH et al. (1974) die Möglichkeit, die Merkmale eines Begriffs in solche zu teilen, die ihn definieren (also relevant, notwendig sind) und solche, die ihn charakterisieren (d.h. typisch, aber nicht notwendig sind). Als definitorisches Merkmal des Begriffs „Vogel" hat u.a. zu gelten, daß er Eier legt, einen Schnabel, Flügel, Federn und zwei Beine besitzt. Als charakteristisch gilt vielen Menschen, daß er fliegen kann. Da dieses letzte Merkmal für den Prototyp „Vogel" charakteristisch ist, fällt es Befragten vielfach schwer, den Strauß oder den Pinguin als Beispiel eines Vogels zu identifizieren.

5.2 Das Lehren von Begriffen

Entwicklungspsychologische Forschungen haben ergeben, daß Kinder Begriffe zunächst auf der Grundlage klarer Beispiele lernen (ROSCH, 1978; SHEPP, 1978). Sie speichern diese Beispiele als Prototypen. Wenn sie mit einem weiteren Ereignis oder Objekt konfrontiert werden, vergleichen sie es mit den bereits vorhandenen Prototypen und entscheiden nach dem Ähnlichkeitseindruck, ob es einem der gespeicherten Kategorien zugeordnet werden kann. TENNYSON und Mitarbeiter (1981) vermuten deshalb, daß es sich beim Begriffslernen um einen Prozeß handelt, der zweierlei umfaßt:
Erstens wird auf der Grundlage klarer Feststellungen oder bester Beispiele ein Prototyp erworben. Sodann entwickeln sich *zweitens* die Fähigkeiten zur Generalisation und Diskrimination dadurch, daß Gelegenheiten zu Auseinandersetzungen mit Beispielen und Nicht-Beispielen (eines bestimmten Begriffs) geboten werden.
Bevor der Lehrer einen Begriff zum Gegenstand seines Unterrichts macht, sollte er ihn analysieren, d.h. sich selbst darüber Klarheit verschaffen. Für die anschließende Lehre sind einige Hinweise zu geben, nach denen das Begriffslernen beim Schüler zu fördern ist.

130

5.2.1 Die Begriffsanalyse in der Planungsphase des Unterrichts

Die Begriffsanalyse stellt einen Teil der Planungsphase dar. Sie soll dem Lehrer helfen, den Ablauf der Unterrichtssequenzen zu bestimmen. Es sind mehrere Leitlinien zur Durchführung einer Begriffsanalyse vorgelegt worden. Im folgenden sind diejenigen zu skizzieren, die am Forschungs- und Entwicklungszentrum für kognitives Lernen in Wisconsin von KLAUSMEIER und seinen Mitarbeitern (KLAUSMEIER, 1976) nach langjähriger Arbeit entwickelt und unter schulischen Bedingungen erprobt worden sind.

Das folgende Beispiel analysiert den Begriff *gleichseitiges Dreieck*; die dabei spezifizierten Schritte lassen sich grundsätzlich auf jeden Begriff anwenden.

1. Am Anfang steht eine Einordnung des zu lehrenden Begriffs in eine Hierarchie, um zu ermitteln, welche Begriffe ihm über- und untergeordnet sind.

So läßt sich das gleichseitige Dreieck z.B. in folgende Hierarchie einordnen:

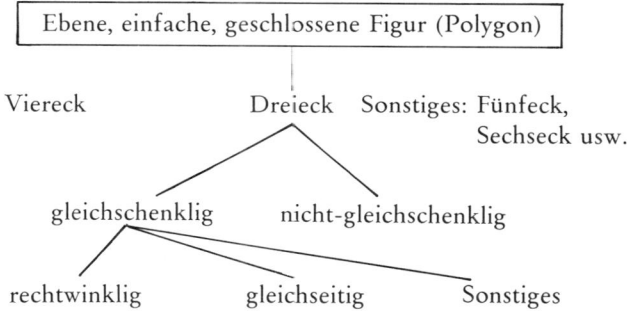

2. Der zu lehrende Begriff ist durch seine relevanten Merkmale zu definieren.
   So ist nach KLAUSMEIER z.B. ein gleichseitiges Dreieck eine ebene, einfache, geschlossene Figur mit drei gleichen Seiten (Strecken) und drei gleichen Winkeln.

3. Damit sind auch die relevanten Merkmale (eben, geschlossen usw.) festgelegt und die irrelevanten ableitbar. Als irrelevante Merkmale gelten: Größe, Farbe und räumliche Lage.

4. Aufgrund dieser beiden Merkmalsklassen lassen sich Beispiele ableiten, die den in Rede stehenden Begriff repräsentieren und nicht repräsentieren (Nicht-Beispiel).

5. Es sind Regeln zu formulieren, die den zu analysierenden Begriff mit einbeziehen.
   Z.B.: Wenn die drei Winkel eines Dreiecks gleich groß sind, müssen die Seiten des Dreiecks gleiche Länge aufweisen.

6. Im Zusammenhang mit dem Begriff sind Übungen zu entwerfen, die jeweils ein Problem zum Inhalt haben.
   Z.B.: Die Seiten eines Dreiecks sind gleich lang. Wie groß ist einer seiner Winkel? – a) 60 b) 90 c) 120 Grad

7. Schließlich ist eine Liste jener Wörter zusammenzustellen, die der Schüler kennen muß, um einem Unterricht folgen zu können, der den zu lehrenden Begriff zum Inhalt hat.

   Z.B.: Zweidimensional, einfach, geschlossen usw.

Nachdem der Lehrer einen Begriff in der genannten Weise analysiert hat, ist davon auszugehen, daß sich der Lehrer über den jeweils in Rede stehenden Begriff ausreichend Klarheit verschafft hat. Für die Instruktion ist damit aber erst eine notwendige, aber noch keineswegs hinreichende Voraussetzung geschaffen worden, denn nunmehr stellt sich die Frage, wie der Lehrer im Rahmen seines Unterrichts vorgehen sollte.

5.2.2 Förderliche Bedingungen des Begriffslernens in der Instruktionsphase

Es darf nicht Ziel der Instruktionspsychologie sein, den Lehrer bezüglich seines unterrichtlichen Vorgehens bis ins einzelne festzulegen. Wie aber die Studien von KLAUSMEIER (1976), TENNYSON (TENNYSON und PARK, 1980) und anderen ergeben haben, lassen sich einige Bedingungen benennen, die das Erlernen eines Begriffs zu unterstützen scheinen. Anhänger des Prototyp- sowie des Merkmalsansatzes stimmen darin überein, daß das Lehren von Begriffen mit der Darstellung einer Definition begonnen werden sollte. Sie heben weiterhin gemeinsam die Notwendigkeit hervor, dem Schüler anschließend Gelegenheit zur Auseinandersetzung mit Beispielen zu geben; sie unterscheiden sich allerdings in der Lenkung der Aufmerksamkeit des Lernenden: Bei Orientierung am *Prototypansatz* (TENNYSON et al., 1983; PARK, 1984) ist man bemüht, eine „Beispiel-Vergleichs-Strategie" zu fördern. Dabei wählt man ein oder zwei „beste Beispiele" (Prototypen) aus; sie lassen sich vergleichsweise leicht erlernen (MERVIS und PANI, 1980). Alle weiteren Beispiele hat der Schüler mit diesen Prototypen zu vergleichen. Demgegenüber fördert man die „Merkmals-Identifikations-Strategie", indem man die Aufmerksamkeit des Lernenden auf die vom Lehrer vorgegebenen, den Begriff definierenden (die relevanten) Merkmale richtet.

Es ist damit zu rechnen, daß in naher Zukunft Instruktionskonzepte vorgelegt werden, die sowohl den Merkmals- wie auch den Prototypansatz berücksichtigen. Die meisten der zur Zeit vorliegenden Untersuchungen mit schulpraktischem Bezug weisen allerdings noch eine Orientierung am Merkmalsansatz auf. Deshalb gibt die nachfolgende Darstellung vor allem Hinweise zur Förderung der Merkmals-Identifikations-Strategie. Die Bedeutung der von TENNYSON und Mitarbeitern vorgelegten Arbeiten zur Förderung der Beispiel-Vergleichs-Strategie werden damit keineswegs verkannt; sie sind erfolgversprechend und verdienen, im Blick behalten zu werden.

5.2.2.1 Das Mitteilen einer Definition

Das Erlernen eines Begriffs wird erheblich unterstützt, wenn man dem Lernenden zu Beginn der Instruktion eine Definition darstellt, die sämtliche relevanten Merkmale benennt. Auf die Wirkung einer zu Anfang eines Instruktionsprozesses mitgeteilten Definition als „Vororganisator" wird im 7. Kapitel (S. 187 ff.) noch näher einzugehen sein. Bei Mitteilung einer Definition muß auf jeden Fall gewährleistet sein, daß dem Lernenden die verwendeten Begriffe als Eingangsvoraussetzungen bekannt sind. Ein Lehrer, der sich die Erarbeitung des Begriffs „gleichseitiges Dreieck" zum Ziel gesetzt hat, muß z.B. sicherstellen, daß dem Lernenden der Begriff *Strecke* bekannt ist. Sofern diese Voraussetzung fehlt, begnügt sich der Lehrer nicht mit einer abstrakten Definition. Vielmehr gibt er dem Lernenden Gelegenheit, selbst Geraden zu zeichnen, indem dieser z.B. Punktepaare miteinander verbindet. Für die weiteren Merkmale des gleichseitigen Dreiecks gilt Entsprechendes.

5.2.2.2 Hervorhebung relevanter Merkmale

Eine Definition läßt sich wörtlich auswendig lernen und wiedergeben, ohne daß ihr Inhalt verstanden worden ist. Um der Gefahr eines solchen „Verbalismus" entgegenzuwirken, muß der Lernende im Anschluß an die dargestellte Definition Gelegenheit erhalten, sich mit Beispielen auseinanderzusetzen. Zu Beginn des Lernprozesses hilft es dem Schüler, wenn er Beispiele erhält, bei denen die relevanten Merkmale leicht erkennbar sind. Bei komplexeren Begriffen kann der Lehrer Strukturierungshilfen anbieten, indem er Beispiele vorstellt, die möglichst wenige irrelevante Merkmale aufweisen. Wenn seine Schüler z.B. einen Begriff vom „Bahnhof" entwickeln sollen, ist es nicht empfehlenswert, mit der Besichtigung eines Großstadtbahnhofs zu beginnen. Die Kinder würden von der Vielzahl der beobachtbaren Ereignisse und Gegebenheiten überfordert werden. Sie wüßten nicht, worauf sie ihr Augenmerk richten sollten. Der lernpsychologisch gut informierte Lehrer könnte bemüht sein, anhand von vereinfachten Bildern und Modellen zunächst herauszuarbeiten, worauf es beim Bahnhof vor allem ankommt: Eisenbahnzüge halten dort, um Personen ein- und aussteigen zu lassen und um das Ein- und Ausladen von Gütern zu ermöglichen. Die Bahnsteige an den Schienen, Fahrkartenautomaten oder Schalter sowie die Reisenden gehören zu den wesentlichen Merkmalen. Erst nachdem der Lernende diese definitorischen Charakteristika kennt, besteht die Möglichkeit, ihn mit einem Großstadtbahnhof zu konfrontieren, für den weitere Merkmale *charakteristisch* sind (Blumengeschäfte, Zeitschriftenstände, Restaurants usw.).

Die lernpsychologisch begründete Forderung, für den Lernenden zu Beginn eines Begriffslernprozesses die *Komplexität* der Reizsituation zu *reduzieren*, damit er leichter auf die relevanten Merkmale aufmerksam wird, gilt auch für Begriffe, die im Vergleich zu einem Bahnhof einen viel weniger verwirrenden Eindruck vermitteln. In einem Experiment sollten Schüler lernen, die verschiedenen Teile einer Blume zu erkennen. Den Angehörigen einer ersten Gruppe gab man echte Blumen, um ihnen daran die Teile zu erläutern. Den Mitgliedern einer zweiten Gruppe zeigte man eine große, vereinfachte schematische Darstellung der Teile einer Blume als Anschauungshilfe. Aus den Ergebnissen der Studie ging hervor, daß die zweite Gruppe die Teile der Pflanze schneller und genauer lernte und im Vergleich zur ersten Gruppe besser in der Lage war, die erworbenen Kenntnisse bei der Beschreibung echter Blumen anzuwenden (BOGUSLAVSKY, 1957).

Zu dem gleichen Ergebnis gelangte DWYER (1967), der mehrere Veranschaulichungsbedingungen miteinander verglich. Es war das Ziel des Unterrichts, Kenntnisse über die Anatomie des menschlichen Herzens zu gewinnen. Alle Gruppen erhielten den gleichen Lehrtext über ein Tonband zugespielt. Wenn man zusätzlich Lichtbilder mit abstrakten, vereinfachenden Zeichnungen projizierte, wurden die besten Behaltensleistungen erreicht; dagegen zeigten Schüler, die realistische Fotografien vom Herzen gesehen hatten, in den nachfolgenden Tests schwächere Leistungen als jene Gruppenmitglieder, denen keinerlei Veranschaulichung geboten worden war.

Es ist somit festzuhalten, daß Begriffe sich schneller erlernen lassen, wenn man den Lernenden zu Beginn des Begriffslernprozesses mit Beispielen konfrontiert, die möglichst wenig irrelevante Merkmale aufweisen oder die zumindest leicht überschaubar sind. Realistische Darstellungen – wenigstens zu Beginn des Lernprozesses – können verwirren; sie unterstützen den Lernenden in der Regel nicht, das Augenmerk auf das Wesentliche zu richten.

Es empfiehlt sich, die relevanten Merkmale möglichst hervorzuheben. Die Analyse zahlreicher Experimente zum Begriffslernen durch BOURNE und RESTLE (1959) führte zu dem Ergebnis, daß vor allem mit Hilfe der Farbe wesentliche Merkmalsdimensionen herauszustellen sind. Sobald Kinder ein ausreichendes Sprachverständnis besitzen, ist es für sie von Vorteil, wenn sie zusätzlich durch Benennung auf die relevanten Merkmale aufmerksam gemacht werden (WITTROCK et al., 1964; STERN, 1965).

Dem Lehrer wird nach diesen Untersuchungsergebnissen somit bei Einführung eines neuen Begriffs nahegelegt, auf Ausflüge zur Besichtigung realer Gegebenheiten zu verzichten und statt dessen das Modell, die vereinfachende Zeichnung zu bevorzugen. Tatsächlich besteht bezüglich dieser Empfehlung eine sehr hohe Übereinstimmung in der pädagogisch relevanten Literatur. KLAUSMEIER und GOODWIN (1966) formulierten ihren Standpunkt z.B. folgendermaßen: „Statt eine Truthahnfarm mit Hunderten von Putern zu sehen – nur eine einzige Art von Zuchtvögeln –, zeigen wir Bilder mit zwei Truthühnern, zwei Hennen, zwei Gänsen und zwei Enten. Letzteres bietet eine bessere Möglichkeit, Ähnlichkeiten und Unterschiede zwischen Angehörigen derselben Art und den vier Arten zu erkennen."

Trotz solcher Empfehlungen ist nicht zu übersehen, daß die Auseinandersetzung mit einer realen Situation oder Gegebenheit im allgemeinen *motivierender* wirkt als die Betrachtung von Bildern und Modellen. Der Lehrer sollte deshalb die Vorteile abwägen, die einerseits aus der Klarheit und Einfachheit der Darstellung eines Konzepts und andererseits aus dem Angebot der Auseinandersetzung mit realen Gegebenheiten resultieren. Bei seinen Entscheidungen orientiert er sich am besten an den jeweiligen Bedürfnissen und Lernvoraussetzungen seiner Schüler.

5.2.2.3 Positive und negative Beispiele

Grundsätzlich läßt sich die Bedeutung eines Begriffs auch auf theoretischem Niveau, d.h. mit Hilfe anderer, bereits bekannter Begriffe erfassen. Lexika machen von dieser Methode in erheblichem Umfang Gebrauch. Zumeist wird man im Rahmen des Lehrens allerdings nicht darauf verzichten, den Lernenden mit Beispielen zu konfrontieren. Die Mahnung, sich beim Lehren neuer Begriffe nicht auf abstrakte Definitionen zu beschränken, sondern dem Lernenden stets Gelegenheit zu geben, sich mit konkreten Beispielen auseinanderzusetzen, zieht sich wie ein roter Faden durch die einschlägige Literatur. Als typisch kann z.B. das folgende Zitat gelten:

> „Schülern wird häufig mitgeteilt, daß ein *Substantiv* eine Person, eine Ortsangabe oder ein Gegenstand sein kann; sie erhalten oft die Aufforderung, die Definition ohne Angabe konkreter Beispiele auswendig zu lernen. Folglich ist das Auswendiggelernte ohne Bedeutung, denn es weist keinerlei Bezug zu irgendeiner Erfahrung des Kindes auf. Schüler würden den Begriff ohne größere Schwierigkeiten verstehen, wenn ihnen eine große Anzahl von Substantiven dargestellt würde, die als Bezugsebene für die Definition dienen könnten. Wir machen das Lernen häufig zu kompliziert, indem wir es übertrieben verbal gestalten, denn wir vergessen dabei den Wert, den Beispiele bieten. Wir machen uns in dieser Hinsicht vor allem in oberen Klassenstufen schuldig, weil wir annehmen, daß Schüler dieses Alters keinerlei Beispiele mehr benötigen. Lehrer versuchen z.B. häufig Begriffe wie *Apathie, innerer Konflikt* oder *Demagogie* durch verbale Definitionen zu klären, wobei sie wenige oder überhaupt keine Beispiele als Ergänzung zur Definition anbieten. Unglücklicherweise handelt es sich dabei aber genau um jene Art von Begriffen, die am dringlichsten Beispiele fordern würden" (EGGEN et al., 1979). Dabei wird man allerdings – worauf EGGEN et al. ebenfalls hinweisen – auf einen paradoxen Sachverhalt aufmerksam, denn abstrakte Begriffe, die am dringlichsten einer Erklärung durch Beispiele bedürfen, sind am schwersten zu illustrieren. Deshalb sollte der Lehrer in einem solchen Fall prüfen, ob mit der Darstellung „kleiner Anekdoten" – also gut ausgewählter Erzählungen, die ein typisches Ereignis oder eine solche Handlungsweise schildern – eine Möglichkeit gegeben sein könnte, den zu erklärenden Begriff zu erläutern.

Zu unterscheiden sind bei den Beispielen solche, die alle relevanten Merkmale des zu erarbeitenden Begriffs aufweisen (man spricht von positiven Beispielen oder einfach von Beispielen) von anderen, denen relevante Merkmale fehlen (negative oder Nicht-Beispiele).

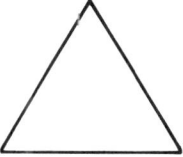

McMURRAY et al. (1975) stellten dem Schüler für jedes relevante Merkmal, das sie für das gleichseitige Dreieck erarbeitet haben (s. S. 131) mindestens ein positives und ein negatives Beispiel vor. Eine Auswahl ihrer Beispiele ist im folgenden wiedergegeben:

Einige Figuren haben drei Seiten gleicher Länge

135

Einige Figuren haben Winkel gleicher Größe; es sind gleiche Winkel

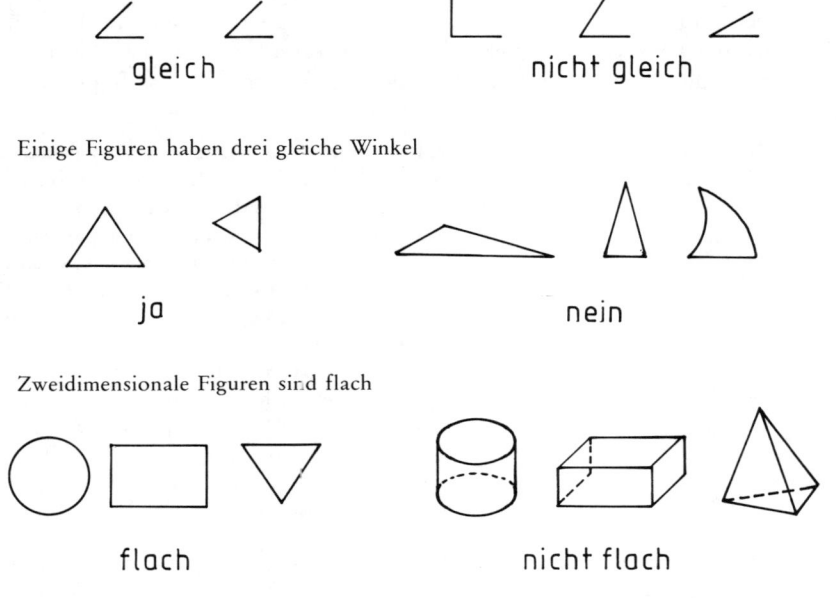

gleich   nicht gleich

Einige Figuren haben drei gleiche Winkel

ja   nein

Zweidimensionale Figuren sind flach

flach   nicht flach

(modif. nach KLAUSMEIER, 1976)

Übungen fällt nicht nur die Aufgabe zu, dem Verbalismus entgegenzuwirken. Sie sollen gleichzeitig verhindern, daß der Schüler einen Lernprozeß mit einer fehlerhaften Konzeption abschließt. Grundsätzlich ist dabei an zwei Fehlerarten zu denken: Übergeneralisierung (der Lernende klassifiziert ein Nicht-Beispiel als Beispiel) und Untergeneralisierung (Beispiele werden als Nicht-Beispiele identifiziert). Indem man dem Schüler eine große Anzahl von Beipielen mit den verschiedenartigsten irrelevanten Merkmalen darstellt, fördert man das adäquate Generalisationslernen. Man fördert das Diskriminationslernen, indem man die Aufmerksamkeit des Lernenden auf die Unterschiede zwischen Beispielen und Nicht-Beispielen lenkt (TENNYSON et al., 1980).

Es stellt sich die Frage, in welchem Verhältnis positive und negative Beispiele dem Lernenden dargeboten werden sollten und ob sich die Antwort nach unterschiedlichen Stadien des Lernprozesses richtet.

Aus den Ergebnissen eines älteren Experiments von SMOKE (1933) ist hervorgegangen, daß die Übung an negativen Beispielen nur geringe Lernfortschritte bringt. Das ist verständlich, denn es stellt hohe Anforderungen an das Gedächtnis, wenn man behalten soll, welche Merkmale insgesamt einen Begriff *nicht* kennzeichnen (CAHILL und HOVLAND, 1960). Allerdings laufen die Empfehlungen der Lernpsychologie nicht darauf hinaus, auf die Darbietung negativer Fälle ganz zu verzichten. Am günstigsten wirkt sich eine Kombination positiver und negativer Fälle aus (HUTTENLOCHNER, 1962; TENNYSON et al., 1972). Zu Beginn eines Begriffslernprozesses, also zu einem Zeitpunkt, da der Schüler noch nicht in

136

der Lage ist, zwischen relevanten und irrelevanten Merkmalsdimensionen zu unterscheiden, sollte man ihn nur mit positiven Fällen konfrontieren. Nach Überwindung der Anfangsschwierigkeiten vermindert sich der Effektivitätsvorteil der positiven gegenüber den negativen Fällen allmählich (FREIBERGS und TULVING, 1961). In einem fortgeschritteneren Stadium kann die Auseinandersetzung mit negativen Fällen den Schüler anregen, zwischen ähnlichen, aber nicht zum selben Begriff gehörenden Beispielen exakter zu diskriminieren. Danach würde man Schüler, die z.B. den Begriff „Rechteck" erlernen sollen, zunächst mit den verschiedenen Figuren dieser Art Erfahrungen sammeln lassen und sie später auch mit anderen Figuren, z.B. Dreiecksformen, konfrontieren. Dabei wirkt es sich günstig auf den Lernprozeß aus, wenn der Schüler positive und negative Fälle nicht nacheinander kennenlernt, sondern statt dessen die Gelegenheit erhält, beides – also z.B. rechtwinklige und nicht-rechtwinklige Dreiecke – *simultan* zu vergleichen (KATES und YUDIN, 1964).

5.2.2.4 Auswahl einer ausreichenden Anzahl von Beispielen

Es stellt sich auch die Frage, wie viele Beispiele und Nicht-Beispiele ein Lernender benötigt, bevor der Lernprozeß erfolgreich abzuschließen ist. Die von TENNYSON und PARK (1980) berücksichtigten einschlägigen Untersuchungen führten einmütig zu dem (erwarteten) Schluß, daß eine allgemein gültige Anzahl nicht festzulegen ist. Die Dauer eines Begriffslernprozesses hängt zum einen von Merkmalen des Schülers (vor allem seinem Alter, seinen Lernvoraussetzungen und seinen kognitiven Strategien) ab. Zum anderen ist von Bedeutung, ob ein konkreter oder abstrakter Begriff vorliegt und wie viele Merkmale dieser aufweist. Es ist zu vermuten, daß im Schulalltag – wenigstens für Schüler mittlerer und geringerer Leistungsfähigkeit – eher zu wenig als zu viel Gelegenheit zu Auseinandersetzungen mit Beispielen besteht.

5.2.2.5 Informative Rückkoppelung

Grundsätzlich hat sich zeigen lassen, daß die Bemühungen im Rahmen eines Begriffslernprozesses um so erfolgreicher sind, je schneller der Lernende eine Bestätigung oder Korrektur seiner Antwort erhält. SAX (1960) konnte zeigen, daß eine Verzögerung der *rückgekoppelten Information* zu einer Verlängerung des Lernprozesses führt. Das heißt, wenn ein Schüler erst nach Ablauf eines zu langen Zeitintervalls erfährt, ob seine Bemühungen im Rahmen des Konzeptlernprozesses erfolgreich waren, erhöht sich die für die Beherrschung des Begriffs erforderliche Anzahl von Übungen.

Nachdem der Lernende die Erfolgs- bzw. Mißerfolgsmeldung erhalten hat, sollte er sich nicht sofort mit dem nächsten Beispiel auseinandersetzen, sondern noch etwas Zeit erhalten oder sich selbst nehmen, um das bereits bekannte Übungsmaterial noch einmal unter Berücksichtigung der neuen Information betrachten zu können (BOURNE und BUNDERSON, 1963). Die Beachtung dieser Empfehlung ist um so wichtiger, je höher der Komplexitätsgrad des zu verarbeitenden Begriffs ist (KINTSCH, 1970).

5.2.2.6 Benennung der relevanten Merkmale und Begriffe

Denkbar wäre, daß der Schüler lediglich mitteilt, ob die ihm dargebotenen Beispiele positiver oder negativer Art sind. Sollte man den Lernenden zusätzlich noch anregen, seine jeweiligen Erkenntnisse zu verbalisieren? – Auch dieser Frage hat man in der Pädagogischen Psychologie Beachtung geschenkt. Einerseits weiß man spätestens seit dem Vorliegen der experimentellen Ergebnisse von SMOKE (1932), daß die Verwendung von Begriffen nicht deren korrekte Beschreibung voraussetzt. Beobachtungen der Entwicklungspsychologie haben ergeben, daß kleine Kinder bereits Objekte zu identifizieren vermögen, bevor sie diese benennen oder deren relevanten Merkmale beschreiben können. Andererseits wird aber auch die Überzeugung vertreten, daß ein „vollbewußtes Vorhandensein und ein gefügiges Operieren" mit Begriffen nur dann erreicht wird, „wenn sie an ein Wort gebunden sind, das als ihr Symbol und Träger fungiert" (KAINZ, 1964).

Damit ein Begriff „voll bewußt vorhanden ist" und man mit ihm „gefügig operieren" kann, reicht es in der Regel nicht aus, dem Schüler Definitionen von Begriffen einfach nur mitzuteilen. JOHNSON und STRATTON (1966) forderten ihre Versuchspersonen auf, 1. nach Mitteilung einer Definition das Gehörte in eigenen Worten niederzuschreiben, 2. eine einfache Geschichte zu lesen, in der jeder der Begriffe zweimal vorkam und 3. die Begriffe in Lückentexten sinnvoll einzusetzen; eine 4. Methode forderte die Zuordnung von Synonymen. Den Ergebnissen eines später gegebenen Leistungstests, der die Beherrschung der Begriffe prüfte, war zu entnehmen, daß Schüler, die *eine* der genannten Übungen erhalten hatten, bessere Leistungen erzielten als andere, denen lediglich Begriffsdefinitionen gegeben worden waren. Die besten Testergebnisse erzielte jedoch eine Gruppe, die eine Kombination der genannten vier Übungsmethoden kennengelernt hatte. Zu vergleichbaren Feststellungen kamen ANDERSON und KULHAVY (1972). Sie stellten College-Studenten Begriffe vor, die relativ selten und für die Lernenden vermutlich neu waren. Eine Gruppe hörte eine lexikalische Definition und wurde aufgefordert, diese dreimal laut zu wiederholen. Die andere Hälfte wurde gebeten, selbst einen Satz zu erfinden, um die Bedeutung eines neuen Wortes zu demonstrieren. In einem abschließenden Teil der Studie gab man den Studenten einen Test; sie sollten von mehreren zur Auswahl gestellten Sätzen jeweils denjenigen identifizieren, der die Bedeutung der neuen Wörter am sinnvollsten verwendete. Die Studenten, die zur Formulierung eigener Sätze angeregt worden waren, erzielten erheblich bessere Testergebnisse als jene, die zwar Definitionen wiederholt hatten, bei denen aber keine Veranlassung gegeben war, über die Bedeutung eines neuen Begriffs eingehender nachzudenken.

Solche Ergebnisse werfen die Frage auf, ob es tatsächlich die Verbalisierung ist, die fördernd auf das Begriffsverständnis wirkt oder jene Prozesse, die ihr vorausgehen. Bevor man nämlich einen Gedanken in Worte fassen kann, muß man ihn zu einer bestimmten Klarheit gebracht haben. Aufschlußreich sind in diesem Zusammenhang Beobachtungen von DURLING und SCHICK (1976). Sie stellten fest, daß Versuchspersonen die relevanten Merkmale eines Begriffs schneller identifizierten, wenn sie die Begründung für ihre jeweiligen Entscheidungen bzw. Vermutungen nicht dem Versuchsleiter, sondern anderen mitteilten, die die Lösung tatsächlich oder vermeintlich nicht kannten. Auch BARGH und SCHUL (1980) stellten fest, daß es sich förderlich auf das Leistungsverhalten auswirkt, wenn man das zu erlernende Material Mitschülern zu erklären hat. Wenn man sich darauf vorbereitet, erlernte Zusammenhänge auch anderen darzustellen, erfolgt offenbar kognitiv eine intensivere Aufbereitung; das ist allerdings weniger der Fall, wenn man beim Adressaten (Lehrer oder Versuchsleiter) davon ausgehen kann, daß dieser die Lösungen ohnehin kennt. Solche Beobachtungen legen es nahe, im Unterricht häufiger Bedingungen zu schaffen, unter denen sich die Lernenden ihre Erkenntnisse gegenseitig und nicht nur dem Lehrer mitteilen (s. hierzu S. 297).

5.2.3 Abschließende Lernzielüberprüfung

Der Unterricht, in dessen Verlauf ein Begriff erarbeitet wird, bietet dem Lehrer zahlreiche Gelegenheiten, um den Lernfortschritt seiner Schüler zu kontrollieren, Mißverständnisse aufzudecken und diese ggf. zu beseitigen. Dennoch ist zu empfehlen, sich vor Abschluß einer Lerneinheit noch einmal davon zu überzeugen, ob der Lernende den jeweils in Rede stehenden Begriff tatsächlich sachangemessen zu verwenden vermag, ob das jeweilige Lernziel erreicht ist.

McMURRAY et al. (1975) schließen z.B. die Unterrichtseinheit „Gleichseitiges Dreieck" ab, indem sie den Lehrer positive und negative Fälle darbieten lassen und die Schüler zur Beantwortung der folgenden Fragen herausfordern:

1. Hat es drei Seiten gleicher Länge?	Ja	Nein
2. Hat es drei gleiche Winkel?	Ja	Nein
3. Ist es eine zweidimensionale Figur?	Ja	Nein
4. Ist es eine geschlossene Figur?	Ja	Nein
5. Ist es eine einfache Figur?	Ja	Nein
6. Ist es ein gleichseitiges Dreieck?	Ja	Nein

Mit der Kenntnis der Fragen 1 bis 5 steht dem Schüler eine Strategie zur Verfügung, jede geometrische Figur daraufhin zu prüfen, ob sie ein gleichseitiges Dreieck darstellt. Mit diesen Testfragen wird noch einmal sichergestellt, daß der Schüler mit den relevanten Merkmalen umgehen kann, d.h., daß er jedes Beispiel daraufhin überprüfen kann, ob es Träger dieses Merkmals ist oder nicht.

Sofern der Schüler im Rahmen des Begriffslernprozesses nicht ausreichend Gelegenheit zur Übung erhält, kommt es zum Nachreden leerer Begriffe; ein solcher Verbalismus kann die Bewältigung von Problemsituationen erschweren, wahrscheinlich sogar verhindern.

5.3 Das Problemlösen

Man könnte das Leben als einen Prozeß beschreiben, der das Individuum fortlaufend zur Auseinandersetzung mit Problemen herausfordert. Es gibt Probleme, deren Nichtbewältigung lebensgefährliche Folgen haben kann. Es ist deshalb verständlich, daß sich die psychologische Forschung intensiv mit dem Problemlösungsverhalten von Menschen beschäftigt hat. Üblicherweise sind Versuchspersonen unter Experimentalbedingungen mit Problemen konfrontiert worden, um anschließend deren Reaktionen studieren zu können. Von der Alltagssituation unterscheiden sich solche Studien darin, daß das Problem jeweils explizit gegeben ist; es kommt nur darauf an, geeignete Lösungswege zu entdecken. Damit wird man jedoch nicht allen Aspekten einer Problemsituation gerecht. Nicht selten fällt es einem Menschen schwer, ein vorhandenes Problem als solches zu entdecken. Die Geschichte nennt viele Beispiele dafür, daß Probleme gar nicht erkannt und aus diesem Grunde keine Ansätze für eine Lösung gesucht wurden. Deshalb stellten EINSTEIN und INFELD bereits 1938 fest: „Die Formulierung eines Problems ist häufig wichtiger als seine Lösung. ... Neue Fragen, neue Möglichkeiten zu finden, alte Probleme von einem neuen Gesichtspunkt aus zu betrachten, fordert Phantasie und beschreibt einen wirklichen Fortschritt in der Wissenschaft." Allerdings mußte DILLON (1982a) nach Durchsicht der einschlägigen Literatur feststellen, daß über das Wesen der Problemfindung und dessen Beziehung zum Problemlösen noch kaum etwas bekannt ist. Eine entsprechende Vernachlässigung hat das Problemfinden offenbar auch in der Schule gefunden. Nach Durchsicht amerikanischer Schulbücher für den Physik-, Biologie- und Chemie-Unterricht kam HERRON (1971) zu dem Schluß, daß die Autoren dieser Werke die dargestellten Probleme stets explizit formuliert hatten. Außerdem war von ihnen immer hinzugefügt worden, auf welche Weise die Lösung zu finden war. Schüler wurden darin niemals herausgefordert, ein Problem selbst zu entdecken oder zu formulieren.

Von den Problemsituationen der geschilderten Art läßt sich eine weitere abheben: sie wird in der Situation des Unterrichts geschaffen. Sie ist dadurch gekennzeichnet, daß der Lehrer das Problem als solches präsentiert, um die Schüler zur Suche nach Lösungen anzuregen, die ihm allerdings – in aller Regel – bereits bekannt sind. Die folgende Darstellung soll vor allem Problemsituationen dieser Art in den Blick nehmen und der Frage nachgehen, wie man Schüler zur Auseinandersetzung mit Problemen motivieren kann und welche Möglichkeiten es gibt, sie bei der Lösungssuche zu unterstützen.

5.3.1 Kennzeichnung des Problems

Ein Problem liegt vor, wenn ein Individuum sich in einer Situation befindet, in der es ein Ziel zu erreichen trachtet, dessen Zugang ihm aber verschlossen ist. Man kann mit DÖRNER (1976) auch von einem aktuellen inneren oder äußeren, als unbefriedigend erlebten Zustand sprechen, wobei das Individuum „aber im Moment nicht über die Mittel verfügt, um den unerwünschten Zustand in den wünschenswerten Zielzustand zu überführen". Zwischen beiden Zuständen befindet sich also eine „Barriere", auf deren Beseitigung sich die Bemühungen des Problemlösungssuchenden richten. Die Barriere kann kognitiver, physikalischer, emotionaler oder sozialer Art sein; sie kann tatsächlich oder nur in der Wahrnehmung des Individuums vorhanden sein.

Es ist sinnvoll, mit DÖRNER (1976) Probleme von *Aufgaben* abzuheben. „Aufgaben sind geistige Anforderungen, für deren Bewältigung Methoden bekannt sind". Bei vielen schulischen Übungen legt man dem Schüler lediglich Aufgaben im genannten Sinne vor, damit dieser seine Voraussetzungen verbessert, eine ihm bereits bekannte Lösungsmethode schneller und effektiver einzusetzen. Im Falle eines Problems muß der Weg zur Lösung dagegen erst entdeckt bzw. entwickelt werden. Für den Schüler kann folglich ein Problem sein, was für den Lehrer lediglich eine Aufgabe darstellt.

5.3.2 Der Problemlösungsprozeß

Als Kennzeichen eines Problems wird angesehen, daß ein Mensch *motiviert* ist, eine Lösung zu finden; diese Voraussetzung ist bei Problemen des alltäglichen Lebens gegeben. In der schulischen Situation bedarf es jedoch normalerweise expliziter Überlegungen des Lehrers, wie die motivationale Komponente einer Problemsituation realisiert werden kann. Der Lehrer hat also – mit anderen Worten – die Frage zu klären, wie zu erreichen ist, daß der Schüler die Überwindung der zielblockierenden Barriere als Anreiz erlebt. Diese Frage wird in Kapitel 8 wieder aufzugreifen und ausführlicher zu beantworten sein; im vorliegenden Kapitel ist sie lediglich zu streifen. Weitere Ausführungen der nachfolgenden Abschnitte sollen darüber informieren, welche Kennzeichen ein Problemlösungsprozeß aufweist bzw. aufweisen kann. Dabei ist eine Phaseneinteilung von JOHNSON (1955) zu übernehmen. Obwohl man über diesen außerordentlich komplizierten Prozeß immer noch sehr wenig weiß, sind einige Erkenntnisse darzustellen, deren Berücksichtigung die Voraussetzungen des Lehrers verbessern könnten, förderlich auf das Problemlösungsverhalten von Schülern einzuwirken sowie angemessen darauf zu reagieren.

5.3.2.1 Die Schaffung geeigneter Anreizbedingungen

Um einen Problemlösungsprozeß in Gang zu bringen, bedarf es der Schaffung eines motivationalen Anreizes. Der Schüler muß eine mit einem Problem gegebene Situation als unangenehm erleben und sich herausgefordert fühlen, diesen Zustand durch Auffinden einer Lösung zu überwinden. Im Rahmen eines „Erkundungs- (*inquiry*-) Trainingsprogramms" hat SUCHMAN (1965) solche Bedingungen herbeigeführt. Er beschrieb Problemsituationen, die eine gewisse Verwirrung beim Schüler hervorriefen, weil sie Bestandteile enthielten, die sich dieser nicht ohne weiteres zu erklären vermochte.

Im Physikunterricht zeigte SUCHMAN (1960) u.a. einen Film, der darstellte, daß eine Kugel sich ohne weiteres durch einen Ring stecken ließ. Nachdem sie jedoch über einer Flamme erhitzt worden war, paßte dieselbe Kugel nicht mehr durch den Ring hindurch. Wie läßt sich das Beobachtete erklären?
Ein Lehrer beginnt den Biologieunterricht mit folgender Schilderung: In den Gebirgsregionen des Südwestens gab es vor vielen Jahren Hirsche in großer, wenngleich leicht schwankender Anzahl. In den Bergen fanden sich außerdem Wölfe. Einwohner einer kleineren Gemeinde beobachteten eines Tages, wie ein Wolf ein kleineres Tier der Herde riß; sie waren entsetzt. Sie faßten deshalb den Entschluß, die Wölfe auszurotten. Zur Verwunderung dieser Leute zeigte sich jedoch, daß nach Auslöschung der Wölfe

auch die Anzahl der Hirsche beträchtlich abnahm. Wie konnte das aber passieren, wenn der Wolf der natürliche Feind des Hirsches ist? (EGGEN et al., 1979).

Zwei Jungen haben an verschiedenen Stellen in den Bergen ihre Zelte aufgeschlagen und mit den Vorbereitungen für die Abendmahlzeit begonnen. Jim hat eine Feuerstelle errichtet, ein Gericht mit Fleisch und Gemüse vorbereitet, das er zum Kochen aufsetzt. Tom macht das gleiche. Nach kurzer Zeit prüft Jim sein Essen; er stellt fest, daß es gar ist und gegessen werden kann. Auch Tom prüft sein Essen und stellt fest, daß die Kartoffeln und Mohrrüben noch unverändert roh sind. Wie konnte es zu derartig unterschiedlichen Garzeiten kommen? (EGGEN et al., 1979).

Zu beachten ist, daß zur Motivierung der Schüler stets eine nachvollziehbare Handlung vorgeführt bzw. geschildert wird. Am Anfang der Unterrichtsstunde steht nicht die abstrakte Frage, wie die Natur über das Raubtier und seine Opfer ein gewisses Gleichgewicht zu halten vermag, sondern die Darstellung einer konkreten Begebenheit. Ebenso wird von den Erfahrungen zweier Jungen auf einer Wanderung berichtet und nicht die Frage gestellt, warum sich allgemein Garzeiten mit wachsendem Höhenniveau verlängern.

5.3.2.2 Die Vorbereitung: Identifikation relevanter Elemente

Ein Mensch, der sich um die Bewältigung eines Problems bemüht, muß zunächst versuchen, Verständnis für die gegebene Situation zu gewinnen. Dieses erfordert einen Prozeß, der darauf gerichtet ist, relevante Gegebenheiten der Problemsituation auf kognitiver Ebene zu repräsentieren. Bei dieser Repräsentation handelt es sich nicht um eine exakte Kopie, sondern um eine Umsetzung, durch die Einzelheiten hinzugefügt und andere Informationen weggelassen werden. Bezüglich der jeweils gewählten Form der Repräsentation lassen sich erhebliche Unterschiede beobachten. HAYES (1973) ließ seine Versuchspersonen z.B. einfache mathematische Aufgaben lösen. Dabei konnte er feststellen, daß einige die Aufgaben in Worte umsetzten und die Aufgabe leise vor sich hinsprachen, andere setzten die Ziffern in bildhafte Vorstellungen um oder – um noch ein weiteres Beispiel zu nennen – sie schafften sich ein Abbild der Aufgabe über bestimmte Fingerbewegungen.

Wenn man Menschen in Problemsituationen sorgfältig beobachtet, wird man feststellen, daß einige von ihnen offenbar über effektivere kognitive Strategien als andere verfügen, um sich ein ausreichendes Verständnis zu verschaffen. BLATT und STEIN (1959) fanden z.B., daß Personen mit guten Leistungen beim Lösen von Problemen relativ viel Zeit darauf verwandten, diese zunächst zu analysieren; sie stellten zu Beginn des Prozesses mehr einzigartige Fragen. Menschen mit geringen Leistungen brachen die Problemanalyse dagegen zu früh ab und bemühten sich bereits um Lösungen, als ihnen noch nicht genügend Informationen zur Verfügung standen bzw. – wie man auch sagen könnte – die wesentlichen Aspekte noch nicht ausreichend innerlich repräsentiert waren.

Es gibt Hinweise dafür, daß die Entwicklung von Problemlösungsstrategien bereits im Vorschulalter mehr oder weniger gefördert wird. Aufschlüsse darüber gibt eine Untersuchung von BROPHY (1970), in der die Interaktion von Kindern und Müttern unterschiedlicher sozialer Schichtenzugehörigkeit beobachtet und analysiert worden ist. Die

142

Aufgabe der Mütter bestand darin, ihre Kinder zur Durchführung von Sortieraufgaben anzuleiten. Es ließ sich feststellen, daß Mütter aus der Mittelschicht sich mehr Zeit nahmen, um ihre Kinder zunächst über die Aufgabe zu informieren. Weiterhin legten diese Mütter auch mehr Wert darauf, daß die Kinder auf die relevanten Aspekte der Aufgabe hingewiesen wurden. Bei Müttern unterer sozialer Schichten war diese Vorbereitungsphase dagegen sehr kurz; die jungen Versuchspersonen wurden auch nicht so sorgfältig auf die relevanten Merkmale hingewiesen. Die Unterschichtmütter ließen ihre Kinder sehr früh mit dem Aufgabenmaterial operieren, wobei sie versuchten, durch korrigierende Stellungnahmen Einfluß auf das Verhalten zu nehmen; sie tendierten allerdings dazu, weniger klar als die Mütter der Mittelschicht die Gründe für fehlerhafte Verhaltensweisen herauszuarbeiten. Nach Vollendung der Aufgaben waren Mütter der Mittelschicht eher bereit, noch einmal die Kriterien explizit zu benennen, nach denen die Aufgabe nunmehr als korrekt zu bewerten war. Es ist zu vermuten, daß ein Kind dadurch schon sehr früh mehr oder weniger gut lernt, wie man eine Problemsituation zunächst zu strukturieren versucht, um im Verlauf dieses Prozesses relevante und irrelevante Aspekte voneinander unterscheiden zu können.

Da sich bereits bei Schuleintritt deutliche Differenzen bezüglich des Verhaltens bei Kindern in der Vorbereitungsphase von Problemsituationen nachweisen lassen, ist zu klären, wie sich ungünstige Strategien zugunsten besserer abbauen lassen. Ein Programm von WHIMBEY und LOCHHEAD (1980) zielt vor allem darauf, Problemlösungsprozesse auf die Ebene der Bewußtheit zu bringen, indem man stets laut denkt. „Das lückenlose Aussprechen Deiner Gedanken – vor allem an jenen Stellen eines Problems, die Du schwierig oder verwirrend findest – ist der sicherste Weg, um sicherzustellen, daß Du in Deinen Schlußfolgerungen keinen Schritt ausgelassen, keine Fakten übersehen hast" (WHIMBEY und LOCHHEAD, 1980). Nach Möglichkeit sollte man einen Partner als Zuhörer haben, der zwar keine Fehler korrigiert, aber auf diese hinweist. Einige Programme legen besonderen Wert darauf, die Fragetechnik zu verbessern. Als Beispiel soll noch einmal das bereits genannte Erkundungs-Training von SUCHMAN (1965) dienen. Nach Darstellung der „Problem-Episoden" hatten die Schüler das Beobachtete zunächst sprachlich wiederzugeben. Man gab ihnen anschließend Gelegenheit, Fragen zu stellen, die allerdings nur mit „ja" oder „nein" beantwortet wurden; offene Fragen mußten sie umformulieren. Mit dieser Einschränkung der Frage- und Antwortmöglichkeiten wollte SUCHMAN erreichen, daß die Verantwortung für die Lösungssuche beim Schüler blieb und nicht dem Lehrer übertragen wurde.

Als Beispiel ist ein Ausschnitt aus dem Dialog wiederzugeben, der sich nach Darstellung des oben (S. 141) geschilderten Physikbeispiels ergeben hat:

SCHÜLER: Hatten Kugel und Ring zunächst die gleiche Temperatur wie im Zimmer?
LEHRER: Ja.
SCHÜLER: Und zuerst paßte die Kugel durch den Ring?
LEHRER: Ja.
SCHÜLER: Die Kugel paßte aber nicht mehr durch den Ring, nachdem sie einige Zeit über das Feuer gehalten worden ist – stimmt das?
LEHRER: Ja.
(Aus: SUCHMAN, 1960)

Der Prozeß, der auf das Verständnis einer gegebenen Problemsituation gerichtet ist, läßt sich weiterhin durch Schaffung externaler Repräsentationen unterstützen.

Bekanntlich lassen sich einfache Probleme (wie z.B. die Aufgabe: 7 x 26 = ?) vollkommen innerlich repräsentieren. Das Verständnis für kompliziertere Probleme ist für die meisten Menschen aber nur zu erlangen, indem sie sich externale Repräsentationen schaffen: Sie fertigen sich z.B. eine kleine Skizze oder ein Fluß-Diagramm an, sie formulieren Gleichungen usw. Ausschließlich auf diese Weise lassen sich allerdings keine Probleme lösen; die Aufgabe solcher externaler Repräsentationen besteht letztlich nur darin, den Prozeß zur Bildung einer internalen Repräsentation zu unterstützen, d.h. vor allem herauszufinden, welche Elemente der Problemsituation für die Lösung relevant sind und entsprechend repräsentiert werden müssen und welche nicht.

In welchem Umfang ein Mensch auf externale Repräsentationen zurückgreifen muß, wird wesentlich durch die Art und den Umfang seiner bisherigen Erfahrungen mitbestimmt. Wie im nachfolgenden Kapitel (S. 176 f.) noch auszuführen sein wird, gelingt es Schachspielern der Meisterklasse, sich eine Figurenanordnung (sofern sie in einem Spiel tatsächlich vorkommen kann), bereits nach höchstens fünf Sekunden vollständig einzuprägen, weil sie diese mit vorliegenden relevanten Gedächtnisinhalten in Verbindung zu bringen vermögen. SIMON und GILMARTIN (1973) vermuten, daß Schach-Meisterspieler zwischen 10.000 und 100.000 Schachmuster dauerhaft gespeichert haben. Diese abrufbaren Muster, die es selbstverständlich nicht nur für das Schachspiel gibt, bieten ihrem Träger gegenüber Anfängern natürlich einen beachtlichen Vorteil: Der Meister vermag relativ schnell jene Reize zu entdecken, die ihm einen Hinweis auf ähnliche frühere Situationen geben; deren wesentliche Kennzeichen sind im Gedächtnis gespeichert. Er kann sie abrufen und daraus für die aktuelle Situation geeignete Lösungshypothesen ableiten. Ähnlich dürften die Verhältnisse in anderen Problemgebieten liegen. CHI et al. (1982) beobachteten Studienanfänger und Fortgeschrittene im Fach Physik und stellten fest, daß letztere bereits nach sehr kurzer Zeit ein gutes Verständnis für ein ihnen vorgelegtes Problem hatten, indem sie das zugrundeliegende Prinzip zu entdecken vermochten. Anfänger richteten ihre Aufmerksamkeit dagegen auf oberflächliche Strukturen, die ihnen für die Lösung wenig Hilfe boten.

Untersuchungen wie jene von SIMON und GILMARTIN und anderen Autoren (z.B. CHI, 1978) lassen erkennen, daß das Leistungsverhalten in dieser wichtigen Phase des Problemlösungsprozesses nicht nur von der Art der kognitiven Strategie, sondern auch von dem Umfang und dem Organisationsgrad (s. hierzu S. 177 ff.) des individuellen Wissens abhängt. Der Aufbau dieses Wissens erfordert umfangreiche Erfahrungen. SIMON und CHASE (1973) haben einmal geschätzt, daß ein Schachspieler der Meisterklasse zwischen 10.000 und 50.000 Stunden seines Lebens damit verbracht hat, seine Aufmerksamkeit auf Figurenanordnungen zu richten.

5.3.2.3 Die Produktion von Hypothesen

Nachdem ein gewisses Verständnis für die vorliegende Problemsituation erarbeitet worden ist, kann die Produktion von Hypothesen beginnen (durch deren Prüfung das Verständnis der Problemsituation in der Regel weiter zu vertiefen ist). Dabei wird auf die Kenntnis von Begriffen und deren Beziehungen untereinander zurückgegriffen, wie sich an folgenden Problemen beispielhaft demonstrieren läßt:

> Gegeben sind sechs Streichhölzer gleicher Größe. Wie lassen sich aus diesen Hölzern vier gleichseitige Dreiecke bilden, deren Seiten stets der Länge eines Streichholzes entsprechen?

Vielen Menschen bereitet dieses Problem zunächst einige Schwierigkeiten. Vermutlich hängt dies damit zusammen, daß für sie – wahrscheinlich als Folge des Mathematikunterrichts (s. S. 131) – eine vergleichsweise enge Beziehung zwischen den Begriffen „Dreieck" und „zweidimensional" besteht. Solange sie sich von diesem Begriffspaar nicht zu lösen vermögen, kann ihnen die Bewältigung nicht gelingen. Erst mit der Entdeckung, daß der Begriff „Dreieck" auch eine Beziehung zu einer „Pyramide" aufweist, ist der Weg für eine Lösung frei. Eine Pyramide läßt sich aus sechs Streichhölzern bauen, und diese bildet zugleich vier gleichseitige Dreiecke, wobei die jeweils benachbarten Figuren stets eine Seite gemeinsam haben (s. Abb. 5.3).

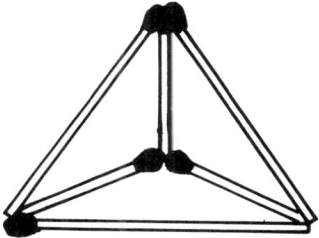

Abb. 5.3: Eine Streichholzaufgabe, bei der die Schwierigkeit darin liegt, die Begriffsbeziehung „Dreieck" und „zweidimensional" zu überwinden.

Ein Problem läßt sich also als eine Situation kennzeichnen, die aus einer mehr oder weniger großen Anzahl von Reiz-Charakteristika (die begrifflich zu fassen sind) besteht. In dem eben geschilderten Problem war der Begriff „gleichseitiges Dreieck" (nicht „Streichholz") relevant. Dieser Begriff läßt sich zu vielen anderen Begriffen in Beziehung setzen. Nur die Aufdeckung der Beziehung „Dreieck" – „Pyramide" konnte in dem genannten Problem aber zum Erfolg führen. Eine Problemsituation fordert somit vom Lösungssuchenden, daß er einen oder mehrere Begriffe mit anderen in Beziehung setzt und somit Zusammenhänge wahrnimmt, die er bislang nicht gesehen hat.

Wenn man Menschen Probleme vorlegt und sie sodann bittet, „laut zu denken", kann man feststellen, daß sie im Verlauf des Lösungsprozesses fortlaufend Beziehungen zwischen zwei oder mehreren Begriffen auf ihren jeweils möglichen Beitrag zu einer Lösung prüfen. Ein verkürzt wiedergegebener Ausschnitt eines Dialogs zwischen Lehrer und Schüler soll dies für das o.g. Problem aus dem Biologieunterricht (S. 141) demonstrieren (EGGEN et al., 1979).

1. Hypothese:

SCHÜLER: Hat man beobachtet, daß andere Tiere Damwild getötet haben?
LEHRER: Ja.
SCHÜLER: Verschiedenartige Tiere?
LEHRER: Ja.
SCHÜLER: Hat das Raubtier-Opfer-Gleichgewicht etwas mit dem Problem zu tun?
LEHRER: Kannst Du etwas heranziehen, was das belegen könnte?
SCHÜLER: ... Nach Ausrottung der Wölfe waren andere Tiere wie Luchse, Coyoten,
             große Vögel wie Adler, mit mehr Erfolg in der Lage, dem Damwild
             nachzustellen; infolgedessen verminderte sich ihre Population.

2. Hypothese eines anderen Schülers:

SCHÜLER: ... Ich habe eine andere Idee... Nachdem der Feind des Hirsches ausge-
             rottet war, weitete sich die Bevölkerung derartig aus, daß der Lebens-
             raum nicht mehr ausreichte, die Tiere genügend zu versorgen, und diese
             waren verstärkt dem Hungertod ausgesetzt, und die Population verrin-
             gerte sich.

Möglicherweise wird im Rahmen einer Lösungssuche zahlreichen Hypothesen
nachgegangen, bis schließlich jene ausgewählt wird, die die höchste Plausibilität
aufweist oder für die sich die überzeugendsten Belege anführen lassen.

Beim Studium von Problemlösungsprozessen ist man wiederholt darauf aufmerksam geworden, daß Versuchspersonen Interpretationen vorgenommen haben,
durch die sich ihre Flexibilität in der Lösungssuche eingeschränkt hat. Dies geschieht auch beim oben genannten Streichholzproblem: die enge gedankliche Verknüpfung von Dreieck und Zweidimensionalität hindert viele Menschen an der
Prüfung der Möglichkeit, daß im dreidimensionalen Bereich eine Lösung liegen
könnte.

Ein weiteres Beispiel liefern Beobachtungen in einem Experiment von BIRCH und RA-
BINOWITZ (1951). Sie bildeten zwei Versuchsgruppen. Die Mitglieder der Gruppe S
hatten einen einfachen Stromkreis unter Verwendung eines Schalters herzustellen; die
Gruppe R mußte in den Stromkreis ein Relais einbauen. Kurze Zeit darauf wurden
sämtliche Versuchspersonen mit dem sog. Zwei-Fäden-Problem konfrontiert. Dabei
wird die Versuchsperson in einen Raum geführt, von dessen Decke zwei Fäden herun-
terhängen, deren Abstand voneinander so groß ist, daß sie sich nicht gleichzeitig mit beiden Händen fassen lassen (s. Abb. 5.4). Die Aufforderung lautet, beide Fäden zu verknüpfen. Das Problem ist zu lösen, indem man an einen Faden ein Gewicht knüpft, damit dieser in Pendelbewegung gebracht werden kann. Sobald dieser pendelnde Faden in
die Nähe des anderen kommt, lassen sich beide anfassen und miteinander verknoten. Im
Fall des Experiments von BIRCH und RABINOWITZ standen als Gewicht sowohl der
Schalter als auch das Relais zur Verfügung. Welches der beiden Objekte würden die
Versuchspersonen auswählen?

Es ist zu vermuten, daß für die Angehörigen der Gruppe S die elektrische Funktion des Schalters wegen der unmittelbar vorausgegangenen Beschäftigung Domi-
nanzcharakter erworben hat. Es müßte ihnen deshalb schwerer fallen, dem Schalter gleichrangig eine Gewichtsfunktion zuzuschreiben. Entsprechendes würde für
die Gruppe R gelten. Die Ergebnisse stimmten mit diesen Erwartungen überein;
denn die Mitglieder der Gruppe S tendierten dazu, das Relais als Gewicht zu verwenden, während die Angehörigen der Gruppe R dem Schalter den Vorzug gaben.

146

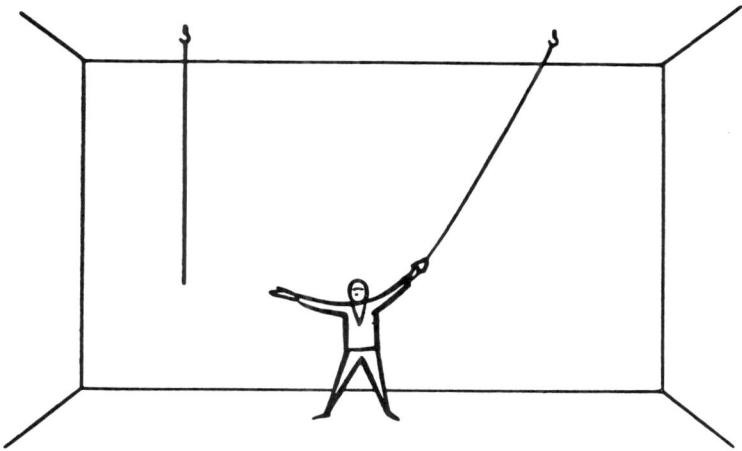

Abb. 5.4: Das Zwei-Fäden-Problem (nach JOHNSON, 1961)

Wenn ein Gegenstand von einem Menschen wiederholt in einer bestimmten Weise genutzt wird, fällt es ihm offenbar schwer, ihn in einer anderen Funktion zu verwenden. Dieses Phänomen hat man als *funktionale Gebundenheit* bezeichnet. Bei Vorliegen einer funktionalen Gebundenheit in einer Problemsituation kann es zu erheblichen Schwierigkeiten kommen, wenn dadurch die relevanten Lösungsmöglichkeiten nicht gesehen werden. Es empfiehlt sich, ein nicht lösbar erscheinendes Problem vorübergehend beiseite zu legen („zu überschlafen"), um es anschließend noch einmal von neuem anpacken zu können. Wenn ein Mensch sich weiterhin darin übt, verschiedenartige und somit auch ungewöhnliche Verwendungsmöglichkeiten für einen Gegenstand zu erfinden, kann sich daraufhin eine Verminderung der funktionalen Gebundenheit einstellen (FLAVELL et al., 1958; YONGE, 1966).

Mit dem Begriff funktionale Gebundenheit bezeichnet man die eingeschränkte Wahrnehmung von Lösungsmöglichkeiten an demselben Objekt in verschiedenen Situationen. Im Unterschied dazu spricht man von *Einstellung*, wenn der gleiche Lösungsweg bei Auseinandersetzung mit verschiedenen Problemen beschritten wird. Ein klassisches Experiment, in dem dieser Einstellungseffekt beobachtet werden konnte, geht auf LUCHINS (1942) zurück.

LUCHINS stellte seinen Versuchspersonen die Aufgabe, eine bestimmte Menge Wasser durch Benutzung von Gefäßen unterschiedlichen Volumens abzumessen. Wenn z.B. ein Gefäß A 21 l, ein Gefäß B 127 l und ein Gefäß C 3 l faßt, lassen sich 100 l (= D) durch Anwendung folgender Formel abmessen: D = B-A-2C. Die Versuchspersonen erhielten weitere Probleme, die sich stets mit Hilfe dieser Formel lösen ließen. Endlich folgten Aufgaben, die ebenfalls durch die Formel, aber auch anderweitig zu lösen waren. Behälter A faßte z.B. 23, B 49 und C 3 l; abzumessen waren 20 l. Im Durchschnitt lösten 70 bis 100% von Personen verschiedenen Alters und unterschiedlichen Bildungsgrades diese Aufgabe in der geschilderten Weise mit der Formel B-A-2C. Sie übersahen damit den viel einfacheren Weg, der lediglich die Operation A-C forderte. Mitglieder der Kontrollgruppen, die keine Übung mit der Lösungsmethode (B-A-2C) erhalten hatten, tendierten dazu, Aufgaben der zuletzt genannten Art auf einfachstem Wege (A-C) zu lösen.

Man könnte die von LUCHINS mitgeteilten Beobachtungen dahingehend interpretieren, daß Übungen die Flexibilität des Denkens einzuschränken vermögen oder – mit LUCHINS und LUCHINS (1959) –, „daß die Gewohnheit das Individuum beherrscht". Derartige Interpretationsweisen sind allerdings nicht unwidersprochen geblieben, denn dabei wird stillschweigend von einem Lernenden ausgegangen, der sich in Problemsituationen *gedankenlos* und *mechanistisch* verhält. Wahrscheinlich wird man den Beobachtungen von LUCHINS besser gerecht, wenn man berücksichtigt, daß eine Versuchsperson nicht nur auf die objektive Reizsituation, sondern zusätzlich auf die von ihr jeweils vorgenommene Interpretation reagiert und sich dabei von Informationen leiten läßt, die früheren Erfahrungen entstammen (sog. *Scripts* nach ABELSON, 1976).

> Folgende kleine Schilderung nach SCHANK (1976) ist nur verständlich, wenn auf geeignete *Scripts* zurückzugreifen ist: Jan ging in ein Restaurant. Die Serviererin brachte Jan an einen Platz. Die Serviererin händigte Jan die Speisekarte aus. Jan bestellte sich Hummer. Er wurde schnell bedient. Er gab ein großes Trinkgeld. Er verließ das Restaurant. – Auf die Frage, warum Jan ein Trinkgeld hinterließ, könnte nur ein Mensch zutreffend antworten, dem Erfahrungen ("Scripts") über das Verhalten in Restaurants zur Verfügung stehen. Die Geschichte selbst bietet diesbezüglich keinerlei relevante Informationen an.

In dem Experiment von LUCHINS und LUCHINS könnte bei den Versuchspersonen als Reaktion auf die Ankündigung des Versuchsleiters ein bestimmtes *Script* aktiviert worden sein, nämlich daß einige leichte Rechenaufgaben zu bearbeiten sein werden. Dies hat sie möglicherweise zu der Interpretation veranlaßt, daß ihnen ein Mathematiktest bevorstand, der – wie dem *Script* weiterhin zu entnehmen war – üblicherweise eine Reihe *unabhängiger* Aufgaben umfaßt (WEISBERG, 1980). Die Reihe der Umschüttungsaufgaben war aber offenkundig nicht unabhängig. Vielleicht – so könnten die Versuchspersonen vermutet haben – wollte der Versuchsleiter nur feststellen, wie schnell die Bearbeiter die Lösungsregel zu entdecken und anzuwenden vermochten. – Sofern die Versuchspersonen tatsächlich diese Interpretation vorgenommen haben sollten, wäre ihr Verhalten subjektiv sehr wohl als vernünftig und sinnvoll zu bezeichnen.

> Aufschlußreich sind in diesem Zusammenhang auch Beobachtungen von LEVINE (1966), dessen Versuchspersonen die Regeln zu entdecken hatten, nach denen ihnen der Versuchsleiter Buchstabenfolgen vorlegte. Für die 1. Experimentalgruppe lautete die Reihe z.B. XXXXXXXXXX, für die 2. Gruppe dagegen XTTXTTXTTX. In einer zweiten Phase des Experiments setzte man *für beide Gruppen* die Reihe z.B. mit TTTTTTTTTT fort. Mitgliedern der 1. Gruppe gelang es sehr schnell, die Regel zu entdecken. Dagegen versagte ein beträchtlicher Teil der Versuchspersonen aus der 2. Gruppe an dieser neuen, objektiv aber einfacheren Problemsituation. LEVINE (1974) führt das Unvermögen, die einfache Regel zu entdecken, auf die Vorerfahrungen der Versuchspersonen zurück. Die Teilnehmer wußten aus dem ersten Teil des Experiments, daß die Lösung zu finden war, wenn man eine komplexere Regel entdeckt hatte. Statt

die TTTTTTTTT-Folge zu erkennen, prüften sie immer komplexere Lösungshypothesen. Offenbar hinderte sie die Vorerfahrung daran, das einfachste anzunehmen.

Mit den Erkenntnissen LEVINEs läßt sich auch ein besseres Verständnis für die
Teilnehmer des Experiments von LUCHINS finden. Wenn man behauptet, daß
Versuchspersonen, die eine Einstellung gebildet haben, nicht denken würden, dann
scheint sich darin mehr eine „Kurzsichtigkeit" des Experimentators, nicht aber
eine solche der Versuchspersonen zu offenbaren (WEISBERG, 1980). LUCHINS
mag sich gewundert haben, daß die meisten Versuchspersonen nicht den viel einfacheren Lösungsweg entdeckten; seine Schlußfolgerungen waren jedoch voreilig,
weil er keine Informationen darüber eingeholt hatte, wie die Situation von den
Versuchspersonen interpretiert worden war, und welche Hypothesen ihnen daraufhin als relevant erschienen waren.

Aus pädagogisch-psychologischer Sicht ist die vorangegangene Diskussion deshalb von Bedeutung, weil auch der Schüler mit Vorerfahrungen bzw. mit *Scripts* an
Problemsituationen im Rahmen des Unterrichts herangeht. Ein Schüler, dessen
Antwort nicht den Erwartungen des Lehrers entspricht, wird vielfach mit der Reaktion „falsch" zurückgewiesen. Sofern der Unterrichtende der als fehlerhaft klassifizierten Antwort nicht weiter nachgeht, bleibt ihm eine wesentliche Informationsquelle verschlossen. Möglicherweise wäre sehr wohl festzustellen, daß die vermeintlich fehlerhafte Antwort auf dem Hintergrund einer bestimmten Vorerfahrung des Schülers sowie daraus abgeleiteter Hypothesen durchaus nachvollziehbar, vielleicht sogar vernünftig erscheint. Wie bereits an anderer Stelle festgestellt
worden ist (s. S. 63), wurde PIAGETs großartige Leistung von der Entdeckung
angeregt, daß falsche Antworten von Kindern erheblich mehr Aufschluß über deren Denkweisen geben als „richtige". Ein Lehrer, der es versteht, sein diesbezügliches „Forschungsinteresse" wachzuhalten, vermag den Schülern mehr zu helfen als
ein anderer, der sich auf die Prüfung beschränkt, ob die Lernenden das korrekt
wiedergeben, was er aufgrund seines Informationshintergrundes für richtig hält.

5.3.2.4 Das Einholen von Informationen

Hypothesen fordern zur Überprüfung heraus. Dies ist möglich, indem relevante
Informationen eingeholt werden. Die Brauchbarkeit einer Hypothese bestimmt
sich danach, ob sich Belege auffinden lassen, die sie bestätigen. Außerhalb des
Klassenzimmers prüft man seine Vermutungen, indem man beobachtet oder ausprobiert. Da dies in der Schule nicht immer ohne weiteres möglich ist, fordert
SUCHMAN im Rahmen des Erkundungstrainings (s. S. 143 f.) den Schüler auf,
solche Fragen zu stellen, auf die zum einen mit ja oder nein zu reagieren ist und
bei denen zum anderen die Antwort über den Weg der Beobachtung zu finden
wäre. Dabei wird der Lösungssuchende den Zyklus „Hypothesenproduktion – Informationen einholen – Bewertung" üblicherweise mehrfach durchlaufen.

> Das Problem aus dem Biologieunterricht (s. S. 141 f.). von dem schon wiederholt die
> Rede war, ließ die Schüler folgende Informationen einholen (nach EGGEN, 1979):
> „Hat man andere Tiere gesehen, die Damwild getötet haben?"
> „Hat man mehr Luchse im Lebensraum des Damwilds gesehen, nachdem die Wölfe aus-
> gerottet worden waren?"

„Hat man mehrere tote Bäume mit abgefressener Rinde in der Region gefunden, nachdem die Wölfe ausgerottet waren?"

„Hat man totes Damwild in der Region gefunden, nachdem die Wölfe ausgerottet waren?"

Der Zyklus von Hypothesenbildung und Einholen von Informationen wird solange wiederholt, bis die Bewertung ergibt, daß eine befriedigende Antwort gefunden worden ist.

Auf die Strategie des Schülers, sich durch Fragen Informationen zu verschaffen, läßt sich fördernd Einfluß nehmen. SUCHMAN zeichnete die Erkundungsphasen auf Tonband auf. Die Kinder erhielten deshalb die Gelegenheit, anschließend noch einmal ihre eigenen Fragen zu hören. Sie konnten erörtern, welche Konsequenzen die verschiedenartigen Erkundungsstrategien hatten. SUCHMAN beobachtete während der achtwöchigen Trainingsprogramme eine kontinuierliche Verbesserung der Fragetechnik.

SWANSON und HENDERSON (1977) vermochten nachzuweisen, daß sich auch über das Beobachtungslernen fördernd auf das Formulieren von Fragen Einfluß nehmen läßt. Sie führten ihre Untersuchungen an amerikanischen Vorschulkindern durch, die Angehörige eines Indianerstammes waren. Diese Kinder erfuhren in normalen Schulen eine Benachteiligung, weil es für sie ungewohnt war, Fragen an ihre Lehrer zu stellen. SWANSON und HENDERSON gaben diesen Kindern daraufhin Gelegenheit, über eine Video-Aufzeichnung Modelle zu sehen, deren Fragen mit „warum", „wie kommt es" und „was würde passieren, wenn" begannen. Einige Kinder hatten nach dieser Darbietung Gelegenheit, selbst Fragen zu stellen. Obwohl sich ihre Formulierungen inhaltlich unterschieden, leiteten sie ihre Fragen ebenso ein wie die beobachteten Vorbilder. Damit hatte sich ihre Strategie zur Einholung von Informationen durch Fragen eindeutig verbessert.

5.3.2.5 Bewertung von Hypothesen

Grundsätzlich könnte der Lösungssuchende in einer Problemsituation eine Hypothese produzieren, diese sofort in Handeln umsetzen und damit zum Ziel gelangen oder nicht. Tatsächlich ist aber eher davon auszugehen, daß man eine Hypothese einer Bewertung unterzieht, bevor sie als Lösung akzeptiert wird. Im Falle der o.g. Streichholzaufgabe (s. S. 145) ist eine Entscheidung noch relativ leicht zu fällen, denn es existiert nur eine Lösung, die zu dem klar definierten Ziel führen kann. Zweifel bezüglich der Angemessenheit wären bei richtiger Beantwortung nicht mehr plausibel. Anders liegen die Verhältnisse bei den Problemen, die Schülern im Rahmen des Erkundungstrainings vorgelegt worden sind (s. S. 143 f.); es handelt sich dabei um Aufgaben mit hohem Ungewißheitsgrad. Bei Problemen solcher Art lassen sich ohne weiteres mehrere Lösungsmöglichkeiten produzieren, und für das Individuum stellt sich deshalb die Notwendigkeit, diese zu bewerten und sich für jene zu entscheiden, die als beste anzusehen ist.

Bei Problemen der zuletzt genannten Art sollte man den Schüler stets ermuntern, nach mehreren Lösungsmöglichkeiten Ausschau zu halten, bevor er sich für eine entscheidet. „Je länger er mit der Auswahl einer Lösung wartet, desto wahrscheinlicher ist es, daß er neue Beziehungen sieht, zusätzliche Lösungen findet oder seine vorliegende Lösung verbessert" (DAVIS et al., 1974).

Aus den Arbeiten KAGANs (1965a, 1965b) ist hervorgegangen, daß Kinder sich danach unterscheiden lassen, wie sorgfältig sie ihre Hypothesen prüfen. Nach KAGAN et al. (1964) gibt es eine beim einzelnen mehr oder weniger ausgeprägte „Tendenz, über alternative Lösungen oder Klassifikationen in Situationen zu reflektieren, in denen mehrere Antwortalternativen verfügbar sind". Kinder, die die erstbeste Hypothese, die ihnen in den Sinn kommt, akzeptieren, ohne sie zuvor auf ihre Angemessenheit bzw. Brauchbarkeit hin überprüft zu haben, bezeichnet KAGAN als „kognitiv impulsiv". Demgegenüber nehmen sich „kognitiv reflexive" Personen relativ viel Zeit, um eine größere Anzahl von Hypothesen zu betrachten und zu bewerten, bevor sie sich endlich für eine entscheiden. Infolgedessen vermögen sie in Problemsituationen Besseres zu leisten als kognitiv impulsive Kinder.

Kognitiv impulsive Kinder sind nicht nur in ausgeprochenen Problemsituationen durch vergleichsweise schwächere Leistungen zu kennzeichnen; sie haben auch größere Schwierigkeiten beim Erlernen des Lesens und Schreibens (MESSER, 1976) und neigen zu Flüchtigkeiten bei vielen Fertigkeiten, bei denen es auf die Beachtung zahlreicher Einzelheiten ankommt, wie z.B. bei Mathematik- und Testaufgaben. Geringere intellektuelle Leistungsfähigkeit läßt sich bei ihnen jedoch nicht nachweisen (WAGNER, 1976).

Die bislang unternommenen Versuche, den kognitiven Stil eines Menschen innerhalb kürzerer Zeiträume zu verändern, haben sich allgemein noch nicht als sehr erfolgreich erwiesen. Nach KAGANs (1965a, 1966) Beobachtungen handelt es sich dabei um ein relativ stabiles Merkmal; Kinder sind allerdings umso impulsiver, je jünger sie sind. Im Verlauf der Grundschulzeit verstärkt sich die Reflexivität allgemein in nennenswerter Weise (KAGAN, 1965c). Nach einer Zusammenfassung von STEINACK (1977) lassen sich jedoch einige Empfehlungen konkretisieren, damit langsamere, kognitiv reflexivere Kinder im Unterricht nicht benachteiligt werden und das Einschleifen eines kognitiv impulsiven Lösungsstils vermieden wird:

1. Der Lehrer bringt wiederholt zum Ausdruck, daß langsam gegebene, gründlich durchdachte richtige Antworten besser seien als schnell gegebene verkehrte.
2. Er gibt bei Stillarbeiten und mündlichen Fragen ausreichende Lösungszeiten vor.
3. Er belohnt schnelle Antworten auch dann nicht aufgrund des Tempos, wenn sie richtig sind.

Darüber hinaus kann auch versucht werden, den impulsiven Stil eines Kindes mit Hilfe einer Methode zu verändern, die von MEICHENBAUM und GOODMAN (1971; siehe auch: MEICHENBAUM, 1977) entwickelt worden ist. Sie ließen sich von der Vermutung leiten, daß sorgfältig arbeitende Kinder ihr Verhalten durch eine innere Sprache steuern. Aus diesem Grunde führten sie ihren Versuchspersonen über Video ein Modell vor, das durch Gestik und Mimik, ebenso aber auch durch hörbare Selbstgespräche Reflexivität offenbarte. In einer Situation hatte ein Modell z.B. Strichzeichnungen miteinander zu vergleichen, die sich nur in kleinen Details voneinander unterschieden; dabei führte es folgenden Dialog mit sich selbst: „Mal sehen, ich muß jetzt jede einzeln vergleichen, um sicher zu sein, daß ich nicht irrtümlich die falsche Zeichnung auswähle.

Wie sieht es mit dieser aus? – Ist dieses Ohr gleich? – Wie sieht das andere Ohr aus? –
Warte mal 'nen Moment ... die sind nicht gleich. Dieses Ohr ist rund und dieses ist lang.
..."

Aus den Ergebnissen solcher Studien ging klar hervor, daß Modelle vor allem dann
besonders intensiv das Beobachtungslernen anregen, wenn sie ihre Reflexivität nicht nur
durch geeignete Gestik darstellten, sondern zusätzlich über Verbalisierungen zum Ausdruck brachten.

Sofern ein Lehrer der kognitiven Impulsivität eines Kindes entgegenzuwirken
wünscht, ist es nicht mit der Aufforderung getan, sich mit der Antwort Zeit zu lassen und gut aufzupassen. In solchen Fällen wartet ein Kind zwar mit seiner Reaktion, produziert aber u.U. genausoviel Fehler wie zuvor, weil es nicht weiß, was es
während der Wartezeit tun soll. Das Kind muß deshalb lernen, wie man Probleme
effektiver löst. Über mögliche Trainingsprogramme berichtet ausführlicher WAG-
NER (1976).

5.3.3 Die Förderung des Problemlösens durch Übung

Die vorausgegangenen Abschnitte haben bereits einige Hinweise zur Förderung
des Problemlösungsprozesses gegeben. Lediglich die Rolle der Übung ist nicht
ausreichend dargestellt worden. Bezüglich der Übung als Voraussetzung zur Lösung von Problemen scheint es widersprüchliche Befunde zu geben, weil frühe behavioristisch orientierte Psychologen beobachteten, daß Tier und Mensch in Problemsituation scheinbar „blind" herumprobierten, während Gestaltpsychologen
plötzliches Lösungsverhalten beobachteten, das vor allem auf Denkprozesse
schließen ließ. Die zum Ausdruck gebrachten unterschiedlichen Auffassungen
müssen sich aber nicht unbedingt widersprechen; vielmehr ist anzunehmen, daß
die jeweils beobachteten Individuen durch ungleiche Lernvoraussetzungen zu
kennzeichnen waren.

5.3.3.1 Problemlösen nach Versuch und Irrtum

Der Begriff „Versuchs- und Irrtums-Lernen" geht auf THORNDIKE zurück.
Er hat damit das Verhalten von Tieren bezeichnet, die er in verschiedenen Problemsituationen beobachtet hatte (s. auch S. 94 f.). Eine hungrige Katze, die in einen Problem-Käfig gesperrt worden war, zeigte (ebenso wie SKINNERs Ratte, s.
hierzu S. 96 f.) eine Fülle von Verhaltensweisen in scheinbar zufälliger Abfolge.
Das Tier lernte erst nach einigen Versuchsdurchgängen, daß sich nach Drücken eines Hebels die Tür öffnete, wodurch der Weg zu dem außerhalb des Käfigs gelegenen Futter frei wurde. Nichts schien dafür zu sprechen, daß die Tiere THORN-
DIKEs Verständnis für die Problemsituation gewonnen hatten. Ähnliche Beobachtungen teilte RUGER (1910) mit. Er gab seinen Versuchspersonen mechanische
Puzzle-Spiele in die Hände und stellte fest, daß diese ähnliche Verhaltensweisen
wie THORNDIKEs Katzen zeigten, denn auch sie hantierten scheinbar ziellos mit
dem Material und vermittelten keine Hinweise, daß sie in sinnvoller Abfolge Hypothesen prüften. Nicht selten wurden Wege beschritten, die sich zuvor bereits

152

wiederholt als Sackgassen erwiesen hatten. Oft waren die Versuchspersonen erstaunt, plötzlich die Lösung in den Händen zu halten, ohne zu wissen, wie sie im einzelnen zustandegekommen war. Aber nach weiteren Versuchen mit einem Problem verbesserten sich die Leistungen allmählich, bis die Versuchspersonen schließlich sofort in der Lage waren, den richtigen Lösungsweg zu beschreiten. Demnach scheinen auch Menschen – zumindest unter bestimmten Voraussetzungen – Probleme mit der Versuchs- und Irrtums-Methode anzupacken.

5.3.3.2 Problemlösen durch Einsicht

THORNDIKEs und RUGERs Beobachtungen standen offenkundig im Widerspruch zu denen, die der Gestaltpsychologe KÖHLER (1917) mitzuteilen hatte. Er stellte Schimpansen u.a. vor das Problem, in den Besitz einer außerhalb des Käfigs gelegenen Banane zu gelangen. Als Hilfsmittel standen zwei Stöcke zur Verfügung, die sich ineinanderstecken ließen. In anderen Experimenten war eine an der Decke hängende Frucht nur dadurch zu erreichen, daß verfügbare Kisten aufeinandergestellt wurden, auf die das Versuchstier dann klettern konnte. KÖHLER beobachtete bei seinen Schimpansen kein Verhalten, das einem blinden Probieren ähnelte; seine Tiere vermittelten vor der gezeigten Lösung vielmehr den Eindruck relativer motorischer Ruhe.

> KÖHLERs Bericht ist zu entnehmen, daß eines seiner Tiere zunächst versuchte, die Banane mit der Hand zu erreichen. Es mußte jedoch erfahren, daß der Arm dafür zu kurz war. Es vergingen einige Minuten, bis der Schimpanse einen der Stöcke ergriff, aber auch dieser besaß nicht die erforderliche Länge. Einige Zeit später sah man das Tier, wie es auf einer Kiste saß und scheinbar gleichgültig mit beiden Stöcken spielte. Dabei geschah es, daß der Schimpanse sie plötzlich so in seinen Händen hielt, daß sie eine gerade Linie bildeten. Unmittelbar darauf steckte er beide Stöcke zusammen und lief bis ans Gitter, um sich von dort aus die Banane heranzuholen. KÖHLER wertete dieses Verhalten als Hinweis dafür, daß das Tier *Einsicht* in die Problemsituation gewonnen hatte.

Der von KÖHLER verwendete Begriff Einsicht ist in der psychologischen Literatur nicht immer mit dem gleichen Bedeutungsgehalt benutzt worden. Zumeist schließt man auf Einsicht, wenn in einer Problemsituation relativ plötzlich eine Lösung erfolgt („Aha-Erlebnis"), die danach jederzeit unverzüglich wiederholt werden kann.

5.3.3.3 Versuch-und-Irrtum *und* Einsicht – Versuch einer Integration

THORNDIKEs Experimente sowie die daraus gezogenen Schlußfolgerungen sind deshalb heftig kritisiert worden, weil die besondere Versuchsanordnung von vornherein keine Einsicht ermöglichen konnte. Die Funktionsweise des Öffnungsmechanismus der Käfigtür war nämlich – so stellten die Kritiker fest – dem Tier verborgen geblieben. Folglich bestand gar keine andere Möglichkeit, als durch blindes Probieren nach der Lösung zu suchen. Die von den Kritikern erhobene Forderung, Problemsituationen überschaubar zu gestalten, kann nur unterstützt werden.

Sicherlich unterschieden sich die Experimente THORNDIKEs und KÖHLERs aber nicht nur bezüglich ihrer Anordnung. Darüber hinaus ist mit Sicherheit davon auszugehen, daß für die Versuchstiere unterschiedliche Lernvoraussetzungen bestanden. Allerdings hat KÖHLER versäumt, die vorausgegangenen Erfahrungen seiner Tiere zu kontrollieren. Vieles spricht dafür, daß seine Affen bereits über relevante Kenntnisse verfügten, als das Experiment begann. Dieser Verdacht wird durch Beobachtungen von BIRCH (1945) bestätigt.

Als Versuchstiere dienten BIRCH junge Schimpansen, die schon von einem sehr frühen Lebensalter an unter kontrollierten Bedingungen aufgewachsen waren. Man wußte daher, daß fünf von insgesamt sechs beteiligten Tieren niemals zuvor Erfahrungen im Gebrauch von Stöcken gesammelt hatten. In dem entscheidenden Experiment stellte man allen Schimpansen die Aufgabe, mit einem T-förmigen Gerät ein Stück Futter heranzuholen. Dabei ergab sich, daß vier Tiere innerhalb der gesetzten Zeitgrenze von 30 Minuten eine Lösung des Problems nicht zustande brachten. Alle Schimpansen erhielten daraufhin an den folgenden Tagen die Gelegenheit, in ihren Käfigen mit Stöcken zu spielen. Nach Ablauf eines Zeitintervalls von drei Tagen wurde die gleiche Prüfungssituation wiederholt und dabei zeigte sich, daß sämtliche Tiere nunmehr in der Lage waren, das gestellte Problem schnell und sachgerecht zu lösen. Offenbar hatten die Schimpansen während der eingeschränkten Übungsperiode die für die Bewältigung des Stockproblems unbedingt erforderlichen Lernvoraussetzungen erwerben können.
Ganz sicher hatten auch KÖHLERs Versuchstiere vor Beginn des Experiments in ausreichendem Maße Gelegenheit gehabt, Erfahrungen im Umgang mit Ästen, Stöcken und anderen länglichen Gegenständen zu sammeln. Der Wald bietet dazu viele Möglichkeiten. In der experimentellen Situation kam es dann offenbar nur darauf an, sich an diese Erfahrungen zu erinnern und sie zu nutzen.

KÖHLERs Affen zeigten wahrscheinlich deshalb kein Versuchs- und Irrtums-Verhalten, weil sie sich bereits auf einem vergleichsweise hohen Lernniveau befanden oder – anders ausgedrückt – weil sie über relevante Lernvoraussetzungen (also Regelkenntnisse) verfügten.

Das Lernen nach Versuch und Irrtum geht folglich dem Lernen durch Einsicht voraus. Durch Erfahrungen mit Problemen einer bestimmten Art wird allmählich aus einem Individuum, das sich anfänglich nur durch Versuch und Irrtum an die wechselnden Gegebenheiten der Umwelt anpassen konnte, ein solches, das sich durch Einsicht anzupassen vermag (HARLOW, 1949).

Es ist wichtig, daß die *lernpsychologischen Voraussetzungen* zur Gewinnung von Einsicht beachtet werden. Es reicht nicht aus, eine Problemsituation – den Forderungen der Gestaltpsychologen folgend (KÖHLER und andere) – überschaubar aufzubauen, denn auch eine solche ist nicht zu bewältigen, wenn das in ihr befindliche Individuum die lösungsrelevante Regel nicht kennt. Diese wird es nach den Feststellungen von HARLOW (1949, 1959) erst im Verlauf eines sehr *langwierigen* Übungsprozesses erlernen, der beim Versuchs- und Irrtums-Verhalten seinen Ausgang nimmt. Wenn dieses frühe Übungsstadium vorschnell abgebrochen wird, kann kein Verständnis für die Problemsituation, keine Einsicht gewonnen werden. Je besser aber die bestehenden Lernvoraussetzungen gefestigt werden, d.h., je mehr bei früheren Aufgaben geübt wird, desto größer ist die Wahrscheinlichkeit der Bewältigung einer Problemsituation.

Umgekehrt ist mit der Kenntnis einer relevanten Regel aufgrund vorausgegangener Erfahrungen aber auch nicht gesichert, daß sie angesichts einer Problemsituation als relevant erkannt – und eventuell in Kombination mit anderen – angewandt wird. Für die Bewältigung einer Problemsituation stellt die Regelkenntnis zwar eine notwendige, keineswegs aber eine hinreichende Voraussetzung dar.

> SZEKELEY (1950) teilte seinen Versuchspersonen z.B. bestimmte physikalische Regeln mit und demonstrierte ihre Wirkung an einem Beispiel. Wie sich feststellen ließ, fiel es den Versuchspersonen unter bestimmten Bedingungen relativ leicht, mit Hilfe der erworbenen Kentnnisse ein Problem zu lösen. Es ergab sich aber weiterhin, daß sie damit noch nicht ohne weiteres auch in der Lage waren, die relevante Regel explizit richtig zu reproduzieren. Wenn man den Versuchspersonen unter anderen Bedingungen gesagt hatte, daß das Verständnis der mitgeteilten Regel zu einem späteren Zeitpunkt geprüft würde, vermochten viele sie zwar korrekt sprachlich wiederzugeben, ohne gleichzeitig befähigt zu sein, von ihren Kenntnissen bei der Auseinandersetzung mit dem gestellten Problem auch erfolgreich Gebrauch zu machen.

Die Bewältigung eines Problems hängt einmal davon ab, ob dem Lernenden relevante Regeln bekannt sind. Es muß ihm aber auch gelingen, diese aus seinem verfügbaren Repertoire auszuwählen und anzuwenden. Welche Prozesse dabei von Bedeutung sind, ist zur Zeit erst wenig erforscht.

5.4 Das Problem der Lernübertragung (Transfer)

In den vorausgegangenen Abschnitten ist wiederholt darauf hingewiesen worden, daß die Bewältigung von Problemsituationen stets an bestimmte lernpsychologische Voraussetzungen gebunden ist. Wer nichts über Pendelgesetze weiß, dürfte nicht in der Lage sein, das Zweifädenproblem (s. S. 146 f.) zu lösen. Die Bewältigung von Problemen setzt u.a. voraus, daß man sich an lösungsrelevante Begriffe und Regeln erinnert und in der Lage ist, diese auf eine aktuell gegebene Situation zu übertragen. Sofern dies gelingt, spricht man von einem *positiven* Transfer; in einem solchen Fall wirkt früheres Lernen förderlich auf neues Lernen. Wie aber die Umschüttungsaufgabe von Seite 147 gezeigt hat, muß grundsätzlich auch mit der Möglichkeit gerechnet werden, daß die aktive Auseinandersetzung mit bestimmten Problemen erschwerend auf die Bewältigung nachfolgender Aufgaben wirkt. Wer z.B. gelernt hat, sein Auto im kontinentalen Europa erfolgreich durch die verschiedenartigsten Verkehrssituationen zu steuern, könnte Schwierigkeiten erfahren, wenn er erstmalig den Linksverkehr in England zu bewältigen hat. Ein *negativer* Transfer liegt vor, wenn dem Autofahrer eine solche Umstellung Schwierigkeiten bereiten sollte, d.h., wenn seine vorausgegangenen Erfahrungen die Bewältigung einer solchen Problemsituation erschweren.

Während der Unterrichtsarbeit stellt sich für den Lehrer ständig das Problem, Bedingungen zu schaffen, die einen positiven Transfer möglichst wahrscheinlich werden lassen. Der Lehrer übt mit seinen Schülern das Problem der Zehnerüberschreitung bei der Addition und Subtraktion an ausgewählten Aufgaben; das Lernziel ist aber erst erreicht, wenn der Schüler auch solche Aufgaben richtig löst, die er während der Übungsphase noch nicht kennengelernt hat. Der Lernende muß, wie GAGNÉ es einmal genannt hat, einen *lateralen* Transfer vollziehen, d.h., er muß generalisieren können, in der Lage sein, „Aufgabensituationen von etwa gleichem Komplexitätsniveau" zu bewältigen.

Wie jedes Fach setzt auch der Mathematikunterricht weiterhin voraus, daß sich beim Lernenden ein *vertikaler* Transfer vollzieht. Ein solcher liegt vor, wenn bestimmte Fertigkeiten oder Kenntnisse „direkt zum Erwerb übergeordneter Fertigkeiten oder Kenntnisse beitragen" (GAGNÉ, 1965). Der Schüler kann kein ausreichendes Verständnis der Additions- und Subtraktionsregeln gewinnen, solange er nicht über einen adäquaten Mengenbegriff verfügt. Durch Übung einer Vielzahl verschiedenartiger Subtraktions- und Additionsaufgaben erwirbt der Lernende Kenntnisse, die Voraussetzung zum Verständnis von Regeln der Multiplikation und Division darstellen. Der Schüler muß die auf einem niedrigeren Komplexitätsniveau erworbenen Kenntnisse und Einsichten auf das nächst höhere „transferieren".

Ist aber ein Schüler mit der Erreichung schulischer Ziele zugleich in der Lage, die erworbenen Kenntnisse und Fähigkeiten auch auf Probleme des täglichen Lebens zu übertragen? Seit vielen Generationen ist Schülern immer wieder versichert worden, sie würden nicht für die Schule, sondern für das Leben lernen. Im Verlauf dieses Jahrhunderts hat man zahlreiche Neuerungen im Bildungswesen ausdrücklich mit der Absicht gerechtfertigt, den Nachwuchs angemessener auf die Anforderungen in Gesellschaft und Beruf vorbereiten zu wollen. Wenngleich sich nachweisen läßt, daß bei den realisierten Umgestaltungen des Bildungswesens stets zahlreiche Gruppen ihre vielfältigsten Interessen einzubringen wußten, darf nicht gefolgert werden, daß die jeweils vorherrschenden Transfer-Theorien grundsätzlich ohne Einfluß auf die Konzipierung von Reformplänen geblieben wären. Von TRAVERS (1977) ist sogar die Auffassung vertreten worden, daß die zu Beginn dieses Jahrhunderts durchgeführten Untersuchungen zum Transfer stärker als irgendeine andere von Psychologen getragene Forschung Einfluß auf das Bildungswesen gewonnen haben. Diese Feststellung gilt vor allem für die amerikanischen Schulen, in denen sich das Lehrangebot nach THORNDIKEs (1924) Kritik an der Doktrin „formaler Bildung" erheblich differenzierte. Während aber THORNDIKE die Frage nach optimalen Transfermöglichkeiten überwiegend mit Merkmalen des Lernmaterials erklärte, greifen kognitiv orientierte Lernpsychologen neuerlich wieder verstärkt auf Voraussetzungen *im* Schüler zurück.

Die folgende Darstellung unterscheidet – einem Vorschlag ROYERs (1979) entsprechend – zwei Arten einflußreicher Transfer-Theorien: Die eine betont vor allem Merkmale *außerhalb* des Lernenden, also die Lernsituation bzw. das Lernmaterial; die andere akzentuiert dagegen Bedingungen *innerhalb* des Lernenden. Abschließend wird die Frage zu beantworten sein, welche unterrichtspraktischen Empfehlungen sich aus dem aktuellen Erkenntnisstand ableiten lassen.

156

5.4.1 Die Abhängigkeit des Transfers von Bedingungen außerhalb des Lernenden

Die ersten empirisch fundierten Studien zum Problem des Transfers stellten eine kritische Auseinandersetzung mit der *Doktrin der formalen Bildung* dar.

> Die Doktrin der formalen Bildung baute auf die Vorstellungen der sog. Vermögenspsychologie auf. Sie besagte, daß „Vermögen" wie z.B. Wille, Aufmerksamkeit, Gedächtnis, logisches Denken usw. allgemein durch spezielle Übungen zu stärken wären. Der menschliche „Geist" wäre demnach ebenso wie ein Muskel zu behandeln, denn dieser ist zu kräftigen, indem man ihn zu speziellen motorischen Aktivitäten anregt.
>
> An diesem Vergleich orientiert, wiesen die Anhänger der formalen Bildung auch dem Unterricht die Aufgabe zu, die behaupteten geistigen Vermögen zu stärken. Es bestand dabei die Überzeugung, daß die erstrebten Ziele nur bei Auseinandersetzung mit bestimmten Inhalten zu erreichen waren; die erworbenen Fähigkeiten wären sodann auf beliebige Inhalte zu übertragen. Zu den besonders geeigneten Fächern rechnete man die klassischen Sprachen, also Latein und Griechisch. Eine ähnliche Bevorzugung genoß der Mathematikunterricht. Allerdings empfahl man die Berücksichtigung dieser Fächer im Lehrplan nicht mit dem Argument, daß aus ihrem Studium nützliche Informationen zu gewinnen wären, sondern verwies ausschließlich auf ihren formalbildenden Charakter. Andere Fächer, wie z.B. moderne Sprachen, Physik, Chemie, Biologie usw., standen dagegen in einem sehr geringen Ansehen, weil aus der Beschäftigung mit ihnen angeblich keine Geistesschulung resultieren konnte.
>
> Der Unterricht hatte im wesentlichen die Aufgabe eines Drills. Man legte Wert darauf, daß der Lernstoff hart erarbeitet wurde. Man glaubte, damit Lernsituationen geschaffen zu haben, die zu einer Lernübertragung in einem weiten Bereich führten, d.h., die den Schüler z.B. auch befähigten, alle außerschulischen Anforderungen erfüllen zu können.

Mit dem Aufkommen der experimentellen Psychologie wuchs das Interesse, die Annahmen der formalen Bildungsdoktrin zu überprüfen. Eine der ersten Arbeiten ist von EBERT und NEUMANN (1905) vorgelegt worden. Die Autoren stellten sich die Frage, „ob und in welchem Sinne von einer allgemeinen Gedächtnisübung gesprochen werden kann und ob sich durch einseitige Übung eines der sogenannten Spezialgedächtnisse oder einer speziellen Gedächtnisfunktion an einem bestimmten Stoff eine Vervollkommnung des allgemeinen Gedächtnisses erreichen läßt". EBERT und NEUMANN erhielten in ihrer Studie keine Hinweise dafür, daß sich mit speziellen Behaltensübungen eine Steigerung des Gedächtnisses im allgemeinen erreichen ließ. Sie bestätigten damit einen fast gleichlautenden Befund von JAMES (1890).

Die zur damaligen Zeit aufwendigste und einflußreichste Untersuchung zur Überprüfung der formalen Bildungsdoktrin hat THORNDIKE zusammen mit WOODWORTH (1901) durchgeführt; sie beteiligten dabei mehr als 13.500 Schüler. Dabei ergaben sich keinerlei Hinweise dafür, daß Schüler, die am Latein- und Griechischunterricht teilgenommen hatten, in ihrer intellektuellen Leistungsfähigkeit mehr gefördert worden waren als andere, die sich mit lebendigen Sprachen, Hauswirtschaft oder Buchführung beschäftigt hatten. Solche Befunde galten als Bestätigung der *Theorie der identischen Elemente*. Danach ist mit einem Transfer zu rechnen, wenn Reize in zwei Situationen gleich sind oder die gleichen Prozesse herausfordern. Je mehr Elemente einer Aufgabensituation mit einer anderen identisch sind, desto größer ist die Wahrscheinlichkeit einer Lernübertragung.

Aus dieser Theorie lassen sich klare Empfehlungen ableiten: Wenn ein Schüler möglichst schnell Englisch lernen soll, empfiehlt man ihm, sich mit dieser Sprache und nicht mit Latein zu beschäftigen. Wenn ein Lernender bereits über lateinische Sprachkenntnisse verfügt, kann er mit Übungsvorteilen beim Erlernen des Englischen insoweit rechnen, als beide Sprachen verwandt sind, also identische Elemente aufweisen. Obwohl THORNDIKEs Studien nach heutigen Maßstäben methodisch als völlig unzulänglich zu gelten hätten, ging von ihren Ergebnissen und Interpretationen damals ein außerordentlich großer Einfluß auf die Schulpraxis aus. Amerikanischen Schülern bot sich fortan die Möglichkeit, eine Vielzahl von Fächern mit lebenspraktischen Inhalten auszuwählen.

Während die formale Bildungsdoktrin nach spezifischen Übungen Leistungssteigerungen auf verschiedenartigsten Aufgabengebieten vorhersagte, waren nach den Untersuchungsergebnissen THORNDIKEs nur noch Lernübertragungen zu erwarten, wenn zwischen verschiedenen Aufgaben identische Elemente bestanden. Danach war das Lernen sehr viel gegenstandsgebundener als man vorher angenommen hatte. Wie identisch müssen danach aber zwei Aufgabensituationen sein, um einen optimalen Transfer erreichen zu können? Diese Frage im Sinne THORNDIKEs zu beantworten, ist deshalb nicht ganz einfach, weil die identischen Elemente von ihm nicht eindeutig definiert worden sind. Wahrscheinlich hat THORNDIKE die identischen Elemente aber weiter gefaßt als zahlreiche seiner Interpreten, denn er erwartete Lernübertragungen nicht nur bei übereinstimmenden Inhalten, sondern auch, wenn verschiedene Aufgaben gleiche oder ähnliche Lösungsmethoden oder Einstellungen voraussetzten. Auch die Ergebnisse der Untersuchungen JUDDs (1908) zum Transfer waren ohne weiteres mit THORNDIKEs Theorie zu vereinbaren. JUDD und andere (HENDRICKSON und SCHROEDER, 1941) hatten festgestellt, daß ein Transfer von einer Problemsituation auf eine andere erwartet werden kann, wenn beide unter Inanspruchnahme gleicher Regeln zu lösen sind. In einem erweiterten Verständnis des Begriffs ,Element' lassen sich darunter auch Regeln fassen.

5.4.2 Die Abhängigkeit des Transfers von Bedingungen im Lernenden

Durch THORNDIKEs Theorie der identischen Elemente war der Blick vor allem auf Merkmale der Problemsituation gerichtet worden. Wenn ein Autofahrer für einige Zeit mit einem bestimmten PKW Erfahrungen gesammelt hat, dürfte er ohne weiteres in der Lage sein, auch einen anderen Wagen zu handhaben, vorausgesetzt, beide Fahrzeugtypen weisen noch „identische Elemente" auf. Wenn allerdings eine Lernaufgabe objektiv nachweisbare Ähnlichkeiten mit anderen, bereits vertrauten aufweist, ist damit deren Lösung noch keineswegs garantiert. Unerläßlich ist nämlich, daß der Lernende die Ähnlichkeiten auch wahrnimmt, d.h. darauf aufmerksam wird, daß eine Problemsituation prinzipiell ebenso zu lösen ist wie eine andere, mit der er bereits Erfahrungen zu sammeln vermochte. Unter welchen Voraussetzungen erkennt aber ein Mensch Beziehungen zwischen neuen und bereits bekannten Situationen? Diese Frage ist von THORNDIKE ebenso wenig wie von anderen Psychologen der behavioristischen Tradition beantwortet worden. Man ist auch gegenwärtig von einer völlig befriedigenden Klärung noch weit entfernt, obwohl sich zahlreiche kognitiv orientierte Psychologen bereits seit einiger Zeit intensiv mit diesem Problemgebiet beschäftigen.

Eine Methode, die zur Erhellung der aufgeworfenen Frage beitragen könnte, fordert ein eingehendes Studium von Personen, denen in einem Fach hochgradige Qualifikation zuzuschreiben ist. Welche Lösungsstrategien wenden Experten an, wenn sie mit einem neuen Problem konfrontiert werden? Wie oben bereits festgestellt worden ist (s. S. 144), haben Schachspieler der Meisterklasse in ihrem Gedächtnis mehr als 50.000 typische Figurenanordnungen zusammen mit den dabei aussichtsreichsten Zügen gespeichert. Wenn man sie mit einer Momentaufnahme aus einem Schachspiel konfrontiert, organisieren sie die ihnen vorgelegte Konstellation zu einer Einheit, die sie mit ihren Gedächtnisinhalten vergleichen können. Sobald der Experte mit Hilfe seines Wissens eine Figurenanordnung als bekannt identifiziert hat, vermag er seinen Speicherinhalten auch zu entnehmen, welche Züge ihm die größten Gewinnchancen eröffnen (de GROOT, 1965; SIMON und CHASE, 1973). Ähnliche Möglichkeiten stehen auch herausragenden Physikern zur Verfügung. Sie identifizieren relativ schnell relevante Merkmale einer physikalischen Problemsituation. Sobald sie herausgefunden haben, welcher der ihnen bekannten Problemkategorien die aktuelle Situation entspricht, vermögen sie aus ihrem Gedächtnis abzulesen, wie Probleme der vorliegenden Art zu lösen sind (CHI et al., 1982).

Ein Schachspieler der Meisterklasse, der seinen Gegner relativ schnell matt zu setzen vermag, offenbart ebenso wie der hochqualifizierte Physiker, der in seinem Fachgebiet neuartige Probleme löst, Beispiele für *spezifischen* Transfer, d.h., die Leistungen dieser Personen werden dadurch begünstigt, daß sie zwischen einer neuen und einer ihnen bereits bekannten Problemsituation Ähnlichkeiten bzw. Gemeinsamkeiten zu entdecken vermögen. Zu dieser Entdeckung sind sie in der Lage, weil sie in ihren jeweiligen Fachgebieten über außerordentlich umfangreiche Erfahrungen verfügen, die sie zudem auch sehr gut verarbeitet haben müssen. Die Lernübertragung bleibt aber spezifisch, weil das Fachwissen des einen nicht zur Bewältigung von Problemen des anderen einzusetzen ist.

Darüberhinaus können Lernende über kognitive Strategien verfügen, die förderlich auf die Lösungssuche *bei Problemen verschiedener Art* wirken. Der Schachspieler und der Physiker vermögen vielleicht auch ein Problem zu bewältigen, daß außerhalb ihres Arbeitsbereichs liegt, weil sie sich zuerst um dessen Verständnis bemühen, bevor sie nach Lösungen suchen (s. S. 142), weil sie sich die Gegebenheiten der Situation in sprachliche Formulierungen oder in visuelle Vorstellungsbilder umsetzen, weil sie aktiv nach Vergleichen mit bereits bekannten Situationen suchen usw. Solche Strategien mögen bei Auseinandersetzung mit Problemen eines Faches entwickelt worden sein; sie sind aber nicht fachgebunden, sondern können sich grundsätzlich in Problemsituationen verschiedener Art bewähren. Sie fördern den *nichtspezifischen* Transfer.

5.4.3 Die Förderung des Transfers im Unterricht

Es läßt sich nachweisen, daß unterrichtliches Handeln stets – implizit oder explizit – von irgendwelchen Annahmen zur Erreichung von Lernübertragungen geleitet wird. Anhänger der formalen Bildungsdoktrin erwarteten von Schülern, die sich erfolgreich dem Studium klassischer Sprachen gewidmet hatten, daß ihr geschulter Geist ihnen beste Voraussetzungen zur Bewältigung anderer Fachgebiete oder zur Lösung der vielfältigen Probleme des Alltags bot. THORNDIKEs Verdienst war es, den Glauben an die Möglichkeit derartig unspezifischer Transfer-Effekte erschüttert zu haben. Seine Arbeiten unterstrichen die Notwendigkeit, die Lernbedingungen so zu gestalten, daß sie mit dem Zielverhalten „identische Elemente" aufweisen. Bis zur Gegenwart bemüht man sich, Lernschritte, die aufeinander aufbauen, so zu gestalten, daß gemeinsame Inhalte, Begriffe und Regeln für den Schüler möglichst erkennbar bleiben. Ebenso ist die Anwendbarkeit schulisch erworbener Kenntnisse auf die Bewältigung alltäglicher Aufgaben umso eher zu erwarten, je mehr sich beide entsprechen.

Das Auftreten von Lernübertragungen wird aber nicht nur durch den Grad der Ähnlichkeit zweier Aufgabensituationen bestimmt. Ein Schüler kann an einer Transfer-Aufgabe versagen, die nach den gleichen Regeln wie die bereits bearbeitete Originalaufgabe zu lösen ist. Wenn nämlich ein Übungsstadium zu früh abgebrochen wird und der Lernende nicht aureichend Gelegenheit gehabt hat, relevante Begriffe und Regeln in den verschiedenartigsten Situationen anzuwenden, ist die Aussicht auf eine Transferleistung entsprechend herabgesetzt. Allerdings ist dabei nicht nur die Übungsquantität von Bedeutung. Darüber hinaus muß die mögliche Variation der Aufgaben durch die Übungsbeispiele abgebildet werden.

> Aus zahlreichen Untersuchungen (z.B. KATONA, 1940; HARLOW, 1949) ist hervorgegangen, daß die ständige Variation der Beispiele zu einer wesentlichen Voraussetzung zur Erreichung einer Lernübertragung wird. TRAUB (1966) machte z.B. Schüler eines sechsten Schuljahres mit einer Methode vertraut, positive und negative Zahlen zu addieren. Im Anschluß an die Einführung erhielt eine Gruppe von Schülern 20 Übungsaufgaben, die den bereits genannten sehr stark ähnelten. Eine andere Gruppe erhielt Probleme, bei denen die relevanten Gegebenheiten so weitgehend wie möglich variierten (der Zahlenbereich differierte, bei einigen Aufgaben nahm der erste, bei anderen der zweite Summand einen höheren Wert an, die Vorzeichen vor den zu addierenden Zahlen wurden verändert). Bei einer abschließenden Prüfung mit neuen Aufgaben erreichte die zuletzt genannte Gruppe ein signifikant höheres Leistungsniveau. Nur wenn der Lernende in ausreichendem Maße Gelegenheit erhält, sich mit möglichst verschiedenartigen Beispielen auseinanderzusetzen, also variabel zu üben, kann erwartet werden, daß er in zunehmendem Maße zwischen für die Lösung irrelevanten und relevanten Begriffen bzw. Regeln zu unterscheiden vermag und letztere anzuwenden in der Lage ist (MORRISETT u. HOVLAND, 1959; ELLIS, 1965).

Die Schule der Gegenwart kann sich aber nicht nur auf die Förderung spezifischer Transferleistungen konzentrieren. Sie hat zusätzlich zu berücksichtigen, daß aktuelles Wissen zunehmend schneller veraltet, d.h. modifiziert bzw. erweitert werden muß. Infolgedessen sind an die menschliche Lernfähigkeit ständig wachsende Anforderungen zu stellen; diese lassen sich nur noch erfüllen, wenn der Lernende über das Funktionieren seines kognitiven Systems ausreichend informiert ist (Metakognition). Metakognitives Wissen erwirbt ein Mensch durch Erfahrungen, die er bei Auseinandersetzung mit Lern- und Problemsituationen sammelt. Allerdings lassen sich mit fortschreitender Entwicklung auch erhebliche Differenzen bezüglich dieser Kenntnisse nachweisen. Es ist deshalb zu fragen, ob ihr Erwerb ausschließlich dem einzelnen überlassen bleiben sollte. Mittels geeigneter Trainingsprogramme war zu zeigen, daß das Verhalten in Problemsituationen, das Einprägen und Behalten von Lernmaterial etc. nach Vermittlung kognitiver Strategien verbessert werden konnte. Um den Nachwuchs angemessen auf das wachsende Erfordernis einer lebenslangen Fort- und Weiterbildung vorzubereiten, wird sich die Schule mehr als in der Vergangenheit um die Darstellung und Anwendung kognitiver Strategien zu bemühen haben. Wie den Kapiteln fünf, sechs und sieben des vorliegenden Buches zu entnehmen ist, kann die Psychologie für eine derartige Unterrichtsthematik bereits umfangreiche Informationen zur Verfügung stellen.

5.5 Schöpferisches Verhalten (Kreativität)

In der Schule werden selten – wenn überhaupt – Problemsituationen geschaffen, die eine kreative Lösung fordern. Zumeist konfrontiert man den Schüler mit Aufgaben, die als solche klar definiert sind und deren Lösungen bereits von vornherein feststehen. Wiederholt mußte sogar festgestellt werden, daß die Schule die Entwicklung von Kreativität eher hemmt, anstatt sie zu fördern. Solche Beobachtungen sind schwer vereinbar mit der häufig zu hörenden Mahnung, daß eine moderne Industrienation, die zudem als hochgradig exportabhängig zu gelten hat, einem internationalen Wettbewerb nur gewachsen sein kann, wenn sie mit Beiträgen aufwartet, die über das bereits Bekannte hinausgehen und Ausdruck schöpferischer Leistungskraft sind.

Es wäre sicherlich ein unrealistisches und letztlich gar nicht wünschenswertes Ziel, wollte man jeden Schüler zu einem kreativen machen. Ein Lehrer sollte aber stets bemüht sein, schöpferisches Verhalten – dort wo es auftritt – nicht zurückzudrängen, sondern es – im Gegenteil – eher zu fördern versuchen. Dies wird ihm leichter gelingen, wenn er über pädagogisch-psychologisch relevante Erkenntnisse der Kreativitätsforschung informiert ist.

5.5.1 Kennzeichen der Kreativität

AUSUBEL (1968) hat in dem Begriff des Schöpferischen „den vagesten, zweideutigsten und verworrensten Ausdruck der heutigen Psychologie und Erziehung" gesehen. Tatsächlich werden mit diesem Begriff recht unterschiedliche Verhaltensweisen gekennzeichnet. Er bezieht sich z.B. ebenso auf Personen, die in der Kulturgeschichte der Menschheit hervorragende Leistungen vollbracht haben, auf Architekten, die nach dem Urteil von Fachkollegen zu den qualifiziertesten einer Nation gehören und schließlich auf „originelle", d.h. statistisch seltene Reaktionen, die – im Rahmen eines Experiments – provoziert worden sind. Mit derartig unterschiedlichen Forschungsansätzen ist die Psychologie im Augenblick immer noch weit davon entfernt, eine in sich geschlossene Theorie vom schöpferischen Verhalten und seinen Bedingungen anbieten zu können.

5.5.1.1 Kriterien für schöpferisches Verhalten

Wegen der bestehenden Vielschichtigkeit ist hier auf eine Definition des schöpferischen Verhaltens zu verzichten, zumal Kreativität in Abhängigkeit von dem jeweiligen Aufgabenfeld gesehen werden muß: Schöpferisches Verhalten in der Musik könnte etwas anderes bedeuten als in der Architektur oder Technik (siehe hierzu auch: BARRON und HARRINGTON, 1981). Statt dessen sind einige Kriterien zu nennen, die man wiederholt verwendet hat, um kreative von anderen Verhaltensweisen abzugrenzen.

1. Vielfach wird anerkannt, daß schöpferischen Leistungen der Charakter der Originalität anhaftet, d.h., eine Verhaltensweise muß eine geringe Auftretenswahrscheinlichkeit oder statistische Seltenheit besitzen, um als kreativ gekennzeichnet werden zu können.

2. MEDNICK (1962) hat vorgeschlagen, eine Leistung nur dann als schöpferisch zu bezeichnen, wenn sie nicht nur neu oder originell ist, sondern sich zugleich als *nützlich* erweist – BARRON und HARRINGTON (1981) greifen die Kennzeichnung „sozial wertvolle Produkte" auf. Die Verwendung der Nützlichkeit oder des sozial Wertvollen als Kriterium wird wohl kaum zu umgehen sein; sie ist allerdings nicht unproblematisch, weil die Gefahr besteht, daß eine nicht kreative Majorität letztlich darüber entscheidet, welcher Beitrag als schöpferisch zu gelten hat. Dadurch kann einer Leistung sehr wohl soziale Anerkennung versagt bleiben. Man hat diesem Problem zu entgehen versucht, indem man die Forderung erhoben hat, daß die schöpferische Leistung neben der Originalität einen *Realitätsbezug* besitzen muß, d.h., sie sollte das gegebene Problem wirklich lösen, zu einer Situation passen oder zur Erreichung eines erkennbaren Ziels beitragen (LINDGREN et al., 1966). Damit wird zwar sichergestellt, daß Produktionen schizophrener Patienten, die einen kaum noch zu überbietenden Grad an Originalität aufweisen können, nicht mehr unter die Rubrik des Schöpferischen klassifiziert werden, denn ihnen fehlt der Bezug zur Realität. Allerdings ist auch dieses Kriterium nicht unproblematisch; man denke etwa an die Bilder berühmter Maler wie z.B. *Picasso*. Außerdem ist damit zu rechnen, daß die Beurteilung über den Grad des Realitätsbezugs einer kreativen Leistung weiterhin Personen zufällt, die zwar über entsprechende Macht, nicht aber unbedingt auch über ausreichende Kompetenz verfügen.

3. Ein weiteres Kriterium ist von JACKSON und MESSICK (1968) genannt worden. Es handelt sich dabei um die „Überschreitung konzeptueller Einengung". Damit ist gemeint, daß im schöpferischen Akt eine neuartige Kombination von Elementen erfolgt, was z.B. zur Entstehung einer Theorie führen kann. Es genügt also nicht, einen originellen und damit seltenen Einfall zu haben. Es muß zusätzlich etwas miteinander in Beziehung gesetzt werden, was aufgrund konzeptueller Einengung als unabhängig voneinander wahrgenommen worden ist.

5.5.2 Zusammenhang mit anderen Persönlichkeitsmerkmalen

Zur Kennzeichnung der Kreativität gehört auch ihre Beziehung zu anderen Persönlichkeitsmerkmalen. Die Forschung hat sich vor allem für die Frage interessiert, ob schöpferische Leistungen ein bestimmtes intellektuelles Niveau voraussetzen. Daneben hat man aber auch nach möglichen anderen Zusammenhängen gesucht.

5.5.2.1 Kreativität und Intelligenz

Fragt man nach den Ergebnissen der Studien, die den Zusammenhang zwischen Intelligenz und Kreativität zu klären hatten, erhält man eine verwirrende Antwort. Diese hängt von den jeweils ausgewählten Aufgaben, von der zur Verfügung stehenden Arbeitszeit (WALLACH und KOGAN, 1965) und dem Homogenitätsgrad der vorliegenden Stichprobe ab (RIPPLE und MAY, 1962). Infolgedessen variieren die von verschiedenen Autoren mitgeteilten Zusammenhänge beträchtlich. Berücksichtigt man die Gesamtheit der vorliegenden Untersuchungsergebnisse, muß man zu dem Schluß kommen, daß sich zum gegenwärtigen Zeitpunkt keine allgemein gültige Aussage über den Zusammenhang von Intelligenz- und Kreativitätstestergebnissen abgeben läßt (GETZELS und DILLON, 1973; BARRON und HARRINGTON, 1981).

Etwas eindeutiger liegen die Verhältnisse, wenn man den Intelligenz-Quotienten solcher Menschen bestimmt, deren hohe Kreativität nicht ausschließlich durch die Ergebnisse entsprechender Tests, sondern außerdem durch hervorragende Leistungen auf wissenschaftlich-künstlerischem Gebiet ausgewiesen ist. Hier zeigt sich, daß solche schöpferischen Persönlichkeiten uneingeschränkt über eine weit überdurchschnittliche Intelligenz verfügen (HITT und STOCK, 1965). Eine extrem hohe intellektuelle Leistungsfähigkeit garantiert andererseits noch keine außergewöhnlichen kreativen Leistungen. MacKINNON (1962) kommt nach Durchsicht der einschlägigen Literatur zu dem Schluß, daß oberhalb eines Mindestniveaus ein Intelligenzanstieg nicht gleichzeitig auch höhere Kreativität garantiert. Dieses Mindestniveau liegt nach Auffassung von BARRON (1963) bei einem IQ von etwa 120; aber auch diese Feststellung ist nicht unwidersprochen geblieben (CICIRELLI, 1965).

So gehört u.a. HAYES (1978) zu jenen Vertretern, die meinen, Intelligenz und Kreativität hätten nichts miteinander zu tun. Menschen mit einem relativ geringen IQ wären deshalb nicht schöpferisch tätig, weil die Gesellschaft ihnen keine Gelegenheit dazu gäbe. Für Schüler mit einem geringeren IQ würden nur Schullaufbahnen mit der Aussicht auf solche beruflichen Positionen in Frage kommen, die ihnen keine Gelegenheit zur Kreativität eröffnen könnten.

5.5.2.2 Kreativität und weitere Persönlichkeitsmerkmale

Obwohl sehr unterschiedliche Instrumente zur Messung des schöpferischen Verhaltens verwendet worden sind und obgleich die Versuchspersonen aus den verschiedensten Berufen und sozial-kulturellen Lebensräumen stammten, ergaben sich – wie auch eine Literaturübersicht von DELLAS und GAIER (1970) bestätigt – zahlreiche Merkmale, die den besonders kreativen Menschen kennzeichnen. Unter anderem läßt sich feststellen, daß kreative Menschen dem Gruppendruck in hohem Maße zu widerstehen vermögen. Sie sind auch hinsichtlich ihrer Stellungnahmen und ihres Leistungsverhaltens weniger von der Anerkennung oder Mißbilligung ihrer Mitmenschen abhängig, denn sie orientieren sich vorwiegend an ihrem eigenen Wertsystem. Theoretische und ästhetische Interessen dominieren bei ihnen. Ihnen wird nachgesagt, daß sie eine große Offenheit gegenüber ihren Gefühlserlebnissen haben. So stellt MacKINNON (1962) beispielsweise fest: „Je kreativer eine Person ist, desto mehr offenbart sie eine Offenheit gegenüber ihren eigenen Gefühlen und Emotionen" und ergänzt, daß hoch kreative Personen weitreichende Interessen haben, einschließlich solcher, die in der amerikanischen Kultur als feminin betrachtet werden.

Viele der schöpferischen Persönlichkeiten imponieren wegen ihrer erhöhten Bereitschaft, das Ungelöste oder Unentschiedene zu ertragen (sog. Ambiguitäts-Toleranz). Die Tendenz zur kritiklosen Übernahme von Meinungen und Erklärungen anderer, um damit dem Erlebnis der Ungewißheit zu entgehen, war bei ihnen vergleichsweise gering. Da sie sich häufig gegenüber einer kritischen Majorität mit ihren neuen Gedanken behaupten müssen, bedarf es einer hohen Selbstsicherheit. Zur Überwindung auftretender Schwierigkeiten vermögen sie hohe Energien einzusetzen. Wenn ein Arbeitsgebiet nicht ihr Interesse erregen kann, neigen sie dazu, weder Zeit noch Arbeit zu investieren.

5.5.3 Entstehungsbedingungen des schöpferischen Verhaltens

Eine der schwierigsten Aufgaben ist mit der Suche nach jenen Bedingungen gegeben, die schöpferisches Verhalten fördern. Zwar lassen sich Zusammenhänge zwischen kreativen Menschen und ihrer Umwelt aufzeigen; es bedarf aber außerordentlicher Vorsicht, wenn man daraus Kausalbeziehungen abzuleiten wünscht. Dabei sollte stets mit sehr komplizierten Wechselwirkungs-Zusammenhängen gerechnet werden.

5.5.3.1 Über die Bedeutung des Umwelteinflusses

Es überrascht nicht, daß vor allem zur Erklärung hervorragender schöpferischer Leistungen wiederholt genetische Faktoren herangezogen worden sind. Es soll hier nicht noch einmal die Diskussion des Anlage-Umwelt-Problems aufgenommen werden; eine Analyse der Lebensgeschichte genialer Menschen führt aber zu dem Ergebnis, daß kein berechtigter Anlaß besteht, den Einfluß der Umwelt auf das Zustandekommen ihrer Leistungen zu unterschätzen.

In Ergänzung zu den bereits im 2. Kapitel mitgeteilten Erkenntnissen BLOOMs (s. S. 42 f.) läßt sich auch auf Feststellungen PRESSEYs (1955) verweisen. Er machte in seiner Studie darauf aufmerksam, daß eine beachtliche Zahl der Komponisten, deren musikalische Werke noch heute uneingeschränkte Anerkennung finden, innerhalb eines Zeitraums lebten, der nicht viel mehr als 100 Jahre umfaßt. Wenn aber, so gibt er zu bedenken, das musikalische Talent ausschließlich auf Erbanlagen basieren sollte, wäre doch kaum plausibel zu erklären, weshalb Händel, Mozart, Chopin, Liszt, Verdi, Rossini, Schubert, Mendelssohn und weitere innerhalb einer relativ kurzen Periode gerade in Europa geboren wurden. Sollte eine ganz bestimmte Kultur nicht ihren Lebensweg begünstigt haben? Tatsächlich ist für alle diese großen Meister kennzeichnend, daß sie bereits in sehr jungen Jahren die Gelegenheit erhielten, ihre musikalischen Fähigkeiten zu entwickeln. Sie besaßen in der Familie Angehörige, die auf musikalischem Gebiet bereits hochgradig qualifiziert waren und die ihrem Nachwuchs nicht nur eine entsprechende individuelle Ausbildung zuteil werden ließen, sondern ihn auch mit berühmten Zeitgenossen in Kontakt brachten. Insgesamt läßt sich feststellen, daß die großen Komponisten in einer Umwelt aufwuchsen, die sie sehr früh zu Übungen anregte, sie bei auftretenden Schwierigkeiten ermunterte und erbrachte Leistungen anzuerkennen wußte. PRESSEY gelangt nach Abschluß seiner Studien zu der Überzeugung, daß in der Psychologie die angeborenen Voraussetzungen des Genies überbetont worden sind, während zugleich die Tendenz bestanden hat, den Einfluß der Umweltbedingungen zu unterschätzen.

5.5.3.2 Häuslicher Erziehungsstil und Kreativität

Bestimmte häusliche Erziehungsstile scheinen sich förderlich auf die Entwicklung der Kreativität von Kindern auszuwirken, während andere eher konformes Verhalten herausfordern. Autokratische Praktiken, mit denen gehorsame Anpassung gefordert wird, ermuntern sicherlich nicht zu kreativen Äußerungen (NICHOLS, 1964). Besonders günstig scheint sich dagegen die Bereitschaft von Eltern auszuwirken, ihren Nachwuchs bereits in der frühen Kindheit zur Selbständigkeit anzuregen und ihm Verantwortung zu übertragen (DREVDAHL, 1964), d.h., sie informieren ihre Kinder, mit welchen Risiken, Gefahren, Frustrationen, aber eventuell auch angenehmen Konsequenzen sie bei ihrem Tun zu rechnen haben. Es scheint die Entwicklung der Kreativität zu fördern, wenn Eltern ihren Kindern größere Freiheit gewähren. Offenbar gibt es aber bezüglich des Grades gewährter Freiheit ein Optimum (REJSKIND, 1982). Viele kreative Kinder haben Mütter, die ebenfalls durch überdurchschnittliche schöpferische Verhaltensweisen zu kennzeichnen sind und die ihnen folglich Hilfe und Unterstützung zuteil werden lassen (FOSTER, 1968).

5.5.3.3 Schule und Kreativität

Die Schule, so wird generell festgestellt, vernachlässige nicht nur die Förderung der Kreativität; sie wirke ihr zumeist sogar entgegen. Schöpferische Schüler haben aus der Sicht vieler Lehrer „törichte, wilde und ungezogene" Ideen, und die Schule wäre folglich bestrebt, entsprechende Fähigkeiten zu unterdrücken (LIEBEL und WELLENDORF, 1969). Wiederholt wurde beobachtet, daß Lehrer dazu neigten, die Zusammenarbeit mit jenen Schülern zu bevorzugen, die intelligent (aber nicht kreativ) waren (HASAN und BUTCHER, 1966) und die sich aufgrund ihres Verhaltens als überwiegend „ordentlich", „passiv" und „gehorsam" kennzeichnen ließen (HELTON und OAKLAND, 1977).

Bei einer Bewertung solcher Feststellungen sollte man allerdings berücksichtigen, daß einige Schulfächer die schöpferischen Leistungen mehr herausfordern als andere. Auch der Unterrichtsstil spielt mit Sicherheit eine Rolle; hemmend auf die

Entwicklung der Kreativität wirkt z.B., wenn im Unterricht hauptsächlich Drill- und Paukmethoden zum Einsatz kommen (MILLER, 1957). Weiterhin ist davon auszugehen, daß auch bei den Lehrern das Merkmal Kreativität unterschiedlich stark ausgeprägt ist. Deshalb muß mit komplizierten Wechselwirkungen zwischen mehr oder weniger schöpferischen Lehrern auf der einen Seite und mit mehr oder weniger schöpferischen Schülern auf der anderen Seite gerechnet werden (HUDSON, 1968). Die Erforschung solcher Interaktionseffekte befindet sich z.Z. noch in einem sehr frühen Stadium. Folglich sollten gegenwärtig pauschalierende Feststellungen über die Kreativitätsförderung in der Schule vermieden werden.

5.5.4 Die Förderung der Kreativität

Von vielen Persönlichkeiten, deren kreative Schaffenskraft generelle Anerkennung gefunden hat, weiß man, daß sie Schwierigkeiten gehabt haben, sich an die typischen Bedingungen des Schulunterrichts anzupassen.

> Thomas Edison mußte sich z.B. von seinem Lehrer sagen lassen, daß er zu dumm sei, um etwas zu lernen; Winston Churchill und Leo Tolstoy hatten vorzeitig die Schule zu verlassen. Caruso erfuhr von seinem Musiklehrer, daß er nicht singen könne und überhaupt keine Stimme habe. Wernher von Braun war den Algebra-Anforderungen der neunten Schulklasse nicht gewachsen. Louis Pasteur wurden im College mittelmäßige Leistungen in Chemie bescheinigt (LARSON 1973; zitiert nach OWEN et al., 1981).

Die einschlägige Literatur gibt eine Fülle von Empfehlungen zur Förderung der Kreativität. Welche Maßnahmen ein Autor für angemessen hält, hängt jedoch stark davon ab, wie er dieses Konstrukt für sich selbst definiert. BRUNER (1960) sieht z.B. eine günstige Bedingung gegeben, wenn der Unterricht in verstärktem Umfang das selbständige Entdecken herausfordert (s. S. 214 ff.). WALLACH und KOGAN (1965) machen sich dagegen zum Anwalt einer mehr spielerischen, von jeglichem Prüfungsdruck bereinigten Atmosphäre. In anderen Schriften, in denen vor allem die Originalitäts-Komponente betont wird, empfiehlt man die Verstärkung entsprechender Verhaltensweisen (MALTZMAN, 1960). Neben der Empfehlung zur Förderung einzelner Komponenten der Kreativität sind umfassendere Programme entwickelt und im schulischen Bereich angewandt worden (z.B. das *Purdue Creative Thinking Program* von FELDHUSEN et al., 1971; *Parnes Program* von PARNES, 1967; das *Productive Thinking Program* von COVINGTON et al., 1974), über die AUSUBEL et al. (1978) zusammenfassend feststellen, daß nach bislang vorliegenden Befunden ihr förderlicher Einfluß auf kreatives Problemlösen im tatsächlichen Leben bislang nicht nachgewiesen werden konnte; sie vermögen aber die Einrichtung solcher Bedingungen zu unterstützen, unter denen kreatives Verhalten auftritt. Das Auftreten von schöpferischem Verhalten innerhalb des beruflichen Arbeitsfeldes wird vermutlich durch das Zusammenwirken von kognitiven, motivationalen und Persönlichkeitsmerkmalen sowie von situationalen Einflüssen begünstigt. Da ein Trainingsprogramm sicherlich nicht mehr als eines oder zwei dieser notwendigen Merkmale beeinflussen kann, ist es unwahrscheinlich, daß irgendein Programm geeignet sein könnte, Erwachsene mit anerkannten schöpferischen Leistungen hervorzubringen (MANSFIELD et al., 1978).

166

Es wäre zweifellos viel gewonnen, wenn man durch geeignete Empfehlungen wenigstens erreichen könnte, daß tatsächlich kreative Schüler im Unterricht in ihrer ungewöhnlichen Beitragskraft nicht behindert werden. Der kreative Schüler – das hat sich wiederholt nachweisen lassen – ist aus der Sicht des Lehrers kein „einfacher" Mensch; sein Verhalten ist schwerer kontrollierbar und vorhersagbar. Er stellt das allgemein Anerkannte eher in Frage und liefert Beiträge, die sich von Außenstehenden in einen vorliegenden Problemzusammenhang nicht immer ohne weiteres einordnen lassen. Wenn aber ein Lehrer keine Möglichkeiten sieht, das Kreative aktiv zu fördern, dann sollte er wenigstens bemüht sein, der Entfaltung eines solchen Schülers nicht entgegenzuwirken. Positiv dürfte sich eine Unterrichts-atmosphäre auswirken, in der folgende Empfehlungen realisiert werden:

1. Die Neugier des Lernenden sollte, wo immer möglich, angeregt und gefördert werden. Meistens haben Schüler im Rahmen des Unterrichts Fragen zu beantworten, die sie von sich aus nicht gestellt hätten; von ihnen wird deshalb nur reaktives Verhalten erwartet. Die Neugier stimuliert dagegen immer neue Fragen, auch solche, die bislang noch nicht aufgeworfen worden sind.

2. Wenn ein Schüler Fragen aufwirft, die im Rahmen des aktuellen Kontextes als irrelevant oder nebensächlich erscheinen, sollte man sie nicht sofort zurückweisen, sondern ihnen nachgehen. Es ist das Kennzeichen guter und ein Problem auf neue Weise lösender Fragen, daß sie eben nicht auf der Hand liegen. Entsprechendes gilt für unerwartete Lösungsvorschläge. Sie stehen nicht in Einklang mit erwarteten Antworten; gerade darin liegt ihr Wert.

3. Sämtliche Beiträge, die ein Mensch in einer sozialen Situation liefert, erfahren eine Bewertung. Dabei ist es stets leichter, Fragen zu stellen oder Antworten zu geben, die im Rahmen des Erwarteten und Nachvollziehbaren bleiben, denn mit ungewöhnlichen Beiträgen wird immer Neuland betreten und etwas – zumindest scheinbar – Gesichertes in Frage gestellt. Aus diesem Grunde haben kreative Äußerungen Abwehr oder gar Ablehnung hervorgerufen. Um das zu verhindern, sollte der Lehrer sich um die Gestaltung einer Unterrichtsatmosphäre bemühen, in der die Bewertung einer Frage oder Antwort zurückgestellt wird und erst dann erfolgt, wenn mehrere Beiträge vorliegen und jeder ausreichend analysiert und aufgearbeitet worden ist. Die Angst vor Zurückweisung und Kritik dürfte auf den wirklich kreativen Mensch wegen seines gesteigerten Selbstbewußtsein (s.o.) weniger beeinträchtigend wirken; sie könnte aber einen „normalen" Schüler zur Zurückhaltung ungewöhnlicher Äußerungen veranlassen.

5.5.5 Zur Frage der Lernvoraussetzungen von Kreativität

Gelegentlich wird – vor allem bei Diskussionen mit Jugendlichen – die Auffassung vertreten, der Leistungsdruck (was immer darunter im einzelnen auch verstanden werden mag), würde das Kreative, den schöpferischen Einfall nur behindern; diese Argumentation rechtfertige seine Ablehnung. Tatsächlich läßt sich belegen, daß sich unter erhöhter Anspannung oder unter zeitlichem Druck in der Regel keine neuen und konstruktiven Ideen finden lassen. Großen Entdeckungen und Erfindungen gingen vielfach Phasen der Ruhe und Entspannung voraus. Daraus sollte allerdings nicht abgeleitet werden, daß die Menschen, die solche Beiträge zu leisten vermochten, keine Vorarbeiten geleistet hätten.

Es läßt sich nachweisen, daß allen anerkannt schöpferischen Leistungen auf wissenschaftlich-künstlerischem Gebiet jeweils umfangreiche Übungsaktivitäten vorausgegangen sind, zu denen die Umwelt nicht selten schon in der Vorschulzeit angeregt hatte. Auch die Analyse der Vorgeschichte hervorragender Entdeckungen ergibt, daß erst die intensive und langdauernde Beschäftigung mit einem Problem schließlich zu dem „glücklichen Einfall" geführt hat.

> Von HELMHOLTZ (1903) berichtete z.B., daß er ein Problem zunächst von allen Seiten in seiner gesamten Komplexität betrachtet haben mußte, bis er es in sämtlichen Einzelheiten im Kopf hatte. Diesen Beherrschungsgrad vermochte er erst nach sehr langer Vorarbeit zu erreichen. Ähnlich ging es dem Chemiker KEKULE, der die Molekularstruktur des Benzols entdeckte, als er von einer Schlange träumte, die sich in den Schwanz biß. Zuvor hatte er sich aber bereits intensiv mit seinem Problemgebiet beschäftigt. EINSTEIN studierte sieben Jahre lang das Phänomen der Lichtgeschwindigkeit unter mehrfachem Wechsel der Betrachtungsperspektive, bevor er seine Relativitätstheorie zu formulieren vermochte. Die Beispiele ließen sich fortsetzen. Sämtlichen großen Entdeckungen ging stets ein Stadium voraus, in dem in meist langwierigen und arbeitsreichen Studien zunächst die relevanten Regeln und Begriffe gewonnen werden mußten, die im Zeitpunkt der kreativen Lösung dann in neuer und damit einzigartiger Weise zu kombinieren waren.

Vor der anzuerkennenden schöpferischen Leistung steht also eine zumeist lang andauernde, intensive Auseinandersetzung mit einem oder sogar mehreren umfangreichen Problemgebieten. Das sollte man beachten, wenn man die Kreativität fördern will. Es überrascht nicht, daß man in einer Studie lediglich ein Merkmal finden konnte, das bei den untersuchten Künstlern und Wissenschaftlern durchgängig nachzuweisen war; es handelte sich dabei um die Bereitschaft, extrem hart zu arbeiten (ROE, 1953). Unter Bezug auf die diesbezüglich nachgewiesenen Zusammenhänge stellt HAYES (1978) treffsicher fest: „Diejenigen, die planen, sich solange zu entspannen, bis sie der kreative Einfall erfaßt, haben vermutlich einen langen und störungsfreien Ruhestand vor sich."

6. KAPITEL

Behalten und Vergessen

Alle Bemühungen im Rahmen von Unterricht und Erziehung wären vergeblich, wenn Menschen nicht über die Fähigkeit verfügten, das Erfahrene bzw. Erlernte in irgendeiner Form zu behalten. Ein Mensch ohne Gedächtnis würde in seiner Entwicklung die Stufe der Idiotie niemals verlassen können. Das bedeutet nicht, daß Gedächtnis und Intelligenz als identische Funktionen anzusehen sind; mit CHI et al. (1982) ist in dem „Besitz eines größeren Umfanges von zugänglichem und nutzbarem Wissen" aber die Hauptkomponente der Intelligenz zu sehen.

Durch sein Gedächtnis ist für das Individuum die Gegenwart stets mit der Vergangenheit verknüpft. Auf diese Weise gewinnt der einzelne seine Selbstidentität und die Möglichkeit, die aktuellen Gegebenheiten aufgrund der gespeicherten Kenntnisse zu verstehen. Somit hängt der Erfolg eines Individuums bei seiner Auseinandersetzung mit den Problemen der Umwelt wesentlich davon ab, welche Inhalte sich in seinem Gedächtnisspeicher finden (und ob und wie es diese nutzt).

Eine naive Betrachtungsweise vergleicht das Gedächtnis mit einem Behälter, dessen Kapazität darüber bestimmt, wie schnell man sich Lernmaterial einzuprägen vermag und wie dauerhaft dieses fortan behalten wird. Eine solche Analogie ist jedoch aus mehreren Gründen zurückzuweisen. Die Behaltensleistungen eines Menschen können nämlich zum einen innerhalb verschiedenartiger Lerngebiete variieren.

> CHI (1978) stellte z.B. fest, daß zehnjährige Kinder mit bereits umfassenden Erfahrungen im Schachspielen Figurenanordnungen sehr viel besser behielten als Erwachsene ohne entsprechende Erfahrungen. Diese Unterschiede ließen sich allerdings nicht auf eine generelle Überlegenheit des Gedächtnisses der Kinder zurückführen, denn beim Behalten von Ziffernfolgen waren die Erwachsenen den jungen Versuchspersonen überlegen.

Der oben genannte Vergleich ist zum anderen vielfach mit der Vorstellung eines Speichersystems verbunden, dessen Fassungskraft individuell vorgegeben und vom Lernenden kaum zu verändern ist. Einige Psychologen (z.B. BROWN, 1975; CHI, 1976) haben die Auffassung vertreten, daß sich die Kapazität des Gedächtnisses nach Erreichung des sechsten Lebensjahres kaum noch vergrößert. Sie behaupten damit nicht, daß die Gedächtnisentwicklung in einem derartig frühen Alter bereits zum Abschluß gekommen sei. Sie verweisen aber auf die Notwendigkeit, für die in den nachfolgenden Lebensjahren zu beobachtenden Unterschiede in den Einprägungs- und Behaltensleistungen nach lernpsychologischen Erklärungen zu suchen.

Sie würden z.B. die Beobachtungen von CHI an jungen Schachspielern mit deren umfangreichen Erfahrungen auf diesem Spezialgebiet in Verbindung bringen und daraus ein hohes Kenntnisniveau ableiten, durch das die schnelle Einprägung von sinnvollen Figurenanordnungen auf einem Schachbrett außerordentlich gefördert wird. Die Überlegenheit der Erwachsenen im Einprägen von Ziffernfolgen könnten sie dagegen als Ausdruck effektiver kognitiver Strategien sehen, d.h., sie würden den etwas älteren Versuchspersonen wirkungsvollere Maßnahmen zur Verarbeitung des dargebotenen Lernmaterials zuschreiben.

Die beiden genannten Erklärungsansätze sind Bestandteil einer Theorie vom Gedächtnis, über die das vorliegende Kapitel ausführlicher informieren wird. Im ersten Teil ist die Struktur des menschlichen Speichersystems zu skizzieren. Es werden Bedingungen und Prozesse zu benennen sein, durch die die Phänomene des Behaltens und Vergessens verständlicher werden könnten. Die darzustellende Theorie des Gedächtnisses soll aber nicht nur Erklärungsmöglichkeiten eröffnen; von ihr ist außerdem zu fordern, daß sich daraus Empfehlungen zur Festigung der Gedächtnisinhalte ableiten lassen.

6.1 Ein Mehr-Speichermodell des Gedächtnisses

Wie bereits im ersten Kapitel festgestellt worden ist, haben vor allem kognitiv orientierte Psychologen versucht, Lernen als einen Prozeß zu verstehen, in dessen Verlauf Informationen aus der Umwelt verarbeitet werden. In der Abbildung 6.1 lassen sich – etwas vereinfacht – mehrere Teilprozesse unterscheiden: Verschlüsselung (Kodierung), Speicherung und Informationswiedergabe.

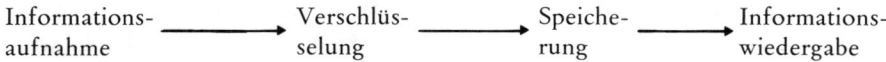

Abb. 6.1: Teilprozesse des Gedächtnisses aus informationstheoretischer Sicht

Nach dieser Darstellung wird also eine Information (z.B. ein gesprochener Name) vom Wahrnehmenden bearbeitet, d.h., eine akustische Reizgegebenheit wird zunächst durch die Sinnesorgane in eine Impulsfolge umgesetzt. Als solche gelangt sie über die Nervenbahnen zum Gehirn. Sodann erfolgt eine weitere Verschlüsselung, damit die Information zu speichern und ggf. später wieder abzurufen ist.

Im einfachsten Fall wäre die soeben geschilderte Abfolge durch Vorhandensein *eines* Speichers zu realisieren, in den Informationen hineingebracht, aus dem solche aber auch abgerufen werden. Die systematische Beobachtung hat jedoch ergeben, daß man mit der Annahme eines generellen Speichersystems nicht auskommt, wenn man nach Erklärungen für Behalten und Vergessen in verschiedenartigen Situationen sucht. Es ist deshalb ein Gedächtnismodell entwickelt worden, das mehrere Speichersysteme unterscheidet.

Die überwiegende Anzahl der Gedächtnispsychologen orientiert sich an einem Modell, durch das der Mensch als ein Verarbeiter von Informationen gesehen wird. Der britische Psychologe BROADBENT (1958) hatte entscheidenden Anteil an der Entwicklung dieser Sichtweise. Von ihm ließen sich mehrere Autoren (WAUGH und NORMAN, 1965; ATKINSON und SHIFFRIN, 1968) anregen, den Gedanken eines Mehrfach-Speichersystems weiter zu entwickeln. Ein Gedächtnismodell, das ihre wesentlichen Annahmen zusammenfaßt, ist in Abbildung 6.2 wiedergegeben.

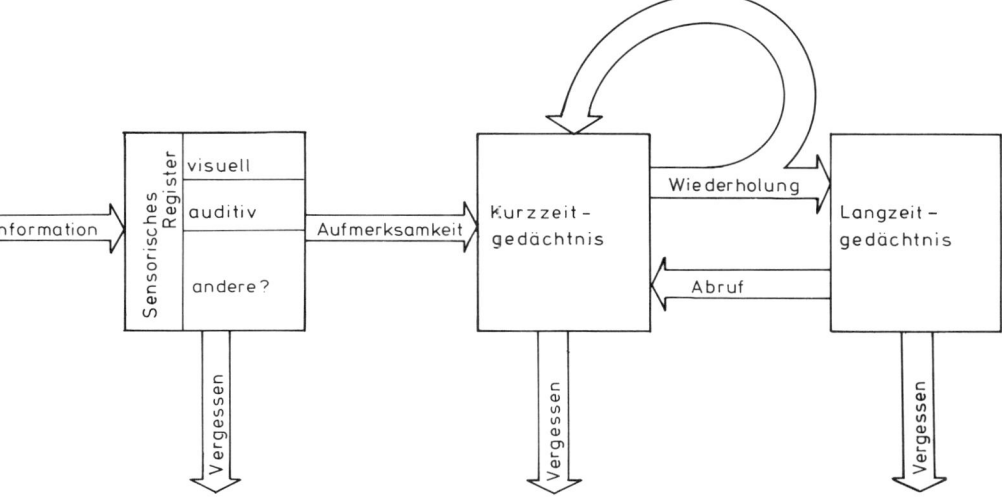

Abb. 6.2: Ein Gedächtnismodell, das unabhängige Speicher behauptet (nach: HOUSTON, 1981)

Es wird davon ausgegangen, daß die Sinnesorgane des Individuums ständig von einer unübersehbaren Fülle verschiedenartiger Reize (Stimuli) bombardiert werden. Nur für einen winzigen Teil dieser Reize erfolgt eine weitere Verarbeitung. Entsprechend dem hier vorzustellenden Modell muß eine Information drei Speichersysteme durchlaufen, wenn sie länger als eine Minute „behalten" werden soll. Die meisten Informationen gehen nach einer extrem kurzen Speicherzeit im „Sensorischen Register" verloren. Weiteres Vergessen findet im „Kurzzeit-" und „Langzeitgedächtnis" statt. Die nachfolgende Darstellung wird diese Speicher etwas eingehender kennzeichnen.

6.1.1 Das Sensorische Register

Reizeindrücke, die von den Sinnesorganen in die Sprache des Nervensystems umgesetzt worden sind, werden zunächst einem System zugeführt, das vielfach als Sensorisches Register bezeichnet wird. Es besitzt eine sehr große Kapazität, vermag aber eine Information nur für eine sehr kurze Zeit, etwa eine halbe bis eine Sekunde zu speichern (SPERLING, 1960). Eine Verarbeitung des in diesem Register Gespeicherten findet nicht statt. Man nimmt an, daß es für jede Sinnesmodalität ein gesondertes Register gibt. Informationen, die von den Augen weitergegeben worden sind, würden demnach in ein visuelles Register gelangen, während im akustischen Register Informationen kurzfristig gespeichert werden, die vom Ohr stammen.

> Die Verfügung über ein Sensorisches Register entzieht sich in der Regel der Aufmerksamkeit des einzelnen. Wer aber jemals ältere Filme betrachtet hat, dem wird aufgefallen sein, daß dargestellte Bewegungen nicht kontinuierlich, sondern sprunghaft erscheinen. Dies ist damit zu erklären, daß sich zwischen den Einzelbildern ein zu großes Intervall befindet. Das im visuellen Register gespeicherte „Bild" beginnt bereits zu verlöschen, bevor die Reizeindrücke des nächsten Einzelbildes dort eintreffen. Modernere Filme und Projektoren sind demgegenüber optimal auf die Speicherzeit des Sensorischen Registers abgestimmt; deshalb erscheinen dem Betrachter dargestellte Bewegungen kontinuierlicher, d.h. natürlicher.

Eine wichtige Aufgabe des Wahrnehmenden besteht darin, Inhalte des Sensorischen Registers daraufhin zu untersuchen, ob sie eine bekannte Konfiguration darstellen. Repräsentiert ein Reizmuster z.B. eine Zahl, einen Buchstaben, ein Wort, einen Tisch oder ein Haus? Die vorübergehend gespeicherten Reizgegebenheiten werden mit Inhalten des Langzeitgedächtnisses verglichen, und sofern ein Reizmuster als bereits bekannt identifiziert wird, ist ihm entsprechend Bedeutung zuzuschreiben. Mit Hilfe des Langzeitgedächtnisses läßt sich eine Reizkonfiguration z.B. als die Ziffer *4*, eine andere als der Buchstabe *B* identifizieren. Den Prozeß, der es einem Menschen erlaubt, eine Reizgegebenheit als bedeutungshaltige Einheit zu identifizieren, bezeichnet man als *Mustererkennung*.

6.1.2 Das Kurzzeitgedächtnis

Da die Inhalte des Sensorischen Registers nur für eine außerordentlich kurze Zeitspanne gespeichert werden können, muß Sorge dafür getragen werden, daß grundsätzlich die Möglichkeit der Übertragung ausgewählter Informationen in das Kurzzeitgedächtnis erfolgt. Dort findet eine Verarbeitung statt, durch die eine Weitergabe an das Langzeitgedächtnis vorbereitet wird.

Bevor man nach Erklärungen für die von vielen Menschen vorgebrachte Klage suchen kann, die eigenen Gedächtnisleistungen würden hinter den Erwartungen zurückbleiben, wird man zu prüfen haben, ob vermißte Gedächtnisinhalte jemals das Kurzzeitgedächtnis erreicht haben; ein entsprechender Transfer ist nämlich an bestimmte Bedingungen gebunden. Aber auch Inhalte, die sich mit hoher Wahrscheinlichkeit im Arbeitsspeicher (Kurzzeitgedächtnis) befunden haben, können sich später der Erinnerung entziehen. Was läßt sich tun, um Gelerntes möglichst dauerhaft im Gedächtnis zu fixieren? In der Beantwortung dieser Frage ist auf zahlreiche Maßnahmen zu verweisen, die bestimmte Prozesse im Kurzzeitgedächtnis beeinflussen sollen. Vor allem solche Maßnahmen, die der Kontrolle des Lehrers zugänglich sind, sollen im folgenden dargestellt werden.

6.1.2.1 Übertragung ins Kurzzeitgedächtnis

Der außerordentlich großen Fassungskraft des Sensorischen Registers steht eine erheblich kleinere Kapazität des Kurzzeitgedächtnisses gegenüber. Daraus ergibt sich zwangsläufig die Notwendigkeit einer Auswahl: Nur ein Bruchteil der im Sensorischen Register enthaltenen Informationen kann weiter verarbeitet werden; der größere Teil seiner Inhalte geht verloren.

Inhalte des sensorischen Registers, auf die sich die Aufmerksamkeit richtet, können in das Kurzzeitgedächtnis übertragen werden. Wieviel Inhalte jeweils zu transferieren sind, hängt von den jeweiligen Lernvoraussetzungen ab. Der Analphabet sieht z.B. in der Reizgegebenheit /-\ drei unabhängige Geraden. Ein Schriftkundiger vermag darin mit Hilfe seines Langzeitgedächtnisses ein Muster zu erkennen, das er als den Anfangsbuchstaben des Alphabets (A) identifiziert. Neben der Erkennung einzelner Buchstaben dürfte es ihm auch keine Schwierigkeiten bereiten, so komplexe Reizmuster wie Wörter oder sogar längere Sätze als sinnvolle Einheiten zu identifizieren und in das Kurzzeitgedächtnis zu transferieren; eine Aufgabe, an der der Analphabet scheitern müßte, weil für ihn die Informationsmenge schon eines geschriebenen Wortes beträchtlich ist.

Prozesse der Mustererkennung laufen außerordentlich schnell ab. Deshalb kann ein routinierter Autofahrer seinen Wagen sicher durch den Verkehr lenken – die zugrundeliegenden Prozesse laufen automatisiert ab – und gleichzeitig eine Unterhaltung führen. Sobald er jedoch in eine Situation gelangt, die mit Routine nicht ausschließlich zu lösen ist (z.B. bei Einfahren in eine verkehrsreiche Kreuzung), wird der Fahrer sich voll auf die Erfassung der Verkehrssituation konzentrieren müssen; die Unterhaltung muß unterbrochen werden, denn dafür steht unter den veränderten Gegebenheiten nicht mehr ausreichend Kapazität zur Verfügung.

In der einschlägigen Literatur finden sich neuerdings häufiger Hinweise auf die Ergebnisse von Studien, die dem Arbeitskreis von NEISSER entstammen. So stellten SPELKE et al. (1976) z.B. fest, daß ihre Versuchspersonen in der Lage waren, Texte zu lesen und *gleichzeitig* Sätze nach Diktat aufzuschreiben, die eine ganz andere Thematik zum Inhalt hatten. Eine nachträgliche Prüfung ergab, daß die Versuchspersonen trotz der geforderten Gleichzeitigkeit in der Lage waren, Informationen aus beiden Aktivitäten so zu verarbeiten, daß sie ein ausreichendes Verständnis entwickeln konnten. In einem einflußreichen Lehrbuch wird aus derartigen Befunden folgende Schlußfolgerung gezogen: „Es könnte deshalb auch tatsächlich zutreffend sein, was Kinder häufig ihren Eltern gegenüber vertreten, daß sie nämlich gleichzeitig ihre Hausaufgaben erledigen und dabei noch fernsehen können" (ZIMBARDO, 1979). Eine solche Schlußfolgerung ist jedoch vorschnell gezogen, denn die Versuchspersonen vermochten entsprechende Leistungen erst zu erbringen, nachdem sie über einen längeren Zeitraum viele Übungsstunden absolviert hatten. Es ist sicherlich nicht abwegig, die Frage zu stellen, ob es interindividuelle Differenzen bezüglich der Aufmerksamkeitskapazität gibt (HUNT und LANSMAN, 1982). Danach wären einige Menschen mehr als andere in der Lage, zwei Dinge gleichzeitig zu tun. Im allgemeinen muß aber der Schüler, der sich mit einem Mitschüler unterhält und sich gleichzeitig bemüht, dem Lehrer in seinen Ausführungen zu folgen, mit Schwierigkeiten rechnen, Lehreräußerungen zu wiederholen. Es hilft dem Schüler wenig, wenn der Gedächtnispsychologe ihm attestiert, daß die Verarbeitungskapazität groß genug wäre, um sowohl das Gespräch mit dem Mitschüler als auch die Unterrichtsinhalte zu verarbeiten. Für den Lernalltag bleibt deshalb die Feststellung bestehen, daß es das Einprägen fördert, wenn sich die *ungeteilte* Aufmerksamkeit auf das jeweils vorliegende Gedächtnismaterial richtet.

6.1.2.2 Wiederholungen

Das Kurzzeitgedächtnis vermag zwar Informationen erheblich länger zu speichern als das Sensorische Register; dennoch ist die Behaltensdauer immer noch sehr begrenzt (PETERSON und PETERSON, 1959). Ohne zusätzliche Maßnahmen dürfte ein Inhalt spätestens nach 30 Sekunden wieder aus dem Kurzzeitgedächtnis gelöscht sein.

Es gibt jedoch eine Möglichkeit, eine Information sehr viel länger im Kurzzeitspeicher zu halten. Dies geschieht durch die Wiederholung. Sie kann still vor sich gehen, aber auch durch lautes Sprechen für Außenstehende hörbar werden. Am besten untersucht wurde bisher das Wiederholen von sprachlichen Informationen; es wird aber anerkannt, daß auch bildhaftes Material wiederholt werden kann.

Es waren u.a. ATKINSON und SHIFFRIN (1968), die der Wiederholung nicht nur die Funktion zuschrieben, das Verbleiben einer Information im Kurzzeitspeicher zu verlängern; sie sahen darin ebenso einen Mechanismus, mit dessen Hilfe Inhalte in das Langzeitgedächtnis zu bringen waren.

Man könnte nun den Schluß ziehen, daß man einzuprägendes Material nur häufig genug zu wiederholen brauche, um ein dauerhaftes Behalten zu erreichen. Einen entsprechenden Zusammenhang scheinen – zumindest implizit – Lehrer anzuerkennen, die einem Schüler mehrfaches Wiederholen auftragen; sie fordern von ihm z.B., ein zuvor falsch geschriebenes Wort im Rahmen einer „Berichtigung" mehrere Male richtig aufzuschreiben. – Allerdings ist die Effektivität einer solchen Maßnahme zu bezweifeln. Bei der Wiederholung kommt es wahrscheinlich weniger auf die Anzahl der Übungen an; vielmehr ist entscheidend, *wie* wiederholt wird (CRAIK und WATKINS, 1973). Entsprechend unterscheidet man vielfach zwischen erhaltender und elaborierender Wiederholung (KLATZKY, 1980). Während die Erhaltungswiederholung in ihrer ausgeprägtesten Form ausschließlich dazu dient, die Speicherzeit im Kurzzeitgedächtnis zu verlängern, ohne gleichzeitig eine Übertragung in das Langzeitgedächtnis zu bewirken, geht die elaborierende Wiederholung mit einer tieferen Verarbeitung (Bedeutungsanalyse) einher, wodurch die Übertragung der Inhalte ins Langzeitgedächtnis erfolgt.

Die Verwendung von unterschiedlichen Bezeichnungen (erhaltende und elaborierende Wiederholungen) kann leicht zu dem Eindruck führen, hier wären zwei klar unterscheidbare Wiederholungsarten nachzuweisen. Das trifft jedoch nicht zu, denn es gibt Hinweise, daß auch mit der erhaltenden Wiederholung gewisse Langzeiteffekte zu erreichen sind (NELSON, 1977). Am angemessensten erscheint es, mit GLENBERG und ADAMS (1978) davon auszugehen, daß Wiederholungen innerhalb eines Kontinuums variieren können, das sich zwischen maximaler und minimaler Verarbeitung erstreckt. Schwierigkeiten erwachsen der Gedächtnisforschung allerdings zur Zeit noch daraus, daß das behauptete Merkmal „Verarbeitungsintensität" nicht unabhängig (von Behaltensleistungen) zu messen ist (s. auch S. 179 f.).

Die Diskussion um den Prozeß der Wiederholung sollte den Lehrenden dafür sensibilisieren, daß es bei der Einprägungsarbeit weniger auf die reine Anzahl, wohl aber auf die Qualität der Wiederholungen ankommt. Die Art und Weise, wie ein Mensch wiederholt, wird aber auch von seiner Motivation bestimmt; ebenso spielt die vorausgegangene Lerngeschichte diesbezüglich eine entscheidende Rolle.

FLAVELL (1970) hat zeigen können, daß ein Entwicklungszeitraum zu identifizieren ist – er läßt sich etwas grob mit den Grundschuljahren umreißen –, in dem das Kind zwar in wachsendem Maße wirkungsvolle Strategien zur Einprägung von Gedächtnismaterial erwirbt, sie allerdings nicht spontan nutzt. Wenn man Kinder im Vorschulalter auffordert, sich etwas einzuprägen, wissen sie in der Regel nicht, wie einer solchen Aufgabe nachzukommen ist. Sie verfügen offenbar noch nicht über ausreichende Kenntnisse, wie man das Einprägen plant und steuert. Es gibt z.B. Hinweise dafür, daß ihnen – im Unterschied zu Dritt-, aber vor allem zu Fünftkläßlern – das Anwenden der Wiederholung noch nicht geläufig ist (APPEL et al., 1972). Jüngere Kinder vermögen diese Strategien in der Einprägung allerdings anzuwenden, sofern sie dazu speziell angeregt werden. Als KEENY et al. (1967) Kinder im Alter von sechs und sieben Jahren trainierten, das einzuprägende Material zu wiederholen, stiegen deren Behaltensleistungen eindeutig an. Später stellte man denselben Kindern eine ähnliche Aufgabe zur Einprägung, wobei ihnen allerdings die Verwendung einer kognitiven Strategie freigestellt worden war. Unter dieser Bedingung machten sie spontan keinen Gebrauch von der Wiederholung; ihre Behaltensleistungen fielen infolgedessen wieder auf das ursprüngliche Niveau zurück.

6.1.2.3 Das Herstellen von Informationseinheiten

Wie viele Informationen vermag ein Mensch in seinem Kurzzeitgedächtnis gleichzeitig zu speichern? Eine Antwort hat MILLER (1956) gegeben; auf ihn geht die Formulierung von „der magischen Ziffer sieben, plus oder minus zwei" zurück. Er bringt damit zum Ausdruck, daß im Kurzzeitgedächtnis etwa sieben Informationseinheiten (*chunks*) zu gleicher Zeit gehalten werden können. Eine Einheit kann jeweils eine mehr oder weniger große Anzahl von Einzelinformationen umfassen. Die im folgenden in Anführungsstriche gesetzten Reizgegebenheiten repräsentieren für die meisten deutschsprachigen Leser jeweils eine einzige Einheit, obwohl der Informationsgehalt mit der Hinzufügung eines weiteren Buchstaben kontinuierlich ansteigt: „P", „PO", „POL", „POLE", „POLEN". Vier sinnlos aneinandergereihte Buchstaben, wie z.B. I D N W, stellen dagegen vier verschiedene Einheiten dar. Sofern ein Lernender sie umordnet und daraus WIND entstehen läßt, ist daraus für ihn eine *Einheit* entstanden. MILLER hat nur zum Ausdruck gebracht, daß ein Mensch 7 +/- 2 Einheiten im Kurzzeitgedächtnis gleichzeitig speichern kann; über die Komplexität einer Einheit ist damit noch keine Aussage gemacht worden. Mit Hilfe von Kenntnissen, die sich bereits im Langzeitgedächtnis befinden, werden bei der Bildung von Einheiten Einzelinformationen kategorisiert.

Selbstverständlich hängt es entscheidend von der Art und dem Umfang der vorausgegangenen Lernerfahrungen ab, wieviel Informationen ein Mensch zu einer Einheit zusammenfaßt. MILLER beschreibt zur Veranschaulichung die Vorgänge, die sich beim Erlernen des Morsens feststellen lassen. Zunächst nimmt der Schüler jedes Kurz oder Lang als eine gesonderte Einheit auf. Nach einigen Übungen ist er dann in der Lage, diese Zeichen so zu organisieren, daß er sie als Buchstaben auffaßt. Die Buchstaben organisieren sich im weiteren Verlauf des Lernprozesses zu Wörtern; damit haben sich noch größere Einheiten gebildet. Schließlich bereitet es dem Funkerlehrling keine Schwierigkeiten mehr, ganze Satzteile aufzunehmen.

Wenn ein Lernender einzelne Buchstaben als bekanntes Wort identifiziert, wird die Einheit auf der Grundlage einer Bedeutungszuschreibung gebildet. Weiterhin gibt es die Möglichkeit der Gruppierung; dabei müssen die Einzelinformationen nicht in einer sinnvollen Beziehung untereinander stehen. Wenn man z.B. eine Telefonnummer aus dem Fernsprechbuch abliest, bildet man vielfach Zweiergruppen. Man sagt also z.B. nicht 2-1-7-3-8-4, sondern liest 21-73-84. Auf diese Weise sind aus sechs Elementen drei Einheiten entstanden, die sich für eine Kurzzeitspeicherung offenbar besser eignen.

Die bisher dargestellten Beispiele könnten den Schluß nahelegen, daß die Bildung von Einheiten stets verbales Material voraussetzt. Das trifft jedoch nicht zu. Es lassen sich auch Einheiten bei visuellen Reizvorlagen bilden. Wenn man z.B. Schachspielern der Meisterklasse eine Figurenanordnung wie in Abbildung 6.3 für nur fünf Sekunden vorlegt, vermögen sie diese normalerweise korrekt zu reproduzieren. Diese Leistungen vollbringen sie allerdings lediglich, wenn sie mit einer Reizvorlage konfrontiert worden sind, die in einem Spiel tatsächlich vorkommen kann; bei zufallsbedingten Anordnungen leistet das Gedächtnis des Meisters nichts Überdurchschnittliches (DeGROOT, 1965). Dies zeigt, daß die Schachmeister im Vergleich zu schwächeren Spielern über bessere Möglichkeiten verfügen, sinnvolle Beziehungen zwischen Figurenanordnungen zu erkennen, die tatsächlich vorkommen. Es ließ sich nachweisen, daß die Meister nur außerordentlich wenig Zeit benötigten, die jeweils strategisch wichtigste Figur zu entdecken.

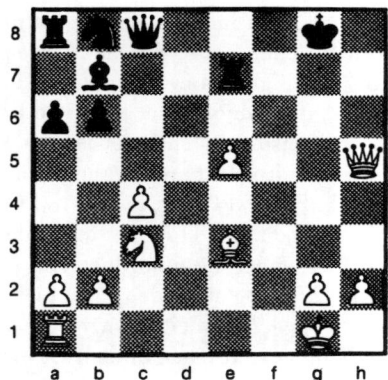

Abb. 6.3.: Figurenanordnung auf einem Schachbrett, die sich Spieler der Meisterklasse in weniger als fünf Sekunden einzuprägen vermögen.

6.1.3 Das Langzeitgedächtnis

Es ist einmal geschätzt worden, daß das Langzeitgedächtnis etwa eine Billiarde (10^{15}) Informationseinheiten speichern kann (ASIMOV, 1967; FRY, 1977). Sofern diese Angabe auch nur in grober Annäherung zutreffen sollte, kann man daraus keine Aussagen über Grenzen der Speichermöglichkeiten des menschlichen Gedächtnisses ableiten. Tatsächlich bestimmt sich die Qualität eines Informationsspeichers auch nicht nach der Größe der Speicherkapazität, sondern danach, *wie* die Informationen abgespeichert worden sind; deren Organisationsgrad bestimmt, ob und wie schnell eine gespeicherte Information wieder abzurufen ist.

> Das Gedächtnis läßt sich mit einer Bibliothek vergleichen. Bekanntlich kann sich der Bibliothekar nicht darauf beschränken, neu erworbene Bücher in der Reihenfolge ihres Eintreffens auf freie Regale zu stellen. Eine solche Vorgehensweise würde es dem Benutzer ja außerordentlich erschweren, wahrscheinlich sogar unmöglich machen, die jeweils benötigte Lektüre ausfindig zu machen. Die effektive Nutzung einer Bibliothek setzt voraus, daß ihr Buchbestand nach mitteilbaren Regeln geordnet ist. Aus diesem Grunde stellt man dem Benutzer z.B. Autoren- und Schlagwortkataloge zur Verfügung.

Es hat sich nachweisen lassen, daß auch die Inhalte des menschlichen Gedächtnisses eine Organisation aufweisen. Im folgenden soll nur beispielhaft gezeigt werden, daß der Lernende neue Informationen zunächst einmal ordnen muß, bevor er sie in das Langzeitgedächtnis zu transferieren vermag. Mit der Übertragung einer Information in das Langzeitgedächtnis ist allerdings noch nicht gewährleistet, daß sie sich jederzeit wieder abrufen läßt. Dazu bedarf es sog. Abrufreize. Jeder kennt aus eigener Erfahrung, daß diese nicht immer zur Verfügung stehen. Gemeint ist ein Zustand, der mit der Gewißheit einhergeht, eigentlich etwas zu wissen, was sich aber vorübergehend dem Zugriff entzieht (etwas liegt auf der Zunge).

6.1.3.1 Das Verschlüsseln von Informationen

Wenn man eine Information speichern möchte, muß man sie in eine Darstellungsform umsetzen, die das Speichersystem zu akzeptieren vermag. Das Umsetzen einer Information in eine andere Darstellungsform unter Anwendung bestimmter Regeln bezeichnet man als *Verschlüsseln* (Kodieren).

> Eine immer noch angewandte Methode, dem Computer eine Information mitzuteilen, besteht darin, daß man ihm eine Karte eingibt, in die nach bestimmten Regeln Löcher gestanzt worden sind. Den Sinnesorganen eines Lebewesens fällt die Aufgabe zu, physikalische Energie (akustische Schwingungen, elektromagnetische Wellen etc.) so umzuwandeln, daß sie der „Sprache" des Nervensystems entsprechen. Das Kurzzeitgedächtnis bevorzugt offenbar einen akustischen Schlüssel: das Bild der Ziffer 3 wird in die sprachliche Darstellungsform „drei" verwandelt. Bei Anwendung des akustischen Schlüssels kann es zu Fehlern kommen, indem ein Speicherinhalt durch einen anderen mit ähnlichem Klangbild ersetzt wird: aus 3 wird z.B. 2, weil beides ähnlich klingt und obwohl beide Ziffern sich im Aussehen unterscheiden. Daneben lassen sich aber auch visuelle Verschlüsselungen im Kurzzeitgedächtnis nachweisen und solche, bei denen die jeweilige Bedeutungszuschreibung (semantische Verschlüsselung) Berücksichtigung findet.

Hinweise dafür, wie im Langzeitgedächtnis die Inhalte verschlüsselt sind, erhält man durch ein im Alltagsleben gelegentlich auftretendes Phänomen: man kann sich an einen bestimmten Begriff nicht erinnern, obwohl man ihn „auf der Zunge hat". Einige Versuchspersonen in einem Experiment von BROWN und McNEILL (1966) wußten z.B., daß sie die Bezeichnung für ein kleines chinesisches oder japanisches Schiff kennen mußten; das Wort „Sampan" fiel ihnen jedoch nicht ein. Dennoch waren sie z.B. zu der Feststellung in der Lage, daß der gesuchte Begriff mit dem Buchstaben S begann oder aus zwei Silben bestand. Sie nannten aber auch Begriffe wie „Siam" und „Sarong", die in ihrem Schriftbild dem Zielwort ähnelten; deshalb könnten diese Fehler auf eine visuelle Verschlüsselung hinweisen. Die (erfundene) Bezeichnung „Saipan" ließ vermuten, daß weiterhin eine Verschlüsselung von Gedächtnismaterial auf der Grundlage akustischer Merkmale erfolgt ist. Schließlich ist unverkennbar, daß unzutreffende Antworten wie z.B. „Siam", „Sarong" oder „Dschunke" wegen ihres Bedeutungsgehaltes Gemeinsamkeiten aufweisen, was auf eine semantische Verschlüsselung hinweist. Diese letztere dürfte für die Übertragung von Informationen in das Langzeitgedächtnis von herausragender Bedeutung sein.

Wahrscheinlich wird aber selbst rein verbales Material in der Regel auch visuell verschlüsselt, d.h. mit einer bildlichen Vorstellung in Verbindung gebracht. Bei konkreten Begriffen wie Haus, Baum oder Banane ist dies selbstverständlich sehr leicht möglich. PAIVIO (1978) glaubt jedoch, daß Menschen bei Gedächtnisaufgaben ebenso leicht abstrakte Wörter, wie z.B. Gerechtigkeit oder Banalität, visuell zu verschlüsseln vermögen. Vermutlich gehen bei der Einprägungsarbeit „verbale und visuelle Arten der Verschlüsselung oft Hand in Hand" (HOUSTON, 1981).

Es ist davon auszugehen, daß die Verschlüsselung einer neuen Information durch das elaborierende Wiederholen erfolgt (s. S. 174). Wenn dieser anspruchsvolle Prozeß zu früh abgebrochen wird oder mit unzureichender Aufmerksamkeitszuwendung erfolgt, muß damit gerechnet werden, daß die jeweilige Information keine hinreichende Verarbeitung erfährt. Der Inhalt – sofern er überhaupt in das Langzeitgedächtnis gelangt – würde wahrscheinlich sehr schnell dem Vergessen anheimfallen.

Auf die Verschlüsselungsprozesse richtet sich auch das verstärkte Interesse jener Autoren, die sich um die Erklärung von Lernbehinderungen bemühen. Warum bereitet das Lesenlernen einigen Kindern erhebliche Schwierigkeiten? Warum benötigen einige Schüler zur Einprägung neuer Informationen sehr viel mehr Übungen als normal Lernende, wenn sie das gleiche Könnens- oder Behaltensniveau erreichen wollen? Wie BAUER (1982) nach Durchsicht einschlägiger Literatur und auf der Grundlage eigener Untersuchungen feststellt, unterscheiden sich Kinder mit Lernschwierigkeiten von normalen Lernenden nicht in Prozessen der Mustererkennung (s. S. 172). Sofern ein Inhalt nach einer relativ langen Einprägungsphase nachweislich in das Langzeitgedächtnis gelangt ist, fällt es Kindern mit Lernbeeinträchtigungen auch nicht auffallend schwer, sich an diesen zu erinnern. Nach den Feststellungen BAUERs kann als ziemlich gesichert gelten, daß für Schwächen beim kurzfristigen Behalten und für Schwierigkeiten in Aneignungsphasen unzureichende Verschlüsselungsprozesse verantwortlich sind; es fällt ihnen z.B. schwer, Lerninhalte zu gruppieren oder nach Bedeutungsgesichtspunkten zu ordnen. Eine Therapie hätte somit bei diesen Prozessen der Informationsverarbeitung anzusetzen. Allerdings ist fraglich, ob ein Training, das positive Auswirkungen auf eine bestimmte Klasse von Lernaufgaben hat, auch förderlich auf andere Aufgabengruppen wirkt. Wünschenswert wäre eine Zusammenstellung jener schulischer Aufgaben, deren Erlernen durch Vermittlung bestimmter kognitiver Strategien zu verbessern wäre. Eine solche Klassifikation wird man aber in naher Zukunft noch nicht vorlegen können (TORGESEN und GREENSTEIN, 1982).

6.1.3.2 Die Bedeutung von Abrufreizen

Zu den frühesten Erkenntnissen der Gedächtnispsychologie gehört die Feststellung, daß sich mehr Inhalte im Gedächtnis nachweisen lassen, wenn man statt der Methode der freien Erinnerung die Methode des Wiedererkennens anwendet. Bei der Methode der freien Erinnerung werden Informationen aus dem Gedächtnis abgefragt (z.B.: Welches ist die Hauptstadt Portugals? oder: Wie hieß der Erfinder der Glühlampe?). Bei der Wiedererkennungsmethode konfrontiert man den Befragten mit einem bestimmten Reiz und fordert lediglich ein korrektes Wiedererkennen (ist Lissabon die Hauptstadt von Portugal? – ja/nein; oder: Wie heißt die Hauptstadt von Portugal? a)Rom b) Barcelona c) Montevideo d) Lissabon?).

Bei der Methode der freien Erinnerung muß man seinen Langzeitspeicher danach durchsuchen, ob die erfragte Information darin überhaupt enthalten ist. Ob diese Suche erfolgreich verläuft, hängt wesentlich davon ab, ob Abrufreize (*retrieval cues*) zur Verfügung stehen.

In einem Experiment von TULVING und PEARLSTONE (1966) hatten sich die Versuchspersonen z.B. Begriffe wie die folgenden einzuprägen: Hund, Katze, ..., Apfel, Orange, ..., Stuhl, Tisch ... . Bei der Wiedergabe des Gelernten teilte man sie in zwei Gruppen ein: Eine Gruppe bekam Abrufreize in Form von Oberbegriffen wie z.B. Tier, Frucht, Möbel usw. genannt; die Teilnehmer vermochten daraufhin mehr Wörter aus dem Gedächtnis wiederzugeben als die der Kontrollgruppe, denen man keine Abrufreize geboten hatte. Als man den Teilnehmern dieser zweiten Gruppe allerdings die gleiche Hilfe zuteil werden ließ, glichen sich die Gedächtnisleistungen beider Gruppen einander an.

Viele Beobachtungen legen den Schluß nahe, daß es ohne einen geeigneten Abrufreiz erhebliche Schwierigkeiten bereiten kann, einen bestimmten Inhalt des Gedächtnisses wiederzugeben.

6.2 Eine Alternative zum Mehr-Speichermodell

Das Mehr-Speichermodell, das der bisherigen Darstellung zugrunde gelegen hat, ist keineswegs von Kritiken verschont geblieben. In einem alternativen Ansatz von CRAIK und LOCKHART (1972) wird die Annahme mehrerer Speicher für überflüssig gehalten; stattdessen gehen diese Autoren von einem Speicher aus, in dem Informationen allerdings ein unterschiedliches Niveau der Verarbeitung erfahren können. Bei Darbietung eines Wortes nimmt ein Wahrnehmender z.B. nur eine oberflächliche Verarbeitung vor, wenn er lediglich die Form der Buchstaben beachtet (z.B. zur Beantwortung der Frage, ob das dargebotene Wort in Großbuchstaben geschrieben worden ist). Eine weitergehende Verarbeitung erfolgt, wenn ein Wort nach seinen akustischen Merkmalen zu analysieren ist (z.B. bei der Frage, ob sich das dargebotene Wort *Herz* auf *Schmerz* reimt). Die intensivste Verarbeitung findet statt, wenn eine Reizdarbietung auf ihren Bedeutungsgehalt zu prüfen ist (z.B. zur Beantwortung der Frage, ob das dargebotene Wort sinnvoll in einen bestimmten Satz einzufügen ist: Er hat das ... auf dem rechten Fleck). In experimentellen Studien konnte gefunden werden, daß die Gedächtnisleistungen von dem jeweiligen „Verarbeitungsniveau" abhängen. Es wird am wenigsten behalten, wenn Lernmaterial nur auf der Grundlage seiner visuellen Merkmale analysiert wird, dagegen ist relativ viel aus dem Gedächtnis wiederzugeben, sofern vorher eine Verarbeitung bis zur Bedeutungsebene hin stattgefunden hat.

Auch die Theorie der unterschiedlichen Verarbeitungsniveaus hat zahlreiche Schwächen. Dennoch verdient hervorgehoben zu werden, daß ihre Anhänger verstärkt den Zusammenhang zwischen der Verarbeitungstiefe und der Behaltensleistung herausgearbeitet haben. Das bloße Wiederholen von Lernmaterial garantiert noch nicht dessen längerfristige Fixierung im Gedächtnis; es kommt vielmehr auf die Qualität, auf die Art und Weise des Wiederholens an. Sollte sich diese Erkenntnis nicht in ein erweitertes Mehr-Speichermodell integrieren lassen (CRAIK, 1979)? Mit der vorausgegangenen Darstellung von erhaltender und elaborierender Wiederholung als mögliche Prozesse des Kurzzeitgedächtnisses ist bereits ein Schritt in diese Richtung getan worden.

6.3 Theorien des Vergessens

Über einen Zeitraum von sechs Jahren hat die amerikanische Psychologin LINTON (1979) für jeden Tag wichtige persönliche Ereignisse zusammen mit einigen Zusatzinformationen (Bedeutsamkeit, Begleitgefühle, Überraschungswert) protokolliert. So notierte sie Einzelheiten einer Bewerbung, eines delikaten Hummeressens in einem Restaurant, Streitigkeiten mit einem Mitmenschen usw. Jeden Monat überprüfte sie, inwieweit ihre Erinnerung mit etwa 150 Aufzeichnungen übereinstimmte. Nach einem Jahr war im Durchschnitt 1 Prozent der notierten Einzelheiten vergessen. Nach zwei Jahren kamen noch einmal 5,1 Prozent hinzu, nach vier Jahren 4,2 Prozent und am Ende von vier Jahren weitere 5,5 Prozent. Nach sechs Jahren hatte LINTON Gedächtnislücken bei 31,4 Prozent der Ereignisse, die sechs Jahre zuvor von ihr registriert worden waren.

Da sich LINTON mit ihren Lebensereignissen besonders intensiv beschäftigt hat (sie schrieb sie nieder in dem Bewußtsein, daran später das eigene Gedächtnis zu überprüfen, sie führte Behaltenstests durch usw.), ist davon auszugehen, daß Erinnerungsleistungen unter normalen Alltagsbedingungen noch weit ungünstiger liegen. Offenbar wird ein beachtlicher Teil von Gedächtnisinhalten im Verlauf der Zeit wieder vergessen. Was aber bedingt dieses Vergessen? Auf diese Frage geben die sog. Vergessenstheorien Antwort, die jeweils unterschiedlichen theoretischen Ansätzen entsprungen sind. Eine integrative Vergessenstheorie liegt noch nicht vor.

6.3.1 Die Theorie des Spurenverfalls

Wenn man an seine Mitmenschen die Frage richtet, weshalb früher Gelerntes wieder vergessen wird, antworten nicht wenige, daß dafür die *Zeit* verantwortlich sei. Das Vergessen kann mit den Spuren verglichen werden, die ein Fußgänger im weichen Sand hinterlassen hat. Auch sie werden im Verlauf der Zeit verschwinden und schließlich nicht mehr erkennbar sein.

Dieser Vergleich erscheint auf den ersten Blick plausibel. Man muß einer solchen Auffassung jedoch entgegenhalten, daß die Zeit als solche nichts verursachen kann. So rostet z.B. ein Stück Eisen, weil bestimmte chemische Prozesse in der Zeit ablaufen und entsprechend Veränderungen herbeiführen. Ebenso ist im Falle des Gedächtnisses davon auszugehen, daß im Verlauf der Zeit Kräfte oder Einflüsse wirksam werden können, die eine Wiedergabe von früher Gelerntem zunehmend erschweren.

6.3.2 Die Interferenztheorie

Die ältere Gedächtnispsychologie bevorzugte als Lernmaterial sinnlose Silben, sog. KVK-Trigramme (K = Konsonant, V = Vokal), wie z.B. DEW, FAP oder TUW. Es fiel auf, daß die Behaltensleistungen einer Versuchsperson umso mehr abnahmen, je mehr Listen sinnloser Silben sie sich bereits in vorausgegangenen Versuchsdurchgängen eingeprägt hatte (UNDERWOOD, 1957). Offenbar wirkte die frühere Einprägungsarbeit beeinträchtigend auf späteres Lernen. Eine solche Interferenz (Störung) bezeichnet man auch als „proaktive Hemmung"; sie läßt sich wie folgt darstellen:

Lernen:	Lernen:	Wiedergabe:
Liste 1	Liste 2	Liste 2

Abb. 6.4: Schematische Darstellung der proaktiven Hemmung. (Die erste Liste beeinträchtigt das Einprägen und Wiedergeben der Liste zwei)

Die Beeinträchtigung kann allerdings auch in die entgegengesetzte Richtung verlaufen:

Lernen:	Lernen:	Wiedergabe:
Liste 1	Liste 2	Liste 1

Abb. 6.5: Schematische Darstellung der retroaktiven Hemmung. (Die zweite Liste beeinträchtigt das Wiedergeben von Liste eins)

Eine solche rückwärts gerichtete Interferenz wird als „retroaktive Hemmung" gekennzeichnet.

Eine Beeinträchtigung des Behaltens als Folge von Interferenz tritt vor allem auf, wenn sich neuere und frühere Lerninhalte hochgradig ähneln. Dies ist z.B. bei einer wiederholten Einprägung von sinnlosen Silben der Fall; das Phänomen der Interferenz läßt sich aber auch bei sinnvollem Material nachweisen.

Im Unterricht ist der Schüler wiederholt der Situation ausgesetzt, daß er auf ähnliche Fragen unterschiedliche Antworten zu geben hat. So lernt er z.B. im Fremdsprachenunterricht, daß er den Tisch in der englischen Sprache mit *table*, im Spanischen mit *mesa* zu bezeichnen hat. Weitere Beispiele lassen sich dem naturwissenschaftlichen Unterricht entnehmen (wenn der Schüler z.B. zu lernen hat, daß Quarz zu den gesteinsbildenden Mineralien gehört, die man Silikate nennt, während Kalzit ein gesteinsbildendes Mineral darstellt, das zur Kalzium-Gruppe gehört (nach KALBAUGH und WALLS, 1973)). Im Geschichtsunterricht muß mit Interferenzen gerechnet werden, wenn der Schüler sich z.B. folgende Zusammenhänge einzuprägen hat: „Als A König war und ihm B als General diente, war Krieg C auszufechten. Aber als A' König und D sein General war, fand Krieg E statt" (BOWER, 1974). Interferenzen dürften beeinträchtigend auf das Behalten des Schülers wirken, wenn dieser beantworten soll, welcher König und welcher General in welchen Krieg verwickelt waren.

> CROUSE (1970) ließ seine Versuchspersonen mehrere Texte folgenden Aufbaus lernen:
> *Payton wurde Ende Oktober 1795 in Hamstead geboren. Als er erst acht Jahre alt war, kam sein Vater, der eine Pferdevermietung unterhielt, durch einen Pferdeunfall ums Leben.*

> Man kann in Texten dieser Art eine gemeinsame Struktur (Makrostruktur nach BOWER, 1974) erkennen. Es wird zunächst eine Person mit ihrem Geburtsdatum vorgestellt. Als diese ein bestimmtes Alter erreicht hatte, starb ihr Vater durch irgendein Ereignis. Die Mikrostruktur besteht aus jenen Einzelheiten, die von Text zu Text variieren (Geburtstag des Helden, das Alter, in der er seinen Vater verlor, dessen Beruf, die Todesursache). Elemente der Makrostruktur, die in allen Geschichten gleich war, wurden besser behalten. Die variierenden Details wurden aufgrund der auftretenden Interferenzen weniger gut behalten (KALBAUGH und WALLS, 1973; BOWER, 1974).

6.3.3 Das Fehlen geeigneter Abrufreize

Wenn es zu Beeinträchtigungen des Behaltens kommt, muß dies nicht unbedingt bedeuten, daß die entsprechenden Gedächtnisinhalte ausgelöscht worden sind. Es wäre ebenso möglich, daß das Gelernte weiterhin gespeichert bleibt, sich aber lediglich dem Abruf entzieht.

> Ähnliches könnte sich in einer Bibliothek ereignen. Dort sucht z.B. ein Interessent vergeblich nach einem Buch. Er findet es nicht, obwohl es tatsächlich vorhanden ist. Es steht nämlich auf einem Regal zwischen Büchern, zu denen es thematisch nicht paßt. Möglicherweise hat es ein früherer Benutzer irrtümlich an einen falschen Platz gestellt. Der Fehler in der Einordnung dürfte vor allem dann schwer zu entdecken sein, wenn sich das in Rede stehende Buch bezüglich seines Titels oder seiner Signatur nicht eindeutig genug von den benachbarten Werken abhebt.

Es gibt die These, daß Informationen nie wieder gelöscht werden, sofern sie dem Langzeitgedächtnis übertragen worden sind. Nach einer solchen Sichtweise bleiben Inhalte des Langzeitgedächtnisses dauerhaft gespeichert; sie können sich allerdings der Zugänglichkeit entziehen. Man stützt sich bei solchen Auffassungen vielfach auf Befunde aus der Hypnoseforschung und der Hirnchirurgie, die allerdings nicht ohne Schwächen sind.

Experimentelle Studien, die teilweise natürlichen Bedingungen in hohem Maße nachgebildet waren, konnten bislang nicht belegen, daß sich Gedächtnisleistungen unter Hypnose fördern ließen. Stattdessen produzierten Versuchspersonen unter diesem Zustand sogar mehr Fehler, weil ihre Suggestibilität erhöht war. Zudem vermischten sich tatsächliche und falsche Informationen miteinander (SMITH, 1983). Derartige Konfabulationen (Erinnerungstäuschungen) traten in einer Studie von ORNE (1951) auf. Darin sollten sich Studenten unter Hypnose in ihr sechstes Lebensjahr zurückversetzen: „Obgleich die ‚Erinnerungen' sehr reich in Details waren, blieben sie doch hoffnungslos ungenau. Ereignisse von anderen Geburtstagen wurden mit Geschehnissen des sechsten Geburtstags vermischt. Fakten, die die Studenten in Büchern und Magazinen nur gelesen hatten, wurden als Erinnerung an ihren Geburtstag mit eingeschlossen" (LOFTUS, 1980).

Als ebenso zweifelhaft hat PENFIELDs (1969) Behauptung zu gelten, durch elektrische Reizung bestimmter Teile des Gehirns ließen sich bei einem Menschen Erinnerungen wachrufen, die ihm normalerweise nicht zugänglich sind. Eingehende Auseinandersetzungen mit PENFIELDs Arbeiten haben zu dem Schluß geführt, daß die „Erinnerungen" seiner Patienten mit Träumen vergleichbar sind, in denen sich bekannte Gedächtnisinhalte mit gedanklichen Neuschöpfungen vereinigen (LOFTUS, 1980; NEISSER, 1967).

Feststellungen über die Unauslöschbarkeit von Inhalten des Langzeitgedächtnisses gehören in den Bereich der Spekulation. Dagegen kann als gesichert gelten, daß Gedächtnisinhalte unter bestimmten Bedingungen schwerer oder gar nicht zugänglich sind, weil die Auswahl eines geeigneten Abrufreizes, die Suche nach bestimmten Informationen im Gedächtnis, behindert wird.

In einem Zustand gesteigerter Angst oder Besorgtheit können Gedächtnisausfälle auftreten, wenn das betroffene Individuum nicht mehr ausreichend Aufmerksamkeit zur Verfügung hat, um eine geeignete Abrufprozedur zu entwickeln und durchzuführen (s. S. 271 ff.). Es besteht sehr wohl die Möglichkeit, daß die Gedächtnisinhalte nach Beendigung des Erregungszustands wieder voll zugänglich sind.

Derartige Zustände können im Rahmen einer Prüfung auftreten, sofern der Prüfling dabei einen erhöhten Spannungszustand erlebt. Eventuell spürt er einen gesteigerten Herzschlag, registriert den Ausbruch von Schweiß, der Hals scheint sich ihm zuzuschnüren. In dieser Situation können sich Gedanken ins Bewußtsein drängen, die das Prüfungsversagen und dessen Konsequenzen vorwegnehmen. Möglicherweise berichten Kandidaten in einem derartigen Zustand von einem totalen „Blackout", d.h., sie sehen sich nicht in der Lage, Informationen abzurufen, die sie sich während der Vorbereitungszeit stets ohne Schwierigkeiten vergegenwärtigen konnten.

6.4 Bedingungen, die das Behalten fördern

Selbst sog. Gedächtniskünstler können nicht alles behalten, was sie sich jemals eingeprägt haben. Sicherlich wäre ein perfektes Gedächtnis gar nicht wünschenswert, denn im Vergessen-Können liegt manchmal eine entscheidende Hilfe, z.B. zur Bewältigung von Schockerlebnissen. Anders stellt sich die Situation im pädagogischen Bereich dar, wo der Gedächtnispsychologie die Aufgabe zugewiesen wird, Hinweise zu geben, wie durch Effektivitätssteigerung der Einprägungsarbeit dem Vergessen entgegenzuwirken ist.

Wenn eine Information aus dem Sensorischen Register abzulesen ist und ihre Übertragung in das Langzeitgedächtnis erfolgen soll, muß eine Verarbeitung stattfinden, damit das Neue in die bereits bestehende Gedächtnisstruktur zu integrieren ist (Organisationsaspekt). Die Einprägungsarbeit des Lernenden ist zu unterstützen, in dem man ihm Lernmaterial anbietet, das bereits einen optimalen Organisationsgrad aufweist. Die Verarbeitungsprozesse können nur unvollkommen oder gar nicht ablaufen, wenn ihnen keine ausreichende Aufmerksamkeit gewidmet wird. Je länger und intensiver sich der Lernende mit dem einzuprägenden Material auseinandersetzt, desto größer ist die Wahrscheinlichkeit, daß zu einem späteren Zeitpunkt ein schneller und sicherer Abruf aus dem Gedächtnis erfolgen kann. – Eine Einprägungsphase ist somit als effektiv zu kennzeichnen, wenn der Lernende motiviert ist, dem (möglichst gut organisierten) Gedächtnismaterial und seiner Verarbeitung hohe Aufmerksamkeit entgegenzubringen. Weiterhin sollte dieser ausreichend Zeit zur Verfügung haben und auch nutzen, damit eine aktive (übende) Auseinandersetzung mit dem Lernmaterial stattfinden kann.

6.4.1 Die Darbietung von potentiell sinnvollem Material

Die Aufforderung an den Lehrer, dem Schüler möglichst sinnvolles Material anzubieten, hat im pädagogischen Bereich bereits Tradition. Dennoch ist die bestehende Schwierigkeit, Begriffe wie „sinnvoll" und „bedeutungshaltig" zu definieren, nicht zu leugnen. Um feststellen zu können, welche Bedeutung Personen einem Begriff zuschreiben, bestimmt man in Gedächtnisexperimenten häufig die Anzahl verschiedenartiger Assoziationen, die dieser bei ihnen jeweils auslöst (NOBLE, 1952).

Einem Schüler dürfte es leichter fallen, Verständnis für neue Informationen zu gewinnen, wenn diese ihm unter Verwendung von Begriffen erläutert werden, die er bereits kennt. Ebenso lassen sich neue Zusammenhänge durch Vergleiche mit Kenntnissen oder Erfahrungen darstellen, über die der Lernende bereits verfügt (ORTONY, 1975). So verweist man z.B. auf Ähnlichkeiten, die zwischen dem Kurzzeitgedächtnis und einer Werkbank (KLATZKY, 1975) oder zwischen dem Gedächtnissystem und einer Bibliothek bestehen (s. S. 177).

Das Lehren durch Vergleiche hat in jüngster Zeit verstärktes Interesse in der Pädagogischen Psychologie gefunden; denn es scheint bei Schülern aller Schulstufen und bei Erwachsenen das Verständnis für neue Informationen zu erhöhen. Dieser Effekt läßt sich nach SIMONS (1984) wie folgt erklären: Neue Informationen werden durch Vergleiche 1. vorstellbarer und konkreter, 2. sie erhalten durch Vergleiche eine Ordnung (strukturierende Funktion) und 3. sie aktivieren den Lernenden, Neues und Bekanntes aktiv zu assimilieren.

Einzuprägendes Material ist vom Schüler vor allem dann leichter mit Sinn zu füllen, wenn dessen Struktur vom Lehrenden deutlich herausgearbeitet ist (BRUNER, 1966a), d.h., wenn Beziehungen, die zwischen Teilen des Lernmaterials bestehen, in der Darbietung deutlich werden. Ein Beispiel, wie die Strukturierung von Lernmaterial förderlich auf das Behalten wirken kann, haben BOWER et al. (1969) geliefert.

Welche Gedächtnisleistungen erbringen Versuchspersonen, wenn man sie auffordert, sich folgende Begriffe einzuprägen?

Platin	Kupfer	Messing
Aluminium	Diamant	Marmor
Bronze	Smaragd	Eisen
Saphir	Granit	Rubin
Kalkstein	Gold	Schiefer
Silber	Blei	

BOWER et al. ließen einige Teilnehmer ihrer Studie solche nach Zufallsprinzipien zusammengestellten Begriffe ins Gedächtnis bringen, während Angehörige einer anderen Gruppe die Wörter in folgender hierarchisch geordneten Folge dargeboten bekamen:

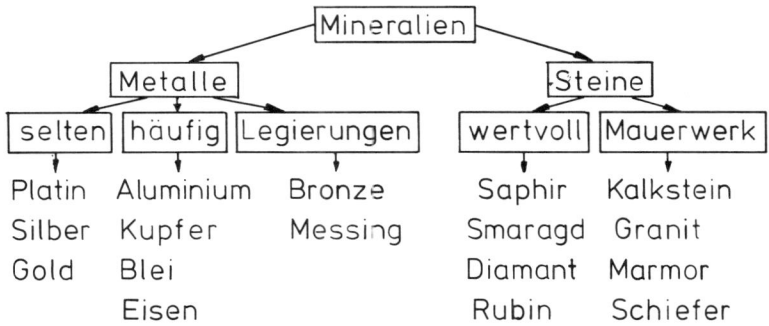

Abb. 6.6: Eine Hierarchie von Begriffen, die das Einprägen fördert (nach BOWER et al. 1969)

Es ergab sich, daß Versuchspersonen, die sich eine hierarchisch geordnete Begriffsfolge einzuprägen hatten, dreimal so viele Wörter aus dem Gedächtnis wiedergeben konnten wie jene, die die gleiche Anzahl von Begriffen in zufallsbestimmter Reihenfolge zu lernen hatten.

Wo immer Lernmaterial in eine Form geordneter Darstellung zu bringen ist, sollte man dies im Rahmen von Lehr- bzw. Unterrichtssituationen in einer für den Lernenden erkennbaren Weise tun. Sinnloses Material läßt sich in der Regel deshalb schwer auswendig lernen, weil es dem Lernenden keine Möglichkeiten eröffnet, eine Beziehung zu bereits Bekanntem zu sehen. „Wenn demgegenüber ein Kind eine sinnvolle Aktivität ausführt (MEACHAM, 1972) oder wenn ihm ein sinnvolles Ereignis widerfährt (JENKINS, 1973), wird es die wesentlichen Gegebenheiten behalten, ob eine bewußte Absicht zur Einprägung geweckt worden ist oder nicht" (BROWN, 1975).

> BROWNELL und MOSER (1949) verglichen z.B. Leistungen, die Schüler bei Subtraktionsaufgaben mit Zehnerüberschreitung erbrachten. Die eine Hälfte dieser Schüler hatte die Subtraktionstechnik rein mechanisch kennengelernt. Bei der anderen Hälfte war große Sorgfalt darauf verwendet worden, das Verfahren möglichst sinnvoll zu erklären. Die Leistungsüberlegenheit der „sinnvollen" Gruppe zeigte sich vor allem dann ausgeprägt, wenn die Prüfung erst später, sechs Wochen nach Abschluß der Lernphase, stattfand.

6.4.2 Die Berücksichtigung präinstruktionaler Maßnahmen

Für den Lernenden stellt sich stets die Aufgabe, neue Informationen so aufzuarbeiten, daß diese in die bereits vorhandene Organisation einzufügen sind. Präinstruktionale Maßnahmen sollen helfen, die Lücke zwischen neuem Material und der aktuellen Kenntnisstruktur zu überbrücken. Sie regen den Lernenden an, sich auf das neue Material einzustellen.

Zu den präinstruktionalen Maßnahmen sind Vortests, die Angabe operationaler Lernziele, Überblicke und vorausgehende Organisatoren (*advanced organizer*) zu rechnen (HARTLEY und DAVIES, 1976).

Ein *Vortest* besteht aus einer Reihe von Fragen, die thematisch zu dem anschließenden Lernmaterial in Beziehung stehen. Sie können das Augenmerk des Lernenden auf wesentliche Aspekte der im Rahmen der Instruktion zu verarbeitenden Informationen richten.

Die Vortests stellen häufig eine Operationalisierung von *Lernzielen* dar, die vor der Instruktion angeben, was durch diese erreicht werden soll. Auch ihr Ziel ist es im wesentlichen, dem Lernenden eine Vororganisation anzubieten, d.h. zu akzentuieren, worauf es bei der nachfolgenden Auseinandersetzung mit dem Lernmaterial ankommt (s. S. 187 f.).

> Im Falle komplexerer Texte heißt das aber auch, daß die Aufmerksamkeit durch Fragen, die man vor der jeweiligen Darbietung stellt, vor allem auf jene Informationen gerichtet wird, die sie ansprechen; die übrigen Informationen können auf diese Weise eine Vernachlässigung erfahren. Folglich muß auch damit gerechnet werden, daß z.B. Fragen (BOKER, 1974; SAGARIA und DiVESTA, 1978) oder Lernziele (KAPLAN und SIMONS, 1974), die vor der Instruktion gegeben werden, wegen ihrer aufmerksamkeitslenkenden Funktion mitbestimmen, was gelernt und behalten wird. Je länger der nachfolgende Text ist, desto mehr wächst die Wahrscheinlichkeit, daß Inhalte, auf die nicht ausdrücklich hingewiesen worden ist, überlesen werden (KLAUER, 1984).

Vorausgehende *Übersichten* stellen frei formulierte Zusammenfassungen der nachfolgenden Lerneinheit dar. Sie müssen allerdings nicht – wie die Einleitungen, die sich in diesem Buch zu Beginn einiger Absätze finden – in Prosaform abgefaßt sein; ebenso können auch Bilder und graphische Darstellungen die Funktionen übernehmen, die HARTLEY und DAVIES (1976) wie folgt umreißen: „Übersichten dienen dazu, Lernende in neues Material einzuführen und sie mit der zentralen Aussage vertraut zu machen. Sie können auch Schlüsselbegriffe, Prinzipien oder Fachausdrücke herausheben und die Lernenden gleichzeitig auf die allgemeine Struktur oder Gestalt des zu bearbeitenden Materials vorbereiten. Aus diesen Gründen können Übersichten vor allem für die Entstehung einer Lerneinstellung sehr wirkungsvoll sein." Sofern innerhalb dieser Übersichten einzelne zentrale Gedanken oder Begriffe besonders herausgestellt werden (z.B. in kursiver Schrift – eine Heraushebung erfolgt aber auch, wenn sie in der Überschriftzeile oder in der Randspalte auftreten), gewinnen sie eventuell die Funktion von Abrufreizen (DOCTOROW et al., 1978).

Bei oberflächlicher Betrachtung besteht zwischen der Übersicht und einem *advance organizer* eine gewisse Ähnlichkeit; der zuletzt genannte Begriff entstammt der Konzeption AUSUBELs (1963) vom sinnvollen verbalen Lernen (s. S. 216 ff.). Seine Bedeutung wird am besten getroffen, wenn man ihn nach KLAUER (1984a) mit „vorangestellter Einordnungshilfe" übersetzt. Während Übersichten den Inhalt der bevorstehenden Lerneinheit zusammenfassen, kommt es bei vorangestellten Einordnungshilfen vor allem darauf an, den Kontext darzustellen, in den sich das Lernmaterial einordnen läßt. AUSUBEL spricht in diesem Zusammenhang von der Notwendigkeit, dem Lernenden ein geistiges Gerüst anzubieten, durch das er Verankerungsmöglichkeiten für die neuen Informationen erhält. Die Einordnungshilfe soll sich vor allem bewähren, wenn der Lernende mit dem zu verarbeitenden Material wenig vertraut ist oder wenn er aus anderen Gründen Schwierigkeiten hat, es mit seiner bereits vorhandenen Kenntnisstruktur in Beziehung zu setzen.

> Eine Einordnungshilfe kann z.B. durch eine Begriffsdefinition erfolgen. Nach einem Beispiel von EGGEN et al. (1979) beginnt ein Unterricht mit der folgenden Formulierung: „Landformationen sind Landoberflächen, die charakteristische Umrisse und Zusammensetzungen aufweisen." Es wird davon ausgegangen, daß Teile dieser Kennzeichnung wie „Landoberfläche" oder „charakteristische Umrisse" vom Lernenden verstanden werden; unter dieser Voraussetzung kann an ihnen der neue Begriff (Landformation) verankert werden. In einem weiteren Beispiel von EGGEN et al. hat man das Flußsystem mit dem Blutkreislauf verglichen. (Selbstverständlich kann dieser Vergleich nur dann die Form eines vorausgehenden Organisators übernehmen, wenn den Lernenden das System des Blutkreislaufs bereits vertraut ist.)

Die Aufgabe der vorangestellten Einordnungshilfe besteht aber nicht nur darin, neue Inhalte durch die bereits vorhandene kognitive Struktur des Lernenden zu erfassen. Sie soll ihm weiterhin helfen, das zu erarbeitende Material in eine Organisationsform zu bringen.

AUSUBEL (1968, 1978) geht von einem menschlichen Speichersystem aus, in dem die Inhalte hierarchisch geordnet sind. An der Spitze dieser Ordnung stehen „sehr abstrakte, allgemeine und umfassende Begriffe". Das Lernen – so meint AUSUBEL – sollte mit dem Verständnis der allgemeineren, „subsumptiven" Begriffe beginnen und sich erst im weiteren Ablauf des Lehr- und Lernprozesses auf spezifischere Informationen richten.

So lassen sich dem Begriff „Landformation" z.B. Formationen wie „Berge", „Plateaus" und „Hügel" unterordnen. Aber auch diese Begriffsebene läßt weitere Unterkategorien zu, indem z.B. erarbeitet wird, daß Berge aus Felsgestein, vulkanischem Gestein usw. bestehen können.

Die kritische Überprüfung, ob und in welchem Umfang durch Einordnungshilfen das Lernen und Behalten zu beeinflussen ist, erstreckt sich bereits auf mehr als zwei Jahrzehnte. Eine neuere Übersicht, die etwa 135 einschlägige Studien berücksichtigte, ist zu dem Ergebnis gekommen, daß Vororganisatoren „einen förderlichen Einfluß auf das Lernen und Behalten ausüben", ihr Effekt bleibt jedoch hinter den von AUSUBEL geweckten Erwartungen zurück (LUITEN et al., 1980). Die wenigen bisher vorliegenden Langzeitstudien lassen den vorsichtigen Schluß zu, daß die positive Wirkung auch noch nach einem Zeitraum von mehreren Wochen nachweisbar ist. Die Effekte treten besonders deutlich bei Schülern des Primarbereiches auf; sie sind schwächer in der Sekundarstufe I und lassen sich in der Sekundarstufe II nicht mehr aufdecken.

Trotz solcher Ergebnisse muß aber festgestellt werden, daß die Forschung ein nicht ganz unbedeutendes Problem bislang noch nicht befriedigend zu lösen vermochte. Es besteht darin, „daß es gegenwärtig keinen allgemein akzeptierten Weg gibt, Einordnungshilfen zu schaffen oder zu erkennen" (HARTLEY und DAVIES, 1976). Obwohl das Konzept AUSUBELs einer Vororganisation eine solide theoretische Basis besitzt, wirft die Frage der Operationalisierung noch zahlreiche ungelöste Probleme auf. Es gibt zwar allgemeine Richtlinien für die Konstruktion von Einordnungshilfen (LAWTON und WANSKA, 1977), es liegt aber in der Natur der Sache, daß diese zwangsläufig auf einem höheren Allgemeinheitsniveau formuliert sein müssen, denn die Konstruktion eines Organisators hängt stets von der Natur des Lernmaterials, dem Alter des Lernenden und dem Grad seiner Vertrautheit mit dem zu lernenden Material ab" (AUSUBEL et al., 1978).

6.4.3 Fragen als postinstruktionale Maßnahme

Man kann in einem mündlich oder schriftlich dargebotenen Text Fragen vorsehen, die sich auf vorausgehende Informationseinheiten beziehen; sie stellen als solche eine postinstruktionale Maßnahme dar. Welche Rolle können solche Fragen für die Einprägung spielen? – Auf der Grundlage der vorliegenden Literatur (BERLINER, 1968; SAGARIA und DiVESTA, 1978) wären einige gedächtnisrelevante Wirkungen möglich. Dabei ist allerdings zu berücksichtigen, daß Fragen (als prä- ebenso aber auch als postinstruktionale Maßnahme) sich vor allem förderlich auf das Einprägen bei solchen Lernenden auswirken, die durch geringere Motivation oder verminderte Fähigkeit zu kennzeichnen sind (ANDERSON und FAUST, 1973; ANDRE, 1979). Wenn dagegen der Leser eines Textes hochgradig an den dargestellten Informationen interessiert ist, richtet er seine Aufmerksamkeit spontan auf das Mitgeteilte und ist ohne zusätzliche Fragen bereit, dieses zu verarbeiten. Umgekehrt besteht für Lernende, denen ein dargestellter Text weniger attraktiv erscheint, eine gewisse Neigung, sich nur das einzuprägen, was später (z.B. im

188

Rahmen einer Prüfung) von Bedeutung werden könnte. Vor allem für diese Gruppe von Lernenden können Fragen folgende behaltensfördernde Funktionen übernehmen:

1. Lernenden bereitet es häufig Schwierigkeiten, diejenigen Informationen eines Textes zu identifizieren, die ihr Lehrer für bedeutsam hält. Dieses Problem läßt sich lösen, indem man den Hinweis-Charakter von Fragen nutzt, denn Informationen, auf die sie sich beziehen, kann der Leser als relativ wichtig interpretieren (WIXSON, 1984). Ihnen wendet er deshalb besondere Aufmerksamkeit zu, möglicherweise beschäftigt er sich mit ihnen auch länger. Der Effekt von häufigen Fragen in einem Test bei Lernenden geringerer Motivation ist also, daß er die selektive Einprägung fördert. Mitgeteilte Informationen, auf die sich keine Fragen beziehen, werden weniger intensiv bearbeitet.

2. Jede gut formulierte Frage fordert den Lernenden zu einer nochmaligen Auseinandersetzung mit der gebotenen Information heraus. Sie verlängert somit die Übungsdauer. Diese Herausforderung zur nochmaligen Beschäftigung mit dem bereits Aufgenommenen kommt zudem in einem günstigen Zeitpunkt, denn je früher eine Wiederholung nach Abschluß der Einprägungsphase erfolgt, desto wirksamer ist dem Vergessen in der nachfolgenden Zeit entgegenzuwirken (SPITZER, 1939; SEFKOW und MYERS, 1980).

3. Fragen geben dem Lernenden eine gewisse Möglichkeit, den Grad des Verständnisses vorausgegangener Informationen zu überprüfen. Sie können das zuvor Gelernte zu einer höheren Klarheit bringen (DUCHASTEL, 1979). Da sich allerdings Fragen, die das Verständnis eines Schülers prüfen, relativ schwer konstruieren lassen, fürchtet FREDERIKSEN (1984), daß sich die meisten in der Praxis angewandten Fragen auf einfaches Faktenwissen beziehen; dies könnte dazu führen, daß der Schüler zu einer tieferen Verarbeitung des Gelernten gar nicht vordringt. Fragen, die mehrere kognitive Ebenen ansprechen, bieten dem Lernenden jedoch gute Möglichkeiten der Selbstüberprüfung.

4. Fragen während einer Textdarbietung bewirken, daß das Angebot fortlaufend neuer Informationen vorübergehend unterbrochen wird. Sie eröffnen dem Lernenden die Möglichkeit, die Aufmerksamkeit voll auf die Verarbeitung des bereits Aufgenommenen zu richten. Allerdings sollten Fragen keine Textpassagen trennen, die gedanklich eine Einheit bilden.

BERLINER (1968) ist der Frage nachgegangen, ob dadurch, daß man Studenten während einer Vorlesung Fragen stellt, bessere Behaltensleistungen erzielt werden, als wenn man sie nur auffordert, aufzupassen und sich nach eigenem Ermessen Notizen zu machen. Dabei war eine klare Überlegenheit der „Fragen"-Gruppe nachzuweisen. NUNGESTER und DUCHASTEL (1982) ließen Studenten einen kurzen geschichtlichen Text studieren. Eine Gruppe hatte daraufhin Testfragen zu beantworten, während eine andere aufgefordert wurde, sich für den gleichen Zeitraum aktiv mit dem Text zwecks Einprägung auseinanderzusetzen. Auch hier ergab sich, daß die „Fragen-Gruppe" nach einem Intervall von zwei Wochen bessere Behaltensleistungen erbrachte.

Wie im nachfolgenden Kapitel (S. 219 ff.) noch ausführlicher darzustellen sein wird, lassen sich Fragen danach unterscheiden, welches kognitive Niveau sie anregen. Es ist zu vermuten, daß durch das Niveau einer Frage entscheidend mitbestimmt wird, welche Verarbeitung das zugrundeliegende Material erfährt (AN-DERSON, 1972).

> FRIEDMAN und RICKARDS (1981) ließen ihren Texten z.B. Fragen folgen, in denen auf der untersten Anregungsstufe lediglich wiederzuerkennen war, ob eine bestimmte sprachliche Formulierung mit einem Satz des vorausgegangenen Textes völlig identisch war. Auf einer höheren Stufe mußte entschieden werden, ob ein Satz, der sprachlich völlig umformuliert war, eine im Text enthaltene Feststellung wiedergab. Das höchste Niveau wurde mit einer Frage herausgefordert, die über die expliziten Ausführungen des Textes hinausging und nur noch durch Schlußfolgerungen zu beantworten war.

FRIEDMAN und RICKARDS stellten fest, daß die Behaltensleistungen ihrer Versuchspersonen umso besser waren, je kognitiv anspruchsvoller die in den Text eingeschobenen Fragen waren. Wenn die Studenten also nur die Identität von sprachlichen Formulierungen zu prüfen hatten, bestanden offenbar ungünstigere Einprägungsbedingungen, als wenn sie angeregt worden waren, sich den Text noch einmal zu vergegenwärtigen, um daraus Schlußfolgerungen abzuleiten.

6.4.4 Motivierung des Lernenden

„Das wahrscheinlich beste, was ein Mensch tun kann, um sein Gedächtnis zu verbessern, ist, daß er lernt, wie man seine Aufmerksamkeit kontrolliert" (LOFTUS, 1980). Sämtliche Prozesse, die das Auswählen von Informationen bis hin zu deren Verarbeitung im Kurzzeitgedächtnis umfassen, setzen die Zuwendung von Aufmerksamkeit voraus.

Der Schlüssel zur Steuerung der Aufmerksamkeit liegt bei der *Motivation*. Inhalte, die das Interesse eines Menschen erregen, scheinen sich relativ leicht einzuprägen, während Lernende erhebliche Schwierigkeiten offenbaren, wenn sie als langweilig wahrgenommenes Material lernen sollen.

In einer Studie von DÜKER und TAUSCH (1957) ist über eine Variation der Darbietungsform von Lehrinhalten (Veranschaulichung) wahrscheinlich auch der Motivationsanreiz variiert worden.

> Den 10-12jährigen Versuchspersonen hat man akustisch eine naturkundliche Erzählung über das Meerschweinchen dargeboten. Während eine Kontrollgruppe nur diesen Bericht hörte, erhielt eine weitere Gruppe außerdem die fotografische Abbildung eines Meerschweinchens in natürlicher Größe dargeboten. Eine andere Gruppe wurde mit einem ausgestopften Meerschweinchen konfrontiert, das für alle gut sichtbar vor ihnen auf einem Tisch stand. Einer weiteren Gruppe bot man die Gelegenheit, in einem Glaskasten ein lebendiges Meerschweinchen zu beobachten. Um prüfen zu können, ob diese verschiedenen Formen der Veranschaulichung Einfluß auf gedächtnisrelevante Aspekte nahmen, erhielten sämtliche Versuchspersonen später einen Fragebogen mit 20 Fragen, die sich auf Einzelheiten des naturkundlichen Berichts bezogen. Aufgrund der Antworten läßt sich eine aufschlußreiche Feststellung treffen: Es ergab sich, was die Richtigkeit der Antworten betraf, eine Überlegenheit der Anschauungsgruppen gegenüber der Kontrollgruppe. Diese war aber nicht nur bei solchen Fragen festzustellen, die sich auf die körperliche Beschaffenheit der Tiere bezogen. Die Anschauungsgruppen übertrafen die Kontrollgruppe auch, wenn nach der Lebensweise, der Vermehrung, der Ernährung usw. gefragt wurde.

Für die Feststellung, daß der Inhalt eines Sachberichts in Abhängigkeit von der jeweils gleichzeitig dargebotenen Art der Veranschaulichung unterschiedlich gut behalten wird, machen DÜKER und TAUSCH motivationale Faktoren verantwortlich. Tatsächlich lag ja z.B. der Informationswert des lebendigen Tieres keineswegs höher als der des Modells. „Wenn die Veranschaulichung durch den realen Gegenstand sich trotzdem als erheblich wirkungsvoller erwies, so ist dies in erster Linie dadurch bedingt, daß das lebende Tier das Interesse der Versuchspersonen viel stärker erregte", stellen DÜKER und TAUSCH fest. Die Beobachtung der Kinder, die das lebende Tier betrachten konnten, stützt offenbar diese Interpretation: „Sie reckten die Hälse, sie beugten sich vor, sie versuchten, dem Tier möglichst nahe zu kommen, sie freuten sich über seine Bewegungen . ... Und was intensiv beobachtet wird, prägt sich gut ein."

Vor einer unkritischen Verallgemeinerung dieser Ergebnisse sollte man sich dennoch hüten, denn es besteht die Gefahr, daß die Schüler ihre Aufmerksamkeit dem sich bewegenden Tier, nicht aber den vom Lehrer gegebenen Erklärungen zuwenden. In der Regel würde man im Unterricht wahrscheinlich der Empfehlung folgen, mit einem lebendigen Tier zunächst das Interesse der Lernenden zu wekken; die relevanten Einzelheiten wären dann anschließend am Modell zu erarbeiten.

Aufgrund der Ergebnisse eines weiteren Experiments kamen DÜKER und TAUSCH zu der Feststellung, daß der Wirkungsgrad eines Modells sehr unterschiedlich sein kann. Die Behaltensleistungen stiegen nach ihren Beobachtungen, wenn man den Kindern das Objekt nicht – wie in dem oben geschilderten Experiment – aus einiger Entfernung zeigte, sondern es ihnen in die Hand gab, damit sie es betasten konnten.

6.4.5 Aktivierung relevanter Gedächtnisinhalte

Möglicherweise hatte das Meerschweinchen in dem oben dargestellten Experiment die Funktion, bei den Schülern relevante Gedächtnisinhalte zu aktivieren, was sie in die Lage versetzt haben mochte, die Informationen des Lehrtextes besser zu assimilieren. Der Lehrer kann ebenso durch geeignete Fragen versuchen, daß sich der Schüler bereits bekannte Begriffe und Regeln vergegenwärtigt, die ihm vielleicht bei der Verarbeitung neuer Informationen hilfreich zu sein vermögen.

GAGNÉ und BRIGGS (1979) haben an einem Beispiel gezeigt, wie man Schülern helfen kann, sich relevante Informationen zu vergegenwärtigen. Dabei sollten jene Regeln erarbeitet werden, nach denen in Bergregionen Niederschlag fällt. Der Lehrer stellt z.B. folgende Frage: „Erinnert ihr euch noch, wie die Luft in einer Wolke zu kennzeichnen ist, die im Sommer über Landgebiete gezogen ist?" (Die Luft ist warm). Die weitere Frage könnte lauten: „Welche Temperatur wird wahrscheinlich der Boden haben, der sich auf einem höheren Niveau eines Berges findet?" (Kalt). Diese Art des Fragens ruft früher gelernte Regeln in Erinnerung und führt offensichtlich zu neuen Ufern des Lernens. Dieses kuliminiert mit dem Erwerb einer neuen Regel über die Wirkungen, die sich bei Abkühlung einer warmen Wolke mit hohem Feuchtigkeitsgehalt ergeben.

6.4.6 Aktive Auseinandersetzung mit Textmaterialien

Sofern sich die Aufgabe zur Einprägung von Texten stellt, könnte man sie sich wiederholt durchlesen. Eine solche Wiederholung würde aber weitgehend der Erhaltungswiederholung entsprechen; sie ist – wie an anderer Stelle bereits festgestellt wurde (S. 174 ff.) – kaum geeignet, Informationen vom Kurzzeit- ins Langzeitgedächtnis zu übertragen. Effektiver sind dagegen Methoden, die als Beispiele für elaborierendes Wiederholen gelten können. Die unterschiedliche Effektivität beider Methoden in der Einprägung von Textmaterial konnte bereits in einer älteren Studie nachgewiesen werden.

GATES (1917) wählte Schulkinder der Klassenstufen drei bis acht als Versuchspersonen und ließ sie u.a. kleine Biographien auswendig lernen. Dabei arbeiteten die Teilnehmer unter verschiedenartigen Bedingungen. Eine Gruppe verbrachte die gesamte Übungszeit damit, den dargebotenen Text wiederholt zu lesen. Die anderen Gruppen bekamen die gleiche Zeitspanne zur Einprägung des Materials; sie widmeten sich aber in unterschiedlichem Umfang der aktiven Reproduktion, während der sie nur dann auf den Text sahen, wenn sie sich trotz erhöhter Anstrengung nicht mehr an gegebene Informationen erinnern konnten. Eine der Gruppen war z.B. in 80 Prozent der Zeit mit Lesen und in der verbleibenden Zeit mit Wiederholungen aus dem Gedächtnis beschäftigt. Andere Gruppen widmeten sich 40, 60 bzw. 80 Prozent der zur Verfügung stehenden Zeit der aktiven Reproduktion. Unmittelbar nach Abschluß der Einprägungszeit und nach vier Stunden wurden die Behaltensleistungen überprüft.

Die Ergebnisse belegten eindeutig die positive Wirkung der aktiven Reproduktion auf das Behalten. Je mehr Zeit der Wiederholung aus dem Gedächtnis gewidmet wurde, desto höher lagen die Gedächtnisleistungen, und zwar unmittelbar nach der Einprägung als auch nach einem Intervall von vier Stunden. GAMBRELL et al. (1985) meinen, daß sich die auch von ihnen bestätigte behaltens- und verständnisfördernde Wirkung des Wiedererzählens darauf zurückführen läßt, daß der Lernende das Gelesene durch diese Aktivität besser organisiert, denn er muß ja die einzelnen Details des Textes nicht nur untereinander, sondern auch mit seinen vorliegenden Kenntnissen in Beziehung setzen.

Beim ausschließlichen Lesen eines Textes ist der Lernende relativ wenig aktiviert. Die Bedingungen ändern sich bereits, wenn bei Bearbeitung eines Textes *Unterstreichungen* (bzw. Hervorhebungen durch Farb-Markierungsstifte) vorgenommen werden, denn einer solchen Aktivität muß bereits ein aufmerksameres Lesen vorausgehen, und zudem ist fortlaufend eine Bewertung des Gelesenen nach Wichtigkeit vorzunehmen. Die behaltensfördernde Wirkung des Unterstreichens hängt von zahlreichen Bedingungen ab, so beispielsweise von dem Alter des Lesers (RIKKARDS und DENNER, 1979), seiner Motivation, der Schwierigkeit des Textes (FASS und SCHUMACHER, 1978) usw. Obwohl die Untersuchungsbefunde nicht übereinstimmend ausgefallen sind, dürfte die Feststellung berechtigt sein, daß sich das Unterstreichen positiv auf das kürzer- und längerfristige Behalten auswirken kann – zumindest beim Vergleich mit dem „bloßen Lesen" (HARTLEY et al., 1980).

Die „aktive Auseinandersetzung" mit dem Lernmaterial muß sich allerdings nicht nur darauf beschränken, Gelerntes und Gehörtes zu reproduzieren. Der Lernende kann sich im Verlauf der Einprägung auch *Fragen stellen*, deren Antworten er sodann überprüft.

Eine häufig praktizierte Methode besteht darin, daß man sich während bzw. nach der Auseinandersetzung mit mündlich oder schriftlich dargebotenen Informationen *Notizen* anfertigt. Diese können das Einprägen und Behalten fördern, denn sie besitzen zumindest zwei Funktionen (Di VESTA und GRAY, 1972):

1. Sie unterstützen das Verschlüsseln der zu erlernenden Information, denn das Notieren kann den Lernenden anregen,
   - dem dargebotenen Material größere Aufmerksamkeit zuzuwenden,
   - ein tieferes Verarbeitungsniveau des Gelesenen oder Gehörten zu erreichen, denn Notizen repräsentieren ja in der Regel eine Auswahl und ein anzustrebendes Selektionskriterium stellt die Bedeutsamkeit dar. Ein gutes Verständnis des Wahrgenommenen gestattet dem Lernenden, Gedanken in eigene Worte zu bringen und zusammenzufassen.

Das Wesentliche sind bei dieser Funktion also nicht die Notizen, sondern jene kognitiven Prozesse, die ihnen vorausgehen bzw. sie erst ermöglichen. Sofern ein Lernender die Notizen anderer übernimmt (wobei hier einmal unterstellt sei, daß sie qualitativ hoch einzustufen seien), bestehen die Anregungsbedingungen der genannten Art nicht. Das erklärt einen bereits wiederholt bestätigten Befund, wonach eigene im Vergleich zu fremden Notizen zu besseren Behaltensleistungen geführt haben (FISHER und HARRIS, 1973; BARNETT et al., 1981). Übernommene Aufzeichnungen müssen deshalb jedoch nicht wertlos sein, denn sie lassen sich auf andere Weise nutzen:

2. Notizen übernehmen die Funktion eines externen Speichers. Dadurch eröffnen sie dem Lernenden die Möglichkeit, zu einem späteren Zeitpunkt
   - auf seine Aufzeichnungen zurückgreifen, wenn er das Einzuprägende wiederholt,
   - aufgrund der Aufzeichnungen andere Inhalte zu rekonstruieren, die Bestandteil der Informationsdarbietung waren, aber in den Notizen nicht enthalten sind (CARRIER und TITUS, 1981).

Obwohl sich die genannten günstigen Einprägungsbedingungen theoretisch ableiten lassen, haben Untersuchungen über den behaltensfördernden Effekt von angefertigten Notizen nicht zu eindeutigen Ergebnissen geführt (GANSKE, 1981; PECK und HANNAFIN, 1983). Das überrascht allerdings nicht, wenn man berücksichtigt, daß zum einen die Darbietungsbedingungen und zum anderen die Lernenden bezüglich ihrer Arbeitsstile erhebliche Unterschiede aufweisen können. Eine Vorlesung, die relativ schwierige Informationen darstellt, keine gute Organisation erkennen läßt und Wiederholungen meidet, erschwert z.B. das Anfertigen von brauchbaren Notizen erheblich, denn der Zuhörer muß unter solchen Bedingungen bemüht bleiben, seine gesamte Konzentration auf den andauernden Informationsfluß zu richten; ihm bleibt nicht mehr genügend Aufmerksamkeit für das Umsetzen des Gehörten in sprachlich formulierte Zusammenfassungen.

Trainingsprogramme, die auf eine Steigerung der Effektivität beim Anfertigen von Notizen gerichtet waren (z.B. PECK und HANNAFIN, 1983), versuchen u.a. folgende Empfehlungen zu realisieren:

Die *Lernenden* werden nachdrücklich auf die Notwendigkeit hingewiesen, die Textdarbietung aufmerksam zu verfolgen. Sie erhalten Übungen in der Identifikation solcher Informationen, die als wichtig zu gelten haben; man weist sie z.B. darauf hin, auf Betonungen des Vortragenden oder auf Wiederholungen, ebenso auf bestimmte „Signalbegriffe" zu achten wie „immer", „Haupt-", „grundsätzlich" usw. Zur Entlastung ihrer Aufmerksamkeit rät man den Lernenden, auf das Notieren solcher Informationen zu verzichten, die ihnen bereits bekannt sind. Man verweist weiterhin auf die verständnisfördernde Wirkung, die eine Umsetzung in eigene Worte mit sich bringt. Eine letzte hier zu erwähnende Maßnahme richtet sich auf das Training in der Verwendung von Abkürzungen, die vor allem dann von Bedeutung ist, wenn – in einem Vortrag oder einer Vorlesung – eine schnelle Informationsabfolge gegeben ist. Eventuell empfiehlt es sich, unter einer solchen Bedingung auf das Anfertigen von Notizen ganz zu verzichten, um stattdessen die gesamte Aufmerksamkeit auf die Textdarstellung richten zu können (BERLINER, 1971).

Weitere Empfehlungen richten sich an den Autor der Textdarstellung. Da Lernende nur einen Teil der Textinformationen notieren (30% bei CARRIER und TITUS, 1981; 60% bei LOCKE, 1977), kann man ihnen Hilfen bei der Identifikation wichtiger Informationen anbieten. Bei schriftlich vorliegenden Texten läßt sich z.B. mit Kursivdruck oder mit Unterstreichungen arbeiten. Vortragende haben die Möglichkeit, wesentliche Informationen an die Tafel zu schreiben; diese werden zu einem relativ hohen Anteil notiert (Studenten in einer Studie von LOCKE (1977) versäumten nur 12% des Materials, das an die Tafel geschrieben worden ist). Da die Anfertigung von Notizen allerdings jeweils Aufmerksamkeit in Anspruch nimmt, sollte ein Vortragender dafür Sorge tragen, daß ein Zuhörer nicht von der weiteren Informationsdarbietung abgeschnitten wird. Entsprechende Entlastungen kann er schaffen, indem er häufig Wiederholungen oder Beispiele anbietet. Auch der Einsatz von Medien besitzt vielfach vor allem die Funktion, dem Hörer eine Verarbeitung des gerade Gehörten zu ermöglichen.

> Als behaltensfördernd hat sich auch das „Pausen-Prinzip" erwiesen. In einer Studie von Di VESTA und SMITH (1979) ist die Vorlesung in Abständen von sieben Minuten regelmäßig unterbrochen worden. Die Hörer wurden angeregt, sich während der jeweils zwei Minuten dauernden Pause noch einmal mit dem Gehörten zu beschäftigen oder darüber gemeinsam zu diskutieren. Die Befunde zeigten, daß es nicht die Pause an sich ist, die die Einprägung fördert. Vielmehr war es die Gelegenheit zur aktiven Auseinandersetzung mit dem Lernmaterial, wobei sich die Diskussion im Vergleich zum individuellen Rückblick als günstiger erwies. Die Pausenaktivitäten bewirkten offenbar, daß das Gehörte aufbereitet und damit klarer wurde. Di VESTA und SMITH haben nicht geprüft, ob die genannten Aktivitäten auch die Qualität der Notizen zu verbessern vermochten.

6.4.7 Verwendung von Mnemotechniken

Nicht immer ist es einem Lernenden ohne weiteres möglich, neues Lernmaterial mit bereits vorhandenen Strukturen zu verknüpfen. So hat der Schüler sich z.B. Jahreszahlen zusammen mit bestimmten geschichtlichen Ereignissen einzuprägen;

er muß lernen, Vokabeln einer Fremdsprache mit ihrer jeweiligen Bedeutung zu assoziieren. Ebenso wird von ihm die Beherrschung grammatischer Regeln verlangt usw. Zur Unterstützung solcher Gedächtnisarbeiten läßt sich seit langem auf sog. Mnemotechniken (Mneme = griech. Wort für Gedächtnis; der erste Buchstabe wird nicht gesprochen) zurückgreifen, von denen jeder Schüler und Lehrer eine Reihe kennt (z.B. Reime wie „Drei, drei, drei – bei Issos Keilerei").

Mnemotechniken („Eselsbrücken") sollen dem Lernenden helfen, Inhalte, in denen er zunächst keine Ordnung zu erkennen vermag, in eine Organisationsform zu bringen. Ihre Anwendungsmöglichkeit für Lerninhalte des schulischen Bereichs sei im folgenden nur am Beispiel der Schlüsselwort-Methode aufgezeigt (eine Beschreibung und zusammenfassende Bewertung weiterer Methoden hat BELLEZZA, 1981, gegeben).

Die Anregung, die *Schlüsselwort-Methode* als Instruktionshilfe fruchtbar zu machen, geht auf ATKINSON (1975; ATKINSON und RAUGH, 1975) zurück. Er hat vorgeschlagen, diese Methode Schülern zu empfehlen, die Vokabeln in einer Fremdsprache zu erlernen haben. Dabei sind folgende drei Schritte zu berücksichtigen:

1. Für eine zu erlernende Vokabel wird ein deutsches Schlüsselwort gesucht, das jenem in akustischer Hinsicht oder bezüglich der Schreibweise ähnelt. Auf diese Weise läßt sich z.B. für *table* das Wort „Tee", für *window*, „Wind", oder für *tower*, „Tau" oder für *book* „Bug" (eines Schiffes) erfinden.
   Zwischen der fremdsprachlichen Vokabel und dem Schlüsselwort wird eine feste Assoziation gebildet, indem beide Bestandteil eines erfundenen, aber sinnvollen Satzes werden. Z.B. „Der Tee steht auf dem Tisch", „Durch das Fenster pfeift der Wind", „Am Turm hängt ein Tau" oder „Das Buch liegt im Bug".
3. Der Lernende entwirft sich auf der Vorstellungsebene ein visuelles Bild von dem Schlüsselwort und der einzuprägenden Vokabel. Abb. 6.7 gibt als Beispiel eine bildlich dargestellte Verbindung zwischen dem spanischen Wort *pato* (Ente) und dem englischen Schlüsselwort „pot" wieder.

PATO → pot → ENTE

Abb. 6.7: Eine Visualisierungsmöglichkeit der gedanklichen Verbindung von Ente und pot als Schlüsselwort für pato (nach HILGARD et al., 1979)

Die Wirksamkeit der Schlüsselwort-Methode belegen Untersuchungen von PRESSLEY et al. (1982a, 1982b), in denen jene Versuchspersonen, die ausdrücklich zur Anwendung dieser Mnemotechnik angeregt worden sind, die besseren Behaltensleistungen zeigten. Das Einprägen unter Anwendung einer Methode, durch die neue Vokabeln in einen sinnvollen Kontext eingebettet werden, ist jedenfalls mnemotechnischen Lernhilfen nicht überlegen; die günstigsten Behaltenswerte erhält man jedoch bei Kombination der Schlüsselwort- mit der Kontextmethode (McDANIEL und PRESSLEY, 1984).

Die Schlüsselwort-Methode ist zur Einprägung sehr unterschiedlicher Lernmaterialien eingesetzt worden: So galt es z.B. zu lernen, was in ausgewählten Städten vorrangig produziert worden ist (PRESSLEY und DENNIS-ROUNDS, 1980), welches die Regierungsstädte einzelner Länder sind (LEVIN et al., 1980) und welche herausragenden Leistungen sich berühmten Persönlichkeiten zuschreiben lassen (JONES und HALL, 1982).

Der Aufforderung, sich von Sachverhalten ein visuelles Vorstellungsbild zu entwerfen, vermögen Schüler offenbar umso besser zu entsprechen, je älter sie sind. Fünf- oder sechsjährige Kinder sind zwar bereits in der Lage, sich bildliche Vorstellungen zu entwerfen; allerdings muß man Schülern bis etwa zum achten Lebensjahr das „Bild" noch sehr genau beschreiben. Erst bei höheren Altersgruppen scheint die Fähigkeit zu wachsen, sich Visualisierungen selbständig zu schaffen (WITTROCK, 1981).

> PRESSLEY und LEVIN (1980) forderten sechsjährige Kinder heraus, bei der Einprägung von Wortpaaren Gebrauch von Vorstellungsbildern zu machen. Diese Anregung schien bei ihnen allerdings wenig Wirkung zu haben. Als man sie zum Zeitpunkt der Wiedergabe aber an die Vorstellungsbilder ausdrücklich erinnerte, stiegen ihre Gedächtnisleistungen an. Offenbar sind Erstkläßler mit der Visualisierungs-Methode noch so wenig vertraut, daß sie ihre Anwendung noch nicht einplanen können bzw. sie einfach vergessen.

6.4.8 Über die Dauer der Einprägungsphase

Verbesserte Gedächtnisleistungen sind nur zu erwarten, wenn man sich mit dem Lernmaterial wiederholt auseinandersetzt. Damit stellt sich die Frage, wie lange der Lernende seine Übungsaktivität fortsetzen sollte. Häufig wird die Einprägungsarbeit in dem Moment abgebrochen, in dem die fehlerfreie Reproduktion erstmalig gelungen ist. Würde es sich förderlich auf die Gedächtnisleistungen auswirken, wenn man danach das Übungsstadium dennoch weiterhin verlängert? Ein Lernender, der die Einprägungsarbeit fortsetzt, obwohl er bereits in der Lage war, das einzuprägende Material fehlerfrei wiederzugeben, betreibt *Überlernen*. Dieses Überlernen wirkt sich grundsätzlich positiv auf das Gedächtnis aus und zwar sowohl im sprachlichen (KRUEGER, 1929) als auch im motorischen Bereich (KRUEGER, 1930) – solange es nicht zu unangenehmen motivationalen Begleiterscheinungen kommt (Langeweile, Sättigung).

Die Hauptwirkung des Überlernens besteht darin, daß es zum einen Widerstand gegenüber Interferenz aufbaut und zum anderen die Wahrscheinlichkeit erhöht,

196

daß im Bedarfsfall die benötigten Abrufreize zur Verfügung stehen. Wahrscheinlich wird durch eine verlängerte Auseinandersetzung eine wachsende Anzahl von Verbindungen zwischen dem neuen Lernmaterial und den bereits vorhandenen Gedächtnisinhalten geknüpft.

Wer sich über die Leistungsfähigkeit seines Gedächtnisses beklagt, weil er meint, Gedächtnismaterial zu schnell wieder zu vergessen, der sollte sich kritisch fragen, wieviel Zeit er auf die Einprägung verwendet hat und ob seine Übungsaktivitäten an den Empfehlungen ausgerichtet waren, die in den vorausgegangenen Abschnitten genannt worden sind. Das Gedächtnis als Speichermöglichkeit wird diese Prüfung wahrscheinlich gar nicht so schlecht bestehen; das Einprägen und seine Bedingungen dürfte dagegen mit Sicherheit noch Verbesserungen zulassen!

7. KAPITEL

Weitere Beiträge zur Instruktionspsychologie

Die Darstellung der beiden vorausgegangenen Kapitel war nicht darauf beschränkt, lern- und gedächtnispsychologisch relevante Prozesse zu beschreiben. Vielfach wurde auch herausgestellt, wie die jeweiligen Erkenntnisse für die Instruktion fruchtbar zu machen wären. Zahlreiche weitere Teilfragen, die für den Lehrer (als den verantwortlichen Gestalter von Unterricht) relevant sind, blieben allerdings noch unerwähnt. Diese sollen nunmehr in den Blickpunkt rücken.

Bevor der Lehrer eine Unterrichtsstunde beginnen kann, muß er sich im Rahmen seiner Vorbereitungen darüber klar werden, *was* seine Schüler lernen sollen. Er steht also vor der Aufgabe, Lernziele zu bestimmen. Deshalb ist im folgenden zu klären, was Lernziele sind und welche Empfehlungen sich zu ihrer Konkretisierung geben lassen. In diesem Rahmen wird eine grundlegende Methode zu betrachten sein, mit deren Hilfe sich Lernziele auswählen und verfeinern lassen: Die Lernzieltaxonomien. Dieser Begriff bezeichnet Klassifikationsmöglichkeiten von Lernzielen. Sie sollen den Lehrer vor Einseitigkeiten in der Auswahl von Lernzielen bewahren, also z.B. davor, daß er von seinen Schülern – bei gleichzeitiger Vernachlässigung der Anregungen zum selbständigen Denken – ausschließlich den Erwerb von Wissen fordert.

Bei der Bestimmung der Lernziele stellt sich für den Lehrer auch die Frage nach der grundsätzlichen Gestaltung seines Unterrichts. Soll der Schüler die relevanten Begriffe und Regeln selbst entdecken oder sollte man sie ihm darstellen? Was ist bei der Lehrerfrage zu beachten? Wie optimiert man das Erklären und Darstellen? Welche Vor- und Nachteile besitzt die Diskussionsmethode? Auf diese und weitere Fragen lassen sich auf der Grundlage vorliegender Erkenntnisse einige Antworten geben.

Bei allen Anregungen, die der Lehrer seinen Schülern bietet, bei allen Anforderungen, die er stellt, wird sich allerdings stets zeigen, daß ein Teil der Schüler durch einige Methoden besser anzusprechen und zu fördern ist als durch andere. Damit rückt die Frage nach Möglichkeiten zur Individualisierung des Unterrichts in den Mittelpunkt des Interesses. Es geht dabei nicht nur um die Auswahl der für einen Schüler angemessenen Unterrichtsmethode, sondern auch darum, wie der Tatsache Rechnung zu tragen ist, daß einige Schüler zur Erreichung eines Lernziels mehr Zeit oder mehr Übungen benötigen als andere. Im letzten Teil des vorliegenden Kapitels wird über einige Vorschläge zu sprechen sein, wie auf interindividuelle Differenzen zu reagieren ist.

7.1 Die Förderung der Instruktion durch angemessene Lernziele

Nach der hier zu vertretenden Position ist es unerläßlich, vor Durchführung einer Lehreinheit deren Ziele festzulegen. „Der Versuch, zu unterrichten und zu beurteilen ohne Zieldefinition, entspricht dem Aufbruch zu einer Reise, ohne zu wissen, wohin man will. Es mag für einige Zeit ganz reizvoll sein, umherzuwandern; es muß jedoch bezweifelt werden, ob ohne Richtungskenntnisse irgendwelche Fortschritte zu erzielen sind" (NOLL, 1965).

Innerhalb der Schulpädagogik wird eine intensive Lernzieldiskussion geführt (z.B. DIENER, 1979; MEYER, 1974). Dabei geht es u.a. um die Klärung der Frage, wer legitimiert ist, Lernziele zu bestimmen oder um Möglichkeiten, wie diese angemessen zu formulieren oder zu klassifizieren sind. Im folgenden können keineswegs alle Aspekte dieser Diskussion wiedergegeben werden. In exemplarischer Form ist aber zu demonstrieren, daß die Lernzieldiskussion die volle Mitarbeit der Pädagogischen Psychologie verdient, denn es werden dadurch Bedingungen spezifiziert, die den Unterrichtsverlauf und dessen Ergebnisse wesentlich mitbestimmen.

7.1.1 Kennzeichnung von Lernzielen

In der erziehungswissenschaftlichen Literatur findet man eine Fülle von Begriffen, wie z.B. Lehrziel, Lernziel, Bildungsziel, Erziehungsziel usw.; diesen Begriffen werden teilweise feine Bedeutungsunterschiede zugeschrieben, teilweise erfolgt ihre Verwendung auch in synonymer Weise. Ein Autor mag für die Bevorzugung eines Begriffs nachvollziehbare Gründe benennen können. Letztlich dürfte in seine diesbezüglichen Entscheidungen aber stets ein gewisses Maß an Willkür mit einfließen. Das trifft auch zu, wenn in diesem Rahmen einheitlich von Lernziel gesprochen wird. Dieser Begriff hat sich konventionell durchgesetzt (TREML, 1983). Er bringt im übrigen besser zum Ausdruck, daß sich das Lehren an relevanten Merkmalen der Schülerpersönlichkeit zu orientieren hat; anderenfalls kann kein Lernen stattfinden.

Nach Durchsicht der zeitgenössischen pädagogischen Literatur gelangte ZECHA (1984) zu dem Schluß, daß vorliegende Definitionen vor allem zwei Merkmale des Zielbegriffs herausstellen: Zum einen wird damit „eine in der Gegenwart gedachte, in die Zukunft projizierte Situation bezeichnet, die als erstrebenswert betrachtet wird" (KATH und HECHT, 1981). Es handelt sich zum anderen um eine Situation, die eine Veränderung des Lernenden anstrebt. So hat KLAUER (1974) z.B. vorgeschlagen, Lernziele „als Persönlichkeitsmerkmale zu definieren, die durch Lernprozesse erreicht werden sollen".

7.1.2 Unterschiedliche Allgemeinheitsgrade von Lernzielen

Mit der von KLAUER gegebenen Kennzeichnung sind behavioristische Ansätze zur Lernzieldefinition, wie sie vor allem von MAGER (1962) vertreten worden sind, eindeutig überwunden. Es stellt jedoch unzweifelhaft ein Verdienst MAGERs dar, die Lernzieldiskussion, vor allem in Deutschland, wesentlich angeregt und mitbestimmt zu haben. Deshalb sind seine Hauptforderungen im folgenden wiederzugeben. Wie an zwei weiteren Beispielen zu zeigen sein wird, liegen inzwischen aber auch in den Vereinigten Staaten Beiträge zur Lernzieldiskussion vor, die eine eindeutig kognitive Orientierung erkennen lassen.

7.1.2.1 Die operationalisierte Lernzieldefinition

Bereits vor mehr als 50 Jahren stellte TYLER (1933) fest, daß Lernziele vielfach zu vage oder mehrdeutig formuliert worden sind. Er vertrat deshalb den Standpunkt, daß jede Zieldefinition eine klare Aussage über die Form angestrebter Verhaltensweisen enthalten sollte. Sofern das der Fall ist, spricht man heute von einem *operationalisierten Lernziel*. Eine operationalisierte Lernzieldefinition sagt aus, was ein Mensch unter spezifizierten Bedingungen und unter Angabe eines Gütestandards tun oder sagen sollte (MAGER, 1962).

> Die Forderung, Lernziele aufzustellen und so zu formulieren, daß sich erkennen läßt, welches *Verhalten* als Ergebnis einer Unterrichtseinheit erwartet wird, haben anfänglich besonders nachdrücklich Psychologen erhoben, die mit der Konstruktion von Testinstrumenten beschäftigt waren. Ein großer Teil von ihnen war seit dem II. Weltkrieg für die amerikanische Armee tätig gewesen; ihr Auftrag war es, wirkungsvolle Trainingsmethoden für bestimmte militärische Laufbahnen und Tests zur Überprüfung ihrer Effektivität zu entwickeln. Dabei hatte es sich als erfolgreich erwiesen, Lernziele operational, d.h. durch beobachtbare Verhaltensweisen zu definieren (GLASER, 1964). Im Vordergrund dieser Arbeiten stand zunächst das Interesse, den Erfolg bestimmter Unterrichtseinheiten bewerten zu können. Zahlreiche Psychologen, die ihre Karriere beim Militär begonnen hatten (MILLER, 1962), gehörten – etwa seit Beginn der fünfziger Jahre – mit zu jenen, die sich aktiv an der Entwicklung der Programmierten Unterweisung (s.S. 225) beteiligten. Während die Testpsychologen weiterhin daran interessiert waren, den Erfolg bestimmter Unterrichtseinheiten bewerten zu können, gelangte man im Rahmen der Arbeiten zur Programmierten Instruktion zusätzlich zu der Überzeugung, daß operationalisierte Lernziele zur Vorbereitung und Durchführung des Unterrichts ebenso wertvolle Hilfen zu bieten vermochten.

Der erste Schritt einer operationalisierten Lernzielbestimmung nach MAGER besteht darin, klare und konkrete Aussagen zu machen, d.h., es muß festgestellt werden, welche Verhaltensweisen der Schüler bei Erreichung des Ziels zeigen soll, welche Antworten er auf die vorgelegten Fragen geben muß. Ob eine Formulierung vage oder präzise ist, wird vor allem über das verwendete Verb entschieden.

> Man fordert im Geographie-Unterricht deshalb nicht „das Verständnis von Landkarten", sondern präzisiert, daß mit Hilfe einer Karte ein benannter Ort aufzufinden und zu zeigen ist. Man beschränkt sich nicht auf die Feststellung, daß Schüler das 1 x 1 kennen müssen, sondern stellt fest, daß das Produkt einstelliger Multiplikanden genannt werden muß.

200

Bei einer operationalisierten Lernzieldefinition ist weiterhin gefordert, daß die Bedingungen spezifiziert werden, unter denen ein Verhalten bei Zielerreichung gezeigt werden sollte.

> Im Falle des obigen Beispiels aus dem Geographie-Unterricht ist z.B. anzugeben, um welche Karte (z.B. Straßen- oder Wanderkarte) es sich handelt, ob Lokalisationsangaben genutzt werden sollen und wieviel Zeit jeweils zur Verfügung steht. Beim Multiplikations-Beispiel wäre eventuell festzulegen, ob „im Kopf" oder schriftlich zu rechnen ist.

Schließlich ist bei einer operationalisierten Lernzielbestimmung die Angabe eines Gütemaßstabs erforderlich. Das bedeutet, daß es einer Festlegung bezüglich des Niveaus der zu erbringenden Leistung bzw. des Anteils der zu tolerierenden Fehlantworten bedarf.

> So wird bei der Prüfung der Rechenleistung z.B. gefordert, daß der Schüler mindestens 90 Prozent bzw. von 20 Multiplikationsaufgaben mindestens 18 richtig gelöst haben sollte.

Vielfach heißt es, daß die Lösungsprozentsätze bei 90 Prozent liegen müßten. Wie begründet man aber diese Festsetzung? Vielfach dürfte sich mit dieser Mindestforderung die Auffassung verbinden, daß damit die Lernvoraussetzungen gesichert werden, durch die das weiterführende, in der Lernsequenz folgende Teilziel zu bewältigen ist (s. hierzu S. 212 ff). Kritische Nachprüfungen könnten aber ergeben, daß eine Lernübertragung in einem Aufgabenbereich auch schon bei Lösungsprozentsätzen von z.B. 60 Prozent gelingt. Zahlenangaben in diesem Zusammenhang repräsentieren also in der Regel angenommene Richtwerte und nicht das Ergebnis gesicherter Befunde.

7.1.2.2 Lernzieldefinitionen unter kognitiver Orientierung

Für MAGER ist die Operationalisierung identisch mit dem Lernziel. Mit dem Vordringen kognitiver Erklärungsansätze mußte eine solche Auffassung jedoch auf Kritik stoßen. So wurde z.B. von KLAUER (1974) darauf hingewiesen, daß eine Operationalisierung kein sinnvolles Lernziel darstellen könnte, denn Verhalten ist, „wie alles empirisch vorfindliche, unwiederholbar einmalig, streng individuell. Kein Mensch kann ein einmal geäußertes Verhalten so wiederholen, daß es nicht ebenso Abweichungen gäbe". „Folglich", so heißt es bei KLAUER weiter, „ist doch das gemeint, was diesen individuellen Verhaltensäußerungen unveränderlich gemeinsam ist – nämlich eine bestimmte Verhaltenseigenschaft, ein bestimmtes Verhaltensmerkmal. ... So wird das angestrebte Verhalten lediglich zum Anzeigen für das Erreichen des Lernziels, nicht aber zum Ziel selbst". Aus diesen Formulierungen geht hervor, daß nicht mehr ein erwünschtes Verhalten, sondern die Veränderung von Persönlichkeitsmerkmalen, von Verhaltensdispositionen zum Lernziel wird. Das jeweils in Blick genommene Persönlichkeitsmerkmal bedarf allerdings einer Operationalisierung.

Der Prozeß der Operationalisierung beginnt mit einer Leitdefinition. Diese legt die Merkmalsklasse jener Aufgaben fest, die bei Zielerreichung beherrscht werden sollten. Sie vermittelt eine Groborientierung, und als solche muß sie den „Zielort nicht genau bestimmen, sie hat aber doch Kriterien anzugeben, durch die der Weg erkennbar wird" (KLAUER, 1974). Beispielsweise wird auf GRONLUNDs (1978) „allgemeiner Lernziel"-Ebene erwartet, daß der Schüler Verständnis für einen Sachverhalt gewinnt, Bewertungen vorzunehmen vermag usw. Das folgende allgemeine Lernziel könnte einer Themen-Einheit des Psychologie-Unterrichts entstammen:

Allgemeines Lernziel: Der Lernende versteht die Bedeutung des Begriffs „Verstärkung".

Diese allgemeine Definition legt durch ihren Leitcharakter fest, welche Kategorie von Aufgaben der Schüler nach Erreichung des Lernziels bewältigen sollte. Wegen des hohen Allgemeinheitsgrades der wiedergegebenen Lernzielformulierung ist die Anzahl verschiedenartiger Aufgaben, die sich daraus ableiten läßt, notwendigerweise noch sehr groß. „Je höher eine Aufgabenklasse einzuordnen ist, desto größer ist die Menge der Aufgaben, die sie umfaßt" (KLAUER, 1984a). In einem weiteren Schritt hat der Lehrer deshalb zu entscheiden, welche Komponenten des allgemeinen Ziels „Verständnis" ihm wichtig erscheinen. Seine Überlegungen führen ihn möglicherweise zur Festlegung folgender untergeordneter Ziele (oder Subziele nach GRONLUND, 1978):

Subziel A: Der Lernende definiert den Begriff Verstärkung in seinen eigenen Worten.

Subziel B: Die Bedeutung des Begriffs wird durch seine Verwendung in einem sinnvollen Zusammenhang erfaßt.

Subziel C: Er vermag zwischen Begriffen zu unterscheiden, die sich in ihrer Bedeutung ähneln (z.B. positive und negative Verstärkung).

Mit dem „Definieren eines Begriffs in eigenen Worten" oder dessen „Verwendung in einem sinnvollen Zusammenhang" sind aus dem allgemeinen Lernziel jeweils spezifische Aspekte herausgegriffen worden. Es sind Subziele entstanden. Sie definieren „niedrigere Aufgabenklassen", die notwendigerweise ihrem Umfang nach kleiner sein müssen (KLAUER, 1984a).

Da eine Lernzielbestimmung unter kognitiver Orientierung nicht nur auf die Verhaltensebene fixiert ist, sondern Persönlichkeitsmerkmale in Blick nimmt, die aber über jeweils bestimmte Aufgabenklassen zu operationalisieren sind, ergibt sich eine Hierarchisierung mit sehr allgemeinen Merkmalen an der Spitze und spezifischeren Merkmalen auf den unteren Ebenen. Auf der untersten Ebene finden sich die operationalisierten Lernziele, über deren Formulierung MAGER und GRONLUND übereinstimmen dürften (DRESSEL, 1977).

7.1.2.3 Expressive Lernziele

Muß man aber – so haben Kritiker wiederholt gefragt – stets eine Konkretisierung von Lernzielen vornehmen? Sowohl MAGER wie auch GRONLUND plädieren dafür, daß der Lehrer *vor* dem Unterricht festlegt, was der Lernende bei Zielerreichung tun und sagen soll. Besteht aber bei Erfüllung solcher Forderungen nicht die Gefahr, daß alle Schüler, für die die jeweiligen Ziele als verbindlich erklärt worden sind, lediglich gemeinsam nachvollziehen, was bereits feststeht? Wie

202

können unter solchen Umständen noch originelle Antworten entstehen? Wie sollen dabei neue Lösungen für bestehende Probleme gefunden werden? Ist als Folge nicht notwendigerweise mit der Erstarrung einer Kultur zu rechnen? – Schon vor längerer Zeit hat EISNER (1969) auf derartige Konsequenzen hingewiesen und für die Berücksichtigung *expressiver Lernziele* in Unterrichts- bzw. in Lehrsituationen geworben. Ein expressives Lernziel „benennt eine Situation, in der Kinder zu arbeiten haben oder ein Problem, mit dem sie sich auseinanderzusetzen sollen; aber es spezifiziert nicht, was sie durch die Begegnung, die Situation, das Problem oder die Aufgabe lernen sollen. Ein expressives Lernziel trägt an Lehrer und Schüler die Einladung zum Erkunden heran ..." (Es) „ist mehr herausfordernd als vorschreibend" (EISNER, 1969). Expressive Lernziele sollen den Unterricht selbstverständlich nicht monopolisieren; ein Schüler muß weiterhin lernen, daß 2 + 2 nur 4 ergeben kann. EISNER empfiehlt aber, neben solchen Lernzielen, die inhaltlich exakt definiert sind, expressive Lernziele zu verwenden. Dadurch erfährt nicht nur der Unterricht eine Auflockerung; damit würden auch die Voraussetzungen des Schülers gefördert, Starrheiten im Denken und Empfinden zu überwinden.

7.2 Information der Schüler über Lernziele

Man ist wiederholt der Frage nachgegangen, ob dadurch, daß man dem Schüler Lernziele mitteilt, günstige Wirkungen auf sein Leistungsverhalten ausgehen. Die Antwort ist nicht eindeutig ausgefallen (DUCHASTEL und MERRILL, 1973; GOOD et al., 1975). Es hilft beispielsweise nichts, Lernziele mitzuteilen, wenn nicht gleichzeitig gewährleistet ist, daß der Schüler sie zur Kenntnis nimmt und ausreichend Motivation besitzt, sich von ihnen leiten zu lassen. Sofern Schüler einen Unterricht erhalten, der sehr gut aufgebaut ist, in dem also beispielsweise die verwendeten Begriffe in eine sinnvolle Ordnung gebracht werden (s. S. 184 ff.) bzw. ein Lernschritt sachlogisch auf den anderen folgt (s. S. 212 ff.), profitieren Schüler weniger von mitgeteilten Lernzielen als andere, die unter den gegebenen Bedingungen Schwierigkeiten haben, Ordnungen bzw. Zusammenhänge zu erkennen (DUCHASTEL, 1979; MELTON, 1978). Wenn aus dem dargestellten Lernmaterial nicht hervorgeht, welche Aspekte bedeutsam und welche zu vernachlässigen sind, können Lernziele die Aufmerksamkeit eines Schülers auf jene Informationen lenken, die für deren Verarbeitung wesentlich sind (DUELL, 1974; DUCHASTEL, 1979; KLAUER, 1984). Mitgeteilte Lernziele können damit aber auch einen unerwünschten Effekt haben, auf den bereits bei der Darstellung von Fragen als präinstruktionale Maßnahme hingewiesen worden ist (s. S. 186): Sie richten die Aufmerksamkeit des Lernenden auf bestimmte Informationen und bewirken gleichzeitig, daß Inhalte, auf die nicht hingewiesen worden ist, überlesen und damit nicht eingeprägt werden.

Eine aufmerksamkeitslenkende Wirkung können Lernziele aber selbstverständlich nur übernehmen, wenn sie so klar formuliert sind, daß der Schüler ihre Aussage versteht (DALIS, 1970 nach MELTON, 1978). Sofern also ein Lernziel z.B. eine zu schwierige Formulierung aufweist, ist nicht damit zu rechnen, daß von ihm leistungssteigernde Wirkungen ausgehen.

7.3 Verschiedene Arten von Lernzielen und ihre Organisation

Mit der Bestimmung eines Lernzieles ist – auch wenn dessen Operationalisierung vollzogen ist – die Planungsphase der Instruktion noch nicht abgeschlossen. Der Lehrer muß sich darüberhinaus Gedanken machen, auf welchem Wege er das Lernziel erreichen will. Womit soll er beginnen, und welche Schritte folgen anschließend? Um eine Antwort auf solche Fragen zu erhalten, mag es notwendig sein, die Lernziele zu analysieren, d.h. in ihre Komponenten zu zerlegen. Diese sind sodann – z.B. nach dem Grad ihrer ansteigenden Komplexität – in eine Abfolge, in eine Sequenz von Lernschritten zu bringen. Eine Orientierung an der „Taxonomie von Lernzielen" nach BLOOM et al. (1956) sowie an der Lernhierarchie von GAGNÉ könnte bei der Durchführung dieser Aufgabe wesentliche Hilfen leisten.

7.3.1 Die Taxonomie von Lernzielen nach BLOOM

Das in den fünfziger Jahren stark angewachsene Bemühen, Lernziele präziser zu beschreiben, veranlaßte Benjamin BLOOM zusammen mit seinen Mitarbeitern (BLOOM et al. 1956) nach Ordnungsmöglichkeiten zu suchen.

Klassifikationssysteme gibt es in fast allen Wissenschaften. So ordnet der Chemiker die verschiedenen Elemente z.B. nach dem „Periodischen System". In der Biologie klassifiziert man nach Stamm, Familie, Gattung, Art usw.

BLOOM hat aus der Biologie den Begriff der *Taxonomie* entlehnt. Dieser geht auf den Schweizer Botaniker de CONDOLLE zurück, der ihn Anfang des 19. Jahrhunderts prägte, indem er die Begriffe „taxis" (aus dem Griechischen für Ordnung) und „nomos" (griech.: Gesetz) zusammenfügte. BLOOM zog diesen Begriff der Bezeichnung Klassifikation vor, denn mit der Taxonomie wollte er zum Ausdruck bringen, daß es ihm nicht nur darum ging, Ziele nach bestimmten Merkmalen zu klassifizieren. Zusätzlich sollte die Taxonomie (das Ordnungssystem) Zusammenhänge der Klassen untereinander erkennen lassen. Dies geschieht z.B., indem man die Lernziele nach ihrer Komplexität sortiert und entsprechend in eine Hierarchie bringt.

BLOOM et al. gehen in ihrer Taxonomie, ihrem Ordnungssystem, davon aus, daß Lernziele sich zunächst einmal nach drei großen Bereichen ordnen lassen. Durch den ersten Bereich wird berücksichtigt, daß sich bei Schülern nach geeigneten Erfahrungen z.B. verändern kann, wie sie eine Gegebenheit wahrnehmen, wie sie ein Problem verstehen, eine Sache beurteilen usw. Lernziele, die derartige Veränderungen thematisieren, werden dem kognitiven Bereich zugeordnet. Lernende können sich weiterhin in ihren Gefühlen und Wertschätzungen, das heißt innerhalb des affektiven Bereichs, verändern. Schließlich berücksichtigen BLOOM et al. Lernziele in der psychomotorischen Domäne; dabei geht es um Veränderungen, die den Bewegungsapparat bzw. dessen Kontrolle betreffen.

Der Trennung der genannten Bereiche haftet selbstverständlich eine gewisse Künstlichkeit an, denn tatsächlich sind sie miteinander bis zu einem gewissen Grade verzahnt.

204

Wenn ein Grundschüler z.B. am Schreibunterricht teilnimmt, muß er zum einen lernen, wie er den Schreibstift zu halten und auf dem Papier zu bewegen hat, um bestimmte Buchstaben zu formen (psychomotorischer Aspekt). Zugleich besteht das Ziel, das Wissen bezüglich der Schriftform eines Buchstabens und seiner Aussprache in den Kenntnisspeicher des Lernenden zu bringen (kognitiver Aspekt). Schließlich ist davon auszugehen, daß das Erlernen des Schreibens bzw. dessen Beherrschung mit bestimmten Begleitgefühlen verbunden ist; der Schüler schreibt z.B. gerne oder hat große Abneigungen dagegen entwickelt (affektiver Aspekt).

Die Trennung der drei Lernbereiche durch BLOOM und seine Mitarbeiter erfolgte nicht in Verkennung ihrer Verzahnung; tatsächlich wird ausdrücklich darauf hingewiesen. Die Autoren wollten mit ihrer Differenzierung aber einer vielfach beobachtbaren Tendenz zur Überbetonung kognitiver Lernziele im schulischen Bereich entgegenwirken. Der Lehrer sollte also ermuntert werden, bei der Formulierung seiner Lernziele nicht nur die kognitive Dimension zu berücksichtigen. Keinesfalls sollte die Trennung zum Anlaß genommen werden, z.B. für den kognitiven und für den affektiven Bereich verschiedene Lernzielkataloge zu formulieren (SCHMITT, 1983).

Es ging den Autoren weiterhin darum, „die Kommunikation unter den Erziehern" zu verbessern. Wenn man allerdings fragt, in wie hohem Maße unabhängige Beurteiler bei einer Zuordnung von Lernzielen auf die verschiedenen Kategorien untereinander übereinstimmen, dann fällt die Antwort nicht unbedingt ermutigend aus. Nach einer Übersicht von SEDDON (1978) werden in den einzelnen Untersuchungen Übereinstimmungen von 0 bis 90% genannt (wobei der Übereinstimmungsgrad mit wachsender Anzahl von Beurteilern sinkt).

7.3.1.1 Lernziele im kognitiven Bereich

Im kognitiven Bereich haben BLOOM et al. sechs Hauptkategorien identifiziert, die hier nur verkürzt wiederzugeben sind. Die jeweils aufgeführten Beispiele – es handelt sich dabei um Fragen zur Lernzielüberprüfung – entstammen einer Untersuchung von HORN (1972), an der Schüler des 6. und 7. Schuljahres teilnahmen. Als globales Lernziel war im Rahmen des Biologieunterrichts die Ernährung der Pflanzen ausgewählt worden (die Stufe der Evaluation hat er in seiner Studie ausgeklammert).

1. **Kenntnisse**: Das Wissen und Erinnern von gelernten Fakten, Begriffen und Regeln ohne Berücksichtigung der Frage, ob Verständnis vorliegt oder ob Beziehungen gesehen werden.
   BEISPIEL: „Der Schüler soll die verschiedenen Teile (Wurzel, Stengel bzw. Stamm, Blätter, Blüte) der Pflanze aufzählen können."

2. **Verstehen**: Mit dieser Kategorie wird das „niedrigste Verständnisniveau" angesprochen. Der Schüler vermag zwar in eigenen Worten Zusammenfassungen des Gelernten zu geben; Beziehungen zu anderen Informationen und Implikationen werden auf dieser Ebene allerdings nicht verlangt.
   BEISPIEL: „Pflanzen gedeihen auf verschiedenen Böden unterschiedlich gut. Schwere Böden speichern mehr Wasser als leichte Böden. Wie wirkt sich das auf das Wachstum bestimmter Pflanzen aus, die viel bzw. wenig Wasser vertragen?"

3. **Anwendung**: Auswahl und Anwendung einer Methode, Regel oder Idee zur Lösung eines Problems in einer gegebenen Situation.

> BEISPIEL: „Es gibt chemische Stoffe, die auf die Pflanzen so wirken, daß alle Blätter abfallen (Entlaubung). Welche Folgen hat die Anwendung dieser Stoffe für die Pflanze?"

4. **Analyse**: Vom Lernenden wird gefordert, eine Gegebenheit in ihre Teile zu zerlegen, d.h. Ideen zu identifizieren, ihre Hierarchie sowie die zwischen ihnen bestehenden Beziehungen zu erkennen.

> BEISPIEL: „Alle Pflanzen verdunsten Wasser. Wenn die Pflanze wenig Wasser verdunsten kann ...
> a) wächst sie langsamer.
> b) erzeugt sie mehr Nährstoffe.
> c) bildet sich die Wurzel besser aus.
> d) werden die Blätter größer."

5. **Synthese**: Die Synthese fordert vom Lernenden, Elemente zu einem Ganzen zusammenzufügen. Zuvor identifizierte Teile bzw. Ideen werden neu geordnet und kombiniert, damit das Lernmaterial zu einer Klarheit gebracht wird, die zuvor nicht bestanden hat.

> BEISPIEL: „Pflanzen können sich nur ernähren, wenn sie gerade gewachsen sind. Wie läßt sich *beweisen*, ob diese Aussage richtig oder falsch ist?"

6. **Evaluation**: Findung eines Urteils bezüglich des Wertes von Material und Methoden, die für bestimmte Zwecke eingesetzt werden.

> BEISPIEL (für höhere Schuljahre): „Halten Sie das von ... beschlossene Programm zum Umweltschutz für ausreichend, und in welchen Punkten sollte es nach Ihrer Meinung ergänzt werden?"

BLOOM et al. ließen sich von der Annahme leiten, daß die genannten Lernziel-Kategorien eine hierarchisch-kumulative Ordnung repräsentieren. „So wie wir sie definiert haben, werden die Ziele in einer Klasse wahrscheinlich auf den Zielen der vorhergehenden Klasse aufgebaut sein." Damit ist gleichzeitig die Vermutung verbunden, daß die einzelnen Kategorien nach wachsender Komplexität geordnet sind. Auf der Grundlage einschlägiger Untersuchungen (KROPP und STOKER, 1966; MADAUS et al., 1973; SEDDON, 1978) läßt sich feststellen, daß für die Kategorien „Kenntnisse", „Verstehen", „Anwendung" und „Analyse" die genannte Hypothese – wenn auch nicht sehr überzeugend (de CORTE, 1980) – tatsächlich eher zu bestätigen als zu verwerfen ist. „Die Ordnung der höheren Kategorien hingegen, namentlich Synthese und Evaluation, wirft mancherlei Fragen auf" (de CORTE, 1980).

7.3.1.2 Lernziele im affektiven Bereich

Vor allem Autoren humanistischer Orientierung (s. S. 16 ff.) haben in der Vergangenheit vielfach beklagt, daß die Schulen kognitive Lernziele implizit oder explizit auf Kosten des affektiven Bereichs überbetonen. Sie forderten deshalb, solchen Einseitigkeiten entgegenzuwirken.

So heißt es z.B. bei WEINSTEIN und FANTINI (1974): „Affekt ist nicht nur ein intensives Fühlen oder Erfahren von Emotionen; es ist zugleich auch ein Ausdruck grundlegender Kräfte, die das Verhalten lenken und kontrollieren. ... Wenn wir den Lehrer energisch drängen, den affektiven Bereich mehr in den Blick zu nehmen, dann erheben wir nicht den Anspruch, daß dieser gegenüber der Kognition Vorrang haben sollte. ... Aber das Erziehungssystem fördert nicht die Harmonie zwischen Affekt und Kognition; es betont gewöhnlich die Kognition auf Kosten des affektiven Bereichs. ... Die übermäßige Akzentuierung der Kognition und deren Abtrennung vom Affekt bedeutet eine Bedrohung unserer Gesellschaft, denn unsere Erziehungsinstitutionen könnten kalte, einzelnstehende Individuen hervorbringen, die sich humanitären Zielen nicht verpflichtet fühlen. ... Wir können z.B. genau wissen, welche Ungerechtigkeiten Minderheiten in unserer Gesellschaft erfahren, solange wir aber davon nicht auch gefühlsmäßig angesprochen werden, dürften wir kaum etwas dagegen tun. Solange Kenntnisse nicht zum affektiven Bereich des Lernenden in Beziehung gesetzt werden, ist die Wahrscheinlichkeit begrenzt, daß sie Einfluß auf dessen Verhalten nehmen werden.“

Die vielfach behauptete Überbetonung kognitiver Lernziele in der heutigen Schule hat sicherlich vielfältige, zu einem erheblichen Teil gesellschaftsbedingte Ursachen. Zu rechtfertigen ist diese Einseitigkeit jedoch nicht, denn schulisch erworbene Kenntnisse werden unter Umständen sehr bald wieder vergessen. Demgegenüber ist bei der erfolgreichen Weckung von Interessen und beim Aufbau von Werten die Möglichkeit gegeben, daß sie über die Schule hinaus, möglicherweise ein ganzes Leben lang, das Verhalten ihres Trägers bestimmen. Sicherlich kann nicht behauptet werden, daß Lehrern diese Zusammenhänge nicht bekannt sind. Wenn sie dennoch ihre Aufmerksamkeit stärker auf Ziele im kognitiven Bereich lenken, dann hängt dies zweifellos auch damit zusammen, daß affektive Lernziele relativ schwierig zu präzisieren oder gar zu operationalisieren sind, denn es geht dabei ja um Konstrukte wie Gefühle, Einstellungen, Interessen und Werte. Affektive Lernziele sind zudem dadurch gekennzeichnet, daß ihre Erreichung unter Umständen Jahre, eventuell sogar Jahrzehnte fordert, und selbst nach derartig langen Zeiträumen ist es nicht einfach – denn es erfordert womöglich längere, sorgfältige Beobachtungen – festzustellen, inwieweit sie tatsächlich realisiert worden sind.

Solche Schwierigkeiten hatten KRATHWOHL, BLOOM und MASIA (1964) sicherlich im Blick, als sie sich an die Aufgabe machten, eine Taxonomie der Lernziele im affektiven Bereich zu erarbeiten, denn sie stellten fest: „Wir erkennen ... an, daß ... von Lehrern, Curriculumspezialisten und Forschern noch viel getan werden muß, bevor dieser Bereich ebenso gut verstanden wird wie gegenwärtig der kognitive Bereich.“

Die von KRATHWOHL et al. erstellte Taxonomie affektiver Lernziele läßt ebenfalls eine hierarchische Anordnung erkennen; dabei wird das Merkmal des Engagiertseins für eine Sache variiert, d.h., es erfolgt eine Unterscheidung danach, wie stark man von einer Gegebenheit angesprochen wird und sich für die Bewältigung solcher Aufgaben einsetzt, die sich daraus ergeben. Die fünf Hauptkategorien mit ihren jeweiligen Unterteilungen nach KRATHWOHL et al. (1964) lauten wie folgt:

Tab. 7.1: Taxonomie der Lernziele: Der affektive Bereich (nach KRATHWOHL et al. (1964)

1. **Aufnehmen**	1.1 Aufmerksam werden
	1.2 Aufnahmebereitschaft
	1.3 Gerichtete oder selektive Aufmerksamkeit
2. **Reagieren**	2.1 Einwilligendes Reagieren
	2.2 Bereitschaft zum Reagieren
	2.3 Befriedigung beim Reagieren
3. **Werten**	3.1 Akzeptierung eines Wertes
	3.2 Bevorzugung eines Wertes
	3.3 Bindung an einen Wert
4. **Wertordnung**	4.1 Internalisierung eines Wertes
	4.2 Aufbau einer Wertordnung
5. **Bestimmtwerden durch Werte**	5.1 Verallgemeinertes Wertsystem
	5.2 Bildung einer Weltanschauung

Wenn ein Schüler im Rahmen des Unterrichts beispielsweise mit der Umweltverschmutzung (s. hierzu RINGNESS, 1975) zu konfrontieren ist, dann würde er auf der ersten Ebene der Taxonomie lediglich gewahr, daß ein solches Problem existiert; eine Reaktivierung von Begleitgefühlen erfolgt noch nicht. Auf der Ebene 1 wird die Bereitschaft geweckt, darüber mehr zu erfahren und die Aufmerksamkeit auf die dargebotene Information zu richten.

Auf der zweiten Ebene beginnt der Aufbau eines eigenen Standpunktes. Dabei mag der Schüler zunächst noch die Meinung von relevanten Bezugspersonen (Eltern, Lehrer) übernehmen und wiedergeben. Er kann aber dadurch, daß er für einen Standpunkt eintritt, bereits eine gewisse Befriedigung erfahren.

Auf der dritten Ebene lassen sich eigene Meinungen erkennen, für die der Schüler z.B. im Rahmen von Diskussionen eintritt. Die Meinungen verfestigen sich zu Überzeugungen. Die Bewahrung der Umwelt bzw. die Abwehr ihrer Verschmutzung wird als erstrebenswert erkannt. Es besteht eine gesteigerte Bereitschaft, aktiv nach Lösungen für ein als relevant erachtetes Problem zu suchen.

Auf Ebene vier wird der Gedanke des Umweltschutzes als eigenständiger Wert erkannt und der eigenen Wertordnung, eventuell mit einer gewissen Priorität, eingefügt.

Es ist schließlich auf der höchsten Ebene möglich, daß der Umweltschutz mit anderen Gegebenheiten – z.B. mit der Forderung nach Achtung der Menschenrechte – in Beziehung gesetzt wird. Es hat sich eine Weltanschauung herausgebildet, und ihr Träger kann bereit sein, für diese aktiv einzutreten.

Es ist selbstverständlich sehr viel einfacher, die einzelnen Ebenen begrifflich voneinander zu trennen. Im praktischen Alltag dürfte es dagegen erhebliche Unsicherheiten bereiten, wenn entschieden werden soll, ob ein Lernender sich erst einer Meinung angeschlossen hat oder ob er sich bereits einem Wert verpflichtet fühlt.

Eine klare Differenzierung zwischen den einzelnen Ebenen gehörte jedoch noch nicht zu den Zielsetzungen der Pionierarbeit von KRATHWOHL et al. Man wollte vor allem die Aufmerksamkeit auf ein Gebiet lenken, das in der Schule zumeist vernachlässigt wird und hoffte sicherlich, daß das Anliegen der Autoren weitere (Forschungs-)Aktivitäten in Gang setzen würde.

7.3.1.3 Lernziele im motorischen Bereich

Mit noch mehr Berechtigung als im Falle des affektiven Bereichs läßt sich feststellen, daß auch psychomotorische Lernziele eine Vernachlässigung im Erziehungsbereich erfahren haben. Sie vermochten vorrangig nur das Interesse von Sportlehrern zu erregen. Mit Recht ist jedoch von HARROW (1972) darauf aufmerksam gemacht worden, daß auch zahlreiche andere Fächer bestimmte Körperbewegungen oder Muskelkontrolle voraussetzen. In der darstellenden Kunst, ebenso aber auch in zahlreichen naturwissenschaftlichen Fächern wie Physik, Chemie oder Biologie lassen sich zahlreiche Aufgaben nur adäquat bewältigen, wenn der Schüler über eine ausreichende Koordination von Gesichtswahrnehmung und Hand verfügt. In Anerkenntnis der Bedeutung der Psychomotorik konnten inzwischen mehrere Taxonomien dieses Bereichs vorgelegt werden, auf die der interessierte Leser hingewiesen sei (KIBLER et al., 1970; HARROW, 1972; SIMPSON, 1972). Solche Taxonomien beginnen z.B. bei einfachen Reflexbewegungen, sie thematisieren weiterhin Koordinationen von Sinnesorganen und Bewegungen und enden z.B. mit der Fähigkeit zur nonverbalen Kommunikation, d.h. mit den Ausdrucksmöglichkeiten, die durch Gestik, Mimik oder Tanzbewegungen gegeben sind.

7.3.2 Die Taxonomie von Lernergebnissen nach GAGNÉ

Obwohl die Taxonomien von BLOOM und GAGNÉ unabhängig voneinander entstanden sind, lassen die verwendeten Kategorien eine gewisse Entsprechung erkennen. GAGNÉ nimmt etwas feinere Unterscheidungen in den unteren und mittleren Ebenen vor; in seinem System fehlen dagegen Lernziele der höheren Ebenen, die in BLOOMs Taxonomie Berücksichtigung gefunden haben.

Lernergebnisse, die GAGNÉ (1977) als erworbene Fähigkeiten des menschlichen Lernens faßt, werden von ihm wie folgt klassifiziert: Intellektuelle Fertigkeiten, Kognitive Strategien, Verbale Informationen, Einstellungen (Affektiver Bereich) und Motorische Fertigkeiten. Die beiden letzten Kategorien decken sich weitgehend mit den entsprechenden in der Taxonomie BLOOMs. Deshalb sind im folgenden nur die ersten drei zu skizzieren.

7.3.2.1 Intellektuelle Fertigkeiten

Die intellektuellen Fertigkeiten gestatten es dem Lernenden, Symbole, wie z.B. Wörter und Ziffern, zu verwenden. In der vorgeschlagenen Taxonomie hat das frühere Interesse GAGNÉs an der Aufgaben-Analyse (s. S. 212 f.) und dem kumulativen Lernen seinen Niederschlag gefunden. GAGNÉ (1977) hat nämlich eine Hierarchie intellektueller Fertigkeiten vorgeschlagen, bei der jedes Niveau zunächst bewältigt werden muß, bevor die nächsthöhere Ebene erfolgreich beschritten werden kann.

Tab. 7.2: Eine Hierarchie intellektueller Fertigkeiten (nach GAGNÉ, 1977)

PROBLEMLÖSEN
(Regeln höherer Ordnung)
fordern als Voraussetzung:
REGELN
fordern als Voraussetzung:
BEGRIFFE
fordern als Voraussetzung:
DISKRIMINATIONEN
fordern als Voraussetzung:
Grundlegende Lernformen: Assoziationen und Ketten

Die Hierarchie baut auf Lernformen auf, die bereits bei der Darstellung des Konditionierungslernens berücksichtigt worden sind. Das gilt auch für die Diskrimination, die von einfacheren, grundlegenderen Lernformen abhängt, wie z.B. der Bildung von Assoziationen zwischen Reizen oder der Herstellung einfacher verbaler Assoziationen. Die Diskrimination versetzt den Lernenden in die Lage, Reize voneinander abzuheben, die sich bezüglich eines oder mehrerer Merkmale unterscheiden.

Auf der nächst höheren Ebene werden Begriffe erworben. Sobald der Lernende über „konkrete Begriffe" verfügt, ist er in der Lage, eine Reizgegebenheit einer Klasse zuzuordnen. Einen Schritt weiter ist der Lernende, wenn er über „definierte Begriffe" verfügt; er vermag dann die Bedeutung einer Klasse mitzuteilen (GAGNÉ und BRIGGS, 1979, kennzeichnen einen definierten Begriff als eine Regel besonderer Art. Sie trennen definierte Begriffe und Regeln mit der Behauptung, erstere seien besser durch darstellenden Unterricht, s. hierzu S.216ff., Regeln dagegen optimaler durch gelenkte Entdeckung, s. hierzu S.217f., zu lernen. Diese Grundlage der Unterscheidung gilt jedoch noch als umstritten, wie einer Studie von JACKA, 1985, zu entnehmen ist). Die Begriffe lassen sich zu Regeln und diese zu Regeln höherer Ordnung zusammenfügen; sie stellen die Voraussetzung zum Problemlösen dar. Auf die einzelnen Kategorien braucht an dieser Stelle nicht mehr weiter eingegangen zu werden; sie repräsentieren die Lernformen, die im 4. und 5. Kapitel bereits ausführlicher beschrieben worden sind. Die folgende Tabelle 7.3 stellt einige intellektuelle Fertigkeiten zusammen und ordnet jedem Lernergebnis zum einen jeweils ein typisches Verb, zum anderen ein Beispiel zu.

7.3.2.2 Verbale Informationen

Diese Kategorie umfaßt die verbalen Informationen (Fakten, Verallgemeinerungen, Regeln), die in und außerhalb der Schule gelernt worden sind. Während die intellektuellen Fertigkeiten vor allem das „prozedurale Wissen" (GAGNÉ, 1984),

210

Tab. 7.3: GAGNÉs Ordnung von Lernergebnissen unter Zuordnung typischer Verben und Beispiele (nach GAGNÉ und BRIGGS, 1979)

Fertigkeiten	Fertigkeits-Verb	Beispiele
Intellekt. Fertigkeiten	DISKRIMINIERT	diskriminiert durch Vergleich französische Vokale o und ou
Konkreter Begriff	IDENTIFIZIERT	identifiziert durch Benennung Wurzel, Stamm und Blatt ausgewählter Pflanzen
Definierter Begriff	KLASSIFIZIERT	klassifiziert unter Verwendung einer Definition den Begriff „Familie"
Regel	DEMONSTRIERT	demonstriert durch Lösung verbal gestellter Aufgaben die Addition positiver und negativer Ziffern
Regel höherer Ordnung (Problemlösen)	GENERIERT	generiert, durch Zusammenfügen verwendbarer Regeln, einen Absatz, der das Handeln einer Person in einer Furchtsituation beschreibt

also solche Kenntnisse umfassen, die Vorgehensweisen betreffen oder das „Gewußt wie", sind die verbalen Informationen als „deklaratives Wissen" (GAGNÉ, 1984) zu kennzeichnen; es offenbart sich in der Fähigkeit eines Menschen, etwas festzustellen oder mitzuteilen. Das mechanische Einprägen einer Gegebenheit, einer Bezeichnung oder eines Zusammenhangs repräsentiert allerdings noch keine Information, wohl aber jene Kenntnisse, die Bedeutungen tragen, die im Langzeitgedächtnis organisiert sind, d.h. mit anderen Inhalten des Langzeitgedächtnisses in Beziehung stehen.

Zum Erwerb von Kenntnissen empfiehlt GAGNÉ (1974) jene Maßnahmen, die zum größten Teil bereits im Rahmen des 6. Kapitels zu Förderung der Einprägung genannt worden sind:

1. Der Unterricht sollte dafür sorgen, daß der Schüler über angemessene kognitive Strukturen verfügt, unter die neue Informationen zu subsumieren sind.
2. Den Schülern müssen die Begriffe bekannt sein, die bei der Darstellung neuer Informationen verwendet werden.
3. Dem Schüler sollte klar sein, welche Zielsetzung mit der Darstellung neuer Informationen gegeben ist.

4. Die neuen Informationen sollten in sinnvoller bzw. in geordneter Form dargeboten werden, damit ihre Verschlüsselung erfolgen kann. Eventuell empfiehlt sich die Verwendung von Mnemotechniken (Einprägungshilfen, s. hierzu S. 194 ff.).

7.3.2.3 Kognitive Strategien

Wenn ein Schüler vor einer Lernaufgabe steht, hängt die Effektivität seiner Auseinandersetzung wesentlich davon ab, welche Strategien er dabei einsetzt, d.h. wie er im einzelnen vorgeht. Stellt er sich z.B. bei Einprägung eines Textinhaltes Fragen, um seine Aufmerksamkeit auf bestimmte Details zu lenken? Wiederholt er das Lernmaterial? Wendet er dabei Mnemotechniken an? Wie geht der Schüler an eine Problemsituation heran? Versucht er sie zunächst zu verstehen, bevor er Lösungsvorschläge formuliert? Ist er bemüht, sich an ähnliche, bereits bekannte Situationen zu erinnern? – Einige Strategien können sich in einer Vielzahl von Problemsituationen bewähren. Andere sind sehr spezifisch, so z.B. wenn man eine Subtraktionsaufgabe dadurch löst, daß man Minuend und Subtrahend untereinander schreibt und bei Ziffern gleicher Stelle die Differenz bestimmt, nachdem die des Minuenden jeweils um zehn erhöht worden ist. „Eine kognitive Strategie befähigt einen Lernenden, einen gewissen Grad an Kontrolle über jene Prozesse auszuüben, die bei der Aufmerksamkeitszuwendung, beim Wahrnehmen, Verschlüsseln, Erinnern und Denken beteiligt sind" (GAGNÉ, 1984). Über solche Strategien ist wiederholt an verschiedenen Stellen der vorausgegangenen Lernkapitel berichtet worden.

7.4 Die Theorie des kumulativen Lernens

Bei der Darstellung der Taxonomien BLOOMs und GAGNÉs ist darauf hingewiesen worden, daß die einzelnen Lernziel-Kategorien eine hierarchische Anordnung in der Form aufweisen, daß die Bewältigung von Zielen geringerer Komplexität zunächst erfolgt sein muß, bevor man solche höherer Komplexität aussichtsreich an den Schüler herantragen kann. GAGNÉ (1962) fordert in seiner Theorie des kumulativen Lernens:

1. Identifikation des Endverhaltens oder der Endaufgabe.
2. Identifikation der Komponenten einer Aufgabe durch Beantwortung der Frage: „Welche (Lern-)Voraussetzungen müssen bei einem Lernenden erfüllt sein, damit er diese Aufgabe bewältigen kann?"
3. Die einzelnen Komponenten einer Aufgabe werden als Teilziele formuliert, die so aneinandergereiht werden, daß ein positiver Transfer (s. S. 155 ff.) zu erwarten ist; es entsteht eine Lernsequenz.

Einige Lernvoraussetzungen (Teilziele) sind zur Erreichung eines nachfolgenden Ziels unerläßlich; sie sind *notwendig*.

Als Beispiel nennen GAGNÉ und BRIGGS (1979) das Ziel, den Artikel in der deutschen Sprache richtig in einem Satz zu verwenden. Diese Anforderung setzt *notwendigerweise* voraus, daß der Lernende in der Lage ist, das Geschlecht eines Hauptwortes zu identifizieren. Er muß außerdem die Einzahl bzw. Mehrzahl und den jeweiligen Fall bestimmen können.

Es gibt weiterhin Lernvoraussetzungen, die *förderlich* auf die Erreichung eines Zieles wirken können; sie sind aber nicht notwendig.

Sofern ein Lernender positive Einstellungen gegenüber Deutschland und seiner Sprache hat, dürfte er über eine Voraussetzung verfügen, die auf das Erlernen einer Fremdsprache förderlich wirkt. Gleiches könnte für die Anwendung bestimmter kognitiver Strategien gelten. Als Beispiel erwähnen GAGNÉ und BRIGGS die Anwendung von Mnemotechniken beim Erlernen einer Sprache. Der Schüler prägt sich z.B. mit Hilfe eines Vorstellungsbildes, das er jeweils mit einem Hauptwort assoziiert, ein, ob dieses männlich, weiblich oder sächlich ist. Diese Strategie ist nicht unbedingt notwendig; sie könnte aber den Lernfortschritt fördern.

GAGNÉs Konzeption hat vielen Unterrichtsplanern als Orientierung gedient, weil sie Hinweise zum Aufbau von Lernabfolgen gibt. Von den zahlreichen Schwächen, die es noch zu überwinden gilt (BERGAN, 1980), ist nur eine herauszugreifen. Einige kognitiv orientierte Instruktionspsychologen haben kritisiert, daß die Bestimmung der Teilziele sowie deren hierarchische Anordnung zumeist von Experten eines Fachgebietes vorgenommen worden sind. Nach RESNICK (1983) hat sich aber nachweisen lassen, „daß sich die geistigen Repräsentationen von Anfängern qualitativ von jenen Personen unterscheiden, die in einem Wissensbereich als erfahrener gelten können. Darüberhinaus gibt es Hinweise, daß Neulinge Schwierigkeiten haben können, die Kategorien und Repräsentationen von Experten zu assimilieren oder zu nutzen, wenn diese ihnen direkt dargestellt werden". Sollten sich diese Erkenntnisse bestätigen, so fährt RESNICK fort, „dann ist es nicht die Aufgabe des Instrukteurs, nach Wegen zu suchen, wie Informationen darzustellen sind, die unmittelbar die Gedanken oder Leistungsmuster von Experten abbilden. Vielmehr sind instruktionale Darstellungsformen zu suchen, die es dem Lernenden gestatten, sich diese Repräsentationen des Experten selbst zu konstruieren". Mit anderen Worten: die Form des Verstehens, die sich der Anfänger schafft, unterscheidet sich von der des Fachmanns; erst intensive Übungsgelegenheiten gestatten es dem Lernenden, sich den Verständnisformen des Experten zu nähern. Vielleicht sind die Schwierigkeiten, die die Darstellung der Mengenlehre vielfach in den Schulen erfahren hat, auf Mißachtungen der soeben dargestellten Zusammenhänge zurückzuführen.

7.5 Darstellung einzelner Lehrverfahren

Nach Festlegung der Lernziele stellt sich für den Lehrer die Frage nach der angemessenen Unterrichtsform bzw. nach dem geeigneten Lehrverfahren. Unter Lehrverfahren sind hier sämtliche Maßnahmen zu fassen, die ein Lehrer in der Absicht ergreift, Lernprozesse beim Schüler anzuregen. Dabei kann es sich um relativ umfassende (z.B. bei Anregung des Entdeckungslernens), ebenso aber auch um ziemlich spezifische Verfahren (z.B. Fragen, Erklären durch den Lehrer) handeln. Möglicherweise stellt sich dem Lehrer die Frage, ob seine Schüler einen beobachtbaren Zusammenhang, eine Gesetzmäßigkeit selbständig entdecken sollen oder ob er das zu Erkennende von vornherein einfach mitteilt. Damit wird ein Problem angesprochen, über das man vor allem gegen Ende der sechziger Jahre sehr kontrovers diskutiert hat, das aber bis heute nicht befriedigend gelöst werden konnte. Deshalb muß gefragt werden, ob es sinnvoll ist, sich bei der Suche nach einem geeigneten Lehrverfahren an einer derartigen Alternative zu orientieren? – Wahrscheinlich profitieren Schüler am meisten von einem Unterricht, der ein ausreichendes Maß an Abwechslung bietet, d.h. der den Schülern einerseits Inhalte sinnvoll darstellt, ihnen andererseits aber auch Gelegenheit gibt, Zusammenhänge relativ selbständig zu entdecken. Entsprechendes gilt beim Einsatz von Lehrformen mehr spezifischerer Art. Ein guter Lehrer könnte in einem Teil der Unterrichtsstunde z.B. fragend-entwickelnd, in einem weiteren Teil erklärend vorgehen, dann eventuell zur Einzelarbeit auffordern und vielleicht abschließend einige Ergebnisse in Gruppenarbeit zusammenfassen lassen. „Allgemein ist eine Lernorganisation, die viele verschiedene Methoden flexibel einzusetzen weiß, einer Unterrichtskonzeption überlegen, die *eine* Methode als Allheilmittel ausgibt, mag sie noch so modern und spektakulär sein" (SOMMER, 1981).

Selbstverständlich stellt der Wechsel der Lehrverfahren nur *ein* Kriterium dar, nach dem sich die Qualität des Unterrichts beurteilen läßt. Der Lehrer sollte auch wissen, welche Lehrform sich für eine gegebene Unterrichtssituation besonders gut eignet und Kriterien kennen, wie diese jeweils am effektivsten einzusetzen ist. Grundsätzlich ist demjenigen Lehrverfahren in einer Unterrichtssituation der Vorzug zu geben, mit dem sich am besten die Aufmerksamkeit des Schülers gewinnen läßt. WOOLFOLK und McCUNE-NICOLICH (1984) unterstreichen diese Feststellung mit folgenden Worten: „Lehrer, die es schaffen, daß sich ihre Schüler aktiv mit den Aufgaben des Unterrichts auseinandersetzen, haben höhere Chancen, ihren Schülern wirkungsvoll beim Lernen zu helfen, ganz gleich, welche Methode sie verwenden. Diese Auffassung mag nicht besonders revolutionär sein, aber es legt die Betonung dorthin, wo sie hingehört – nicht auf die Methode, sondern auf den Einfluß, den die Methode auf den Schüler ausübt."

7.5.1 Lernen durch selbständiges Entdecken

Als ein eifriger Verfechter der Selbstentdeckungsmethode ist BRUNER (1961) zu nennen. Er wies darauf hin, daß man einen Menschen nicht auf alle möglichen Situationen und Probleme des Lebens vorbereiten könnte. Deshalb dürfte in der

214

Schule das Vermitteln von Informationen nicht im Vordergrund stehen. Dort sollte man den Schüler vielmehr anregen, Problemlösungsstrategien zu entwickeln. Auf diesem Hintergrund empfiehlt BRUNER dem Lehrer, Situationen zu schaffen, die eine Vielzahl verschiedenartiger Beispiele enthalten und an denen sich selbständig Erkenntnisse gewinnen lassen. Die Schüler sollen mit interessanten Fragen oder verblüffenden Ereignissen konfrontiert werden. Anstatt aber die Antworten oder Lösungen einfach mitzuteilen, beschränkt sich der Lehrer auf die Bereitstellung geeigneten Materials sowie auf das Anregen der Schüler, Beobachtungen zu sammeln, Hypothesen zu finden und Vermutungen zu überprüfen.

> So wurde Schülern eines fünften Schuljahres im Geographieunterricht z.B. eine Landkarte ausgehändigt, die nur Flüsse und Seen sowie Gebiete mit Bodenschätzen auswies. Als eine erste Übung sollten die Lernenden Vermutungen darüber anstellen, wo sich größere Städte befanden, wo Eisenbahnstrecken und Hauptstraßen (Autobahnen) verlaufen können. Bücher und normale Landkarten durften nicht benutzt werden. Vor Abschluß dieser Übung wurden die Schüler zu einer Diskussion angeregt, in der sie zu begründen hatten, warum hier eine Hauptstadt, dort eine größere Ansiedlung und an bestimmten Stellen eine Eisenbahnlinie entstanden war (BRUNER, 1959).

Kritische Stellungnahmen zielen vor allem darauf, daß es sich beim Entdeckungslernen um einen sehr vagen Begriff handelt, der von mehreren Autoren zudem unterschiedlich definiert wird (WITTROCK, 1966; STRIKE, 1975). Sogar BRUNER (1966b) hat inzwischen bekannt, er wäre gar nicht so sicher, ob er verstünde, was Entdecken bedeute. Sicher ist, daß mit dem Begriff des entdeckenden Lernens mehrere Variablen verbunden sind, die unabhängig voneinander variieren können. Zumeist wird dieses Lehrverfahren mit induktivem Denken in Beziehung gesetzt, d.h., der Lernende sammelt eine Reihe von Einzelbeobachtungen, aus denen er Verallgemeinerungen abzuleiten hat. Weiterhin kann das Ausmaß der Hilfestellung durch den Lehrer (Fragen, Hinweise usw.) variieren. Sofern der Lehrer den in der Regel zeitraubenden Prozeß des Entdeckens durch Anleitungen bzw. Hilfen abzukürzen versucht, spricht man von gelenkter Entdeckung (s. S. 217 ff.). Dabei scheint ein mittleres Maß an Lenkung optimal für den Lernerfolg zu sein (NUSSBAUM, 1984).

BRUNER und andere (GILSTRAP und MARTIN, 1975) sehen in der Methode des Selbstentdeckens vor allem folgende Vorzüge:

1. Der Schüler lernt auf diese Weise, wie man Probleme löst; die Methode „hilft ihm zu lernen, wie er die eigentliche Aufgabe des Lernens anpacken muß" (BRUNER, 1961).
2. Es fördert die Motivation des Lernenden (eine Feststellung, die zumindest nicht generell gilt, wie EINSIEDLER, 1976, feststellt).
3. Die Lernenden können nach Maßgabe ihrer eigenen Fähigkeiten voranschreiten.
4. Die Erfahrungen bei der Selbstentdeckung stärken das Selbstbild.
5. Schüler entwickeln durch die Methode des Selbstentdeckens einen „gesunden Skeptizismus", der sie davor bewahrt, vereinfachende Lösungen zu suchen und zu akzeptieren.
6. Schüler lernen, für ihr Lernen selbst die Verantwortung zu übernehmen.

Sofern solche Effekte tatsächlich auftreten sollten, stellt sich angesichts des unzureichend definierten Entdeckungslernens selbstverständlich die Frage, auf welche spezifischen Bedingungen sie zurückzuführen sind. Darauf vermag die Forschung gegenwärtig noch keine verläßlichen Antworten geben, wenngleich es nicht an Versuchen fehlt, die unbefriedigende Situation zu verändern (NUSSBAUM, 1984). Mit einem Beleg, daß das Entdeckungslernen generell anderen Lehrverfahren überlegen ist, darf jedoch nicht gerechnet werden. Möglich erscheint aber, daß einige Kinder mit bestimmten Merkmalen mehr als andere von Bedingungen des Entdeckungslernens zu profitieren vermögen (EGAN und GREENO, 1973). Das Alter des Lernenden sowie der damit zusammenhängende Erfahrungshintergrund dürfen sicherlich nicht außer Betracht bleiben. Gestützt auf eine sehr breite Literaturbasis stellt z.B. BROPHY (1983b) unter Bezugnahme auf Grundschulkinder verallgemeinernd fest: „Schüler, die unter Verwendung strukturierter Curricula unterrichtet wurden, waren besser als solche, die durch mehr invidualisierte oder Entdeckungslernmethoden unterrichtet worden sind. Und jene, die einen beträchtlichen Teil der Instruktion direkt vom Lehrer empfangen haben, sind besser als solche, die für sich alleine oder voneinander lernen sollten." Auch die Aufgabenart verlangt differenzierende Stellungnahmen. ZIMMERMAN (1977) meint z.B. aus den Ergebnissen seiner Untersuchungen den Schluß ziehen zu können, daß sich das Entdeckungslernen überhaupt nicht eigne, wenn Aufgaben komplexerer Art vorlägen, d.h. solche, bei denen die zugrundeliegende Regel nicht durch Ratetechniken herauszufinden ist. In solchen Fällen hält er das Vormachen und Erklären für das weit überlegenere Lehrverfahren (ZIMMERMAN und ROSENTHAL, 1972).

7.5.2 Lehren durch sinnvolle Darstellung

Als Kritiker des von BRUNER propagierten Entdeckungslernens ist vor allem AUSUBEL (1963, 1977) hervorgetreten, von dessen Theorie bereits an anderer Stelle kurz die Rede war (s. S. 187 ff.). Wie im sechsten Kapitel dargestellt worden ist, hat AUSUBEL sich dafür ausgesprochen, dem Lernenden sprachliches Material sinnvoll zu vermitteln, damit dieser „klare und stabile Strukturen" auszubilden vermag. Er ist der vielfach geäußerten Auffassung entgegengetreten, daß Lehrformen, die sich ausschließlich oder weitgehend der Darstellung bedienen, beim Schüler nur sinnloses (mechanisches) Lernen anzuregen vermögen. Entschieden hat er der Behauptung widersprochen, der Schüler würde auf diese Weise in eine passiv aufnehmende Rolle gedrängt. Das Herstellen von Beziehungen zwischen neuem Lernmaterial und der bereits vorhandenen kognitiven Struktur sei vielmehr ein sehr aktiver Prozeß.

Die aktive Rolle des Lernenden beim Erwerb von Wissen spielt auch in der neuerlich an Aktualität gewinnenden „konstruktivistischen Theorie der Instruktion" eine bedeutsame Rolle (RESNICK, 1983). Beim Verbinden bereits vorhandener und neuer Informationen nimmt der Lernende Interpretationen und Erfindungen vor, die aber, wie RESNICK darlegt, sehr wohl auch unerwünschte Folgen haben können. So konnte beispielsweise beobachtet werden, daß Schüler für Darstellungen in Schulbüchern der Physik Erklä-

216

rungen fanden, die sie aus ihrem Vorwissen abgeleitet hatten, die aber nicht in Einklang mit den zu lehrenden physikalischen Gesetzmäßigkeiten standen. Die Schüler waren nicht ohne weiteres bereit, ihre bisherige Wissenstruktur zu revidieren. Sie wurden wahrscheinlich gar nicht auf die Notwendigkeit einer Akkomodation im Sinne PIAGETs (s. S. 64 ff.) aufmerksam.

Wie AUSUBEL weiterhin ausgeführt hat, wäre es ebenso einseitig, davon auszugehen, daß Entdeckungslernen *stets* sinnvolles Lernen sei. Es könne sehr wohl sein, daß eine Entdeckung quasi durch Zufall zustandekomme und erst anschließend in die kognitive Struktur des Lernenden eingefügt würde. Man solle deshalb die Faktoren sinnloses vs. Entdeckungslernen und rezipierendes vs. entdeckendes Lernen als unabhängig voneinander betrachten. Sowohl BRUNER als auch AUSUBEL setzen sich dafür ein, daß in der Schule möglichst nur sinnvoll gelernt wird; sie unterscheiden sich jedoch in der Frage, wie sich dieses Ziel am besten erreichen läßt. Allerdings schließen sich ihre Antworten keineswegs gegenseitig aus. Jüngere Kinder, die einen neuen schwierigen Begriff zu lernen haben, könnten sehr wohl mehr davon profitieren, wenn ihnen Gelegenheiten zum Entdecken geboten würden, denn damit sind ja konkrete Erfahrungen verbunden. Demgegenüber dürften Schüler, die – z.B. im Stadium der formalen Operationen PIAGETs – bereits über differenziertere kognitive Strukturen verfügen, weniger Schwierigkeiten haben, abstraktere Beziehungen zu erfassen.

> Vor allem bei jüngeren Kindern wären zahlreiche Lernziele kaum oder gar nicht zu erreichen, wenn man sich nur auf darstellendes Lehren, z.B. in Form von Erklärungen, beschränken würde. Man kann Kindern – ebenso wie übrigens auch Erwachsenen – beim Erlernen des Fahrradfahrens zwar einige Hinweise zur Handhabung dieses Fahrzeugs geben. Letztlich lernt man das Fahrradfahren aber nur durch eigenes Üben. Ähnliches gilt für schulisches Lernen. Sechsjährige Kinder hatten z.B. in einer Studie von GROEN und RESNICK (1977) zu lernen, Additionsaufgaben vom Muster A + B = C zu lösen. Nach der direkten Instruktion war von ihnen nachzuvollziehen, daß man zunächst die Elemente der Teilmenge A und sodann die der Teilmenge B und schließlich die der Gesamtmenge C bestimmt. Nach einer ausreichenden Anzahl von Übungen und ohne weitere Instruktion erfanden die Kinder jedoch eine eigene Lösungsprozedur: Sie begannen mit der höheren Zahl und addierten die kleinere hinzu. Wenn sie also z.B. mit der Aufgabe 3 + 6 konfrontiert wurden, begannen sie mit der 6 (obwohl diese in der Aufgabe an zweiter Stelle steht) und zählten von dieser aus weiter: „6 ... 7, 8, 9.“ Diese Prozedur, die alle an der Untersuchung beteiligten Kinder eher oder später entdeckten, erwies sich für die Lernenden als sehr effektiv. Gleichzeitig registrierten die Autoren eine erhebliche Schwierigkeit, diese Lösungsprozedur direkt zu lehren. Die direkte Instruktion regte also Denkprozesse an, die auf seiten der Kinder zur Entwicklung einer effektiven Methode führten, die sich ihrerseits der direkten Instruktion – zumindest weitgehend – entzog.

Darstellendes Lernen und Entdecken sind offenbar im Lernalltag kaum zu trennen. Bereits im Jahre 1966 hat WITTROCK darauf hingewiesen, daß die von BRUNER und AUSUBEL empfohlenen Lehrverfahren nicht als unvereinbar aufgefaßt werden müssen. Merkmale von beiden wären nämlich bei der *gelenkten* Entdeckung gegeben, die von der *ungelenkten* abzuheben ist. Im ersten Fall erhält der Schüler Unterstützung, um sich die lösungsrelevante(n) Regel(n) zu vergegenwärtigen und anzuwenden; allerdings muß der Lernende die Lösung der jeweils vorliegenden Problemsituation selbständig finden. Im zweiten Fall hilft der Lehrer dem Schüler weder bei der Suche nach der lösungsrelevanten Regel noch bei der Lösung des Problems.

Im Gegensatz zu BRUNERs Konzeption ist AUSUBELs Ansatz deduktiv, d.h., der Unterricht beginnt mit dem Verständnis der allgemeinen, „subsumptiven" Begriffe und richtet sich sodann im weiteren Verlauf auf spezifischere Informationen. Während am Anfang der Unterrichtsstunde eine Darstellung des Lehrers stehen mag, schließt sich daran stets eine sehr intensive Interaktion zwischen dem Lehrer und seinen Schülern an. Durch sie ist der Lernende ständig herauszufordern, die dargestellten Informationen zu betrachten, Kennzeichen herauszuarbeiten, Vergleiche anzustellen und Schlußfolgerungen zu ziehen. Der Lehrer sollte sich bei seiner Vorgehensweise an dem Prinzip der *progressiven Differenzierung* orientieren; dadurch werden allgemeine und umfassende Begriffe in solche untergeordneter Art differenziert.

> Ein Beispiel wurde bereits im sechsten Kapitel aus einer Geographiestunde gegeben. Der Lehrer hatte an den Beginn seiner Stunde eine Kennzeichnung des Begriffs „Landformationen" gestellt, und im Rahmen der progressiven Differenzierung erarbeitete er sodann mit den Schülern, daß dazu Berge, Hügel, Plateaus usw. gehören. Diese Formationen wurden zunächst gekennzeichnet und sodann miteinander verglichen:
>
> LEHRER: „Kann mir jemand sagen, wie man diese Landform nennt?" (Der Lehrer zeigt auf eine bestimmte Formation einer Schema-Zeichnung, die einen Berg, einen Hügel und ein Plateau darstellt).
> SCHÜLER: „Das ist ein Berg."
> LEHRER: „Das ist richtig."
> LEHRER: „Könnt Ihr mir einige Berge nennen?"
> LEHRER: „Nennt mir ein paar Merkmale der Berge, die Ihr gesehen habt."
> SCHÜLER: „Sie sind hoch." „Haben Gipfel." „Sie sind groß."
> LEHRER: „Seht Euch einmal meine Abbildung an. Die Abbildung zeigt ein Plateau. Vergleicht einmal das Plateau mit dem Berg."
>
> (Ausschnittweise nach EGGEN et al., 1979)

Wenn der Lehrer – wie in der letzten Aufforderung des vorstehenden Dialogs – seine Schüler zum Vergleich mehrerer Gegebenheiten (z.B. Berg, Hügel, Plateau) herausfordert, d.h. sie anregt, Gleichheiten und Ähnlichkeiten einer Vorlage herauszuarbeiten, tatsächliche oder vermeintliche Widersprüche aufzudecken, verwirklicht er den Prozeß des *integrierenden Verbindens*. Dieser Prozeß ist ebenso wie jener der progressiven Differenzierung zu fördern, indem der Lernende ausreichend Gelegenheit erhält, sich mit Beispielen auseinanderzusetzen.

7.5.3 Die Frage im Unterricht

Zu den ältesten Lehrverfahren gehört, daß Lehrer Fragen stellen, die Schüler zu beantworten haben. So machte z.B. der griechische Philosoph Sokrates das Fragen zu seiner favorisierten Lehrmethode. An seiner Überzeugung, daß durch Fragen ein wesentlicher Einfluß auf den Lernprozeß auszuüben ist, hat sich offenbar bis zur Gegenwart nichts geändert, denn man konnte beobachten, daß Lehrer zwi-

218

schen 350 und 400 Fragen täglich stellen (GALL, 1970). Beobachtungen von BANTON (1977) haben ergeben, daß bei Lehrern bis zu sieben Fragen pro Minute zu registrieren sind. Im Unterschied zu vielen heute tätigen Lehrern hat Sokrates allerdings mit seinen Schülern jeweils Dialoge geführt, wodurch diese ausreichend Möglichkeiten erhielten, zu antworten. Demgegenüber ist ein typischer Schüler der Gegenwart in einer weniger günstigen Situation, weil er vielleicht mit etwa 20 bis 30 Schülern um eine Gelegenheit wetteifern muß, die Antwort geben zu dürfen. Zudem erhält er in der Regel wenig Möglichkeiten, selbst Fragen zu stellen. Obwohl sich erhebliche Unterschiede nachweisen lassen, liegt der Anteil der Fragen, die vom Schüler ausgehen, vielfach unter 10 Prozent (COREY, 1940; JOHNS, 1968). Für die mangelnde Bereitschaft des Schülers, Fragen zu stellen, gibt es mehrere Gründe (s. hierzu DILLON, 1982b). Innerhalb der Unterrichtswissenschaft läßt sich allerdings in jüngerer Zeit ein wachsendes Interesse an der Erhöhung der Frage-Aktivitäten auf seiten des Schülers registrieren. So erscheinen Trainingsprogramme für Lehrer und Schüler, die darauf zielen, den Lernenden zu veranlassen, mehr Fragen zu stellen (OLMO, 1975; HUNKINS, 1976; SUSSKIND, 1979). Im schulischen Alltag dürften diese Bemühungen allerdings noch keine entscheidenden Veränderungen herbeigeführt haben.

> Zu beachten ist außerdem, daß sich die Aktivitäten, die auf seiten der Schüler verbleiben, nicht gleichmäßig verteilen. Übereinstimmend ist berichtet worden, daß sich der Lehrer bevorzugt an Schüler wendet, die in seiner Nähe sitzen, während Schüler, die in den hinteren Reihen oder an der Peripherie sitzen, weniger mit ihm kommunizieren (ADAMS, 1969; DELEFES und JACKSON, 1972; SOMMER, 1967). Auf diese Weise können sich in einem Klassenzimmer bestimmte „Aktions-Zonen" (ADAMS und BIDDLE, 1970) herausbilden, die vor allem dann ziemlich ausgeprägt sind und relativ stabil bleiben, wenn der Lehrer seine Position in der Klasse kaum verändert (Lehrer, die von ADAMS und BIDDLE beobachtet worden sind, hielten sich in etwa 70 Prozent ihrer täglichen Unterrichtszeit im Frontbereich des Klassenzimmers auf). Man hat diese Aktions-Zonen weiterhin in Klassenräumen nachweisen können, wo die Schüler vom Unterrichtenden als Ganzes angesprochen worden sind und in denen die Lernenden ihren Blick, bedingt durch ihre Sitzposition, auf den Lehrer zu richten hatten, d.h. bei Frontalunterricht (TURNER, 1982).

Der Begriff Frage, wie er im folgenden Verwendung findet, sollte nicht zu eng gefaßt werden, d.h., es sind damit nicht nur Sätze gemeint, die grammatikalisch eine Frageform aufweisen. Auch eine Aufforderung an den Schüler (sprachlich oder sogar durch Nutzung körperlicher Ausdrucksformen) kann alle Charakteristika einer Frage aufweisen (SOMMER, 1981).

Es ist bereits an anderer Stelle (s. S. 186 ff.) darauf hingewiesen worden, daß durch Fragen die Aufmerksamkeit des Schülers auf bestimmte Aspekte des Lernmaterials gerichtet wird. Im folgenden soll geklärt werden, welche Art von Fragen Lehrer hauptsächlich stellen und ob das von ihnen angesprochene kognitive „Niveau" Einfluß auf den Lernprozeß nehmen kann.

Es gibt viele Möglichkeiten, Lehrerfragen zu klassifizieren (s. hierzu SOMMER, 1981). Vielfach hat man sich an der Taxonomie BLOOMs orientiert, um Lehrerfragen unterschiedlichen kognitiven Niveaus zuzuordnen. Eine Auswahl von Fragen, die für die einzelnen Niveaus typisch sind, enthält die folgende Übersicht.

Tab. 7.4: Eine Taxonomie von Lehrer-Fragen (nach: SADKER und SADKER, 1977)

Bezeichnung der Kategorie	Art der vom Schüler erwarteten Denkleistung	Beispiele
Kenntnisse (Erinnern)	Schüler erinnert oder erkennt gelernte Informationen	„Definiere..." „Welches ist die Hauptstadt von ...?" „Wer war der erste ..." „Was sagt der Text zum ...?"
Verstehen	Fragen fordern ein Reorganisieren, nicht nur Erinnern	„Erkläre in Deinen Worten..." „Vergleiche ..." „Welche ist der Hauptgedanke in ..." „Beschreibe, was Du gesehen hast ..."
Anwendung	Informationen werden zur Problemlösung genutzt. Es wird eine einzige richtige Antwort erwartet.	„Welches Prinzip wird in ... dargestellt? „Gegeben sind Länge und Breite, berechne ..." „Wende die Regel ... an, um das folgende ... zu lösen."
Analyse	Kritisches Denken, Suche nach Gründen, Motiven; Schlußfolgerungen aufgrund vorl. Informationen ziehen; eine Folgerung zerlegen, um ihre Belegbarkeit prüfen zu können.	„Welche Faktoren beeinflußten die Schriften von ...?" „Warum wurde Bonn als Hauptstadt ausgewählt?" „Welche der folgenden Feststellungen geben Fakten, welche Einstellungen wieder? „Was läßt sich aufgrund Deines Experiments über die Substanz ... sagen?"
Synthese	Schüler zeigen originelles Denken, entwerfen originelle Pläne, Vorschläge, Geschichten usw. Mehrere Antworten möglich.	„Welches wäre eine gute Bezeichnung für ...?" „Wie könnten wir Geld sammeln für ...?" „Was hätte aus diesem Land werden können, wenn Hitler nicht besiegt worden wäre?"
Evaluation	Schüler beurteilt Wert eines Gedankens, äußert Meinungen, benutzt Wertmaßstäbe zur Bewertung von Gedanken oder Arbeitsergebnissen.	„Welcher Ministerpräsident hat am erfolgreichsten ..." „Sollte man Schüler bei ... frei entscheiden lassen?" „Welche Zeichnung findest Du am besten?"

Zu einer inzwischen relativ gut gesicherten Feststellung gehört, daß Lehrer überwiegend Fragen stellen, die lediglich ein Reproduzieren aus dem Gedächtnis herausfordern. Nach einer Übersicht von GALL (1970; siehe auch SOMMER, 1981) stellt ein Lehrer im Rahmen eines durchschnittlichen Unterrichts etwa 60 Prozent Wissensfragen; Fragen, die das Denken anregen, sind ebenso wie solche, die den Unterrichtsablauf betreffen, mit jeweils 20 Prozent Häufigkeit vertreten. Sollte man angesichts eines solchen Befundes den Lehrer anregen, sein diesbezügliches Verhalten zu ändern, damit er verstärkt solche Fragen an die Schüler richtet, die bei Zugrundelegung der BLOOMschen Taxonomie den Kategorien Anwendung, Analyse, Synthese oder Evaluation entsprechen? REDFIELD und ROUSSEAU (1981) haben nach einer Antwort gesucht, indem sie insgesamt zwanzig einschlägige Untersuchungen analysiert haben. Sie gelangten zu dem eindeutigen Ergebnis, daß es sich positiv auf das Leistungsverhalten von Schülern auswirkt, wenn man bei diesen nicht – wie sonst üblich – hauptsächlich Wissen abfragt, sondern sie stattdessen zu Antworten herausfordert, die höhere kognitive Prozesse voraussetzen.

Auch LYON und GETTINGER (1985) empfehlen, dem Schüler nicht nur Erfahrungen in der Auseinandersetzung mit Aufgaben zu geben, die Wissen fordern. In ihrer Studie war festzustellen, daß die meisten Schüler des 7. Schuljahres effektive Strategien zur Einprägung einfacher Fakten erworben haben. Dagegen fällt diesen die Bewältigung von Aufgaben, die Verständnis und Anwendung voraussetzen, sehr viel schwerer. Je höher das Aufgabenniveau innerhalb der BLOOMschen Taxonomie ist, desto mehr Zeit benötigen Lernende in der Regel für die Beantwortung. Der Lehrer sollte Schülern deshalb nicht nur entsprechend mehr Lernzeit gewähren, sondern ihnen außerdem ein höheres Maß an Übungsgelegenheiten für Aufgaben der höheren Niveaus geben, damit die Lernenden auch für diese effektive Strategien zu entwickeln vermögen.

Allerdings darf nicht übersehen werden, daß ein Lehrer mit Schwierigkeiten zu rechnen hat, wenn er häufiger z.B. Verständnisfragen an die Lernenden richtet oder sie zu Interpretationen herausfordert. Dem Schüler ist ja bewußt, daß seine Antworten vom Lehrer bewertet werden. Ob der Lernende unter diesen Bedingungen überhaupt reagiert und wie er ggf. seine Antwort formuliert, bestimmt sich nach den wahrgenommenen Risiken. DOYLE (1983) hat darauf hingewiesen, daß Fragen nach einfachen Fakten noch relativ bereitwillig vom Schüler beantwortet werden, sofern dieser glaubt, über die erforderlichen Informationen zu verfügen. Das Risiko für eine fehlerhafte Antwort ist in einem solchen Fall gering. Die Beantwortung von Verständnisfragen oder die Mitteilung einer Interpretation kann in einem Bewertungskontext dagegen mit Gefahren verbunden sein. Deshalb entwickeln Schüler zahlreiche Strategien, die darauf gerichtet sind, die Risiken zu vermindern. Im einfachsten Fall versucht man, sich um die Antwort ganz zu drücken. Man kann aber auch den Lehrer bitten, zusätzliche Informationen zu geben, um sich auf diese Weise zum einen zunächst einmal von dem Beantwortungsdruck zu entlasten und zum anderen eventuell weitere Informationen zu erhalten, durch die das Fehlerrisiko zu vermindern wäre. Zahlreiche Beobachtungen, die DOYLE (1983) zusammengetragen hat, verweisen jedenfalls darauf, daß Schüler ihren Lehrern die Unterrichtsarbeit erheblich erleichtern, also besser kooperieren, wenn dieser sich darauf beschränkt, Fragen zu stellen, die mit relativ wenig Risiko zu beantworten sind. Sollte es zutreffen, daß viele Lehrer diesem „Druck" der Lernenden nachgeben, wäre eine Erklärung für ihre oft beobachtete Bevorzugung von Fragen gegeben, die nur herausfordern, was im Gedächtnis bereits gespeichert ist.

7.5.4 Vortragen und Erklären des Lehrers

Ein weiteres sehr häufig vom Lehrer praktiziertes Lehrverfahren stellt das Vortragen und Erklären dar. In einzelnen Untersuchungen hat sich gezeigt, daß Lehrer etwa ein Viertel der gesamten Unterrichtszeit darauf verwenden (DUNKIN und BIDDLE, 1974). Allerdings gilt dies vor allem für höhere Klassenstufen; in der Grundschule sollte man Schüler nicht für längere Zeitintervalle in eine passiv-aufnehmende Haltung bringen. Für jüngere Kinder kommt noch ein weiteres Problem hinzu: Sie vermögen noch nicht ausreichend abzuschätzen, ob sie eine Erklärung ausreichend verstanden haben.

MARKMAN (1977) gab z.B. Schülern der ersten, zweiten und dritten Schuljahre u.a. mündliche Erklärungen über die Regeln eines Kartenspiels. Aus der Darstellung sind jedoch wesentliche Teilinformationen eliminiert worden; deshalb mußte sie für jedermann unverständlich bleiben. Schüler der ersten Schuljahre waren dennoch davon überzeugt, die Erklärungen wären vollkommen ausreichend gewesen. Sie entdeckten die Auslassungen erst, als sie die Karten nach den gegebenen Instruktionen spielen wollten. Schüler dritter Schuljahre entdeckten die Unzulänglichkeiten in der Erklärung sehr viel früher. Wahrscheinlich unterschieden sich die Schüler der ersten und dritten Schuljahre bezüglich ihrer kognitiven Strategien. Vermutlich hatten die älteren Schüler Möglichkeiten entdeckt, wie sich die Güte des eigenen Verständnisses prüfen läßt (z.B. dadurch, daß man das Spiel nach den genannten Regeln gedanklich schon einmal ausführt). – Ist aber damit zu rechnen, daß ein jüngerer Schüler, der den Grad seines eigenen Verständnisses offenbar nur unzureichend einzuschätzen vermag, die notwendigen Rückkoppelungen wenigstens von seinem Lehrer erhält? Nach den Beobachtungen von FELDMAN und ALLEN (1979) ist eine solche Hilfe zumindest nicht von jenen Lehrern sicher zu erwarten, die sich bei ihren Urteilen nur auf Ausdrucksmerkmale des Schülers stützen.
Die beiden Autoren konfrontierten Schüler dritter Schuljahre mit einem Lehrstoff, der diese entweder unter- oder überforderte; dabei wurden die Versuchspersonen unauffällig gefilmt. Die Aufzeichnungen führte man anschließend ohne Ton Schülern dritter und sechster Schuljahre sowie Erwachsenen mit der Bitte vor, den Grad des Verständnisses bei den gefilmten Kindern abzuschätzen. Die mitgeteilten Urteile ließen insgesamt den Schluß zu, daß die Schüler unterscheiden konnten, ob die zu Beobachtenden an einer leichten oder einer schwierigen Unterrichtsstunde teilnahmen. Bemerkenswert war, daß die erwachsenen Versuchsteilnehmer, bei denen es sich überwiegend um erfahrene Lehrer handelte, diese Unterscheidung nicht vorzunehmen vermochten. Obwohl die Gesichter der Schüler offenbar abbildeten, ob das Dargestellte von ihnen mit Verständnis zu füllen war, vermochten die Lehrer diese Zeichen (vor allem wenn diese Verständnisschwierigkeiten signalisierten) nicht zu lesen. Sofern dieser Befund allgemein für Lehrer kennzeichnend sein sollte, besteht die Gefahr, daß der Lehrer seine Darstellungen nicht – oder nur unzureichend – nach dem jeweils erreichten Verständnisgrad der Schüler zu regulieren vermag.

222

Im schulischen Alltag werden an die Fähigkeiten des Lehrers, Ausdrucksweisen seiner Schüler zu diagnostizieren, noch viel höhere Anforderungen gestellt, weil diese versuchen könnten, ihn bezüglich ihres tatsächlichen Verständnisgrades zu täuschen. Sie versuchen also z.B. vorzugeben, daß sie mehr verstanden haben, als dies tatsächlich der Fall ist. In einer Studie von ALLEN und ATKINSON (1977) hatten Erwachsene Filme zu beurteilen, in denen Schüler wiederum leichten bzw. schwierigen Unterrichtsdarstellungen zu folgen hatten. In einer Filmversion handelten die Versuchspersonen allerdings unter der Anweisung, einen Schüler zu spielen, der entweder leichten oder schwierigen Erklärungen zuhörte. Gespieltes Ausdrucksverhalten ist jedoch viel prägnanter und eindeutiger, vielfach übertrieben (ALLEN und FELDMAN, 1976). Deshalb konnten die Beobachter leicht zwischen beiden Versionen unterscheiden. Die gegebenen Deutungen kamen unter der Bedingung des gespielten Ausdrucksverhaltens zudem schneller und sicherer. Derartige Befunde legen den Schluß nahe, daß es Lehrern leichter fällt, kontrolliertes Ausdrucksverhalten der Schüler zu entdecken als spontanes adäquat zu deuten. Gleichzeitig ist allerdings zu berücksichtigen, daß die Fähigkeit eines Menschen zur Kontrolle seines Ausdrucksverhaltens mit wachsendem Alter zunimmt (FELDMAN et al., 1979). Inwieweit es möglich ist, Lehrer in der Diagnostik von Ausdrucksverhalten ihrer Schüler erfolgreich zu schulen, ist gegenwärtig schwer zu beurteilen, weil kaum einschlägige Untersuchungen vorliegen. In einer schon etwas älteren Studie von JECKER et al. (1965) reichten aber bereits sechs bis acht Übungsstunden aus, um die Fähigkeit der Lehrer zur Identifikation solcher Schüler zu verbessern, die auf nichtverbaler Ebene mangelndes Verständnis des dargebotenen Materials zum Ausdruck gebracht hatten.

Wiederholt ist versucht worden, das Vortragen und Erklären bezüglich der Effektivität mit anderen Lehrverfahren zu vergleichen. Die Ergebnisse sind jedoch widersprüchlich ausgefallen.

Beispielsweise haben McKEACHIE und KULIK (1975) Studien analysiert, in denen der Lehrer-Vortrag mit den Wirkungen der Diskussions-Methode verglichen worden ist. Die Autoren klassifizierten die Ergebnisse nach folgenden drei Kriterien: (1) Faktisches Wissen der Schüler, (2) Anregung höherer kognitiver Prozesse sowie (3) Einstellung und Motivation. Beim Wissenstest war die Vortragsmethode in 12 Fällen über-, in 5 Fällen unterlegen. Wenn es darum ging, die Schüler zum Mit- und Nachdenken anzuregen, erbrachte stets die Diskussionsmethode bessere Ergebnisse, und auch bei der Schaffung positiver Einstellungen sowie bezüglich der Motivierung schnitt die Diskussion in sieben Fällen (der Lehrer-Vortrag nur einmal) besser ab. Es ist allerdings problematisch, Lehrverfahren als solche miteinander zu vergleichen, denn ein vom Lehrer sehr gut aufgebauter und mit sehr viel Engagement dargestellter Vortrag kann – zumindest bei einigen Schülern – sehr viel effektiver sein als eine unzureichend organisierte Diskussion (s. S. 224 f.). Außerdem besteht bei Lernenden, die eine Prüfung erwarten, eine gesteigerte Bereitschaft, durch zusätzliche eigene Aktivitäten mögliche Unzulänglichkeiten eines Lehrverfahrens auszugleichen. Dadurch entsteht ein „Angleichungs-Effekt", der die Wirksamkeit verschiedener Lehrverfahren gleicher erscheinen läßt als sie tatsächlich sind (McLEISH, 1968).

Nach GILSTRAP und MARTIN (1975) lassen sich für darstellende Lehrverfahren – wie Vortragen und Erklären – folgende Vorteile benennen:

1. Das Verfahren ist sehr ökonomisch, d.h., einer größeren Anzahl von Lernenden lassen sich große Mengen an Informationen übermitteln.
2. Der Lehrer kann seine Informationen aus mehreren Quellen beziehen und den Lernenden bei relativ wenig Zeitaufwand ein tieferes Verständnis eröffnen.

223

3. Vortragen stellt eine gute Methode dar, um Lernende in ein neues Gebiet einzuführen und sie zu motivieren, sich durch Eigeninitiative weiter einzuarbeiten.
4. Durch darstellende Methoden können Schüler lernen, genau und kritisch zuzuhören.
5. Im Gegensatz zu schriftlichen Informationsverfahren kann der Lehrer bei mündlichen Vortragsformen seine Zuhörer ständig beobachten und seine Darstellung verändern, wenn diese z.B. Unverständnis oder Ermüdung signalisieren.

Als Nachteile der darstellenden Lehrverfahren vermerken GILSTRAP und MARTIN (1975):

1. Nicht alle Schüler sind in gleicher Weise in der Lage, für längere Zeit ausschließlich zuzuhören.
2. Durch übermäßig häufiges oder langes Vortragen und Erklären können die Lernenden sehr leicht in die Passivität gedrängt werden; selbst bei bestehender Möglichkeit sinkt unter solchen Bedingungen ihre Bereitschaft, Fragen zu stellen.
3. Die ausschließlich darstellenden Lehrverfahren bestimmen für alle verbindlich die Schnelligkeit des Informationsflusses; individuelle Unterschiede bleiben dadurch unberücksichtigt.

Aus der Sicht kritischer Schüler oder Studenten werden Lehrervortrag oder Vorlesung nicht selten als langweilige Veranstaltungen geschildert, in denen Lernende „häppchenweise" Wissen eingetrichtert bekommen (McLEISH, 1976). Ein solches Urteil ist jedoch dann nicht berechtigt, wenn der Lehrer darstellende Verfahren bedacht für jene Bedingungen auswählt, für die sie unbestrittene Vorteile besitzen.

7.5.5 Diskussionen im Unterricht

Ein Lehrverfahren, das nicht einseitig dem Lehrer, sondern gleichzeitig den Schülern Möglichkeiten eröffnet, auf den Ablauf einer Unterrichtsstunde Einfluß zu nehmen, stellt die Diskussion dar. Für die Diskussions-Methode ist kennzeichnend, daß „(1) sich eine Gruppe von Personen, gewöhnlich in den Rollen eines Leiters und von Teilnehmern, (2) zu einer bestimmten Zeit am selben Ort zusammenfindet, (3) um miteinander zu kommunizieren – (4) durch sprachliche und nichtsprachliche Mitteilungen und durch Zuhören –, (5) um Lernziele zu erreichen" (GALL und GALL, 1976). Die Diskussions-Methode gibt grundsätzlich allen Mitgliedern eine Möglichkeit zur aktiven Beteiligung, d.h., dem einzelnen wird die Chance geboten, seine Gedanken klar zum Ausdruck zu bringen und seine Einstellungen zu rechtfertigen. Dieses Verfahren wirkt gleichzeitig einer einseitigen Fixierung des Schülers auf den Lehrer entgegen; der Teilnehmer einer Diskussionsrunde ist herausgefordert, sich an seine Mitschüler zu wenden, um weitere Informationen zu erlangen.

Den eben genannten positiven Merkmalen der Diskussions-Methode stehen allerdings auch Einschränkungen gegenüber. So hat es sich wiederholt gezeigt, daß keineswegs alle Mitglieder bereit sind, sich an einer Diskussion zu beteiligen. Vielfach hat sich beobachten lassen, daß nur vier oder fünf Teilnehmer einer größeren Diskussionsrunde, die sich selbstsicher genug fühlen oder ausreichend informiert sind, aktiv Beiträge leisten, während sich der Rest der Gruppe auf eine Beobachterrolle beschränkt (STANTON, 1977). Man hat einmal geschätzt, daß etwa 20 Prozent aller Schüler niemals oder nur sehr selten aktive Beiträge im Rahmen von Klassen-Diskussionen geleistet haben (ANDREWS, 1965). Für die jeweiligen stillen Teilnehmer besteht stets erhöhte Gefahr aufkommender Langeweile. Um solchen Entwicklungen entgegenzuwirken, hat man empfohlen, die Größe einer Diskussionsgruppe auf fünf Teilnehmer zu beschränken (GALL und GALL, 1976). Sofern die räumlichen Verhältnisse dies zulassen, sollte der Lehrer aus der gesamten Klasse mehrere Gruppen zusammenstellen und dafür Sorge tragen, daß jeweils ein Leiter bestimmt wird. Dabei ist möglichst darauf zu achten, daß die Diskutierenden Blickkontakt zueinander haben. Aus diesem Grunde setzen sich die Teilnehmer am besten in eine Kreisform; sie reden nämlich bei dieser Sitzform mehr miteinander als andere, die hintereinander in blockförmiger Anordnung sitzen (SOMMER, 1967).

Der Wert der Diskussions-Methode im Vergleich zu anderen Lehrverfahren bestimmt sich letztlich danach, unter welchen Voraussetzungen und mit welchen Zielsetzungen sie eingesetzt wird. Sofern die Teilnehmer einer Diskussionsgruppe nicht oder nicht genau wissen, was sie erreichen sollen, können keine positiven Beiträge erwartet werden. GALL und GALL empfehlen den Einsatz der Diskussions-Methode zur Erreichung folgender Ziele:

– Festigung von Gelerntem, vor allem zur Erreichung von Lernzielen, die im Sinne der BLOOMschen Taxonomie über das Wissen hinausgehen.
   Wenn es nur darum geht, Lösungen für Probleme zu finden, von denen von vornherein feststeht, welche Antworten jeweils richtig sind (wie z.B. in der Mathematik), sollte der Einzelarbeit oder der darstellenden Methode des Lehrers der Vorzug gegeben werden.
– Veränderung von Einstellungen.
– Lösung komplexerer Fragen, um deren Beantwortung sich der einzelne bemüht, weil er sich der Gruppe verpflichtet fühlt.
   Es könnte sich positiv auf die Leistungsfähigkeit der Gruppe auswirken, wenn bei ihrer Zusammenstellung darauf geachtet wird, daß Mitglieder mit unterschiedlichen Fähigkeiten zusammentreffen; dadurch wird möglicherweise die Verschiedenartigkeit der Lösungsvorschläge erhöht.
– Förderung der Diskussions-Kompetenz, wie z.B. Sprechen vor anderen und Zuhören.

7.5.6 Der Programmierte Unterricht

Im Vergleich zu den bisher dargestellten Lehrverfahren stellt der Programmierte Unterricht eine Lernbedingung besonderer Art dar, denn er löst den Schüler – für die Dauer der Bearbeitung eines Programms – aus der sozialen Situation; der Schüler führt quasi einen Dialog mit einer Maschine oder mit einem entsprechend aufgebauten Buch.

Befürworter haben im Programmierten Unterricht eine hervorragende Möglichkeit gesehen, dem Problem individueller Differenzen gerecht zu werden, denn der Lernende erhält dabei die Möglichkeit, entsprechend seiner Lernfähigkeiten im Lernprozeß voranzuschreiten.

Ansätze zur Entwicklung des Programmierten Unterrichts finden sich bereits zu Beginn der zwanziger Jahre. Seinerzeit ist von dem Amerikaner PRESSEY (1926) eine Maschine entwickelt worden, die dem Schüler eine Frage stellte und ihm gleichzeitig vier Antwortmöglichkeiten zur Auswahl anbot. Wenn sich der Lernende durch einen entsprechenden Tastendruck für die korrekte Antwort entschieden hatte, erschien sofort danach die nächste Frage im Sichtfenster. Bei einer falschen Antwort wurde dagegen die Walze, auf der die Fragen aufgereiht waren, blockiert, und der Schüler mußte eine andere Antwort auswählen. Die Maschine registrierte automatisch die Anzahl der Fehler. Nachdem der Lernende sämtliche Fragen beantwortet hatte, begann er wieder von vorne in dem Bemühen, die Zahl der Treffer nunmehr zu erhöhen.

PRESSEYs Maschinen fanden seinerzeit wenig Interesse. Das lag zweifellos in ganz entscheidendem Maße daran, daß ihr Einsatz nicht mit lernpsychologischen Erfordernissen begründet worden war. Primär sollte sein System den Lehrer nur von der ausschließlich routinemäßigen Testauswertung entlasten und das Ergebnis von Lernprozessen überprüfen, die bereits vorher stattgefunden hatten.

Immerhin erfüllte PRESSEYs Maschine bereits einige der Anforderungen, die an ein moderneres Lernsystem zu stellen sind. So gestattete sie dem Schüler u.a., nach dem ihm gemäßen Arbeitstempo voranzuschreiten; sie informierte ihn unverzüglich über den Erfolg seiner Bemühungen (Rückkoppelung) und aktivierte ihn in stärkerem Maße als es der Lehrer im Rahmen seines Klassenunterrichts vermochte.

Für SKINNER (1954) sollte der Programmierte Unterricht nicht vorrangig den Lehrer entlasten und Lernergebnisse überprüfen, sondern Bestandteil einer Lernsituation werden. Dies konzipierte SKINNER auf der Grundlage seiner lernpsychologischen Erkenntnisse (s. hierzu S. 94 ff.). Entsprechend stellte SKINNER (1958) an den Programmierten Unterricht eine Reihe von Anforderungen. Ihm genügte es beispielsweise nicht, daß der Lernende – wie es bei PRESSEY der Fall gewesen war – die richtige Antwort aus mehreren vorgegebenen nur auswählt. Der Schüler soll sich erinnern und nicht nur eine Wiedererkennungsleistung erbringen. Ein Programm muß nach SKINNER so aufgebaut werden, daß es den Lernenden durch eine Reihe sorgfältig geplanter Lernschritte führt. Die Reihenfolge der einzelnen Lernschritte legt das Programm fest. Es besteht aus einer größeren Zahl von Lerneinheiten oder, wie man in Anlehnung an die englischsprachige Terminologie auch sagt, *Frames*. Jeder *Frame* vermittelt dem Lernenden eine bestimmte Kenntnis. Er bietet eine Information dar, stellt außerdem eine dazugehörige Frage oder fordert die Ergänzung eines unvollständigen Satzes. Programme können dem Lernenden über eine Maschine, ebenso aber in Buchform dargeboten werden. Als Beispiel sei ein Ausschnitt aus einem Programm von ZIELINSKI und SCHÖLER (1964) wiedergegeben. Es fordert den Lernenden heraus, zunächst die freigelassenen Satzteile auszufüllen und anschließend (!) die Übereinstimmung seiner Antwort mit den in der rechten Spalte abgedruckten Wörtern zu vergleichen.

Tab. 7.5: Teil eines Lernprogramms (nach ZIELINSKI und SCHÖLER, 1964)

1 Lernen geschieht individuell. Es heißt: Ich lerne. Niemand kann etwas für mich lernen.	
. . . . . . muß lernen.	ich
Jedes Lernen geschieht	individuell
2 Ohne Lernen kann . . . . . . nichts und bin . . . . . . nichts.	ich ich
Um durch Lernen etwas zu können und etwas zu sein, ist es notwendig, richtig zu lernen. Wir betrachten im folgenden die Wesensmerkmale des richtigen Lernens.	
Jeder, der richtig lernt, lernt (1.) nach seinem eigenen Tempo.	
Der Lernvorgang geschieht auch in dieser Hinsicht immer	individuell
3 Jeder lernt (1.) nach seinem eigenen . .	Tempo
Ich lerne (1.) nach meinem	eigenen Tempo
4 Jeder lernt also nach	seinem eigenen Tempo
Er lernt (2.) aber auch in seinem eigenen Rhythmus.	
5 Sie kennen jetzt schon zwei Wesensmerkmale des Lernens:	
Jeder Mensch lernt (1.) nach seinem . .	eigenen Tempo
und (2.) in seinem eigenen	Rhythmus
6 Jeder Mensch lernt (3.) zu individuell bestimmten Zeiten besser als zu anderen Zeiten.	
Der Mensch lernt (1.) nach	seinem
. . . . , (2.) im	eigenen Tempo
. . . . und (3.) zu	eigenen Rhythmus
. . . .	individuell bestimmten Zeiten
besser als zu beliebigen oder vorgeschriebenen Zeiten.	

7 Wenn das Lernen (1.) nach	eigenem
.... (2.) im	Tempo / eigenen
.... und (3.) zur	Rhythmus / individuell
.... geschieht, erreicht der Mensch einen guten Lernerfolg.	bestimmten Zeit

Ein wesentliches Kennzeichen der von SKINNER entwickelten Programme besteht darin, daß sie von allen Schülern ungeachtet ihrer jeweiligen Lernvoraussetzungen und Lernfähigkeit ohne Auslassungen durchlaufen werden müssen. Man bezeichnet diese Programmform deshalb als „linear". Sie ist in der folgenden Abbildung als Diagramm dargestellt worden.

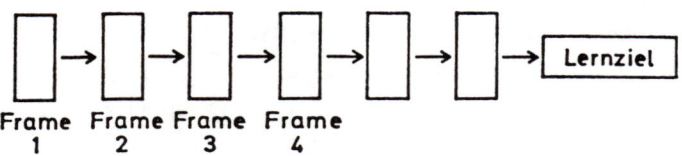

Abb. 7.1: Diagramm eines linearen Programms

Von den Kritikern ist vor allem bemängelt worden, daß das lineare Programm eine zu große Starrheit besitzt und deshalb den verschiedenen individuellen Bedürfnissen nicht ausreichend Rechnung tragen kann. Unterschiedlichen Lernfähigkeiten vermag man nur dadurch zu begegnen, daß der langsamer Lernende das Programm häufiger bearbeitet als sein schneller auffassender Mitschüler; in qualitativer Hinsicht erfahren beide keine unterschiedliche Behandlung. CROWDER (1960, 1963) kann sich mit seiner Programm-Konzeption dieser Kritik im Prinzip entziehen. Er hat darauf hingewiesen, daß jede wünschenswerte Lehrer-Schüler-Beziehung als ein in zwei Richtungen verlaufender Prozeß gekennzeichnet werden muß. Der Schüler hat sich nämlich einerseits den Anforderungen des Lehrers anzupassen. Zum anderen sollte der Lehrer bei seiner Unterrichtsgestaltung aber auch den Bedürfnissen des Lernenden Rechnung tragen. Hier liegt der Ansatz zur Berücksichtigung interindividueller Differenzen, denen CROWDER mit der Entwicklung „verzweigter Programme" besser gerecht zu werden versuchte.

CROWDERs Programm konfrontiert den Lernenden zunächst mit einer kurzen Information, auf die sich eine nachfolgende Frage nach dem Antwort-Auswahl-Prinzip bezieht. Sofern der Schüler richtig antwortet, kann er im Programm voranschreiten und sich der nächsten Frage zuwenden. CROWDER hält es nicht für erforderlich, die auf dem direktesten Weg zum Lernziel führenden Schritte besonders klein zu halten. Die jeweils gestellten Anforderungen sind im Gegenteil nur von wenigen zu bewältigen. Die Mehrheit der Lernenden wird nicht auf dem kürzesten Weg zum Ziel kommen und eher oder später fehlerhaft reagieren. Eine Falschantwort führt den Lernenden aber sofort auf einen Nebenzweig, um ihm dort zusätzliche Hilfen anzubieten. Es gibt dabei mehrere Möglichkeiten, von denen in der folgenden Abbildung nur einige wenige dargestellt werden.

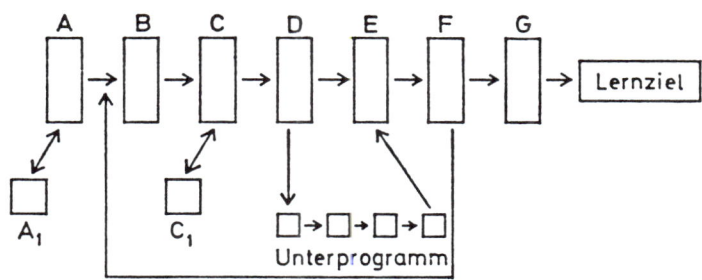

Abb. 7.2: Einige Verzweigungen im Programm-System CROWDERs

SKINNER sowie jene, die sich enthusiastisch für die Einführung des Programmierten Unterrichts ausgesprochen haben, glaubten damit eine Revolution in der Pädagogik auszulösen, durch die das schulische Lernen effektiver und für den Schüler angenehmer werden könnte. Diese sehr hohen Erwartungen haben sich nicht bestätigt. So stellen beispielsweise KULIK et al. (1982) nach einer eingehenden Literaturdurchsicht fest: „Lernen nach Programmen erweist sich als etwa genau so effektiv wie das Lernen nach anderen Methoden, aber nicht als effektiver." Allerdings scheinen sich die jahrzehntelangen Erfahrungen in der Programmgestaltung inzwischen positiv auszuwirken. Die Ergebnisse mehrerer Analysen (HARTLEY, 1978; KULIK et al., 1980) legten nämlich folgenden Schluß nahe: „... Studien der frühen sechziger Jahre fanden wenig Überlegenheit der Programmierten gegenüber der herkömmlichen Instruktion ... Neuerliche Studien fanden Ergebnisse, die für den Programmierten Unterricht günstiger ausfielen (KULIK et al., 1982).

Das Hauptinteresse der aktuellen unterrichtlichen Forschung ist aber nicht mehr auf die Klärung der Frage gerichtet, welche Effektivität der Programmierte Unterricht generell gegenüber anderer Lehrformen aufweist, sondern welche Schüler davon bei welchen Lerninhalten am besten zu profitieren vermögen. Vielfach wird die Auffassung vertreten, daß der Programmierte Unterricht neben anderen Lehrformen eine gewisse Abwechslung in den Unterrichtsalltag bringen sollte und einzusetzen ist, um einfachere Kenntnisse und Fertigkeiten zu vermitteln. Die Arbeit des Lehrers würde dadurch entlastet und folglich könne sich dieser mehr auf die Entwicklung „höherer" Lernziele konzentrieren, d.h., der Lehrer würde dadurch in die Lage versetzt, seine Kräfte mehr auf das Lehren von Begriffen und Regeln, auf das Entwickeln von Einstellungen und Werthaltungen bei seinen Schülern zu richten (JOINER et al., 1980). Dies gilt aber nicht für alle Unterrichtsfächer in gleicher Weise. Studien, die in der Sekundarstufe I (7. bis 9. Schuljahre) durchgeführt wurden, ergaben z.B., daß sich das Lernen mittels Programmierter Instruktion mehr in den gesellschafts- und sozialkundlichen Fächern, weniger in den mathematischen Fächern fördern ließ (KULIK et al., 1982). Aber auch diese Feststellung bedarf wiederum einer Einschränkung. DOTY und DOTY (1964) wiesen nach, daß zwischen der sozialen Motivation eines Lernenden und seinen Lernfortschritten bei Programmierter Unterweisung eine negative Beziehung besteht. Das bedeutet, daß die angeblichen Vorzüge dieser Methode, wie individuelles Arbeiten, Vermeidung von Wettstreit und sozialem Druck, sich bei solchen Schülern geradezu nachteilig auswirken, die durch hohe Sozial-Motivation zu kennzeichnen sind.

7.5.7 Die Computer-unterstützte Instruktion

Die nach CROWDER entwickelten verzweigten Programme sind dem Lernenden zunächst vor allem in Buchform dargeboten worden. Fortschritte in der Computertechnik einerseits und eine aufwendige Förderung von Forschungen im Bereich der Unterrichtstechnologie in den sechziger Jahren lenkten das Interesse verstärkt auf die Computer-unterstützte Instruktion oder CUI (BRAMBLE und MASON, 1985; BUNDERSON und FAUST, 1976).

In einiger Hinsicht ähnelt CUI der Programmierten Instruktion. Im einfachsten Fall weist der Lehrer der CUI die Aufgabe zu, Übungsphasen des Unterrichts zu übernehmen. Der Lernende sitzt vor einem Bildschirm, auf dem z.B. nacheinander bestimmte Mathematikaufgaben sichtbar werden; das jeweilige Ergebnis ist über eine Tastatur einzugeben und wird unmittelbar darauf vom Rechner überprüft, d.h., der Lernende erfährt sofort, ob er falsch oder richtig gerechnet hat. Entsprechend läßt sich beim Einprägen von Vokabeln oder von Faktenwissen verfahren. Neben dem „Drill- und Praxissystem" läßt sich die CUI nach SUPPES et al. (1968) auch als Tutorensystem nutzen. In diesem Fall übernimmt der Rechner sowohl die Darbietung der Information, prüft aber auch deren angemessene Verarbeitung. Bevor der eigentliche Instruktionsteil beginnt, werden dem Schüler – programmgesteuert – Testfragen vorgelegt. Seine Antworten geben Auskunft über das Niveau der Eingangsvoraussetzungen, durch dessen Bestimmung entschieden wird, an welcher Stelle der Lehrsequenz der Schüler „einsteigen" kann. Bei der Durcharbeitung des Programms erfolgt ständig eine Analyse der Antworten, denn bei Vorliegen eines sehr differenzierten Programms kann stets aufs neue festgelegt werden, mit welchen Aufgaben jeweils fortzufahren ist. Rückmeldungen über die gegebenen Antworten kann der Schüler – bei entsprechender Abfrage auch der Lehrer – relativ schnell nach einer Eingabe erhalten. Zur Förderung der Selbständigkeit im Lernprozeß lassen sich Rückmeldungen aber ebenso für eine bestimmte Zeit unterbinden. Wegen ihrer großen Speicherkapazität vermögen moderne Großrechner mit mehreren tausend Schülern gleichzeitig zu interagieren, die sich jeweils auf unterschiedlichen Niveaus mehrerer Lernprogramme finden, womöglich sogar bei großer räumlicher Entfernung voneinander.

Noch immer in der Planungsphase findet sich das „Dialog-System" (Suppes et al, 1968), das dem Lernenden ermöglichen soll, eine „Unterhaltung" mit dem Computer zu führen, d.h., z.B. Fragen zu stellen, um weitere Erläuterungen zu bitten usw. Zunehmende Bedeutung haben in den letzten Jahren „Lernspiele" gewonnen, die nach KLAUSMEIER und RIPPLE (1971) folgende Schritte beinhalten:

1. Der Computer ist zur Simulation komplexerer Problemsituationen programmiert.
2. Der Schüler wird aufgefordert, in einer dargestellten Situation Leitungsfunktion zu übernehmen und zahlreiche Entscheidungen zu treffen.
3. Der Computer ist so programmiert, daß er sich den Eingaben und Entscheidungen des Schülers anzupassen vermag und den Ereignisablauf entsprechend den Entscheidungen des Schülers verändern kann.

Ein Beispiel liefert das folgende Spiel von WING (1966):

C(omputer): Stell Dir vor, daß Du soeben – im Jahre 3500 v.Chr. – zum Herrscher von Lagash, einem Stadtstaat der Sumerer, gemacht worden bist. Urbaba, Dein königlicher Proviantmeister, gibt Dir zweimal jährlich über die wirtschaftliche Lage des Königsreichs einen Bericht. Auf der Grundlage dieser Berichte entscheidest Du über die Verwendung des Getreides und anderer Güter, wobei Du Dich bemühst, die Bevölkerung ausreichend zu ernähren und ihre Größe konstant zu halten. Zwischen zwei Berichten kommt Dein Hofberater mit Nachrichten aus Deinem Königreich.

Erster Wirtschaftsbericht an den neuen Herrscher von Lagash von seinem untertänigen Proviantmeister:

Aktuelle Zahl der Gesamtbevölkerung	500
Kultiviertes Ackerland, in Morgen	600
Gesamter Getreidevorrat, in Scheffel	900
ein Jahr alt	900
zwei Jahre alt	0
drei Jahre alt	0
Gesamte neue Ernte in Scheffel	13.000
Gesamter Getreidebestand, Ernte und Vorräte	13.900

Du mußt nun entscheiden, wie Du Deine Vorräte nutzen willst. Wieviel Scheffel Getreide willst Du zur ERNÄHRUNG Deines Volkes zur Verfügung stellen?

S(chüler):	4.000

C: Wie viele Scheffel Getreide soll die nächste ERNTE erbringen?

S:	9.000

C: Das bedeutet, daß null Scheffel aus dem Speicher genommen werden müssen. Ist das in Ordnung? Möchtest Du Deine Entscheidung (1) so belassen oder (2) sie revidieren?

S: 1

C: Restbestand in Scheffel	900

Der Proviantmeister wird die königlichen Befehle ausführen und nach sechs Monaten zurückkehren.

„Herr, ich muß Euch leider mitteilen, daß in der vergangenen Saison 225 Scheffel Getreide verdorben sind oder von Ratten gefressen wurden."

Neuere Computer-Spiele gleichen dem dargestellten Beispiel weitgehend. Sie nutzen allerdings in starkem Maße die Möglichkeit der beweglichen Bilddarstellung.

7.6 Die Berücksichtigung individueller Differenzen

Bei der Darstellung der Lehrverfahren standen Aspekte der Individualisierung noch im Hintergrund, obwohl der Lehrer bei ihrem Einsatz selbstverständlich Besonderheiten der Schülerpersönlichkeit berücksichtigen wird: Bei der Auswahl einer Frage sind z.B. Inhalt und Schwierigkeit auf einen bestimmten Schüler abzustimmen, bei der darstellenden Methode besteht die Möglichkeit, für einzelne Kinder Zusatzerklärungen oder sogar ergänzende Kurse (Förderunterricht) zu geben, und auch bei der Zusammenstellung von Diskussionsgruppen wird der Lehrer intuitiv individuellen Besonderheiten der Teilnehmer Rechnung tragen. Gegenüber den mehr auf Intuition des Lehrers basierenden Maßnahmen besitzen formale Methoden zur Individualisierung der Instruktion eine ausgearbeitete Konzeption; diese ist in der Regel als Ergebnis – u.U. längerer – wissenschaftlicher Arbeit zustandegekommen.

Den meisten Formen der Individualisierung liegen die folgenden drei Annahmen zugrunde (HUNTER, 1977):

1. Jeder Schüler ist in der Lage, über das, was er bereits weiß oder kann, hinauszugehen. Die Aufgabe eines Lehrers besteht in der Auswahl jener neuer Lerninhalte, die den einzelnen bezüglich ihres Neuigkeitsgrades (s. S. 252 ff.) und ihres Schwierigkeitsgrades (s. S. 264 ff.) optimal motivieren und die für ihn „assimilierbar" sind, d.h., die er in seine kognitive Struktur einzufügen vermag.
2. Verschiedene Schüler verfügen über unterschiedliche Strategien der Aufnahme und Verarbeitung von Informationen. Die Aufgabe des Lehrers besteht darin, diese Strategien zu identifizieren und seine Instruktion darauf abzustimmen.
3. Die Hilfen und Anregungen, die Schüler von ihrem Lehrer benötigen, sind unterschiedlich.

Bemühungen zur Individualisierung des Unterrichts sollten nicht darauf gerichtet sein, den Schüler über längere Zeiträume allein arbeiten zu lassen und von anderen zu isolieren; damit würde man ihm wesentliche Anregungen einer sozialen Lernsituation vorenthalten. Es widerspricht Bemühungen zur Individualisierung folglich nicht, wenn jene Schüler in Gruppen zusammengefaßt werden, die sich bezüglich ihrer Interessen, Arbeitsformen, Fähigkeiten usw. bis zu einem gewissen Grade ähneln. Wie homogen bzw. heterogen Lerngruppen sein sollten, ist allerdings weiterhin Gegenstand heftiger Diskussionen. Die Einrichtung von Lerngruppen schließt aber selbstverständlich nicht aus, daß der Lernende vorübergehend auch einmal Instruktionen in der Alleinsituation empfängt, so z.B. durch Programmierten bzw. Computer-unterstützten Unterricht. In der geschickten Abwechslung von Phasen der individuellen und der gemeinsamen Instruktion könnte der Schlüssel zur Verwirklichung des *Mastery-Learning-Konzeptes* liegen, wonach „alle Schüler es schaffen können".

7.6.1 Die Gruppierung nach Fähigkeiten

Die Klassifikation von Lernenden nach einem oder mehreren Merkmalen führt in ihrem Ergebnis zu einer homogenen Gruppierung. Auf diese Weise entstehen z.B. Jahrgangsklassen, Geschlechtertrennungen usw. Sofern als klassifizierende Merkmale etwa die Intelligenz oder die Leistungsfähigkeit (in einem spezifischen Unterrichtsfach oder gemittelt über mehrere Fächer) herangezogen werden, erhält man eine Gruppierung nach Fähigkeit. In einer Lerngruppe finden sich somit Schüler, die sich bezüglich des oder der klassenstiftenden Merkmale hochgradig ähneln. Im Unterschied dazu kann man Schüler, die sich bezüglich relevanter Merkmale (Intelligenz, Leistungsfähigkeit usw.) eindeutig voneinander unterscheiden, in einer Klasse gemeinsam unterrichten; man spricht in einem solchen Fall von einer heterogenen Gruppierung.

Gegenstand heftiger Diskussionen ist vor allem die Gruppierung nach dem Leistungsverhalten der Schüler (Leistungskurse), nach ihrer (fachspezifischen) Begabung. In einer umfangreicheren Analyse von empirisch ausgerichteten Untersuchungen, die thematisch die Wirkungen von Fähigkeitsgruppierungen zum Inhalt hatten, wurde von ESPOSITO (1973) für das *akademische Leistungsverhalten* zusammenfassend folgendes festgestellt: Es lassen sich keine Belege dafür nachweisen, daß durchgängig die homogene Gruppierung eine vergleichsweise günstige Förderungsbedingung für das Leistungsverhalten darstellt. Auch KULIK und KULIK (1982) kamen nach Auswertung von 52 Studien zu dem Schluß, daß unter Gruppierungsbedingungen nur ein sehr geringer förderlicher Einfluß auf das Leistungsverhalten nachzuweisen ist; lediglich für außerordentlich begabte Schüler ergaben sich eindeutig positive Leistungseffekte.

Wenn man einmal von methodischen Bedenken absieht, die generell die Gültigkeit der Ergebnisse einschlägiger Untersuchungen herabmindern (GOLDBERG et al., 1966; ROSENBAUM, 1980), könnte man fragen, ob die kleinere Anzahl sehr begabter Schüler, die möglicherweise von einer homogenen Gruppierung profitiert, nicht Rechtfertigung genug bietet, diese Differenzierungsform beizubehalten oder einzuführen. Die Pädagogische Psychologie kann zwar letztlich keine Entscheidung treffen, sie vermag aber darauf hinzuweisen, daß eine homogene Gruppierung Voraussetzungen fordert, die in der Schulpraxis kaum erfüllbar sind.

Die Einrichtung homogener Gruppen verlangt zunächst die Beantwortung der Frage, auf welcher Merkmalsgrundlage die Homogenität realisiert werden soll. Damit stellt sich ein Problem, dessen Bewältigung mit erheblichen Schwierigkeiten verbunden ist. Sollte man die Gruppierung von Schülern nach ihrer jeweiligen intellektuellen/schulischen Leistungsfähigkeit *über alle Fächer hinweg* (fachunabhängige Gruppierung) durchführen? Das wäre keinesfalls unbedenklich. Bereits alltägliche Erfahrungen in der Schule zeigen, daß überragende Leistungen in einem Fachgebiet kein entsprechendes Niveau in allen Fächern garantieren. Darauf hat CRONBACH (1963) bereits vor längerer Zeit mit der Feststellung hingewiesen, daß Schüler, die in einer Hinsicht homogen sind, in anderen Dimensionen fast so viele Unterschiede zeigen, wie eine Gruppe unausgelesener Kinder. Faßt man also z.B. in einer Klasse nur solche Kinder zusammen, die mindestens einen IQ von 135 besitzen, dann hat man damit noch nicht die Leistungsstreuungen im Lesen oder Rechnen beseitigt.

Wenn man seine Forderung nach Homogenisierung von Gruppen dennoch aufrecht zu erhalten wünscht, bleibt nur übrig, die „fachgebundenen" Gruppierungen einzurichten. Dabei werden die Schüler für jeweils einzelne Fächer in Niveaugruppen eingeteilt. Den Befürwortern ist allerdings entgegenzuhalten, daß sich mit dieser Gruppierungsform ebensowenig durchgängig bessere Lernleistungen haben nachweisen lassen (YATES, 1966). Dies mag mit der auch in diesem Fall ungelösten Frage zusammenhängen, auf welcher Grundlage die Eingruppierung erfolgen sollte. Grundsätzlich kommt dafür die vom Lehrer vorgenommene Beurteilung in Frage. Eine derart fundierte Differenzierungsentscheidung ist jedoch problematisch, denn es ließ sich zeigen, daß solche Urteile – auch wenn sie von Schultestergebnissen gestützt werden – in beträchtlichem Umfang neben der jeweiligen Begabung auch die allgemeine Anpassungsfähigkeit des Lernenden an das schulische System anzeigen. Die allgemeine Anpassungsfähigkeit überlagert spezifischere Begabungsfaktoren, die durch das Lehrerurteil – vor allem in den unteren Schuljahren – erheblich schwächer ausdifferenziert werden (LANGFELDT und FINGERHUT, 1984). Das Lehrerurteil trägt somit differentiellen Aspekten der Begabungsstruktur zu wenig Rechnung (ROEDER, 1974; MIETZEL, 1977).

Allerdings läßt sich gleichzeitig nachweisen, daß zwischen den einzelnen Gruppen im Mittel ein relativ konstanter Niveau-Unterschied bestehen bleibt. Als Beleg wären z.B. Untersuchungen innerhalb des deutschen Schulsystems zu benennen. Bekanntlich wird in deutschsprachigen Gebieten seit vielen Jahrzehnten nach Niveaugruppen differenziert. Zumeist ist vorgesehen, daß ein Kind nach erfolgreichem Abschluß des vierten Grundschuljahres seiner jeweiligen Leistungsfähigkeit entsprechend entweder der Hauptschule, der Realschule oder dem Gymnasium zugewiesen wird.

Reformerische Kräfte wollten diese drei Schularten zwar wiederholt als gleichwertige, lediglich verschiedenartige Begabungen fördernde Institutionen konzipieren. Tatsächlich läßt sich aber den Normen-Tabellen von sämtlichen schulischen Intelligenz- und Leistungstests (z.B. WEISS, 1978; CONRAD et al., 1971; SCHALLBERGER und TRIER, 1978) entnehmen, daß zwischen den Schultypen ein stabiles, mit höheren Klassenstufen sogar noch zunehmendes Leistungsgefälle besteht. Es ist allerdings fraglich, ob solche Unterschiede im Leistungsverhalten nur aufgrund von Fähigkeitsdifferenzen entstanden sind.

Das Leistungsverhalten eines Schülers wird nicht unerheblich von den *Erwartungen* bestimmt, welche die Umwelt nach erfolgter Einweisung in eine Leistungsgruppe höheren oder geringeren Niveaus an diesen stellt (s. hierzu die Darstellung über Erwartungseffekte S. 300 ff.). Wer in einer Gruppe des oberen Niveaus arbeitet, besitzt also insofern vergleichsweise günstige Bedingungen, als die Umwelt hohe Anforderungen an ihn stellt. Bei Mitgliedern unterer Leistungsgruppen besteht dagegen eine gewisse Wahrscheinlichkeit, daß sie die verminderten Leistungserwartungen ihrer Lehrer erfüllen. Aber nicht nur die jeweils Unterrichtenden können an Gruppen unterschiedlichen Niveaus jeweils entsprechende Erwartungen herantragen. Auch die Autoren, die z.B. die Richtlinien für Haupt-, Realschulen und Gymnasien gestalten, haben Erwartungen. Es gibt Hinweise dafür, daß die auf diese Weise definierten Anforderungen für verschiedene Gruppen (bzw. Schularten) in sehr viel stärkerem Maße Leistungsdifferenzierungen schaffen als jene, die der Lehrer an die Schüler einer Schulklasse differentiell herantragen kann (BROPHY, 1983a).

Es ist weiterhin damit zu rechnen, daß – nach Ergebnissen zahlreicher Untersuchungen (ESPOSITO, 1973) – durch die Einweisung in untere Leistungsgruppen eine Beeinträchtigung des Selbstwertgefühls erfolgt. Schließlich ist zu berücksichtigen, daß die vermeintlich schwächeren Schüler von den „Begabteren" und damit von deren Vorbildwirkung isoliert werden. Eine am Anfang problematische Einweisung eines Schülers in ein bestimmtes Anforderungsniveau rechtfertigt sich im Verlauf der Zeit, indem Anpassungkräfte des Systems wirksam geworden sind.

Es stellt sich die Frage, weshalb die Forderung nach Einrichtung homogener Gruppierungen trotz solcher Ergebnisse bis heute immer noch Befürworter findet. Bereits vor längerer Zeit hat BETTELHEIM (1958) darauf mit der Vermutung geantwortet, daß hinter dem vielfach von Eltern und Lehrern geäußerten Wunsch, für begabtere Kinder eine Förderung in gesonderten Kursen einzurichten, das nicht gerade wünschenswerte Motiv nach Trennung der sozialen Schichten stecken könnte. In einer besonders gründlichen Untersuchung von GOLDBERG et al. (1966) an 2.200 Kindern aus 86 Klassen in 45 Schulen zeigte sich, daß eine Gruppierung wegen des wiederholt nachgewiesenen Zusammenhangs zwischen Intelligenz und sozialer Schichtung nicht nur unterschiedliche Leistungsniveaus, sondern gleichzeitig verschiedene soziale Schichten voneinander trennt (siehe hierzu auch ROLFF, 1980). Wenn man aber Mitglieder verschiedener sozialer Schichten voneinander isoliert, läuft man auch Gefahren; darauf weisen BANY und JOHNSON (1964) mit folgender Feststellung hin: „Da zu den dringlichsten Problemen unserer Gesellschaft die mitmenschlichen Beziehungen, die Kriminalität und die geistige Gesundheit gehören, wird vielleicht der Zeitpunkt kommen, an dem wir zu überprüfen haben, ob wir einen zu hohen Preis für das akademischen Lernen zahlen."

Lassen die bisher genannten Argumente und Untersuchungsbefunde nunmehr noch eine andere Empfehlung zu als die, auf jegliche leistungsbezogene Gruppierung zu verzichten? GOLDBERG und seine Mitarbeiter (1966) gelangten zu dem Schluß, daß die Gruppierung nach Fähigkeiten an sich weder als gut noch als schlecht bezeichnet werden kann. Sofern sich eine Differenzierung notwendigerweise aus den vorliegenden Unterrichtsproblemen ergibt, die Arbeits- und Lernbedingungen den Besonderheiten der jeweiligen Gruppen tatsächlich angepaßt werden und so gestaltet sind, daß sie eine Förderung auf jedem Niveau ermöglichen, ohne gleichzeitig die oben erwähnten negativen Effekte hervorzubringen, mögen sich damit durchaus wünschenswerte Ergebnisse erreichen lassen. Allerdings hat sich die Unterrichtsforschung bislang zu wenig der Frage zugewandt, unter welchen Bedingungen ein solches Ziel zu erreichen ist. Statt die Frage zu klären, wie der Lehrer seine Instruktion am besten auf unterschiedliche Fähigkeitsniveaus abstimmen könnte, hat man fast ausschließlich zu klären versucht, ob sich mit einer Gruppierung nach Fähigkeiten grundsätzlich eine bessere Förderung des Leistungsverhaltens erreichen läßt (ROSENBAUM, 1980).

7.6.2 Die Größe der Schulklasse

Da die Gruppierung von Schülern nach ihren Fähigkeiten offenbar nicht durchgängig die Unterrichtseffektivität begünstigt und dieser Maßnahme zudem erhebliche sozialpolitische Bedenken entgegenstehen, hat man die Frage gestellt, ob mit einer Verringerung der durchschnittlichen Klassengrößen wünschenswerte Effekte zu erreichen sind. Immerhin wäre plausibel, daß ein Lehrer, der nur einer kleinen Klasse gegenübersteht, sich jedem einzelnen Schüler besser widmen kann, indem er verstärkt die jeweils bestehenden Lernvoraussetzungen erkennt und berücksichtigt sowie inhaltlich aussagekräftigere Rückkoppelungen gibt. Zu erwarten ist ebenso, daß die Mitglieder einer kleineren Schulklasse stärker im Unterricht aktiv werden können als in einer größeren.

Ein neuerer Übersichtsartikel von SMITH und GLASS (1980), der fast 60 Untersuchungen mit 371 Befunden berücksichtigt hat, kommt zu dem Ergebnis, daß sich das Leistungsverhalten umso besser fördern läßt, je kleiner die Lerngruppe ist. Allerdings tritt dieser Zusammenhang erst besonders deutlich bei Klassengrößen ab 15 Schülern und darunter zu Tage; nachweisbar ist er aber auch bei Klassenfrequenzen zwischen 20 und 40. Dennoch bleibt dieses Analyseergebnis umstritten. GLASS et al. (1982) stellen ausdrücklich fest, daß es bestimmte Faktoren gibt, die den Zusammenhang zwischen Klassengröße und Leistungsverhalten (oder Einstellung) mitdeterminieren. Wünschenswerte Effekte dürfen somit nicht automatisch mit der Verminderung einer Klassengröße auftreten. Es ist der Verdacht naheliegend, daß die kleine Gruppe zwar eine günstige Bedingung darstellt, die sich aber nur realisiert, wenn der Lehrer sich bezüglich seiner Instruktion auf diese einstellt. Nach übereinstimmenden Befunden machen Lehrer in ihrem Unterricht aber keineswegs immer von den Möglichkeiten Gebrauch, die ihnen eine kleinere Klasse bietet.

SHAPSON et al. (1980) fanden in einer experimentellen Studie z. B., daß Lehrer sehr positiv über kleine Klassen und weniger günstig über große Klassen denken. Die Befragten meinten vor allem, daß sie bei wenigen Schülern besser zu individualisieren vermögen. Nach tatsächlichen Erfahrungen mit einer bestimmten Gruppengröße fühlten sie sich sogar noch in ihren Auffassungen bestätigt. Die Beobachtung der Lehrer im Unterricht ergab jedoch, daß diese ihren Unterrichtsstil zumeist nicht veränderten, wenn sie unterschiedlich große Klassen zu unterrichten hatten. Die meisten positiven Erwartungen, die Lehrer an den Unterricht in einer kleinen Klasse knüpften, ließen sich durch unabhängige Prüfungen nicht nachweisen.

Damit bestätigten SHAPSON et al. ein bereits wiederholt mitgeteiltes Ergebnis, wonach sich durch Verkleinerung der Klassengröße keineswegs *automatisch* eine günstigere Unterrichtsbedingung ergibt. Wenn der Lehrer nämlich in einer kleinen Klasse ebenso unterrichtet wie in einer größeren, die Möglichkeiten der Individualisierung also gar nicht nutzt, ist der nachweisbare Vorteil nur gering (FISKE, 1975). FISKE (1978) fand zudem, daß von einer entsprechend individualisierten Instruktion in einer kleineren Klasse nicht alle Schüler in gleicher Weise profitieren: Schüler mit Lernschwierigkeiten und solche aus sozial benachteiligten Familien sind unter dieser Bedingung am stärksten zu fördern. Zu empfehlen ist weiterhin, die Klassen klein zu halten für Schulanfänger, die ihren Anfangsunterricht in Lesen und Rechnen erhalten (FISKE, 1978).

7.6.3 Das Konzept des zielerreichenden Lernens

Dem Konzept des zielerreichenden oder *Mastery*-Lernens unterliegt „in Theorie und Praxis eine explizite Philosophie des Lehrens und Lernens" (BLOCK und BURNS, 1976). Es ist entwickelt worden, um dem Problem der Leistungsstreuung in der Schulklasse entgegentreten zu können und dem „leistungsschwachen" Schüler Hilfen anbieten zu können: „... die Schulen fahren fort, nur etwa einem Drittel unserer Lernenden erfolgreiche und befriedigende Lernerfahrung zu vermitteln." Das zielerreichende Lernen kann dagegen „fast allen Schülern erfolgreiche und befriedigende Lernerfahrungen anbieten ..." (BLOCK, 1971). Wäre es nicht möglich, so fragt BLOCK, daß man individuelle Differenzen nur als Sündenbock für wirkungslose Instruktionen verwendet hat?

Der Begriff des zielerreichenden Lernens verbindet sich vor allem mit dem Namen BLOOM (1968), der jedoch betont, er habe wesentliche Anregungen von den Gedanken CARROLLs (1963) erhalten. CARROLL ging davon aus, daß die Wahrscheinlichkeit für einen Schüler, eine Aufgabe zu bewältigen, von folgenden Faktoren abhängt:

– von seinen *Fähigkeiten*, die ihrerseits von der genetischen Ausstattung und den vorausgegangenen Lernerfahrungen bestimmt werden,
– von der Fähigkeit, die *Instruktion zu verstehen.*- Sie hängt ab von der allgemeinen Intelligenz und den verbalen Fähigkeiten und
– von der *Ausdauer,* das ist die Motivationsvariable, von der abhängt, wie lange ein Lernender bereit ist, sich mit einer Aufgabe zu beschäftigen.

Diese Schülermerkmale ergänzte CARROLL durch zwei Variablen, die sich auf die schulische Situation beziehen. Es handelt sich dabei

– um die Qualität der Instruktion und
– um die für das Lernen zur Verfügung stehende Zeit.

> Die im letzten Punkt genannte Zeitvariable ist in der Vergangenheit nicht immer einheitlich definiert worden. GETTINGER (1985) differenziert zwischen der objektiv zur Verfügung stehenden Zeit, der vom Lernenden genutzten Zeit und der bis zur Beherrschung des Lernmaterials benötigten Zeit. Schüler erhalten z.B. 60 Minuten Zeit, um sich etwas einzuprägen. Sie nutzen davon vielleicht aber nur 35 Minuten, da sie nach dieser Zeit bereits der Meinung sind, die Aufgabe zu beherrschen. Tatsächlich würden die Schüler aber 50 Minuten bis zur Beherrschung benötigen. Wie GETTINGER (1985) feststellte, sind Schüler vierter und fünfter Schuljahre nicht ausreichend in der Lage, die benötigte Lernzeit abzuschätzen. Als sie einigen ihrer Versuchsteilnehmer die Bestimmung der Übungsdauer selbst überließ, nutzten diese nur 68 Prozent der Zeit, die sie objektiv benötigt hätten. Die Leistungen dieser Schüler waren im Durchschnitt geringer als die einer anderen Schülergruppe, bei denen die Übungsdauer der benötigten Zeit angepaßt worden war. Für den Lehrer ergibt sich somit die Empfehlung, sich bei der zur Verfügung zu stellenden Übungszeit stets an den individuellen Bedürfnissen seiner Schüler zu orientieren und zudem zu prüfen, ob der Lernende die Lerngelegenheit auch tatsächlich nutzt.

BLOOM (1968) argumentierte, daß Schüler, die sich bezüglich ihrer fachspezifischen Begabung (das ist die für das Lernen benötigte Zeit) normal verteilen und die die gleiche Instruktion erfahren haben (bezüglich der Qualität, der Menge der Lehrinhalte und der zur Verfügung gestellten Zeit), am Ende einer Unterrichtseinheit wiederum normalverteilte Leistungen zeigen (zur Problematik der Annahme einer Normalverteilung von Begabungen siehe S. 322 ff.).

Wenn man dagegen denselben Schülern eine Instruktion anbietet, die sowohl bezüglich ihrer Qualität als auch hinsichtlich der zur Verfügung gestellten Zeit den individuellen Besonderheiten der Lernenden angepaßt wurde, ist mit einer nicht-normal verteilten Leistungskurve zu rechnen, d.h., daß die meisten Schüler die gesetzten Lernziele erreichen werden. BLOOM (1974) meinte, den Nachweis erbringen zu können, daß sich ein Verhältnis von 3 : 1 ergeben würde, wenn man in amerikanischen Schulen die 20 Prozent besten und die 20 Prozent schwächsten Schüler bezüglich der Menge des von ihnen Gelernten miteinander vergleichen würde. Bei einem Unterricht mit *Mastery*-Orientierung würde sich der Abstand beider Gruppen auf ein Verhältnis von 1,5 : 1 verringern. Da die Leistung eines Schülers Beziehungen zu seinem Selbstkonzept aufweist und da dieses sich bei gutem Ergebnissen positiv entwickelt, schreiben die Befürworter dem *Mastery*-Lernen nicht nur positive Wirkungen auf den kognitiven, sondern ebenso auf den affektiven Bereich zu (BLOOM, 1968).

Ein Unterricht, der das *Mastery*-Lernkonzept realisiert, ist prinzipiell folgendermaßen aufgebaut: Nachdem der Lehrer seine Planungsphase abgeschlossen hat (in der u.a. die Lernziele präzisiert, der Themenkomplex in kleinere Lehreinheiten zerlegt, die Instruktionsmethoden bestimmt worden sind), beginnt er mit dem Unterricht der ersten Lehr-Einheit (Instruktionsphase), an deren Ende er eine Testuntersuchung durchführt. Durch ihre Ergebnisse identifiziert er zum einen die Schüler, die als erfolgreich einzustufen sind, gleichzeitig aber auch jene, die die jeweiligen Lernziele noch nicht erreicht haben. Die Aufmerksamkeit des Lehrers richtet sich als nächstes auf diese zuletzt genannte Gruppe (Förderungsphase). Ihren Mitgliedern widmet er nunmehr zusätzliche Zeit, indem er weitere Übungen ansetzt. Allerdings wählt er für Wiederholungen nicht identisches Material aus, weil dieses für den Schüler nur noch einen geringen Motivationsanreiz besitzt. Diese Phase der zusätzlichen Förderung, in der es um die Beseitigung der noch vorhandenen Schwierigkeiten geht, wird solange fortgesetzt, bis alle oder wenigstens die meisten (etwa 95 Prozent der Lernenden) es schaffen. Sodann beginnt die nächste Lehr-Einheit, die abermals aus den bereits genannten Maßnahmen besteht.

Mit Realisierung der Empfehlung BLOOMs entsteht selbstverständlich sehr schnell das Problem, das ein Lehrer in die Frage kleiden dürfte, was er während des Förderungsunterrichts mit den „schnelleren" Schülern machen soll. BLOOM antwortet darauf mit zwei Empfehlungen: Diese Schüler könnten sich entweder mit Zusatzmaterial beschäftigen, wodurch das bisher Erreichte noch zu vertiefen wäre, oder sie würden als Tutoren für jene Mitschüler eingesetzt, die noch zusätzlicher Hilfen bedürften. Es ist fraglich, ob den Praktiker diese Antwort befriedigen kann. Gleiches gilt für BLOOMs Überzeugung, daß sich Unterschiede zwischen Schülern bezüglich ihrer Lernfähigkeit, ihrer Lerngeschwindigkeit und ihrer Motivation allmählich vermindern, wenn ihnen ein Unterricht zuteil wird, der ihren besonderen Voraussetzungen, d.h. ihren Bedürfnissen und Fähigkeiten, Rechnung trägt. Zwar konnte ANDERSON (1976) für einen Mathematikkursus tatsächlich nachweisen, daß Schüler, die nach der ersten Lehr-Einheit Hilfen benötigten und diese auch erhielten, nach der dritten Lehr-Einheit nicht mehr Übungszeit in Anspruch nehmen mußten als andere, die bereits nach der ersten Einheit erfolgreich gewesen waren. Berücksichtigt man aber die Gesamtheit der vorliegenden Untersuchungen, dann muß man feststellen, daß die Behauptung einer kontinuierlichen Abnahme individueller Differenzen im Laufe der Zeit weniger gut belegt ist als die der Kritiker, die von einer Konstanz oder gar Vergrößerung der Unterschiede zwischen Schülern ausgehen (ARLIN, 1984). Sofern die Vertreter des zielerreichenden Lernens die Gleichheit nur durch den Faktor zusätzlicher Lernzeit erreichen wollen und nicht auf Lehrformen zurückgreifen können, durch die die verschiedenen Begabungsniveaus jeweils optimal zu fördern sind (siehe hierzu die Ausführungen des nachfolgenden Abschnitts), werden Kritiker nicht verstummen, den „Mythos" der abnehmenden Differenzen (BUSS, 1976) als „psychologische Falle" (COX und DUNN, 1979) zu brandmarken.

Man sollte den Wert des *Mastery*-Lernkonzepts nicht ausschließlich danach beurteilen, wie viele darin enthaltene Annahmen praktizierbar sind. So steht z.B. außer Frage, daß Lehrer in den meisten Schulen gar nicht in der Lage wären, jedem Schüler die Zeit zu widmen, die er jeweils benötigt. Der Hauptbeitrag des zielerreichenden Lernens sollte deshalb in seiner „Philosophie" gesehen werden. Sie rückt den Auslesegedanken in den Hintergrund schulischer Arbeit, und in den Vordergrund tritt zum einen die Frage, wie jeder Lernende adäquat zu fördern ist, zum anderen die Verpflichtung, diesem bei auftretenden Schwierigkeiten zu helfen. Bei den zahlreichen Untersuchungen, die „Erfolge" des *Mastery*-Lernens nachgewiesen haben, waren stets Lehrer beteiligt, welche die „Philosophie" dieses Ansatzes akzeptiert haben. Wahrscheinlich sind die positiven Ergebnisse nicht unerheblich durch die Orientierung der Lehrer mitbestimmt worden.

7.6.4 Wechselwirkungen zwischen Schülermerkmalen und Instruktionsverfahren

Das Konzept des zielerreichenden Lernens sieht vor, daß Lernende, die das Teilziel nach Abschluß einer Lehreinheit nicht erreicht haben, mit den Inhalten noch einmal konfrontiert werden, allerdings unter Variation der Instruktionsbedingungen; es werden z.B. andere Übungen angeregt oder neue Lernmaterialien verwendet. Ob man dem Lernenden, für den der Unterricht während der Instruktionsphase zu kurz, inhaltlich überfordernd oder beides war, durch die nachfolgende Förderung adäquatere Anregungen zu bieten vermag, bleibt jedoch in der Regel eine offene Frage. Wäre es nicht möglich, daß für den Schüler in beiden Phasen Lernbedingungen geschaffen worden sind, die angesichts der jeweils vorliegenden individuellen Persönlichkeitsmerkmale kein Optimum an Lernförderung darstellten? Mit dieser Frage wird bereits ein typisches Problem jenes Forschungsgebietes angerissen, das Wechselwirkungen zwischen Schülermerkmalen und Instruktionsmethoden zum Gegenstand hat (sog. A-T-I-Forschung; A für *aptitude*, T für *treatment* und I für *instruction* oder W-S-U- Forschung für Wechselwirkung zwischen Schülermerkmal und Unterrichtsmethode nach FLAMMER, 1975).

239

Wesentliche Impulse hat die W-S-U-Forschung durch eine Konferenz erhalten, die im Jahre 1965 in Pittsburg, USA, durchgeführt worden ist. Man kann diese Zusammenkunft namhafter Wissenschaftler, deren Beiträge zwei Jahre später von GAGNÉ (1967) veröffentlicht worden sind, „als bedeutsamen Meilenstein und Wendepunkt in der Geschichte der Lernpsychologie" (FEDERICO, 1980) bezeichnen. CRONBACH (1967) wies seinerzeit auf die Notwendigkeit hin, zwei bis dahin weitgehend unabhängige Forschungstraditionen zu integrieren.

> Experimentell arbeitende Lernpsychologen waren auf der Suche nach Bedingungen, die bezüglich der Lerneffektivität anderen eindeutig überlegen waren. Man ging davon aus, daß es möglich sein müßte, die „beste" Instruktionsmethode zu identifizieren. Zwar waren in den Untersuchungen interindividuelle Differenzen nicht zu übersehen; man neigte aber dazu, darin eher eine lästige Begleiterscheinung zu sehen, durch die die Bemühungen zur Erkenntnisgewinnung erschwert wurden. Andere Psychologen waren zu gleicher Zeit mit dem Studium der individuellen Differenzen beschäftigt. Man legte den Versuchspersonen Aufgaben vor und deckte Zusammenhänge zwischen Leistungsverhalten und Aufgabenarten auf, ohne sich verstärkt um die Klärung der Frage zu bemühen, welche Lernmethode bei welcher Aufgabe die höchste Effektivität aufwies. CRONBACHs Plädoyer zielte darauf, bei der Erklärung von Leistungsdifferenzen Wechselwirkungen von Schülermerkmalen und Unterrichtsmethode in den Blickpunkt zu nehmen.

In der W-S-U-Forschung geht man davon aus, daß die Effektivität einer Instruktionsmethode nur in Abhängigkeit von spezifizierten Schülermerkmalen bestimmt werden kann. Dabei ist auf seiten des Schülers jedes Merkmal in den Blickpunkt zu rücken, daß die Wahrscheinlichkeit eines Erfolgs unter einer gegebenen Instruktionsmethode erhöht oder vermindert. Variationen der Instruktion sind nicht nur bezüglich der Methode, sondern auch bezüglich der Zeitdauer möglich, die für die einzelnen Lernabschnitte zur Verfügung steht.

SALOMON (1971) hat vorgeschlagen, zwischen drei verschiedenen W-S-U-Modellen zu unterscheiden, die er im Sinne einer gegenseitigen Ergänzung verstanden wissen möchte.

Das erste, auf *Förderung* oder Hilfe gerichtete Modell umfaßt jene Programme, in denen eine Überwindung von Lernschwierigkeiten bei leistungsschwächeren Schülern versucht werden soll. Solche Bemühungen werden von der Überzeugung getragen, daß Lernschwierigkeiten auf fehlende Lernvoraussetzungen zurückführbar sind (s. hierzu S. 212 f.), deren Identifikation notwendig ist, damit durch geeignete Übungen die Beseitigung der jeweils bestehenden Lerndefizite einzuleiten ist.

> Ein Befund, der aufzeigt, daß das Ausmaß erforderlicher Hilfe vom Kenntnisstand des Lernenden abhängt, hat TOBIAS (1973, 1981) aufgedeckt. Er analysierte W-S-U-Studien, die Programmierte und Computer-unterstützte Instruktionen zum Inhalt hatten. Er stellte keine Leistungsunterschiede als Folge verschiedenartiger Instruktionsmethoden fest, wenn die Schüler bereits einen hohen Kenntnisstand in einem Themengebiet hatten. Sofern die Lernenden in einem Fach jedoch noch wenige Erfahrungen aufwiesen, erbrachte jene Instruktionsmethode die größten Leistungsfortschritte, die am stärksten unterstützend auf den Lernprozeß einwirkte.

Das zweite Modell beinhaltet Ansätze, in denen eine *Kompensation* versucht wird. So hat sich z.B. gezeigt (SIEBER, 1969), daß hoch ängstliche Versuchspersonen Schwächen bei Aufgaben zeigen, die eine Problemlösung fordern. Die vermin-

240

derte Leistung wird darauf zurückgeführt, daß ängstliche Personen Schwierigkeiten haben, sich an notwendige Zwischenschritte zu erinnern; sie wiederholen deshalb ihre Fehler. Die Leistungen der ängstlichen Versuchsteilnehmer waren jedoch vielfach zu steigern, wenn man ihnen visuelle Gedächtnishilfen darbot. Mit einer derartigen Hilfe wird die Schwäche des Lernenden umgangen, aber nicht beseitigt: Man unternimmt keine Versuche zum Abbau der Ängstlichkeit oder der verminderten Merkfähigkeit. Vielmehr werden Maßnahmen ergriffen, die auf Kompensation der erkannten Schwäche gerichtet sind. Im Gegensatz zum Förderungsmodell, das von einer Veränderung des jeweils in Rede stehenden Persönlichkeitsmerkmals ausgeht, bleibt bei diesem zweiten (ebenso wie bei dem noch darzustellenden dritten) Modell theoretisch das jeweilige Merkmal konstant.

Ein weiteres Beispiel liefert FARLEY (1981), der vorgeschlagen hat, (1) das Verhalten des Lehrers, (2) den Unterricht sowie (3) die schulische Umgebung danach zu klassifizieren, wie erregend (im physiologischen Sinne) sie wirken. Ein temperamentvoller Lehrer mit lauter Stimme, intensiver Nutzung gestischer und mimischer Ausdruckskraft stimuliert z.B. stärker als ein ruhiger Kollege mit leiser Stimme und ruhigen Bewegungen. Ebenso wirkt eine Instruktion, in der vielfältig Medien zum Einsatz kommen, in der häufiger Gebrauch von entdeckenden und induktiven Verfahren oder von Diskussionen gemacht wird, relativ stimulierend. Schließlich dürfte ein großer Klassenraum mit vielen Fenstern, Bildern, variabler Sitzanordnung ablenkender und dadurch vielleicht stimulierender wirken als ein traditionell gestalteter Raum mit fixierten Sitzmöbeln, karg gehaltenen Wänden und hoch gelegenen, kleinen Fenstern.

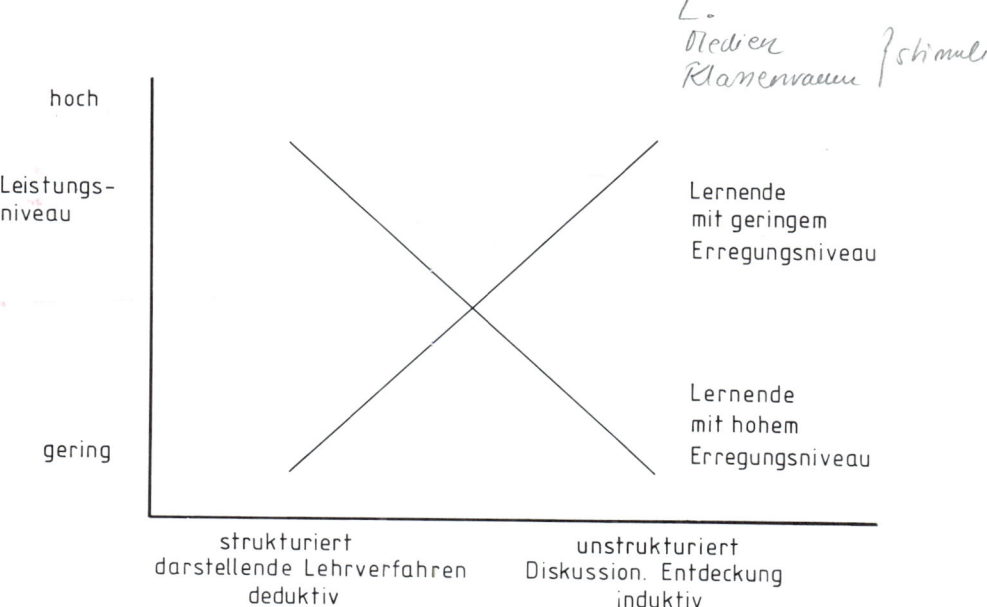

Abb. 7.3: Vermutete Wechselwirkungen zwischen Schülermerkmal und Unterrichtsverfahren (nach FARLEY, 1981)

Unabhängig davon lassen sich Schüler nach dem relativ überdauernden Erregungsniveau ihres Zentralnervensystems einteilen. Lernende mit einem chronisch niedrigen physiologischen Erregungsniveau hätten eine sehr ausgeprägte Motivation nach Reizung oder Reizabwechslung und umgekehrt. Aus zahlreichen Untersuchungsergebnissen erscheint es FARLEY wahrscheinlich, daß die in der folgenden Graphik dargestellten Zusammenhänge bestehen.

- Schüler mit niedrigem Erregungsniveau profitieren am meisten von einem Unterricht, der ein hohes Maß an Reizung oder Reizabwechslung bietet, der also häufig zum Entdecken und Diskutieren anregt, der induktiv vorgeht usw.
- Für Schüler mit hohem Erregungsniveau stellt der Unterricht eine günstigere Anregungsbedingung dar, der weniger stimulierend wirkt, der also z.B. vorwiegend darstellend und deduktiv vorgeht.

Bei Orientierung am *Präferenz*-Modell sucht man keine Beseitigung (das erste Modell) oder Umgehung (das zweite Modell) von Schwächen, sondern ist bemüht, auf Stärken des Lernenden aufzubauen bzw. dessen bevorzugte Arbeitsstile zu nutzen, auf bereits gut entwickelte Fähigkeiten aufzubauen. Ein Beispiel aus dem Bereich der Motivation geht auf FRENCH (1958) zurück; er konnte zeigen, daß einige Schüler besser auf sozial-thematische, andere stärker auf leistungs-thematische Anreize ansprechen.

> FRENCH (1958) verglich die Wirkung verschiedenartiger Verstärker bei Versuchspersonen folgender Motivkonstellationen miteinander. In der „Leistungsgruppe" waren die Angehörigen durch ein hohes Leistungsmotiv, aber geringes soziales oder Anschlußmotiv zu kennzeichnen. In der „Anschlußgruppe" war es umgekehrt. Als Verstärker setzte der Versuchsleiter lobende Stellungnahmen ein, die entweder die Tüchtigkeit des einzelnen oder die gute Zusammenarbeit der Gruppenmitglieder hervorhoben. Es ergab sich, daß hoch leistungsmotivierte Versuchspersonen besser lernten, wenn ihre Tüchtigkeit gelobt wurde; dagegen sprachen Personen mit hoher Anschlußmotivation am besten auf die Anerkennung ihrer guten Zusammenarbeit an.

Obwohl die W-S-U-Forschung ihre Wurzeln bereits in den sechziger Jahren hat, müssen die Möglichkeiten der Nutzung ihrer Erkenntnisse für den praktischen Schulalltag immer noch als sehr begrenzt betrachtet werden. Zu dieser Feststellung gelangten auch CRONBACH und SNOW (1977). Sie bestätigten das Vorhandensein von W-S-U. Gleichzeitig wiesen sie aber darauf hin, daß Wechselwirkungen keineswegs immer leicht nachzuweisen sind (siehe hierzu auch: YSSELDYKE, 1977; MILLER, 1981). Sie betonten außerdem, daß das Verständnis der Wechselwirkungen noch unzulänglich ist. Keine der Interaktionen „ließ sich so gut bestätigen, daß sie unmittelbar als Richtlinie für die Instruktion dienen könnte". Dennoch sind die Forschungen auf diesem Gebiet deshalb von außerordentlichem Wert, weil sie den allgemeinen Nachweis zu erbringen vermochten, daß sich Leistungsunterschiede von Schülern, die an demselben Unterricht teilgenommen haben, nicht einfach auf deren Fähigkeiten zurückführen lassen; es muß weiterhin die jeweilige Instruktionsmethode in Betracht gezogen werden, die mit den Fähigkeiten in Wechselwirkungen steht.

242

Sicherlich gibt es einen Unterricht, von dem – z.B. wegen seines guten Aufbaus, der gebotenen Abwechslung, der adäquaten Auswahl von Lehrverfahren zur Erreichung bestimmter Teilziele – relativ viele Schüler gut profitieren. Die W-S-U- Forschung hat aber mit Nachdruck auf die Notwendigkeit verwiesen, die Effektivät eines Unterrichts zusätzlich auf die individuellen Voraussetzungen eines jeden Schülers zu beziehen. Folglich kann die einem Schüler im Falle offenkundiger Lernschwierigkeiten gegebene Empfehlung, Schule oder Lehrer einmal zu wechseln, wegen der grundsätzlich nachweisbaren Wechselwirkungen im oben genannten Sinne sehr wohl positive Auswirkungen haben.

8. KAPITEL

Psychologie der Motivation

An einem normalen Schulalltag passiert es zweifellos unzählige Male, daß einige Schüler sich zu Hause sehr schnell an die Erledigung ihrer Hausarbeiten begeben, während andere diese hinausschieben oder sogar ganz „vergessen". Wie lassen sich solche Verhaltensunterschiede erklären? – Man könnte die eine Gruppe von Schülern als „interessiert" und „fleißig" bezeichnen, während man den Angehörigen der anderen „Faulheit" und „Desinteresse" bescheinigt.

Wird man aber mit einer solchen Erklärung allen möglichen Beobachtungen gerecht? Tatsächlich zeigt sich, daß der als faul gekennzeichnete Schüler nur die Erledigung der Hausaufgaben hinausschiebt. Damit ist er aber nicht *generell* uninteressiert, denn vielleicht beschäftigt er sich intensiv mit seiner Briefmarkensammlung, widmet sich mit hoher Ausdauer Videospielen oder liest mit großem Eifer Bücher. Die attestierte Faulheit oder das zugeschriebene Desinteresse bezieht sich offenbar nur auf die Auseinandersetzung mit den Hausaufgaben. Möglicherweise offenbart sich die Tendenz zum Hinausschieben oder „Vergessen" aber nicht bei allen Schularbeiten. Vielleicht zeigt sich nur bei Mathematikaufgaben die Tendenz, sich ihnen so lange wie möglich zu entziehen. Wenn man also zu klären wünscht, welche Bedingungen Verhaltensunterschiede zwischen Personen auslösen bzw. fördern, wird man sich nicht nur für den Schüler und seine Merkmale („Faulheit") zu interessieren haben; man muß ebenso die situativen Umstände – hier die Art der Hausaufgaben – bei einer Erklärung heranziehen. Eine Motivationstheorie wird also Bedingungen in *und* außerhalb des Individuums zu berücksichtigen haben, um beobachtete Unterschiede des Verhaltens zu erklären.

Nach der Aufhellung einiger motivationspsychologischer Grundbegriffe, wie Instinkt, Antrieb, Motiv, Motivation usw., ist über dasjenige Motiv und seine Anregungsbedingungen eingehender zu informieren, das vielfach als wichtigster Motor des Lernens angesehen worden ist: die Neugier. Es wird über einige Erkenntnisse der Neugierforschung zu berichten sein, die für die Unterrichtsgestaltung von unmittelbarer Relevanz sein könnten. Weiterhin sollen Beiträge aus drei Bereichen dargestellt werden, die sich lange Zeit unabhängig voneinander entwickelt haben: Arbeiten zur Erforschung der Leistungsmotivation, der Prüfungsangst und der Gelernten Hilflosigkeit haben aufschlußreiche Analysen kognitiver Prozesse erbracht, die das Verständnis für motivational bedingte Unterschiede im Leistungsverhalten zu verbessern vermögen.

In der Selbstwert-Theorie des Leistungsverhaltens wird z.B. davon ausgegangen, daß in einer Wettstreitsituation eine ausgeprägte Tendenz besteht, die Wertschätzung eines Menschen danach zu bemessen, was dieser zu leisten vermag. Menschen, die nach Einschätzung ihrer Begabung mit einem Versagen rechnen müssen, befinden sich in einer bedrohlichen Situation. Dadurch werden Ängste aktiviert, die beeinträchtigend auf das Leistungsverhalten wirken können. Unter ungünstigsten Umständen, d.h., wenn Lernende endgültig keine Möglichkeit mehr sehen, Kontrolle über ihr Leistungsschicksal zu gewinnen, entsteht eine Bedingung, die man als Gelernte Hilflosigkeit bezeichnet hat. Im Rahmen des vorliegenden Kapitels soll versucht werden, die Konstrukte Angst und Gelernte Hilflosigkeit etwas aufzuhellen. Es sind Bedingungen aufzuzeigen, die ihr Entstehen begünstigen. Zugleich sind vorliegende Erkenntnisse nach Hinweisen auszuwerten, wie solchen Entwicklungen entgegenzuwirken ist.

Es wird nicht übersehen, daß das vorliegende Kapitel nur einen verhältnismäßig kleinen Ausschnitt der Motivationspsychologie repräsentiert. Zahlreiche Motive, wie z.B. das nach sozialem Anschluß, nach Macht oder die Aggressivität, verdienen ebenso das Interesse der Pädagogischen Psychologie; ihre Berücksichtigung würde aber den für ein Kapitel vorgesehenen Umfang bei weitem überschreiten.

8.1 Das Aufgabenbebiet der Motivationspsychologie

Wenn einige Schüler einer Klasse, wie im eingangs erwähnten Beispiel, ihre Hausaufgaben nicht erledigt haben, besteht Anlaß für den Lehrer, nach Erklärungen zu suchen. Möglicherweise ergeben die sorgfältigen Nachforschungen, daß einige Mitglieder der Klasse die Aufgaben trotz aller Bemühungen nicht verstanden haben. Ein anderer Schüler war am vorausgegangenen Nachmittag gesundheitlich erheblich beeinträchtigt und somit nicht in der Lage, seinen Pflichten nachzukommen. Der Lehrer wird in seiner Klasse auch Kinder identifizieren, die sich spielerischen oder sportlichen Aktivitäten gewidmet haben; ihnen blieb deshalb keine ausreichende Zeit mehr, um die schulischen Aufgaben zu erledigen.

Die Erklärungsmöglichkeiten sind in dem eben gegebenen Beispiel noch lange nicht erschöpft. Durch die dargestellte Auswahl war aber zu zeigen, daß Fragen nach dem Warum einer Verhaltensweise keineswegs nur Antworten mit primär motivationspsychologischer Thematik herausfordern. Eine solche Klarstellung erscheint notwendig, weil sich sogar in der einschlägigen Literatur Kennzeichnungen finden, die das Aufgabengebiet der Motivationspsychologie überdehnen. So heißt es z.B. bei THOMAE (1965), die Motivation umfasse „all jene einem Individuum oder einer Gruppe zugeschriebenen Vorgänge ..., welche deren Verhalten erklären bzw. verständlich machen". Mit Recht hat KELLER (1981) festgestellt, daß solche Kennzeichnungen zu global und unakzentuiert seien, denn danach „würde Motivation als (ausschließliche) Erklärungsbasis für nahezu jede Manifestation von Erleben und Verhalten herangezogen werden können."

Nach einer Zusammenstellung und Analyse zahlreicher, vorwiegend in Lehrbüchern der Motivationspsychologie gegebenen Kennzeichnungen kommt KELLER

(1981) zu dem Schluß, daß Motivationspsychologen sich um die Klärung von Fragen der folgenden Art bemühen:

– Warum tritt bestimmtes Erleben und Verhalten überhaupt auf?
– Warum ist Erleben und Verhalten zielgerichtet?
– Warum hält ein bestimmtes Erleben und Verhalten über längere Zeit an?
– Warum tritt Erleben und Verhalten phasisch oder zeitweise auf?
– Warum zeigen sich in Erleben und Verhalten unterschiedliche Intensitätsgrade?
– Warum zeigt bestimmtes Erleben und Verhalten oftmals die Tendenz zu Wiederholung?

Der Motivationspsychologe interessiert sich also für die Kräfte, die ein Verhalten in Gang bringen (energetisierender Aspekt des Verhaltens) und fragt nach den Prozessen, die dieses in eine bestimmte Richtung lenken (Steuerungsaspekt). Er sucht nach Erklärungen für unterschiedliche Beständigkeits- und Intensitätsgrade des Verhaltens, denn einige Menschen setzen ihre Bemühungen zur Erreichung bestimmter Ziele trotz zahlreicher und erheblicher Widerstände fort, während andere relativ schnell aufgeben. Er fragt auch, warum Menschen eine Aktivität, die zu einem früheren Zeitpunkt angeregt worden ist, augenscheinlich spontan wieder aufnehmen. Eine solche „wiederkehrende Motivation", wie MAEHR (1984) sie nennt, offenbart sich z.B. bei einem Schüler, den eine Unterrichtsstunde über Insekten angeregt hat, nach einem Buch Ausschau zu halten, aus dem er mehr über diese Lebewesen erfahren kann. Die Auffassung über die energetisierenden und steuernden Kräfte, d.h. über Motive, hat sich im Laufe der motivationspsychologischen Geschichte mehrfach, entsprechend dem jeweiligen theoretischen Kontext, verändert.

8.1.1 Das Erklärungsdefizit der Instinkttheorien

Die Frage nach den „Triebfedern" menschlichen Verhaltens besitzt eine sehr lange Tradition und wurde bereits von Philosophen des klassischen Altertums gestellt. Innerhalb der noch sehr jungen Geschichte der Psychologie wurde sie zunächst – vor allem im angelsächsischen Raum – von Instinkttheoretikern aufgegriffen. Der Begriff Instinkt im damals verstandenen Sinne bezeichnet eine ererbte und innerhalb einer biologischen Art universell vorhandene Disposition des Organismus, sich in einer bestimmten, vorfixierten Weise zu verhalten. McDOUGALL (1908) behauptete z.B., daß praktisch jedes menschliche Verhalten auf Instinkte zurückführbar wäre. Wer den Kontakt anderer Leute suchte, dem unterstellte man einen Geselligkeitsinstinkt, wer mit anderen zankte, sie ärgerte oder angriff, dem wurde ein Aggressionsinstinkt zugeschrieben, und wer Nahrung zu sich nahm, lebte seinen Essensinstinkt aus. Der Begriff Instinkt sollte einer Verhaltensweise nicht einfach nur einen Namen geben, also deskriptive Funktionen erfüllen; vielmehr verwendete McDOUGALL ihn in einem erklärenden Sinne, d.h., er sah in ihm eine Ursache für beobachtbare Verhaltensweisen.

Wenn man allerdings durch Interpretation einer Verhaltensweise ein Konstrukt behauptet (wodurch offenbart sich der Geselligkeitsinstinkt? – in der Aufnahme und Weiterführung von sozialen Kontakten), um anschließend eben diese Verhaltensweise damit zu erklären (warum sucht eine Person sozialen Kontakt? – wegen ihres Geselligkeitsinstinkts), befindet man sich in einem logischen Zirkel. Vor allem ist mit der Inanspruchnahme eines solchen Konstrukts kein Erkenntnisfortschritt erzielt worden. Was nützt es, einem Menschen einen Geselligkeitsinstinkt zu unterstellen, wenn dadurch in keiner Weise die Voraussetzungen zur Vorhersage verbessert werden, wann und wie häufig dieser Mensch den sozialen Kontakt suchen und wann er das Alleinsein vorziehen wird?

Da sich letztlich jeder unterscheidbaren, zielgerichteten Verhaltensweise ein gesonderter Instinkt zuordnen läßt, entstand im Verlauf der Zeit eine erhebliche Begriffsvielfalt.

> Entsprechend spöttisch kennzeichnete HOLT (1931) diese Entwicklung wie folgt: „Geht jemand in Begleitung seiner Freunde spazieren, so wird er durch den Herdeninstinkt angetrieben; spaziert er dagegen allein, so ist dies auf den ‚antisozialen Instinkt' zurückzuführen; ... dreht er die Daumen, so ist's der ‚Daumendrehinstinkt', dreht er sie nicht, so ist's der ‚Nicht-Daumendreh-Instinkt'.

BERNARD (1924, 1926) konnte bei etwa 400 Autoren insgesamt 5684 Verhaltensweisen registrieren, die als instinktiv bezeichnet worden waren. Damit ließ sich auch die Forderung an eine Wissenschaft nach Ordnung und Überschaubarkeit nicht mehr erfüllen.

8.1.2 Einige Merkmale der behavioristischen Antriebstheorien

Spätestens im Verlauf der zwanziger Jahre hatte sich weithin die Überzeugung durchgesetzt, daß die Instinkttheorie damaliger Prägung wissenschaftlich nicht mehr aufrecht zu halten war. Es entstand ein Vakuum, in das Autoren, die in wachsendem Maße vom Behaviorismus geprägt waren, das Antriebskonstrukt (engl. *drive*) einfügten (BOLLES, 1967).

Grundlage für die Entstehung von Antrieben sind physiologische Mangelzustände. Jeder Organismus hat u.a. einen Bedarf nach Nahrung, Wasser, Sauerstoff. Durch bestimmte Veränderungen im Blutchemismus (Veränderung des Blutzuckerspiegels usw.) wird z.B. Nahrungsmangel angezeigt. Derartige Defizite rufen Erregungs- oder Spannungszustände des Organismus hervor, die als Antriebe interpretiert werden. Bei den Antrieben handelt es sich demnach um psychologische Konsequenzen des körperlichen Bedarfs. (Allerdings muß nicht jeder Mangelzustand einen Antrieb aktivieren. Die Verminderung des Sauerstoffanteils in der Atemluft kann z.B. unbemerkt bleiben, unter bestimmten Bedingungen sogar euphorische Gefühlszustände auslösen.)

Tatsächlich gelang es, die Antriebe – im Vergleich zu den Instinkten – konzeptuell einwandfreier zu fundieren; nur dieser Aspekt ist im vorliegenden Rahmen von Interesse. Antriebe waren eingebunden in Vorläuferbedingungen und Konsequenzen. Das bedeutet, daß man verändernd auf sie einzuwirken vermochte. Je länger man einem Organismus die Nahrung entzogen hat, desto wahrscheinlicher wird die Entstehung eines Hungerantriebs; dieser Zustand ist über physiologische

Messungen zu operationalisieren. Auf der Grundlage empirisch fundierter Zusammenhänge ist bei Nachweis eines Mangels mit bestimmten psychologisch relevanten Konsequenzen, wie z.B. mit einer Aktivitätssteigerung, erhöhtem Lerntempo usw., zu rechnen.

Mit dem Antriebskonzept wurde die Annahme verbunden, daß jeder gesunde Organismus durch eine Tendenz zu kennzeichnen ist, die inneren physiologischen Bedingungen in einem Gleichgewicht zu halten. Nach diesem Prinzip der *Homöostase* rufen körperliche Mangelzustände einen Antrieb hervor, der auf Wiederherstellung eines Gleichgewichts gerichtet ist. Der Organismus bemüht sich, die durch den Antrieb bedingte Spannungssituation mittels geeigneter Verhaltensweisen wieder zu verringern; er sucht sich z.B. Futter und befriedigt damit seinen Hunger (dieses ist die *Antriebs-Reduktions-Theorie* der Motivation). Sobald die Defizite beseitigt sind, müßten Antriebe wieder völlig verschwinden. Implizit wird dem Organismus somit unterstellt, er strebe als Idealzustand einen aktivitätslosen Ruhezustand an; ein solcher wird allerdings nicht dauerhaft erreicht, weil in zyklischer Folge immer wieder physiologische Defizite oder eventuell Schmerzreize auftreten. Es dürfte deutlich sein, daß dieses Konzept eine gewisse Übereinstimmung mit der populären Auffassung aufweist, „der Mensch sei von Natur aus faul".

Wie erklärt sich nach diesem Konzept aber, daß ein ausgeruhter Organismus, der weder Hunger oder Durst und auch keine Schmerzreize zu beseitigen hat, nicht unbedingt einschläft, sondern weiterhin aktiv bleibt? – Um solchen Beobachtungen Rechnung tragen zu können, mußte die Konzeption erweitert werden. Man hat konzidiert, daß es neben „primären", also auf die Herstellung eines physiologischen Gleichgewichts gerichteten Antrieben, auch gelernte, „sekundäre" Antriebe gibt. Wenn man aber davon ausgeht, daß sekundäre Antriebe – einer Hypothese folgend –, durch Klassische Konditionierung zu erwerben sind, ergibt sich das Problem, daß davon im Verlauf einer individuellen Lebensgeschichte unendlich viele entstehen müßten. Damit fanden sich Antriebstheoretiker aber in einer Situation, die in einer Hinsicht derjenigen der Instinkttheoretiker glich: Die Ordnung und Überschaubarkeit, die ihren Beschreibungen und Erklärungen der primären Antriebe noch innewohnte, war nach Anerkennung sekundärer Antriebe nicht mehr aufrechtzuerhalten.

8.1.3 Einige Merkmale kognitiver Motivationstheorien

Nach einer auf *Aristoteles* zurückgehenden Sichtweise fällt ein Stein zu Boden, weil er schwer ist. Nach den Vorstellungen *Galileis* wird das Fallen eines Körpers mit der Anziehungskraft der Erde erklärt. Die von Behavioristen getragenen Motivationstheorien standen mehr mit der zuerst genannten Denkweise in Übereinstimmung. Sie beschrieben nämlich ein Individuum, das von seinen inneren Antrieben stets zu Aktivitäten *gedrängt* werden mußte. Während der fünfziger Jahre gewannen demgegenüber Konzeptionen an Aktualität, wonach Verhalten durch *Zugkräfte* zustandekommt. Diese Sichtweise ist durch die Arbeiten LEWINs (1946) entscheidend vorbereitet worden. Danach ist das Individuum nicht nur durch bestimmte physiologische und psychologische Antriebe zu kennzeichnen. In der Umwelt existieren gleichzeitig Objekte, mit deren Hilfe die Antriebe zu befriedigen sind. Diesen Objekten schreibt das Individuum positive (anziehende) oder negative (abstoßende) Valenzen zu. Der Bedarf nach Wasser ruft z.B. einen *Spannungszustand* in einem Individuum hervor. Ein Kühlschrank bzw. sein Inhalt (der auf der Grundlage früherer Erfahrungen im Individuum kognitiv repräsentiert ist) kann in dieser Situation eine positive Valenz erhalten; durch sie zieht der Kühlschrank das Individuum an. Nach Zielerreichung, d.h. nach dem Trinken, reduziert sich der Spannungszustand wieder und entsprechend sinkt die positive Valenz des Kühlschranks.

LEWIN ging noch von einem homöostatischen Verständnis des Antriebsgeschehens aus, das später von Psychologen kognitiver Orientierung aufgegeben worden ist. LEWIN hat jedoch sehr stimulierend auf die Entwicklung kognitiv orientierter Motivationstheorien gewirkt, deren gemeinsames Kennzeichen darin besteht, daß zwischen Reizsituation und Verhalten „kognitive Zwischenprozesse" geschoben werden, d.h. beispielsweise „Prozesse der Beurteilung der gegenwärtigen Situation, der vorwegnehmenden Erwartung künftiger Ereignisse und der Bewertung ihrer Folgen" (HECKHAUSEN, 1980). Nach der sog. Erwartungs-mal-Wert-Theorie aktiviert selbst ein hoch attraktives Ziel noch kein Verhalten, wenn gleichzeitig die Erwartung gering ist, es erreichen zu können. Viele Menschen schreiben beispielsweise größeren Gewinnen bei Glücksspielen einen hohen Wert zu. Ob sie sich an einer Lotterie allerdings beteiligen, hängt zusätzlich von der Erwartung ab, das Ziel, Erlangung eines hohen Gewinnes, auch zu erreichen. Bei der noch folgenden Darstellung der Theorie leistungsmotivierten Verhaltens wird eine ganze Reihe kognitiver Zwischenprozesse in Anspruch zu nehmen und zu erläutern sein.

8.1.4 Motivation als zu erklärendes Konstrukt

Die Instinkttheoretiker waren, ebenso wie die Behavioristen und die kognitiven Psychologen, davon ausgegangen, daß es irgendetwas geben muß, was Verhalten in Gang setzt, ihm eine Richtung gibt, es steuernd an ein Ziel heranführt und zu einem Ende bringt. „Dieses Irgendetwas, das man vorderhand einfach Motivation nennt, ist ein Erklärungsbegriff, der zunächst für nichts anderes steht, als für das, was es zu erklären gibt" (HECKHAUSEN, 1976). Wie am Beitrag der Instinkttheoretiker herauszuarbeiten war, reicht es jedoch nicht aus, das Individuum einfach mit einer Antriebskraft (Instinkt) auszustatten. Wenn man zur Erklärung motivierten Verhaltens ein Konstrukt in Anspruch nimmt (man mag es Antrieb oder Motiv nennen), muß man gleichzeitig spezifizieren, durch welche Bedingungen im Organismus und in der Situation es zu aktivieren ist. Weiterhin sind Aussagen darüber zu machen, welche beobachtbaren Einflüsse das aktivierte Motiv auf das Verhalten ausübt. Am Beispiel der Leistungsmotivation werden diese Aussagen später (s. S. 257 ff.) noch mit Inhalt zu füllen sein.

Die Motivationsforschung verwendet also den Motivationsbegriff, um „Regelhaftigkeiten, die zwischen vorauslaufenden Bedingungen und nachfolgendem Verhalten sich auffinden lassen, auf einen allgemeinen und logischen Nenner" zu bringen. „In diesem Sachverhalt von Regelhaftigkeiten haben überdauernde Besonderheiten (Unterschiede zwischen Personen) als ‚Motiv' eine wichtige Erklärungsfunktion" (HECKHAUSEN, 1976).

8.2 Motivationale Erklärungen des Lern- und Leistungsverhaltens

Eines der hervorstechenden Merkmale von Kindern während der ersten Lebensjahre ist deren Neugierverhalten. Sie untersuchen alles, was ihnen in die Hände kommt, und was sie nicht verstehen, versuchen sie – nicht selten zum Überdruß der Eltern – durch endlos erscheinendes Fragen zu klären. Besucht man aber dieselben Kinder einige Jahre später in der Schule, zeigen viele von ihnen ein ganz anderes Bild. Lehrer, die in der Sekundarstufe unterrichten, klagen häufig über Passivität, Unlust und Interesselosigkeit ihrer Schüler. Was hat diese offenkundige Veränderung hervorgerufen? Wenn es richtig ist, daß „der Mensch ... neugierig und mit dem Streben nach Lernen geboren" wird (ARONSON et al., 1983), stellt sich die Frage, warum das anfänglich starke Interesse eines Kindes an seiner Umwelt im Verlauf seiner Schulzeit allmählich nachzulassen scheint. Wirken typische Unterrichtsbedingungen dieser „angeborenen" Lernmotivation möglicherweise entgegen? Ist die Vermutung DAYs (1982) richtig, daß der Unterricht dieses Motiv deshalb zumeist nicht anregt, weil Lernende zur Befriedigung geweckter Neugier eigene Initiativen entwickeln könnten, d.h., möglicherweise Verhaltensweisen offenbaren, die nicht mehr voll der Kontrolle des Lehrers unterstünden?

Zur Beantwortung dieser Frage wird man viele Möglichkeiten zu prüfen haben, denn auf das Kind wirken ja neben den schulischen unzählige weitere Bedingungen sowohl im familiären wie auch im außerhäuslichen Bereich ein. Deshalb gestatten die in den nachfolgenden Abschnitten darzustellenden Erkenntnisse allenfalls Teilantworten. So läßt sich z.B. zeigen, daß sich Neugierverhalten keineswegs unter allen Bedingungen anregen läßt. Ermangelt es dem typischen Schulunterricht vielleicht jener Merkmale, die die Neugier stimulieren?

Weiteren Untersuchungen liegt die Annahme zugrunde, daß der Mensch bestrebt ist, gegenüber sich selbst ebenso wie gegenüber anderen in einem günstigen Licht zu erscheinen. Für viele Schüler stellt es aber unter den üblicherweise in der Schule realisierten Wettbewerbsbedingungen ein erhebliches Problem dar, ihren „Selbstwert" zu schützen. Im Anschluß an die Darstellung zur Neugiermotivation wird zu berichten sein, daß ein großer Teil von Schülern kognitive Abwehrmanöver vornimmt, die auf ihre Lernmotivation eher hemmend als förderlich wirken.

8.2.1 Die Neugier

Wenn man innerhalb des pädagogischen und psychologischen Schrifttums jene Quellen zusammenstellen würde, die eine mehr oder weniger ausführliche Aussage bezüglich der Bedeutung der menschlichen Neugier für Entwicklung und Lernen enthalten, hätte man eine ansehnliche Sammlung vorzuweisen. Tatsächlich ist durch die einschlägige Literatur zu belegen, daß spätestens seit den fünfziger Jahren eine wachsende Anzahl experimenteller Studien der Erforschung der Neugier gewidmet worden ist. Hat dieses offenbar wachsende Interesse auch stimulierend auf die Pädagogische Psychologie gewirkt? – JONES (1980) stellte nach Durchsicht von 25 Büchern aus dem Bereich der Pädagogischen Psychologie fest, daß nur vier Publikationen die Neugier darstellten, zwei weitere nur in „mäßigem" Umfang. Auch in der jüngsten Zeit läßt sich diesbezüglich keine Trendwende erkennen. Selbst Schrifttum, das ausdrücklich die Motivation in der Erziehung (AMES und AMES, 1984) oder im Klassenzimmer (PARIS et al., 1983) thematisiert, führt den Begriff Neugier im Sachregister nicht auf. Aufsätze, die nach ihrem Titel erwarten lassen, sie würden pädagogisch relevante Informationen zur Neugier enthalten (VIDLER, 1977; DAY, 1981), können Interessenten, die etwas für die Instruktionspraxis erfahren wollten, eigentlich nur enttäuschen. DAY (1981) teilt seinen Lesern zudem mit, daß nicht einmal eine adäquate Definition des Neugierbegriffs vorliegt. Er selbst kennzeichnet Neugier „als einen Zustand der Erregung und des gerichteten Interesses, der seinen befriedigenden Wert in sich selbst trägt. Die neugierige Person befindet sich in einem starken emotional getönten Annäherungs- und Vermeidungskonflikt" (DAY, 1982).

Sicherlich ist die Frage nach dem Wesen der Neugier und nach den Möglichkeiten ihrer Anregung und Förderung im Unterricht zum gegenwärtigen Zeitpunkt nur höchst unbefriedigend zu beantworten. Dennoch erscheint diese Motivation zu bedeutsam, um völlig ignoriert werden zu können. Die folgende Darstellung wird zunächst belegen, daß der Mensch nicht – wie vor allem homöostatische Konzepte nahelegten (s. S. 247 f.) – durch „ein grundlegendes Bedürfnis nach Ruhe" zu kennzeichnen ist. Reizarme Bedingungen rufen vielmehr – wie BERLYNE (1960) es genannt hat – diversives Neugierverhalten hervor. Darüberhinaus gibt es bestimmte Charakteristika der Reizsituation, die nach BERLYNE spezifisches Neugierverhalten auszulösen vermögen. Über diese grundlegenden Erkenntnisse der Neugierforschung ist zunächst zu berichten, bevor Hinweise auf Bedingungen zu geben sind, unter denen die Neugier des Lernenden im Klassenzimmer anzuregen wäre.

8.2.1.1 Spezifisches und diversives Neugierverhalten

Die Antriebstheoretiker gingen davon aus, daß motiviertes Verhalten stets darauf gerichtet ist, Spannungs- und Erregungszustände zu verringern. Diese Annahme läßt sich jedoch schwer mit Beobachtungen vereinbaren, wonach Tiere, nachdem sie ausreichend gegessen und getrunken haben und auch keine anderen bekannten physiologischen Defizite beseitigen müssen, keineswegs einschlafen. Sie zeigen im Gegenteil eine bemerkenswerte Aktivität (HARLOW, 1950; HAVELKA, 1956). Ebenso ist festzustellen, daß das weder hungrige noch frierende Baby mit Händen, Füßen oder irgendwelchen Gegenständen spielt und anscheinend die Betätigung selbst als befriedigend erlebt. Es zeigt somit Verhaltensweisen, die BÜHLER (1929) auf „Funktionslust" zurückführte.

Auch bei Beobachtung Erwachsener findet man viele Belege dafür, daß diese nicht nur Situationen aufsuchen, die mindernd auf ihren Erregungsgrad wirken. Warum werden z.B. steile Berge bestiegen, warum finden Achter- und Loopingbahnen auf Kirmesplätzen ihre Kundschaft, warum beteiligen sich Menschen an Auto-Rennfahrten oder am Ski-Springen? – Mit dem Aufsuchen derartiger Reizsituationen versucht man offenkundig, den eigenen Erregungsgrad zu steigern.

Auch für BERLYNE (1960), dem prominentesten Vertreter der Neugierforschung, sind Organismen nicht *generell* motiviert, Reizeinwirkungen zu minimalisieren. Stattdessen – so meint er – gäbe es für jedes Individuum ein bestimmtes, jeweils optimales Reizniveau. Der Aufenthalt in einer reizarmen oder monotonen Situation hat in der Regel zur Folge, daß der Erregungsgrad unterhalb des optimalen Bereichs absinkt. In einem solchen Fall rechnet BERLYNE mit einer Motivierung des Individuums, den Erregungsgrad wieder anzuheben. Menschen benötigen, wie FRANKEN (1982) feststellt, „ein gewisses minimales Niveau an Reizung, sei sie internaler oder externaler Herkunft, um positive Affekte zu erfahren (so z.B. Freude, Zufriedenheit, Genugtuung ...)“. Bei Absinken des Reizniveaus unter ein Minimum „entstehen nicht nur negative Affekte, sondern ebenso wachsende Tendenzen, höhere Niveaus der Reizung und/oder der kognitiven Aktivität aufzusuchen“ (FRANKEN, 1982). Es wird *diversives* Neugierverhalten geweckt, das sich darauf richtet, irgendwelche Sinnesreizungen zu erfahren. Ein Kind beginnt z.B., sich spielend zu betätigen. Ein Schüler, der eine Unterrichsstunde als langweilig erlebt, könnte sich eigene Beschäftigungen (z.B. Kontaktaufnahme mit dem Nachbarn, Tagträumereien, Herstellung von Zeichnungen) suchen, die diesen Bestrebungen entsprechen (der Lehrer mag darin einen Ausdruck von mangelnder Konzentration sehen).

Eine zweite Art von (spezifischer bzw. *epistemischer*) Neugier bezieht sich auf Ereignisse, Objekte oder andere Gegebenheiten, die unerwartet eintreten und relativ unbekannt sind. Sie rufen Orientierungsverhalten bzw. Aufmerksamkeitszuwendung hervor. Reizgegebenheiten, denen etwas Neues oder Unbekanntes anhaftet, d.h., die aufgrund der bisher vorliegenden Erfahrungen kognitiv nicht eingeordnet werden können, rufen einen *kognitiven* oder (nach NUNNALLY und LEMOND, 1973) Informations-Konflikt hervor. Das Wahrnehmen neuer Informationen, die mit bereits Bekanntem z.B. im Widerspruch stehen, geht mit dem Erlebnis der Ungewißheit und Unsicherheit einher. Ein in einer solchen Situation entstehendes spezifisches Erkundungsverhalten dient dazu, Informationen zu gewinnen, durch die der wahrgenommene Widerspruch aufgelöst und die Unsicherheit verringert werden könnten. Das Erkunden tritt in Form von Beobachten, Nachdenken und Befragen anderer auf.

BERLYNE (1958) bot u.a. Reizbilder dar, wie sie in Abbildung 8.1 dargestellt sind. Er registrierte, auf welche die Betrachter ihren Blick am längsten richteten. Er stellte fest, daß die jeweils auf der linken Seite stehenden Bilder nur relativ kurze Zeit fixiert wurden. Ihr Attraktivitätswert war somit gering. Tatsächlich hatten sie dem Betrachter keine neuen Informationen anzubieten. Zur Betrachtung eines normalen Vogels oder eines Elefanten hatten die Studenten bereits vielfältige Gelegenheiten gehabt. Anders sah es mit den Darstellungen aus, die jeweils rechts stehen. Sie rufen insofern einen Informationskonflikt hervor, als die Bilder aus zwei verschiedenen Reizkonfigurationen zusammengesetzt sind, so daß ein Widerstreit in der Bedeutungszuschreibung besteht. Deshalb vermochten diese konfliktträchtigen Bilder die Aufmerksamkeit der Betrachter schneller und länger auf sich zu ziehen. Die Darstellungen waren Träger von Informationen, die im Gedächtnis der Versuchspersonen so noch nicht gespeichert waren. Bei ihnen floß etwas mehr oder weniger Neues mit in das Bekannte ein.

Abb. 8.1: Einige Reizbilder zur Untersuchung der menschlichen Neugier (nach BERLYNE, 1958)

Eine Situation, die Elemente der Neuheit enthält, besitzt motivierende Funktion. Allerdings gilt nicht allgemein, daß eine Reizgegebenheit um so stärker die Neugier anregt, je höher ihr Neuheitsgrad für einen Wahrnehmenden ist und je mehr sie im Widerspruch zu dessen früheren Erfahrungen steht. Wenn der Unbekanntheitsgrad einer Reizsituation über ein gewisses Maß hinausgeht, ruft sie zunehmend aversive Reaktionen hervor. Neue Situationen wirken nämlich gleichzeitig furchtauslösend und zwar um so stärker, je mehr sie für den Wahrnehmenden Bekanntes durchbrechen (BRONSON, 1968). Sehr ausgeprägt läßt sich bei etwa einjährigen Kindern, die man in eine fremde, aber anregungsreiche Situation bringt, beobachten, daß „Furcht der Gegner der Exploration" (WHITE, 1959) bzw. der Neugier ist.

AINSWORTH und WITTING (1969) beobachteten z.B. Kinder im Alter von durchschnittlich einem Jahr, als sie zusammen mit ihrer Mutter einen ihnen unbekannten Raum betraten, in dem sich attraktives Spielzeug befand. Solche Kinder suchten anfänglich die Nähe ihrer Mutter. Nach kurzer Zeit waren sie jedoch bereit, sich von ihr etwas zu entfernen, um das vorhandene Spielmaterial zu erkunden. Sobald die Mutter sich allerdings aus dem Raum entfernte, reagierten die Kinder mit erheblicher Beunruhigung. In dieser Trennungssituation war ein Interesse zur Erkundung der Umwelt nicht mehr beobachtbar. Es hatte den Anschein, daß die Furcht, die eine unbekannte Umgebung stets auszulösen pflegt, durch die Anwesenheit der Mutter entscheidend abgesenkt worden war.

Eine Situation müßte also dann optimal motivieren, wenn sie einerseits nicht zu vertraut gestaltet ist, denn in einem solchen Fall ruft sie Langeweile hervor. Sie darf dem Wahrnehmenden andererseits aber auch nicht zu fremdartig erscheinen, weil er dann mit Furcht reagieren würde. Die günstigste Anregungsbedingung wäre demnach gegeben, wenn das Dargebotene das im Gedächtnis Gespeicherte in einem mittleren Grade durchbricht und somit „dosierte Diskrepanzerlebnisse" hervorruft. PIAGET (1959) spricht von einer „Zone des optimalen Interesses für das, was weder zu bekannt noch zu neu ist".

8.2.1.2 Förderung des Neugierverhaltens

Das Interesse an der Klärung der Frage, wie sich eine Förderung des Neugierverhaltens erreichen läßt, ist von zwei verschiedenen Sichtweisen her zu beantworten. Der Blick kann sich zum einen auf häusliche und schulische Bedingungen richten, die auf die Entwicklung des Neugiermotivs förderlich einwirken können. Zum anderen läßt sich die Frage aufwerfen, wie das Neugiermotiv in einer gegebenen Situation zu aktivieren ist.

Die oben kurz skizzierte Untersuchung von AINSWORTH und WITTING läßt sich grundsätzlich von beiden Aspekten her auswerten. Primär richtete sich das Interesse der Autoren aber auf die Frage, welche Rolle die Mutter (oder eine andere Person, zu der ein Kind sozial-emotionale Bindungen aufgebaut hat) bei frühen Äußerungsformen des Erkundungs- (Neugier-) Verhaltens spielt. Da die Fremdheit einer Umgebung wahrscheinlich schon sehr früh im Leben eines Kindes als bedrohlich erfahren wird, ist dieses zu ihrer Erkundung offenbar nur in Gegenwart einer Person bereit, die ihm das Gefühl der Sicherheit zu vermitteln vermag. Es ist zu vermuten, daß Kinder, die unter einer solchen „Schutz"-Bedingung lange genug ausreichende Erfahrungsgelegenheiten erhalten haben, allmählich ihre Voraussetzungen verbessern können, die Folgen ihren Handelns selbst abzuschätzen. Die Umwelt verliert für sie dementsprechend an Bedrohlichkeit. Je weiter das Kind in diesem Lernprozeß fortschreitet, desto weniger ist es auf die unmittelbare Schutzfunktion der Mutter angewiesen, desto selbständiger vermag es auf seine Umwelt einzuwirken.

Es ist wahrscheinlich, daß die Erfahrungsgelegenheiten, die ein Kind während seiner ersten Lebensjahre erhält, erheblich mitbestimmen, wie stark sich dessen Neugier als überdauerndes Persönlichkeitsmerkmal entwickelt. PIAGET (1936) stellte bereits vor längerer Zeit fest: „Je mehr ein Kind gesehen und gehört hat, desto mehr wünscht es zu hören und zu sehen." Wieviel ein Kind aber bereits gesehen und gehört hat, hängt entscheidend vom elterlichen Erziehungsstil ab. WHITE (1971) stellte z.B. fest, daß die Gelegenheit von Kindern zur Erkundung des häuslichen Lebensbereichs sehr unterschiedlich ausfällt. Eltern differieren z.B. darin, von welchem Alter an sie ihren Kindern gestatten, sich frei im Wohnraum zu bewegen, statt sie im Laufgitter oder durch häufiges Setzen in den Kinderstuhl eher restriktiv aufwachsen zu lassen. Auch TRUDEWIND (1975) registrierte Unterschiede bezüglich der zugestandenen Bewegungsfreiheit im Haus und in der näheren Umgebung, in der Stimulation durch Ausstattung der häuslichen Umwelt, der Weite des Erlebnishorizonts usw. Andere Autoren (z.B. BALL, 1977) halten es für gesichert, daß die Art und Weise, wie Eltern auf Fragen ihrer Kinder reagieren, z.B. in dem sie sie genau beantworten oder die Fragenden zur Selbstbeantwortung anregen usw., Einfluß auf die Entwicklung der Neugier nimmt.

Auch für den schulischen Bereich scheint sich das Neugierverhalten am günstigsten unter einer Atmosphäre zu entwickeln, die dem Schüler einen relativ großzügigen Freiraum gewährt und die gleichzeitig furchtauslösend wirkenden Maßnahmen zu minimalisieren versucht. Entsprechend stellt VIDLER (1977) z.B. zusammenfassend fest: „Ein Klassenraum mit einer entspannten Atmosphäre, die jedem Kind Freiheitsgrade gewährt, damit es die Welt um sich herum erkunden kann und die bei Abweichungen von der Norm Toleranz offenbart, ist mit höherer Wahrscheinlichkeit geeignet, Neugier zu fördern. ... Umgekehrt dürfte eine Klassen-Situation eher angstauslösend wirken, in der man Prüfungen betont, starres und konformistisches Verhalten verlangt und in der man Zensuren eine übermäßige Bedeutung zuschreibt. Solche spannungsschaffenden Situationen sind der Anregung von Neugier abträglich.“

Eine spannungsfreie, tolerante Atmophäre in einem Klassenzimmer kann zwar als günstige Rahmenbedingung gelten; sie reicht allerdings nicht aus, das Interesse, die Neugier in einer konkreten Situation anzuregen. Die Frage nach geeigneten Anregungsbedingungen der Neugier beantworten Motivationspsychologen vielfach wie folgt: „Die Anregungswirkung ist am größten, wenn eine dosierte mittlere Diskrepanz zwischen der Umweltsituation ... und bereits gespeichertem Vorrat besteht. Dann werden die bestehenden Erwartungsschemata des Individuums in einem mäßigen Grade durchbrochen; Aufmerksamkeit, Interesse und lustvolle Zuwendung geweckt“ (HECKHAUSEN, 1969). Das Problem liegt allerdings in der Realisierung dieser Empfehlung. Wann nämlich eine Diskrepanz die Kennzeichnung „dosiert“ verdient, hängt ja von der besonderen Kenntnisstruktur jedes einzelnen Lernenden ab. In der Regel wird man erst *nach* erfolgter Motivierung mit ausreichender Sicherheit vermuten können, daß es offenbar gelungen ist, eine Anregungsbedingung „dosiert diskrepant“ erscheinen zu lassen. VIDLER (1977) meint, eine Situation, die bei einem Lernenden ein dosiertes Diskrepanzerlebnis auslöst, könne nur durch einen Versuchs-und-Irrtums-Prozeß oder durch Intuition gefunden werden. Jeder Lehrer weiß aus seiner Erfahrung, daß mit der sachlogisch stimmigen Aufbereitung eines Unterrichtsgegenstandes nicht unbedingt das Interesse des Schülers zu gewinnen ist. Neugierverhalten ist eben nicht nur durch sachlogische Konstruktion des Unterrichtsinhalts hervorzurufen; es bedarf zusätzlich der Berücksichtigung persönlichkeitsspezifischer Faktoren, die von der Neugierforschung lange Zeit vernachlässigt worden sind.

Wie erklärt sich aber, daß viele Schulfunksendungen spontanes Interesse bei Hörern oder Zuschauern für Themen auszulösen vermögen, für die in der Schule sehr viel schwerer die Aufmerksamkeit zu gewinnen ist?

> In einer Sendung zum Geographieunterricht wird z.B. ein Bewohner eines anderen Landes namentlich vorgestellt, und zudem beschreibt man anschaulich den Alltag, den dieser durchlebt. Der „Held" geht zahlreichen Beschäftigungen nach, die einem vertraut sind: Er nimmt zu bestimmten Zeiten sein Essen ein, er schläft und verdient auf irgendeine Weise seinen Lebensunterhalt; aber gleichzeitig sind bei all diesen Gewohnheiten im Vergleich zu den eigenen gewisse Besonderheiten zu entdecken. Das Klima diktiert womöglich einen anderen Lebensrhythmus, die Speisekarte enthält einige merkwürdige Einzelheiten, der Beruf wird von den Besonderheiten des Landes geprägt, die Wohnstätten sehen anders aus usw. Insgesamt sind also bei einer solchen Darstellung bekannte Lebensgewohnheiten in teilweise sonderbarer Variation wiederzuentdecken. Die Handlung durchbricht das Bekannte in dosiertem Umfang. Das gleiche Prinzip versucht man im Geschichtsunterricht und in der Lehre vieler weiterer Fächer nutzbar zu machen, wobei selbstverständlich die inhaltlichen Besonderheiten jeweils andere Formen der Verwirklichung verlangen.

Wenn man im Unterricht über Klimaverhältnisse, Bodenschätze, Exportgüter usw. anderer Länder informiert, können damit sehr wohl Informationen dargestellt werden, die der Erfahrungswelt des Schülers nicht entsprechen, d.h. diskrepant sind. Das reicht aber noch nicht unbedingt aus, sein spontanes Interesse zu erwecken. Es muß vermutet werden, daß etwas Neues vor allem dann die Neugier aktiviert, wenn es in eine konkrete, für den Lernenden nachvollziehbare Situation eingebunden wird. Damit wäre die von KRIEGER (1981) experimentell festgestellte notwendige Voraussetzung für die Erzeugung von Wißbegier, die persönliche Betroffenheit, realisiert. Dies würde auch der Forderung ROTHs (1957) entsprechen, dem Schüler ein Problem so darzustellen, daß er es in einer „originalen Begegnung" in seiner Ursprungssituation erleben kann; damit wäre der Lernende zur selbständigen Problemlösung anzuregen.

Die Entdeckung des Neuen, die Wahrnehmung einer Situation, mit der man so noch keine Erfahrungen sammeln konnte, eröffnet ja die Möglichkeit, daß etwas eintritt, womit man nicht rechnet. Wenn die Ereignisse einer Situation in erheblichem Umfang früheren Erfahrungen widersprechen bzw. gar nicht einzubinden sind, ist die Einschätzung, Kontrolle über sie zu gewinnen, wahrscheinlich vermindert; sie wirken deshalb furchtauslösend und aktivieren Abwehrtendenzen. Menschen fällt es offenbar außerordentlich schwer, wie durch zahlreiche Beobachtungen zu belegen ist, solche Ereignisse zu ertragen, die ihnen unvorhersagbar bzw. unkontrollierbar erscheinen (WORTMAN, 1976). Geschehnisse, die den Erfahrungen nur in mittlerem, dosiertem Umfang widersprechen, motivieren wahrscheinlich deshalb, weil sie die Aussicht eröffnen, das Gefühl der Kontrollierbarkeit von Ereignissen, das mit der Wahrnehmung der partiell neuen Situation zunächst beeinträchtigt war, zurückzugewinnen. Mit der erfolgreichen Assimilation (s.S.64f.), d.h. mit ihrer Verarbeitung, ihrem Verständnis, ist eine Steigerung der Kompetenz des Lernenden (WHITE, 1959) und damit seiner Voraussetzungen verbunden, sich effektiv mit den Gegebenheiten dieser Welt auseinanderzusetzen. Es ist anzunehmen, daß die Motivation, mehr über eine als diskrepant wahrgenommene Situation zu erfahren, um sie beherrschen zu lernen, nur dann aktiviert wird, wenn sie so geschildert wird, daß sie dem Zuhörer oder Zuschauer nachvollziehbar bzw. so erscheint, daß er selbst einmal mit einer solchen Situation konfrontiert werden könnte. Eben diese Bedingung wird in den oben geschilderten Schulfunksendungen, in Reiseberichten in interessanten Sciencefiction-Geschichten usw. offenbar optimal realisiert.

8.2.2 Motivationale Determinanten des Leistungsverhaltens

In vielen Schulklassen lassen sich Schüler identifizieren, die in „reiner" Ausprägung folgendes Verhaltensmuster offenbaren: Nach Erfolgen erhöhen sie jeweils ihre zukünftigen Leistungserwartungen. Mißerfolge wirken auf sie kaum beunruhigend, denn sie gehen davon aus, daß sich diese zukünftig vermeiden lassen. Sie vermögen sich ausdauernd mit einer Aufgabe zu beschäftigen und finden Leistungsherausforderungen attraktiv. Sie bevorzugen weder extrem leichte noch zu schwierige Aufgaben und teilen auf Befragung die Erwartung mit, ihren Leistungsstandard allmählich zu steigern.

Im Gegensatz zu diesen Schülern gibt es wiederum in „reiner" Ausprägung solche, die auf Leistungssituationen aversiv reagieren, obwohl sie sich, solange sie Erfolge haben, von ersteren bezüglich ihres Leistungsverhaltens kaum unterscheiden. Nach einem Mißerfolg fallen ihre Leistungen jedoch rapide ab; sie geben bei weiteren Fehlschlägen sehr schnell auf und scheinen keine Anstrengungen mehr zu unternehmen, die bestehenden Schwierigkeiten zu überwinden.

In der Vergangenheit haben diese beiden unterschiedlichen Verhaltensmuster ein bemerkenswertes Interesse erregt; denn in wenigstens drei Forschungsbereichen hat man sich – zunächst unabhängig voneinander – bemüht, die unterschiedlichen Reaktionsweisen zu erklären. Nachdem jeder dieser Ansätze Neuformulierungen erfahren hatte, ließen sich erhebliche Gemeinsamkeiten entdecken: Neueren Erklärungsversuchen leistungsmotivierten Verhaltens, der Prüfungsangst und der Gelernten Hilflosigkeit ist gemeinsam, daß Kognitionen, die sich auf Aspekte der Leistungssituation beziehen, als motivationale Determinanten des Leistungsverhaltens in Anspruch genommen werden. Im folgenden werden die Ergebnisse dieser drei Forschungstraditionen noch in getrennten Abschnitten darzustellen sein. Es ist aber damit zu rechnen, daß ihre Integration in eine gemeinsame Theorie des Leistungshandelns in naher Zukunft gelingen wird.

8.2.2.1 Selbstwert-Theorie der Leistungsmotivation

Es stellt fast schon eine Selbstverständlichkeit dar, in einem Lehrbuch der Pädagogischen Psychologie ausführlicher über die Theorie der Leistungsmotivation zu informieren. Auch im vorliegenden Falle ist über einschlägige Erkenntnisse dieses Themenbereichs zu berichten; relevante Zusammenhänge sind im folgenden unter dem Gesichtspunkt der Selbstwert-Theorie der Leistungsmotivation zu ordnen, die von COVINGTON und BEERY (1976) erstmalig ausgearbeitet worden ist. Entsprechend steht der Schüler im Mittelpunkt der nachfolgenden Darstellung, der im etablierten Schulsystem erhebliche Anstrengungen darauf richtet, seinen Selbstwert (hier bezogen auf die Bewertung der eigenen Fähigkeitseinschätzung) zu schützen oder – wenn möglich – zu steigern (SHRAUGER, 1975). Bei erfolgter Anpassung an dieses System geht es dem einzelnen oft gar nicht mehr primär um die Leistung als solche bzw. um Fortschritte im Lernen und Verstehen, sondern darum, andere zu übertreffen. Unter den Wettbewerbsbedingungen gelingt es nur wenigen, aus dem sozialen Vergleich mit Erfolgen – und das heißt, mit dem Abbild hoher Fähigkeit, deren Wert in einer Leistungsgesellschaft hoch angesetzt wird – hervorzugehen. Für die meisten Schüler stellt sich ständig das Problem, Mißerfolge interpretativ so einzubetten, daß sie ihren für das Selbstbild bedrohlichen Charakter wenigstens etwas verlieren. Wenn es einem Schüler mit Hilfe zahlreicher „strategischer Manöver" nicht gelingt, die Furcht vor einem Wertverlust zu mindern, geraten die weiteren Leistungsergebnisse zunehmend außer Kontrolle; am Ende dieses Prozesses steht die Hilflosigkeit mit ihren Erscheinungsformen der Apathie und des Desinteresses.

8.2.2.1.1 Kennzeichen einer leistungsthematischen Grundsituation

Die Schule erwartet von ihren Schülern Leistungen. Wodurch ist aber eine Leistung im psychologischen Sinne charakterisiert? HECKHAUSEN (1976) hat in Beantwortung dieser Frage Kennzeichen genannt, von denen einige im folgenden wiederzugeben sind. Ausgangspunkt ist dabei ein Individuum, das plant, etwas tut und bewertet: ein Handelnder.

1. Die Handlung muß zu einem Resultat geführt haben.
2. Vor Ausführung der Handlung darf das Ergebnis nicht sicher vorhersehbar sein. D.h., der Handelnde muß vor einer Aufgabe stehen, die nicht so leicht ist, daß ihre Lösung völlig gesichert erscheint; sie darf aber auch nicht so schwer sein, daß ihre Bewältigung von vornherein ausgeschlossen ist.
3. Es muß ein Gütemaßstab vorliegen, mit dessen Hilfe sich das Handlungsresultat bewerten läßt. Der einfachste Fall einer Beurteilung liegt vor, wenn man lediglich das Gelingen oder Mißlingen einer Handlung feststellt. Die sechsstufige Notenskala des Lehrers läßt demgegenüber bereits eine differenziertere Beurteilung zu. Die Gütemaßstäbe von Lehrern, Eltern und Schülern müssen sich keineswegs entsprechen. Die Eltern mögen die als befriedigend zensierte Klassenarbeit ihres Sohnes als mittelmäßig bewerten, während der Schüler – auf dem Hintergrund seiner Leistungsgeschichte – diese Bewertung als gut interpretiert.
4. Der Handelnde muß sich für das vorgelegte Handlungsresultat verantwortlich fühlen können. Sollte ein Schüler dem Lehrer z.B. eine Arbeit präsentieren, die andere für ihn gemacht haben oder die er abgeschrieben hat, kann sie nicht als Leistung bezeichnet werden (aus der Sicht des Schülers mag das Abschreiben als Leistung gesehen werden, wenn er meint, er habe – um nicht entdeckt zu werden – sein besonderes Geschick eingesetzt).

Der Lehrer, der seine Schüler zur Anfertigung eines Aufsatzes auffordert, regt damit bei den Lernenden eine Handlung an. Ob der Schüler die gestellte Aufgabe als attraktiv erlebt, hängt wesentlich von seiner Lerngeschichte ab. Einige Schüler sind durch ein stark ausgeprägtes Leistungsmotiv zu kennzeichnen, oder – was dem wohl ziemlich gleich kommt (NICHOLLS, 1984; MEYER, 1984) – sie besitzen ein *Selbstkonzept hoher Fähigkeit*. Vielleicht haben sie in der Vergangenheit tatsächlich relativ häufig Erfolge erzielen können. Möglicherweise verfügen sie über effektive Strategien, Handlungsergebnisse generell in einem günstigen Licht erscheinen zu lassen. Jedenfalls beginnen sie den aktuellen Aufsatz mit einer gewissen *Voreingenommenheit*: Sie erwarten generell, eine gute Arbeit schreiben zu können. Da ihnen auch das gestellte Thema nicht allzu schwer erscheint, erwarten sie einen Erfolg, d.h. eine gute Zensur. Sofern ihre Erwartungen später durch die Lehrerbeurteilung bestätigt werden sollten, unterstellt man ihnen ein *Erfolgserlebnis*, dem unmittelbar das Gefühl der Zufriedenheit und des Stolzes sowie als weitere Folge die lobende Anerkennung durch andere (Lehrer, Eltern, Mitschüler) folgen dürfte. Der Schüler kann solche *mittelbaren* und *weiteren Folgen* gedanklich bereits vorwegnehmen; die Aussicht auf solche Konsequenzen seiner Handlung schafft einen wesentlichen *Anreiz* für die gestellte Aufgabe, sich bei der Anfertigung des Aufsatzes anzustrengen.

Andere Schüler reagieren auf die Aufforderung des Lehrers, einen Aufsatz zu schreiben, ganz anders. Sie haben bereits vielfältige Male zuvor erfahren müssen, daß ihre Aufsatzleistungen negativ bewertet wurden. Vielleicht unterscheiden sie sich von anderen mit einem hohen Fähigkeitskonzept zunächst nur durch ihre Erklärungsstrategien: Ihnen gelingt es weniger, Mißerfolge so zu interpretieren, daß sie ihren bedrohlichen Charakter verlieren. Deshalb läßt eine Kette von Mißerfolgen bei ihnen Zweifel entstehen, ob sie über ausreichende Fähigkeiten verfügen; es erscheint ihnen eher plausibel, sich geringere Fähigkeiten zuzuschreiben. Anfänglich mag ein solcher Schüler noch versuchen, anderen Personen gegenüber Entschuldigungen für das Versagen zu liefern. Man verweist z.B. darauf, daß man nicht ausreichend Gelegenheit gehabt hat, sich auf die Prüfungssituation vorzubereiten und ergreift zahlreiche weitere „kognitive Manöver", über die im folgenden zu berichten sein wird. Wenn sich aber Mißerfolgsereignisse weiter häufen, wird es immer schwieriger, bei seinen Entschuldigungen noch glaubhaft zu bleiben. Allmählich bleibt nichts anderes mehr übrig als das Bild, das man Außenstehenden von sich selbst zu vermitteln versucht, zu korrigieren: es muß mehr und mehr mit den bereits vorherrschenden Selbstzweifeln in Übereinstimmung gebracht werden (COVINGTON, 1984). Ein Schüler mit einem *Selbstkonzept geringer Fähigkeit* – oder ein Mißerfolgsmotivierter – erwartet nach jeder Leistungsherausforderung weitere Mißerfolge mit all ihren unangenehmen Folgen. Für einen solchen Schüler besitzt jede leistungsthematische Situation einen *negativen Anreiz*.

Im Mittelpunkt dieser Darstellung steht also, wie Menschen ihre eigene Fähigkeit oder Begabung (beide Begriffe werden hier synonym gebraucht) im leistungsthematischen Kontext wahrnehmen. Wenn ein Mensch seine eigene Fähigkeit hoch einstuft, schreibt man ihm ein Selbstkonzept hoher Fähigkeit zu, während man ein Selbstkonzept geringer Fähigkeit unterstellt, wenn er sich bezüglich eben dieser Fähigkeit gering einstuft (siehe hierzu ausführlicher: MEYER, 1984). Zusätzlich ist von Bedeutung, wie Menschen sich auf der Grundlage ihrer Fähigkeitseinschätzung *bewerten*; da die Fähigkeit in einer Leistungsgesellschaft als sehr wichtig erlebt wird, bestimmt deren Wahrnehmung in entscheidender Weise das Selbstwertgefühl eines Menschen.

8.2.2.1.2 Anstrengungs- und Fähigkeitskonzeptionen

Die Ergebnisse einer Untersuchung von KUN (1977) geben darüber Aufschluß, wie sich Schüler unterschiedlichen Alters das Verhältnis von Anstrengung und Fähigkeit vorstellen. Für sehr junge Schüler sind Begabung und Anstrengung noch nicht voneinander differenziert. Von zwei Personen, die gleiche Leistungen erzielt haben, besitzt nach diesem Verständnis derjenige höhere Fähigkeiten, der sich stark angestrengt hat und umgekehrt. Etwa vom achten bis neunten Lebensjahr an entwickeln Kinder ein Verständnis, wonach zwei Personen unterschiedlicher Fähigkeiten ein gleiches Leistungsniveau erreichen können; eine schwächere Begabung ist nämlich durch einen entsprechend höheren Anstrengungsgrad auszugleichen. Anstrengung kann somit Fähigkeitsdefizite kompensieren. Die für ältere Schüler kennzeichnende Auffassung eines kompensatorischen Verhältnisses von Anstrengung und Begabung ist u.a. von Bedeutung, weil sich daraus diagnostische Rückschlüsse ableiten lassen: Wer sich bei einer nicht allzu schwierigen Aufgabe erheblich angestrengt hat, könnte möglicherweise einen Ausgleich für geringere Begabungen vorgenommen haben!

HARARI und COVINGTON (1981) gaben Kindern und Jugendlichen unterschiedlicher Schuljahre u.a. Kennzeichnungen zweier fiktiver Schüler, denen es gelungen war, gute Leistungen in einer Mathematikarbeit zu erbringen. Der eine hatte dafür kaum arbeiten müssen, denn er besaß eine hohe Begabung. Der andere war mathematisch weniger befähigt; sein gutes Abschneiden ließ sich aber darauf zurückführen, daß er hart dafür gearbeitet hatte. Man fragte die Schüler daraufhin, mit welchem der beiden Schüler sie sich am liebsten identifizieren würden. Aus den Antworten ließ sich entnehmen, daß es für Befragte sämtlicher Schuljahre am attraktivsten war, ein gutes Leistungsergebnis aufgrund hoher Begabung erzielt zu haben. Das ist trivial. Die für eine intensive Vorbereitung zu erbringenden Anstrengungen sahen jüngere und ältere Schüler jedoch unterschiedlich. Es steht im Einklang mit dem von KUN aufgedeckten Verständnis, daß vor allem die Grundschüler hohe Anstrengungsbereitschaft positiv bewerten, weil sie nach ihrer Auffassung entweder mit einer hohen Fähigkeit einhergeht (so erklärte ein Erstkläßler z.B. „Kluge Leute geben sich Mühe, dumme nicht") oder von dieser abhängt (was die Feststellung eines Viertkläßlers zum Ausdruck bringt: „Ich ziehe es vor, hart zu arbeiten, weil ich klüger werden will"). Anstrengung wird somit von jüngeren Kindern hoch bewertet, denn mit ihr steigert man seine Fähigkeit. Befragte höherer Schuljahre zogen es dagegen ziemlich einmütig vor, gute Leistungen aufgrund hoher Begabungen erbracht zu haben. Hartes Arbeiten gilt ihnen nicht mehr als Erfolgsgarantie.

Auch BANDURA und DWECK (zitiert nach DWECK und BEMPECHAT, 1983) konnten in ihren Befragungen feststellen, daß die Fähigkeit bzw. die „Intelligenz" ein Merkmal darstellt, das sich nach Auffassung von Grundschülern durch Anstrengung, durch Üben bzw. hartes Arbeiten unbegrenzt verbessern läßt. Älteren Schülern ist diese „Theorie der Intelligenz" ebenfalls bekannt; sie orientieren sich jedoch an einer Auffassung, wonach es sich bei der Intelligenz um ein der Bewertung zugängliches Merkmal handelt, das seinen Träger zwar befähigt, Wissen und Fertigkeiten zu verbessern; das aber bezüglich des Ausprägungsgrades keine

Veränderungen mehr erfährt. Daraus ergibt sich die Frage, weshalb ältere Schüler diese Konzeption der Intelligenz favorisieren, obwohl sie auch eine andere kennen. Es ist zu vermuten, daß die älteren Schüler dazu durch irgendwelche Merkmale der unterrichtlichen Situation veranlaßt werden.

8.2.2.1.3 Aufgaben- und ego-zentrierte Einstellungen

Wie bereits oben bei der Kennzeichnung des Leistungsbegriffs festgestellt worden ist, wird ein Handlungsergebnis bewertet; dies setzt einen Gütemaßstab voraus. Nach HECKHAUSEN (1974) lassen sich zwei Maßstäbe (neben einem an dieser Stelle zu vernachlässigenden sachbezogenen voneinander unterscheiden. Wenn man das Handlungsergebnis eines einzelnen mit der Durchschnittsform einer Bezugsgruppe vergleicht, spricht man von einem sozialen Normmaßstab, während ein Vergleich des aktuellen Handlungsergebnisses eines Schülers mit dessen eigenen früheren Leistungen einen individuellen Bezugsmaßstab voraussetzt. Diese beiden Bewertungssysteme lassen sich nach den Beobachtungen RHEINBERGs (1980) auch in der Schulklasse nachweisen.

Ein Lehrer, der seine Schüler unter Zugrundelegung einer sozialen Bezugsnorm-Perspektive beurteilt, vergleicht und bewertet das Leistungsergebnis eines Schülers vor allem an dem, was die Mitschüler zum gleichen Zeitpunkt geleistet haben. Bei dieser Querschnittperspektive hängt das Urteil über den einzelnen offenkundig davon ab, was jene Schüler leisten, die sich zufällig in derselben Klasse befinden. Lernfortschritte, die bei sämtlichen Angehörigen einer Klasse auftreten, werden als selbstverständlich angesehen und bleiben entweder unsichtbar oder gehen in die Beurteilung des Lehrers nicht mit ein. Leistungsunterschiede erscheinen unter dieser Perspektive unveränderlich.

Eine individuelle Bezugsnorm-Orientierung ist für einen Lehrer kennzeichnend, der das aktuelle Leistungsverhalten eines Schülers vor allem auf dem Hintergrund seiner bisherigen Leistungen bewertet. Bei dieser Längsschnittperspektive vermag also ein Lehrer festzustellen, ob sich das Leistungsverhalten eines Schülers im Verlauf der Zeit verbessert, verschlechtert hat oder konstant geblieben ist, und das Ergebnis dieses Vergleichs bestimmt seine Bewertung in entscheidender Weise mit. Einige weitere Charakteristika der beiden Bezugsnorm-Orientierungen lassen sich der nachfolgenden Tabelle entnehmen (s. S. 262).

Nach den Beobachtungen von NICHOLLS (1983) ist zu erwarten, daß eine vorwiegend soziale Bezugsnorm-Orientierung des Lehrers ego-zentrierte Einstellungen (ego-involvement) beim Schüler fördert. Dabei lassen sich zwei Aspekte hervorheben: Zum einen ist das ego-zentrierte Kind mehr mit sich selbst beschäftigt, d.h., es versucht, vor sich selbst und vor anderen ein gutes Abbild seiner Fähigkeit zu geben; es trachtet zu vermeiden, als unfähig zu gelten. Gleichzeitig erfährt Lernen als solches – und damit wird der zweite Aspekt angesprochen – keine hohe Bewertung. Es dient allenfalls dazu, dem Eindruck geringer Begabung entgegenzuwirken; der Schüler ist nicht primär motiviert, Lern- und Verständnisfortschritte zu erreichen. Wenn Lehrer sich in ihrem Unterricht an einer sozialen Bezugsnorm orientieren, müssen sie, vor allem bei den leistungsschwächeren Schülern und jenen, die durch ein Selbstkonzept geringer Begabung zu kennzeichnen sind, damit

Tab. 8.1: Idealtypische Unterschiede in der Bezugsnorm-Orientierung (nach RHEINBERG, 1980)

Variablen	Bezugsnorm-Orientierung	
	sozial	individuell
Leistungsvergleiche	zwischen Schülern im zeitlichen Querschnitt	innerhalb eines Schülers im zeitlichen Längsschnitt
Kausalattribuierung	mehr und phänomenal validere Zuschreibungen, besonders im Fall zeitkonstanter Faktoren bei der Erklärung interindivitueller Leistungsunterschiede	Zuschreibungen werden eher in der Schwebe gehalten; relative Bevorzugung von Unterrichts-faktoren
Erwartungen	längerfristig und an generellen Leistungsniveaus orientiert	kurzfristiger und am jeweils aktuellen Kenntnisstand orientiert
Sanktionierungsstrategie	orientiert an Leistungsunterschieden zwischen Schülern	orientiert an individueller Leistungsentwicklung
Individualisierung	Angebotsgleichheit	Prinzip dosierter Diskrepanzen

rechnen, daß die ausgelösten ego-zentrierten Einstellungen beeinträchtigend auf das Lernen wirken. „Statt sich um die Feststellung zu bemühen, wie Material zu lernen ist oder wie wesentliche Verfahrensweisen zu erlernen sind, scheinen diese Kinder einen großen Teil ihrer Energie auf das Bemühen zu verwenden, keinen dummen Eindruck zu machen" (NICHOLLS, 1983). Die Beantwortung der Frage, ob sie sich anstrengen sollen, bedeutet für sie ein echtes Dilemma, wie Untersuchungen von JAGACINSKI et al. (1982; zitiert nach NICHOLLS, 1984) ergeben haben: Sofern sie beschließen, sich nicht anzustrengen, müssen sie – im Falle eines Versagens – mit Schuldgefühlen rechnen. Außerdem würde sie diese Entscheidung in Konflikt mit dem Lehrer bringen, denn dieser bewertet Anstrengungsbereit-schaft („Fleiß") sehr hoch (COVINGTON und OMELICH, 1979; HECKHAU-SEN, 1976). Die Schüler können solche Konsequenzen nur vermeiden, indem sie im Rahmen ihrer Vorbereitungen hart arbeiten; sollte ihnen daraufhin aber ein Mißerfolg beschieden werden, befinden sie sich wiederum in einer unangenehmen Situation, die sie Verlegenheit erleben läßt, wenn sie Rückschlüsse auf mangelnde Begabung fürchten müssen.

Bei vorwiegender Orientierung eines Lehrers an einer individuellen Bezugsnorm ist dagegen mit einer aufgabenzentrierten Einstellung (*task-involvement*) zu rechnen. Dabei richtet sich das Interesse des Schülers mehr auf die vorliegende Lernaufgabe bzw. auf das anstehende Problem als auf die eigene Person. „Lernen wird als abhängig von der Anstrengung gesehen, und mehr Anstrengung führt bei dieser Sichtweise zu mehr Lernen und höherer Fähigkeit" (NICHOLLS, 1983). Wenn ein Kind bei aufgabenzentrierter Einstellung versagt, wäre eine typische Reaktion mit der Frage gegeben: „Was muß ich anders machen, um erfolgreich zu sein?" (NICHOLLS, 1983). Unter der individuellen Bezugsnorm-Orientierung wird offenbar ein Fähigkeits- und Anstrengungskonzept aktiviert, das nach den oben mitgeteilten Befunden von COVINGTON und OMELICH sowie BANDURA und DWECK vor allem bei sehr jungen Schülern anzutreffen ist. Die soziale Bezugsnorm-Orientierung rückt dagegen Konzepte in den Blickpunkt, die sich vor allem bei älteren Schülern nachweisen lassen.

8.2.2.1.4 Strategien zur Vermeidung von Mißerfolg und ihre Konsequenzen

Lehrer, die sich bei ihrer Unterrichtsgestaltung an einer sozialen Bezugsnorm orientieren, neigen dazu, sämtliche Mitglieder ihrer Klasse mit den gleichen Aufgaben zu konfrontieren (HECKHAUSEN und KRUG, 1982; RHEINBERG, 1980). Sofern sie sich bei der Bestimmung des Anforderungsgrades an den Schülern etwa mittlerer Leistungsfähigkeit orientieren, müssen sie notwendigerweise einige Schüler über-, andere unterfordern. Für diejenigen, die ständig mit zu hohen Schwierigkeitsgraden konfrontiert werden, ergibt sich nun eine Bedingung, in der sie kaum positive Stellungnahmen vom Lehrer erhalten bzw. Erfolge erfahren können. Die soziale Bezugsnorm-Orientierung des Lehrers und der von ihm angeregte Wettbewerb bewirken beim Schüler, daß für diesen die Fähigkeit verstärkt in den Blickpunkt seiner Aufmerksamkeit rückt (AMES, 1984b). Entsprechend einer entscheidenden Annahme der Selbstwert-Theorie von COVINGTON und BEERY (1976) bestimmt sich aber der Wert eines Menschen in den Industriegesellschaften wesentlich nach seiner Leistungsfähigkeit. Deshalb „ist es nicht überraschend, wenn man findet, daß viele Schüler zu der Auffassung gelangen, daß sie nur so gut wie ihre Leistungen sind, und daß sie im Falle eines Versagens die Anerkennung anderer nicht verdienen" (COVINGTON, 1984).

Da die meisten Schüler unter den Bedingungen des etablierten Schulsystems die Fähigkeit als zentrales Bestimmungsstück des Erfolges und damit des eigenen Wertes wahrnehmen, richten sie erhebliche Anstrengungen darauf, vor sich selbst und vor anderen nicht als unbegabt zu erscheinen. Dieses Image-Management fordert vor allem von denjenigen Schülern, denen der Lehrer häufiger Mißerfolge bescheinigt, den verstärkten Einsatz defensiver Strategien, damit dem Eindruck des Versagens, wenigstens aber den damit verbundenen Implikationen, entgegenzuwirken ist.

COVINGTON (1984) gibt einige Beispiele defensiver Strategien: „Man gibt sich besonders ungeduldig, eine Frage zu beantworten, wobei man mit einigem Risiko darauf setzt, der Lehrer könnte jemand anders aufrufen, der weniger sicher erscheint. Man macht eifrig Notizen, hoffentlich mit so viel Eifer, daß der Lehrer dabei nicht unterbrechen mag. Man verhält sich unauffällig auf seinem Sitzplatz, um möglichst nicht beachtet zu werden. ... Der einzelne kann während einer Klassendiskussion Aufmerksamkeit vortäuschen, indem er Fragen stellt, deren Antwort er bereits kennt, oder er versucht nach außen den Eindruck des Nachdenkens zu erwecken, indem er einen besonderen Ausdruck intensiven Überlegens anzunehmen versucht." Wenn man vor einer unausweichlichen Prüfung steht, kann man sich auch folgender Strategie bedienen: „Man verschafft sich eine Benachteiligung durch die Taktik, sich erst in letzter Minute vorzubereiten." Kommt es bei einem solchen Hinauszögern zu einem Mißerfolg, läßt sich dieser nur schwerlich auf mangelnde Fähigkeit zurückführen; sollte jedoch ein Erfolg resultieren, wird man angesichts einer so geringen Vorübung als jemand darstehen, der sehr begabt sein muß.

Auch der in der Leistungsmotivationsforschung seit langem bekannte Zusammenhang zwischen der Schwierigkeit einer Aufgabe und ihrer Motivierungsfunktion (ATKINSON, 1957) läßt sich aus der Sicht der Selbstwert-Theorie interpretieren. Wenn die Möglichkeit gegeben wird, die Schwierigkeit einer Aufgabe selbst zu bestimmen, zeigen sich charakteristische Zusammenhänge. Unter ego-zentrierten Bedingungen neigen Schüler mit einem geringen Selbstkonzept der Begabung dazu, sehr leichte und sehr schwierige Aufgaben zu bevorzugen. Bei Aufgaben, die eine Lösung sicher erwarten lassen, bleibt ihnen ein Mißerfolg erspart. Der als ziemlich sicher vorhersagbare Mißerfolg bei Aufgaben hoher Schwierigkeit läßt sich eher ertragen, weil die meisten Personen daran scheitern würden; folglich wäre es auch nicht angemessen, auf mangelnde Begabung zu schließen. Lernende, die sich bezüglich ihrer Fähigkeit hoch einstufen, meiden dagegen Aufgaben in den extremeren Bereichen der Schwierigkeitsskala. Sehr schwierige Aufgaben sind für sie nicht attraktiv, weil bei diesen grundsätzlich nicht mit einem Erfolg zu rechnen ist. Sehr leichte Aufgaben besitzen für sie keine Anziehungskraft, weil die Bewältigung einer leichten Aufgabe nicht als Beleg ihrer hohen Begabung zu werten wäre. Ihre guten Fähigkeiten kommen jedoch bei Aufgaben mittlerer Schwierigkeit oder bei solchen mit Erfolgswahrscheinlichkeiten zwischen 30 bis 40 Prozent zum Ausdruck (HECKHAUSEN, 1968). Sofern sie versagen sollten, finden sie eine Interpretation ihres Mißerfolgs, der ihr Selbstwertgefühl nicht belastet (s. S. 265f.).

> Aus dem zuletzt genannten Zusammenhang haben Leistungsmotivationstheoretiker vielfach die Empfehlung abgeleitet, Schüler, die durch ein Selbstkonzept hoher Begabung zu kennzeichnen sind, vor allem mit Aufgaben mittlerer Schwierigkeit zu konfrontieren. Sie übersahen jedoch, daß die für den Experimentalraum zutreffenden Beziehungen nicht unbedingt auch für die Bedingungen im Klassenzimmer gelten müssen. Untersuchungen im Bereich der Schule stützen vielmehr die Empfehlung, Anforderungen so zu dosieren, daß der Schüler 90- bis 100-prozentige Erfolgswahrscheinlichkeiten hat; Lehrer, die bei ihren Schülern höhere Versagensquoten hervorrufen, stimulieren vergleichsweise geringere Lernfortschritte (BROPHY, 1983b). Offenkundig wird die Motivierung im schulischen Kontext verstärkt von der Tatsache bestimmt, daß gezeigte Leistungen vom Lehrer bewertet werden. HUGHES et al. (1985) fanden, daß Schüler sich einer Aufgabe spontan wieder zuwandten (wiederkehrende Motivation nach MAEHR; s. S. 246f.), wenn sie diese als sehr leicht erfahren hatten. Sofern die Lernenden allerdings davon ausgehen mußten, daß der Lehrer die Leistungsergebnisse nicht bewerten würde, aktivierten sehr schwierige Aufgaben in stärkerem Maße als leichte die wiederkehrende Motivation.

Bei Orientierung des Lehrers an einer sozialen Bezugsnorm können nur solche Schüler mit Erfolgen rechnen, die mit ihren Leistungen oberhalb des Durchschnitts liegen. Demgegenüber befinden sich jene in einer unangenehmen Situation, die in ihrer Klasse die unteren Rangplätze der Leistungshierarchie einnehmen. Sie werden im allgemeinen nicht erwarten, daß sie Gelegenheit erhalten, Belege für eine gute Begabung zu liefern. Solange sie sich noch nicht in dem durch hohe Apathie zu kennzeichnenden Zustand der Hilflosigkeit (s. S. 273 ff.) befinden, muß die Aussicht auf weitere Mißerfolge bei ihnen Angst und Beunruhigung auslösen. Für sie ist damit der Zustand der Besorgtheit (s. hierzu S. 271 f.) kennzeichnend und dieser bewirkt eine entsprechende Beeinträchtigung ihrer kognitiven Funktionen; das Niveau ihrer Leistungen wird gesenkt. Trotz der zutage tretenden Lernschwierigkeiten meinen diese Schüler, im Unterschied zu den erfolgszuversichtlichen, daß sie sich nicht an den Lehrer mit der Bitte um Hilfe wenden können, denn das käme einem offenen Eingeständnis der Unfähigkeit gleich (R. AMES, 1984). Wenn diese Schüler einem Lehrer zugewiesen würden, der sich an einer individuellen Bezugsnorm orientiert, der keine ego-zentrierte, sondern stattdessen aufgaben-zentrierte Bedingungen schafft, wäre nach den Ergebnissen zahlreicher Untersuchungen mit einem Anstieg ihrer Leistungen zu rechnen. Schüler mit hohem Fähigkeitskonzept vermögen sich demgegenüber an beide Bedingungen anzupassen (NICHOLLS, 1983).

8.2.2.1.5 Interpretation von Leistungsergebnissen

Nach Auseinandersetzung eines Schülers mit einer Aufgabe bzw. nach Vorliegen eines Handlungsergebnisses setzt ein komplizierter Prozeß ein, von dessen Verlauf u.a. abhängt, ob der Handelnde mit der erbrachten Leistung zufrieden ist, oder ob er z.B. Stolz bzw. Beschämung erlebt. In der schulischen Situation bestimmt sich die affektive Reaktion eines Schülers nicht einfach aus den mitgeteilten Lehrerbewertungen. Eine mit ‚gut‘ benotete Klassenarbeit muß nicht unbedingt als Erfolg, eine mit ‚ausreichend‘ zensierte Leistung nicht notwendigerweise als Mißerfolg erlebt werden. Vertreter der Attribuierungstheorie (attribuieren = zuschreiben; von Kausalattribuierung spricht man, wenn man ein beobachtetes Ereignis auf eine Ursache zurückführt), wie z.B. WEINER (1979, 1984), gehen davon aus, daß es von der Interpretation eines Leistungsergebnisses abhängt, ob man sich als erfolgreich erlebt oder nicht.

Ein Leitprinzip der Attribuierungstheorie besteht nach WEINERs (1984) Überzeugung darin, daß der Mensch sich um Verständnis der Umwelt bemüht, indem er herauszufinden versucht, warum ein Ereignis aufgetreten ist. Im Alltagsleben stellt man sich häufig solche Warum-Fragen. Warum hat mein Geschäftspartner eine Verabredung nicht eingehalten? Warum konnte ich gestern abend nicht einschlafen? Warum hat in diesem Monat das Geld nicht gereicht? Warum ist die letzte Klassenarbeit so schlecht ausgefallen?

Allerdings fordert nicht jedes wahrgenommene Ereignis eine Erklärung heraus. Das würde für den Organismus nämlich eine zu starke kognitive Belastung mit sich bringen (WEINER, 1984). Viele Wahrnehmungen stehen ja ohnehin im Einklang mit den eigenen Erwartungen. Sie bestätigen nur, was man schon wußte. Wenn ein Schüler mit einem Selbstkonzept hoher Fähigkeit ein gutes Zeugnis erhält, braucht er nicht lange nach einer Erklärung zu suchen; denn der Zusammenhang zwischen seiner ausgeprägten Begabung und seinen Leistungsergebnissen war ihm ja bereits vorher bekannt. Ebensowenig sieht sich ein Schüler mit einem Selbstkonzept geringer Fähigkeit spontan zu einer Erklärung herausgefordert, wenn der Lehrer ihm ein weiteres Mal unzureichende Leistungen bescheinigt.

Ganz anders sieht es mit Ereignissen aus, die den Erwartungen widersprechen und die somit Diskrepanzerlebnisse (s. hierzu S. 252 f.) auslösen. Eine Suche nach Erklärungen wird aktiviert, „wenn ein unerwartetes Ergebnis zustandegekommen ist (z.B. Versagen, wenn Erfolg erwartet wurde) oder wenn ein Wunsch nicht erfüllt worden ist (z.B. bei einer mitmenschlichen Ablehnung)" (WEINER, 1984).

Man hat in der Vergangenheit sehr häufig Schulkinder der verschiedensten Klassenstufen gefragt, wie nach ihrer Meinung ein vorausgegangenes Leistungsergebnis zustandegekommen war. Die darauf gegebenen Antworten wiesen eine verwirrende Vielfalt auf; einen Mißerfolg führte man z.B auf Kopfschmerzen, auf eine schlechte Stimmungslage, auf Störungen durch den Nachbarn, auf ungünstige Witterungen, auf fehlende Anstrengungen usw. zurück. WEINER hat deshalb die erhaltenen Antworten daraufhin untersucht, ob sie sich nach bestimmten Gemeinsamkeiten klassifizieren lassen. Im Rahmen seiner ersten Arbeiten identifizierte er zunächst zwei „kausale Dimensionen": die Lokalitäts- und die Stabilitätsdimension.

Leistungsursachen lassen sich zunächst danach klassifizieren, ob sie als internal oder external zu lokalisieren sind. Von einer internalen Ursache ist zu sprechen, wenn ein Leistungsergebnis auf Merkmale der handelnden Person zurückgeführt wird. Fähigkeit und Anstrengung sind typische Beispiele für internale Ursachen. Eine Ursache ist external, wenn sie nach Auffassung des Wahrnehmenden außerhalb der handelnden Person liegt. So werden als Beispiele vielfach der Zufall (Glück oder Pech) und die Aufgabenschwierigkeit genannt, obwohl sie von Schülern gar nicht so häufig in Anspruch genommen werden (LITTLE, 1985).

Weiterhin lassen sich Ursachen danach klassifizieren, ob sie als stabil oder variabel wahrgenommen werden. Zumindest ältere Schüler verstehen die Intelligenz als ein konstantes Merkmal, während sie die Anstrengung zumeist als variabel auffassen (keineswegs immer wie im Falle des „Faulpelzes" oder des „Strebers"). Aus den beiden genannten Dimensionen läßt sich eine Vierfeldertafel mit jeweils einem typischen Beispiel erstellen (s. Tabelle 8.2).

Tab. 8.2: Wahrgenommene Ursachen für Erfolg und Mißerfolg (nach WEINER, 1973)

	Personenabhängigkeit	
Stabilität	internal	external
stabil	Fähigkeit	Aufgabenschwierigkeit
variabel	Anstrengung	Zufall

In Ergänzung zu den beiden genannten Dimensionen hat WEINER (1979) inzwischen vorgeschlagen, zusätzlich zu berücksichtigen, ob eine Ursache als kontrollierbar oder unkontrollierbar wahrgenommen wird. Ältere Schüler verstehen z.B. unter der Intelligenz ein Merkmal, auf das sich praktisch kein Einfluß nehmen läßt; gleiches gilt für die Stimmungen. Demgegenüber nehmen sie die Anstrengung als kontrollierbar wahr.

Die Bestimmung von Ursachen bei Erfolg oder Mißerfolg stellt u.a. das Ergebnis eines Prozesses dar, in dessen Verlauf Informationen nach bestimmten Regeln verarbeitet werden. Ob ein Mensch z.B. einen Erfolg auf seine Fähigkeit zurückführt, hängt auch von seinen vorausgegangenen Erfahrungen ab. Sollte er in der Vergangenheit wiederholt Erfolge erzielt haben (hohe Konsistenz), wird die Inanspruchnahme der Fähigkeit als Ursache wahrscheinlicher; nicht allerdings bei geringer Konsistenz, wenn also der Erfolg lediglich eine längere Kette vorausgegangener Mißerfolge durchbricht (READ und STEPHAN, 1979).

Bei der Suche nach Erklärung von Leistungsergebnissen wird man weiterhin berücksichtigen, welche Resultate andere vergleichbare Personen erzielt haben. Ein solcher sozialer Vergleich gibt Aufschluß über die Schwierigkeit der bearbeiteten Aufgabe. Sofern ein Schüler z.B. eine Aufgabe bewältigt hat, an der alle anderen versagten (geringer Konsensus), ist eher damit zu rechnen, daß der aktuelle Erfolg auf Fähigkeit zurückgeführt wird (READ und STEPHAN, 1979). Man neigt dagegen zu Zweifeln an seinen Fähigkeiten, wenn man an einer Aufgabe versagt, die eine große Anzahl vergleichbarer Personen zu bewältigen vermochte (FRIEZE und WEINER, 1971).

Sind aber die Ursachenzuschreibungen, die ein Mensch nach Erfolg oder Mißerfolg vornimmt, lediglich das Ergebnis eines rationalen Prozesses? Sollten Bestrebungen eines Menschen zum Schutz oder zur Steigerung des Selbstwertes darauf keinerlei Einfluß nehmen? – Die Antwort auf diese Fragen hängt wesentlich davon ab, ob eine Ursachenzuschreibung unter aufgaben- oder ego-zentrierten Bedingungen zu erfolgen hat. Es ist z.B. damit zu rechnen, daß sich der Schüler unter bestimmten Unterrichtsformen, so u.a. beim zielerreichenden Lernen (s. S. 237 ff.) und bei individueller Bezugsnorm-Orientierung des Lehrers, weniger zum Schutz bzw. zur positiven Darstellung seines Selbstwertes herausgefordert fühlt. Unter dieser letzten Bedingungen besteht ja, wie bereits festgestellt (s. S. 261 f.), das Bemühen, die Anforderungen dem Leistungsstand des Lernenden anzupassen. Dadurch kann dieser seine Erfolge und Mißerfolge mehr in ihrer Beziehung zu den vorausgegangenen Anstrengungen wahrnehmen; die Schüler neigen unter dieser Bedingung weniger dazu, Mißerfolge auf mangelnde Fähigkeit zurückzuführen (RHEINBERG, 1980).

Wenn man Menschen dagegen unter Bedingungen, die einen Wettstreit nahelegen, nach den Ursachen für ihre Erfolge und Mißerfolge fragt, zeigen sich Antwortstrukturen, die wahrscheinlich als Ergebnis einer Wechselwirkung zwischen rationalen Prozessen und selbstwertdienlicher Motivation entstanden sind (siehe hierzu ausführlicher MIETZEL, 1982; KRAHÉ, 1984). Schüler, die durch ein Selbstkonzept hoher Fähigkeit zu kennzeichnen sind, neigen unter ego-zentrierten Einstellungen dazu, die Ursache für angenehme Ereignisse bei sich selbst suchen, d.h., sie führen z.B. einen Erfolg auf ihre guten Fähigkeiten zurück. Zugleich tendieren sie dahin, die Verantwortung für weniger schmeichelhafte Ereignisse zu leugnen; sie machen z.B. im Falle eines Mißerfolgs Umstände verantwortlich, die außerhalb ihrer Kontrolle liegen (z.B. Krankheit, unfaire Prüfungsbedingungen oder Pech); sie können auch auf mangelnde Anstrengung verweisen, um damit möglichen Zweifeln an ihrer Fähigkeit entgegenzutreten.

Unter sozialer Bezugsnorm-Orientierung erhalten Schüler, die den unteren Teil der Leistungsverteilung repräsentieren, nur selten Erfolge vermittelt. Sofern ein solches Ereignis dennoch auftritt, führen sie es z.B. auf Glück, Leichtigkeit der

Aufgaben oder auf das Wohlwollen des Lehrers, insgesamt also auf Ursachen zurück, die sie als außerhalb ihrer Kontrolle wahrnehmen. Mißerfolge bestätigen ihnen lediglich, was sie aufgrund ihrer bisherigen Erfahrungen erwarten mußten: sie sind ein Ausdruck ihrer geringen Fähigkeit!

8.2.2.1.6 Weitere kognitive und affektive Konsequenzen von Erfolg und Mißerfolg

In einem System, das auf Wettbewerb angelegt ist, finden Schüler, die durch ein Selbstkonzept hoher Fähigkeit zu kennzeichnen sind, aus motivationaler Sicht noch die vergleichsweise günstigsten Bedingungen vor. Einen Erfolg nehmen sie als Bestätigung ihrer guten Fähigkeiten wahr. Bei auftretenden Schwierigkeiten können sie sich eine Steigerung der Anstrengungen leisten und wieder Erfolge erwarten. Wenn dann das erwartete positive Ergebnis eintrifft, erleben sie Zufriedenheit; allerdings nicht so sehr wegen der erfolgten Anstrengung, sondern weil es gelang, andere zu schlagen (NICHOLLS, 1983). Es muß also befürchtet werden, daß für diese Schüler der Erfolg Selbstzweck ist und die Entwicklung einer aufgabenzentrierten Einstellung nicht gefördert wird. Wenn nämlich der Anreiz zur Auseinandersetzung mit einer leistungsthematischen Situation vorwiegend darin gesehen wird, besser als andere zu sein, vermindert sich die Wahrscheinlichkeit für das Entstehen einer ‚wiederkehrenden Motivation‘ (s. S. 246 f.; ebenso: DECI, 1975; LEPPER und GREENE,1975; MORGAN, 1984).

Eine anderes Bild ergibt sich für Lernende, die mit einem Selbstkonzept geringer Fähigkeit Prüfungen zu absolvieren haben. Da sie im Falle von Erfolgen nicht dazu neigen, sich diese selbst zuzuschreiben, ändern sie auch nach einem solchen positiven Ereignis kaum ihre Erwartungen; Zufriedenheit kann unter den gegebenen Umständen kaum aufkommen. Ausgesprochen ungünstig werden die Folgen aber erst bei Mißerfolg. COVINGTON und OMELICH (1981) beobachteten Studenten, die im Rahmen eines Seminars die Gelegenheit hatten, so häufig die Prüfung zu wiederholen, bis sie sie erfolgreich abzuschließen vermochten. Unter diesen Bedingungen erreichten viele Studenten niemals die untere Grenze ihrer Leistungserwartungen. Sie erlebten deshalb wiederholt Mißerfolge. Bereits das erste Versagen bewirkte eine Minderung der Selbsteinschätzung ihrer Fähigkeit, was zur Absenkung ihrer weiteren Erwartungen und zur Auslösung von negativen Affekten, vor allem Beschämung, führte. Bei weiteren Mißerfolgen verloren selbstwertdienliche Entschuldigungen für das Versagen zunehmend an Plausibilität. Deshalb mußte die eigene Einschätzung der Fähigkeit zunehmend nach unten korrigiert werden, und das wiederum wurde zu einer bedeutenden Quelle für Verzweiflung und Hoffnungslosigkeit. Wenn eine Mißerfolgs-Serie für längere Zeit anhält, entwickeln die Betroffenen Hilflosigkeit, ein Zustand, über den später noch ausführlicher zu sprechen sein wird.

Unter allen Bedingungen sind Menschen unzufrieden, wenn ihre Auseinandersetzung mit einer Aufgabe zu einem Mißerfolg geführt hat. Ein Versagen wird aber vor allem dann als belastend empfunden, wenn es in einer sozialen Situation auftritt, in der ego-zentrierte Einstellungen dominieren. „Es gibt beträchtliche Belege, die dafür sprechen, daß Mißerfolg in Wettstreitsituationen mehr negative

Konsequenzen für das eigene Selbstwert-Gefühl hat als Mißerfolg in einem nicht-wettstreitenden Rahmen" (AMES, 1984b). Wenn Lernende unter einer individuellen Bezugsnorm-Orientierung versagen, sind sie eher bereit, auf einen Fehlschlag mit einer Erhöhung der Anstrengung zu reagieren. Wenn ihnen nach einem verstärkten Arbeitseinsatz ein Erfolg in Form eines Lernfortschritts oder einer neuen Einsicht gelingt, berichten die Befragten in einer großen Anzahl von Untersuchungen von einem sehr positiven Gefühl der Zufriedenheit und Kompetenz (AMES et al. 1977; AMES und FELKER, 1979; NICHOLLS, 1983, 1984); dieses affektive Erlebnis wirkt selbstverstärkend, und als solches weckt es das Interesse für weitere, eventuell schwierigere und komplexere Aufgaben.

8.2.2.2 Relevante Beiträge der Angstforschung

Die vorausgegangenen Abschnitte haben Schüler in den Blickpunkt gerückt, die – vorwiegend unter sozialer Bezugsnorm-Orientierung ihres Lehrers arbeitend – bemüht waren, gegenüber sich selbst und anderen ein gutes Abbild ihrer Fähigkeiten zu liefern. Problematisch ist diese Bedingung des etablierten Schulsystems, weil sie nur einem Teil der Schüler die Chance zu Erreichung eines solchen Ziels eröffnet; anderen wird ziemlich häufig Mißerfolg attestiert. Für einen Schüler, der seine eigenen Fähigkeiten gering einstuft, stellt jede Leistungsanforderung eine erhebliche Bedrohung dar. Sie birgt ja stets die Gefahr des Versagens, das nicht nur in Hinblick auf sein affektives Erleben, sondern auch bezüglich der Reaktionen von Lehrern, Schülern und Eltern mit erheblichen aversiven Konsequenzen verbunden ist. Eine solche bedrohliche Situation aktiviert Angst, die – wie jedermann aus eigenen Erfahrungen weiß – die Leistungsfähigkeit eines Menschen in erheblichen Maße beeinträchtigen kann.

Die Bemühungen der Forschung zur Erklärung der leistungsmindernden Wirkung von Angst sind erst in jüngster Zeit mit dem Studium kognitiver Prozesse einen entscheidenden Schritt vorangekommen. Einige Bedingungen einer Prüfungssituation erschweren es einem „ängstlichen" Schüler mehr als andere, seine Fähigkeiten und Kenntnisse zur Bewältigung vorgelegter Aufgaben effektiv einzusetzen. Innerhalb des vorliegenden Rahmens interessiert vor allem die Frage, weshalb es im Zustand gesteigerter Angst zu erheblichen Beeinträchtigungen des Leistungsverhaltens kommen kann. Es sind im folgenden weiterhin einige angstauslösende Bedingungen zu spezifizieren, die der unmittelbaren Kontrolle des Lehrers unterliegen. Im Anschluß an ihre Darstellung lassen sich Empfehlungen geben, wie die Arbeitsbedingungen jener Schüler zu verbessern sind, die auf leistungsthematische Anforderungen relativ schnell mit Angst reagieren.

8.2.2.2.1 Kennzeichnung der Angst

Kaum einem Menschen dürfte es schwerfallen, sich an Situationen zu erinnern, in denen er Angst gehabt hat. Man kennt die unangenehmen Gefühle, die man z.B. in Erwartung einer Prüfung, vor einem öffentlichen Auftritt oder auf dem Weg zum Zahnarzt erlebt hat. Was ist nun das gemeinsame solcher Erfahrungen, deren Aufzählung sich fast unbegrenzt fortsetzen ließe?

Die sprachliche Beschreibung des Angstzustands bereitet verständlicherweise erhebliche Schwierigkeiten. Allgemein gilt dieser Zustand als unangenehm. Nach HANSEN (1977) erlebt man dabei eine allgemeine Unruhe, eine unheilvolle Ahnung, ein Angespanntsein. Hinzu kommen bestimmte körperliche Symptome, wie z.B. das Zittern und Feuchtwerden der Hände, der Ausbruch von Schweiß, die Beschleunigung von Pulsschlag und Atmung, die Blässe des Gesichts usw. Allerdings vermögen diese Symptome den Angstzustand nicht sicher anzuzeigen, denn sie treten bekanntlich auch einzeln oder in Kombination bei anderen psychischen Zuständen, so z.B. bei großer Freude oder bei Wut, ebenso aber auch bei körperlicher Anstrengung auf. Die Angst mit ihren typischen Symptomen entsteht nach Wahrnehmung eines Ereignisses, das als bedrohlich eingeschätzt wird.

> Wiederholt ist der Vorschlag gemacht worden, zwischen Angst und *Furcht* zu unterscheiden. Den Begriff Furcht wollte man für einen emotionalen Zustand reservieren, „der auf eine eindeutig bestimmbare Situation (Furchtquelle) zurückgeführt werden kann", während „sich bei der Angst das angstauslösende Moment nicht eindeutig definieren" läßt (BRUNNER und ZELTNER, 1980). In der Praxis bereitet eine solche Unterscheidung jedoch erhebliche Schwierigkeiten. Deshalb haben die meisten Angstforscher sie aufgegeben.
>
> Es ist weiterhin üblich, zwischen *Angst als Zustand* und *Ängstlichkeit* als relativ unveränderliches Persönlichkeitsmerkmal zu unterscheiden (SPIELBERGER, 1966). Ein Mensch, der generell dazu tendiert, in einer großen Anzahl verschiedenartiger Situationen Bedrohungen wahrzunehmen und entsprechend mit Angst zu reagieren, gilt generell als ängstlicher als ein anderer, der auf die meisten dieser Situationen neutral reagiert. Angst als Zustand wird dagegen durch spezifische Situationen ausgelöst. Jeder Mensch kann unter bestimmten Umständen Angst erleben, so z.B. vor einer wichtigen Prüfung oder bei akuter Gefahr, den eigenen Arbeitsplatz zu verlieren.

Eine Situation gilt als bedrohlich, wenn sie die körperliche Unversehrtheit des Wahrnehmenden in Frage stellt. Wie aber bereits die vorausgegangenen Abschnitte deutlich gemacht haben, kann sich die Bedrohung auch auf das Selbstkonzept richten (SCHWARZER, 1981). Die Angst vor einer Prüfung ist ja dadurch gegeben, daß ein Versagen mit ungünstigen Folgen für das Selbstbild (s. S. 258 ff.) verbunden sein kann; hinzu kommen möglicherweise noch erhebliche materielle Verluste.

Die Wahrnehmung einer Bedrohung mag auf ein Individuum zwar aktivierend wirken; ob und in welchem Ausmaß es daraufhin aber mit Angst reagiert, bestimmt sich nach den zur Verfügung stehenden Reaktionsmöglichkeiten. Auch für KROHNE (1975) gehört zur Kennzeichnung des Angstzustandes nicht nur die „Wahrnehmung einer komplexen und mehrdeutigen Gefahrensituation", sondern außerdem, daß darin „eine adäquate Reaktion des Individuums nicht möglich erscheint". Prüfungsfragen stellen folglich nur solange eine angstauslösende Situation dar, wie der Kandidat keine Möglichkeit sieht, darauf angemessen zu reagieren. Da ein Prüfling allerdings normalerweise nicht weiß, welche Fragen man für ihn auswählen wird, ist bei gleichzeitigem Bewußtsein, nicht alles beherrschen zu können, ein *bevorstehendes* relevantes Examen stets als Gefahrensituation mit nicht vorhersagbarer Reaktionsmöglichkeit zu kennzeichnen.

Vor allem bei dem durch Prüfungssituationen ausgelösten Angstzustand hat es sich als fruchtbar erwiesen, zwischen einer kognitiven und einer emotionalen

Komponente zu unterscheiden (LIEBERT und MORRIS, 1967); beide sind z.B. auch im Angstfragebogen für Schüler (AFS) von WIECZERKOWSKI et al. (1974) repräsentiert (ein Beispiel für die kognitive Komponente liefert die Aussage: „Ich mache mir zuviel Sorgen"; die emotionale Komponente wird z.B. abgebildet durch: „Wenn mein Name fällt, habe ich sofort ein beklemmendes Gefühl"). Im folgenden ist vorzugsweise der Einfluß der kognitiven Komponente auf das Leistungsverhalten eingehender zu untersuchen, denn eindeutige Beziehungen zwischen der operationalisierten emotionalen Angstkomponente und Testleistungen haben sich bislang nicht aufdecken lassen (SCHWARZER, 1981; DWECK und WORTMAN, 1982).

8.2.2.2.2 Beeinträchtigung des Leistungsverhaltens durch Angst

WINE (1971) vermochte mittels einer sehr umfassenden Literaturübersicht zu dokumentieren, daß ängstliche Personen vor und während einer Prüfung nicht genügend Aufmerksamkeit auf die ihnen vorliegende Aufgabe richten. Personen mit einem Selbstkonzept geringer Fähigkeit bzw. hochängstliche Menschen berichten relativ häufig, daß sie sich viel Gedanken über die Bewertung ihrer Leistungen, über ihr Abschneiden im Vergleich zu anderen und über die Folgen eines möglich erscheinenden Versagens machen (DWECK und WORTMAN, 1982). Derartige kognitiven Prozesse, die man allgemein als *Besorgtheit* bezeichnet, können bereits vor einer Prüfungssituation auftreten. Während des Examens kommt noch eine gesteigerte Emotionalität hinzu (HECKHAUSEN, 1982). Bei Wahrnehmung der physiologisch bestimmten Erregung (Zittern, Schweißausbruch usw.) ist mit einer zusätzlichen Behinderung der Leistungsfähigkeit zu rechnen, wenn der Prüfling die körperlichen Symptome als Bestätigung seiner Besorgtheit deutet.

Wenn ein Mensch in einer Bewertungssituation zu sehr mit seinen eigenen Besorgnissen beschäftigt ist, wird dadurch ein beträchtlicher Anteil von Aufmerksamkeit gebunden. Sofern zur Bearbeitung Aufgaben vorliegen, die nur mit hoher Aufmerksamkeitszuwendung zu bewältigen sind, muß zwangsläufig eine Leistungsminderung die Folge sein. Tatsächlich ließ sich wiederholt nachweisen, daß die Leistungsfähigkeit eines Menschen im Zustand gesteigerter Angst und bei Bearbeitung komplexerer Aufgaben (HANSEN, 1977) beeinträchtigt wird. Dieser Zusammenhang läßt sich kaum bei Schulanfängern, deutlicher bei Viertkläßlern und noch ausgeprägter bei Schülern in der sechsten Klassenstufe nachweisen (HILL und SARASON, 1966).

Die Beeinträchtigung sehr ängstlicher Schüler erfolgt bereits – sofern sie sich wegen ihrer Besorgtheit nur unzureichend auf das ihnen schriftlich oder mündlich dargestellte Material zu konzentrieren vermögen – im Stadium der Informationsaufnahme; Inhalte des sensorischen Speichers, auf die sich nicht genügend Aufmerksamkeit richtet, gelangen womöglich – darauf wurde an anderer Stelle hingewiesen (s. S. 173 f.) – gar nicht in das Stadium ihrer Verarbeitung. Sollte aber ihre Übertragung in das Kurzzeitgedächtnis erfolgt sein, wird zukünftiges Leistungsverhalten wesentlich mit davon abhängen, ob der Lernende Bedingungen vorfindet, unter denen er genügend Aufmerksamkeit auf die Verarbeitung der Informationen, d.h. auf Prozesse richten kann, in deren Verlauf eine Integration des Neuen mit dem bereits Bekannten zu erfolgen hat (s. S. 184 ff.).

Wenn Schüler in ihrer Lern- und Leistungsfähigkeit wegen gesteigerter Angst beeinträchtigt werden, gibt es zwei Möglichkeiten, ihnen zu helfen. Maßnahmen können einmal darauf zielen, den Ausprägungsgrad ihrer Angst dauerhaft zu verringern; entsprechende Programme (z.B. deCHARMS, 1976, 1984) erfordern allerdings einen gewissen Zeitaufwand. Sie mögen zwar erfolgreich sein; greifen aber eventuell zu spät, d.h. erst dann, wenn bereits wesentliche Versäumnisse im Lernprozeß vorliegen. Deshalb ist auch daran zu denken, Lern- und Leistungsbedingungen zu vermeiden, die in verstärktem Maße Angst auslösen können. Um welche es sich dabei vor allem handelt, soll als nächstes untersucht werden.

8.2.2.2.3 Anpassung der Unterrichtsbedingungen an den ängstlichen Schüler

Nach vorliegenden Ergebnissen der Angstforschung müßte ein sehr ängstlicher Schüler die stärkste Beeinträchtigung seiner Leistungsfähigkeit erfahren, wenn er unter sozialer Bezugsnorm-Orientierung seines Lehrers schwierige Aufgaben unter Zeitdruck zu bewältigen hat.

Wie bei der Darstellung der Selbstwert-Theorie der Leistungsmotivation herausgestellt worden ist, arbeitet ein Schüler üblicherweise ja in einem sozialen Kontext, in dem seine Leistungsergebnisse ständig mit denen anderer in Vergleich gesetzt werden. Vor allem der Schüler mit einem Selbstkonzept geringer Fähigkeit erlebt den damit verbundenen Wettbewerb als ständige Bedrohung seines Selbstwertes. Folglich können Ängstliche ihre Leistungen sofort steigern, sobald sie unter Bedingungen arbeiten dürfen, in denen sie keine sozialbezogene Bewertung ihrer Ergebnisse zu erwarten haben. SUTTER und REID (1969) fanden z.B., daß ängstliche Schüler, die sich mit schwierigen Lernaufgaben auseinanderzusetzen hatten, bessere Leistungen erbrachten, wenn sie alleine, statt mit einem Partner gearbeitet hatten. Offenbar sind durch die soziale Situation bei den Ängstlichen egozentrierte Einstellungen geweckt worden. Bei Schülern geringer Angst war das nicht der Fall; sie ließen sich von einer Gemeinschaftsarbeit stimulieren. Vermutlich ist es beim Ängstlichen aber nicht so sehr die Anwesenheit des Partners an sich, sondern die Sorge, mit diesem verglichen zu werden und dabei schlechter abzuschneiden, die die Leistungsminderung bewirkt.

Ein Teil der Schüler einer Klasse wird unter sozialer Bezugsnorm-Orientierung relativ häufig die Erfahrung machen müssen, daß der Lehrer ihnen nicht genügend Zeit gewährt. Wenn ängstliche Schüler in dem Bewußtsein arbeiten, innerhalb eines enger beschnittenen Zeitraums fertig werden zu müssen, steigt ihre Besorgtheit; ihre Leistungsfähigkeit wird dadurch beeinträchtigt, d.h., sie machen mehr Fehler und benötigen zur Bearbeitung einer Aufgabe erheblich mehr Zeit (HILL und EATON, 1977). Auch PLASS und HILL (1979) registrierten bei ängstlichen Schülern, die mathematische Textaufgaben unter Zeitdruck zu bearbeiten hatten, relativ geringe Leistungen. Sobald man ihnen aber gleich schwierige Aufgaben unter sehr entspannten Bedingungen vorlegte, verbesserte sich ihr Leistungsniveau erheblich. Wenn ängstliche Schüler in einer Prüfungssituation relativ schlecht abschneiden, dann sollte nicht voreilig auf unzureichende Kenntnisse geschlossen werden, vor allem dann nicht, wenn sie offenkundig besorgt waren, unter Zeitdruck nicht fertig zu werden.

Wenn im Rahmen des normalen Schulalltags nicht ausreichend auf die Beeinträchtigung der Leistungsfähigkeit von sehr ängstlichen Schülern Rücksicht genommen wird, wächst die Wahrscheinlichkeit, daß sich ihre Mißerfolge häufen. Damit muß sich die Besorgtheit aber ebenfalls steigern. Der Lernende wird auf diese Weise vom Fortgang des Unterrichts abgeschnitten. ZIGLER und seine Mitarbeiter (ZIGLER und HARTER, 1969) bemühten sich in einigen ihrer Studien, das Schicksal fortlaufender Mißerfolge zu durchbrechen. Sie beobachteten sehr junge Kinder der Grundschule aus Familien mit geringerem sozio-ökonomischen Status, die sich mit typischen Aufgaben aus Intelligenztests auseinanderzusetzen hatten. Wenn sie mehrere Fragen falsch beantwortet hatten, legte man ihnen einfachere Aufgaben vor, auf die sie richtig zu reagieren vermochten. Eine solche Maßnahme, die der Versuchsleiter in einer ansonsten sehr freundlich-unterstützenden Atmosphäre ergriffen hatte, reichte bei diesen Kindern aus, um ihre Leistungen zu steigern.

Sofern auf die Besonderheiten ängstlicher Kinder allerdings nicht angemessen reagiert wird, wenn jegliche Hilfe ausbleibt, ist damit zu rechnen, daß sie schließlich in den Zustand der Hilflosigkeit abgleiten.

8.2.2.3 Gelernte Hilflosigkeit

Eine dritte hier zu berücksichtigende Forschungslinie läßt sich auf Wurzeln im klinischen Bereich zurückführen. SELIGMAN und seine Mitarbeiter (1968; OVERMIER und SELIGMAN, 1967) hatten etwa um die Mitte der sechziger Jahre Tiere beobachtet, die nach einem bestimmten Training unter experimentellen Bedingungen Symptome entwickelten, die sie als Ausdruck Gelernter Hilflosigkeit interpretierten. Die Tiere verhielten sich ähnlich wie Menschen, bei denen als Reaktion auf ein belastendes schicksalhaftes Ereignis Depressionen entstanden waren. In diesem Zustand werden Menschen passiv und apathisch; sie zeigen keine Bereitschaft, ihre Probleme überhaupt in Angriff zu nehmen, weil sie meinen, an ihrer Lage doch nichts ändern zu können. SELIGMANs Beobachtungen erregten das Interesse der Pädagogischen Psychologie, weil sich solche Reaktionsweisen ebenso im schulischen Kontext finden. Sie werden von Schülern offenbart, die angesichts von Mißerfolgen sehr schnell aufgeben und die sich nach einem Versagenserlebnis selbst bei solchen Aufgaben nicht mehr um eine Lösung bemühen, die ihren Fähigkeiten durchaus entsprechen würden. Wäre es somit nicht möglich, daß das Konzept der Hilflosigkeit geeignet wäre, auch ein besseres Verständnis für das Leistungsverhalten eben dieser Schüler zu eröffnen? Dieser Frage ist Carola DWECK im Rahmen einer ausgedehnten Forschungsreihe nachgegangen; sie identifizierte in vielen Schulen „hilflose" Kinder, die zur Erklärung ihrer Erfolge und Mißerfolge die gleichen Ursachen in Anspruch nahmen wie jene, denen man im Rahmen der Leistungsmotivationsforschung ein Selbstkonzept geringer Fähigkeit zugeschrieben hatte. DWECKs Arbeiten wurden von der Überzeugung geleitet, „daß eine sorgfältige Analyse der kognitiven Prozesse, die während des Leistungshandelns ablaufen, wesentlich ist, wenn man die motivationalen Determinanten von Leistungen verstehen will und wenn man effektive Maßnahmen zu entwickeln wünscht, unangepaßten Verhaltensweisen im Leistungskontext entgegenzuwirken" (DWECK und WORTMAN, 1982). Über aufschlußreiche Ergebnisse dieser Forschungsbemühungen soll im folgenden berichtet werden, nachdem das Konzept der Gelernten Hilflosigkeit kurz vorgestellt worden ist.

8.2.2.3.1 Kennzeichnung der Gelernten Hilflosigkeit

In seinen frühen Untersuchungen interessierte sich SELIGMAN für Zusammenhänge zwischen Furchtkonditionierung und instrumentellem Lernen. Dabei wurde er auf das Phänomen aufmerksam, das er als Gelernte Hilflosigkeit bezeichnete. Einem Experiment mit Hunden folgte sehr bald eine Studie von HIROTO (1974) mit menschlichen Versuchsteilnehmern; es bestätigte SELIGMANs Beobachtungen in grundsätzlicher Weise.

> In HIROTOs Experiment wurde in einer ersten (Trainings-) Phase ein sehr unangenehmes lautes Geräusch (aversiver Reiz) dargeboten. Für die Versuchspersonen der 1. Gruppe bestanden kontingente Bedingungen (s. hierzu S. 96); sie besaßen nämlich die Möglichkeit, die Reizdarbietung durch Knopfdruck zu beenden. Für die Angehörigen der 2. Gruppe waren nicht-kontingente Bedingungen kennzeichnend; sie konnten keinerlei Einfluß auf die Darbietung bzw. Beendigung des Geräusches nehmen.
> In der zweiten (Test-)Phase des Experiments wurde das laute Geräusch sämtlichen Teilnehmern dargeboten. Alle Versuchspersonen hatten nunmehr die Möglichkeit, die aversive Reizdarbietung auszuschalten, wenn sie auf ein optisches Signal von fünf Sekunden Dauer (diskriminativer Reiz) reagierten und rechtzeitig einen Hebel nach der einen oder anderen Seite schoben.
> Die Ergebnisse des Experiments zeigten, daß Versuchspersonen der 1. Gruppe sehr schnell lernten, das Geräusch abzuschalten. Die Versuchspersonen der zweiten Gruppe, für die in der Trainingsphase nicht-kontingente Bedingungen bestanden hatten, lernten im Vergleich zu denen der anderen Gruppe nur verspätet, den aversiven Reiz auszuschalten und schafften es nicht, den Lärm aufgrund des Vorsignals sicher zu vermeiden.

In SELIGMANs und HIROTOs Experimenten wurde in einem ersten Stadium die Erfahrung vermittelt, daß sich unangenehme Ereignisse der Kontrolle entzogen. Einige Versuchspersonen HIROTOs lernten, daß zwischen ihren Handlungen und unmittelbar darauf auftretenden Ereignissen keine Beziehung bestand. Diese Erfahrungen übertrugen sie auf ein weiteres Stadium des Experiments, in dem Kontrolle objektiv möglich war. Sie ertrugen einen aversiven Reiz, der sich sehr leicht ausschalten ließ. Diese Reaktion ist kennzeichnend für Gelernte Hilflosigkeit, für einen Zustand also, „der häufig entsteht, wenn Ereignisse unkontrollierbar sind" (SELIGMAN, 1975).

Selbstverständlich rufen nicht sämtliche unkontrollierbaren Ereignisse Hilflosigkeit hervor. Ein großer Teil alltäglichen Geschehens entzieht sich der Beeinflußbarkeit durch den Wahrnehmenden. Eine von SELIGMAN genannte Voraussetzung für Gelernte Hilflosigkeit ist die *Relevanz* eines Ereignisses. Aber auch dieses Merkmal allein reicht nicht aus, denn für einen Lotteriespieler stellt beispielsweise ein Hauptgewinn ein sehr wichtiges, zugleich aber auch ein unkontrollierbares Ereignis dar; dennoch muß er nicht depressiv werden, wenn man ihm einen ungünstigen Losentscheid mitteilt. Mit der Entstehung von Hilflosigkeit ist nur dann zu rechnen, wenn die *Erwartung* durchbrochen wird, Kontrolle über ein relevantes Ereignis zu haben.

Zur Erklärung von Hilflosigkeit richtete SELIGMAN seinen Blick anfänglich nur auf die Bedingung der Nichtkontingenz. Inzwischen hat er anerkannt, daß die Interpretationsweise der Situation durch den Wahrnehmenden nicht unberücksichtigt bleiben darf. Nach seiner revidierten Konzeption rechnet SELIGMAN mit der Entstehung von Hilflosigkeit, wenn ein Handelnder für den wahrgenommenen Kontrollverlust internale, stabile und globale Ursachen in Anspruch nimmt (ABRAMSON et al., 1978). Die Merkmale internal und stabil sind bereits aus der WEINER-Klassifikation bekannt (s. S. 266 f.). Eine Ursache ist global, wenn sie aus der Sicht des Wahrnehmenden das Verhalten in verschiedenartigen Situationen bestimmt. Sofern beispielsweise ein Schüler, der seine Mißerfolge auf mangelnde Fähigkeit zurückführt, seine Interpretation so versteht, daß *er* es ist, der einen Selbstwertverlust erfahren hat (internal), daß an seiner Situation nichts zu ändern ist (stabil) und daß sich sein Versagen auch zukünftig in sehr vielen Situationen offenbaren wird (global), dann ist die Entstehung von Hilflosigkeit wahrscheinlich.

Wenn ein Mensch seine Mißerfolge auf internale, stabile und globale Ursachen zurückführt, müßte er nach SELIGMAN erhebliche emotionale, motivationale und kognitive Defizite zeigen. Der hilflose Mensch, der von der Zwecklosigkeit seines Tuns überzeugt ist, erlebt emotional eine tiefe Traurigkeit und Depressivität. Die Aussichtslosigkeit läßt ihn auch in solchen Situationen keine Lösungsmöglichkeiten mehr erkennen, in denen tatsächlich ein Erfolg herbeizuführen wäre; das passive Ertragen des eigenen Selbstwertverlusts ist Ausdruck des motivationalen Defizits. Das Lernen erfährt eine massive Beeinträchtigung.

8.2.2.3.2 Erklärung des kognitiven Defizits

DIENER und DWECK (1978) legten Schülern fünfter Schuljahre mehrere Serien von Bildern vor, bei denen es galt, ein jeweils gemeinsames Merkmal zu entdecken. Die Versuchspersonen waren, den Ergebnissen eines Tests entsprechend, einer von zwei Gruppen zugewiesen worden; die nachfolgende Schilderung ihrer Reaktionsweisen wird deutlich machen, nach welchem Kriterium die Zuordnung erfolgt war. Während der Auseinandersetzung mit den Aufgaben sollten die Teilnehmer „laut denken", d.h. alles mitteilen, was ihnen in den Sinn kam. Sofern ihnen entsprechende Gedanken während der Lösungssuche kamen, waren diese auch dann zu äußern, wenn sie mit den Aufgaben in keinerlei Beziehung standen, wie z.B. Pläne für das Mittagessen.

Während der Durchführung der ersten acht lösbaren Aufgabenserien unterschieden sich die beiden Gruppen bezüglich ihrer Lösungsstrategien nicht voneinander. Das änderte sich aber unmittelbar, nachdem ihnen Aufgaben vorgelegt worden waren, an denen sie notwendigerweise Mißerfolge erfahren mußten. Nunmehr traten auffällige Verhaltensunterschiede zutage. Viele Kinder der ersten Gruppe fuhren fort, die bereits vorher eingesetzten und somit „reifen" Strategien anzuwenden. Ein Viertel von ihnen fand sogar bessere Wege, um zur Lösung zu kommen, d.h. solche, die eigentlich für ältere Kinder typisch waren. Schüler der zweiten Gruppe reagierten auf das Einsetzen der Mißerfolgsserie dagegen mit einer „dramatischen Veränderung" ihres Verhaltens. Sie gaben vernünftige Lösungsstrategien zunehmend auf. Bereits bei der zweiten Mißerfolgsserie beschritt mehr als ein Drittel keinen erfolgversprechenden Weg mehr. Nach der vierten Serie ließ sich bei mehr als zwei Drittel der Kinder keine vernünftigen Strategien mehr nachweisen.

Die Teilnehmer der beiden Gruppen unterschieden sich weiterhin darin, wie sie ihre Mißerfolge interpretierten. Die Kinder der ersten Gruppe waren offenbar durch ein Selbstkonzept hoher Fähigkeit gekennzeichnet. Sie führten, allerdings nur bei ausdrücklicher Befragung, gehäuft mangelnde Motivation als Ursache für ihr Versagen an. Insgesamt war bei ihnen die Überzeugung vorherrschend, die aufgetretenen Schwierigkeiten mit Erhöhung ihrer Anstrengung schon meistern zu können. Die Situation schien ihnen somit nicht der Kontrolle entglitten zu sein; offenbar handelte es sich bei Kindern der ersten Gruppe um nichthilflose Kinder – DWECK nennt sie Bewältigungsorientierte. „Sie brachten unbeirrt eine positive Prognose zum Ausdruck (z.B. ‚Noch einen Versuch, dann habe ich es') und beurteilten die Aufgabe positiv (z.B. ‚Ich mag die Herausforderung'). Trotz der Mitteilung des Versuchsleiters hatte es den Anschein, daß sich die bewältigungsorientierten Kinder nicht als solche ansahen, die versagt hatten. Sie hatten Fehler gemacht, das stand fest; aber sie schienen sicher zu sein, daß sie mit angemessener Konzentration und Strategie wieder auf die richtige Spur kämen. Sie legten mehr Nachdruck auf ... die Suche nach einem Ausweg und weniger auf die Aufdeckung der Ursache" (DWECK und GOETZ, 1978).

Im Unterschied dazu führte mehr als die Hälfte der zweiten Gruppe die Mißerfolge auf mangelnde Fähigkeit zurück. Ihnen schien die Situation offenbar nicht mehr kontrollierbar zu sein; sie waren hilflos. Auch das Gedächtnis unterstützte die Hoffnungslosigkeit durch Verfälschungen: DIENER und DWECK (1980) fragten sämtliche Kinder abschließend, wie viele Aufgaben sie richtig (objektiv: 8) und wie viele sie falsch (objektiv 4) beantwortet hatten. Es zeigte sich, daß die Hilflosen die Anzahl der richtigen Antworten im Vergleich zu den Nichthilflosen eindeutig unterschätzten; dagegen überschätzten sie im Vergleich zu den Nichthilflosen in ihren Erinnerungen die Anzahl falscher Antworten.

Was bewirkte aber, daß die hilflosen Kinder bei einsetzendem Mißerfolg sehr schnell resignierten? DWECK (1975) vermutete, daß es die geringe Einschätzung ihrer Fähigkeit war, die ihnen jegliche Motivation zur Überwindung der Schwierigkeiten nahm.

8.2.3 Die Förderung der Motivation im unterrichtlichen Kontext

Ein hilfloser Schüler nimmt seine Leistungsergebnisse als unkontrollierbar wahr; er sieht keine Möglichkeiten mehr, verändernd auf sie einzuwirken. Einen Weg, dieser subjektiven Sichtweise entgegenzutreten, hat DWECK (1975) beschritten. Der Ausgangspunkt ihrer Maßnahmen erscheint auf den ersten Blick nachvollziehbar. Wenn ein Mensch seine Fähigkeit als unkontrollierbar und unveränderlich, seine Anstrengung dagegen als variabel und kontrollierbar wahrnimmt, dann müsse man ihn nur dazu bringen, Mißerfolge auf fehlende Anstrengung statt auf mangelnde Fähigkeit zurückzuführen. Tatsächlich gelang es DWECK mit ihrem Training, die Tendenz der Ursachenzuschreibung und damit die Einstellung der hilflosen Kinder gegenüber dem Mißerfolg zu verändern. Diese reagierten nach Abschluß des Programms nicht mehr mit Leistungsabfall; viele ihrer Teilnehmer vermochten angesichts eines Mißerfolgs ihre Leistungen sogar zu steigern.

Allerdings ist der Erfolg der von DWECK ergriffenen Maßnahme an einige Voraussetzungen gebunden, die in einem Klassenzimmer nicht ohne weiteres erfüllt sind. Sollte ein Schüler nämlich dazu zu bringen sein, zur Bewältigung einer Leistungsaufgabe hohe Anstrengungen aufzubringen, danach aber dennoch scheitern, dann ist ihm seine geringe Fähigkeit durch diesen weiteren Mißerfolg noch überzeugender vor Augen geführt worden. DWECKs Programm ist zudem dadurch gekennzeichnet, daß es lediglich den Schüler zu verändern versucht; das System, unter dem Hilflosigkeit entstanden ist, läßt es dagegen unangetastet.

Wäre es nicht möglich, daß Erscheinungen wie z.B. die Entstehung von Hilflosigkeit, das Auftreten von Besorgtheit, die Angst vor Selbstwertverlust usw. durch Bedingungen begünstigt werden, die ein Lehrer mit sozialer Bezugsnorm-Orientierung schafft? Würden Schüler ihr Konzept einer veränderlichen und kontrollierbaren Fähigkeit, das kurz nach Schuleintritt noch nachweisbar ist, überhaupt aufgeben, wenn sie einen Unterricht erfahren würden, der eine Orientierung an einer individuellen Bezugsnorm aufweist? Solchen Fragen sind RHEINBERG und seine Mitarbeiter nachgegangen. Allerdings berichten sie von erheblichen Schwierigkeiten, Lehrer zur Veränderung ihrer Bewertungsperspektive zu veranlassen. Beispielsweise baten RHEINBERG et al. (1980) Lehrer, intra-individuelle Leistungsvergleiche so oft wie möglich gegenüber den Schülern zu verbalisieren. Da sämtliche Unterrichtsstunden sorgfältig protokolliert wurden, erhielten die Lehrer nach jeder Stunde Rückmeldungen bezüglich ihrer Annäherungen an die gewünschten Verhaltensweisen. Dennoch offenbarten die Lehrer erhebliche Schwierigkeiten, ihre gewohnte soziale Perspektive zu leugnen und stattdessen Stellungnahmen zu geben, die den Leistungsvergleich im Längsschnitt thematisierten. Obwohl sie „oberflächlich" bereit waren, den Wünschen des Versuchsleiters nachzukommen, waren sie von der Angemessenheit der ihnen nahegelegten Stellungnahmen nicht überzeugt. Trotz solcher Vorbehalte auf seiten der Lehrer, ließ sich bei den Schülern im Verlauf der Untersuchung eine Zunahme ihrer Unterrichtsbeteiligung nachweisen, gleichzeitig sanken ihre Passivität und ihre Prüfungsangst.

Eine günstigere Situation wäre mit der Untersuchung von Schulklassen gegeben, in denen Lehrer mit originär individueller Bezugsnorm-Orientierung unterrichten.

Allerdings dürfte es in idealer Weise innerhalb eines auf Selektion hin angelegten Schulsystems kaum gelingen, konsequent eine solche Perspektive zu praktizieren; es kann sich dabei lediglich um Annäherungen handeln. HECKHAUSEN und RHEINBERG (1980) berichten von einer Studie, an der Schüler mit einem Selbstkonzept geringer Fähigkeit beteiligt waren. Die Kinder wurden je zur Hälfte in Klassen untergebracht, die entweder vornehmlich von Lehrern mit individueller oder von Lehrern mit sozialer Bezugsnorm unterrichtet wurden. Zu Beginn der Studie ließ sich zwischen diesen beiden Gruppen bezüglich der Testintelligenz, der Schulunlust und der Prüfungsängstlichkeit kein statistisch bedeutsamer Unterschied nachweisen. Nach Ablauf von einem Jahr stieg die Schulunlust in Klassen mit sozialer Bezugsnorm-Orientierung sogar noch an, während sie bei individueller Bezugsnorm auf ein „normales" Maß zurückgegangen war; unter den zuletzt genannten Bedingungen ließ sich auch eine Abnahme der Prüfungsängstlichkeit registrieren.

Ein normales Kind beginnt seine Schulzeit mit der Überzeugung, Fähigkeiten stünden unter seiner Kontrolle und wären durch Variation der Anstrengung zu verändern. Wie wiederholt zu zeigen war, läßt sich bereits gegen Ende der Grundschulzeit das Konzept einer Fähigkeit nachweisen, von der sich einige – in Abhängigkeit von den jeweiligen Erfahrungen – mehr und andere weniger zuschreiben; Veränderungsmöglichkeiten seiner Fähigkeit sieht der ältere Schüler praktisch nicht mehr. Dafür eröffnet sich für ihn eine andere Kontrollmöglichkeit: er vermag – wenigstens bis zu einem gewissen Grade – darauf Einfluß zu nehmen, welchen Selbstwert er erlebt und wie dieser in sozialen Darstellungsformen anderen mitzuteilen ist. Für einige Schüler wird das Ziel, „besser zu sein als andere" zur dominanten Motivation, während andere beträchtliche, vielfach durch Angst motivierte kognitive Manöver vornehmen müssen, damit tatsächliche oder jederzeit mögliche Beeinträchtigungen des Selbstwertes in tolerierbaren Grenzen bleiben. In all diesen Fällen sind aus Schülern, für die ein Lernfortschritt, eine neue Erfahrung, eine gesteigerte Kompetenz mit einem befriedigenden und grundsätzlich herbeizuführenden Erlebnis verbunden war, im Laufe der Schulzeit solche geworden, bei denen das Lernen weitgehend zu einem Instrument degradiert worden ist, dem Selbstwert zu dienen. Die Aussichtslosigkeit, sich wenigstens diesem Ziel nähern zu können, läßt – weil sie ständig mit vermeintlich Besseren verglichen werden – einen beträchtlichen Teil von Schülern resignieren. Dieser unheilvollen Entwicklung wäre entgegenzuwirken, wenn man den Lernenden veranlassen könnte, sein frühes, der Variabilität und Kontrolle zugängliches Fähigkeitskonzept zu bewahren. Die individuelle Bezugsnorm, die den Lernenden – vor allem auch unter kooperativen Arbeitsformen (s. S. 294 f.) – die *Steigerung* seiner Kompetenz als befriedigend erleben läßt, bietet für eine solche Zielsetzung hohe Erfolgschancen!

278

9. KAPITEL

Sozialpsychologische Aspekte des Lernens

Soziales System   formal oder informal

Auf die Frage, was ein Lehrer tun sollte, um beim Schüler die Übernahme von Werten, den Erwerb von Kenntnissen, das Einüben motorischer Fertigkeiten usw. zu fördern, lassen sich Bedingungen nennen bzw. Maßnahmen empfehlen, die die Eingebundenheit des Lernenden in ein soziales System zumindest nicht vorrangig thematisieren. So ist beispielsweise darzustellen, wie komplexere Lernziele in ihre Komponenten zerlegt werden können, wie das Erlernen von Begriffen zu unterstützen ist oder wie sich das Erlernen von Vokabeln einer Fremdsprache durch Verwendung von Mnemotechniken fördern läßt. Ein sozialer Bezug besteht allenfalls in der stillschweigenden Voraussetzung, daß ein Lehrer vorhanden ist, der die Empfehlungen gegenüber dem Schüler realisiert. Jeder, der als Lehrer Erfahrungen gesammelt hat, weiß, daß sich Unterrichten nicht darauf beschränkt, Informationen an den Lernenden heranzutragen, Übungsphasen zu bestimmen oder Schülerantworten zu bewerten. Zusätzlich ist das Eingebundensein von Lehrern und Schülern in soziale Systeme und deren Einfluß auf den einzelnen zu berücksichtigen.

> Wenn im folgenden von einem sozialen System gesprochen wird, dann ist damit stets eine Organisation gemeint, die eine begrenzte Anzahl von Personen umfaßt und für Interaktionen bestimmte Regeln spezifiziert (eine soziale Struktur), wobei unerheblich ist, durch wen diese bestimmt worden sind und ob diese von den Interaktionspartnern akzeptiert werden. Ein soziales System ist z.B. durch eine Familie, eine Freundesgruppe oder eine Schulklasse repräsentiert.

Das etablierte Bildungssystem sieht vor, daß am Unterricht eines Lehrers gleichzeitig mehrere Schüler teilnehmen. Die soziale Kategorie „Schulklasse" stellt zunächst lediglich eine Bedingung dar, in der Lehrer und Schüler zusammentreffen, um nach institutionell festgelegten Regeln Ziele zu erreichen. Im Rahmen dieser formalen Organisation führen vielfältige Kontaktmöglichkeiten zur Entwicklung informaler Strukturen. Verhaltensvorschriften oder Erwartungen gibt es sowohl in formalen wie in informalen Systemen. Sie können miteinander zu vereinbaren sein oder Anlaß für Konflikte werden. So könnte z.B. ein Lehrer, der in sehr starkem Maße bereit ist, Verhaltensnormen, Einstellungen usw. seiner Schüler zu übernehmen, mit dem formalen schulischen System kollidieren, das der Interpretation seiner Rolle Grenzen setzt.

Über einen längeren Zeitraum hat man in der Unterrichtsforschung vor allem die Interaktionen untersucht, die zwischen Erwachsenen und Kindern stattfinden;

man interessierte sich für Eltern-Kind-Kontakte und versuchte auch, typische Interaktionsformen zwischen Lehrern und Schülern aufzudecken. Diese Forschungen waren wesentlich von der Überzeugung bestimmt, es gäbe – unabhängig von der Lehrerpersönlichkeit sowie von Merkmalen der Schüler usw. – ideale oder besonders wünschenswerte Interaktionsformen. Mit der Aufdeckung komplizierter Wechselwirkungsverhältnisse im Klassenzimmer setzte sich jedoch die Einsicht durch, daß die Effektivität eines Führungs- oder Leitungsstils entscheidend von Merkmalen der jeweiligen Interaktionspartner abhängt. Daraufhin hat sich das Forschungsinteresse in der Folgezeit verstärkt auf die Schüler-Schüler-Interaktionen gerichtet. Es wurde herausgestellt, daß auf dieser Kontaktebene Rollenbilder, Vergleichsmaßstäbe, Erwartungssysteme usw. entstehen, die nicht nur Einfluß auf die Schulleistung nehmen; von ihnen hängt auch entscheidend ab, in welchem Umfang ein Lehrer sich im Rahmen seines Unterrichts mit „Schwierigkeiten" auseinanderzusetzen hat. Art und Umfang der Schüler-Schüler-Kontakte entziehen sich keineswegs vollkommen der Kontrolle des Lehrers, denn er kann während seines Unterrichts Bedingungen schaffen, unter denen die Schüler vor allem kooperieren, vorrangig konkurrieren oder in den Kontaktgelegenheiten voneinander isoliert werden. Jede Bedingung fördert bestimmte Entwicklungen und hemmt andere. Einige Abschnitte dieses Kapitels werden über relevante Zusammenhänge informieren.

Ein weiterer wesentlicher sozialpsychologischer Aspekt des Lernens ist mit dem sog. Erwartungseffekt (auch ROSENTHAL- oder Pygmalion-Effekt genannt) gegeben, dessen ausführliche Darstellung u.a. erhellt, auf welcher Grundlage beim Lehrer ein „Bild vom Schüler" entsteht, wie sich ein solches in Erwartungen umsetzt und wie sich diese – teilweise verdeckt – in der Kommunikation des Lehrers mit dem Schüler widerspiegeln. Was bewirken nun diese überwiegend nur verschlüsselt weitergegebenen Informationen beim Schüler? Unter welchen Umständen muß damit gerechnet werden, daß dieser die an ihn herangetragenen Erwartungen realisiert? Mit solchen und weiteren Fragen hat sich die einschlägige Forschung ausführlich beschäftigt. Einige ihrer Antworten werden im vorliegenden Kapitel wiederzugeben sein.

9.1 Die Schulklasse als soziales System

Eine Schulklasse läßt sich unter formalen und informalen Gesichtspunkten betrachten: Unter dem *formalen* Aspekt stellt sie ein System dar, das den Mitgliedern bezüglich der personellen Zusammensetzung, ihrer Rollenverteilung und der Zielsetzungen praktisch keine Mitbestimmung zugesteht. Die formale Struktur ist bereits von Außenstehenden festgelegt worden. Man hat die Schulklasse deshalb auch als „Zwangsgebilde" (WEISS, 1967) bezeichnet, das nur „durch organisatorische Maßnahmen der Gesellschaft begründet wird" (SCHIEFELE, 1964). Innerhalb formaler Organisationen gilt das Entstehen von informalen „privaten" Systemen als unvermeidlich. Zu den zahlreichen Festlegungen des formalen Systems Schule gehört eine Bedingung, die nach FESTINGER et al. (1950) als Hauptvor-

280

aussetzung für das Entstehen *informaler* Strukturen gilt: Es ist die zeitlich-räumliche Nähe, in die Schüler fast täglich gebracht werden. Wo Menschen Gelegenheit haben bzw. gezwungen sind, miteinander häufig in Kontakt zu treten, entsteht ein soziales System, an dessen Ausgestaltung die Interagierenden selbst beteiligt sind. Durch die Interaktionen können die Schüler untereinander herausfinden, welche Interessen und Einstellungen sie jeweils haben. Sofern Gemeinsamkeiten in relevanten Bereichen festgestellt werden, ist eine wesentliche Bedingung zur Entstehung von Sympathie- und Freundschaftsbeziehungen gegeben.

In den Anfängen sozialpsychologischer Forschung hat man diese informalen Strukturen übersehen. Auf ihre Bedeutung ist man erst in betriebspsychologischen Untersuchungen der zwanziger Jahre aufmerksam geworden (MAYO, 1933; ROETHLISBERGER und DICKSON, 1939). Seither haben die Ergebnisse zahlreicher Untersuchungen die Notwendigkeit unterstrichen, beim Studium sozialer Organisationen auch das informale System zu beachten, dessen Entstehung innerhalb einer formalen Organisation als unvermeidlich gilt. Der Lehrer sollte deshalb für diese Prozesse sensibilisiert sein, denn ihm ist ja innerhalb seines Auftrags ein Freiraum gegeben, in dem er selbst bestimmen kann, wie er mit den Schülern interagiert und wie er seine Forderungen an sie heranträgt. Von seinen diesbezüglichen Entscheidungen hängt es ab, wie die Mitglieder der Schulklasse auf das formale System reagieren. Im günstigsten Fall werden sie es akzeptieren. Sofern ein Lehrer das informale System jedoch nicht ausreichend berücksichtigt, muß er mit Konflikten rechnen, die in ihren Auswirkungen das Funktionieren des formalen Systems erheblich beeinträchtigen, womöglich sogar verhindern können.

9.1.1 Merkmale formaler und informaler Systeme

Die oberflächliche Betrachtung offenbart zahlreiche Ähnlichkeiten formaler und informaler Systeme, denn in beiden gibt es nicht nur Personen mit relativ großer sozialer Macht, sondern auch Verhaltensstandards, Ziele usw. Erst das eingehende Studium läßt erkennen, daß sich die Systeme darin erheblich unterscheiden können, *wie* „Macht" ausgeübt wird, *wie* Verhaltensstandards Beachtung finden und welchen Anreizcharakter die entsprechenden Ziele jeweils besitzen.

9.1.1.1 Die Struktur sozialer Systeme

Eine wesentliche Voraussetzung zum Funktionieren sowohl eines formalen als auch eines informalen sozialen Systems ist das Vorhandensein einer Ordnung. Theoretisch wären bei Begegnung mit einem oder mehreren Menschen viele Verhaltensweisen denkbar. Erst die Struktur eines sozialen Systems definiert die für eine soziale Situation angemessenen Verhaltensweisen.

Jeder Mensch füllt innerhalb eines sozialen Systems eine bestimmte „Position" aus. In einer Familie hat z.B. der männliche Elternteil die Position des Vaters, der weibliche Elternteil die der Mutter inne. Davon lassen sich die Positionen der Töchter und Söhne abheben.

Mit der Positionsangabe ist zunächst nur festgelegt, wie ein Mensch innerhalb eines sozialen Systems zu klassifizieren bzw. wo er einzuordnen ist. Wenn man wissen will, was ein Mensch bestimmter Position zu tun hat, dann fragt man nach seiner *sozialen Rolle*. Ebenso wie der Begriff Position wird der Begriff soziale Rolle häufig in einer „vagen, nebulosen und verwirrenden Weise" gebraucht (HARARI und KAPLAN, 1982). So bezeichnet man damit zum einen das Insgesamt der Verhaltenserwartungen, die sich auf den Inhaber einer bestimmten Position beziehen. Beispielsweise richten die Schüler gewisse Erwartungen an ihren Klassenlehrer, der sich gleichzeitig als Mitglied des Lehrkörpers mit bestimmten Erwartungen seiner Kollegen oder des Schulleiters konfrontiert sieht. Man meint mit der sozialen Rolle aber ebenso diejenigen Verhaltensweisen, die ein Mensch innerhalb eines sozialen Systems tatsächlich offenbart. Die alltägliche Beobachtung zeigt, daß die an den Inhaber einer bestimmten Position herangetragenen Erwartungen von diesem keineswegs immer erfüllt werden. Ein Lehrer kann sehr wohl innerhalb der Schule Verhaltensweisen zeigen, die den Erwartungen der übrigen Kollegen widersprechen. Ebenso kennt man den Fall eines jungen Mannes, der sich erst kurze Zeit in der Position des Lehrers mit den entsprechenden, an ihn gerichteten Erwartungen findet, die er aber nur teilweise zu erfüllen vermag, denn er offenbart in seinen sprachlichen Äußerungen und in seiner Kleidung noch viele Verhaltensweisen, die eher der Rolle eines Studenten entsprechen.

Während soziale Rollen bezeichnen, was Menschen, die bestimmte Positionen innehaben – im Unterschied zu Inhabern anderer Positionen – tun müssen, tun sollten und tun können, regeln *soziale Normen*, welches Verhalten von allen Angehörigen eines sozialen Systems in einer bestimmten Situation erwartet wird. So wird beispielsweise im formalen schulischen System pünktliches Erscheinen zum Unterricht erwartet. Durch Normen wird festgelegt, was ein soziales System als wünschenswert ansieht und welche Abweichungen von der Idealnorm zu tolerieren sind. Kein System reguliert alle Formen des Verhaltens, sondern nur jene, die für die Erreichung der jeweiligen Ziele oder für das Fortbestehen der jeweiligen sozialen Institution von Bedeutung sind.

Die ersten Normorientierungen empfängt ein Kind in seiner Familie. Mit der Ausweitung der Kontaktmöglichkeiten sind auch andere Interaktionspartner an der Entwicklung und Vermittlung von Normen beteiligt. Die Normen der Schule regeln z.T. sehr detailliert, wie Lehrer und Schüler sich während der Unterrichtsstunde zu verhalten haben. Sie werden dem Schüler häufig direkt mitgeteilt („Nicht Abschreiben bei der Klassenarbeit!" – „Es redet nur, wer dazu ausdrücklich aufgerufen wird."). Besonders wirkungsvoll werden Normen wahrscheinlich übernommen, wenn ein Lernender beim Lehrer oder bei Mitschülern Vorbilder wahrnimmt, die er nachahmen kann, vorausgesetzt, daß die Schüler für die Existenz der Normen sensibilisiert worden sind, und ihnen deren Realisierbarkeit bekannt ist (JOHNSON, 1970).

Soziale Normen gestatten den Mitgliedern eines sozialen Systems, Verhaltensvorhersagen zu treffen. Sie verhindern, daß zwischenmenschliche Kontakte fortlaufend Überraschungen mit sich bringen. Sie bieten dem einzelnen Sicherheit, solange sie nicht durch relevante Mitglieder eines Systems in Frage gestellt werden. Wer sie mißachtet und von ihnen abweicht, hat in der Regel sofort mit Gegenmaßnahmen zu rechnen, wobei die freundliche Ermahnung eine ziemlich milde, der Entzug der Mitgliedschaft eine sehr viel härtere und seltenere Strafe darstellt, um die Rückgewinnung der alten Ordnung zu erreichen.

Die Normen verschiedener sozialer Systeme können sich widersprechen und bei den Mitgliedern Konflikte auslösen. So spezifiziert z.B. eine Norm des formalen Systems Schule, daß der Schüler sich durch Fragen und Antworten möglichst aktiv am Unterricht beteiligen soll. Die Norm des informalen Systems einer bestimmten Schulklasse kann demgegenüber von den Mitgliedern fordern, sich während der Instruktion weitgehend passiv zu verhalten, d.h. freiwillige Wortmeldungen zu unterlassen und allenfalls zu reagieren, wenn man vom Lehrer dazu ausdrücklich aufgefordert wird. Zur Einhaltung solcher informaler Normen wird „Gruppendruck" eingesetzt. Der Abweichler wird bestraft. Mit welchen Sanktionen ein Schüler zu rechnen hat, der eine Norm des informalen Systems mißachtet, bestimmt sich nach der ihr zugeschriebenen Wichtigkeit. Weitere für die Schulsituation bedeutsame Bestimmungsstücke formaler und informaler Systeme sind unterschiedliche Machtbefugnisse der zugehörigen Positionen bzw. Positionsinhaber, die Führer- (bzw. Leiter-) Rolle, der Führungs- (Leitungs-) Stil sowie der Zusammenhalt (Kohäsion) der Systemmitglieder.

9.1.1.2 Attraktivität sozialer Systeme

Ein weiteres Merkmal, das bei Betrachtung der Schulklasse unter sozialpsychologischem Aspekt in den Blickpunkt rücken sollte, ist die Kohäsion, der Zusammenhalt; in der Regel wird damit auch die Attraktivität bezeichnet, die ein soziales System insgesamt auf seine Mitglieder ausübt. Für FESTINGER (1950) ist Kohäsion „die Summe aller Kräfte, die die Mitglieder zum Verbleiben in der Gruppe veranlassen". Eine Möglichkeit zur Feststellung des Kohäsionsgrades erfolgt über eine Befragung der Mitglieder eines sozialen Systems. Vielfach ist zu diesem Zweck auf soziometrische Verfahren zurückgegriffen worden.

Von soziometrischen Verfahren ist bereits im letzten Jahrhundert Gebrauch gemacht worden (HOLLER, 1983). Zum Durchbruch kam die Soziometrie aber erst durch MORENO (1934), der sie allerdings gar nicht – wie die meisten Anwender – vorrangig zum Zwecke der Diagnostik einsetzen wollte. Im einfachsten Fall (siehe hierzu DOLLASE, 1976) befragt man die Mitglieder eines sozialen Systems – also z.B. einer Schulklasse, die allerdings nicht zu groß sein darf – neben wem sie gerne sitzen oder mit wem sie zusammenarbeiten möchten. Die Antworten lassen sich nach Auswertung in einem Soziogramm darstellen; Abb. 9.1 gibt ein einfaches Beispiel wieder.

Die Darstellung läßt einen „Star" (S) erkennen, der viele Wahlen auf sich gezogen und seine Stimme nur wenigen gegeben hat. Demgegenüber ist ein anderes Mitglied (I) völlig isoliert; es ist von keinem anderen des Systems gewählt worden. Weiterhin ist eine „Clique" (C1, C2 und C3) erkennbar, deren Angehörige hauptsächlich für sich selbst gestimmt haben und kaum Außenbeziehungen aufweisen. Schließlich ist eine Paarbeziehung erkennbar (P1 und P2).

Das dargestellte Soziogramm verweist auf eine relativ geringe Kohäsion, denn diese steigt mit der Anzahl gegenseitiger Wahlen der Mitglieder bzw. mindert sich mit der Anzahl nicht-gegenseitiger Wahlen.

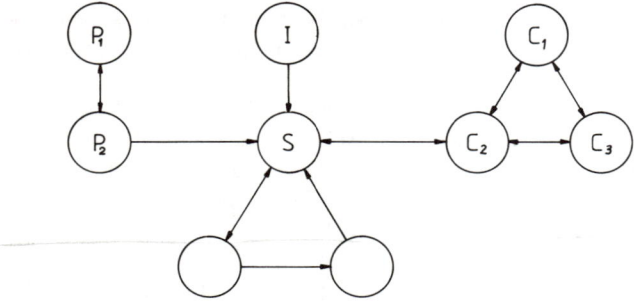

Abb. 9.1: Darstellung eines vereinfachten Soziogramms

Als Meßinstrument erfüllt das Soziogramm übrigens viele Güteanforderungen nur unbefriedigend. LÜCK (1985) hat z.B. darauf hingewiesen, daß sich bei Wiederholungen von soziometrischen Befragungen oft Veränderungen in den Ergebnissen ergeben. Außerdem würde zumeist nicht ausreichend untersucht, wie mitgeteilte Wahlen zu interpretieren sind; sie können z.B. Sympathien zum Ausdruck bringen oder auch abbilden, daß Befragte eine vorübergehende Zusammenarbeit für vernünftig halten.

Ein soziales System, das für seine Mitglieder hohe Attraktivität besitzt, scheint nur Vorteile aufzuweisen. Wie aus Labor- und betriebspsychologischen Studien sowie wenigen Untersuchungen im Bereich der Schule hervorgegangen ist (CARTWRIGHT, 1968; SHAW und SHAW, 1962), arbeiten die Mitglieder besser zusammen, sind freundlicher miteinander, loben sich gegenseitig häufiger, planen sorgfältiger und üben auf jeden einzelnen einen erheblichen Druck aus, sich an der Verwirklichung der jeweiligen Ziele zu beteiligen; das Ergebnis ist – allerdings nur in Hinblick auf die akzeptierten Ziele – eine vergleichsweise hohe Produktivität.
Wenn unter den Mitgliedern einer Klasse eine weite Verbreitung positiver sozial-emotionaler Beziehungen besteht, wirkt sich dies nach den Befunden von SCHMUCK (1978) zum einen positiv auf das Selbstkonzept der Schüler, ebenso aber auch auf deren Einstellung gegenüber der Schule aus, auf Bedingungen also, von denen das schulische Lern- und Leistungsverhalten in hohem Maße mitbestimmt wird. Wenn sich Schüler dagegen für mehrere Stunden täglich in einer Umgebung aufzuhalten haben, in der ihnen ein Teil der Klassenkameraden unfreundlich oder gar feindlich begegnet, ist mit ungünstigen Auswirkungen zu rechnen. „Unzureichende Akzeptierung durch Gleichaltrige untergräbt das Selbstvertrauen der Schüler und schwächt ihre Motivation, angesichts schwieriger schulischer Lernziele Ausdauer zu bewahren" (SCHMUCK, 1978).
Läßt sich nun aus solchen Erkenntnissen allgemein die Empfehlung ableiten, bei Schulklassen alles zu tun, damit sie einen möglichst hohen Kohäsionsgrad erreichen? – Generell sollte der Lehrer durch geeignete Maßnahmen zu verhindern suchen, daß sich gegenüber einzelnen Klassenmitgliedern oder zwischen Cliquen negative Sozialbeziehungen entwickeln, bzw. bemüht sein, solchen entgegenzuwirken. Darüberhinaus ist aber zu beachten, daß eine Intensivierung positiver Sozialbeziehungen über einen gewissen Grad hinaus beeinträchtigend auf Bemühungen

284

zur Erreichung anderer Ziele wirken kann. Beispielsweise bildeten SHAW und SHAW (1962) aus Schülern zweiter Schuljahre kleine Arbeitsgruppen, bestehend aus jeweils drei Personen, die sich bezüglich ihres Kohäsionsgrades unterschieden. Zunächst zeigte sich, daß zwischen dem Kohäsionsgrad einer Gruppe und ihrer Produktivität ein Zusammenhang bestand, d.h., die Leistungsergebnisse waren umso besser, je attraktiver eine Gruppe von den Mitarbeitern wahrgenommen wurde. Im weiteren Verlauf ließ sich jedoch beobachten, daß die Gruppen mit größerem „Wir-Gefühl", höherer Kohäsion eine Verschiebung der Ziele vornahmen; sie verwendeten nämlich mehr und mehr Zeit auf soziale Aktivitäten und vernachlässigten dabei gleichzeitig die ihnen zugewiesenen Leistungsaufgaben. In diesem zweiten Stadium sank die Leistungseffektivität im Vergleich zu den Gruppen geringerer Kohäsion ab, denn deren Mitglieder tendierten dazu, sich von der Gemeinschaftsarbeit zurückzuziehen und die Ziele im Alleingang zu erreichen.

Nach den Befunden von SHAW und SHAW kann sich für einen Lehrer somit ein echtes Dilemma ergeben: Zur Förderung von wesentlichen Lernzielen im sozial-emotionalen Bereich mag er bestrebt sein, einen möglichst hohen Kohäsionsgrad in seiner Klasse zu erreichen. Sollte er aber bei diesen Bemühungen erfolgreich sein, wächst die Gefahr, daß die Mitglieder andere Lernziele, vor allem solche des kognitiven Bereichs, vernachlässigen. In der Praxis dürfte es eine keineswegs immer leicht zu realisierende Aufgabe sein, angesichts der geschilderten Prozesse zu verhindern, daß einer der Lernzielbereiche ein Übergewicht erhält.

Wenn nämlich informelle Systeme Ziele entwickeln, die sich mit denen des schulischen Systems nicht vereinbaren lassen, entsteht für den verantwortlichen Lehrer eine sehr schwierige Situation, weil das informelle System für die Erledigung der eigenen Aufgaben Prioritäten setzt. Sollte der Lehrer zur Durchsetzung seines Auftrags Druck oder andere restriktive Maßnahmen einsetzen, muß er mit Widerstand rechnen. Mitglieder kohäsiver Systeme erhöhen nämlich ihre Solidarität, wenn sie sich durch Außenstehende angegriffen fühlen. Eventuell entwickeln sie in einer solchen Situation sogar ein weiteres Ziel; sie koordinieren ihre Kräfte zur Abwehr des „Angreifers". Wer als sozialpsychologisch informierter Lehrer weiß, welches Kräftepotential kohärente informale Systeme zu aktivieren vermögen, um ihre Ziele durchzusetzen, wird alles versuchen, um die Zuspitzung eines solchen Konflikts zu verhindern.

9.1.2 Führungs- und Leitungsaufgaben des Lehrers

Wenn Menschen miteinander interagieren, um bestimmte Ziele zu erreichen, wird sich in der Regel mindestens eine Person identifizieren lassen, die auf das Verhalten der anderen, deren Denken und Fühlen, einen relativ großen Einfluß auszuüben vermag; es handelt sich dabei um den *Führer*. Die Sozialpsychologie hat sich bereits seit vielen Jahrzehnten mit der Frage beschäftigt, wie es zur Bestimmung dieser herausragenden Rolle in informalen Systemen kommt, ohne bis zur Gegenwart eine restlos befriedigende Antwort geben zu können. Eine etwas oberflächlichere Betrachtung mag vielleicht zu dem Schluß führen, daß es entsprechende Unklarheiten in formalen Systemen nicht geben könnte, weil die Besetzung der einflußreichsten Position dort ja von außen her erfolgt. Gleichzeitig sei ihr Funktionieren durch Ausstattung mit ausreichenden Machtbefugnissen hinreichend sichergestellt. Dies trifft jedoch nicht zu, denn Beobachtungen in Wirtschaft und Industrie belegen vielfältig, daß Vorgesetzte, also formale Führer, sich bezüglich ihrer Fähigkeit zur Personalführung erheblich unterscheiden können. Deshalb stellt sich auch in diesem Bereich die Frage nach den Auslesekriterien für „Vorgesetzten"-Positionen.

Führungsaufgaben hat aber auch der Lehrer zu übernehmen. Ihm obliegt es ja, seine Schüler zu jenen Zielen zu „führen", die ihm das System Schule vorgibt. Wie die Erfahrung zeigt, vermögen einige Lehrer diese Aufgabe erheblich besser als andere durchzuführen. Was kennzeichnet nun den erfolgreichen Lehrer? Was macht er in seinem Unterricht anders als sein weniger erfolgreicher Kollege? Es gibt vielfältige Versuche zur Beantwortung solcher Fragen. Die ersten Stellungnahmen stammten von geisteswissenschaftlich orientierten Autoren; inzwischen sind diesem Problemkreis auch zahlreiche empirische Untersuchungen gewidmet worden.

9.1.2.1 Unterschiedliche Formen der Machtausübung

Der Begriff Führerschaft kann sich offenkundig auf sehr unterschiedliche soziale Situationen beziehen. Bekanntlich läßt sich sowohl in informalen wie auch in formalen Systemen eine Person bestimmen, die relativ viel Einfluß auf die verbleibenden Mitglieder auszuüben vermag. Während aber der informale Führer Macht über diejenigen hat, die ihm diese übertragen haben, ist die Macht des formalen Führers diesem zunächst einmal von Außenstehenden verliehen worden.

> In etwas älteren Publikationen (z.B. HARTLEY und HARTLEY, 1969) ist deshalb gelegentlich vorgeschlagen worden, bei Personen, die an der Spitze einer Firmengruppe stehen oder bei anderen formalen Vorgesetzten, so auch bei Lehrern, von „Leitern" zu sprechen, denn sie haben ihre Position und die damit verbundene Macht ja nicht von denen erhalten, auf die sie Einfluß auszuüben vermögen. Der Lehrer ist z.B. nicht von seinen Schülern, sondern von einer Behörde ernannt worden; er stützt sich also auf einen gesellschaftlichen Auftrag. Theoretisch ist die Unterscheidung zwischen ‚Führer' und ‚Leiter' sicherlich gut begründbar; in der Praxis läßt sich jedoch nicht ohne weiteres zwischen beiden unterscheiden, weil ein Leiter im oben definierten Sinne sehr wohl auch solche Führungsqualitäten besitzen kann (oder sogar muß), die eine Akzeptierung durch die Geführten im Gefolge haben. So wäre z.B. kritisch zu fragen, ob ein Lehrer, der zunächst einmal nur als Leiter zu bestimmen ist, nicht notwendigerweise auch Führungsaufgaben zu übernehmen hat, um erfolgreich zu sein. Wieviel Macht verbleibt denn einem Lehrer, der sich nur als Leiter einer Schulklasse versteht, dem aber die Schüler die Mitarbeit versagen? Die Berechtigung der genannten Unterscheidung ist mit einer solchen Frage zwar keineswegs aufgehoben. Aus Gründen der Vereinfachung soll im folgenden dem Begriff Führung der Vorzug gegeben werden.

Man hat mehrere Formen der Machtausübung unterschieden, d.h., es gibt verschiedene Möglichkeiten, auf Mitmenschen Einfluß auszuüben. Die von FRENCH und RAVEN (1968) beschriebenen Machtquellen sind prinzipiell auch auf den Lehrer anwendbar:

286

Machtquellen

1. *Macht durch Attraktivität.* Sie bestimmt sich nach der Beliebtheit des Lehrers bzw. nach der Bereitschaft der Schüler, sich mit ihm zu identifizieren.

2. *Macht durch Kontrolle von Belohnungen.* Sie leitet sich daraus ab, daß der Lehrer über die Möglichkeit verfügt, Schüler durch gute Zensuren, verbale Anerkennungen usw. zu belohnen.

3. *Macht durch Ausübung von Zwang.* Sie kommt zum Ausdruck, wenn der Lehrer seine Schüler bestraft oder Drohungen anwendet, um sie zur Anpassung zu zwingen.

4. *Macht durch Legitimation.* Diese Macht gründet sich auf die Überzeugung des Schülers, der Lehrer habe als Repräsentant der Institution Schule das Recht und die Pflicht, sein Verhalten zu kontrollieren bzw. mit Sanktionen zu reagieren, wenn er sich dessen Anordnungen entziehen sollte.

5. *Macht durch Expertenkenntnisse.* Diese Form der Macht ist dann gegeben, wenn beim Schüler die Überzeugung besteht, daß der Lehrer auf bestimmten Gebieten einen Wissensvorsprung hat, durch den der Lernende vom Lehrer abhängig wird.

Nach den im vierten Kapitel dargestellten Konsequenzen verschiedener Lernformen wäre vorherzusagen, daß diejenigen Lehrer ihre Führungsaufgabe am effektivsten wahrzunehmen vermögen, die von ihren Schülern als attraktives Vorbild zur Identifikation wahrgenommen werden (s. hierzu S. 117 ff.) und deren Fachkompetenz Anerkennung findet. Dagegen dürfte derjenige Lehrer relativ häufig Konflikte mit seinen Schülern provozieren, der die für die Unterrichtsarbeit notwendige Ordnung nur dadurch zu schaffen versucht, daß er Druck und Zwang ausübt und ansonsten keine Attraktivitäten erkennen läßt; solche Bedingungen fördern das Entstehen von Opposition beim Lernenden (KOUNIN, 1970; VAN-DER ZANDEN, 1984).

9.1.2.2 Unterschiedliche Lehr- und Erziehungsstile

FRENCH und RAVEN haben zunächst nur beschreiben wollen, daß es verschiedene Möglichkeiten gibt, Einfluß auf andere Personen auszuüben. Jeder Lehrer wird letztlich seine eigene Form der Führung im Klassenzimmer zu finden haben, und von dem Ergebnis dieses Prozesses hängt zum einen sein *Lehrstil*, zum anderen das *Klassenklima* ab. Erste und seinerzeit bahnbrechende Versuche, den Einfluß solcher Stile auf das Leistungsverhalten von Kindern zu studieren, gehen auf den aus Deutschland 1933 vertriebenen Sozialpsychologen LEWIN und seine Mitarbeiter zurück (LEWIN, LIPPITT und WHITE, 1939; WHITE und LIPPITT, 1968). Diese Arbeiten haben einen außerordentlich stimulierenden Einfluß auf die Unterrichtsforschung gehabt. Dennoch führten die mitgeteilten Ergebnisse vielfach zu heute nicht mehr gerechtfertigten Interpretationen und Schlußfolgerungen.

Die Autoren luden zehnjährige Jungen für die Dauer von drei bis sechs Monaten wöchentlich zu jeweils vierstündigen Bastelarbeiten ein. Die Versuchspersonen arbeiteten entweder unter einem demokratischen, einem autoritären oder einem Laissez-faire-Führer.

Der sog. *autoritäre* Führer bestimmte z.B., was und mit wem jeder Teilnehmer zu arbeiten hatte. Die einzelnen Arbeitsgänge erklärte er nur abschnittsweise. Lob und Tadel wurden überwiegend persönlich gehalten. Im Gegensatz dazu legte der *demokratische* Führer Wert darauf, daß die Teilnehmer nach eingehender Diskussion selbst festlegten, welche Arbeit jeweils anzupacken, welcher Weg im einzelnen zu beschreiten und welche Arbeitsteilung vorzunehmen war. Wenn die Versuchspersonen Hilfe erbaten, zeigte der Führer ihnen mehrere Möglichkeiten zur Überwindung der Schwierigkeiten auf, überließ aber den Kindern die letzte Entscheidung. Der *Laissez-faire*-Führer hielt sich dagegen gänzlich zurück und gewährte den Teilnehmern völlige Freiheit in allen Entscheidungen. Der Erwachsene beteiligte sich in keiner Weise an den Aktivitäten der Jungen. Nur bei ausdrücklicher Nachfrage äußerte er sich betont zurückhaltend zu einer Leistung.

Das Interesse LEWINs und seiner Mitarbeiter war vor allem darauf gerichtet, wie sich verschiedene Führungsstile auf das Gruppenklima auswirkten. Es offenbarte sich ihnen aber auch, daß sich unter den Stilformen unterschiedliche Produktivitäten entwickelten. Unter dem Laissez-faire-Stil entstanden die dürftigsten Arbeitsergebnisse. Schon bald nach Beginn des Experiments offenbarten die unter diesen Bedingungen tätigen Versuchspersonen Symptome der Unzufriedenheit und des Desinteresses. Die autoritär geführten Kinder leisteten dagegen mehr. Der eingeengte Entscheidungsspielraum schien sie jedoch zu frustrieren. Zwei verschiedene Reaktionen ließen sich beobachten: Einige Versuchspersonen verhielten sich apathisch; sie ließen jegliche Initiative vermissen und wurden zunehmend von den Anordnungen des Leiters abhängig. Andere Kinder reagierten aggressiv und destruktiv; für Fehlschläge machten sie Sündenböcke verantwortlich. In der Ablehnung des autoritären Führers waren sich die Jungen weitgehend einig. Sobald der Erwachsene einmal den Raum verlassen hatte, wurde die zudiktierte Arbeit unterbrochen, um sich anderen, selbst gewählten Beschäftigungen zuwenden zu können. Die demokratisch geleitete Gruppe war hinsichtlich der Leistungsziele ebenso wirkungsvoll wie die autoritäre. Unter der demokratischen Bedingung brachten die Jungen ihrer Arbeit aber größeres Interesse entgegen; denn sie unterbrachen ihre Tätigkeit nicht, wenn der Erwachsene den Raum verließ. Besonders beeindruckt waren die Autoren von der hervorragenden Gruppenatmosphäre. Wenn erforderlich, kooperierten die Jungen bereitwillig. Sie boten sich gegenseitig Hilfe an. Feindselige Verhaltensweisen wurden bei ihnen selten beobachtet. Der demokratische Führer erfreute sich allseits großer Beliebtheit.

Kritiker haben darauf hingewiesen, daß es kaum möglich ist, das Verhalten der jungen Versuchspersonen angemessen zu interpretieren, weil die einzelnen Führungsstile sehr unterschiedliche Verhaltensmerkmale umfaßten und somit unzureichend definiert waren. Hinzu kam, daß das Handeln der Führer in den jeweiligen Gruppen von einer damals in den USA naheliegenden politischen Motivation mitbestimmt worden war.

So hat beispielsweise einer der an der Studie von LEWIN beteiligten Akteure eingestanden, daß man angesichts der schrecklichen Hitler-Diktatur in Deutschland die Überlegenheit einer demokratischen Führung demonstrieren wollte: „Jeder bevorzugte die demokratische Führerrolle und hängte sein Herz daran. Daraus entstand vielleicht der wärmste und hingebungsvollste demokratische Führer der jüngeren Geschichte. Sobald man aber an die Reihe kam, um den autoritären Führer zu spielen, neigte man dazu, kalt und unnachgiebig zu werden" (McCANDLESS, 1967).

Erst nachfolgende, sehr sorgfältige Beobachtungen in familiären und schulischen Situationen führten zu einem bedeutsamen Fortschritt: Die Analyse der Daten (SCHAEFER, 1959) führte zu dem Ergebnis, daß sich die meisten Verhaltensweisen von Eltern und Lehrern nach mindestens zwei Grunddimensionen beschreiben lassen:

1. Emotionale Wärme versus emotionale Kälte; *gegen*
2. Kontrollierendes versus permissives Verhalten.

Diese sind die bisher am eingehendsten untersuchten Dimensionen. Es gibt aber noch weitere. So spezifizierte RYANS (1960; ähnlich wie MÜLLER-WOLF und FITTKAU, 1971) z.B. für das Lehrerverhalten noch eine dritte Merkmalsdimension, die durch „anregendes, phantasie- und einfallsreiches Verhalten auf der einen Seite und durch langweiliges, routinemäßiges Verhalten auf der anderen Seite" gekennzeichnet ist. Wie sich die typologischen Begriffe ‚autokratisch' (entspricht dem autoritären Führungsstil bei LEWIN), ‚sozial-integrativ' (entspricht dem demokratischen Führungsstil) und ‚laissez- faire' nach Auffassung von Primanern, Lehrerstudenten und Experten auf den Dimensionen eines Koordinatensystems einordnen lassen, zeigt Abbildung 9.2, die sich auf Untersuchungsergebnisse von TAUSCH und TAUSCH (1970) stützt.

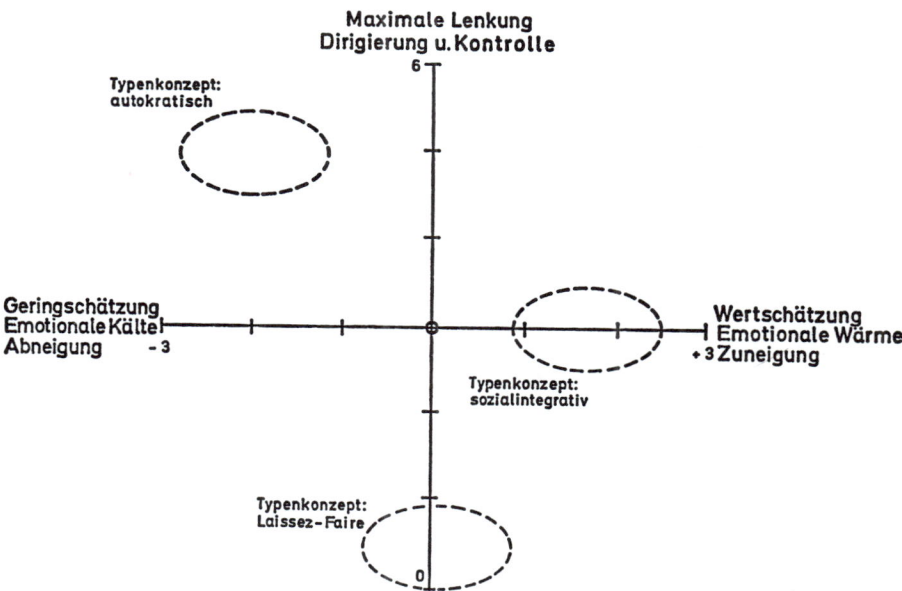

Abb. 9.2: Kennzeichnung der Führungsstile autokratisch, sozial-integrativ und laissez-faire nach zwei Merkmalsdimensionen (nach: TAUSCH und TAUSCH, 1970)

Die von TAUSCH und seinen Mitarbeitern befragten Personen stimmten weitgehend darin überein, daß ein Laissez-faire-Stil durch ein Mindestmaß an Lenkung und gefühlsneutralem Verhalten zu kennzeichnen ist. Ein sozial-integrativer Führer übt nach ihrer Auffassung dagegen ein mittleres Maß an Kontrolle aus und zeigt viel emotionale Wärme. Wenn ein hohes Maß an Kontrolle vorliegt und Geringschätzung sowie emotionale Kälte offenbart werden, liegt nach dem Eindruck der Befragten eine autokratische Verhaltensform vor.

In der zweiten Hälfte der sechziger ebenso wie zu Beginn der siebziger Jahre wurde unter Schlagworten wie „radikaler Abbau autoritärer Strukturen" und „konsequente Verwirklichung demokratischer Prinzipien in Bildung und Erziehung" eine Diskussion geführt, die darin gipfeln konnte, auf jegliche „Repressivität", d.h. auf jede Reglementierung von Kindern zu verzichten.

In die damalige Auseinandersetzung griff u.a. auch BAUMRIND (1971) ein, die bereits auf langjährige Forschungsarbeiten im Bereich elterlicher Erziehungsstile zurückgreifen konnte. Nach ihrer Meinung unterscheidet sich das theoretische Verständnis des Begriffs „demokratisch" von dem, was unter einem demokratischen Führungsstil tatsächlich realisiert wird (Eltern und Lehrer dürften danach nur solche Entscheidungen treffen und ausführen, die sich auf eine Stimmenmehrheit stützen können). Um eine Begriffsverwirrung auszuschließen, hat BAUMRIND vorgeschlagen, der Bezeichnung „autoritativ" gegenüber „demokratisch" den Vorzug zu geben.

Der *autoritäre* Stil entspricht weitgehend dem ebenso benannten in der Studie LEWINs. Unter diesen Bedingungen wird das Kind herumkommandiert. Anordnungen, die in der Regel ohne Begründung gegeben werden, finden sich z.B. in folgender Formulierung: „Du hast es zu tun, weil ich es Dir sage!" Bei Mißachtung der elterlichen Autorität muß mit Bestrafungen gerechnet werden.

Unter dem *autoritativen* Stil wird möglicherweise eine gleiche Anzahl von Anordnungen gegeben. Allerdings erhalten die Kinder stets eine Erklärung für die an sie herangetragenen Erwartungen. Die Eltern sind bereit, über die für notwendig erachteten Regelungen zu diskutieren, um damit das kindliche Verständnis noch zu vertiefen. Im Gegensatz zum autoritären Stil sind autoritative Elternhäuser als liebevoll und als kindzentriert zu kennzeichnen.

Permissive Eltern unterscheiden sich darin von jenen mit autoritativem oder autoritärem Stil, daß sie an ihre Kinder nur wenige Anforderungen stellen. Diese Eltern lassen ihre Kinder gewähren, solange diese keine Tätigkeiten ausführen, die für sie selbst oder für andere gefährliche Folgen haben können.

BAUMRIND (1972, 1975; LAMB und BAUMRIND 1978) fand, daß Kinder autoritativer Eltern im Vergleich mit der jeweiligen Altersgruppe bezüglich der Selbständigkeit am höchsten einzustufen waren; sie besaßen ein vergleichsweise hohes Selbstvertrauen und ein gutes Selbstwertgefühl. Offenkundig konnten diese Kinder relativ selbstsicher auftreten, weil sie bezüglich des jeweils adäquaten Verhaltens gute Vorbilder und ausreichende Erklärungen erhalten hatten. Ihnen sind nicht – wie unter der permissiven Bedingung – Selbständigkeiten übertragen worden, zu denen sie noch gar nicht fähig waren.

Obwohl den Arbeiten BAUMRINDs elterliches Erziehungsverhalten zugrunde gelegen hat, besteht nicht nur wegen der guten empirischen Fundierung ausreichend Grund, ihre Relevanz auch für den schulischen Bereich herauszustellen. Die in den sechziger und siebziger Jahren vielfach vorgenommene Verurteilung autoritärer Führungsstile sollte Eltern und Lehrer veranlassen, auf Anordnungen ganz zu verzichten und nur Verhaltensregelungen anzuerkennen, die von Kindern bzw. Schülern selbst etabliert worden waren. Die konsequente Verwirklichung entsprechender Forderungen hatte jedoch enttäuschende Ergebnisse zur Folge. ROSENSHINE (1977, 1979) berichtet von drei Grundschulklassen, deren Angehörige sich aus unteren und mittleren sozialen Schichten rekrutierten. In Übereinstimmung mit mehreren Studien (SOAR, 1973; STALLINGS und KASKOWITZ, 1974; SOLOMON und KENDALL, 1976) kommt ROSENSHINE zu dem Schluß, daß Lehrer, die bei ihren Schülern die größten Lernfortschritte erzielten, „die Rolle eine starken Führers spielten. Sie lenkten Aktivitäten, ohne ihren Schülern Wahlmöglichkeiten zu geben. Sie organisierten das Lernen um Fragen, die sie stellten und blieben das Zentrum der Aufmerksamkeit. Im Gegensatz dazu machten die weniger erfolgreichen Lehrer die Schüler zum Zentrum der Aufmerksamkeit, sie organisierten das Lernen um Probleme der Schüler. Sie gesellten sich zu den Tätigkeiten der Schüler oder nahmen daran teil" (ROSENSHINE, 1979). Weniger erfolgreiche Lehrer gewährten ihren Schülern ein hohes Maß an Freiheit bezüglich der jeweils auszuübenden Tätigkeit, der zu wählenden Arbeitspartner, der Sitzordnung und anderer Planungen. Relativ wenig Zeit wurde mit unterrichtsrelevanten Tätigkeiten verbracht. Zu beachten ist, daß ROSENSHINE die Tüchtigkeit des Lehrers ausschließlich am Leistungsverhalten der Schüler mißt! Er weist aber den Verdacht zurück, daß Klassenzimmer solcher Lehrer, die er erfolgreich nennt, humorlose, kalte und militärisch disziplinierte Arbeitsstätten sind. „Lehrer ... heutiger Schulklassen sind warm, Anteil nehmend, flexibel, und sie gestatten sehr viel mehr Bewegungsfreiheit. Aber sie sind auch aufgaben-orientiert und achten mit Entschlossenheit darauf, daß Kinder lernen" (ROSENSHINE, 1979).

Die Leistungen, die Schüler in *Summerhill* und anderen „antiautoritären" Schulen erbrachten, enttäuschten ebenfalls. Die darin ausgebildeten Schüler hatten zwar Phantasie, Initiative und Verantwortungsbereitschaft entwickelt, vor allem aber deswegen, weil sie unter den gegebenen Bedingungen Maßnahmen ergreifen mußten, um der Langeweile zu entgehen. Der autoritative Lehrer im Sinne BAUMRINDs hat eine gute Planung in seinem Unterricht: Er formuliert klare Ziele, lenkt auch beim darstellenden Lernen (s. S. 216 ff.), gibt Aufträge, wählt Unterrichtsmaterial aus, bewertet die Leistungen und sorgt für die Einhaltung von Verhaltensregeln in der Klasse; er ist freundlich und bietet Hilfe an, wenn sie benötigt wird. In Einklang mit CRONBACH (1977) darf unter Bezug auf LEWINs Studie vermutet werden, daß „ein dominanter aber (emotional) warmer Führer mit einiger Wahrscheinlichkeit hervorragende Ergebnisse erzielt hätte".

Auch ein autoritativer Lehrstil zielt letztlich darauf, einen Menschen möglichst selbständig und unabhängig werden zu lassen. Allerdings sollte man den dafür notwendigen Prozeß nicht beginnen, indem man mit ansieht, wie ein Lernender ins tiefe Wasser springt, ohne geprüft zu haben, ob er überhaupt schwimmen kann. In Abhängigkeit von den jeweils vorliegenden Erfahrungen ist stets davon auszugehen, daß einige Schüler in diesem Prozeß weiter fortgeschritten sind als andere. Deshalb ist auch hier mit Wechselwirkungen (s. S. 239 ff.) zu rechnen. DOMINO

(1971) stellte z.B. fest, daß College-Studenten, die bereits als hochgradig unabhängig einzustufen waren, am besten von einem Unterricht profitierten, der einen selbständig Lernenden voraussetzte und diesem viele Entscheidungen selbst überließ. Andere Studenten, die in dem genannten Prozeß weniger weit fortgeschritten waren, erfuhren dagegen bei jenem Lehrer eine bessere Förderung, der explizite Anforderungen stellte und deren Erfüllung kontrollierte.

9.2 Aspekte der Schüler-Schüler-Interaktion

Über mehrere Jahrzehnte hinweg hat sich das Interesse der Pädagogischen Psychologie vor allem auf die Lehrer-Schüler-Interaktionen gerichtet. Man übersah zwar nicht, daß in jeder Schulklasse zumeist gleichaltrige Schüler formale und vor allem informale Kontakte untereinander hatten; man berücksichtigte aber kaum die Bedeutung, die die daraus resultierenden Beziehungen für die jungen Menschen haben konnten.

In der Entwicklungspsychologie stellt es eine bereits seit langem gesicherte Erkenntnis dar, daß Kinder und Jugendliche durch ihre Kontakte mit Gleichaltrigen Erfahrungen sammeln, die für ihre kognitive und soziale Entwicklung von größter Bedeutung sind. Sollte man dieser Erkenntnis im Bereich der Schule nicht ebenso Rechnung tragen? Wäre es nicht empfehlenswert, entsprechende Kontakte auch im Rahmen des Unterrichts zu fördern? Derartige Fragen stellen eine Herausforderung für die Pädagogische Psychologie dar, die diese – das zeigen zahlreiche Publikationen jüngeren Datums – offenkundig nunmehr anzunehmen bereit ist.

Die Verantwortung der Pädagogischen Psychologie ergibt sich vor allem wegen der gleichzeitig bestehenden Überzeugung, daß es keineswegs ausreichen kann, einem Schüler durch den Schulbesuch lediglich Kontaktmöglichkeiten mit Gleichaltrigen zu eröffnen. Bekanntlich finden – auch im Bereich der Schule – Interaktionen statt, durch die soziale Konflikte entstehen oder gefördert werden. Eine ihrer möglichen, aber sicherlich nicht erwünschten Folgen ist, daß einzelne oder mehrere Schüler von einer Majorität zurückgewiesen werden. Wie läßt sich solchen Entwicklungen entgegenwirken? Eine Antwort ist zu suchen, indem wettstreitende und kooperative Unterrichtsformen etwas eingehender betrachtet werden.

Eine Bedingung der *Kooperation* liegt vor, wenn ein Schüler ein attraktives Ziel (z.B. ein Erfolgserlebnis, eine Anerkennung des Lehrers, eine gute Zensur usw.) ausschließlich in der Gemeinsamkeit mit den übrigen Angehörigen seiner Gruppe erreichen kann (der Begriff Gruppe bezieht sich hier auf eine – zumeist kleinere – Anzahl von Schülern, die als Einheit einen bestimmten Arbeitsauftrag, eine Aufgabe, gemeinsam zu erledigen haben).

Im Unterschied dazu ist unter der Bedingung des *Wettstreits* der Erfolg eines Schülers nur auf Kosten anderer zu erreichen;

d.h., der Erfolg eines Schülers muß bei einem oder mehreren anderen zwangsläufig zu einem relativen Mißerfolg führen. Von diesen beiden Bedingungen läßt sich als dritte die *individualistische* abheben. Sie liegt vor, wenn das Erreichen eines Ziels durch einen Schüler unabhängig von einem anderen erfolgen kann; das Lob eines Schülers steht dabei in keiner Beziehung zum Lob eines anderen. Diese Bedingung ist beim traditionellen Unterricht nicht gegeben, denn dort werden die Stellungnahmen des Lehrers in der Regel unter sozialer Bezugsnorm-Orientierung gegeben (s. S. 261 f.), d.h. dort besteht eine Wettbewerbs-Situation, auch wenn der Lehrer diese nur mehr oder weniger thematisiert.

9.2.1 Der Wettstreit im Unterricht

Ein wesentliches Kennzeichen einer Wettstreitsituation ist dadurch gegeben, daß es nicht nur Gewinner, sondern auch Verlierer geben muß. Kritische Argumente richten sich nicht so sehr auf den Wettbewerb als solchen. Ein Sich-Messen mit anderen ist eine sinnvolle und freiwillig im Spiel praktizierte Methode zur eigenen Standortbestimmung. Bedenken bestehen aber, wenn die Schule einen Unterricht realisiert, aus dem einzelne Kinder *gehäuft* als Gewinner und andere *zumeist* oder sogar *stets* als Verlierer hervorgehen. Die Bereitschaft des Erfolgreichen, sich um den Schwächeren, den Unterlegenen zu kümmern, ihm zu helfen, wird unter solchen Umständen nicht herausgefordert bzw. weiterentwickelt.

Es kommt hinzu, daß nach den Beobachtungen von AMES und ihren Mitarbeitern (AMES 1978; AMES et al., 1977; AMES und FELKER, 1979) eine verstärkte Neigung besteht, Erfolge und Mißerfolge unter Wettstreitbedingungen auf Faktoren wie Fähigkeit und Zufall zurückzuführen; es wird somit bevorzugt auf Faktoren attribuiert, die in der Wahrnehmung des Schülers als von ihm nicht kontrollierbar gelten (s. S. 263 f.). Auch NICHOLLS (1979, 1984) hat Hinweise erhalten, daß sich Teilnehmer von Wettstreitsituationen übermäßig intensiv damit beschäftigen, welche Folgen ihr Leistungseinsatz für die eigene Fähigkeit haben mag, weniger dagegen mit der Frage, welche Lösungsstrategie für eine vorliegende Aufgabe die adäquateste sein könnte. AMES (1984a) registrierte ähnliche Zusammenhänge. Ihre Versuchspersonen, Schüler fünfter und sechster Schuljahre, waren beim Wettstreit während der Auseinandersetzung mit der vorgelegten Aufgabe mehr mit der Klärung der Frage beschäftigt, ob sie klug waren, und weniger, wie sich die Aufgabe am besten bewältigen ließ. Folglich mindert die Wettstreitsituation nicht nur die Wahrnehmung, daß sich Leistungsergebnisse durch Variation der Anstrengung verändern und somit kontrollieren lassen; sie kann gleichzeitig beeinträchtigend auf jene kognitiven Prozesse wirken, von denen unmittelbar die Lösungsqualität abhängt.

Derartige Ergebnisse bedeuten nicht, daß der Wettstreit in der Schule prinzipiell keinen Platz hat. Ein verantwortungsbewußter Lehrer schafft aber nur Vergleichssituationen, in denen für jeden Teilnehmer die gleichen Chancen bestehen, Gewinner oder Verlierer zu werden. Gegen einen *gelegentlichen* und fair ausgetragenen Wettstreit, bei dem sich Gewinner und Verlierer nach der Entscheidung ihre gegenseitige Anerkennung bewahren und bei dem die Unterlegenen sich zugleich herausgefordert fühlen, ihre zutage getretenen Schwächen zu überwinden, dürften keine ernsthaften Bedenken bestehen.

9.2.2 Kooperative Arbeitsformen im Unterricht

Bei der Suche nach Interaktionsformen, die im Rahmen des Unterrichts zu verwirklichen wären und die einen relativ hohen Anteil positiver Effekte erwarten lassen, ist vor allem das *kooperative Lernen* in den Blickpunkt geraten. Ein beträchtlicher Teil der diesbezüglich vorgelegten Untersuchungsergebnisse könnte ohne weiteres den Eindruck erwecken, man habe nunmehr die ideale Bedingung für das Lernen im Klassenzimmer gefunden. Nach Durchsicht mehrerer hundert Studien stellten JOHNSON et al. (1981) z.B. fest, daß Kooperation zu höheren Leistungen als der individuelle Wettbewerb führt. Das Ergebnis, so heißt es bei den Autoren weiter, gilt für alle Fächer, für alle Altersstufen und für fast alle Aufgabenarten. Man gelangt allerdings bei eingehenderem Studium der hier vorgelegten Analysen zu dem Schluß, daß die getroffenen Feststellungen auf Voraussetzungen basieren, die aus pädagogisch-psychologischer Sicht nicht ohne weiteres akzeptiert werden können (s. hierzu die Stellungnahmen von COTTON und COOK, 1982; McGLYNN, 1982 und SLAVIN, 1983).

In der Sozialpsychologie richtete sich das Forschungsinteresse lange Zeit auf die Gruppe in ihrer Gesamtheit. Ein in jüngerer Zeit beobachtbarer Trend, den Blick auch auf das Individuum innerhalb eines sozialen Systems zu richten, trifft sich mit Interessen der Pädagogischen Psychologie. Wenn man z.B. mehreren Schülern einen Schultest zur Bearbeitung vorlegt, ist zu erwarten, daß einige mehr, andere weniger Aufgaben richtig beantworten. Würde man sie daraufhin anregen, denselben Test noch einmal gemeinsam zu bearbeiten, könnte ein Leistungsniveau entstehen, das selbst das beste zuvor erreichte individuelle Testergebnis noch übersteigt. Man hat dieses Phänomen als den Leistungsvorteil von Gruppen bezeichnet (HOFSTÄTTER, 1976): „Vier Augen sehen mehr als zwei." Das Interesse der Pädagogischen Psychologie ist nun auf die Klärung der Frage gerichtet, was *jeder einzelne* der beteiligten Schüler unter der Bedingung der Kooperation lernt. Denkbar wäre z.B., daß von sechs Schülern, die eine Aufgabe gemeinsam bearbeiten, sich nur drei aktiv beteiligen; dies würde aber pädagogischer Motivation widersprechen.

Da die Pädagogische Psychologie die Unterrichtsbedingungen nicht nur unter dem Leistungsaspekt betrachtet, stellt sich weiterhin die Frage, ob die unter Kooperation möglichen Erfahrungen jenen vorzuziehen sind, die unter anderen Bedingungen – z.B. beim Wettstreiten – entstehen können. Von der befriedigenden Klärung solcher Fragen ist die Pädagogische Psychologie noch weit entfernt; sie kann aber bereits einige aufschlußreiche Befunde vorweisen, die eine Differenzierung des Begriffs Kooperation notwendig machen.

9.2.2.1 Dimensionen kooperativer Arbeitsbedingungen

Die Beurteilung kooperativer Arbeitsbedingungen wird dadurch erschwert, daß diese erhebliche Variationen aufweisen können. Daher ist es nicht verwunderlich, daß es zum Leistungsvorteil von Gruppen sowohl unterstützende als auch negative Belege gibt. Bei einschlägigen Diskussionen sollte daher präzisiert werden, auf welche Anreiz- und welche Aufgaben-Struktur Bezug genommen wird.

294

Es wurde bereits angedeutet, daß die *Anreiz-Struktur* in entscheidender Weise dadurch mitbestimmt wird, inwieweit jedes Mitglied einer Gruppe am Zustandekommen eines Ergebnisses beteiligt wird. SLAVIN (1983) unterscheidet z.B. folgende drei Kategorien:

1. Die Gesamtbewertung einer Gruppe bestimmt sich nach den Einzelbewertungen der Leistungen sämtlicher Mitglieder. Unter dieser Bedingung besteht für jeden Schüler der Anreiz einer intensiven Mitarbeit. Wenn z.B. die Ausgestaltung eines Arbeitsheftes zu bewerten ist, würde die schlechte Leistung eines Mitglieds unmittelbar auch die Gruppenbewertung herabsetzen.

2. Als Ergebnis einer Gruppenarbeit wird ein Produkt (z.B. ein Sachbericht oder eine Material-Sammlung) vorgelegt und nur das wird bewertet; dabei bleibt offen, ob und wie sämtliche Mitglieder an den Arbeiten beteiligt waren. Womöglich wurde ein Schüler sogar an der Mitarbeit gehindert, weil die anderen befürchteten, daß sein Beitrag die Produktgüte und damit die Gruppenbewertung vermindern könnte.

3. Schüler organisieren sich zwar in Gruppen und diese erhalten jeweils einen bestimmten Arbeitsauftrag. Man bittet sie z.B., über diesen gemeinsam zu beraten, nach Lösungsmöglichkeiten zu suchen und diese zu diskutieren, sich erforderlichenfalls Hilfen zu geben usw. Letztlich wird aber erwartet, daß jedes Mitglied ein eigenes Leistungsergebnis vorlegt, das auch individuell bewertet wird.

Bezüglich der *Aufgaben-Strukturen* sind vor allem zwei verschiedene Bedingungen realisiert worden:

1. Unter der Bedingung der Aufgabenspezialisierung wird jedes Gruppenmitglied für einen bestimmten Teil der zu erbringenden Gesamtleistung ausdrücklich verantwortlich gemacht.

   Ein Beispiel für eine solche Bedingung liefert die von ARONSON et al. (1978a; 1978b) entwickelte Puzzle-(*Jigsaw-*) Methode (die inzwischen auch als *Jigsaw* II eine Variation erfahren hat, s. SLAVIN, 1980). Diese Kooperationsform schafft eine Bedingung, in der die Mitglieder einer Gruppe voneinander abhängig sind, um jeweils gesetzte Ziele (ein möglichst gutes Ergebnis in einer Lernzielüberprüfung) zu erreichen.

   > Die Schüler einer normalen Klasse werden z.B. in sechs Gruppen geteilt. Jedes Mitglied erhält sodann nur einen Teil der zu einer Unterrichtseinheit gehörenden Informationen mit dem Auftrag, sie den übrigen Angehörigen der (Puzzle-)Gruppe zu vermitteln. Bevor aber diese Vermittlung geschieht, treffen sich Schüler aus sämtlichen Gruppen, denen gleiche Themen zugewiesen worden sind, in einer Koordinierungs-(*counterpart-*) Gruppe mit dem Ziel, Verständnisfragen zu klären, die erhaltenen Informationen in eigene Worte umzusetzen, Wege zu diskutieren, wie man die Inhalte am besten vermittelt usw. Sodann werden in den Puzzle-Gruppen die Lehrinhalte gegenseitig ausgetauscht (sie werden wie Teile in einem Puzzle-Spiel zusammengesetzt), um sämtliche Mitglieder mit den Informationen vertraut zu machen, nach denen schließlich in einem Abschluß-Test gefragt wird. Da aber die Bewertung der Einzelleistungen unter Zugrundelegung eines sozialen Normmaßstabs (s. S. 261 f.) erfolgt, bleibt bei dieser Kooperationsform letztlich die Wettbewerbsstruktur des herkömmlichen Schulsystems erhalten. Wahrscheinlich liegt es wesentlich mit an dieser Bewertungsform, daß die Effekte der *Jigsaw-*

Methode auf Leistungsverhalten, Einstellungen, Selbstkonzept usw. enttäuschend geblieben sind (MOSKOWITZ et al. 1983, 1985).

2. Unter der Bedingung des Gruppenstudiums arbeiten sämtliche Mitglieder zusammen, ohne dabei gesonderte Aufgaben zugewiesen zu bekommen.

Durch Variation der Anreiz- und Aufgabenstrukturen lassen sich offenkundig verschiedenartige Formen der Kooperation im Klassenzimmer realisieren.

Hier sei exemplarisch nur die von SLAVIN (1979) entwickelte Kooperationsform „Schüler-Teams und Leistungs-Aufteilung" (STAD) herausgegriffen. Sie realisiert im Unterschied zur Puzzle-Methode keine Aufgabenspezialisierung. Jedem Mitglied einer Gruppe (bzw. eines Teams) ist bekannt, daß seine Einzelleistung die Gesamtbewertung der Gruppe mitbestimmen wird (s. unter Anreizstruktur: Bedingung 1).

In einer Schulklasse werden vier- bis fünfköpfige Teams gebildet, die möglichst heterogen bezüglich Geschlecht, Leistungsfähigkeit, evtl. nationaler Herkunft usw. zusammengesetzt sind. Die Aufgabe der Team-Mitglieder besteht darin, sich im Rahmen der jeweiligen Themen gemeinsam auf die zweimal wöchentlich stattfindenden Überprüfungen vorzubereiten und zu versuchen, dabei ein möglichst gutes Gesamtergebnis zu erreichen.

In jedem Team bringt der Lehrer die Schüler entsprechend ihrer Leistungsfähigkeit in eine Rangordnung, um einen Wettstreit vorzubereiten, den jeweils die Angehörigen gleicher Rangnummern sämtlicher Teams untereinander austragen. Die dabei gewonnenen Punkte werden innerhalb von jedem Team addiert. Da ein Wettstreit jeweils nur unter Schülern annähernd gleicher Leistungsfähigkeit ausgetragen wird, besitzt jeder die Chance, Punkte einzubringen. Der schwächste Schüler könnte sogar mehr Punkte für ein Team gewinnen als der beste, sofern dieser nämlich seinen ranggleichen Kontrahenten überlegen sein sollte.

Kooperationsformen wie die beschriebenen stellen an den Lehrer außerordentlich hohe Anforderungen bezüglich Planung, Organisation usw. Vor allem auf dem Hintergund dieses großen Arbeitsaufwandes stellt sich die Frage nach ihrer Wirksamkeit. Die inzwischen vorgelegten Ergebnisse lassen – wenigstens unter bestimmten Voraussetzungen – einen günstigen Einfluß auf das Leistungsverhalten erwarten. Weiterhin realisieren sie Bedingungen, die das Erreichen von Lernzielen im sozial-emotionalen Bereich offenbar fördern.

9.2.2.2 Der Einfluß kooperativer Arbeitsformen auf das Leistungsverhalten

Es wurde bereits darauf hingewiesen, daß sich das Interesse unter pädagogischer Fragestellung weniger darauf richtet, was die Gruppe insgesamt bei kooperativen Arbeitsformen leistet; von Bedeutung ist vielmehr das Verhalten von jedem Mitglied. Es ist deshalb entscheidend, inwieweit jeder einzelne zur Mitarbeit herausgefordert wird. Nach Durchsicht der ihm vorliegenden Untersuchungen gelangte SLAVIN (1983) zu der Feststellung, daß es nicht ausreicht, Schüler lediglich zur Zusammenarbeit anzuregen. Vielmehr sollte eine Bedingung geschaffen werden, die sicherstellt, daß sämtlichen Mitgliedern eine Verantwortung für die Gesamtleistung der Gruppe zugewiesen wird. Schüler, die in kleinen Gruppen arbeiten, lernen so lange nicht besser, wie für sie als Mitglieder nicht klare Anreize bestehen, sich für gute Ergebnisse der Gruppe insgesamt einzusetzen (SLAVIN, 1983). Diese allgemeine Feststellung ist durch folgende Befunde zu spezifizieren:

1. Im Rahmen kooperativer Lernformen, bei denen sämtliche Mitglieder das gleiche Lernmaterial bearbeiten, ist nur dann mit einem günstigen Einfluß auf das Leistungsverhalten zu rechnen, wenn eine Gruppenbewertung erfolgt, die *sämtliche* Einzelleistungen berücksichtigt. Unter dieser Bedingung wird nämlich jedem Gruppenmitglied die Verantwortung zugewiesen, sich für ein möglichst gutes Gesamtergebnis einzusetzen.
2. Wenn im Rahmen kooperativer Lernformen eine Aufgabenspezialisierung vorgenommen worden ist, sind nur dann positive Leistungsergebnisse zu erwarten, wenn sich die Qualität des Einzelbeitrags in der Bewertung der Gruppenleistung widerspiegelt.

Mit dem Hinweis auf die Bedeutung der Anreizstruktur und die individuelle Verantwortlichkeitszuschreibung sind zunächst nur sehr globale Bedingungen angesprochen worden. Das Interesse der Unterrichtsforschung ist selbstverständlich darauf gerichtet, spezifischere Merkmale zu identifizieren, die bei einigen Kooperationsformen positiv auf das Leistungsverhalten wirken könnten. Die hierzu vorliegenden Forschungsergebnisse aus dem pädagogischen Kontext sind gegenwärtig allerdings noch dürftig. Es ließ sich zwar zeigen, daß der Umfang gebotener und empfangener Hilfe unter den Gruppenmitgliedern in einer positiven Beziehung zum Leistungsverhalten steht (JOHNSON et al., 1983; WEBB, 1982); andere Zusammenhänge liegen allerdings noch weitgehend im Bereich der Spekulation. Es dürfte aber plausibel sein, daß die Kooperationsbedingung – wie teilweise bereits in vorausgegangenen Kapiteln dargestellt worden ist – auf kognitive Prozesse Einfluß nehmen kann:

1. Die Kooperation fordert Schüler zur Interaktion heraus. Damit steht jeder Gesprächsteilnehmer vor der Aufgabe, seine Gedanken in die Sprache umzusetzen, um sich möglichst gut verständlich zu machen (s. S. 138 f.). Möglicherweise ist die sprachliche Ausdrucksweise von Gleichaltrigen derjenigen von Erwachsenen manchmal sogar überlegen, um Erklärungen zu verstehen (BUCKHOLDT und WODARSKI, 1978). Das bessere Verarbeiten und Behalten von Lernmaterial ist offenbar vor allem zu erwarten, wenn man die Zusammenarbeit *strukturiert.* YAGER et al. (1985) wiesen z. B. jeweils einem Mitglied einer Arbeitsgruppe (dem „Lernleiter") die Aufgabe zu, Zusammenfassungen des Lernmaterials und Erklärungen zu geben. Dieser Lernleiter „sollte versuchen, so präzise wie möglich zu sein, damit die gesamte Gruppe die Begriffe verstehen konnte. Es war die Verantwortung der Zuhörer, Sondierungsfragen zu stellen, den Lernleiter zu ermutigen, Inhalte des gelernten Materials besser zu erklären, sich an Inhalte zu erinnern, die ausgelassen waren und Gedanken und Fakten zu diskutieren, die falsch zusammengefaßt worden waren" (YAGER et al., 1985). Die Rollen des Lernleiters und der Zuhörer wechselten täglich. Auf diese Weise erhielten sämtliche Teilnehmer einer Gruppe die gleichen Erfahrungsmöglichkeiten. Schüler, die unter diesen strukturierten Bedingungen gearbeitet hatten, zeigten bei einer später durchgeführten Einzelprüfung erheblich bessere Ergebnisse in Leistungs- und Behaltenstests als andere, die sich die Inhalte in der Alleinsituation zu erarbeiten hatten.

2. Durch angemessenere Interpretationen des Ausdrucksverhaltens sind Schüler in einer relativ günstigen Situation, um abschätzen zu können, ob ihre gleichaltrigen Interaktionspartner eine vorliegende Aufgabensituation verstanden haben oder ob sie noch Hilfen benötigen (s. S. 223).

3. Durch die Interaktion kann man von anderen Mitgliedern eventuell für wichtige Informationen und neue Betrachtungsweisen sensibilisiert werden. Da der einzelne in der Kooperation nicht passiv bleibt, ist er ständig herausgefordert, seine Argumente zu überprüfen, neu zu formulieren und zu präzisieren (JOHNSON, 1980; WEBB, 1982). Da zudem moderne Wissensgebiete hochgradige Spezialisierungen aufweisen und Expertenkenntnisse auf einem Gebiet statistisch nur außerordentlich selten auftreten (WALBERG et al., 1984), wird es wahrscheinlich in der Zukunft eher noch mehr als in der Gegenwart darauf ankommen, daß Spezialisten zu kooperieren vermögen, um ihr Wissen zusammenzutragen, damit neue Entwicklungen eingeleitet und verfolgt werden können.

9.2.2.3 Die Bedeutung kooperativer Arbeitsformen für Erfahrungen im sozial-emotionalen Bereich

Das Interesse an der Entwicklung kooperativer Arbeitsformen im Klassenzimmer wird wohl im wesentlichen von dem Wunsch getragen, durch sie Lernziele im sozial-emotionalen Bereich fördern zu können, die der herkömmliche Unterricht mit seiner Wettstreit-Atmosphäre nicht nur ignoriert, sondern geradezu torpediert. Engagierte Befürworter, wie JOHNSON (1980), schreiben qualifizierten Kontakten von Schülern eine große Anzahl positiver Effekte zu: sie förderten u.a. die Bereitschaft, sich gegenseitig zu akzeptieren und emotional zu unterstützen, ebenso die Lernmotivation, die psychische Gesundheit, die positive Einstellung zur Lehrerschaft und vieles mehr. Innerhalb einer solchen Palette wird vor allem der positive Einfluß auf das Selbstwertgefühl und auf die mitmenschlichen Beziehungen (insbesondere mit Blick auf die Angehörigen von Minoritäten) akzentuiert.

9.2.2.3.1 Steigerung des Selbstwertgefühls

Auf der Grundlage sozialer Kontakte mit relevanten Personen (das sind z.B. Familienangehörige, Lehrer, Freunde usw.) gewinnt der Mensch ein Bild von sich selbst; man spricht in diesem Fall vom Selbstbild oder Selbstkonzept. Dieses Selbstkonzept enthält auch eine bewertende Komponente; die Wertschätzung, die andere Menschen der eigenen Person entgegenbringen, determiniert den wahrgenommenen Selbstwert in entscheidender Weise.

> In einer Studie von BLANEY et al. (1977) bezogen sich z.B. die folgenden Fragen auf das Selbstwertgefühl: „Wie sehr bist du mit dir selbst zufrieden?" „Wie bedeutsam fühlst du dich selbst, wenn du in der Klasse bist?" „Wie häufig hast du, wenn du in der Klasse bist, den Eindruck, daß du alles lernen kannst, was du zu lernen versuchst?"

Wenn ein Schüler bei relevanten Mitmenschen wahrnimmt, daß diese eine gut ausgebildete Begabung sehr hoch bewerten, dann bestimmen sie damit sein Selbstwertgefühl entscheidend mit. Der wahrgenommene Selbstwert steigt selbstver-

298

ständlich mit der Höhe der Begabung, die man sich selbst zuschreibt (s. hierzu S. 257 ff.). Wenn ein Schüler dagegen gehäuft in Wettbewerbssituationen unterliegt und auch keine Hilfen erhält, die ihm einen Weg zur Überwindung der Schwächen aufzeigen könnten, ist mit einer Absenkung seines Selbstwertgefühls zu rechnen. Demgegenüber „ist es in einer kooperativen Umwelt wahrscheinlich, daß die Schüler nicht nur einen größeren Erfolg, sondern auch eine gesteigerte Unterstützung von ihren Klassenkameraden erfahren werden. Wenn derartiges passiert, ist fast sicher mit einem Anstieg des Selbstwertgefühls zu rechnen" (ARONSON et al., 1978b). Vorliegende Untersuchungen, die u.a. von ARONSON et al. (1978b), JOHNSON (1980) und SLAVIN (1980) ausgewertet worden sind, stützen offenbar solche Feststellungen. Im Unterschied zum Leistungsverhalten scheinen unter den verschiedenartigsten Anreiz- und Aufgabenstrukturen Bedingungen realisiert zu werden, die förderlich auf das Selbstwertgefühl wirken (SLAVIN, 1983); dasselbe gilt für Einflüsse der Kooperation auf die mitmenschlichen Beziehungen, von denen nun die Rede sein soll.

9.2.2.3.2 Förderung sozialer Integrationsprozesse

In vielen Schulklassen gibt es Kinder, auf die sich die Wettstreitsituation besonders negativ auswirkt. Es handelt sich dabei um solche Schüler, die innerhalb einer verstärkt differenzierenden Schule dem unteren Bereich der Leistungsverteilung angehören. Wie Beobachtungen aus mehreren Nationen zeigen, reicht es nicht aus, normale Kinder und solche mit Beeinträchtigungen lediglich in einer Schulklasse gemeinsam zu unterrichten. Unter solchen Bedingungen entstehen im allgemeinen keine Sympathiebeziehungen zwischen den Schülern; womöglich kommt es zu gegenseitigen Ablehnungen (GOTTLIEB, 1974; JOHNSON et al., 1983). Entsprechendes gilt in der Regel auch für Kinder, die als Angehörige anderer Kulturkreise einer Minorität angehören. Die bereits wiederholt in Anspruch genommenen Zusammenfassungen einschlägiger Untersuchungen (ARONSON et al., 1978b; JOHNSON, 1980; SLAVIN, 1980, 1983) führen jeweils mehrere empirisch fundierte Ergebnisse auf, wonach die Mitglieder von Schulklassen mit häufigen Erfahrungen im kooperativen Lernen und unter Bedingungen wechselseitiger Abhängigkeit (s.o.) besser integriert sind als jene, die nur herkömmlichen Unterricht kennengelernt haben, d.h., leistungsschwächere Schüler sowie Angehörige ethnischer Minoritäten werden mehr akzeptiert und insgesamt freundlicher behandelt, wenn ausreichende Erfahrungen in partnerschaftlicher Zusammenarbeit vorliegen; außerdem besteht eine größere Bereitschaft, sich bei Bedarf gegenseitig zu helfen. WARRING et al. (1985) interessierten sich dafür, ob sich der in den Schuljahren fünf bis neun üblicherweise zu beobachtenden Tendenz von Jungen und Mädchen, sich gegenseitig zu meiden, durch die Erfahrung kooperativer Arbeitsformen entgegenwirken läßt. Nach den Ergebnissen der Studie ist dies offenbar der Fall. Die während des Unterrichts durch Zusammenarbeit entstandenen Beziehungen zwischen den Geschlechtern und zwischen Angehörigen verschiedener ethnischer Gruppen wirkten sich auch auf außerschulische Aktivitäten aus. Jungen und Mädchen sowie Schwarze und Weiße saßen u.a. häufiger bei den Mahlzeiten zusammen, sie luden sich öfter in die elterliche Wohnung ein, sie telefonierten häufiger zusammen als Angehörige einer Vergleichsgruppe, die sich unter Wettstreitbedingungen des Unterrichts begegnet waren.

Auf die Frage, was speziell den Abbau negativer Einstellungen gegenüber Schülern, die Minoritäten entstammen, bedingt, hat man zum einen darauf hingewiesen, daß einige Kooperationsformen Schüler nicht nur miteinander in Kontakt bringen, sondern gleichzeitig Bedingungen schaffen, unter denen sie aufeinander angewiesen sind (siehe z.B. die oben beschriebene Puzzle-Methode oder STAD). Damit würde realisiert, was HOMANS (1950) einmal als sozialpsychologische Regel formuliert hat: Wenn der Kontakt zwischen zwei oder mehreren Personen zunimmt, wächst auch die Wahrscheinlichkeit der Sympathie zwischen ihnen (sog. HOMANSsche Regel).

Es wird weiterhin darauf hingewiesen, daß Beteiligte kooperativer Lernformen relativ häufig Gelegenheit haben, die Perspektive der Interaktionspartner kennenzulernen, und entsprechende Erfahrungen förderten insgesamt das Verständnis eines Menschen dafür, „wie eine Situation einer anderen Person erscheint und wie diese Person kognitiv und emotional auf diese Situation reagiert" (ARONSON et al., 1978b). Eingeschränkte Perspektiven erweisen sich nicht nur als hinderlich bei der Suche nach Lösungen in Problemsituationen (s. S. 147 f.); sie stellen zugleich eine wesentliche Bedingung für die Entstehung und Aufrechterhaltung von Vorurteilen dar. Wo es folglich gelingt, dieser Einengung entgegenzuwirken, ist mit einem Abbau negativer Einstellungen zu rechnen. Es gibt zudem zahlreiche Hinweise dafür, daß positive Sozialbeziehungen, die unter kooperativen Arbeitsformen während des Unterrichts entstanden sind, auch in außerschulischen Situationen aufrechterhalten werden (JOHNSON et al., 1983).

9.3 Erwartungseffekte im Klassenzimmer

Zu Beginn der sechziger Jahre wurden von der amerikanischen Regierung beträchtliche Geldmittel zur Verfügung gestellt, um sozial benachteiligten Kindern verbesserte Bildungschancen zu eröffnen; *Head Start* gehörte mit zu den bekannteren Projekten dieser Zeit. Als jedoch gegen Ende des genannten Jahrzehnts die ersten Zweifel am Erfolg dieser Bemühungen genährt wurden - die enttäuschenden Ergebnisse des COLEMAN-Reports (COLEMAN et al., 1966) trugen dazu entscheidend bei - und kritische Stimmen anfingen, nach dem Nutzen der zur Verfügung gestellten Geldsummen zu fragen, rief ein Forschungsergebnis in der amerikanischen Öffentlichkeit eine ungewöhnlich starke Reaktion hervor; es war von den amerikanischen Psychologen ROSENTHAL und JACOBSON (1968; JACOBSON und ROSENTHAL, 1970) vorgelegt worden.

Die Autoren gaben Kindern der Klassenstufen eins bis sechs zu Beginn eines Schuljahres einen Intelligenztest. Dieses Instrument, so erläuterte man den Lehrern, sei geeignet, außergewöhnliche Steigerungen der intellektuellen Leistungsfähigkeit vorherzusagen. Nach Auswertung der Testergebnisse nannte man Lehrern sämtlicher Klassen Namen „von Kindern, die ... im Verlauf des bevorstehenden Schuljahres ungewöhnliche intellektuelle Fortschritte zeigen würden" (ROSENTHAL und JACOBSON, 1968). Tatsäch-

300

lich waren diese, der Experimentalgruppe zuzurechnenden Kinder nach dem Zufall ausgewählt worden; sie dürften sich folglich von den verbleibenden 80 Prozent (der Kontrollgruppe) prinzipiell nicht unterschieden haben. Vier Monate später und gegen Ende des Schuljahres wurde die Testung noch einmal wiederholt. Aus den Ergebnissen ging hervor, daß sämtliche Kinder (Experimental- und Kontrollgruppe) im fraglichen Zeitraum Leistungsfortschritte gemacht hatten. „In 15 der 17 Klassen, in denen der Untertest ‚Abstraktes schlußfolgerndes Denken‘ durchgeführt worden war ..., gewann die Experimentalgruppe mehr als die Kontrollgruppe. ... Bei Zusammenfassung der Klassenstufen 1 und 2 gewannen 19 Prozent der Kontrollgruppen-Kinder 20 IQ-Punkte oder mehr. Zweieinhalb mal soviele oder 47 Prozent der Experimentalgruppen-Kinder gewannen 20 IQ-Punkte oder mehr" (ROSENTHAL und JACOBSON, 1968). Bei den jüngeren Kindern hatte die experimentell hervorgerufene Erwartungshaltung des Lehrers größere Intelligenzfortschritte zur Folge als bei den älteren. Nach einem Jahr wechselten die Lehrer der Klassen. Obwohl die neuen Lehrer keine Mitteilungen über angeblich zukünftige Intelligenzentwicklungen erhalten hatten, zeigte sich bei den ursprünglich von ROSENTHAL ausgewählten Schülern weiterhin eine günstige Leistungsentwicklung. Wie ist nun das Entstehen solcher Effekte zu erklären?

Die von ROSENTHAL und JACOBSON vorgelegten Ergebnisse ließen eine aufhorchende Öffentlichkeit sofort nach dem Nutzen zusätzlicher schulischer Förderungsprogramme fragen, denn diese waren ja immerhin mit einem erheblichen personellen und materiellen Aufwand verbunden. Selbst positive Ergebnisse mußten fragwürdig erscheinen, wenn man berücksichtigte, daß die geförderten Kinder anschließend in normale Klassenräume geschickt wurden. Dort war ja mit Lehrern zu rechnen, die eventuell wieder geringe Erwartungen an sie herantrugen. – Hatte man in den Interventionsprogrammen möglicherweise den falschen Weg beschritten? War es nicht sinnvoller, wenn man aufspürte, wie der Lehrer Erwartungen ausbildete, wie er diese seinen Schüler mitteilte und schließlich, unter welchen Bedingungen der Lernende diese erfüllte? Solche Fragen wirkten außerordentlich stimulierend auf die weitere Forschung.

Erste Stellungnahmen deckten in der ROSENTHAL-Studie zwar methodische Mängel auf (ELASHOFF und SNOW, 1971); die mitgeteilten Bedenken stellten allerdings nicht das Untersuchungsthema schlechthin in Frage. Es wurde aber bezweifelt, daß Erwartungseffekte *unter den von* ROSENTHAL realisierten Bedingungen auftreten würden (THORNDIKE, 1968). Nach mehr als einem Jahrzehnt bestätigen die inzwischen vorliegenden Befunde, daß im Klassenzimmer – wie in jeder sozialen Situation – Erwartungs-Effekte auftreten, wie ROSENTHAL sie beschrieben hat. Der Zusammenhang zwischen Erwartungen des Lehrers und nachfolgenden Leistungen der Schüler ließ sich für den Unterricht generell (s. u.a. DUSEK et al., 1985), ebenso aber auch für spezifische Instruktionsbedingungen aufzeigen, so z.B. für Gruppierungen im Leseunterricht (ALLINGTON, 1983; HIEBERT, 1983). Nicht nur Lehrer, sondern auch Schüler entwickeln Erwartungen, die sich bei ihren Interaktionspartnern realisieren können. Um allerdings das Bildungsschicksal eines für leistungsschwach gehaltenen Schülers zu dessen Gunsten entscheidend zu verändern, reicht es nicht aus, beim Lehrer nur optimistische Erwartungen zu wecken. Deshalb ist BROPHYs (1983a) Einschätzung realistisch, daß selbst eine Lehrerausbildung, die in idealer Weise die Lehrer-Erwartungen berücksichtigt, „keine Wunder in unseren Schulen" hervorrufen wird. Aber selbst für den Fall, daß – einer Schätzung BROPHYs (1983a) folgend – nicht mehr als fünf bis zehn Prozent der Leistungsdifferenzen von Schülern als das Ergebnis von Lehrererwartungen zu erklären sind, hätte man damit einen Einflußfaktor identifiziert, der das verstärkte Forschungsinteressse der Pädagogischen Psychologie sehr wohl verdient.

9.3.1 Der Lehrer als Pygmalion – Erwartungseffekt

ROSENTHAL und JACOBSON sind in ihrer Studie davon ausgegangen, daß die bei Schülern der Experimentalgruppe nachgewiesenen Intelligenzveränderungen eine Reaktion auf die hervorgerufenen Lehrer-Erwartungen darstellten. Die Realisierung solcher Erwartungen bezeichnet man als ROSENTHAL-, Pygmalion- oder Erwartungs-Effekt. Erwartungen müssen jedoch keineswegs immer – wie in der geschilderten ROSENTHAL-Studie – zu positiven Effekten führen. Deshalb haben BABAD et al. (1982) eine Differenzierung vorgeschlagen. Sie sprechen von einem Galatea-Effekt, wenn Schüler hohe Leistungserwartungen ihrer Lehrer erfüllen, während sie den Begriff Golem-Effekt für solche Fälle reservieren, in denen Lernende mit einem Leistungsabfall auf negative Erwartungen reagieren.

> Bei Pygmalion handelt es sich um einen Bildhauer, der sich nach der griechischen Mythologie in das selbstgeschaffene Standbild einer Jungfrau verliebt hat. Die Göttin Aphrodite nahm das Verlangen des Mannes wahr und erweckte die Jungfrau Galatea zum Leben. - In der jüdischen Mystik findet sich Golem, eine vorübergehend belebte Tonfigur, die zu einem Ungeheuer mit gewaltiger Zerstörungskraft auswachsen kann.

Ob ein Galatea- oder ein Golem-Effekt auftritt, hängt im wesentlichen davon ab, welches Bild ein Lehrer von der Persönlichkeit eines Schülers entwickelt. Es besteht keine Notwendigkeit, für die Erklärung beider Effekte prinzipiell unterschiedliche Prozesse in Anspruch zu nehmen. Inzwischen liegen mehrere Modelle (BRAUN, 1976; GOOD und BROPHY, 1980) vor, die beschreiben, wie Lehrer Erwartungen entwickeln, wie sie diese dem Schüler mitteilen und wie dieser darauf reagieren kann. In den folgenden Abschnitten wird ein Erklärungsmodell dargestellt, dessen einzelne Phasen eingehender zu beschreiben sind.

9.3.1.1 Die Wahrnehmung der Schülerpersönlichkeit

Das Leistungsverhalten wird, darauf ist bereits wiederholt hingewiesen worden, nicht nur von Persönlichkeitsmerkmalen des Schülers, sondern ebenso von seinen äußeren Lernbedingungen mitbestimmt. Sind aber Lehrer bereit, derartige Wechselwirkungen zwischen Schülermerkmalen und Unterrichtsmethode (s. S. 239 f.) zu berücksichtigen, wenn sie sich das Leistungsverhalten der Lernenden zu erklären haben? MEYER und BUTZKAMM (1975) baten Lehrer um Mitteilung, worauf sie unterschiedliche Leistungen ihrer Schüler im Mathematikunterricht zurückführen würden. Wie aus den Antworten hervorging, nahmen die Befragten in ihren Erklärungen überwiegend Ursachen wie Fähigkeiten (50%), Anstrengungen (30%) und sonstige Persönlichkeitsfaktoren (6%) in Anspruch. Die Lehrer verwiesen auch auf außerschulische, schülerspezifische Faktoren, wie z.B. auf ungünstige häusliche Verhältnisse oder auf den guten Einfluß von Nachhilfestunden (9%). Bemerkenswert ist, daß die Lehrer mit 90 Prozent ihrer Angaben dazu neigten, Leistungsverhalten mit Merkmalen der Schülerpersönlichkeit in Beziehung zu setzen. Offenkundig machten sie den Schüler und seine außerschulischen Lernbedingungen, nicht aber sich selbst für die Ergebnisse der Unterrichtsarbeit verantwortlich.

Die Erklärung einer Schülerleistung stellt zweifellos das Ergebnis eines komplexen Urteilsprozesses dar, der bei Beobachtungsdaten seinen Ausgang nimmt. Welche Informationen berücksichtigt aber ein Lehrer, wenn sein Bemühen darauf gerichtet ist, ein Bild von der Leistungsfähigkeit eines Schülers zu gewinnen? Zieht er dabei ausschließlich leistungsrelevante Daten in Betracht? Einer Übersicht von BRAUN (1976) ist zu entnehmen, daß sich der Lehrer grundsätzlich an sehr verschiedenartigen Informationen orientieren kann, um Rückschlüsse auf die Schülerpersönlichkeit ziehen zu können (s. hierzu Abb. 9.3).

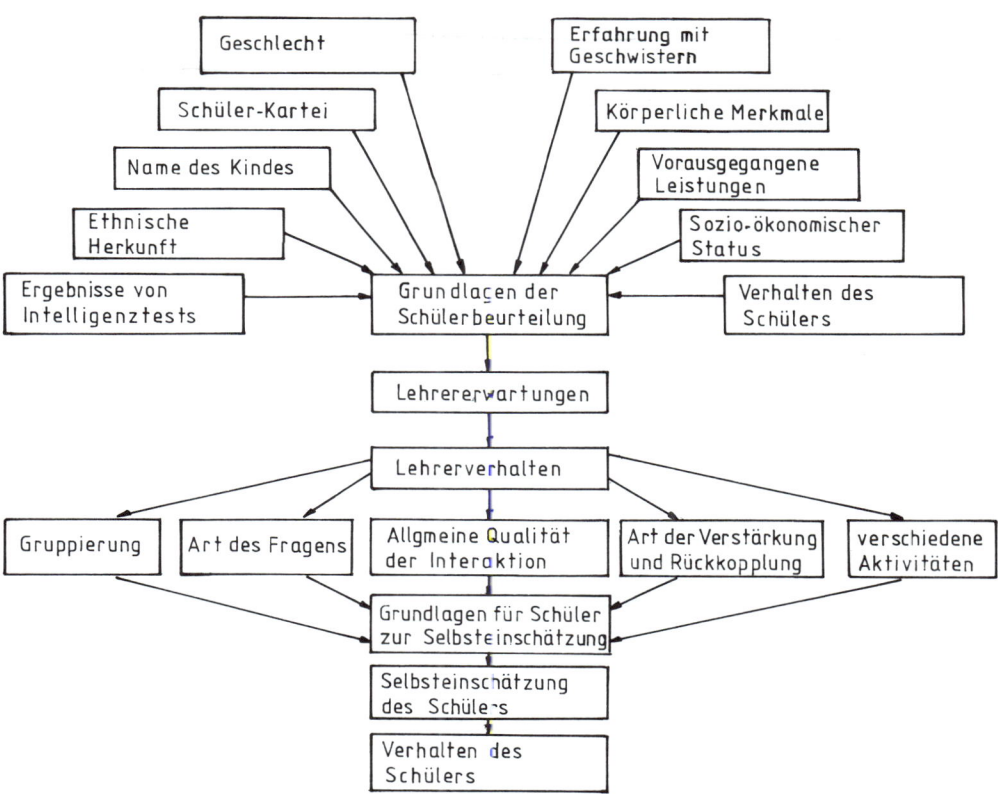

Abb. 9.3: Lehrererwartungs-Effekte und ihre Determinanten (nach BRAUN, 1976)

Die Literaturübersicht BRAUNs berücksichtigt Studien, die sich ganz grob nach zweierlei Gesichtspunkten klassifizieren lassen: In Experimenten der ersten Kategorie erhielten Lehrer Informationen über Schüler, mit denen sie entweder gar keinen oder *erst sehr wenig Kontakt* gehabt hatten. Wenn ein Lehrer unter solchen Bedingungen z.B. einen Aufsatz oder eine andere Leistungsprobe zu beurteilen hatte, mag in sein Urteil u.a. mit eingeflossen sein, welche Leistungen bereits von älteren Geschwistern erbracht (SEAVER, 1973; RIVERS, 1980) oder welche Ergebnisse in einem bereits durchgeführten Leistungs- oder Intelligenztest erzielt worden waren (ROSENTHAL und JACOBSON, 1968). BRAUNs Übersicht läßt aber außerdem erkennen, daß eventuell noch weitere Merkmale Beachtung finden. So haben Untersuchungen gezeigt, daß Lehrer z.B. auch berücksichtigt haben, welche Vornamen zu beurteilende Kinder hatten (HARARI und McDAVID, 1973), welchen Geschlechts diese waren (PHILLIPS, 1980), welcher ethnischen Gruppe oder Rasse sie angehörten (PERSELL, 1977), wie sie aussahen (CLIFFORD und WALSTER, 1973) usw. Da solche Merkmale die Urteilsbildung offenbar mitbestimmen können, läßt sich folgender Schluß ziehen: Wenn ein Lehrer Schüler nicht oder nur unzureichend kennt, ist damit zu rechnen, daß er sich, bei geforderter Beurteilung ihrer Leistungsfähigkeit, auch an seiner *impliziten Persönlichkeitstheorie* orientiert.

Die implizite Persönlichkeitstheorie umfaßt das naive „Wissen" über die Persönlichkeitsstruktur eines Menschen, über sein Wesen, über das Zusammengehören und Nicht-Zusammengehören von Persönlichkeitsmerkmalen. Mit der Bezeichnung „implizit" wird zum Ausdruck gebracht, daß man sich mit den Inhalten seiner Persönlichkeitstheorie in der Regel nicht bewußt auseinandersetzt. Man orientiert sich z.B. an dieser Theorie, wenn man beobachtbare Merkmale nutzt, um andere, weniger leicht zu erfassende Eigenschaften des Menschen zu erschließen. Beispielsweise schreibt man Brillenträgern häufig vergleichsweise hohe Intelligenz und Zuverlässigkeit zu (MANZ und LÜCK, 1968); weit auseinanderliegende Augen werden mit geringer Intelligenz in Verbindung gebracht (OERTER, 1974). Günstige Beurteilungen vergibt man auch an gut aussehende Personen (CLIFFORD und WALSTER, 1973). Seiner impliziten Persönlichkeitstheorie entnimmt ein Mensch weiterhin, welche Zusammenhänge zwischen verschiedenen Persönlichkeitseigenschaften bestehen. Wenn man einen Menschen als emotional warm wahrnimmt, wird man ihn gleichzeitig vermutlich als großzügiger, klüger, fröhlicher usw. einstufen als einen anderen, den man als kalt wahrnimmt. Die Seriosität würde man dagegen beiden nicht ohne weiteres absprechen (ASCH, 1946; WISHNER, 1960).

Die zweite Kategorie von Studien hat zu klären versucht, welche Merkmale ein Lehrer beachtet, nachdem er bereits *für einige Zeit* Erfahrungen mit Schülern gesammelt hat. Solchen Arbeiten ist ziemlich übereinstimmend zu entnehmen, daß diesbezüglich erfahrene Lehrer in der Regel nicht mehr bereit sind, von Außenstehenden für einzelne ihrer Schüler Kennzeichnungen zu akzeptieren, die ihren eigenen Erfahrungen widersprechen (DUSEK, 1975; RAUDENBUSH, 1984). Ebenso mag das Aussehen eines Schülers für den Ersteindruck des Lehrers mitbestimmend sein; es verliert jedoch an Bedeutung, sobald sich der Lehrer auf der Grundlage seiner Interaktionen mit dem Schüler eigene, relevantere Informationen verschafft hat (LaVOIE und ADAMS, 1974; DUSEK und JOSEPH, 1983).

Bis zur Gegenwart strittig ist die Frage, ob der Eindruck, den sich ein Lehrer im Verlauf des Schuljahres verschafft, dem Schüler tatsächlich gerecht wird. BRO-

304

PHY (1983a), der sich wohl auf die bisher umfangreichste Literaturanalyse stützen kann, antwortet darauf unter Bezug auf einschlägige Studien sehr optimistisch. Für Lehrer, deren Erwartungen aus tatsächlichen Kontakten mit Schülern erwachsen sind, wäre kennzeichnend, daß ihre Wahrnehmungen zumeist „genau sind und auf den besten verfügbaren Informationen basieren und daß die meisten ungenauen (Eindrücke) korrigiert werden, sobald mehr verläßliche Informationen zur Verfügung stehen". – Woher weiß BROPHY aber – so muß man kritisch fragen –, daß die Urteile der Lehrer „generell genau sind und auf der Basis der Realität stehen"? In den von ihm als Beleg in Anspruch genommenen Studien hat man Lehrerurteile mit den Ergebnissen von Leistungs- und Intelligenztests verglichen. BROPHY ist nicht der Frage nachgegangen, ob die berichteten Übereinstimmungen möglicherweise ein Ergebnis des Erwartungseffektes darstellten; die vom Lehrer als leistungsschwach eingeschätzten Schüler könnten doch deshalb ein geringeres Niveau im Test erreicht haben, weil der Lehrer ihnen ungünstigere Lernbedingungen eingeräumt hat (s. hierzu ausführlicher S. 306 f.).

> Ebenso problematisch ist BROPHYs (1983a) Feststellung, wonach „die Erwartungen (des Lehrers) offen für korrigierende Rückkoppelungen und somit flexibel und anpaßbar im Hinblick auf aktuelle Ereignisse" sind. Es sollte nicht bezweifelt werden, daß der Lehrer ein einmal gefaßtes Urteil korrigieren kann. Eine nachgewiesene Angepaßtheit belegt jedoch nicht, daß die veränderte Einschätzung genauer (bzw. valider) ist. Die Bereitschaft von Studenten, ihr Urteil bei Mitteilung neuer Informationen zu verändern, wurde zwar in einem Experiment von SHAVELSON et al. (1977) belegt; darin hatten die Versuchspersonen ihre Urteile jedoch auf Informationen über Schüler zu gründen, die überhaupt nicht existierten!

Es gibt jedenfalls umfassende Belege, daß in die Erwartungen von Lehrern Merkmale wie Geschlechts- und Rassenzugehörigkeit, sozio-ökonomischer Status sowie Anpassung eines Kindes an Schul- und Unterrichtsbedingungen mit einfließen (DUSEK und JOSEPH, 1983). Dabei bleibt keineswegs unbeachtet, daß sich Lehrer – auch nach Wahrnehmung beteiligter Schüler (BRATTESANI und WEINSTEIN, 1980; WEINSTEIN et al., 1982) – erheblich darin unterscheiden, wie sie auf Variationen von Merkmalen der genannten Art reagieren. BABAD et al. (1982) fanden sowohl Lehrer, die als hochgradig voreingenommen, ebenso aber auch solche, die als kaum voreingenommen einzustufen waren. Wie stark diese Voreingenommenheiten aber in Erscheinung treten, hängt wiederum von Merkmalen der Unterrichtsgestaltung ab. Nach Feststellungen von AMES und McKELVIE (1982) ist zu erwarten, daß Lehrer vor allem unter wettstreitenden, weniger unter kooperativen Bedingungen dazu neigen, Unterschiede in der Leistungsfähigkeit von Schülern wahrzunehmen. „Während Wettstreitsituationen die Wahrnehmung von Unterschieden begünstigen, tragen kooperative Strukturen zur Wahrnehmung der Ähnlichkeit bei" (AMES, 1984b).

9.3.1.2 Differentielle Behandlung von Schülern

Wegen anerkannter Unterschiede in der Lern- und Leistungsfähigkeit von Schülern ist es aus pädagogischer Sicht nicht nur legitim, sondern geradezu unumgänglich, daß der Lehrer die Mitglieder einer Klasse unterschiedlich behandelt. Allerdings ist zu fordern, daß durch die Maßnahmen zur Differenzierung angestrebt wird, daß jeder Schüler die ihm jeweils adäquaten Anregungsbedingungen erhält. Das außerordentliche Interesse am Erwartungseffekt ist aber gerade deshalb entstanden, weil zugrundeliegende Untersuchungen den Verdacht bestärkt haben, daß Lehrer im Einklang mit ihren jeweiligen Leistungserwartungen für einige Schüler günstigere, für andere weniger günstige Lernbedingungen gestalten.

Nach mehreren inzwischen vorliegenden Zusammenfassungen (BROPHY, 1983a; COOPER, 1979; MIETZEL, 1982) hat man Lehrer beobachten können, die „leistungsschwache" im Vergleich zu vermeintlich guten Schülern unterschiedlich behandelt haben. Die Beobachtungen betreffen zum einen die Art und den Umfang der Kontakte, zum anderen das sozial-emotionale Klima. Die mitzuteilenden Zusammenhänge wurden jeweils durch Beobachtungen in Schulklassen von mehreren Autoren unabhängig bestätigt; sie besagen in keinem Fall, daß sie für *jeden* Lehrer mehr oder weniger kennzeichnend sein müssen. Einzelne Verhaltensweisen scheinen sich zu widersprechen; dies ist darauf zurückzuführen, daß sich die Beobachtungen auf verschiedene Lehrer beziehen.

A. Art und Häufigkeit der Kontakte:

1. Bei vielen Lehrern war die Häufigkeit der Kontaktaufnahme mit „guten" und „schwächeren" Schülern unterschiedlich; allerdings hing es vom Lehrer ab, mit welcher der beiden Gruppen er mehr Kontakte herstellte. Vielfach wurde den vermeintlich schwächeren Schülern jedoch weniger Aufmerksamkeit zuteil; an sie richtete der Lehrer weniger Fragen.
2. Vermeintlich schwächeren Schülern wurde weniger Zeit zur Beantwortung einer Frage gegeben.
3. Es bestand eine verminderte Bereitschaft, eine Frage, auf die „Schwache" falsch oder gar nicht geantwortet hatten, umzuformulieren. Dagegen waren Lehrer häufig dazu bereit, die erwartete Antwort selbst zu geben oder einen anderen Schüler aufzurufen.

B. Sozial-emotionales Klima:

4. Lehrer brachten in Kontakten mit „schwächeren" Schülern weniger Freundlichkeit zum Ausdruck. Sie lächelten weniger und boten über nonverbale Ausdrucksmerkmale weniger emotionale Unterstützung.
5. Lehrer hatten zu den vermeintlich schwächeren Schülern weniger Augenkontakt; sie nickten auch seltener, neigten sich ihnen mit ihrem Körper weniger zu usw.

C. Rückmeldungen:

6. Auf unzureichende oder sogar falsche Antworten von „Schwachen" reagierten Lehrer relativ häufig mit lobenden Stellungnahmen.
7. Für Erfolge wurden vermeintlich gute Schüler mehr gelobt als „schwache".
8. Bei der Auswertung von schriftlichen Arbeiten oder Tests wurden bei vermeintlich besseren Schülern häufiger Fehler übersehen; in Zweifelsfällen entschied der Lehrer eher zu Gunsten dieser Schüler.

Es würde allerdings der interaktionistischen Sichtweise von Lehrer-Schüler-Kontakten widersprechen, wenn man differenzierende Verhaltensweisen von Lehrern gegenüber Schülern unterschiedlicher Leistungsfähigkeit nur auf Lehrererwartungen zurückführen würde. Man könnte nämlich ebenso umgekehrt argumentieren: Der Lehrer behandelt seine Schüler unterschiedlich, um sich ihren jeweils besonderen Fähigkeiten und Bedürfnissen anzupassen (DUSEK, 1975). Von

306

Schülern mit höherer Leistungsfähigkeit weiß man u.a., daß sie den Unterricht aufmerksamer verfolgen, motivierter sind und folglich stärkere Beteiligung zeigen, höhere Selbständigkeit offenbaren usw. Im Falle von schwächeren Schülern, die vielfach bereits eine längere ungünstigere schulische Sozialisationsgeschichte aufweisen, kann es möglicherweise nur nach außerordentlichen Anstrengungen gelingen, sie zu aktivieren bzw. ihre Mitarbeit zu erreichen. Solchen Fällen könnte der Lehrer nur gerecht werden, wenn er ihnen fast seine gesamte Aufmerksamkeit widmen würde; dies müßte in einer größeren Schulklasse jedoch wiederum unter Vernachlässigung anderer Schüler erfolgen.

Stellen die differentiellen Behandlungen von Schülern somit nur vertretbare Anpassungen des Lehrers an vorfindbare Differenzen der Schülerpersönlichkeiten dar, oder handelt es sich bei ihnen ausschließlich um den Ausdruck von Lehrererwartungen? – Nach den Untersuchungsergebnissen von CRANO und MELLON (1978) beeinflussen sich Lehrer und Schüler gegenseitig; allerdings – so entnehmen diese Autoren ihren Daten weiterhin – ist der Einfluß von Lehrererwartungen auf die Schülerleistungen tendenziell größer als der Einfluß, den das Schülerverhalten auf die Einstellungen von Lehrern nimmt.

Generell läßt sich somit keineswegs ausschließen, daß Lehrer gegenüber bestimmten Schülern oder Schülergruppen Verhaltensweisen offenbaren, für die es keine berechtigte Grundlage gibt. Bestimmte Erwartungen können sich z.B., wie oben bereits erwähnt, auf Angehörige ethnischer oder rassischer Minoritäten richten. Ebenso besteht die Möglichkeit, daß sich in Lehrer-Schüler-Kontakten Voreingenommenheiten gegenüber den Geschlechtern offenbaren. So beobachteten DWECK und ihre Mitarbeiter (1978) z.B. in mehreren Klassen vierter und fünfter Schuljahre, daß Jungen insgesamt mehr Tadel als Mädchen empfingen. Allerdings bezog sich die Kritik vergleichsweise häufig auf nicht-leistungsbezogene Aspekte des Verhaltens, denn die Jungen wurden z.B. häufiger ermahnt, den Unterricht nicht zu stören, aufzupassen oder sauberer zu arbeiten. Mißerfolge bei Jungen führten die Lehrer achtmal häufiger als bei Mädchen auf fehlende Anstrengung zurück. In 88,2 Prozent der Fälle bezogen sich dagegen kritische Stellungnahmen der Lehrer gegenüber Schülerinnen auf intellektuelle Aspekte ihrer Arbeit. Auch beim Lob ließen sich Geschlechtsunterschiede nachweisen. Es bezog sich häufiger auf nicht-intellektuelle Aspekte bei Mädchen; so hob der Lehrer z.B. die saubere Anfertigung ihrer Arbeiten hervor. Bei Jungen akzentuierte das Lob zumeist deren intellektuelle Kompetenz.

9.3.1.3 Interpretation des Lehrerverhaltens durch den Schüler

Der Nachweis, daß Lehrer Erwartungen entwickeln und sich gegenüber Schülern im Einklang damit verhalten, erklärt noch keinen Erwartungseffekt. Entscheidend ist nämlich, wie der Schüler das Verhalten des Lehrers wahrnimmt und interpretiert (DARLEY und FAZIO, 1980). Da der Lehrer leistungsbezogene Aspekte in lobenden und tadelnden Stellungnahmen gegenüber beiden Geschlechtern tendenziell unterschiedlich akzentuiert, wäre zu vermuten, daß auf diese Weise bestimmte Interpretationsweisen eher verstärkt als abgeschwächt werden.

DWECK et al. (1978) überprüften diese Vermutung, indem sie eine *experimentelle* Situation schufen, in der Kinder Mißerfolge erleben sollten. Unter der einen Bedingung brachte der Versuchsleiter den Mißerfolg stets mit intellektuellen Aspekten in Beziehung (Lehrer-Mädchen-Bedingung). Unter der anderen bezog sich der Versuchsleiter bei der Interpretation der Leistungsergebnisse manchmal auf intellektuelle Aspekte, manchmal führte er sie auf mangelnde Sorgfalt zurück (Lehrer-Jungen-Bedingung). Nach einem Mißerfolg an einer weiteren Aufgabe bat man sämtliche Versuchspersonen um eine Ursachenzuschreibung. Unter der Lehrer-Mädchen-Bedingung erklärte die überwältigende Mehrheit der Kinder das Versagen bei der zweiten experimentellen Aufgabe mit mangelnder Fähigkeit. Sie gaben damit eine Antwort, die man unter normalen schulischen Situationen nach Mißerfolgen häufiger von Mädchen als von Jungen erhält (DWECK und GOETZ, 1978). Demgegenüber bevorzugten die Versuchspersonen, die unter der Lehrer-Jungen-Bedingung gearbeitet hatten, mangelnde Anstrengung als Erklärung; das ist nach den zusammenfassenden Feststellungen von DWECK und GOETZ (1978) eine Interpretationsweise, die sich außerhalb experimenteller Mißerfolgssituationen eher bei Jungen als bei Mädchen findet.

In den Schulklassen, die DWECK beobachtete, konnten Jungen und Mädchen aufgrund von Stellungnahmen der Lehrer erfahren, welche Begabungen ihnen diese jeweils zuschrieben. Die Lehrer „verrieten" ihren Schülern, ohne daß ihnen dieses bewußt gewesen sein dürfte, welche Fähigkeiten sie den Lernenden jeweils zuschrieben. Neben der genannten Mitteilungsform gibt es aber noch andere. So könnte ein Schüler, der für die Bewältigung einer nicht allzu schwierigen Aufgabe übermäßig stark gelobt wird, den Eindruck gewinnen, sein Lehrer halte ihn nicht für sehr begabt. Bei neutralen Reaktionen nach einem Erfolg oder bei kritischen Stellungnahmen nach einem Mißerfolg an einer ziemlich schwierigen Aufgabe könnte der Schüler zu der Auffassung gelangen, von seinem Lehrer für besonders fähig gehalten zu werden (MEYER et al., 1979).

Es ist weiterhin damit zu rechnen, daß der Schüler auch affektive Reaktionen des Lehrers wahrnimmt und interpretiert. In Studien von WEINER et al. (1982) und RUSTEMEYER (1984), die leider keine schulischen Bedingungen berücksichtigt haben (Studenten hatten lediglich die Rolle von Lehrern und Schülern zu *spielen*), zeigte sich, daß Affekte Aufschluß darüber geben können, welche Konzeptionen Interaktionspartner voneinander haben. Wenn ein Lehrer z.B. auf ein gutes Leistungsergebnis eines „Schülers" mit *Zufriedenheit* reagiert, könnte der Schüler daraus schließen, der Lehrer habe den Erfolg erwartet, weil er den Lernenden für begabt hält. Sofern der Lehrer bei demselben Ergebnis *Überraschung* zeigt, könnte der Schüler daraus folgern, der Lehrer halte ihn nicht für besonders befähigt und sähe folglich in dem Erfolg nur ein Zufallsergebnis. Aufschlüsse vermag der Schüler auch zu erhalten, wie der Lehrer auf einen Mißerfolg reagiert. Sollte der Unterrichtende in einer solchen Situation *Verärgerung* zeigen, dann wäre daraus eventuell vom Lernenden zu schließen, daß der Lehrer von ihm mehr erwartet hätte, d.h., die Verärgerung könnte dem Schüler anzeigen, daß der Lehrer ihn für begabt, gleichzeitig aber für faul hält. Sofern der Lehrer dagegen auf ein Versagen mit *Mitleid* reagiert, wäre daraus abzulesen, daß der Lehrer den Mißerfolg wegen der zugeschriebenen geringen Fähigkeit erwartet habe. Da dieser internale Faktor aber als unkontrollierbar wahrgenommen wird, verdient der betreffende Schüler wenigstens das Mitleid seines Lehrers.

Solche Ergebnisse zeigen, daß sich Interaktionspartner nicht nur expliziter sprachlicher Mitteilungen, sondern auch nonverbaler Kommunikationsformen bedienen, um u.a. ihre Einstellungen zum Ausdruck zu bringen. Man kann einen Lehrer zwar anregen, verbale Stellungnahmen zu unterdrücken, die dem Schüler eine ungünstige Kausalattribuierung nahelegen. Sofern aber eine Lehrereinstellung, die einem Schüler geringe Begabung zuschreibt, fortbesteht, ist mit der Möglichkeit zu rechnen, daß der Lehrer seine Konzeption unkontrolliert auf eine andere Weise mitteilt.

9.3.1.4 Akzeptierung der Lehrererwartungen durch den Schüler

Ob sich ein Erwartungseffekt realisiert, hängt wesentlich davon ab, ob ein Schüler die Erwartungen, die sein Lehrer an ihn heranträgt, akzeptiert. Weshalb sind aber einige Schüler offenkundig eher als andere bereit, die Attribuierungen zu übernehmen, die der Lehrer bezüglich ihrer Leistungsfähigkeit vornimmt? Bei der Suche nach zugrundeliegenden Persönlichkeitsmerkmalen ist vor allem das *Selbstkonzept* in den Blickpunkt des Interesses geraten.

Das Selbstkonzept eines Menschen bestimmt sich danach, wie er sich selbst wahrnimmt und welche Einstellungen er gegenüber sich selbst entwickelt (MUMMENDEY, 1983; SHAVELSON und BOLUS, 1982). Es entsteht u.a. auf der Grundlage von Rückkoppelungen im Lernprozeß, Bewertungen durch andere wichtige Personen und durch eigene Kausalattribuierungen. Nach SHAVELSON und seinen Mitarbeitern (1976) läßt sich das Selbstkonzept als hierarchisch geordnet verstehen. Wie Abbildung 9.4 zu entnehmen ist, setzt sich ein Schüler in einem Unterrichtsfach mit spezifischen Aufgaben auseinander und erfährt dabei (u.a. durch Vergleich mit anderen Schülern, Stellungnahmen von Lehrern und Eltern), welche Fähigkeiten er z.B. für Mathematik, für Sprachen oder die Naturwissenschaften besitzt. Auf der Grundlage dieser spezifischen Erfahrungen könnte sich auf dem nächsthöheren Niveau ein leistungsbezogenes Selbstkonzept bilden. Aus anderen spezifischen Erfahrungen entstehen auf gleicher Ebene auch ein soziales und ein körperliches Selbstkonzept (in der Abbildung nicht wiedergegeben). Diese drei Selbstkonzepte organisieren sich an der Spitze der Hierachie zu einem allgemeinen Selbstkonzept, das in abstraktester Form beeinhaltet, wie ein Mensch sich selbst sieht.

Ein Mensch ist bezüglich der Einschätzung seiner eigenen Leistungsfähigkeit unsicher, wenn es ihm noch an einer ausreichenden Erfahrungsbasis mangelt. Das trifft vor allem für jüngere Kinder zu; in der Grundschule ist deshalb die Bereitschaft, sich von den Erwartungshaltungen des Lehrers beeinflussen zu lassen, noch vergleichsweise groß (BRAUN, 1976; WEST und ANDERSON, 1976). Natürlich üben auch Erwartungen seitens der Eltern, der Gleichaltrigen und weiterer Personen ihren Einfluß auf das Selbstkonzept und die Selbsterwartungen von Schülern aus (FINN, 1972). Diesen ersten Schuljahren kommt folglich für die Entwicklung des Selbstkonzepts eine besondere Bedeutung zu. Sofern einem Schüler nämlich während seiner ersten Schuljahre der Eindruck nahegelegt wird, nur über relativ geringe Fähigkeiten zu verfügen, ist einer solchen Entwicklung zu einem späteren Zeitpunkt nur schwer entgegenzuwirken, denn negative Selbstkonzepte weisen ge-

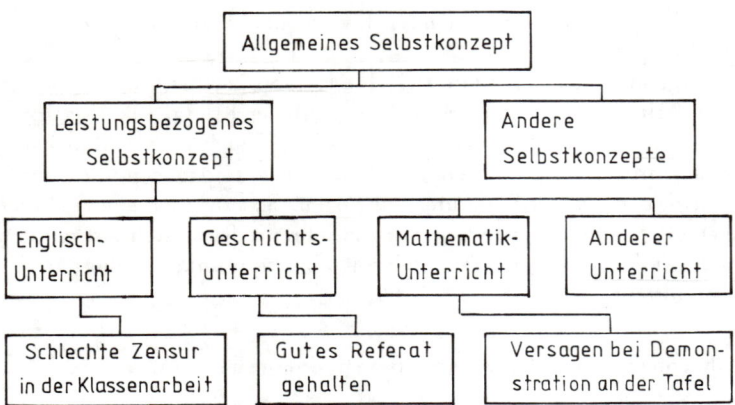

Abb. 9.4: Drei Ebenen des Selbstkonzepts von Schulkindern (teilweise nach SHA-VELSON et al., 1976; ergänzt nach WOOLFOLK und McCUNE-NI-COLICH, 1984)

genüber Veränderungen eine hohe Resistenz auf (GILLHAM, 1967). Es ist mög-lich, daß neben dem Alter auch andere Persönlichkeitsmerkmale, wie z.B. soziale Schichtzugehörigkeit, Rasse (PERSELL, 1977) usw. mitbestimmen, wie stark der Schüler von Lehrererwartungen abhängig ist.

9.3.1.5 Realisierung der Lehrererwartungen durch den Schüler

Von der Wirksamkeit eines Erwartungseffektes kann nur dann gesprochen wer-den, wenn ein Schüler im Verlauf von Interaktionen mit seinem Lehrer die Erwar-tungen erfüllt, die jener an ihn herangetragen hat. Es müßte nachgewiesen werden, daß Leistungsveränderungen eines Schülers über Zwischenprozesse wenigstens teilweise als Ergebnis von Lehrererwartungen zustandegekommen sind. Ein sol-cher Nachweis ist aber schon aus methodischen Gründen außerordentlich schwer zu erbringen. Gegenwärtig sind die Kenntnisse darüber, wie Lehrerverhalten auf den Schüler einzuwirken vermag, noch völlig unzureichend (BROPHY, 1983a). Was geleistet werden kann, läßt sich an den Studien DWECKs und ihrer Mitar-beiter aufzeigen: Sie beobachteten Lehrer, die Mädchen anders als Jungen behandelt haben. Es war von ihnen nachzuweisen, daß Mädchen Erfolge und Mißerfolge an-ders als Jungen erklärten und daß – nach auftretenden Mißerfolgen – Mädchen ein geringeres Ausdauerverhalten und ein vermindertes Leistungsniveau in Pro-blemsituationen offenbarten (DIENER und DWECK, 1978). Es kann nach sol-chen Beobachtungen also nicht behauptet werden, daß die Lehrer mit ihren Vor-eingenommenheiten das Leistungsverhalten determiniert haben; durch sie wurde, indem sie Jungen und Mädchen unterschiedlich behandelten, aber möglicherweise eine wesentliche Lernbedingung *mitbestimmt*. Sie haben somit *auch* Einfluß darauf genommen, wie beide Geschlechter auf Leistungsanforderungen reagieren. Ebenso kann davon ausgegangen werden, daß ein Schüler, der von seinem Lehrer relativ

310

häufig im Unterricht aktiviert wird, der häufige Bestätigungen seiner Tüchtigkeit wahrnimmt, der die Unterrichtsatmosphäre als angenehm erlebt usw., sich insgesamt in einer günstigeren Lern- und Leistungsbedingung befindet als ein anderer, der während des Unterrichts nur selten aufgerufen wird, der häufiger Mißerfolge erfährt und Anlaß zu der Vermutung hat, daß der Lehrer ihm wenig Begabung zuschreibt. Man sollte also mit BROPHY (1983a) in aller Vorsicht formulieren, daß „die Existenz einer Lehrererwartung gegenüber den Leistungen eines bestimmten Schülers die Wahrscheinlichkeit erhöht, daß sich die Schülerleistung in die erwartete Richtung und nicht in die entgegengesetzte Richtung bewegt".

9.3.2 Der Schüler als Pygmalion

In einer Interaktionsbedingung lassen sich bei sämtlichen Partnern Erwartungen nachweisen. Daraus ließe sich der Schluß ziehen, daß auch Schüler Erwartungen an ihre Lehrer herantragen. Wie reagieren Lehrer aber auf Schülererwartungen? Besteht auch auf ihrer Seite eine gewisse Bereitschaft zur Anpassung? NOBLE und NOLAN (1976) registrierten z.B. in einer Schulklasse, an welche Schüler der Lehrer zu Beginn des Schuljahres und an welche er nach drei Monaten vorzugsweise seine Fragen richtete. Es zeigte sich, daß der Lehrer sich nach einem Vierteljahr vorwiegend an jene Schüler wandte, die eine hohe Bereitschaft kennzeichnete, von sich aus Beiträge zu liefern oder Antworten zu geben (im folgenden „freiwillige" Schüler genannt; sie beantworteten z.B. Fragen, die an die Klasse gerichtet waren, richteten spontan Fragen an den Lehrer oder gaben ungefragt Äußerungen von sich); eine derartige Bevorzugung der „Freiwilligen" war am Anfang des Schuljahres nicht nachzuweisen. Eine mögliche Erklärung dieses Beobachtungsergebnisses wäre, daß auch Schüler Erwartungen zum Ausdruck bringen; einige signalisierten z.B. die Erwartung, aufgerufen zu werden, während andere zum Ausdruck brachten, möglichst in Ruhe gelassen zu werden. Offenbar waren die Lehrer – wenigstens bis zu einem gewissen Grade – bereit, solche Erwartungen bzw. die dahinterstehenden Einstellungen der Schüler zu erfüllen.

Ganz explizit rückten FELDMAN und PROHASKA (1979) die Frage, welche Effekte Erwartungen von Schülern auf den Lehrer haben können, in den Blickpunkt einer Untersuchung. Leider führten beide Autoren nur eine Laborstudie durch, indem sie Studenten baten, für nur kurze Zeit die Rolle von Lehrern bzw. Schülern zu spielen. Damit ergeben sich gewisse Einschränkungen bezüglich der Verallgemeinerungsfähigkeit der Befunde. Dennoch können die Ergebnisse für die Möglichkeit von Erwartungseffekten sensibilisieren, die von der Seite der Schüler ausgehen. Unter den genannten Bedingungen beobachteten FELDMAN und PROHASKA, daß „Schüler", die Anlaß hatten, einen tüchtigen „Lehrer" zu erwarten, sich während des Unterrichts anders verhielten als jene, die mit der Erwartung eines weniger qualifizierten „Lehrers" in die Unterrichtsstunde gegangen waren, d.h., erstere hatten mehr Blickkontakt zum „Lehrer", sie hielten weniger räumlichen Abstand zu ihm und sie neigten sich ihm mit ihrem Oberkörper mehr zu. In einem zweiten Teil des Experiments stand im Vordergrund die Frage, wie „Lehrer" auf „Schüler" reagierten, die ihnen bezüglich ihrer Tüchtigkeit positive oder negative Erwartungen entgegenbrachten. Wie sich aus nachträglichen Befragungen ergab, stuften sich „Lehrer" bei positiven Schülererwartungen bezüglich ihres Unterrichtserfolgs günstiger ein als andere, die unter der Bedingung negativer Erwartungshaltung gearbeitet hatten. Besonders bemerkenswert ist, daß auch unabhängige Beobachter die Angemessenheit der Unterrichtsarbeit höher bei den „Lehrern" bewerteten, die mit „Schülern" positiver Erwartung konfrontiert worden waren. Die „Lehrer" hatten sich offenbar in Richtung der Erwartungen ihrer „Schüler" verhalten.

Es ist davon auszugehen, daß sich in jedem normalen Klassenzimmer Erwartungseffekte in vielfältigster Form sowohl auf der Lehrer- wie auch auf der Schülerseite realisieren. Es kann nicht die Zielrichtung der Pädagogischen Psychologie sein, Pygmalion aus dem Klassenzimmer zu verbannen, denn über Erwartungseffekte vollziehen Sozialpartner Anpassungen, ohne die kein soziales System Stabilität zu gewinnen vermag. Problematisch werden diese Effekte erst, wenn sie sich der Wahrnehmung und Kontrolle des Lehrers entziehen und Entwicklungen bedingen, die pädagogischen Zielsetzungen widersprechen. Es ist z.B. nicht zu rechtfertigen, daß der Lehrer für vermeintlich schwächere Schüler vergleichsweise ungünstige Lernbedingungen realisiert. Die Bemühungen der Pädagogischen Psychologie müssen deshalb darauf gerichtet sein, den Lehrer für Erwartungseffekte zu sensibilisieren, damit er auf sie aufmerksam wird, sich mit ihnen bewußt auseinandersetzen kann, um ihnen erforderlichenfalls entgegenzuwirken.

312

10. KAPITEL

Messung und Interpretation von Schulleistungen

Bereits im ersten Kapitel wurde darauf hingewiesen, daß sich pädagogisches Handeln in einem Feld mit mehr oder weniger divergierenden Interessen vollziehen muß. Die Schule hat einerseits als pädagogische Institution den Interessen des einzelnen zu dienen und andererseits einen gesellschaftlichen Auftrag zu erfüllen (wobei es von der jeweils etablierten Gesellschaftsform abhängt, wie dieser Auftrag inhaltlich konkretisiert wird und welche Bevölkerungsschichten vor allem an der Definition dieses Auftrags beteiligt werden). Ein Bestandteil dieses Auftrags ist die Selektion.

Zur Rechtfertigung von Selektionsmaßnahmen im Bildungswesen könnte man auf die Notwendigkeit verweisen, die Anzahl der Bewerber für begehrte berufliche Positionen zu reduzieren, um sie dem tatsächlichen Bedarf anzupassen. Den meisten Pädagogen dürfte es jedoch schwer fallen, das eigene Handeln von Regelmechanismen bestimmen zu lassen, die wirtschaftswissenschaftlichen Denkkategorien entstammen. Die gleiche Maßnahme ist allerdings auch unter pädagogisch-psychologischen Gesichtspunkten zu vertreten, sofern man davon ausgeht, daß die Schulleistung von relativ konstanten Persönlichkeitsmerkmalen bestimmt wird. Bei einer solchen Sichtweise wäre die Forderung geradezu unausweichlich, den Schüler jenem Anforderungsniveau zuzuweisen, dem er zu entsprechen vermag; ständige Überforderungen mit ihren verhängnisvollen Konsequenzen für den Lernenden gilt es ja schließlich zu verhindern.

In seiner Funktion als Staatsbediensteter vermag sich ein Lehrer dem Selektionsauftrag selbstverständlich nicht zu entziehen. Gleichzeitig ist aber nicht zu übersehen, daß ihm auch ein gewisser Handlungsspielraum zugebilligt wird. So mag der eine Lehrer eher geneigt sein, auf Leistungsschwächen eines Schülers mit „Sitzenlassen" zu reagieren, während ein anderer verstärkt versucht, während des laufenden Schuljahres die Leistungsdefizite zu beseitigen. Zur Absicherung der zuerst genannten Maßnahme sind Informationen erforderlich, die sich vor allem über eine normbezogene Messung gewinnen lassen. Demgegenüber sind Hinweise über mögliche Bedingungsfaktoren von Leistungsschwächen eher von Meßinstrumenten zu erhalten, die man in der einschlägigen Literatur als diagnostische Tests bezeichnet hat. Schließlich werden Lehrer mit einer Unterrichtskonzeption, die sich – wie im Falle des zielerreichenden Lernens (s. S. 237 f.) – auf Vermeidung von Leistungsausfällen richtet, einen Lernziel- oder Kriteriums-orientierten Test favorisieren. Über diese verschiedenen Arten von Messung und ihre jeweiligen Implikationen soll das vorliegende Kapitel informieren.

Der im folgenden wiederholt zu verwendende Begriff der *Messung* läßt sich als ein Prozeß kennzeichnen, durch den nach bestimmten Regeln Objekten und Ereignissen Zahlen zugeordnet werden, wobei davon ausgegangen wird, daß die Beziehungen, die zwischen den Zahlen bestehen, denen der Reizgegebenheit entsprechen (STEVENS, 1951). Als Ergebnis der Messung liegt somit stets eine Zahl vor, die aber für sich genommen praktisch keine Aussagekraft besitzt; die Feststellung, ein Schüler habe in einem Test 23 Punkte erreicht, ist ohne Informationswert. Deshalb läßt man der Messung einen *Bewertungs*prozeß folgen. Messen bedeutet immer ein Feststellen von Unterschieden, „die durch den Vergleich der Objekte miteinander ermittelt werden" (LANGFELDT, 1984). Wenn man sich in der Psychologie sowohl auf den Meß- wie auf den Bewertungsprozeß bezieht, spricht man vielfach auch von Diagnostik.

10.1 Lehrer-Entscheidungen unter Bedingungen divergierender Zielvorgaben

Sofern bei einem Lernenden wiederholt Versagen auftritt, stehen dem Lehrer grundsätzlich zwei verschiedene Möglichkeiten der Reaktion zur Verfügung. Er kann den betreffenden Schüler aus dem ihn offenkundig überfordernden Anforderungsniveau herausnehmen, d.h. ihn z.B. sitzenlassen oder einer anderen Schulart zuweisen. In einem solchen Fall hätte er nach TRÖGER und FRENZ (1977) eine „bildungsstrukturbedingte Entscheidung" getroffen. Der Lehrer könnte das Versagen aber auch mit einer unzureichenden Förderung des Lernenden durch den erteilten Unterricht erklären. Sollte sich der Lehrer nach dieser Interpretation für eine bestimmte Förderungsmaßnahme entschließen, würde er nach TRÖGER und FRENZ eine „lernprozeßbedingte Entscheidung" getroffen haben. Im pädagogischen Alltag lassen sich sowohl bildungsstrukturbedingte wie auch lernprozeßbedingte Entscheidungen nachweisen. Die beiden Entscheidungsarten sind in diesem Rahmen deshalb relevant, weil sie durch unterschiedliche Informationsgrundlagen abzusichern sind. Entsprechend erfordern sie jeweils eigene Meßverfahren.

10.1.1 Implikationen bildungsstrukturbedingter Entscheidungen

Da die allgemeine Schulpflicht mit der Erreichung des siebten Lebensjahres beginnt, ist eine erste bedeutsame strukturbedingte Entscheidung bezüglich der Frage zu treffen, ob für ein Kind die Einschulung empfohlen werden kann. Vor Ablauf des vierten Schuljahres muß geklärt sein, welche Bildungsinstitution im Anschluß an die Grundschulzeit im Bereich des Sekundarbereichs zu besuchen ist. Das deutsche Schulwesen hat trotz wesentlicher Neuerungen – vor allem in den siebziger Jahren – bis heute grundsätzlich seine Dreigliedrigkeit bewahrt. Der auszubildende Nachwuchs beginnt seine Schulkarriere im Primarbereich mit dem Besuch der Grundschule. Anschließend erfolgt ein Übergang in den Sekundarbereich (man spricht hierbei auch von der sog. Übergangsauslese), wo der größte Teil der Schülerschaft seine Laufbahn entweder in der Hauptschule, in der Realschule oder im Gymnasium fortsetzt. Man bezeichnet die Differenzierung im Sekundarbereich auch als *vertikal*, weil die einzelnen Schularten unterschiedliche Bildungsziele verfolgen und zu ungleichwertigen Abschlußqualifikationen führen. Da das Bildungssystem zudem in Jahrgangsklassen organisiert ist, muß spätestens vor Ende eines Schuljahres entschieden werden, ob ein Schüler versetzt werden kann oder „sitzenbleiben" muß (MIETZEL et al., 1986).

An den beispielhaft genannten strukturbedingten Entscheidungen läßt sich zeigen, daß ihnen implizit jeweils bestimmte psychologisch relevante Annahmen zugrundeliegen. Noch im Jahre 1954 hat KERN z.B. den Standpunkt vertreten, daß zwischen verfrühter Einschulung und späterem Sitzenbleiben ein Zusammenhang bestünde (s. S. 49 f.). Wenn einem sechsjährigen Kind bestimmte Voraussetzungen fehlten – KERN sprach von mangelnder Gliederungsfähigkeit – sollte die Einschulung zurückgestellt werden, damit eine Gelegenheit zur „Nachreifung" gegeben wäre. Da KERN von der Auffassung ausging, daß Entwicklungsprozesse einer genetischen Steuerung unterliegen, sah er keine Möglichkeit, sie in nennenswertem Umfang zu beschleunigen.

Diese Grundannahme (autonom verlaufende Reifungsprozesse) konnte den Ergebnissen sorgsam durchgeführter empirischer Nachprüfungen nicht standhalten. Wie von KEMMLER und HECKHAUSEN (1962) inzwischen nachgewiesen wurde, ist die von KERN in Anspruch genommene Gliederungsfähigkeit in hohem Maße übungsfähig; sie läßt sich vor allem durch den ersten Schreib-Lese-Prozeß fördern.

Auch die sog. Übergangsauslese setzt eine psychologisch relevante Annahme voraus. Es wird nämlich darauf aufgebaut, daß spätestens im Verlauf des vierten Schuljahres vorhergesagt werden kann, wie ein Schüler auf die Anforderungen im Sekundarbereich reagieren wird. Für alle laufbahnbezogenen Entscheidungen ist eine Konstanzannahme konstitutiv, „nämlich die Überzeugung, daß die für die Laufbahn charakteristischen Lernziele und Lernbedingungen für den Zeitraum der Entscheidungen unverändert bleiben" (KRAPP, 1979). Auf der Grundlage entsprechender Leistungen könnte ein Grundschullehrer einem Schüler z.B. relativ hohe Begabung zuschreiben und ihm folglich den Besuch einer Institution mit hohen Leistungsanforderungen empfehlen. Der Wert seiner Prognose hängt allerdings davon ab, wie stark das als hoch eingeschätzte Schülermerkmal („Begabung") sowie die äußeren Lernbedingungen in der Folgezeit konstant bleiben. Sowohl eine Veränderung der in Anspruch genommenen Begabung wie auch eine entscheidende Veränderung der Anregungssituation müßten zwangsläufig die Wahrscheinlichkeit einer Fehlprognose des Grundschullehrers erhöhen.

10.1.2 Implikationen lernprozeßbedingter Entscheidungen

Innerhalb der durch das Bildungssystem festgelegten Bedingungen gibt es Freiräume für Entscheidungen des Lehrers. Dazu gehören vor allem lernprozeßbedingte Entscheidungen. Das sind nach TRÖGER und FRENZ (1977) solche, „die sich auf die konkrete Lernfähigkeit der Schüler im Aneignungsprozeß beziehen und hauptsächlich unterstützende Eingriffe des Lehrers betreffen".

Die vorhandenen Entscheidungsfreiräume werden durch die Lehrerpersönlichkeit und durch die von dieser wesentlich mitbestimmten Interpretation des eigenen Unterrichtsauftrags gefüllt, wie die Ergebnisse einer Befragung von SCHWARZER und LANGE (1979) nahelegen. Aufgrund der Antwortstrukturen ließen sich zum einen Grundschullehrer identifizieren, die mehr dazu neigten, Schüler an das vorfindbare System anzupassen. Diese als „überreaktiv" bezeichneten Lehrer verstanden Unterricht als eine Angebotssituation, die für alle Teilnehmer einer Klasse in gleicher Weise als verbindlich zu gelten hat. Die Lehrer motivierten überwiegend mit Druck. Lernende, die den Anforderungen nicht gewachsen waren, wurden wegen (vermeintlicher) Unfähigkeit selektiert. Demgegenüber sahen als „proaktiv" gekennzeichnete Grundschullehrer ihre Aufgabe vorrangig darin, die Unterrichtssituation so zu gestalten, daß die vorfindbaren Unterschiede der Schüler möglichst berücksichtigt wurden. Sie führten Leistungsversagen eher auf fehlende Anstrengung der Lernenden zurück und offenbarten hohe Bereitschaft, darin eine Reaktion auf die auch von ihnen zu verantwortenden Unterrichtsbedingungen zu sehen.

Während die strukturbedingten Entscheidungen implizieren, daß sich die für das Leistungsverhalten relevanten Persönlichkeitsmerkmale im Verlauf der Zeit nicht wesentlich ändern, wird bei lernprozeßbedingten Entscheidungen geradezu vom Gegenteil ausgegangen: Die Änderung der Schülerpersönlichkeit wird zum entscheidenden Ziel schulischer Bemühungen. Auf dem Hintergrund dieser pädagogischen Motivation ist sogar die Bereitschaft zur Umgestaltung etablierter Lernbedingungen unter der Voraussetzung gegeben, daß sich dadurch Aussichten auf eine optimalere Förderung des Lernenden verbessern.

10.2 Funktionen der Leistungsdiagnostik

Sämtliche Schultests besitzen wenigstens eine Gemeinsamkeit: Sie sollen pädagogische Entscheidungen vorbereiten helfen. Sie sind entwickelt worden, um innerhalb eines bestimmten Aufgabenbereichs Bewertungen von Schülerleistungen zu ermöglichen („Test" bedeutet Prüfverfahren). Darüberhinaus können sie sich allerdings erheblich voneinander unterscheiden, denn ein diagnostisches Instrument, das auf dem Hintergrund von strukturbedingten Entscheidungen eingesetzt wird, hat andere Funktionen zu erfüllen als ein solches, das Aufschlüsse über individuelle Lernprozesse geben soll.

CRONBACH (1977) hat die den Bewertungsverfahren zugeschriebenen Funktionen unter vier Gesichtspunkten geordnet: Sie sollen dem Schüler einen Motivationsanreiz bieten, Aufschlüsse über Fortschritte im Lernprozeß geben, eine zusammenfassende Beurteilung des Lernenden gestatten und schließlich helfen, die Effektivität des Unterrichts abzuschätzen.

316

10.2.1 Motivierung des Lernenden

Wie bereits an anderer Stelle ausführlicher dargelegt worden ist (s. S. 250 f.), können leistungsthematische Situationen die Anstrengungsbereitschaft aktivieren, sofern nach Wahrnehmung des Lernenden damit die Wahrscheinlichkeit eines Erfolgs zu erhöhen, die Gefahr eines Mißerfolgs abzusenken ist. Derartige Bedingungen werden in der Schule regelmäßig durch Leistungstests, Klassenarbeiten oder andere Formen der Prüfung geschaffen. Tatsächlich läßt sich nicht bestreiten, daß die Erwartung von Prüfungssituationen leistungssteigernd wirkt. Wiederholt war nachzuweisen, daß Lernende, denen man eine Abschlußprüfung angekündigt hatte, bessere Leistungen erbrachten, als andere, die von einem solchen Examen überrascht worden waren (WHITE, 1932; WILLIAMS und WARE, 1976). Man sollte in Bewertungsverfahren allerdings *nur eine von zahlreichen* Bedingungen sehen, durch die eine Motivierung des Lernenden erfolgen kann (CRONBACH, 1977).

Problematisch wird der Einsatz von Instrumenten zur Leistungsdiagnostik nämlich, wenn eine Überbetonung ihrer Motivationsfunktion erfolgt. Dem Lehrer ist die Verpflichtung übertragen worden, seine Schüler zur Mitarbeit am Unterricht anzuregen. Sofern ihm dies nicht oder nicht ausreichend gelingt, könnte die Versuchung entstehen, Prüfinstrumente *als Ersatz* für adäquatere Motivationsanreize einzusetzen.

10.2.2 Kontrolle und Steuerung des Lernens

Bevor der Lehrer mit seinem Unterricht beginnen kann, muß er sich informiert haben, über welche Kenntnisse der Schüler bereits verfügt bzw. worauf aufzubauen ist. Auch während des Unterrichts ist immer wieder zu entscheiden, ob der Lernende Teilkenntnisse hinreichend verarbeitet hat, denn nur dann läßt sich rechtfertigen, daß in der Lehrsequenz fortgefahren wird. Wenn schließlich ein Schüler nach Abschluß einer Lehreinheit Schwierigkeiten bei der Bewältigung eines Lernziels offenbart, stellt sich die Frage, ob ihm vielleicht wesentliche Lernvoraussetzungen fehlen. – In allen drei Situationen benötigt der Lehrer spezifische Informationen über Merkmale der Schülerpersönlichkeit. Von den meisten der gegenwärtig zur Verfügung stehenden Schultests darf er kaum individual- diagnostische Hilfen erwarten, denn sie beschränken sich in der Regel darauf, die Leistungen des einzelnen mit denen einer Referenzgruppe, z.B. Angehörigen gleichen Alters oder gleichen Schuljahres, in Beziehung zu setzen; man bezeichnet diese Verfahren deshalb auch als *normbezogene* Tests. Die Norm repräsentiert die Verteilung in einer ausgewählten Vergleichsgruppe. Allerdings „ist es nicht sehr nützlich, wenn man weiß, daß Johnny seinen Alterskameraden um 84 Prozent überlegen ist" (EBEL, 1962). Weiß man damit auch bereits, worin er ihnen überlegen ist? Ist damit bekannt, wie gut Johnny – absolut gesehen – ist? Die Konstruktion normbezogener Tests ist unabhängig von Theorien menschlichen Lernens und menschlicher Entwicklung erfolgt; deshalb geben die Ergebnisse auch keinen detaillierteren Aufschluß darüber, was der Lernende bereits beherrscht und wie mit dem Unterricht unter Berücksichtigung der jeweils vorliegenden Wissensstruktur am besten fortzufahren wäre (EBERLE U. KORNMANN, 1984; FEDERICO, 1980; RESNICK, 1979).

Eine Alternative bzw. Ergänzung zu den normbezogenen Tests stellen sog. *kriteriumsbezogene* Tests dar, auf deren Bedeutung GLASER im Jahre 1963 erstmalig hingewiesen hat. Bei dieser Form der Messung wird das im Test gezeigte Verhalten mit einem Kriterium in Beziehung gesetzt. In der Schule ist dieses Kriterium in der Regel mit einem klar umgrenzten Verhaltensbereich, im Sinne KLAUERs (s. S. 201 f.) mit einer bestimmten Aufgabenklasse bzw. mit dem Lernziel identisch. Deshalb und wegen der Mehrdeutigkeit des Begriffs Kriterium ist im folgenden der Bezeichnung *lernzielbezogener Test* der Vorzug zu geben. Es handelt sich dabei um ein Verfahren zur Klärung der Frage, ob und eventuell wie gut ein bestimmtes Lernziel vom Schüler erreicht ist (SCHOTT, 1977). Die Norm der lernzielbezogenen Tests ist nicht der soziale Vergleich, sondern die Erreichung des Kriteriums bzw. Lernziels.

Nachdem also das Lernziel bzw. eine Aufgabenklasse definiert worden ist, läßt sich durch repräsentative Aufgabenauswahl ein Test konstruieren. Komplexere Lernziele sind in ihre Komponenten zu zerlegen (s. S. 212 f.). Diese können bezüglich ihres jeweiligen Komplexitätsgrades in eine hierarchische Stufenfolge (Teilziele) gebracht werden, die der Lernende nacheinander zu durchlaufen hat. Die Konstruktion lernzielbezogener Tests erfolgt durch sorgfältige Zusammenstellung von Aufgaben, die die einzelnen Teilziele repräsentieren können. Mit Hilfe eines solchen Tests läßt sich kontrollieren, ob und wie der Schüler innerhalb der konzipierten Lernsequenz voranschreitet. Derartige regelmäßig stattfindende Prüfungen gelten vor allem bei Realisierung des zielerreichenden Lernens (s. S. 237 f.), bei der Computer-unterstützten Instruktion (s. S. 230 f.) und bei anderen individualisierenden Lehrformen als unerläßlich.

Bei Einsatz lernzielbezogener Tests richtet sich das Interesse primär auf die Beantwortung der Frage, was ein Lernender zum Zeitpunkt der Prüfung tun kann und was er weiß, weniger darauf, wie seine Leistungen im Vergleich zu anderen zu bewerten sind (normbezogene Messung). Somit bilden die Testergebnisse Endprodukte von Lehr- und Lernprozessen ab; über diese Prozesse selbst geben sie keine Aufschlüsse. Zur Klärung der Frage, warum der eine Schüler relativ schnell Teilziele bewältigt, während ein anderer erheblich mehr Zeit benötigt, sind Tests heranzuziehen, die jene Prozesse diagnostizieren, die den jeweiligen Leistungen zugrundeliegen. Man bezeichnet diese Instrumente als *Diagnostische Tests* (ANASTASTI, 1982).

Diagnostische Tests sollen Fehler innerhalb eines eng umschriebenen Fähigkeitsgebietes identifizieren. Die Konstruktion gut fundierter Tests setzt folglich eine *Fehleranalyse* voraus.

Obwohl nach RADATZ (1980), der sein Interesse vor allem auf den Mathematikunterricht gelenkt hat, bereits um die Jahrhundertwende erste Arbeiten zur Fehleranalyse nachzuweisen sind, kam es erst in den Jahren 1922 bis 1932 zu einem diesbezüglichen Forschungsschwerpunkt. Die politischen Entwicklungen in Deutschland beendeten dann jedoch die Arbeiten. „Das Menschenbild der Nationalsozialisten und deren Erziehungsziele, wonach der Mensch vor allem ein emotionales Wesen und weniger ein intellektuelles sei, machen das Desinteresse an Fehleranalyse verständlich" (RADATZ,

318

1980). Vor allem im Ausland, in den USA und in der Sowjetunion, läßt sich etwa seit Beginn der sechziger Jahre ein zunehmendes Interesse für Fehleranalysen nachweisen. Diese jüngeren Arbeiten führten zur Aufstellung von über hundert Fehlertypen, die den Praktiker eher verwirren als hilfreich orientieren dürften. Deshalb fordert RADATZ für die Zukunft „die Entwicklung von handhabbaren Analysemethoden, inhaltsübergreifenden Kategorisierungsmodellen der wesentlichen Fehlerursachen und darauf abgestimmte pädagogisch-curriculare Modelle der Unterrichtsgestaltung".

Es wäre wünschenswert, wenn das neu erwachte Interesse an Fehlern als diagnostisch aufschlußreiche Indikatoren – ebenso wie z.B. bei industriellen Arbeitsprozessen (HACKER, 1973) und bei sicherheitswidrigem Verhalten im Straßenverkehr (HOYOS, 1980) – auch im schulischen Bereich zu einer Neueinschätzung führen könnte. Viele Lehrer sehen im Fehler nämlich vor allem eine *unerwünschte* Äußerungsform des Schülers. Sobald ein solcher auftritt – was ja faktisch unvermeidlich ist –, setzt ihr Bemühen ein, ihn so schnell wie möglich wieder der Aufmerksamkeit zu entziehen, weil sie fürchten, er könnte sich dem Lernenden „einprägen". Mit einer solchen Einstellung beraubt sich der Lehrer einer aufschlußreichen Informationsquelle, die ihm Zugang zum Verständnis (bzw. Unverständnis) des Schülers eröffnen könnte. Dies läßt sich an folgender Additionsaufgabe zeigen: 467 − 39 = ?. Wenn der Schüler 438 errechnet, wäre zu vermuten, daß er den Übertrag in den Zehner vergessen hat. Sollte sein Ergebnis 439 lauten, wäre anzunehmen, daß ihm generell die Zehnerüberschreitung noch schwer gefallen ist. Entscheidet sich der Lernende für 432 hat er offenbar stets die größere von der kleineren Ziffer abgezogen. Schließlich – um eine letzte Fehlermöglichkeit zu benennen – läßt eine mitgeteilte Differenz von 448 die Möglichkeit zu, daß der Schüler den Minuenden anstelle des Subtrahenden um 10 vermindert hat. Alle genannten Fehler könnten bei gehäuftem Auftreten anzeigen, daß der Lernende bestimmte Subtraktionsregeln noch nicht ausreichend verstanden hat.

Fehleranalysen lassen sich nicht nur im Bereich der Mathematik erstellen. Nach Identifikation typischer Fehler beim Lesenlernen, beim Erlernen der Rechtschreibung und anderer Grundfertigkeiten kann die Konstruktion Diagnostischer Tests mit dem Ziel erfolgen, spezifische Lernschwierigkeiten zu erklären. Allerdings ist der Einsatz Diagnostischer Tests nur zu rechtfertigen, wenn sich ihren Ergebnissen erprobte Empfehlungen für die Beseitigung der jeweils nachgewiesenen Schwächen zuordnen lassen.

10.2.3 Bewertung der individuellen Fähigkeit

Bei Zugrundelegung eines gruppenbezogenen Normmaßstabs hängt die Bewertung der Einzelleistung selbstverständlich entscheidend von der Zusammensetzung der Bezugsgruppe ab. INGENKAMP (1969) verglich von mehreren Schulklassen die Ergebnisse eines Rechentests und die Zensuren der Lehrer im gleichen Fach miteinander. Dabei stellte er fest, daß sich die auf die Testergebnisse gründenden Leistungsverteilungen erheblich voneinander unterschieden. „Die Mittelwerte in den drei schlechtesten Klassen waren etwa halb so groß wie in den drei besten Klassen" (INGENKAMP, 1969). Dagegen fand sich bezüglich der Rechenzensuren in allen Klassen etwa die gleiche Verteilung. Offenkundig hatten sich die Lehrer bei ihrer Notengebung stets am Leistungsniveau der eigenen Klasse orientiert. Ein und dieselbe Leistung wird somit von Lehrern verschiedener Schulklassen ungleich beurteilt. Das heißt, sie wird in einer guten Klasse möglicherweise mit ‚4‘ und in einer „schwachen" mit ‚2‘ bewertet. Diese Diskrepanz verweist auf Referenzfehler, „sie entstehen durch Zuordnung eines Schülers zu einer falschen Bezugsgruppe" (KLEITER, 1973). Dieser Fehler verhindert, daß ein Lernender in verschiedenen Klassen und in unterschiedlichen Orten die gleiche Chance der Leistungsbeurteilung erhält.

Zur Vermeidung von Referenzfehlern wird im allgemeinen die Verwendung von standardisierten Tests empfohlen, für die bereits Normwerte vorliegen. Diese Normwerte sind durch Testung von Stichproben entstanden, die – eventuell getrennt nach Schultypen – sämtliche Schüler bestimmter Klassenstufen einer Stadt, eines Bundeslandes oder der gesamten Nation repräsentieren sollen. Mit Hilfe der mitgeteilten Normwerte läßt sich z.B. für ein vorliegendes Testergebnis ermitteln, wieviel Prozent der Vergleichsgruppe höhere und wieviel Prozent niedrigere Testleistungen erbracht haben. Sofern ein Schüler in einem Test bessere Leistungen erzielt hat als die Mehrheit der Vergleichsgruppe wird ihm – bei einer Orientierung an der sog. Klassischen Testtheorie (s. S. 321 f.) – eine entsprechend hohe Fähigkeit zugeschrieben. Sollte er dagegen erheblich weniger Punkte als der Durchschnitt der Normgruppe erreicht haben, dann gilt dies als Indikator für eine entsprechend geringe Fähigkeit. Aufschlüsse über die Determinanten des gezeigten Leistungsverhaltens erhält man bei Anwendung einer normorientierten Messung nicht.

10.2.4 Bewertung der Unterrichtsgestaltung

Die normbezogene Messung ist in die Überzeugung eingebettet, daß das Leistungsverhalten eines Schülers von relativ konstanten Merkmalen seiner Persönlichkeit bestimmt wird. Sie reflektiert eine traditionelle Sichtweise, wonach der Unterricht für sämtliche Mitglieder einer Schulklasse in gleichartiger Weise Lernangebote macht. Sofern diese Angebote nicht angenommen werden und Leistungsversagen auftritt, besteht eine hohe Bereitschaft, die Ursache beim Schüler zu suchen.

Zur Überwindung derartig einseitiger Sichtweisen hat die ausgedehnte Diskussion um mögliche Wechselwirkungen zwischen Schülermerkmalen und Unterrichtsmethode (s. S. 239 f.) sicherlich beigetragen. Durch sie wurde ins Bewußtsein gehoben, daß das Niveau zu messender Leistungsergebnisse nicht nur von Merkmalen der Schülerpersönlichkeit, sondern ebenso von der Qualität der Instruktion und ihren Bedingungen bestimmt wird. Eine Schulzensur bewertet somit grundsätzlich nicht ausschließlich den Lernenden, sondern ebenso den Lehrer, der sie erteilt hat. Wenn Schüler ein niedriges Testergebnis erzielen, dann muß daraus allerdings kein Vorwurf gegenüber dem Unterrichtenden abgeleitet werden. Es sollte den Lehrer aber für die Möglichkeit sensibilisieren, daß er mit seiner vorausgegangenen Instruktion nicht allen Schülern gerecht geworden ist. Er könnte ungünstige

Testergebnisse zum Anlaß für die Frage nehmen, wie offenkundig gewordene Schwächen auszugleichen sind und ob sich etwas tun läßt, um dem Entstehen von Leistungsschwächen zukünftig rechtzeitiger zu begegnen.

Allerdings ist zu beachten, daß über die Inhalte der Instruktion sowie über deren Bedingungen nicht nur der Lehrer bestimmt, denn dieser hat z.B. Vorgaben durch Rahmenrichtlinien zu akzeptieren und zu erfüllen. Auch bei der Auswahl der Lehrbücher sowie weiterer Medien vermag er nur begrenzt, teilweise aber wenigstens beratend, mitzuwirken; über die Anschaffung entscheidet letztlich jedoch der Schulträger. Der Notwendigkeit, ihre Entscheidungen zu rechtfertigen, kann sich allerdings auch diese Instanz nicht entziehen. Folglich ist es unerläßlich, daß auch die Rahmenbedingungen, die ein Lehrer vorfindet, inhaltliche Vorgaben, bestimmte zu verwendende Lehrbücher usw. einer Bewertung unterzogen werden.

10.3 Konstruktionsmerkmale von Schultests

Bevor mit der Konstruktion eines Schultests begonnen werden kann, muß entschieden werden, was dieser messen soll. Ein normbezogener Test, der vor allem Leistungsdifferenzen zwischen Schülern festzustellen hat, weist nämlich andere Konstruktionsmerkmale auf als ein lernzielbezogener Test, mit dessen Hilfe zu diagnostizieren ist, ob und in welchem Umfang ein Schüler ein in Rede stehendes Lernziel erreicht hat. Sofern sich ein Testautor entschieden hat, ein normbezogenes Meßinstrument zu entwickeln, kann er sich bei seiner Konstruktion an der sog. Klassischen Testtheorie orientieren. Für „klassische" Testverfahren – auch im Bereich pädagogischer Diagnostik – gelten grundlegende testtheoretische Annahmen, von denen einige jedoch – wie im folgenden darzustellen sein wird – als sehr problematisch gelten. Deshalb lassen sich seit Beginn der sechziger Jahre Veröffentlichungen registrieren, in denen alternative (probabilistische) Konzepte vorgestellt worden sind (RASCH, 1980; FISCHER, 1968). Grundsätzlich wären diese Konzepte auch auf Schultests anwendbar. FRICKE (1972) hat aber darauf hingewiesen, daß der z.B. für das RASCH-Modell zu erbringende Aufwand derartig groß ist, „daß dieses theoretisch vorteilhafte Modell zwar in größeren Forschungsprojekten, jedoch nicht in einzelnen Schulklassen eingesetzt werden kann". Nicht zuletzt aus diesem Grund geht man zur Zeit generell davon aus, daß die in der Klassischen Testtheorie entwickelten begrifflichen Konzepte nicht nur für die klassischen normorientierten Schultests, sondern auch für lernzielorientierte Tests bedeutsam bleiben (HERBIG, 1978). Für die pädagogische Diagnostik existieren bis heute keine befriedigenden Alternativen zur Klassischen Testtheorie.

Für die Konstruktion eines lernzielbezogenen Tests entstehen daraus etliche Probleme. Die im Rahmen der Klassischen Testtheorie entwickelten Verfahren zur Abschätzung der Güte eines Meßinstruments lassen sich z.B. deshalb nicht ohne weiteres übernehmen, weil die Klassische Testtheorie davon ausgeht, daß die Merkmale, die in den Testergebnissen repräsentiert werden, innerhalb der gesamten Schülerschaft Streuungen aufweisen. Man geht davon aus, daß sich Merkmale wie z.B. die Intelligenz oder die Rechenfähigkeit normal in der Bevölkerung verteilen. Bei einem lernzielbezogenen Test können solche Streuungen aber völlig fehlen, so z.B. wenn nach erfolgreicher Instruktion sämtliche Schüler in der Lage sind, die lernzielbezogenen Aufgaben zu beantworten. Zwar ließen sich inzwischen Verfahren entwickeln, durch die diesem möglichen Antwortverhalten der Getesteten Rechnung zu tragen ist; sie sind aber systemfremd, d.h. mit Annahmen behaftet, die mit der Konzeption eines lernzielbezogenen Unterrichts eigentlich nicht zu vereinbaren sind.

Die nachfolgende Darstellung wird zeigen, daß sich Probleme der genannten Art zum gegenwärtigen Zeitpunkt nicht befriedigend lösen lassen. Dennoch ist die Kenntnis der einschlägigen Problematik für Unterrichtende keineswegs irrelevant, denn diese führen ja faktisch – nicht nur bei der Erteilung von Zensuren – Bewertungen durch. Entscheidungen – die in aller Regel von erheblicher Tragweite für die Bewerteten sind – wären nicht zu verantworten, wenn sie in Unkenntnis ihrer teilweise fragwürdigen Voraussetzungen zustandekommen würden.

10.3.1 Die Aufgabenanalyse

Eine grundlegende testtheoretische Annahme lautet, daß die Beantwortung einer Aufgabe eine bestimmte Fähigkeit (z.B. Intelligenz, mathematische Begabung oder Konzentrationsfähigkeit) voraussetzt, die unterschiedlich stark ausgeprägt sein kann. Um etwas über den Ausprägungsgrad eines Persönlichkeitsmerkmals zu erfahren, bedarf es der Entwicklung von Aufgaben unterschiedlicher *Schwierigkeit*. Wenn ein Schüler z.B. in einem Intelligenztest nur leichte Aufgaben zu beantworten vermag, hätte dieser demnach als weniger intelligent zu gelten als ein gleichaltriger Mitschüler, der auch auf schwierige Aufgaben richtig zu reagieren vermag.

Der hier in Anspruch genommene Zusammenhang zwischen Merkmalsausprägung und Aufgabenschwierigkeit mag auf den ersten Blick hohe Plausibilität besitzen. Woher weiß man aber, ob eine Aufgabe schwierig oder leicht ist? – Bei Orientierung an der Klassischen Testtheorie würde ein Testautor auf diese Frage antworten, er habe seine Aufgaben Angehörigen einer Stichprobe vorgelegt und aufgrund der Antworten den Lösungsprozentsatz bestimmt. Eine Aufgabe, die z.B. nur von 10 Prozent der Getesteten richtig beantwortet worden ist, hätte danach als schwierig zu gelten, während eine andere, auf die 90 Prozent richtig reagiert haben, als leicht einzustufen wäre.

Zu beachten ist, daß der auf diese Weise bestimmte Schwierigkeitsindex einer Aufgabe notwendigerweise von der Zusammensetzung und dem durchschnittlichen Fähigkeitsgrad der Stichprobe abhängen muß. Die Aufgabenschwierigkeit ist also nicht nur das Merkmal einer bestimmten Aufgabe, sondern auch ein Merkmal der jeweiligen Stichprobe. Es gibt theoretisch so viele Schwierigkeitsindizes, wie es Stichproben mit unterschiedlichem Fähigkeitsgrad gibt. Daraus folgt, daß der Testautor bei der Konstruktion eines Tests niemals die absolute Schwierigkeit einer Testaufgabe bestimmen kann, sondern immer nur die relative Schwierigkeit in Bezug auf eine bestimmte Stichprobe.

Hat der Autor die Schwierigkeit einer Reihe von Aufgaben für eine bestimmte Stichprobe ermittelt, muß er als nächstes festlegen, welche Anforderungen sein

Test insgesamt stellen, bzw. welche Schwierigkeitsgrade die Aufgaben repräsentieren sollen. Ein Test könnte ja theoretisch im Durchschnitt jeden Anforderungsgrad von extrem leicht bis extrem schwierig besitzen, die Schwierigkeitsgrade der Aufgaben könnten stark oder nur sehr wenig streuen, oder der Test könnte vorzugsweise leichtere oder vorzugsweise extrem schwere Aufgaben enthalten. Eine Entscheidung bezüglich der durchschnittlichen Schwierigkeit der Aufgaben und der Verteilung der Schwierigkeitsindizes wäre aber nur möglich, wenn man wüßte, wie sich das zu messende Merkmal in der Population verteilt, und wenn man außerdem vorher festgelegt hat, in welchem Bereich der Merkmalsskala der Test besonders gut differenzieren soll. Informationen über die Verteilung des Merkmals sind allerdings nur mittels eines Meßinstruments zu gewinnen, in das während der Konstruktionsphase keinerlei ungeprüfte Vorannahmen bezüglich der Merkmalsverteilung eingeflossen sind. Ein solches Meßinstrument hat sich bislang nicht entwickeln lassen. Über die Verteilung eines Merkmals (z.B. der Intelligenz, Leistungsfähigkeit) in der Population unabhängig vom jeweiligen Meßinstrument gibt es folglich keine Informationen. Daraus ergibt sich, daß die Forderung an einen Test, Schüler bezüglich des Ausprägungsgrades eines Merkmals möglichst gut und in bestimmten Teilen der Skala zu differenzieren, niemals genau zu erfüllen ist.

Bei einem lernzielbezogenen Test ist die Frage nach der Verteilung eines zu testenden Merkmals in einer Population oder Stichprobe nicht relevant. Mit Hilfe des Tests ist nämlich lediglich die Frage zu beantworten, ob ein Lernender der vom Testautor festgesetzten Anforderung (Lernziel) zu entsprechen vermag oder ob mit ihr ein relevanter Aspekt des Lernziels erfaßt wird. Sollte ein hoher Anteil von Schülern eine Aufgabe nicht richtig beantworten, wäre zunächst an die Möglichkeit eines noch unzureichenden Unterrichts zu denken. Sollten sich allerdings Hinweise finden lassen, daß die Schüler die Lernziele tatsächlich erreicht haben, muß nach möglichen Konstruktionsmängeln gesucht werden.

Ein weiteres Charakteristikum einer Testaufgabe ist ihre *Trennschärfe*. Sofern Schüler sich bezüglich des Ausprägungsgrades eines zu testenden Merkmals voneinander unterscheiden, sollte jede Aufgabe zur Diagnostik derartiger Differenzen einen Beitrag leisten. Die unterschiedlichen Intentionen, die hinter der norm- und lernzielbezogenen Messung stehen, fordern jedoch unterschiedliche Methoden zur Bestimmung der Trennschärfe.

Da normbezogene Tests vor allem darauf gerichtet sind, bestehende Differenzen „zwischen verschiedenen Lernenden" so prägnant wie möglich herauszuarbeiten, ist jede Aufgabe daraufhin zu prüfen, wie „scharf" sie zwischen „guten" und „schwachen" Merkmalsträgern trennt.

Ein übliches und vor allem wenig aufwendiges Verfahren zur Ermittlung der Trennschärfe sieht vor, daß man die Getesteten nach ihren Leistungen *im Gesamttest* in eine Rangreihe bringt. Sodann wählt man aus der getesteten Stichprobe z.B. jene 25 Prozent (oder auch 27%, 30%, 33%) aus, die die niedrigsten Punktwerte im Test erreichten; die so ausgewählten Schüler bilden die sog. Untergruppe (R_u). In der Obergruppe (R_o) faßt man jene 25 Prozent zusammen, die die höchsten Testpunktwerte erzielten. Im Rahmen eines weiteren Schrittes wird für die Unter- und Obergruppe gesondert ausgezählt, wie viele ihrer Mitglieder jede im Test enthaltene Aufgabe richtig gelöst haben. Einige mögliche Ergebnisse lassen sich der Tabelle 10.1 entnehmen (Rm umfaßt dabei die mittlere Gruppe, die zwischen R_o und R_u liegt).

Wie ersichtlich, hat die erste Aufgabe den relativ größten Beitrag geleistet, um die Schüler bezüglich des vom Gesamttest erfaßten Merkmals zu trennen. Die Aufgaben 2 und 5 tragen zwar zur Differenzierung bei; man wird aber wohl versuchen, sie noch zu verbessern. Aufgabe 3 dürfte keine Chancen haben, für einen normbezogenen Test ausgewählt zu werden, denn sie trägt nicht zu Differenzierung der Getesteten bei. Sowohl die Schüler mit hoher Merkmalsausprägung als auch die mit geringer beantworteten sie gleichermaßen korrekt. Die Aufgabe hat also keine „diagnostische Kraft". Die Aufgabe 4 widerspricht sogar dem Testanliegen. Sie differenziert negativ, d.h., Mitglieder der Untergruppe lösten sie häufiger als jene der Obergruppe.

Tab. 10.1: Beispiele zur Errechnung von Trennschärfe-Indizes aufgrund der Antworten einer 60 Personen umfassenden Stichprobe[1]

Aufgaben Trenn- schärfe	Richtige			Lösungen
	R_o	R_u	R_m	$R_o - R_u$
1	14	22	4	10
2	12	15	7	5
3	15	25	15	0
4	8	17	14	−6
5	5	11	3	2
.	.	.	.	.

Die Zahlen für R_o, R_m und R_u sind aus Gründen der Überschaubarkeit klein gehalten.

Bei lernzielbezogenen Tests stellt sich bei der Bestimmung der Trennschärfe weniger die Frage nach inter-, wohl aber nach intraindividuellen Differenzen. Wenn ein lernzielbezogener Test bei fortschreitender Instruktion wiederholt eingesetzt wird, müßte er ein ansteigendes Leistungsniveau dokumentieren, vorausgesetzt die Lernenden waren in der Lage, die an sie gestellten Anforderungen zu erfüllen (SHAYCOFT, 1979). Die meisten Verfahren zur Ermittlung der Trennschärfe basieren auf einem Vergleich der Testergebnisse vor und nach der Unterrichtseinheit. Eine Methode von COX und VARGAS (1966) sieht z.B. vor, daß man vor und nach einer Unterrichtseinheit den jeweils lernzielbezogenen Test durchführt, von jeder Aufgabe den Grad ihrer Bewältigung vorher/nachher als Prozent der

---

1 Auf die Darstellung anspruchsvollerer Verfahren zur Bestimmung der Trennschärfe sei hier verzichtet.

richtigen Lösungen bestimmt. Je größer diese Differenz ausfällt, desto höher liegt die Trennschärfekraft der Aufgabe. Ein ähnliche Methode ist von GRONLUND (1982) vorgelegt worden.

10.3.2 Über die Objektivität von Tests

Grundsätzlich gilt, daß wissenschaftliche Untersuchungen objektiv zu sein haben, d.h., ihre Ergebnisse dürfen nicht mit der Persönlichkeit des jeweils Untersuchenden variieren. Da die Psychologie nur solche Tests anzuerkennen vermag, die wissenschaftlichen Ansprüchen genügen, ist es nur folgerichtig, die Anforderung der Objektivität auch auf diese Instrumente zu übertragen. Unter der Objektivät eines Tests versteht man nach LIENERT (1969) „den Grad, in dem die Ergebnisse eines Tests unabhängig vom Untersucher sind. Ein Test wäre demnach vollkommen objektiv, wenn verschiedene Untersucher bei denselben Probanden zu gleichen Ergebnissen gelangten".

Vor allem unter Hinweis auf Schwächen in der herkömmlichen schulischen Zensierungspraxis ist in der Vergangenheit wiederholt die Notwendigkeit zur Entwicklung und Verwendung „objektiver" Tests im Unterricht unterstrichen worden. Es müßte erreicht werden – so hieß es –, daß ein Schüler für dieselbe Leistung von unabhängigen Lehrern stets die gleiche Bewertung erhält (s. hierzu S. 319f.). Dazu bedürfte es Schultests, die Durchführungs-, Auswertungs- und Interpretationsobjektivität aufwiesen. – Die Pädagogische Psychologie kann solchen testtheoretischen Forderungen ihre volle Unterstützung geben. Sie muß allerdings gleichzeitig kritisch fragen, ob mit der Kennzeichnung eines Tests als objektiv möglicherweise Erwartungen geweckt werden, die über das Vertretbare erheblich hinausgehen. Die Forderung nach maximaler Objektivität ist nämlich nicht nur dadurch zu erfüllen, daß man die Testdurchführung und Auswertung der Ergebnisse standardisiert und reglementiert. Wichtige Entscheidungen für den nachfolgenden Meßprozeß fallen nämlich – worauf auch FRENZ und TRÖGER (1977) hinweisen – bereits bei der Problemdefinition.

Wenn ein Schüler z.B. im Unterricht Versagen zeigt, dann kann der Lehrer darin einen Ausdruck mangelnder Begabung sehen. Eine Orientierung am Konzept des zielerreichenden Lernens würde dagegen eine ganz andere Möglichkeit eröffnen: Ist der vorausgegangene Unterricht den Besonderheiten des Schülers eventuell nicht voll gerecht geworden? Offenkundig haben subjektive Faktoren bereits Einfluß auf die Problemwahrnehmung genommen. Die Sichtweise des Lehrers könnte nun weiterhin die Auswahl eines Tests bestimmen. Wer die Ursache für eine „Lernschwierigkeit" vorrangig dem Schüler zuschreibt, ist eher geneigt, seine Vermutung mit Hilfe eines normbezogenen Tests zu überprüfen, während das gleiche Problem bei einer Orientierung am zielerreichenden Lernen die Inanspruchnahme eines lernzielbezogenen Tests nahelegen würde. Erst nach dieser Entscheidung könnte die Objektivität eines Tests zum Tragen kommen, die sich auf seine *Durchführung* bezieht.

Um die Durchführungs-Objektivität eines Tests zu gewährleisten, erhält ein Benutzer zwar genaue Anweisungen, indem u.a. die Aufgabenanordnung, die Instruktion, die

Zeitgrenzen usw. allgemein festgelegt worden sind. Selbstverständlich lassen sich aber nicht sämtliche Bedingungen der Testdurchführung standardisieren. Tatsächlich besitzt ein Lehrer, der Tests einsetzt, nennenswerte Freiheitsgrade. Er kann z.B. bereits in der Vorankündigung einer Prüfung deren Bedeutsamkeit variieren. Wenn er den Eindruck erwecken sollte, daß von den Ergebnissen sehr wichtige Ziele (Versetzung, Übergangs- oder Abschlußzeugnis) abhängen, muß – sofern dadurch zu hohe Grade der Angst ausgelöst werden – mit einer Leistungsminderung gerechnet werden (HOLFORT, 1975). Günstig kann dagegen auf die Testleistungen wirken, wenn der Testleiter für die Prüflinge kein Unbekannter, sondern eine vertraute Person ist (TSUDZUKI et al., 1957). Ein Testleiter, der eine positive Atmosphäre schafft, indem er z.B. gelegentlich lächelt, nickt oder Antworten mit „gut" kommentiert, fördert das Leistungsverhalten erheblich mehr als ein anderer, der relativ neutral und unpersönlich auftritt (KIRCHNER, 1966).

Die einschlägige testpsychologische Literatur fordert weiterhin *Interpretationsobjektivität*. So heißt es beispielsweise in dem von HELLER (1984) herausgegebenen Buch *Leistungsdiagnostik in der Schule*, das sich vorrangig an Lehrer und Schulberater wendet: „In dem Maße, in dem die Interpretation eines Testergebnisses vom Interpreten unabhängig ist, kann man von der Interpretationsobjektivität sprechen. Daher ist zu fordern, daß ein Test genaue Anweisungen enthält, wie ein bestimmtes numerisches Testergebnis zu interpretieren ist" (LANGFELDT, 1984). Eine solche Feststellung muß jedoch als hochgradig mißverständlich bezeichnet werden. Ohne Zweifel gelingt es bei der überwiegenden Mehrheit publizierter Schultests, zwischen unabhängigen Auswertern maximale Übereinstimmung bezüglich der Frage zu erreichen, ob die von einem Prüfling gegebenen Antworten im Sinne der Testanweisung als richtig oder falsch einzustufen sind. Auch das Ablesen von Normwerten läßt praktisch keine subjektiven Einflüsse zu. Sobald der Lehrer aber den Normwert interpretiert, d.h. Aussagen macht, die in eine theoretische Konzeption eingebunden sind, ist die Anforderung nach Objektivität streng genommen nicht mehr erfüllbar. Es ist einfach nicht zu erwarten, daß verschiedene Lehrer „nach Anwendung des gleichen Tests die gleichen pädagogischen Maßnahmen ergreifen würden" (SCHIEFELE und KRAPP, 1981).

Ein erheblicher Teil wissenschaftlicher Disputation kommt gerade dadurch zustande, daß Interpretationen nicht zu objektivieren sind, sondern - entsprechend der theoretischen Orientierung der Beteiligten - Vielfalt aufweisen können. Beispielsweise war nachzuweisen, daß durch schulische Interventionsprogramme bei Kindern, die überwiegend aus sozial benachteiligten Bevölkerungskreisen stammten, im Durchschnitt Steigerungen der intellektuellen Leistungsfähigkeit um mindestens 10 IQ-Punkte zu erzielen waren (ZIGLER u. SEITZ, 1982). Eine mögliche Interpretation dieses Ergebnisses von Intelligenztests ist die, daß Interventionsprogramme bei den beteiligten Kindern relativ überdauernde Merkmalsveränderungen hervorgerufen haben. Ein Autor wie STERNBERG, der vor allem an Prozessen interessiert ist, die intellektuelles Verhalten bedingen, greift - seiner Orientierung entsprechend - die ebenfalls empirisch fundierte Feststellung heraus, daß die erreichte Intelligenzsteigerung nach Beendigung der Förderungsprogramme nicht anzuhalten pflegt. Der IQ fällt stattdessen sogar allmählich wieder ab. Deshalb zweifelt STERNBERG daran, daß sich durch Förderungsprogramme „wirkliche Fähigkeitsunterschiede" hervorrufen lassen. Er hält es für wahrscheinlicher, daß neben der Förderung kognitiver Fähigkeiten vor allem auch motivationale Veränderungen bei den

326

Kindern erreicht worden sind, und daß diese wegen der häufig gebotenen Übungsgelegenheiten bessere Vertrautheit mit der zu bearbeitenden Tests gewonnen haben könnten (WAGNER und STERNBERG, 1984).

In das tägliche Interaktionsgeschehen zwischen Lehrer und Schüler fließen unablässig subjektive Interpretationen ein. Problematisch wird unzureichende Objektivität allerdings dann, wenn für den Betroffenen wesentliche Selektionsentscheidungen zu treffen sind. Die Unzulänglichkeit von Zensuren als Grundlage für derartige Entscheidungen ist hinreichend dokumentiert (INGENKAMP, 1971). Sicherlich lassen sich keine grundsätzlichen Einwände erheben, wenn dem Lehrer empfohlen wird, sich in solchen Situationen auch auf die Ergebnisse von Tests zu stützen, denn diese sind auf jeden Fall geeignet, die Informationsbasis für die Urteilsfindung zu verbreitern. Der Behauptung, „nach wissenschaftlichen Gesichtspunkten" konstruierte Tests würden ein Maximum an Objektivität ermöglichen, sollte der Lehrer jedoch mit einem erheblichen Maß an Skepsis begegnen.

10.3.3 Über die Zuverlässigkeit von Tests

Man fordert von jedem Meßinstrument, daß es genaue, zuverlässige (reliable) Ergebnisse liefert. Ein Thermometer, das bei konstanter Temperatur und wiederholten Messungen zunächst 36,4°, dann 40,7° und schließlich 38,2° anzeigt, würde als unzuverlässiges Instrument zu gelten haben.

Das Bemühen, Instrumente mit hoher Meßgenauigkeit zu entwickeln, besteht nicht nur im physikalischen Bereich, sondern auch in der psychologischen Diagnostik. Da man es in der Psychologie aber mit hoch komplexen Wechselwirkungen zu tun hat, läßt sich dieses Ziel hier nicht mit dem gleichen Grad der Vollkommenheit erreichen. Ein Testpunktwert beispielsweise ergibt sich aus den Leistungen, die ein Getesteter bei der Auseinandersetzung mit einer Reihe von Aufgaben unter bestimmten Bedingungen und innerhalb eines bestimmten Zeitabschnitts erbracht hat. Inwieweit ist nun aber das während dieser Testuntersuchung gezeigte Verhalten tatsächlich für den Getesteten kennzeichnend? Mit dieser Frage wird das Problem der Zuverlässigkeit direkt angesprochen.

Unter Zuverlässigkeit versteht man den Grad der Genauigkeit, mit dem die Messungen eines Tests erfolgt sind. Nach der Klassischen Testtheorie liegt die Meßgenauigkeit eines Tests um so höher, je weniger seine Ergebnisse von Fehlerfaktoren beeinflußt werden. Sofern man ein Merkmal „unendlich" oft messen könnte – und gleichzeitig davon auszugehen wäre, daß die Wiederholungen keine Veränderung des Merkmals bewirkt haben – ließe sich der sog. „wahre Wert" ermitteln. Bei jeder Einzelmessung hätte man jedoch damit zu rechnen, daß der beobachtete vom wahren Wert mehr oder weniger positiv oder negativ infolge des Fehlerwertes abweicht.

Es gibt eine Reihe von Faktoren, die auf die Meßgenauigkeit und damit auf die Zuverlässigkeit eines Tests mindernd wirken können. Dazu gehört der *Stichprobenfehler*, der bei der Testkonstruktion, bei der Auswahl der Testaufgaben entsteht. Jeder Test stellt lediglich eine kleine Stichprobe aus der Gesamtheit aller möglichen Aufgaben dar.

Grundsätzlich ist damit zu rechnen, daß der Stichprobenfehler um so stärker in Erscheinung tritt, je kürzer ein Test (je kleiner die Aufgabenstichprobe) ist. In einem relativ kurzen Test steigt nämlich die Wahrscheinlichkeit, daß ein Prüfling *zufälligerweise* Aufgaben vorfindet, die ihn begünstigen oder die ihn benachteiligen.

Weiterhin mindern Mängel, wie ungenaue und nicht eindeutige Arbeitsanweisungen an den Probanden, unklar formulierte Aufgaben, die Zuverlässigkeit. Diese Fehler, die bei jeder Testung gleichermaßen einen Einfluß auf die Ergebnisse nehmen, sind durch geeignete Methoden (Aufgabenanalyse) zu beseitigen. Aber wie steht es um zufällige, *unsystematische Fehler*, die gelegentlich auftreten? Sie entstehen in der besonderen Situation, in der die Testuntersuchung stattfindet. So beeinträchtigen u.a. unzureichend gelüftete Räumlichkeiten, schlechte Beleuchtungsverhältnisse am Arbeitsplatz, abgebrochene Bleistifte, akustisch schwer verständliche Anweisungen die Zuverlässigkeit der Untersuchung. Mängeln dieser Art ist allerdings durch sorgfältige Planungen durch den Testleiter entgegenzuwirken.

Eine weitere Fehlerquelle liegt beim zu Testenden. Er könnte z.B. in einer bestimmten Testsitzung durch Krankheit, besondere Müdigkeit, Stimmungen, zur Zeit bestehende Sorgen in seiner Leistungsfähigkeit beeinträchtigt werden. Alle Einflüsse, die bewirken, daß sich ein Getesteter in einer Situation in für ihn selbst „untypischer" Weise verhält, müssen als Fehler gewertet werden.

Das Gemeinsame aller Faktoren, die mindernd auf die Zuverlässigkeit wirken, besteht darin, daß sie *nicht systematisch*, sondern gelegentlich in einer bestimmten Testsituation auftreten, für die eine bestimmte Aufgabenstichprobe ausgewählt worden ist; sie werden daher auch als zufällig angenommen. Die ungünstigen Witterungsverhältnisse, die unzureichenden Arbeitsplatzbedingungen oder die aktuellen Beschwerden eines Prüflings mögen zwar für eine erste, nicht unbedingt aber auch für eine weitere Testsitzung kennzeichnend sein.

Anders sieht es dagegen bei Faktoren aus, die *systematisch* einwirken. Wenn ein Getesteter z.B. durch erhöhte Langsamkeit im Arbeiten zu kennzeichnen ist, dann wird dieses Merkmal bei jeder Testuntersuchung in gleicher Weise Einfluß auf die Ergebnisse nehmen. Dadurch entstehen allerdings keine Meßfehler im oben beschriebenen Sinne (zufällig und nicht in systematischer Beziehung mit dem wahren Wert stehend). Es muß nur damit gerechnet werden, daß in die Testleistung etwas einfließt, was gar nicht diagnostiziert werden sollte; das jedoch ist ein Problem, das die Gültigkeit betrifft.

Eine *Methode* zur *Bestimmung* der Zuverlässigkeit sieht vor, daß derselbe Test an denselben Prüflingen wiederholt durchgeführt wird, um auf diese Weise den Grad der Übereinstimmung ihrer Ergebnisse ermitteln zu können; man spricht allgemein von einer Testwiederholungs- oder Test-Retest-Methode (weiter bestimmt man die Zuverlässigkeit nach der Paralleltest-, der Testhalbierungsmethode und der Methode der inneren Konsistenz). Sofern sich ergibt, daß die in der ersten Untersuchung gefundene leistungsbezogene Rangordnung der Getesteten durch die Befunde der zweiten Testdurchführung weitgehend bestätigt wird, ergibt sich eine hohe Stabilität, die als entsprechend gute Zuverlässigkeit des Meßinstruments interpretiert wird. Die oben genannten Fehlerquellen in der Situation und beim zu Testenden vermindern folglich die Zuverlässigkeit.

Ebenso wie bei der Testwiederholung prüfen sämtliche Methoden zur Bestimmung der Test-Zuverlässigkeit, ob eine leistungsbezogene Rangordnung der gete-

328

steten Individuen erhalten bleibt. Daraus wird ersichtlich, daß die so bestimmte Zuverlässigkeit nicht so sehr das Meßinstrument charakterisiert, sondern als Zuverlässigkeit in bezug auf eine bestimmte Population zu interpretieren ist (FISCHER, 1968). Die Testwiederholungsmethode setzt zudem Stabilität des zu testenden Merkmals voraus. Je weniger sich Schüler innerhalb eines Intervalls von zwei Testsitzungen verändert haben, desto höher fällt die (Wiederholungs-) Zuverlässigkeit aus. Es ist klar, daß an dieser Stelle die Kritik aus einer Konzeption heraus ansetzen muß, die auf Förderung des Schülers abhebt. Gezielte pädagogische Förderungsmaßnahmen sollen bewirken, daß die Meßwerte *nicht* konstant bleiben. Deshalb ist bezüglich der Testkonstruktion z.B. auch mit EYFERT (1977) zu fordern, daß „nicht die Konstanz des Merkmals, sondern die Wahrscheinlichkeit einer Veränderung ... zum leitenden Prinzip werden" muß.

Trotz der genannten Kritik hat sich für die lernzielbezogene Messung bislang keine allseits akzeptierte Methode zur Abschätzung der Zuverlässigkeit entwickeln lassen, bei der die Veränderung zum leitenden Prinzip geworden ist. So empfiehlt FRICKE (1972) z.B., einen lernzielbezogenen Test nach kurzem Zeitabstand zu wiederholen; aus dem Grad der Übereinstimmung der Ergebnisse wäre sodann auf seine Zuverlässigkeit zu schließen. Wie ersichtlich, ist der Vergleich mit anderen bei dieser Methode allerdings aufgegeben worden, denn sie berücksichtigt lediglich, wie konsistent sich aufgrund der Testergebnisse die Klassifikationen ‚Lernziel erreicht' bzw. ‚nicht erreicht' durchführen lassen.

10.3.4 *Über die Gültigkeit von Tests*

Die Gültigkeit (oder Validität) eines Tests wird allgemein durch den Grad der Genauigkeit definiert, mit dem der Test das mißt, was er messen soll bzw. was sein Konstrukteur zu messen vorgibt. Ein solcher Nachweis ist schwer und oft nur näherungsweise zu erfüllen. Es gibt viele verschiedene Arten von Gültigkeit; die folgende Darstellung wird sich lediglich auf die inhaltliche, Konstrukt- und Kriteriumsbezogene Gültigkeit konzentrieren.

Ein hoch zuverlässig arbeitender Test muß nicht unbedingt auch gültig sein. Es ist sehr wohl möglich, den Schädelumfang eines Menschen objektiv und zuverlässig zu messen. Selbst eine Laie würde aber Zweifel gegenüber der Behauptung anmelden, daß die Kenntnis der Schädelgröße gültige Rückschlüsse auf den Ausprägungsgrad der Intelligenz gestattet. Der Nachweis, daß ein Meßinstrument zuverlässig arbeitet, reicht noch nicht als Beleg dafür aus, daß es damit auch Anforderungen bezüglich der Gültigkeit erfüllt. Andererseits sind von einem fehlerhaft funktionierenden Test auch keine gültigen Vorhersagen zu erwarten. Die Zuverlässigkeit stellt also eine notwendige, aber durchaus keine hinreichende Voraussetzung dar, die ein gutes Meßinstrument erfüllen muß.

10.3.4.1 Inhaltliche Gültigkeit

Die inhaltliche oder logische Gültigkeit bestimmt sich danach, ob der Test eine repräsentative Stichprobe derjenigen Unterrichtsinhalte umfaßt, deren Kenntnis bzw. Beherrschung es zu prüfen gilt. Um diese Gültigkeit feststellen zu können, bedarf es zunächst einer exakten Definition desjenigen Verhaltens, das gemessen werden soll. Dabei reicht z.B. die Feststellung nicht aus, daß mit einem Test die Kenntnisse im Rechtschreiben zu überprüfen sind, denn es würde sofort die Frage folgen: „Welche Rechtschreibkenntnisse?" Es handelt sich hier offensichtlich um ein sehr umfangreiches Gebiet (das sog. Universum), das theoretisch unzählige Aufgaben umfaßt, von denen der Testautor nach bestimmten Regeln allerdings nur eine ziemlich kleine Anzahl, also vielleicht 30, 40 oder 50 Aufgaben auswählt („generiert"). Der Lehrer, der mit Hilfe eines Tests die Rechtschreibleistungen zu überprüfen wünscht, muß seine Aufgaben daraufhin untersuchen, ob sie tatsächlich die Kenntnisse abfragen, um deren Vermittlung er sich bemüht hat. Sofern er sich vergewissern möchte, ob die Schüler z.B. die Kleinschreibung der Verben beherrschen, wird er einen Test, der die Schreibung von i, ie, ih, die Verwechslung von b und p, die Verdoppelung der Mitlaute usw. anspricht, nicht gebrauchen können.

Was für die Rechtschreibung gesagt wurde, gilt für sämtliche Unterrichtsfächer. Ein Geschichtstest mag mehr die Kenntnis bestimmter Daten und Fakten prüfen; ein anderer legt größeres Gewicht auf allgemeines Verständnis und die Fähigkeit, Beziehungen zu erkennen, und ein dritter diagnostiziert möglicherweise beides. Bei verschiedenen Autoren können sich also abweichende Vorstellungen bezüglich der erwünschten Unterrichtsziele in einem Fach finden. Um für sich den geeigneten Test auszuwählen, muß der Lehrer eine inhaltliche Analyse der Aufgaben durchführen, die auf die Beantwortung der beiden folgenden Fragen gerichtet ist:

1. Diagnostiziert der Test, inwieweit die von ihm ausgewählten Unterrichtsziele erreicht worden sind?
2. Werden diese Ziele durch die Testaufgaben angemessen repräsentiert?

Wie CHAUNCEY und DOBBIN (1970) zutreffend feststellen, gibt es keinen Test, den man allgemein als gut bezeichnen kann. Gültigkeit trägt stets spezifischen Charakter, und so läßt sich allenfalls feststellen, daß ein Test für bestimmte Zwecke und für Schüler einer bestimmten Kategorie gültig ist.

Nicht immer liegt das, was ein Test mißt, offensichtlich an der Oberfläche. An einem Beispiel läßt sich zeigen, wie sorgfältig die Prüfung der Gültigkeit zu erfolgen hat. Fast alle Tests, die die Kenntnisse in irgendeinem Unterrichtsfach prüfen, setzen voraus, daß die zu Testenden zunächst einmal das sprachlich formulierte Problem verstehen. Das trifft jedoch keineswegs in jedem Fall zu. Ein und dieselbe Rechenaufgabe gewinnt an Schwierigkeit, wenn sie in einen Text eingekleidet wird, weil damit zusätzlich noch das Leseverständnis vorhanden sein muß. Für sämtliche Tests gilt, daß sich im Ergebnis, zumindest teilweise, auch das Instruktionsverständnis abbildet.

10.3.4.2 Konstruktgültigkeit

Wenn ein Lehrer nur zu überprüfen wünscht, ob seine Schüler bestimmte Lernziele erreicht haben, braucht er seine Aufmerksamkeit bei der Suche nach einem geeigneten Test lediglich auf die inhaltliche Gültigkeit zu richten. Wenn er darüber hinaus jedoch an Erklärungen für nachgewiesene interindividuelle Leistungsdifferenzen interessiert ist, wird für ihn die Konstruktgültigkeit relevant. „Die Konstruktgültigkeit eines Tests gibt an, in wieweit die in einem Test erbrachte Leistung in bezug auf Konstrukte zu interpretieren ist", wie z.B. „Angst, Intelligenz, Motivation, schlußfolgerndes Denken, Einstellungen, kritisches Denken, Fähigkeiten für mehrere Bereiche, Leseverständnis und Selbstkonzept" (ARY et al., 1985).

Der Konstruktvalidierungsprozeß beginnt stets mit der Identifikation des Konstrukts, das der Test messen soll. Aus dem Konstrukt werden sodann Hypothesen über mögliche Verhaltensweisen abgeleitet. Zur Erklärung von Leistungsunterschieden bei Intelligenzaufgaben, die schlußfolgerndes Denken herausfordern, wären u.a. folgende Fragen zu prüfen (s. GLASER und PELLEGRINO, 1982):

Unterscheiden sich die Getesteten bezüglich
- der Fähigkeit, Reizgegebenheiten mit Hilfe der Inhalte des Langzeitgedächtnisses zu verschlüsseln?
- der Fähigkeit, wesentliche Aspekte der Reizsituation im Kurzzeitspeicher zu repräsentieren?
- der Fassungskraft ihres Kurzzeitspeichers, in dem die Reizgegebenheiten zu repräsentieren und gleichzeitig nach gemeinsamen Merkmalen zu analysieren sind?
- ihrer Strategien zur optimalen Nutzung der Speichermöglichkeiten im Kurzzeitgedächtnis?

Solche und weitere Fragen werden einer empirischen Überprüfung unterzogen. Sofern sich die Vermutungen nicht bestätigen, besteht die Möglichkeit, daß Fehler bei der Durchführung der Untersuchung aufgetreten sind (z.B. zu kleine Stichprobe, unzulängliche Untersuchungsbedingungen usw.). Weiterhin muß daran gedacht werden, daß entweder der Test kein gültiges Meßinstrument bezüglich des in Rede stehenden Konstrukts darstellt, daß die zugrundeliegende Theorie nicht stimmt oder daß sowohl Test wie auch Theorie Schwächen aufweisen und entsprechend zu revidieren sind. Sollte die Untersuchung die Vermutungen dagegen erhärten, wird dies als Indiz für die behauptete Gültigkeit angesehen. In einem solchen Fall sind weitere Hypothesen von der Theorie abzuleiten und zu überprüfen; denn – wie bereits im ersten Kapitel festgestellt wurde (s. S. 9 f.) – gibt es keine endgültigen Konstrukte bzw. Theorien, sondern nur schrittweise Annäherungsprozesse, durch die eine ständig exaktere Definition des jeweiligen Konstrukts möglich wird, und das führt gleichzeitig zu einem besseren Verständnis dessen, was ein Test mißt.

10.3.4.3 Kriteriumsbezogene Gültigkeit

Die Kriteriumsbezogene Gültigkeit leitet sich aus einem Vergleich der Testergebnisse mit einem externen Kriterium ab. Man unterscheidet zwischen der Übereinstimmungs- und der Vorhersagegültigkeit.

Die *Übereinstimmungsgültigkeit* gibt an, wie stark Testergebnisse mit einem gleichzeitig bestehenden Kriterium übereinstimmen. Nicht selten wird die Gültigkeit von Schultests dadurch bestimmt, daß die Übereinstimmung der Testergebnisse mit Schulnoten ermittelt wird. Dieses Vorgehen muß jedoch als problematisch angesehen werden; denn ein entscheidendes Argument zur Benutzung von Schultests verweist ja gerade auf die Unzulänglichkeit der herkömmlichen schulischen Benotung. Folglich verliert dieses Argument an Gewicht, je höhere Übereinstimmungen von Test und Zensuren sich erzielen lassen.

Nicht immer steht dem Testautor zur Bestimmung der Gültigkeit ein brauchbares Kriterium bereits im Moment der Testkonstruktion zur Verfügung. Das ist fast immer bei Auslesetests der Fall. Bei einem Instrument, das die Bewährung auf einer weiterführenden Schule für Kinder der 4. Klassenstufe vorhersagen soll, bleibt dem Konstrukteur zur Ermittlung der Vorhersagegültigkeit nichts anderes übrig, als seinen Test zunächst einmal an einer Stichprobe von Schülern durchzuführen, die vor der Umschulung stehen und dann zu einem späteren Zeitpunkt ihr Schulschicksal mit den ehemaligen Testergebnissen zu vergleichen. Sofern sich dabei eine hohe Trefferquote ergibt, darf dem Test eine gute *Vorhersagegültigkeit* zugesprochen werden. Im Unterschied zur Übereinstimmungsgültigkeit ergibt sich die Vorhersagegültigkeit aus dem Grad, nach dem sich ein in der Zukunft liegendes Verhalten vorhersagen läßt. Beide Formen der Gültigkeit werden somit durch den Zeitaspekt voneinander unterschieden; das Vorhandensein eines Außenkriteriums ist ihnen dagegen gemeinsam.

Tests, die gültige Vorhersagen zu liefern vermögen, können im Rahmen eines pädagogischen Entscheidungsprozesses wertvolle Informationen liefern; so z.B. in einer Bildungsinstitution, die mehrere Kurse in einer Fremdsprache, in der Mathematik usw. anbietet und auf unterschiedliche Vorkenntnisse der Interessenten Rücksicht zu nehmen hat. In einem solchen System können die Ergebnisse sogenannter *Plazierungstests* helfen, für einen Lernenden dasjenige Anforderungsniveau zu identifizieren, das seinen besonderen Lernvoraussetzungen am besten gerecht wird. Der Einsatz von Plazierungstests dient somit der Zielsetzung, für *jeden* Lernenden eine adäquate Förderungsbedingung ausfindig zu machen. Dieser Gedanke geht aber verloren, wenn Vorhersagetests ausschließlich in den Dienst der Selektion gestellt werden, denn eine solche wird ja ergriffen, wenn aus einem Bewerberkreis einige auszuwählen und andere *zurückzuweisen* sind. Im Unterschied zu einem Industriebetrieb, der sich um das Schicksal abgewiesener Bewerber nicht weiter zu kümmern braucht, stellt sich unter pädagogischer Verantwortung die Frage, was mit den Abgewiesenen zu geschehen hat, denn ihr Anspruch auf Förderung besteht ja fort. Sollte man ihnen aufgrund der Ergebnisse weiterer diagnostischer Untersuchungen vielleicht empfehlen, sich auf anderen Leistungsgebieten fördern zu lassen, für die sie günstigere Lern- oder Fähigkeitsvoraussetzungen besitzen? War die im Rahmen der Selektion erfolgte Zurückweisung möglicherweise auf Schwächen zurückzuführen, die sich diagnostizieren und durch gezielte Interventionsmaßnahmen beseitigen lassen? – Zur Beantwortung derartiger Fragen bedarf es diagnostischer Informationen, die durch Selektionstests nicht zu gewinnen sind. Deshalb ergeht die Herausforderung an die Pädagogische Psychologie, sich im Rahmen ihres diagnostischen Aufgabengebietes um die Entwicklung von Instrumentarien zu bemühen, durch die ein individualbezogener Förderungsauftrag zu verwirklichen ist.

10.4 Konstruktion informeller Tests

Obwohl der Lehrer bereits über zahlreiche Möglichkeiten verfügt, sich Aufschlüsse über den Lernfortschritt seiner Schüler zu verschaffen, sollte er auf den Einsatz von Tests, die den Anforderungen anerkannter Konstruktionsprinzipien entsprechen, nicht verzichten. Ein großer Teil kommerziell angeboter Tests bietet in dieser Situation jedoch wenig Hilfe, denn dabei handelt es sich um normbezogene Instrumente, die vorrangig vergleichende Informationen liefern. Auf bereits vorliegende lernzielbezogene Tests, die Bezug zu seinem aktuellen Unterricht haben, kann der Lehrer auch nur in Ausnahmefällen zurückgreifen, z.B. wenn sie in Ergänzung zu einem Schulbuch mitgeliefert werden können. Dem Lehrer, der auf den Informationswert von lernzielbezogenen Tests dennoch nicht verzichten möchte, bleibt nichts anderes übrig, als ein geeignetes Prüfinstrument selbst herzustellen. Man spricht in solchen Fällen auch von informellen Tests. „Wenn man einen Test informell nennt, will man damit sagen, daß er nicht das Ergebnis langwieriger Bemühungen von professionellen Diagnostikern ist, sondern meist ein ‚selbstgestricktes' Erzeugnis von Pädagogen aus der Schulpraxis" (SCHWARZER und SCHWARZER, 1978). Mit der Herstellung informeller Tests ist für den Lehrer zwar ein zusätzlicher Arbeitsaufwand verbunden; ein solches Instrument bietet aber den Vorteil, daß der Lehrer Aufgaben zusammenstellen kann, die seine Lernziele optimal repräsentieren.

Während der Testplanungsphase ist es erforderlich, die Unterrichtsinhalte – sofern das nicht bereits geschehen ist – als operationalisierte Lernziele zu formulieren (s. S. 200 f.). Damit die Aufgaben die Zielsetzungen des Tests angemessen repräsentieren, empfiehlt sich weiterhin die Anfertigung einer sog. Spezifikationstabelle oder Lernzielmatrix. Schließlich sollte der Testkonstrukteur auch entschieden haben, welche Aufgabenform sich am besten zur Durchführung der Prüfung eignet.

10.4.1 Die Lernzielmatrix

Wenn ein Lehrer voreilig mit der Formulierung von Aufgaben beginnt, besteht die Gefahr, daß der Gesamttest seine Lernziele nicht angemessen repräsentiert. Es ist z.B. relativ leicht, Aufgaben zu konstruieren, die sich – im Sinne der BLOOMschen Taxonomie – ausschließlich auf die Wissensebene beziehen. Einige Lernziele lassen sich leichter als andere operationalisieren. Um der Entstehung derartiger Einseitigkeiten von vornherein entgegenzuwirken, empfiehlt sich die Anfertigung einer Spezifikationstabelle oder, wie man sie auch genannt hat (SCHOTT, 1972), einer *Lernzielmatrix*.

Eine von TYLER (1969) vorgeschlagene zweidimensionale Matrix enthält in der horizontalen Ebene die Verhaltenskomponente der Lernziele und in der vertikalen Ebene die Inhaltsbereiche. Der Verhaltensbereich bezieht sich darauf, was der Lernende nach Erreichung der Lernziele tun oder sagen soll, während der Inhaltsaspekt sich auf die im Unterricht zu erarbeitenden Lerninhalte bezieht. Tabelle 10.2 liefert eine Lernzielmatrix, die den Inhaltsaspekt nach mehreren Klassen differenziert. Der Verhaltensaspekt berücksichtigt zahlreiche Klassen; sie entsprechen den von BLOOM et al. unterschiedenen Ebenen im kognitiven Bereich (s. S. 205 ff.).

Tabelle 10.2: Lernzielmatrix für einen Test über Testtheorie

Inhalts-aspekt	Verhaltensaspekt						Total
	Wissen	Ver-stehen	An-wendung	Ana-lyse	Syn-these	Eva-luation	
Test-Güte-Kriterien	5%	5%	10%	5%			25%
Lernziel-bestimmung	5%	10%	15%	5%			35%
Aufgaben-arten	5%	5%	10%				20%
Aufgaben-analyse	5%	5%	5%	5%			20%
Total	20%	5%	40%	15%			100%

[Handschriftliche Randnotizen: »Komponente« (bei Verhaltensaspekt und Inhaltsaspekt)]

Die Prozentzahlen der Tabelle geben das Gewicht an, das den verschiedenen Inhaltsgebieten bzw. den einzelnen Verhaltenskomponenten nach Auffassung eines Lehrers zukommen sollte. Mit jeder Zelle wird praktisch eine Aufgabenklasse so definiert, daß sich dadurch die benötigte Anzahl von Aufgaben „generieren" läßt (s. hierzu S. 201 f.). Selbstverständlich ist die Entscheidung über die Höhe der Gewichtszahlen letztlich ein subjektiver Prozeß. Immerhin liefert die Lernzielmatrix eine grobe Richtschnur, wieviel Zeit während des Unterrichts den einzelnen Inhaltskategorien zu widmen ist und wie viele Aufgaben für die Lernzielüberprüfung jeweils konstruiert werden sollten.

10.4.2 Aufgabenformen und ihre Konstruktion

Dem Testkonstrukteur stehen grundsätzlich mehrere Aufgabenformen zur Verfügung, die jeweils gewisse Vor- und Nachteile besitzen. Für welche Aufgabenform man sich im Einzelfall entscheidet, hängt von den Erfahrungen des Testkonstrukteurs, von dem zu prüfenden Lerninhalt und auch von Merkmalen der zu testenden Schüler ab. Die folgende Darstellung soll dazu einige Anhaltspunkte vermitteln, die dem Lehrer auch für den Aufbau von Klassenarbeiten nützlich sein können.

10.4.2.1 Die freie Aufgabenbeantwortung

Eine weit verbreitete, da leicht zu konstruierende Aufgabenform ist die freie Aufgabenbeantwortung. Man zögert ein wenig, diese Aufgabenform mit dem Begriff Test in Verbindung zu bringen, weil viele Anforderungen (so z.B. die nach Auswertungsobjektivität) der Testpsychologie damit nur unzulänglich zu erfüllen sind. Im angelsächsischen Bereich hat sich aber die Bezeichnung Essay-Test eingebürgert. Es handelt sich dabei um Aufgaben, bei denen der Schüler auf eine Frage, eventuell unter Bezug auf eine Skizze, Tabelle usw., verbal oder nicht-verbal (Vervollständigung einer Zeichnung, Tabelle usw.) reagieren muß. Ein wesentliches Kennzeichen dieser Aufgabenform liegt in der Freiheit der Beantwortung, die dem Befragten konzediert wird.

Der Einsatz von Prüfverfahren mit freier Aufgabenbeantwortung wird vor allem damit gerechtfertigt, daß mit keiner anderen Aufgabenform solche Fähigkeiten wie das Erinnern, Organisieren und Integrieren von Informationen zu überprüfen ist (THORNDIKE und HAGEN, 1977). Die freie Ausdrucksweise, die nur hier gefordert wird, bringt aber zugleich auch die Hauptschwäche mit sich: es ließen sich bisher noch nicht in ausreichendem Maße Richtlinien entwickeln, durch die eine akzeptable Auswertungsobjektivität zu erreichen wäre. Die mangelnde Übereinstimmung in der Bewertung von Schüleraufsätzen konnte in den letzten Jahrzehnten wiederholt empirisch nachgewiesen werden. Diesbezügliche Befunde lassen sich wie folgt zusammenfassen.

1. Unabhängige Beurteiler vergeben für dieselben Aufsätze verschiedene Zensuren (BOBERTAG, 1933; LÄMMERMANN, 1927; ULSHÖFER, 1949). Einzelne Aufsätze erhielten von einigen Lehrern die Note „sehr gut", während andere sie als „mangelhaft" oder „ungenügend" bezeichneten. Die Ungenauigkeit, die hier in den Bewertungen zutage tritt, hat viele Ursachen, die gegenwärtig noch keineswegs vollständig aufgedeckt werden konnten. So unterscheiden sich Lehrer z.B. bezüglich ihrer Anforderungen (COFFMAN und KURFMAN, 1968). Dabei mag die unterschiedliche Berufserfahrung durchaus eine Rolle spielen. NICKEL und WIECZERKOWSKI (1974) fanden z.B., daß Lehrer mit Berufserfahrung vorgegebene Aufsätze strenger beurteilten als Referendare, und diese neigten wiederum dazu, härtere Maßstäbe anzulegen als unerfahrene Beurteiler (Schüler und Studenten). Dieselben Autoren erhielten keine Hinweise, daß das Geschlecht des Schülers oder das des Lehrers Einfluß auf die Aufsatzzensur nimmt. Es sei hier ergänzt, daß die fehlende Übereinstimmung der Lehrerurteile nicht nur bei Aufsätzen bzw. Essay-Tests sondern bei vielen Prüfverfahren mit freier Aufgabenbeantwortung festgestellt worden ist. Von STARCH und ELLIOTT (1913) wurde eine außerordentlich große Streuung bei der Beurteilung von Geometriearbeiten nachgewiesen. Ähnliche Differenzen in den Lehrerurteilen fand man auf dem Gebiet der Rechtschreibung (WEISS, 1965).

2. Derselbe Beurteiler tendiert dazu, dieselbe Arbeit zu unterschiedlichen Zeitpunkten ungleich zu bewerten (DÖRING, 1925; HARTOG und RHODES, 1936; HULTEN, 1925). GODSHALK et al. (1966) beobachtete z.B., daß bei einer Durcharbeitung von Aufsätzen über mehrere Tage die Tendenz entsteht, im Verlauf der Zeit milder zu zensieren.

3. Es gibt zahlreiche irrelevante Faktoren, die Einfluß auf das Lehrerurteil nehmen können. Sie treten vor allem zutage, wenn ein Lehrer Arbeiten von Schülern zu beurteilen hat, die ihm wenig oder gar nicht bekannt sind. So scheint z.B. die Handschrift mit in

die fachliche Beurteilung einer Leistung einzufließen (JAMES, 1927; COFFMAN, 1971). Entsprechendes gilt für das Aussehen des Schülers (BULL und STEVENS, 1979). Auch Fehler in der Rechtschreibung, Zeichensetzung und Grammatik können Einfluß auf den Bewertungsprozeß gewinnen, wie MARSHALL (1967) bei erfahrenen Lehrern, SCANNELL und MARSHALL (1966) bei Lehrerstudenten feststellten. NICKEL und WIECZERKOWSKI (1974) wiesen ebenfalls nach, daß irrelevante Faktoren Einfluß auf das Lehrurteil nehmen.

Solche Ergebnisse haben verständlicherweise die Frage aktiviert, wie sich die Auswertung von Essay-Tests vereinheitlichen läßt. Die einschlägige Literatur gibt als Antwort zahlreiche Empfehlungen, die sich wie folgt zusammenfassen lassen:

1. Wegen der hohen Gefahr einer unzulänglichen Auswertung sollte man sich vor jeder Lernzielüberprüfung die Frage stellen, ob sich dafür Aufgabenformen eignen, die eine höhere Auswertungsobjektivität ermöglichen. Das gilt vor allem, wenn einfaches Faktenwissen, Kenntnis und Verständnis von Prinzipien und deren Anwendung zu überprüfen ist. Die Überprüfung solcher Lernziele erfolgt zwar bei üblichen Klassenarbeiten zumeist durch Aufgaben mit freier Beantwortung; wahrscheinlich weil sie sich relativ schnell konstruieren lassen. Eine annähernd objektive Auswertung erfordert jedoch außerordentlich viel Zeit.

2. Hat man sich dennoch für die Konstruktion von Aufgaben mit freier Beantwortung entschieden, sollte man die Frage so formulieren, daß der Schüler genau weiß, was von ihm erwartet wird. Viele in der Praxis vorkommenden Fragen sind so vage und zweideutig formuliert, daß praktisch zahlreiche Antwortmöglichkeiten bestehen.

   Beispiel: Diskutieren Sie Möglichkeiten und Grenzen des Einsatzes objektiver Tests.

Man sollte sich bei dieser allgemeinen Formulierung einmal vergegenwärtigen, wie viele Aspekte bei angemessener Beantwortung dieser Frage diskutiert werden müßten. Besser wäre es, wenn der Fragenkonstrukteur einen ihm wesentlichen Aspekt auswählt und damit die Antwortmöglichkeiten einengt.

   Beispiel: Vergleichen Sie Tests mit hoher Durchführungs- und Auswertungsobjektivität mit anderen Prüfverfahren bezüglich ihrer Bewertbarkeit.

Zweifellos engt diese Formulierung ein; möchte man den Vergleich auch bezüglich anderer Aspekte dargestellt haben, formuliert man weitere Fragen mit genauer Zielangabe. Die Unterschiede in der Beurteilung der Antworten bei Aufgaben mit freier Beantwortung durch verschiedene Auswerter oder durch denselben Auswerter zu verschiedenen Zeiten werden um so größer, je mehr Freiheit man dem Schüler in der Antwort gewährt (FINLAYSON, 1951; VERNON und MILLICAN, 1954). Wenn der Schüler sich nicht zu lange mit der Beantwortung einer einzigen Frage aufzuhalten hat, bietet sich auch eine bessere Möglichkeit, die folgende dritte Empfehlung zu erfüllen.

3. Man sollte darauf achten, daß der Essay-Test nicht zu wenige Aufgaben umfaßt, denn „eine Methode zur Erhöhung der Zuverlässigkeit eines Essay-Tests besteht darin, daß man die Anzahl der Fragen erhöht und die Länge der Antworten einschränkt" (PAYNE, 1968). Zahlreiche Untersuchungen haben erge-

ben, daß zwischen Schülern und Testaufgaben insofern eindeutige Interaktionen bestehen, als bestimmte Aufgaben besser von einigen, weitere Aufgaben besser von anderen Schülern bewältigt werden (GODSHALK et al., 1966; GOSLING, 1966). Je mehr man einen Test verlängert, desto zuverlässiger wird er, d.h., desto mehr wird die Wahrscheinlichkeit verringert, daß der Schüler Aufgaben erhält, deren Antwort er *zufällig* kennt oder nicht kennt.

4. Es empfiehlt sich, vor der Auswertung der Schülerreaktionen selbst eine Antwort zu formulieren. Sie soll helfen, die bedeutsamen Aspekte zu identifizieren. Weiterhin erfolgt eine Festlegung der Punktzahl, die für die Erwähnung eines Aspekts vorzusehen ist.

5. Man sollte zunächst sämtliche von den Schülern auf eine Frage gegebenen Antworten auswerten, bevor man sich den Antworten der nächsten Frage zuwendet. Dadurch fällt es leichter, die Kriterien im Gedächtnis zu behalten und zu berücksichtigen, nach denen die Auswertung erfolgt.

6. Schließlich sollte man Wert darauf legen, daß während der Auswertung einer Arbeit der Urheber möglichst unbekannt bleibt. Damit könnte erreicht werden, daß Erwartungen, die sich aus der Beobachtung des früheren Leistungsverhaltens gebildet haben, nicht verfälschend auf den Bewertungsprozeß einwirken.

Die Berücksichtigung der soeben gegebenen Empfehlungen mag zu einer Verbesserung der Auswertungsobjektivität führen. Sie bannt aber nicht die auch von DIEDERICH (1967) beobachtete Gefahr, wonach das Bestreben zur Erreichung einer hohen Zuverlässigkeit dazu führen kann, daß der Auswerter sein Augenmerk bevorzugt auf relativ oberflächliche Aspekte einer Antwort richtet, weil diese den Vorteil bieten, quantitativ leicht faßbar zu sein. Eine Beschränkung des Auswertungsverfahrens auf ziemlich oberflächliche Aspekte rechtfertigt die Verwendung der freien Aufgabenbeantwortung jedoch in keiner Weise.

10.4.2.2 Ergänzungs- und Kurzantwortaufgaben

In die Kategorie ‚freie Beantwortung‘ gehören auch jene Aufgaben, die eine Ergänzung oder Kurzantwort fordern. Im Vergleich zum Essay-Test werden hier die Freiheitsgrade des Schülers aber schon recht erheblich eingeengt. Die Ergänzungs- oder Kurzantwortaufgaben bestehen aus einer Frage, auf die in freier Form durch einen Satz, durch ein Wort oder ein Symbol zu antworten ist.

> Beispiel: Welches Kennzeichen besitzt eine Aufgabe, bei deren Auswertung stets hohe Übereinstimmung mehrerer unabhängiger Beurteiler besteht?
>
> Ohne weiteres läßt sich diese Aufgabe in eine Ergänzungsform bringen:
>
> Eine Aufgabe, bei deren Auswertung stets hohe Übereinstimmung mehrerer unabhängiger Beurteiler zu erreichen ist, besitzt _____.

Diese Aufgabenform eignet sich besonders zur Überprüfung einfachen Wissens. Man sollte die Frage stets so formulieren, daß der Antwortspielraum so eingeengt wie möglich ist, also bestenfalls nur aus einem einzigen Wort oder Symbol besteht, weil anderenfalls die Anforderungen bezüglich der Auswertungsobjektivität schwer zu erfüllen sind. Obwohl der Aufbau dieser Aufgaben relativ einfach scheint, werden an den Konstrukteur erhebliche Anforderungen gestellt, weil die

Frage so formuliert sein muß, daß nicht zahlreiche, teils mehr, teils weniger richtige Antworten gegeben werden können. Da hier nicht, wie bei den übrigen noch darzustellenden Aufgabenformen, richtige Lösungen erkannt, sondern stattdessen produziert werden müssen, ist die Möglichkeit des Ratens erheblich eingeschränkt.

10.4.2.3 Aufgaben mit Alternativ-Antworten

Im Gegensatz zu der Kurzantwortform, bei denen richtige Lösungen produziert werden müssen, besteht bei Aufgaben mit Alternativ-Antworten eine sehr starke Gefahr des Ratens, da die richtigen Lösungen nur erkannt werden müssen. Eine solche Aufgabe besteht im allgemeinen aus einer Feststellung bzw. Behauptung, die der zu Testende als richtig (R) oder falsch (F) identifizieren muß oder auf die er mit ,ja' oder ,nein' zu reagieren hat.

	R	F
Beispiel: Die Zuverlässigkeit eines Tests ist immer kleiner als dessen Gültigkeit.	○	○
Die Zuverlässigkeit eines Tests steigt, je objektiver die Aufgaben auszuwerten sind.	○	○

Man benutzt diese Aufgabenform im allgemeinen, wenn faktisches Wissen, die Kenntnis von Begriffen und Prinzipien zu überprüfen sind. Im Gegensatz zur allgemein üblichen Auffassung stellt die Konstruktion von Alternativ-Antwort-Aufgaben sehr hohe Anforderungen, denn viele Inhalte lassen sich nicht ohne weiteres in eine R-F-Kategorie zerlegen.

	R	F
Beispiel: Der Tag mit dem jährlich kürzesten Zeitintervall zwischen Sonnenaufgang und Sonnenuntergang ist der 21. Dezember	○	○

Unter den Schülern, die bei dieser Aufgabe ihr Kreuz in das F-Kästchen gesetzt haben, finden sich einmal jene, denen das Datum des kürzesten Tages des Jahres unbekannt ist, zum anderen solche, die zwar wissen, daß die Feststellung für die nördliche Halbkugel zutrifft, die der Formulierung aber bei ihrem offenkundigen Allgemeinheitsanspruch nicht zuzustimmen vermögen, weil sie für die südlichen Breiten unzutreffend ist. Diese Kenntnis könnte sie einen Punkt kosten. Besser wäre deshalb die folgende Aufgabe:

	R	F
Im Bereich der nördlichen Halbkugel ist der Tag mit dem jährlich kürzesten Zeitintervall zwischen Sonneaufgang und Sonnenuntergang der 21. Dezember	○	○

Wie bei allen Aufgabenformulierungen sollten die Feststellungen so kurz wie möglich und auch für den Schwächsten der Adressatengruppe verständlich formuliert werden. In Empfehlungen zur Aufgabenkonstruktion wird immer wieder darauf gedrungen, unterschiedlich interpretierbare Wörter wie „meistens", „manchmal", „normalerweise" zu vermeiden.

338

Dieser Ratschlag mag bei Abfragen eindeutiger Fakten zutreffend sein; er kann sich aber nicht generell auch auf komplexere Zusammenhänge beziehen, bei denen erst durch solche Einschränkungen eine korrekte Antwortalternative zu konstruieren ist. Beispielsweise ist die Aussage „Frustration führt *immer* zu Aggression" unzutreffend. Dagegen gibt die Feststellung „Frustration führt manchmal zu Aggression" den Erkenntnisstand angemessen wieder.

10.4.2.4 Mehrfachantwort-Aufgaben (Multiple Choice)

Gegenwärtig wird die Mehrfachantwort-Aufgabe als flexibelste Form am meisten verwendet. Diese Aufgaben setzen sich entweder aus einem unvollständigen Satzteil, für dessen Vollendung mehrere Möglichkeiten angeboten werden (Beispiel 1) oder aus einer Frage und mehreren Antwortmöglichkeiten (Beispiel 2) zusammen (vor die für richtig gehaltene Lösung wird ein Kreuz gesetzt).

Beispiele:
1. Bei Anwendung der Test-Wiederholungsmethode (Testform A-Testform A) wird die Zuverlässigkeit nicht beeinflußt von
   - ○ akustischen Störungen während der Testsituation
   - ○ der inneren Befindlichkeit der Prüflinge
   - ○ Stichprobenfehlern bei der Aufgaben-Auswahl
   - ○ mangelnder Auswertungsobjektivität

2. Welche der folgenden Formulierungen stellt eine operationalisierte Lernzieldefinition dar?
   - ○ Die Schüler sind in der Lage, schriftlich Additionsaufgaben zu lösen.
   - ○ Die Schüler lösen Aufgaben, in denen ein Mengenvergleich gefordert wird.
   - ○ Die Schüler lösen 90% der im Mathematiktest XY für das vierte Schuljahr enthaltenen Aufgaben.
   - ○ Die Schüler lösen sämtliche Aufgaben des 1 x 1 bis 20.

Untersuchungen haben gezeigt, daß Schüler bis zur 6. Klassenstufe normalerweise ein besseres Verständnis für Aufgaben besitzen, die aus Fragen bestehen (Beispiel 2), während ihnen unvollständige Sätze (Beispiel 1) erhöhte Schwierigkeiten bereiten können (NUNNALLY, 1972).
Im Unterschied zu der Alternativ-Antwortform, bei der eine der Antwortmöglichkeiten uneingeschränkt richtig sein muß, besteht bei der Mehrfachantwort-Aufgabe die Möglichkeit, dem Probanden mehrere richtige Antworten mit der Aufforderung anzubieten, die beste auszuwählen; allerdings muß sich vom kompetenten Schüler diese eindeutig als die beste identifizieren lassen!

Beispiel:
Welche der folgenden Feststellungen gibt die Vorteile von Mehrfachantwort-Aufgaben gegenüber einem Essay-Test *am besten* wieder?
Ein Test mit Mehrfachantworten-Aufgaben.
- o läßt sich schneller konstruieren.
- ○ ist besser von Schülern aller Schuljahre zu bearbeiten.
- ○ läßt sich schneller mit hoher Objektivität auswerten.
- ○ läßt sich leichter konstruieren.

Die Hauptschwierigkeit bei der Konstruktion dieser Aufgabenform besteht darin, nicht zutreffende Alternativen – in der Fachsprache nennt man sie *Distraktoren* – zu erfinden. Für den Schüler, der grundsätzlich die richtige Antwort kennt, muß die korrekte Alternative eindeutig identifizierbar sein, während für den Prüfling, der die richtige Antwort nicht weiß, sämtliche Alternativen die gleiche Attraktivität besitzen sollten. Ihm darf allenfalls ein Zufallstreffer gelingen. Allerdings ist die Ratewahrscheinlichkeit für die richtige Antwort um so geringer, je mehr Alternativen zur Verfügung stehen. Wenn es um die Konstruktion von Tests geht, die wiederholt eingesetzt werden sollen, empfiehlt es sich, eine Frage zunächst in der Form der freien Aufgabenbeantwortung anzubieten, d.h. keine Antworten zur Auswahl zu stellen. Aus den falschen Reaktionen der Schüler, die relativ häufig gegegeben werden, lassen sich möglicherweise gute Distraktoren auswählen.

Um feststellen zu können, wie gut die Distraktoren funktionieren bzw. welche Wahlen von den Schülern getroffen worden sind, empfiehlt sich die Durchführung einer Distraktoranalyse. Sie kann helfen, Konstruktionsmängel zu identifizieren. Grundsätzlich erwartet man, daß sich die Anstreichungen der leistungsschwächeren Schüler (Untergruppe R_u, s. S. 324 f.) gleichmäßig über alle Antwortalternativen verteilen, während sich die Anstreichungen der leistungsbesten (Obergruppe R_o) auf die richtige Antwort konzentrieren.

Tab. 10.3: Distraktoranalysen von Mehrfachantwort-Aufgaben

Aufgaben-Nummer	Leistungsgruppe	gewählte Antwortalternative			
		1	2	3	4
1	R_o	0	14*	0	0
	R_u	5	4*	3	3
2	R_o	0	0	12*	3
	R_u	0	1	7*	7

* kennzeichnet die jeweils richtige Antwort

Bei der Aufgabe 1 verteilen sich die Wahlen der Untergruppe ziemlich regelmäßig auf alle vier Wahlmöglichkeiten, während die Angehörigen der Obergruppe weitgehend die richtige Antwort gegeben haben. Demgegenüber offenbaren sich bei Aufgabe 2 deutliche Schwächen. Die Distraktoren 1 und 2 sind offenbar nicht attraktiv genug, während der Distraktor 4 zu viele Anstreichungen, auch unter den Besten erhalten hat. Sofern diese Aufgabe ansonsten möglichst erhalten bleiben sollte, würde man versuchen, durch Entwicklung neuer Distraktoren die beiden Leistungsgruppen bezüglich ihrer Antworten stärker zu trennen.

Die Distraktoranalyse von Aufgaben *lernzielorientierter Tests* erfolgt prinzipiell auf gleichem Wege. Die Gruppe R_u ist in diesem Fall allerdings identisch mit jenen Schülern, die *vor* Beginn des jeweils relevanten Unterrichts getestet wurden, während dieselben Schüler, die *nach* Abschluß der Unterrichtseinheit wiederholt getestet wurden, R_o entsprechen.

Die weite Verbreitung der Aufgabenform mit Mehrfachantworten in den meisten modernen Tests ist auf ihre objektive, schnelle Auswertbarkeit und ihre sehr hohe Flexibilität zurückzuführen. Durch die Auswahl der Distraktoren läßt sich die Schwierigkeit einer Aufgabe leicht variieren. Tests, die diese Aufgabenform enthalten, besitzen nach dem Ergebnis einschlägiger Studien die höchsten Gültigkeits- und Zuverlässigkeitswerte. Diese Aufgaben eignen sich zwar kaum, um z.B. die Fähigkeit zum Organisieren, zur Integration oder zur mündlichen bzw. schriftlichen Darstellung gedanklichen Materials zu überprüfen. Eine solche Diagnostik muß dem Essay-Test vorbehalten bleiben; mit Hilfe von Mehrfachantwort-Aufgaben läßt sich aber eine Vielzahl verschiedener kognitiver Leistungen erfassen, die von der Kenntnis einfacher Fakten über das Verständnis von Methoden und Prinzipien bis zur Fähigkeit ihrer Anwendung in neuen Situationen reichen. Die Schwierigkeiten zur Konstruktion von Aufgaben, die höhere kognitive Prozesse ansprechen, verleiten Testkonstrukteure allerdings zumeist dazu, sich auf Aufgaben zu beschränken, durch die nur faktisches Wissen herausgefordert wird (FREDERIKSEN, 1984).

Ein großer Nachteil, der sich mit dieser Aufgabenform verbindet, wird darin gesehen, daß ihre Konstruktion hohe Anforderungen stellt. Man muß vor allem ein guter Kenner des jeweiligen Sachgebiets sein und mit den Empfehlungen zur Formulierung guter Aufgaben (keine unbeabsichtigten Lösungshinweise geben, annähernd gleiche Länge sämtlicher Alternativen, die Position der richtigen Antwort muß nach Zufallskriterien wechseln usw.) gut vertraut sein. Entsprechende Empfehlungen mit teilweise recht zahlreichen Beispielen liefert die einschlägige Literatur (HERBIG, 1972; RÜTTER, 1978; ROSEMANN, 1984).

10.4.2.5 Aufgaben mit Zuordnungsantworten

Eine Aufgabenform, die den Mehrfachantwort-Aufgaben im äußeren Erscheinungsbild etwas ähnelt, ist durch die Aufgaben mit Zuordnungsantworten gegeben. Sie bieten ebenfalls mehrere Antwort-Möglichkeiten an. Normalerweise besteht eine Aufgabe mit Zuordnungsantworten aus zwei Spalten, in denen jeweils Wörter, Zahlen, Symbole oder Feststellungen untereinander stehen, die auf ihre Zusammengehörigkeit hin zu prüfen sind. Die Bestandteile einer Aufgabe, denen andere Teile zuzuordnen sind, nennt man ‚Prämissen‘, während die Teile, aus denen die Wahl zu treffen ist, die Kennzeichnung ‚Antworten‘ erhalten haben.

Beispiele:

Suche für jede Phase eines Testkonstruktionsprozesses der Spalte A eine zugehörige Aktivität der Spalte B aus. Der Buchstabe, der die jeweilige Aktivität kennzeichnet, wird in das Kästchen vor der dazugehörigen Aktivität gesetzt.

Spalte A
O Planungsphase
O Aufgabenkonstruktion
O Aufgabenanalyse
O Bestimmung der Gütekriterien

Spalte B
a) Bestimmung des Schwierigkeitsindex
b) Operationalisierung von Lernzielen
c) Suche nach Distraktoren
d) Testwiederholung
e) Testung der Eichstichprobe
f) Bestimmung der Trennschärfe

Sofern grundsätzlich die Möglichkeit dazu besteht, bemüht man sich, mehr Antworten als Prämissen anzubieten (unvollkommene Zuordnung), weil damit ausgeschlossen wird, daß für die zuletzt zuzuordnende Antwort nur noch eine Prämisse zur Verfügung steht.

Mit Hilfe von Zuordnungsaufgaben lassen sich hauptsächlich Faktenkenntnisse überprüfen. Allerdings ist auf kleinem Raum vergleichsweise viel Material unterzubringen. Ein Vorteil dieser Aufgabenform besteht darin, daß sie an den Konstrukteur nicht allzu hohe Anforderungen stellt. Man sollte vor allem beachten, daß eine Aufgabe nicht mehr als acht Prämissen enthält, weil sie sonst unübersichtlich wird. Außerdem ist zu berücksichtigen, daß sämtliche Begriffe einer Aufgabe einem Themenbereich entstammen. Diese wenigen Gebote lassen sich erfahrungsgemäß schnell in die Tat umsetzen; bis man zur Herstellung brauchbarer Aufgaben in der Lage ist, benötigt man deshalb im allgemeinen nur wenige Übungen.

10.4.2.6 Umordnungsaufgaben

Relativ schnell läßt sich auch die Konstruktionstechnik der Umordnungsaufgaben aneignen. Dem Schüler fällt dabei die Aufgabe zu, Wörter, Zahlen oder Symbole, die ihm in einer ungeordneten Reihenfolge dargeboten werden, nach einem bestimmten Prinzip zu ordnen. Die Prämissen des auf Seite 341 gegebenen Beispiels lassen sich ohne weiteres auch als Umordnungsaufgaben verwenden, indem man sie ungeordnet darbietet. Durch Einsetzen der entsprechenden Ordnungsziffer in die Kästchen wird sodann angegeben, in welche Reihenfolge nach Meinung der zu Prüfenden ein Testkonstruktionsprozeß verläuft.

Der Vorteil dieser Aufgabenform liegt darin, daß sie verstärkt die Anwendung von Ordnungsprinzipien fordert und damit etwas höhere kognitive Leistungen zu überprüfen vermag. Da es hier aber nicht nur richtige und falsche, sondern auch Teillösungen gibt, muß mit einer verminderten Übereinstimmungs-Objektivität gerechnet werden, sofern nicht sehr differenzierte Hinweise zur Auswertung vorliegen.

10.5 Tests als integrativer Bestandteil von Lehr- und Lernprozessen

Traditionell hat man Testverfahren in der Schule überwiegend oder sogar ausschließlich eingesetzt, um Lernprodukte unter Zugrundelegung sozialer Bezugsmaßstäbe zu bewerten. Dabei ist man davon ausgegangen, daß der Vergleich einer Leistung mit derjenigen anderer Aufschlüsse über Fähigkeitsausprägungen des einzelnen zu geben vermag. Tatsächlich haben die dabei verwendeten Tests jedoch außerordentlich wenig über den einzelnen Schüler und seine Lernbedingungen eröffnet. Sie boten praktisch keine Möglichkeiten zur Beantwortung der Frage, warum ein Schüler bei seiner individuellen Merkmalausprägung und unter den faktisch realisierten Unterrichtsbedingungen gerade sein besonderes Testergebnis erzielt hat. Dieses Erklärungsdefizit spiegelt Konsequenzen der Tatsache wider, daß sich die Testpsychologie historisch über längere Zeit unabhängig von lern- und instruktionspsychologischen Theorien entwickelt hat. Erst in den sechziger Jahren ist man sich dieses aus pädagogisch-psychologischer Sicht zu konstatierenden Mangels mit seinen Konsequenzen bewußt geworden. Begriffe wie „lernziel-bezogene" oder „prozeßbezogene Messung", die in der Folgezeit zunehmend häu-figer im einschlägigen Schrifttum auftauchten, können als Anzeichen der vollzoge-nen Neubesinnung betrachtet werden. Dennoch ist die Situation – wie auch an vie-len Stellen dieses letzten Kapitel deutlich geworden sein dürfte – immer noch un-befriedigend. Es bedarf deshalb dringend der Entwicklung von diagnostischen Verfahren, die von der grundsätzlicher Veränderbarkeit des Menschen ausgehen und mit deren Hilfe aufzuhellen ist, weshalb ein Lernender unter den gegebenen Anregungsbedingungen das leistet, was er leistet. Die Pädagogische Psychologie sollte entsprechenden Forschungsarbeiten zukünftig hohe Priorität einräumen.

Literaturverzeichnis

Die am Schluß der Literaturangaben jeweils in Klammern gesetzten Ziffern geben an, auf welcher(n) Seite(n) des vorliegenden Buchs die vorstehende Arbeit zitiert wird.

ABELSON, R.P. (1976): A script theory of understanding, attitude and behavior. In: CARROLL, J.S. & PAYNE, J.W. (Eds.), S. 33-45 (148)

ABRAMSON, L.Y., SELIGMAN, M.E.P. & REASDALE, J.D. (1978): Learned helplessness: Critique and reformulation. *Journal of Abnormal Psychology*, **87**, S. 49-74 (275)

ADAMS, R.S. (1969): Location as a feature of instructional interaction. *Merrill-Palmer Quarterly*, **15**, S. 309-321 (219)

ADAMS, R.S. & BIDDLE, B.J. (1970): *Realities of teaching: Exlorations with video and tape.* New York: Holt, Rinehart & Winston (219)

ADLER, A. (1920): *Praxis und Theorie der Individualpsychologie.* München: Bergmann (44)

AEBLI, H. (1969): Die geistige Entwicklung als Funktion von Anlage, Reifung, Umwelt- und Erziehungsbedingungen. In: ROTH, H. (Hrg.), S. 151-191 (48)

AINSWORTH, M.D.S. & WITTING, B.A. (1969): Attachment and exploratory behavior on one-year-olds in a strange situation. In: Foss, B.M. (Ed.), S. 111-136 (254)

ALEXANDER, T., ROODIN, P. & GORMAN, B. (1980): *Developmental Psychology.* New York: Van Nostrand (47)

ALLINGTON, R.L. (1983): The reading instruction provided readers of differing reading abilities. *The Elementary School Journal*, **83**, S. 548-559 (301)

AMES, C. (1978): Children's achievement attributions and self-reinforcement: Effects of self-concept and competitive reward structure. *Journal of Educational Psychology*, **70**, S. 345-355 (293)

AMES, C. (1984a): Achievement attributions and self-instructions under competitive and individualistic goal structures. *Journal of Educational Psychology*, **76**, S. 478- 487 (293)

AMES, C. (1984b): Competitive, cooperative, and individualistic goal structures: A cognitive-motivational analysis. In: AMES, R.E. & AMES, C. (Eds.), S. 177-207 (263, 269, 305)

AMES, C. & FELKER, D.W. (1979): An examination of children's attributions and achievement-related evaluations in competitive, cooperative, and individualistic reward structures. *Journal of Educational Psychology*, **71**, S. 413- 420 (269, 293)

AMES, C. & McKELVIE, S. (1982): Evaluations of student achievement behavior. With cooperative and competitive reward structures. Paper presented at the AERA-Meeting, New York (305)

AMES, R. (1984): Help-seeking and achievement orientation: Perspectives from attribution theory. In: DePAULO, B. et al. (Eds.), in press (265)

AMES, R. E. & AMES, C. (1984) (Eds.): *Research on motivation in education: Student motivation.* Vol. 1. New York: Academic Press (251)

AMES, R., AMES, C. & FELKER, D. (1977): Effects of competitive reward structure and valence of outcome on children's achievement attributions. *Journal of Educational Psychology,* **69**, S. 1-8 (269, 293)

AMSEL, A. (1972): Behavioral habituation, counterconditioning, and a general theory of persistence. In: BLACK, A. & PROKASY, W. (Eds.), S. 409-426 (102)

AMSEL, A. & RUSSEL, J. (1952): Motivational properties of frustration: I. Effect on a running response of the addition of frustration to motivational complex. *Journal of Experimental Psychology,* **43**, S. 363-363 (102)

ANASTASI, A. (1958): Heredity, environment, and the question „how?". *Psychological Review,* **65**, S. 197-208 (43)

ANASTASI, A. (1982): *Psychological testing* (5th ed.). New York: Macmillan (318)

ANDERSON, J.R. (Ed.)(1981): *Cognitive skills and their acquisition.* Hillsdale, N.J.: Erlbaum

ANDERSON, L.W. (1976): An empirical investigation of individual differences in time to learn. *Journal of Educational Psychology,* **68**, S. 226-233 (238)

ANDERSON, R.C. (1972): How to construct achievement tests to assess comprehension. *Review of Educational Research,* **42**, S. 145-170 (190)

ANDERSON, R.C. & FAUST, G.W. (1973): *Educational psychology.* New York: Dodd, Mead & Company (188)

ANDERSON, R.C. & KULHAVY, R.W. (1972): Learning concepts from definitions. *American Educational Research Journal,* **9**, S. 385-390 (138)

ANDRE, T. (1979): Does answering higher-level questions while reading facilitate productive learning? *Review of Educational Research,* **49**, S. 280-318 (188)

ANDREWS, J.D. (1965): The effect of group model-reinforcement counseling on increasing voluntary verbal participation in classroom discussion. Unpublished manuscript. Stanford University (zit. nach GAGE, N.L. & BERLINER, D.C., 1984) (225)

APPEL, J.B. (1963): Punishment and shock intensity. *Science,* **141**, S. 528-529 (103)

APPEL, L.F., COOPER, R.G., McCARRELL, N., SIMS-KNIGHT, J., YUSSEN, S.R. & FLAVELL, J.H. (1972): The developmental aquisition of the distinction between perceiving and memorizing. *Child Development,* **43**, S. 1365-1381 (175)

ARLIN, M. (1979): Teacher transitions can disrupt time flow in classrooms. *American Educational Research Journal,* **16**, S. 42-56 (27)

ARLIN, M. (1984): Time, equality, and mastery learning. *Review of Educational Research,* **54**, S. 65-86 (239)

ARNOLD, W.J. (Ed.)(1968): *Nebraska symposium on motivation.* Lincoln: University of Nebraska Press

ARONSON, E., BLANEY, N., STEPHAN, C., SIXES, J. & SNAPP, M. (1978a): *The jigsaw classroom.* Beverly Hills, CA.: Sage (295)

ARONSON, E., BRIDGEMAN, D.L. & GEFFNER, R. (1978b): The effects of a cooperative classroom structure on student behavior and attitudes. In: BAR-TAL, D. & SAXE, L. (Eds.), S. 257-272 (295, 299, 300)

ARONSON, E., PINES, A.M. & KAFRY, D. (1983): *Ausgebrannt.* Stuttgart: Klett-Cotta (250)

ARY, D., JACOBS, L.C. & RAZAVIEH, A. (1985): *Introduction to research in education* (3rd ed.). New York: Holt, Rinehart & Winston (331)

ASCH, S.E. (1946): Forming impressions of personality. *Journal of Abnormal and Social Psychology,* **41**, S. 258-290 (304)

Ashton, P.T. (1975): Cross-cultural Piagetian research: An experimental perspective. *Harvard Educational Review, 45*, S. 475-506 (51)

Asimov, I. (1967): *Is anyone there.* Garden City, N.J.: Doubleday (177)

Atkinson, J.W. (1957): Motivational determinants of risk-taking behavior. *Psychological Review, 64*, S. 359-372 (264)

Atkinson, J.W. (Ed.)(1958): *Motives in fantasy, action, and society.* Princeton, N.J.: Van Nostrand

Atkinson, R.C. (1975): Mnemotechnics in second-language learning. *American Psychologist, 30*, S. 821-828 (195)

Atkinson, R.C. & Raugh, M.R. (1975): An application of the mnemotechnic keyword method to the acquisition of a Russian vocabulary. *Journal of Experimental Psychology: Human Learning and Memory, 104*, S. 126-133 (195)

Atkinson, R.C. & Shiffrin, R.M. (1968): Human memory: A proposed system and its control processes. In: Spence, K.W. & Spence, J.T. (Eds.), Vol. 2, S. 89-195 (171, 174)

Atthowe, J.M. (1973): Token economy come of age. *Behavior Therapy, 4*, S. 646-654 (110)

Ausubel, D.P. (1963): *The psychology of meaningful verbal learning.* New York: Grune and Stratton (187, 216)

Ausubel, D.P. (1968): *Educational psychology. A cognitive view.* New York 1968: Holt, Rinehart & Winston (Ausubel, D.P., Novak, J. & Hanesian, H., 1978, 2. Aufl.). Dt. (1973): *Psychologie des Unterrichts.* Weinheim: Beltz (161, 166, 187)

Ausubel, D.P. (1977): The facilitation of meaningful verbal learning in the classroom. *Educational Psychologist, 12*, S. 162-178 (216)

Ausubel, D.P. (1978): A defense of advance organizers: A reply to the critic. *Review of Educational Research, 48*, S. 251-257 (188)

Ayllon, T. & Azrin, N.H. (1965): The measurement and reinforcement of behavior of psychotics. *Journal of Experimental Analysis of Behavior, 8*, S. 357-383 (110)

Azrin, N.H. & Holz, W.C. (1966): Punishment. In: Honig, W.K. (Ed.), S. 380-447 (103)

Babad, E., Inbar, J. & Rosenthal, R. (1982): Pygmalion, Galatea, and the Golem: Investigations of biased and unbiased teachers. *Journal of Educational Psychology, 74*, S. 459-474 (302, 305)

Baker, L. (1982): An evaluation of the role of metacognitive deficits in learning disabilities. *Topics in Learning and Learning Disabilities, 2*(1), S. 27-35 (33)

Ball, S. (Ed.) (1977): *Motivation in education.* New York: Academic Press (255, 270)

Balmer, H. (Hrg.) (1982): *Geschichte der Psychologie.* Band 1. Weinheim: Beltz (20)

Bandura, A. (1965): Influence of model's reinforcement contingencies on the acquisition of imitative responses. *Journal of Personality and Social Psychology, 1*, S. 589-595 (118, 119)

Bandura, A. (1969): *Principles of behavior modification.* New York: Holt, Rinehart & Winston (120)

Bandura, A. (1971): *Social learning theory.* Morristown, N.Y.: General Learning Press (117)

Bandura, A. (1977): *Social learning theory.* Englewood Cliffs, N.J.: Prentice-Hall. Dt. (1979): *Sozial-kognitive Lerntheorie.* Stuttgart: Klett-Cotta (122, 123)

346

BANDURA, A. (1978): The self system in reciprocal determinism. *American Psychologist*, **33**, S. 344-358 (122, 123, 124)

BANDURA, A., GRUSEC, J.E. & MENLOVE, F.L. (1967): Vicarious extinction of avoidance behavior. *Journal of Personality and Social Psychology*, **5** S. 16-23 (120)

BANDURA, A. & HUSTON, A.C. (1961): Identification as a process of incidental learning. *Journal of Abnormal and Social Psychology*, **63**, S. 311-318 (119)

BANDURA, A. & KUPERS, C.J. (1964): Transmission of patterns of self-reinforcement through modeling. *Journal of Abnormal and Social Psychology*, **69**, S. 1-9 (123)

BANDURA, A., ROSS, D. & ROSS, S.A. (1963a): Vicarious reinforcement and imitative learning. *Journal of Abnormal and Social Psychology*, **67**, S. 601-607 (118)

BANDURA, A., ROSS, D. & ROSS, S.A. (1963b): A comparative test of the status envy, social power and the secondary reinforcement theories of identificatory learning. *Journal of Abnormal and Social Psychology*, **67**, S. 527-534 (119)

BANTON, L. (1977): Broadening the scope of classroom questions. *Virginia Journal of Education*, **71**, S. 13-15 (219)

BANY, M.A. & JOHNSON, L.V. (1964): *Classroom group behavior. Group dynamics in education.* New York: MacMillan (235)

BARGH, J.A. & SCHUL, Y. (1980): On the cognitive benefits of teaching. *Journal of Educational Psychology*, **72**, S. 593-604 (139)

BARNETT, J.E., DiVESTA, F.J. & ROGOZINSK., J.T. (1981): What is learned in note taking? *Journal of Educational Psychology*, **73**, S. 181-192 (193)

BARRON, F. (1963): *Creativity and psychological health.* Princetown, N.J.: Van Nostrand (163)

BARRON, F. & HARRINGTON, D.M. (1981): Creativity, intelligence, and personality. *Annual Review of Psychology*, **32**, S. 439-476 (162, 163)

BAR-TAL, D. & SAXE, L. (1978): *Social psychology of education.* New York: Hemisphere

BAUER, R.H. (1982): Information processing as a way of understanding and diagnosing learning disabilities. *Topics in Learning and Learning Disabilities*, **2**(2), S. 33-45 (178)

BAUMRIND, D. (1971): Current patterns of parental authority. *Developmental Psychology Monograph*, **4**, (No. 1, part 2) (290)

BAUMRIND, D. (1972): Socialization and instrumental competence in young children. In: HARTUP, W. (Ed.), S. 202-224 (290)

BAUMRIND, D. (1975): The contribution of the family to the development of competence in children. *Schizophrenia Bulletin*, **14**, S. 12-37 (290)

BECKER, W.C. (1973): Applications of behavior principles in typical classrooms. In: THORESON (Ed.), C.E., S. 77-106 (111)

BECKER, W.C., ENGELMANN, S. & THOMAS, D.R. (1971): *Teaching: A course of applied psychology.* Chicago: Science Research Associates (100)

BELLEZZA, F.S. (1981): Mnemonic devices: Classification, characteristics, and criteria. *Review of Educational Research*, **51**, S. 247-275 (195)

BELSCHNER, W., HOFFMANN, M., SCHOTT, F. & SCHULZE, C. (1973): *Verhaltenstherapie in Erziehung und Unterricht.* Stuttgart: Kohlhammer

BERGAN, J.R. (1980): The structural analysis of behavior: An alternative to the learning hierarchy model. *Review of Educational Research*, **50**, S. 625-646 (213)

BERGIUS, R. (Hrg.) (1964): *Allgemeine Psychologie I. Aufbau des Erkennens.* 2. Halbband: Lernen und Denken. Göttingen: Hogrefe

BERLINER, D.C. (1968): *The effects of test-like events and note-taking on learning from lecture instruction.* Stanford University (zit. nach: GAGE, N.L. & BERLINER, D.C., 1979) (188, 189)

BERLINER, D.C. (1971): Aptitude-treatment interactions in two studies of learning from lecture instruction. Paper presented at the meeting of the APA. New York (zit. nach: GAGE, N.L. & BERLINER, D.C., 1979) (194)

BERLYNE, D.E. (1958): The influence of complexity and novelty in visual figures on orienting responses. *Journal of Experimental Psychology,* 55, S. 289-296 (252f.)

BERLYNE, D.E (1960): *Conflict, arousal, and curiosity.* New York: McGraw-Hill. Dt. (1974): *Konflikt, Erregung und Neugier.* Stuttgart: Klett (251, 252)

BERNARD, L.L. (1924): *Instinct; a study in social psychology.* New York: Holt (247)

BERNARD, L.L. (1926): *An introduction to social psychology.* New York: Holt (247)

BERZONSKY, M.D., WEINER, A.S. & RAPHAEL, D. (1975): Interdependence of formal reasoning. *Developmental Psychology,* 11, S. 258 (77)

BETTELHEIM, B. (1958): Segregation: New style? *School Review,* 66, S. 251-272 (235)

BIJOU, S.W., PETERSON, R.F., HARRIS, F.R., ALLEN, K.E. & JOHNSTON, M. (1969): Methodology for experimental studies of young children in natural settings. *Psychological Record,* 19, S. 177-210 (110)

BIRCH, H.G. (1945): The relation of previous experience to insightful problem-solving. *Journal of Comparative and Physiological Psychology,* 38, S. 367-383 (154)

BIRCH, H.G. & RABINOWITZ, H.S. (1951): The negative effect of previous experience on productive thinking. *Journal of Experimental Psychology,* 41, S. 121-125 (146)

BIRKHILL, W.R. & SCHAIE, K.W. (1975): The effect of differential reinforcement of cautiousness in the intellectual performance of the elderly. *Journal of Gerontology,* 30, S. 578-583 (60)

BIRNBAUER, J.S. (1968): Generalization of punishment effects - a case study. *Journal of Applied Behavior Analysis,* 1, S. 201-212 (115)

BIRNBAUER, J.S., BIJOU, S.W., WOLF, M.M. & KIDDER, J.D. (1965): Programmed instruction in the classroom. In: ULLMANN, L.P. & KRASNER, L. (Eds.), S. 358-363 (110)

BIRREN, J.E., CUNNINGHAM, W.R. & YAMAMOTO, K. (1983): Psychology of adult development and aging. *Annual Review of Psychology,* 34, S. 543-575 (61)

BLACK, A.H. & PROKASY, W.F. (Eds.) (1972): *Classical conditioning II: Current theory and research.* New York: Appleton-Century-Crofts

BLANEY, N.T., STEPHAN, C., ROSENFIELD, D., ARONSON, E. & SIKES, J. (1977): Interdependence in the classroom: A field study. *Journal of Educational Psychology,* 69, S. 139-146 (298)

BLATT, S.J. & STEIN, M.I. (1959): Efficiency in problem solving. Part I. *Journal of Psychology,* 48, S. 193-206 (142)

BLOCK, J.H. (Ed.) (1971): *Mastery learning.* New York: Holt, Rinehart & Winston (237)

BLOCK, J.H. & BURNS, R.B. (1976): Mastery learning. In: KERLINGER, F.N. (Ed.), S. 3-49 (237)

BLOOM, B.S. (1968): Learning for mastery. Evaluation Comment. UCLA-CSEIP, 1 (237, 238)

BLOOM, B.S. (1974): Time and learning. *American Psychologist,* 29, S. 681-688 (238)

BLOOM, B.S. (1982): The role of gifts and markers in the development of talent. *Exceptional Children,* 48, S. 510-522 (42ff.)

BLOOM, B.S., ENGLEHART, M.B., FURST, E.J., HILL, W.H. & KRATHWOHL, D.R. (1956): *Taxonomy of educational objectives.* Handbook I: Cognitive domain. New York: David McKay. Dt. (1972): *Taxonomie von Lernzielen im kognitiven Bereich.* Weinheim: Beltz (204ff.)

BOBERTAG, O. (1933): Leistungsschätzung und Leistungsmessung in der Volksschule. Ein Beitrag zur Frage: „Was leistet unsere Schule?" *Zeitschrift für Pädagogische Psychologie*, **34**, S. 377-401 (335)

BOE, E.E. & CHURCH, R.M. (1967): Permanent effects of punishment during extinction. *Journal of Comparative and Physiological Psychology*, **63**, S. 486-492 (103)

BOGUSLAVSKY, G.W. (1957): Psychological research in the Soviet education. *Science*, **125**, S. 915-918 (133)

BOKER, J.R. (1974): Immediate and delayed retention effects of interspersing questions in written and instructional passages. *journal of Educational Psychology*, **66**, S. 96-98 (186)

BOLLES, R.C. (1967): *Theory of motivation.* New York: Harper & Row (247)

BOLSCHO, D. & SCHWARZER, C. (Hrg.) (1979): *Beurteilen in der Grundschule.* München: Urban & Schwarzenberg

BONDY, C. (1956): Pubertät als sozialkulturelles Phänomen. *Praxis der Kinderpsychologie und Kinderpsychiatrie*, **5**, S. 198-201 (48)

BORKE, H. (1975): PIAGET's mountains revisited: Changes in the egocentric landscape. *Developmental Psychology*, 11, S. 240-243 (74)

BOURNE, L.E. & BUNDERSON, C.V. (1963): Effects of delay in information feedback and length of postfeedback intervall on concept identification. *Journal of Experimental Psychology*, **65**, S. 1-5 (137)

BOURNE, L.E. & RESTLE, F. (1959): Mathematical theory of concept identification. *Psychological Review*, **66**, S. 278-296 (134)

BOWER, G.H. (1974): Selective facilitation and interference in retention of prose. *Journal of Educational Psychology*, **66**, S. 1-8 (182)

BOWER, G.H., CLARK, M., WINZENZ, S. & LESGOLD, A. (1969): Hierarchical retrieval schemes in recall of categorized word lists. *Journal of Verbal Learning and Verbal Behavior*, **8**, S. 323-343 (185)

BOWER, G.H. & HILGARD, E.R. (1981): *Theories of learning.* Englewood Cliffs, N.J.: Prentice Hall (87)

BOWLBY, J. (1953): Some pathological processes set in train by early mother-child separation. *Journal of Mental Science*, **99**, S. 265-272 (55)

BRAMBLE, W.J., MASON, E.J. & BERG, P. (1985): *Computers in schools.* New York: McGraw-Hill (230)

BRAND, P. (1955): *Schulreife und Milieu. Eine Untersuchung an Schulneulingen.* Frankfurt/M.: Hirschgraben (53)

BRANDTSTÄDTER, J., REINERT, G. & SCHNEEWIND, K.A. (Hrg.) (1979): *Pädagogische Psychologie: Probleme und Perspektiven.* Stuttgart: Klett-Cotta (24)

BRATTESANI, K.A. & WEINSTEIN, R.S. (1980): *Students' perceptions of teacher behavior: Their role in a model of teacher expectation effects.* Honolulu (zit. nach BRATTESANI et al., 1984) (305)

BRATTESANI, K.A., WEINSTEIN, R.S. & MARSHALL, H.H. (1984): Student perceptions of differential teacher treatment as moderators of teacher expectation effects. *Journal of Educational Psychology*, **76**, S. 236-247

BRAUN, C. (1976): Teacher expectation: Sociopsychological dynamics. *Review of Educational Research*, **46**, S. 185-213 (302, 303f., 309)

BRIGHAM, T.A. (1978): Self-control: Part II. In: CATANIA, A. & BRIGHAM, T.A. (Eds.), S. 259-274 (122)

BROADBENT, D.E. (1958): *Perception and communication*. London: Pergamon (171)

BRONFENBRENNER, U. (1979) : *The ecology of human development: Experiments by nature and design*. Cambridge, Mass.: Harvard University Press. Dt. (1981): *Die Ökologie der menschlichen Entwicklung*. Stuttgart: Klett (53)

BRONSON, G. (1968): The fear of novelty. *Psychological Bulletin*, **69**, S. 350-358 (253)

BROPHY, J.E. (1970): Mothers as teachers of their own preschool children: The influence of socio-economic status and task structure on teaching specifity. *Child Development*, **41**, S. 79-94 (142)

BROPHY, J.E. (1981): Teacher praise: A functional analysis. *Review of Educational Research*, **51**, S. 5-32 (97)

BROPHY, J.E. (1983a): Research on the self-fulfilling prophecy and teacher expectations. *Journal of Educational Psychology*, **75**, S. 631-661 (235, 301f., 305, 306, 310, 311)

BROPHY, J.E. (1983b): Fostering student learning and motivation in the elementary school classroom. In: PARIS, S. G. et al. (Eds.), S. 283-305 (216, 264)

BROPHY, J., & EVERTSON, C. (1976): *Learning from teaching: A developmental perspective*. Boston: Allyn and Bacon (30)

BROPHY, J.E. & GOOD, T.L (1974): *Teacher-student relationships: Causes and consequences*. New York: Holt, Rinehart & Winston. Dt. (1976): *Die Lehrer-Schüler-Interaktion*. München: Urban & Schwarzenberg (32)

BROWN, A.L. (1975): The development of memory: knowing, knowing about knowing and knowing how to know. In: REESE, H.W. (Ed.), S. 103-152 (169, 186)

BROWN, A.L. & PALINCSAR, A.S. (1982): Inducing strategic learning from texts by means of informed, self-control training. *Topics in Learning and Disabilities*, **2**, S. 1-17 (33)

BROWN, R. & ELLIOTT, R. (1965): Control or aggression in a nursery school class. *Journal of Experimental Child Psychology*, **2**, S. 103-107 (113)

BROWN, R. & McNEILL, D. (1966): The "tip of the tongue" phenomenon. *Journal of Verbal Learning and Verbal Behavior*, **5**, S. 325-337 (178)

BROWNELL, W.A. (1951): Readiness for subjectmatter learning. *National Education Association Journal*, XL, S. 445-446 (50)

BROWNELL, W.A. & MOSER, H.E. (1949): *Meaningful vs. mechanical learning: A study in Grade III subtraction*. Durham, N.C.: Duke University Press (186)

BRUNER, J.S. (1959): Learning and thinking. *Harvard Educational Review*, **29**, S. 184-192 (215)

BRUNER, J.S. (1960): *The process of education*. Cambridge: Vintage (166)

BRUNER, J.S. (1961): The act of discovery. *Harvard Educational Review*, **31**, S. 21-32 (50, 214f.)

BRUNER, J.S.(1966a): *Toward a theory of instruction*. Cambridge/Mass.: Norton. Dt. (1974): *Entwurf einer Unterrichtstheorie*. Düsseldorf: Schwann (185)

BRUNER, J.S. (1966b): Some elements of discovery. In: SHULMAN, L.S. & KEISLAR, E.R. (Eds.), S. 101-114 (215)

BRUNER, J.S. (1966c): Education as social intervention. *Saturday Review*, 49, S. 70-72, 102-103 (23)

BRUNER, J.S. (1966d): On cognitive growth I. In: BRUNER et al. (1966), S. 1-29 (50, 69, 79, 80)

BRUNER, J.S. & KENNEY, H.J. (1966): The development of the concepts of order and proportion in children. In: BRUNER et al. (Eds.), S. 154-167 (81, 82)

BRUNER, J.S., OLIVER, R.R. & GREENFIELD, P.M. (Eds.) (1966): *Studies in cognitive growth.* New York: Wiley. Dt. (1971): *Studien zur kognitiven Entwicklung.* Stuttgart: Klett

BRUNNER, R. & ZELTNER, W. (1980): *Lexikon zur Pädagogischen Psychologie und Schulpädagogik.* München: Reinhardt (21, 270)

BRYANT, P.E. & TRABASSO, J. (1971): Transitive inferences and memory in young children. *Nature,* **232,** S. 456-458 (76)

BUCKHOLDT, D.R. & WODARSKI, J.S. (1978): The effects of different reinforcement systems on cooperative behaviors exhibited by children in classroom contexts. *Journal of Research and Development in Education,* **12,** S. 50-68 (297)

BÜHLER, K. (1929): *Die Krisis der Psychologie* (2. Aufl.). Jena: Fischer (11, 251)

BULL, R. & STEVENS, J. (1979): The effects of attractiveness of writer and penmanship on essay grades. *Journal of Occupational Psychology,* **52,** S. 53-59 (336)

BUNDERSON, C.V. & FAUST, G.W. (1976): Programmed and computer-assisted instruction. In: GAGE, N.L. (Ed.), S. S. 44-90 (230)

BUNGARD, W. (Hrg.) (1980): *Die „gute" Versuchsperson denkt nicht.* München: Urban & Schwarzenberg (13)

BUSS, A.R. (1976): The myth of vanishing individual differences in BLOOM's mastery learning. *Instructional Psychology,* **3,** S. 4-14 (239)

CAHILL, H.E. & HOVLAND, C.I. (1960): The role of the memory in the acquisition of concepts. *Journal of Experimental Psychology,* **59,** S. 137-144 (136)

CANESTRARI, R.E. (1963): Paced and self-paced learning in young and elderly adults. *Journal of Gerontology,* **18,** S. 165-168 (60)

CARLSON, J.G. (1980): GUTHRIE's theory of learning. In: GAZDA, G.M. & CORSINI, R.J. (Eds.), S.65-96 (93)

CARMICHAEL, L. (Ed.) (1946): *Manual of child psychology.* New York: Wiley

CARRIER, C.A. & TITUS, A. (1981): Effects of notetaking pretraining and test mode expectations on learning from lectures. *American Educational Research Journal,* **18,** S. 385-397 (193, 194)

CARROLL, J.B. (1963): A model of school learning. *Teachers College Record,* **64,** S. 723-733 (237)

CARROLL, J.S. & PAYNE, J.W. (Eds.) (1976): *Cognition and social behavior.* Hillsdale, N.J.: Erlbaum

CARTWRIGHT, D. (Ed.)(1959): *Studies in social power.* Ann Arbor, Mich.: Institute for Social Research

CARTWRIGHT, D. (1968): The nature of group cohesiveness. In: CARTWRIGHT, D. & ZANDER, A. (Eds.), S. 91-109 (284)

CARTWRIGHT, D. & ZANDER A. (Eds.) (1968): *Group dynamics: Research and theory* (3rd ed.). New York: Harper & Row

CASE, R. (1981): Intellectual development: A systematic reinterpretation. In: FARLEY, F.H. & GORDON, N.J. (Eds.), S. 142-177 (83f.)

Catania, A. & Brigham, T.A. (Eds.) (1978): *Handbook of applied behavior analysis.* New York: Irvington

Charlesworth, R. & Hartup, W.W. (1967): Positive social reinforcement in the nursery school peer group. *Child Development,* **38**, S. 993-1002 (74)

Chase, W. (Ed.) (1973): *Visual information processing.* New York: Academic Press

Chase, W.G. & Ericcson, K.A. (1981): Skilled memory. In: Anderson, J.R. (Ed.), S. 141-189 (84)

Chauncey, H. & Dobbin, J.E. (1970): *Der Test im modernen Bildungswesen.* Stuttgart: Klett (330)

Chi, M.T.H. (1976): Short-term memory limitations in children: Capacity or processing deficits? *Memory and Cognition,* **4**, S. 559-572 (169)

Chi, M.T.H. (1978): Knowledge structures and memory development. In: Siegler, R. (Ed.), S. 73-96 (144, 169)

Chi, M.T.H. & Gallagher, J.D. (1982): Speed of processing: A developmental source of limitation. *Topics in Learning and Learning Disabilities.* **2**, S. 23-32 (84)

Chi, M.T.H., Glaser, R. & Rees, ?. (1982): Expertise in problem solving. In: Sternberg, R.J. (Ed.)(1982b), S. 7-75 (144, 159, 169)

Cicirelly, V.G. (1965): Form of relationship between creativity, IQ, and academic achievement. *Journal of Educational Psychology,* **56**, S. 303-308 (163)

Clarizio, H.F., Craig, R.C. & Mehrens, W.A. (Eds.) (1974): *Contemporary issues in educational psychology* (2nd ed.). Boston: Allyn and Bacon

Clifford, M. & Walster, E. (1973): The effect of physical attractiveness on teacher expectation. *Sociology of Education,* **46**, S. 248-258 (304)

Cofer, C. (Ed.)(1976): *The structure of human memory.* San Francisco: Freeman

Coffman, W.E. (1971): Essay examinations. In: Thorndike, R.L. (Ed.), S. 271-302 (336)

Coffman, W.E. & Kurfman, D.A. (1968): A comparison of two methods of reading essay examinations. *American Educational Research Journal,* **5**, S. 99-107 (335)

Coleman, J.S. (1971): Education in modern society. In: Greenberger, M. (Ed.), S. 116-129 (33)

Coleman, J.S., Campbell, E.Q., Hobson, C.J., McPartland, J., Mood, S.M., Weinfeld, F.D. & York, R.L. (1966): *Equality of educational opportunity* (2 Vols.). Washington, D.C.: Government Printing Office (300)

Combs, W. (Ed.) (1962): *Perceiving, behavior, becoming: Association for Supervision and Curriculum Development Yearbook* (zit. nach Hamachek, 1977)

Conrad, W., Büscher, P., Hornke, L., Jäger, R., Schweizer, H., von Stünzer, W. & Wiencke, W. (1971): *Mannheimer Intelligenztest M-I-T.* Weinheim: Beltz (234)

Cooper, H.M. (1979): Pygmalion grows up: A model for teacher expectation communication and performance influence. *Review of Educational Research,* **49**, S. 389-410 (306)

Cooper, J.M. (Ed.)(1977): *Classroom teaching skills: A handbook.* Lexington, Mass.: Heath

Cooper, J.M. (1977): The teacher as a decision maker. In: Cooper, J.M. (Ed.), S. 2-17 (29, 30)

Corey, S.M. (1940): The teachers out-talk the pupils. *The School Review,* **48**, S. 745-752 (219)

COTTON, J. & COOK, M. (1982): Meta-analyses and the effects of various systems: Some different conclusions from JOHNSON et al. *Psychological Bulletin*, 92, S. 176-183 (294)

COVINGTON, M.V. (1984): The motive for self-worth. In: AMES, R.E. & AMES, C. (Eds.), S. 77-113 (259, 263)

COVINGTON, M.V. & BEERY, R. (1976): *Self-worth and school learning.* New York: Holt, Rinehart & Winston (256f., 263)

COVINGTON, M.V., CRUTCHFIELD, R.S., DAVIES, L. & OLTON, R.M. (1974): *The productive thinking program: A course in learning to think.* Columbus, Ohio: Merrill (166)

COVINGTON, M.V. & OMELICH, C.L. (1979): The double-edged sword in school achievement. *Journal of Educational Psychology,* 71, S. 169-182 (262f.)

COVINGTON, M.V. & OMELICH, C.L. (1981): As failures mount: Affective and cognitive consequences of ability demotion in the classroom. *Journal of Educational Psychology,* 73, S. 796-808 (268)

Cox, M.V. (1975): The other observer in a perspective task. *British Journal of Educational Psychology,* 54, S. 83-85 (74)

Cox, R.C. & VARGAS, J.S. (1966): A comparison of item selection techniques for norm-referenced and criterion-referenced tests. Paper read at the Annual Meeting of the National Council on Measurement. Chicago, Ill. (324)

Cox, W.F. & DUNN, T.G. (1979): Mastery learning: A psychological trap? *Educational Psychologist,* 14, S. 24-29 (239)

CRAIK, F.I.M. (1979): Human memory. *Annual Review of Psychology,* 30, S. 63-102 (180)

CRAIK, F.I.M. & LOCKHART, R.S. (1972): Levels of processing: A framework for memory research. *Journal of Verbal Learning and Verbal Behavior,* 11, S. 671-684 (179)

CRAIK, F.I.M. & WATKINS, M.J. (1973): The role of rehearsal in short-term memory. *Journal of Verbal Learning and Verbal Behavior,* 12, S. 599-607 (174)

CRANACH, M. von, KALBERMATTEN, U., INDERMÜHLE, K. & GUGLER, B. (1980): *Zielgerichtetes Handeln.* Bern: Huber (19)

CRANO, W.D. & MELLON, P.M. (1978): Causal influence of teachers' expectations on children's academic performance. A cross-lagged panel analysis. *Journal of Educational Psychology,* 70, S. 39-49 (307)

CRONBACH, L.J. (1963): *Educational psychology* (2nd ed.; 3rd ed.: 1977). New York: Harcourt Brace Jovanovich. Dt. (1973): *Einführung in die Pädagogische Psychologie.* Weinheim: Beltz (233, 291, 316ff.)

CRONBACH, L.J. (1967): How can instruction be adapted to individual differences? In: GAGNÉ, R.M. (Ed.), S. 23-39 (240)

CRONBACH, L.J. (1975): Beyond the two disciplines of scientific psychology. *American Psychologist,* 30, S. 116-127 (23)

CRONBACH, L.J. & SNOW, R.E. (1977): *Aptitudes and instructional methods: A handbook for research on interactions.* New York: Irvington (242)

CROUSE, J.H. (1970): Retroactive interference in reading prose materials. *Journal of Educational Psychology,* 61, S. 39-44 (182)

CROWDER, N.A. (1960): Automatic tutoring by intrinsic programming. In: LUMSDAINE, H.A. & GLASER, R. (Eds.), S. 286-298 (228)

CROWDER, N.A. (1963): The rationale of intrinsic programming. In: DeCECCO, J.P. (Ed.), S. 183-189 (228)

Curtiss, S. (1977): *Genie: A psycholinguistic study of a modern day "wild child".* New York: Academic Press (55)

Dalis, G.T. (1970): Effect of precise objectives upon student achievement in health education. *The Journal of Experimental Education,* **39**, S. 20-23 (203)

Darley, J.M. & Fazio, R.H. (1980): Expectancy confirmation processes arising in the social interaction sequence. *American Psychologist,* **35**, S. 867-881 (307)

Davis, R.H., Alexander, L.T. & Yelon, S.L. (1974): *Learning system design: An approach to the improvement of instruction.* New York: McGraw-Hill (151)

Davison, G.C. & Neale, J.M. (1979): *Klinische Psychologie.* München: Urban & Schwarzenberg (93)

Day, H.I. (1981): Neugier und Erziehung. In: Voss, H.G. & Keller, H. (Hrg.), S. 226-262 (251)

Day, H.I. (1982): Curiosity and the interested explorer. *Performance and Instruction,* **21,** S. 19-22 (250, 251)

DeCecco, J.P. (Ed.)(1963): *Human learning in the school.* New York: Holt, Rinehart & Winston

deCharms, R. (1976): *Enhancing motivation: Change in the classroom.* New York: Irvington (272)

deCharms, R. (1984): Motivation enhancement in educational settings. In: Ames, R.E. & Ames, C. (Eds.), S. 275-310 (272)

Deci, E. (1975): *Intrinsic motivation.* New York: Plenum (268)

de Corte, E. (1980): Zum Stand der empirischen Überprüfung der kognitiven Taxonomie von Bloom: Methoden und Ergebnisse. In: Klauer, K.J. & Kornadt, H.J. (Eds.), S. 43-65 (206)

de Groot, A.D. (1965): *Thought and choice in chess.* The Hague: Mouton (159, 176)

Deiker, T. & Matson, J.L. (1979): Internal control and success orientation in token economy for emotional desturbed youngsters. *Adolescence,* **14**, S. 215-220 (110)

Delefes, P. & Jackson, B. (1972): Teacher-pupil interaction as function of location in the classroom. *Psychology in the Schools,* **9**, S. 119-123 (219)

Dellas, M. & Gaier, E.G. (1970): Identification of creativity: The individual. *Psychological Bulletin,* **73**, S. 55-73 (164)

Deney, N.W. (1974): Clustering in middle and old age. *Developmental Psychology,* **10**, S. 471-475 (61)

Dennis, W. (1960): Causes of retardation among institutional children: Iran. *Journal of Genetic Psychology,* **96**, S. 47-59 (48)

Dennis, W. (1973): *Children of the Creche.* New York: Prentice-Hall (57f.)

Dennis, W. & Dennis, M.G. (1940): The effect of cradling practices upon the onset of walking in Hopi children. *Journal of Genetic Psychology,* **56**, S. 77-86 (46f.)

Dennis, W. & Najarian, P. (1957): Infant development under environmental handicap. *Psychological Monographs,* **71**, Nr. 7 (48, 57)

DePaulo, B., Nadler, A. & Fisher, J. (Eds.)(1984): *New directions in helping.* (Vol. 2), New York: Academic Press. In press

Detterman, D.K. & Sternberg, R.J. (Eds.) (1982): *How and how much can intelligence be increased.* Norwood, N.J.: Ablex Deur, J.L. & Parke, R.D. (1970): The effects of inconsistent punishment on aggression in children. *Developmental Psychology,* **2**, S. 403-411 (116)

DIEDERICH, P.B. (1967): Cooperative preparation and rating of essay tests. *English Journal*, **56**, S. 573-584 (337)

DIENER, C.I. & DWECK, C.S. (1978): An analysis of learned helplessness: Continous changes in performance, strategy, and achievement cognitions following failure. *Journal of Personality and Social Psychology*, **36**. S. 451-462 (275, 310)

DIENER, C.I. & DWECK, C.S. (1980): An analysis of learned helplessness: II. The processing of success. *Journal of Personality and Social Psychology*, **39**, S. 840-952 (276)

DIENER, K. (Hrg.)(1979): *Lernzieldiskussion und Unterrichtspraxis* (2. Aufl.). Stuttgart: Klett (199)

DILLON, J.T. (1982a): Problem finding and solving. *Journal of Creative Behavior*, **16**, S. 97-111 (140)

DILLON, J.T. (1982b): The multidisciplinary study of questioning. *Journal of Educational Psychology*, **74**, S. 147-165 (219)

DI VESTA, F.J. & GRAY, G.S. (1972): Listening and note taking. *Journal of Educational Psychology*, **63**, S. 8-14 (193)

DI VESTA, F.J. & SMITH, D.A. (1979): The pausing principle: Increasing the efficiency of memory for ongoing events. *Contemporary Educational Psychology*, **4**, S. 288-296 (194)

DOCTOROW, M., WITTROCK, M.C. & MARKS, C. (1978): Generative processes in reading comprehension. *Journal of Educational Psychology*, **70**, S. 109-118 (187)

DÖRING, W.O. (1925): *Untersuchungen zur Psychologie des Lehrers*. Leipzig: Quelle & Meyer (335)

DOERKS-KUBENEC, H. (1978): Anwendung und Kritik der Verhaltensmodifikation in der Schule. *Die Deutsche Schule*, **70**, S. 206-228 (111)

DÖRNER, D. (1976): *Problemlösen als Informationsverarbeitung*. Stuttgart: Kohlhammer (140f.)

DOLLASE, R. (1976): *Soziometrische Techniken* (2. Aufl.). Weinheim: Beltz (283)

DOMINO, G. (1971): Interactive effects of achievement orientation and teaching style on academic achievement. *Journal of Educational Psychology*, **62**, S. 427-431 (292)

DONALDSON, M. (1979): *Children's minds*. New York: Norton (73)

DOTY, B.A. & DOTY, L.A. (1964): Programmed instructional effectiveness in relation to certain student characteristics. *Journal of Educational Psychology*, **55**, S. 334-338 (230)

DOYLE, J.J. (1980): Professionals versus obsolescence. *Santa Barbara New-Press* (21. Mai) (59)

DOYLE, W. (1983): Academic work. *Review of Educational Research*, **53**, S. 159-199 (221f.)

DRABMAN, R.S., JARVIE, G.J. & ARCHBOLD, J. (1976): The use and misuse of extinction in classroom behavioral programs. *Psychology in the Schools*, **13**, S. 470-476 (113)

DRESSEL. P.L. (1977): The nature and role of objectives in instruction. *Educational Technology*, **17**, S. 7-15 (202)

DREVDAHL, J.E. (1964): Some developmental and environmental factors in creativity. In: TAYLOR, C.W. (Ed.), S. 170-186 (165)

DUCHASTEL, P. C. (1979): Learning objectives and the organization of prose. *Journal of Educational Psychology*, **71**, S. 100-106 (139, 203)

DUCHASTEL P.C. & MERRILL, P.F. (1973): The effects of behavior objectives on learning: A review of empirical studies. *Review of Educational Research*, **43**, S. 53-70 (203)

DÜKER, H. & TAUSCH, R. (1957): Über die Wirkung der Veranschaulichung von Unterrichtsstoffen auf das Behalten. *Zeitschrift für experimentelle und angewandte Psychologie*, **4**, S. 384-400 (190f.)

DUELL, O.K. (1974): Effect of type of objective level of test questions, and the judged importance of tested materials upon posttest performance. *Journal of Educational Psychology*, **66**, S. 225-232 (203)

DUNKIN, M.J. & BIDDLE, B.J. (1974): *The study of teaching*. New York: Holt, Rinehart & Winston (97, 222)

DURLING, R. & SCHICK, C. (1976): Concept attainment by pairs and individuals as a function of vocalization. *Journal of Educational Psychology*, **68**, S. 83-91 (138f.)

DUSEK, J.B. (1975): Do teachers bias children's learning? *Review of Educational Research*, **45**, S. 661-684 (304, 306)

DUSEK, J.B., HALL, V.C., & MEYER, W.J. (Eds.)(1985): *Teacher expectancies*. Hillsdale, N.J.: Erlbaum (301)

DUSEK, J.B. & JOSEPH, G. (1983): The bases of teacher expectancies: A meta-analysis. *Journal of Educational Psychology*, **75**, S. 327-346 (304, 305)

DWECK, C.S. (1975): The role of expectations and attributions on the alleviation of learned helplessness. *Journal of Personality and Social Psychology*, **31**, S. 674-685 (276, 277)

DWECK, C.S. & BEMBECHAT, J. (1983): Children's theories of intelligence: Consequences for learning. In: PARIS, S.G. et al. (Eds.), S. 239-256 (260)

DWECK, C.S., DAVIDSON, W., NELSON, S. & ENNA, B. (1978): Sex differences in learned helplessness: II. The contingencies of evaluative feedback in the classroom and III. an experimental analysis. *Developmental Psychology*, **14**, S. 268-276 (307, 308)

DWECK, C.S. & GOETZ, T.E. (1978): Attribution and learned helplessness. In: HARVEY, J.H., ICKES, W. & KIDD, R.F. (Eds.), S. 157-179 (276, 308)

DWECK, C.S. & WORTMAN, C.B. (1982): Learned helplessness, and achievement motivation: Neglected parallels in cognitive, affective and coping responses. In: KROHNE, H.W. & LAUX, L. (Eds.), S. 93-125 (271, 273f.)

DWYER, F.M. (1967): Adopting visual illustrations for effective learning. *Harvard Educational Review*, **37**, S. 250-263 (134)

EBEL, R.L. (1962): Content standard test scores. *Educational Psychological Measurement*, **22**, S. 15-25 (317)

EBERLE, G. & KORNMANN, R. (1984): Anforderungsorientierte Leistungsdiagnostik. In: HELLER, K. (Hrg.), S. 125-133 (318)

EBERT, E. & MEUMANN, E. (1905): Über einige Grundfragen der Psychologie der Übungsphänomene im Bereich des Gedächtnisses, zugleich ein Beitrag zur Psychologie der formalen Geistesbildung. *Archiv für die Gesamte Psychologie*, **4**, S. 1-232 (157)

EBERT, W. (1980): *Die Macht der Lehrer*. München: Ehrenwirth (28)

ECKENSBERGER, L.H. (1982): Eine metamethodologische Bewertung psychologischer Theorien unter einer kulturvergleichenden Perspektive. In: LANTERMANN, E.D. (Hrg.), S. 9-28 (20)

ECKES, T. & SIX, B. (1984): Prototypenforschung: Ein integrativer Ansatz zur Analyse der alltagssprachlichen Kategorisierung von Objekten, Personen und Situationen. *Zeitschrift für Sozialpsychologie*, **84**, S. 227 (128)

EDELSTEIN, W. & HOPF, D. (Hrg.)(1973): *Bedingungen des Bildungsprozesses. Psychologische und pädagogische Forschungen zum Lehren und Lernen in der Schule*. Stuttgart: Klett

EGAN, D.E. & GREENO, J.G. (1973): Acquiring cognitive structure by discovery and rule learning. *Journal of Educational Psychology*, **64**, S. 85-97 (216)

EGGEN, P.D., KAUCHAK, D.P. & HARDER, R.J. (1979): *Strategies for teachers. Information processing models in the classroom*. Englewood Cliffs, N.J.: Prentice-Hall (135, 142, 145, 149, 187, 218)

EINSIEDLER, W. (1976): *Lehrstrategien und Lernerfolg*. Weinheim: Beltz (215)

EINSTEIN, A. & INFELD, L. (1938): *The evolution of physics*. New York: Simon & Schuster (140)

EISDORFER, C., NOWLIN, J. & WILKIE, F. (1970): Improvement of learning in the aged by modification of autonomic nervous system activity. *Science*, **170**, S. 1327-1329 (61)

EISNER, E.W. (1969): Instructional and expressive objectives: Their formulation and use in curriculum. In: POPHAM, W.J. et al.(Eds.), S. 1-31 (203)

ELASHOFF, J.D. & SNOW, R.E. (1971): *Pygmalion reconsidered*. Worthington, Ohio: Jones. Dt. (1972): *Pygmalion auf dem Prüfstand*. München: Kösel (301)

ELKIND, D. (1967): Egocentrism in adolescence. *Child Development*, **38**, S. 1025-1034 (78)

ELKIND, D. (1968): Giant in the nursery - Jean PIAGET. *The New York Times Magazine* (May 26) (72)

ELKIND, D. (1976): *Child development and education: A PIAGETian perspective*. New York: Oxford University Press (63)

ELKIND, D. (1981): Obituary - Jean PIAGET (1896-1980). *American Psychologist*, **36**, S. 911-913 (52f.)

ELLIS, H.C. (Ed.) (1965): *The transfer of learning*. New York: Macmillan (160)

ELLIS, R.S. (1956): *Educational psychology: A problem approach*. Toronto: Van Nostrand (24)

ELY, D.P. et al. (Eds.)(1972): *The psychomotor domain*. Washington, D.C.: Gryphon House

ERLENMEYER-KIMLING, L. & JARVIK, L.F. (1963): Genetics and intelligence: A review. *Science*, **142**, S. 1477-1479 (38)

ESPOSITO, D. (1973): Homogeneous and heterogeneous ability grouping: Principal findings and implications for evaluating and designing more effective educational environments. *Review of Educational Research*, **43**, S. 163-179 (233, 235)

ESTES, W.K. (1944): An experimental study of punishment. *Psychological Monographs*, **57**, No. 263 (103)

EWERT, O. (1979): Zum Selbstverständnis der Pädagogischen Psychologie im Wandel ihrer Geschichte. In: BRANDSTÄDTER, J. et al. (Hrg.), S. 15-28 (22)

EYFERTH, K. (1977): Einleitung. In: GARTEN, H.-K. (Hrg.), S. 8-11 (329)

FARLEY, F.H. (1981): Basic process individual differences: A biological based theory of individualization for cognitive, affective, and creative outcomes. In: FARLEY, F.H. & GORDON, N.J. (Eds.), S. 9-31 (241f.)

FARLEY, F.H. & GORDON, N.J. (Eds.) (1981): *Psychology and education. The state of the union*. Berkeley, CA: McCutchan (22, 24)

FASS, W. & SCHUMACHER, G. (1978): Effects of motivation, subject activity, and readability on the retention of prose materials. *Journal of Educational Psychology*, **70**, S. 803-807 (192)

FEDERICO, P.-A. (1980): Adaptative instruction: Trends and issues. In: SNOW, R.E. et al. (Eds.), Vol. 1, S. 1-26 (240, 318)

FELDHUSEN, J.F., SPEEDIE, S.M. & TREFFINGER, D.J. (1971): The Purdue creative thinking program: Research and evaluation. *NSPI Journal,* 10, S. 5-9 (166)

FELDMAN, R.S. & ALLEN, V.L. (1979): Student success and tutor verbal and nonverbal behavior. *Journal of Educational Research,* 72, S. 142-149 (222)

FELDMAN, R.S., JENKINS, L., & POPOOLA, O. (1979): Detection of deception in adults and children via facial expressions. *Child Development,* 50, S. 350-355 (223)

FELDMAN, R.S. & PROHASKA, T. (1979): The student as Pygmalion: Effect of student expectation on the teacher. *Journal of Educational Psychology,* 71, S. 485-495 (311f.)

FERSTER, C.B. & SKINNER, B.F. (1957): *Schedules of reinforcement.* New York: Appleton-Century-Crofts (103)

FESTINGER, L. (1950): Informal social cummunication. *Psychological Review,* 57, S. 271-282 (283)

FESTINGER, L., SCHACHTER, S. & BACK, K.W. (1950): *Social pressure in informal groups: A study of a housing community.* New York: Harper (280)

FIETKAU, H.-J. (1981): Sozialforschung und Alltagserwartung. In: FIETKAU, H.-J. & GÖRLITZ, D. (Hrg.), S. 25-40 (9)

FIETKAU, H.-J. & GÖRLITZ, D. (Hrg.) (1981): *Umwelt und Alltag in der Psychologie.* Weinheim: Beltz (2, 13)

FINLAYSON, D.S. (1951): The reliability of the marking of essays. *British Journal of Educational Psychology,* 21, S. 126-134 (336)

FINN, D.J. (1972): Expectations and the educational environment. *Review of Educational Research,* 42, S. 387-410 (309)

FISCHER, G.H. (1968): *Psychologische Testtheorie.* Bern: Huber

FISCHER, G.H. (1968): Kritik der klassischen Testtheorie. In: FISCHER, G.H. (Hrg.), S. 54-77 (321, 329)

FISHER, J.L. & HARRIS, M.B. (1973): Effects of note taking and review on recall. *Journal of Educational Psychology,* 65, S. 321-325 (193)

FISKE, E.B. (1975): What difference does class size make? *New York Times* (10. September) (236)

FISKE, E.B. (1978): Small classes do not always lead to better education, a study finds. *New York Times* (30. Juli) (236)

FLAMMER, A. (1975): Wechselwirkungen zwischen Schülermerkmalen und Unterrichtsmethoden. In: SCHWARZER, R. & STEINHAGEN, K. (Hrg.) S. 27-41 (239)

FLAVELL, J.H. (1963): *Developmental psychology of Jean PIAGET.* Princetown, N.J.: Van Nostrand (74)

FLAVELL. J.H. (1970): Developmental studies in mediated memory. In: REESE, H.W. & LIPSITT, L.P. (Eds.), S. 182-211 (175)

FLAVELL, J.H. (1979): The development of knowledge about visual perception. In: KEASEY, C.B. (Ed.), S. 43-76

FLAVELL, J.H., COOPER, A. & LOISELLE, R.H. (1958): Effect of the number of pre-utilization functions on functional fixedness in problem-solving. *Psychological Reports,* 4, S. 343-350 (147)

Foss, B.M. (Ed.)(1969): *Determinants of infant behavior.* Vol. 4. London: Methuen

FOSTER, F.P. (1968): The human relationships of creative individuals. *Journal of Creative Behavior,* **2,** S. 111-118 (165)

FRANKEN, R.E. (1982): *Human motivation.* Monterey, CA: Brooks/Cole (252)

FREDERIKSEN, N. (1984): The real test bias. Influences of testing on teaching and learning. *American Psychologist,* **39,** S. 193-202 (189, 341)

FREIBERGS, V. & TULVING, E. (1961): The effect of practice on utilization of information from positive and negative instances in concept identification. *Canadian Journal of Psychology,* **1,** S. 101-106 (137)

FRENCH, E.G. (1958): Effects of the interaction of motivation and feedback on task performance. In: ATKINSON, J.W. (Ed.), S. 400-408 (242)

FRENCH, J.R.P. & RAVEN, B. (1968): The bases of social power. In: CARTWRIGHT, D. & ZANDER, A. (Eds.), S. 259-269 (286f.)

FRENZ, H.-G. & TRÖGER, H. (1977): Der Aspekt der Objektivität von Messungen. In: GARTEN, H.-K. (Hrg.), S. 162-174 (325)

FREY, D. & GREIF, S. (Hrg.) (1983): *Sozialpsychologie. Ein Handbuch in Schlüsselbegriffen.* München: Urban & Schwarzenberg

FRICKE, R. (1972): *Über Meßmodelle in der Schulleistungsdiagnostik.* Düsseldorf: Schwann (321, 329)

FRIEDMAN, F. & RICKARDS, J.P. (1981): Effects of level, review, and sequence of inserted questions on text processing. *Journal of Educational Psychology,* **73,** S. 427-436 (190)

FRIEZE, I.H. & WEINER, B. (1971): Cue utilization and attributional judgments for success and failure. *Journal of Personality,* **39,** S. 591-606 (267)

FROST, J.L. (Ed.) (1968): *Early childhood education rediscovered.* New York: Holt, Rinehart and Winston

FRY, D. (1977): *Homo loquens: Man as a talking animal.* Cambridge: Cambridge University Press (177)

GAGE, N.L. (1972): *Teacher effectiveness and teacher education. The search for a scientific basis.* Palo Alto, CA: Pacific Books (24)

GAGE, N.L. (Ed.) (1976): *The psychology of teaching methods.* The Seventy-fifth Yearbook of the NSSE. Chicago, Ill.: University of Chicago Press

GAGE, N.L. & BERLINER, D.C. (1984): *Educational Psychology* (3rd ed.). Dallas: Houghton Mifflin. Dt. (1979): *Pädagogische Psychologie.* 2 Bände. München: Urban & Schwarzenberg (59)

GAGNÉ, R.M. (1965, 19773): *The conditions of learning.* New York: Holt, Rinehart and Winston. Dt. (1969): *Die Bedingungen des menschlichen Lernens.* Hannover: Schroedel (50, 156, 209f.)

GAGNÉ, R.M. (Ed.) (1967): *Learning and individual differences.* Columbus, Ohio: Merrill (240)

GAGNÉ, R.M. (1968): Contributions of learning to human development. *Psychological Review,* **75,** S. 177-191 (51)

GAGNÉ, R.M. (1974): *Essentials of learning and instruction.* Hinsdale, Ill.: Dryden Press (211)

GAGNÉ, R.M. (1984): Learning outcomes and their effects. Useful categories of human performance. *American Psychologist,* **39,** S. 377-385 (210f.)

GAGNÉ, R.M. & BRIGGS, L.J. (1979): *Principles of instructional design.* New York: Holt, Rinehart and Winston (191, 210, 211, 213)

GALL, M.D. (1970): The use of questions in teaching. *Review of Educational Research*, **40**, S. 707-721 (219, 221)

GALL, M.D. & GALL, J.P. (1976): The discussion method. In: GAGE, N.L. (Ed.), S. 166-216 (224, 225)

GAMBRELL, L.B., PFEIFFER, W.R. & WILSON, R.M. (1985): The effects of retelling upon reading comprehension and recall of text information. *The Journal of Educational Research*, **78**, S. 216-220 (192)

GANSKE, L. (1981): Note-taking: A significant and integral part of learning environments. *Educational Communication and Technology Journal*, **29**, S. 155-175 (193)

GARTEN, H.-K. (Hrg.)(1977): *Diagnose von Lernprozessen.* Braunschweig: Westermann

GATES, A.I. (1917): Recitation as a factor in memorizing. *Archives of Psychology*, **6**, S. 1-104 (192)

GAZDA, G.M. & CORSINI, R.J. (Eds.) (1980): *Theories of learning.* Itasca, Ill.: Peacock

GESELL, A. & THOMPSON, H. (1941): Twins T and C from infancy to adolescence: A biogenetic study of individual differences by the method of co-twin control. *Genetic Psychology Monographs*, **24**, S. 586-592 (45f.)

GETTINGER, M. (1985): Time allocated and time spent relative to time needed for learning as determinants of achievement. *Journal of Educational Psychology*, **77**, S. 3-11 (237)

GETZELS, J.W. & DILLON, J.T. (1973): The nature of giftedness and the education of the gifted. In: TRAVERS, R.M.W. (Ed.), S. 689-731 (163)

GIESE, G. (Hrg.) (1961): *Quellen zur deutschen Schulgeschichte seit 1800.* Göttingen: Musterschmidt (2)

GILLHAM, I. (1967): Self-concept and reading. *The Reading Teacher*, **21**, S. 270-273 (zit. nach BRAUN, 1976) (310)

GILSTRAP, R.L. & MARTIN, W.R. (1975): *Current strategies for teachers: A resource for personalizing education.* Pacific Palisades, CA: Goodyear (215, 223f.)

GINSBURG, H. & OPPER, S. (1979): PIAGET's *theory of intellectual development* (2nd ed.; 1rst ed.: 1969). Englewood Cliffs, N.J. : Prentice-Hall. Dt. (1978): PIAGET's *Theorie der geistigen Entwicklung* (2. Aufl.). Stuttgart: Klett-Cotta (15, 63, 75)

GLASER, R. (Ed.) (1962): *Training research and education: Science edition.* Pittsburg: University of Pittsburg Press

GLASER, R. (1963): Instructional technology and the measurement of learning outcomes. *American Psychologist*, **18**, S. 519-522 (318)

GLASER, R. (1964): Implications of training research for education. In: HILGARD, E.R. (Ed.), S. 153-181 (200)

GLASER, R. (1982): Instructional psychology. Past, present, and future. *American Psychologist*, **37**, S. 292-305 (22)

GLASER, R. & PELLEGRINO, J. (1982): Improving the skills of learning. In: DETTERMAN, D.K. & STERNBERG, R.J. (Eds.), S. 197-212 (331)

GLASS, G.V., COHEN, L.S., SMITH, M.C. & FILBY, N.N. (1982): *School class size: Research and policy.* Beverly Hills, CA.: Sage (236)

GLENBERG, A. & ADAMS, F. (1978): Type I rehearsal and recognition. *Journal of Verbal Learning and Verbal Behavior*, **17**, S. 455-463 (174)

GLUECK, S. & GLUECK, E. (1950): *Unraveling juvenile deliquency.* New York: Commonwealth Fund (114)

GODSHALK, F.I., SWINEFORD, F.U. & COFFMAN, W.E. (1966): *The measurement of writing ability.* New York: College Entrance Examination Board (335, 337)

GOLDBERG, M.L., PASSOW, A.H. & JUSTMAN, J. (1966): *The effects of ability grouping.* New York: Teachers College Press (233, 235)

GOOD, T.L., BIDDLE, B.J. & BROPHY, J.E. (1975): *Teachers make a difference.* New York: Holt, Rinehart and Winston (203)

GOOD, T.L. & BROPHY, J.E. (1980): *Educational psychology. A realistic approach* (2nd ed.). New York: Holt, Rinehart and Winston (302)

GORDON, I.J. (1968): The young child: A new look. In: FROST, J.L. (Ed.), S. 11-20 (47f.)

GOSLIN, D.A. (Ed.)(1969): *Handbook of socialization and research.* Chicago: McNally

GOSLING, G.W.H. (1966): *Marking English compositions.* Melbourne: Australian Council for Educational Research (337)

GOTTLIEB, J. (1974): Attitudes of Norwegian and American children toward mildly retarded children in special classes. *Journal of Special Education,* 7, S. 313-319 (299)

GRECO, P. & PIAGET, J. (Ed.)(1959): *Apprentissage et connaissance.* Etudes d' épistémologie génétique, 7. Paris: Presses Universaires de France.

GREENBERGER, M. (Ed.)(1971): *Computers, communications, and the public interest.* Baltimore: John Hopkins Press

GRINDER, R.E. (1981): The "new" science of education. Educational psychology in search of a mission. In: FARLEY, F.H. & GORDON, N.J. (Eds.), S.354-366 (23)

GROEBEN, N. (1979): Normkritik und Normbegründung als Aufgabe der Pädagogischen Psychologie. In: BRANDSTÄDTER, J. et al. (Hrg.), S. 51-78 (24, 25)

GROEBEN, N. (1981): Die Handlungsperspektive als Theorierahmen für Forschung im pädagogischen Feld. In: HOFER, M. (Hrg.), S. 17-48 (18)

GROEN, G. & RESNICK, L.B. (1977): Can preschool children invent addition algorithms? *Journal of Educational Psychology,* **69,** S. 645-652 (217)

GRONLUND, N.E. (1978): *Stating behavioral objectives for classroom instruction* (2nd ed.). Toronto: Macmillan (202)

GRONLUND, N.E. (1982): *Constructing achievement tests* (3rd ed.). Englewood Cliffs, N.J.: Prentice-Hall (325)

GUTHRIE, E.R. (1942): Conditioning: A theory of learning in terms of stimulus response, and association. In: McCONNELL, T.R. (Ed.), S. 17-60 (93)

GUTHRIE, E.R. (1959): Association by contiguity. In: KOCH, S. (Ed.) (Vol. 2), S. 158-195 (94)

HACKER, W. (1973): *Allgemeine Arbeits- und Ingenieurpsychologie.* Bern: Huber (18, 319)

HALL, E. (1970): A conversation with Jean PIAGET and Barbel INHELDER. *Psychology Today,* 3, S. 25-56 (73)

HALL, R.V., LUND, D. & JACKSON, D. (1968): Effects of teacher attention on study behavior. *Journal of Applied Behavior Analysis,* 1, S. 1-12 (113)

HAMACHEK, D.E. (1977): Humanistic psychology: Theoretical-philosophical framework and implications for teaching. In: TREFFINGER et al. (Eds.), S. 139-160

HAMACHEK, D.E. (1979): *Psychology in teaching, learning and growth* (2nd ed.). Boston, Mass.: Allyn and Bacon (17)

HAMEYER, U., FREY, K. & HAFT, H. (Hrg.) (1983): *Handbuch der Curriculumforschung. Erste Ausgabe zur Forschung 1970-1981.* Weinheim: Beltz

HANSEN, R.A. (1977): Anxiety. In: BALL, S. (Ed.), S. 91-109 (270, 271)

HARARI, H. & KAPLAN, R.M. (1982): *Social psychology. Basic and applied.* Monterey: Brooks/Cole (282)

HARARI, H. & McDAVID, J. (1973): Name stereotypes and teachers' expectations. *Journal of Educational Psychology,* **65**, S. 222-225 (304)

HARARI, O. & COVINGTON, O. (1981): Reactions to achievement behavior from a teacher and student perspective: A developmental analysis. *American Educational Research Journal,* **18**, S. 15-28 (260)

HARING, N.G., & KUNZELMANN, H.P. (1966): *The finer focus of therapeutic behavioral management. Educational Therapy,* Vol. 1, Special Child Publications. Seattle, Wash.: Straub (111)

HARLOW, H.F. (1949): The formation of learning sets. *Psychological Review,* **56**, S. 51-56 (154, 160)

HARLOW, H.F. (1950): Learning and satiation of response in intrinsically motivated complex puzzle performance by monkeys. *Journal of Comparative and Physiological Psychology,* **43**, S. 289-294 (251)

HARLOW, H.F. (1959): Learning set and error factor theory. In: KOCH, (Ed.) Vol. 2, S. 492-537 (154)

HARLOW, H.F. & HARLOW, M.K. (1969): Effects of various mother-infant relationships on rhesus monkey behaviors. In: Foss, B.M. (Ed.), S. 15-36 (54)

HARROW, A.J. (1972): *A taxonomy of the psychomotor domain: A guide for developing behavioral objectives.* New York: McKay (209)

HART, B.M. & RISLEY, T.R. (1968): Establishing use of descriptive adjectives in the spontaneous speech of disadvantaged pre-school children. *Journal of Applied Behavior Analysis,* **1**, S. 109-120 (100)

HARTLEY, E.L. & HARTLEY, R.E. (1969): *Die Grundlagen der Sozialpsychologie.* Berlin: Rembrandt (286)

HARTLEY, J., BARTLETT, S. & BRANTHWAITE, A. (1980): Underlining can make a difference - Sometimes. *Journal of Educational Research,* **73**, S. 218-224 (192)

HARTLEY, J. & DAVIES, I.K. (1976): Preinstructional strategies: The role of pretests, behavioral objectives, overviews, and advanced organizers. *Review of Educational Research,* **46**, S. 239-265 (186, 187, 188)

HARTLEY, S.S. (1978): Meta-analysis of the effects of individually-paced instruction in mathematics. (Doctoral Dissertation, University of Colorado). *Dissertation Abstracts International,* **38**, S. 4003 (229)

HARTOG, P. & RHODES, E.C. (1936): *The marks of examiners.* London: Macmillan (335)

HARTUP, W.W. (Ed.) (1972): *The young child: Reviews of research.* Vol. 2. Washington, D.C.: National Association for the Education of Young Children

HARVEY, J.H., ICKES, W.J. & KIDD, R.F.(Eds.)(1976): *New directions in attribution research.* Vol. 1. Hillsdale, Ill.: Erlbaum

HARVEY, J.H., ICKES, W. & KIDD, R.F. (Eds.) (1978): *New directions in attribution research,* Vol. 2. Hillsdale, Ill.: Erlbaum

HASAN, P. & BUTCHER, H.J. (1966): Creativity and intelligence: A partial replication with Scottish children of GETZELS and JACKSONS study. *British Journal of Psychology,* **57**, S. 129-135 (165)

HAVELKA, J. (1956): Problem-solving behavior in rats. *Canadian Journal of Psychology,* **10**, S. 91-97 (251)

362

HAYES, J.R. (1973): On the function of visual imagery in elementary mathematics. In: CHASE, W. (Ed.), S. 177-211 (142)

HAYES, J.R. (1978): *Cognitive psychology. Thinking and creating.* Homewood, Ill.: Dorsey Press (163, 168)

HEBB, D.O. (1949): *Organization of behavior.* New York: Wiley (55)

HEBB, D.O. (1979): Wie ich alt werde. *Psychologie heute,* **6**, S. 14-21 (59)

HECKHAUSEN, H. (1968): Achievement motive research: Current problems and some contributions toward a general theory of motivation. In: ARNOLD, W.J. (Ed.), S. 103-174 (264)

HECKHAUSEN, H. (1969): Förderung der Lernmotivierung und der intellektuellen Tüchtigkeiten. In: ROTH, H. (Hrg.), S.193-228 (255)

HECKHAUSEN, H. (1974): *Leistungsmotivation und Chancengleichheit.* Göttingen: Hogrefe (261)

HECKHAUSEN, H. (1976): Motive und ihre Entstehung. In: WEINERT, F.E. et al. (Hrg.), S. 69-106 (249f., 258)

HECKHAUSEN, H. (1976): Lehrer-Schüler-Interaktion. In: WEINERT, F.E. et al. (Hrg.), S. 546-573 (262)

HECKHAUSEN, H. (1980): *Motivation und Handeln.* Berlin: Springer (18, 249)

HECKHAUSEN, H. (1982): Task-irrelevant cognitions during an exam: Incidence and effects. In: KROHNE, L. & LAUX, L. (Eds.), S. 247-274 (271)

HECKHAUSEN, H. & KRUG, S. (1982): Motive modification. In: STEWART (Ed.). S, 274-318 (263)

HECKHAUSEN, H. & RHEINBERG, F. (1980): Lernmotivation im Unterricht, erneut betrachtet. *Unterrichtswissenschaft,* 1, S. 7-47 (278)

HEINELT, G. (1983): *Einführung in die Pädagogische Psychologie.* Freiburg: Herder (21)

HEINEN, U. (1984): Untersuchung zur Modifikation der mündlichen Beteiligung stiller Schüler am Unterricht. Dissertation Universität Duisburg (109, 110)

HELLER, K. (Hrg.)(1974): *Leistungsbeurteilung in der Schule.* Heidelberg: Quelle & Meyer; (1984): *Leistungsdiagnostik in der Schule* (4. Aufl.). Bern: Huber (326)

HELMHOLTZ, H. v. (1903): *Vorträge und Reden* (5. Aufl.). Braunschweig: Vieweg & Sohn (168)

HELTON, G.B. & OAKLAND, T.D. (1977): Teachers' attitudinal responses to differing characteristics of elementary school students. *Journal of Educational Psychology,* **69**, S. 261-265 (165)

HENDRICKSON, G. & SCHROEDER, W.H. (1941): Transfer of training in learning to hit a submerged target. *Journal of Educational Psychology,* **32**, S. 205-213 (158)

HENNING, M. (1970): Zum Einfluß von sozialer Herkunft und Vorschulerziehung auf die Schulreifetest-Leistung. *Schule und Psychologie,* **17**, S. 8-18 (53)

HERBIG, M. (1972): Aufgabentypen zur Leistungsüberprüfung. In: KLAUER, K.J. et al. (Hrg.), S. 74-100 (341)

HERBIG, M. (1978): Lehrzielorientierte Tests und Klassische Testtheorie. In: KLAUER, K.J. (Hrg.), Band 1, S. 127-136 (321)

HERRMANN, T. (1979): Pädagogische Psychologie als psychologische Technologie. In: BRANDSTÄDTER, J. et al. (Hrg.), S. 209-238 (22)

HERRMANN, T. (1980): Krise der Psychologie? Nein, aber jede Menge Probleme. *Psychologie heute,* **11**, S. 64-72 (7)

HERRMANN, T. (1982): *Sprechen und Situation*. Berlin: Springer (18)

HERRON, M.D. (1971): The nature of scientific enquiry. *School Review*, 71, S. 171-212 (140)

HERZOG, W. (1984): *Modelle und Theorie in der Psychologie*. Göttingen: Hogrefe (21, 24)

HESS, E.H. (1959): Imprinting: An effect of early experience, imprinting determines later social behavior in animals. *Science*, 130, S. 133-141 (54)

HIEBERT, E.H. (1983): An examination of ability grouping for reading instruction. *Reading Research Quarterly*, 18, S. 231-255 (301)

HILGARD, E.R. (1933): The effect of early and delayed practice on memory and motor performance studied by the method of co-twin control. *Genetic Psychology Monographs*, 14, No. 6 (45)

HILGARD, E.R. (Ed.) (1964): *Theories of learning and instruction*. The 63rd Yearbook of the National Society for the Study of Education. New York: Appleton-Century-Crofts

HILGARD, E.R., ATKINSON, R. & ATKINSON, R.C. (1979): *Introduction to psychology* (7th ed.). New York: Harcourt Brace Javanovich (127)

HILL, K.T. (1984): Debilitating motivation and testing: A major educational problem - Possible solutions and policy applications. In: AMES, R.E. & AMES, C. (Eds.), S. 245-274

HILL, K.T. & EATON, W.O. (1977): The interaction of test-anxiety and success-failure experiences in determining children's arithmetic performance. *Developmental Psychology*, 13, S. 205-211 (272)

HILL, K.T. & SARASON, S.B. (1966): The relation of test anxiety and defensiveness to test and school performance over the elementary school years. *Monographs of the Society for the Research in Child Development*, 31, No. 104 (271)

HIROTO, D.S. (1974): Locus of control and learned helplessness. *Journal of Experimental Psychology*, 102, S. 187-193 (274)

HITT, W.D. & STOCK, J.R. (1965): The relationship between psychological characteristics and creative behavior. *Psychological Records*, 15, S. 133-140 (163)

HOFER, M. (Hrg.) (1981): *Informationsverarbeitung und Entscheidungsverhalten von Lehrern*. München: Urban & Schwarzenberg (18)

HOFSTÄTTER, P.R. (1957): Richtungen in der Psychologie? *Psychotherapie*, 1, S. 186-194 (19)

HOFSTÄTTER, P.R. (1976): *Gruppendynamik. Kritik der Massenpsychologie*. Hamburg: Rowohlt (294)

HOLFORT, F. (1975): Zur Effektivität schulischer Leistungsnachweise in Form schriftlicher Hausaufgaben. *Psychologie in Erziehung und Unterricht*, 22, S. 333-342 (326)

HOLLAND, J.G. & SKINNER, B.F. (1961): *The analysis of behavior: A program for self-instruction*. New York: McGraw-Hill. Dt. (1970): *Analyse des Verhaltens*. München: Urban & Schwarzenberg (101)

HOLLER, H. (1983): Soziometrie. In: FREY, D. & GREIF. S. (Hrg.), S. 421-325 (283)

HOLT, E.B. (1931): *Animal drive and the learning process, an essay toward radical empiricism*. Vol 1. New York: Holt (247)

HOLZKAMP, K. (1977): *Kritische Psychologie. Vorbereitende Arbeiten*. Frankfurt/Main: Fischer (17)

HOM, H. & ROBINSON, P. (Eds.) (1977): *Early childhood education: A psychological perspective*. New York: Academic Press

364

HOMANS, G.C. (1950): *The human group*. New York: Harcourt Brace (300)

HOMME, L., CSANYI, A.P., GONZALES, M.A. & RECHS, J.R. (1969): *How to use contingency contracting in the classroom*. Champaign, Ill.: Research Press. Dt. (1974): *Verhaltensmodifikation in der Schulklasse*. Weinheim: Beltz (111)

HONIG, W.K. (Ed.) (1966): *Operant behavior. Areas of research and application*. New York: Appleton-Century-Crofts

HORN, R. (1972): *Lernziele und Schülerleistung. Die Evaluation von Lernzielen im kognitiven Bereich*. Weinheim: Beltz (205f.)

HOROWITZ, F.D. (Ed.) (1975): *Review of child development research*. Vol. IV. Chicago: University of Chicago Press

HOUSTON, J.P. (1981): *Fundamentals of learning and memory* (2nd ed.). New York: Academic Press (129, 171, 178)

HOYOS, C. Graf (1980): *Psychologische Unfall- und Sicherheitsforschung*. Stuttgart: Kohlhammer (319)

HUBER, G.L., KRAPP, A. & MANDL, H. (Hrg.)(1984): *Pädagogische Psychologie als Grundlage pädagogischen Handelns*. München: Urban & Schwarzenberg

HUBER, G.L., KRAPP, A. & MANDL, H. (1984): Pädagogische Psychologie als handlungsorientierte Wissenschaft. In: HUBER, G.L. et al. (Hrg.), S. 3-58 (23, 30)

HUDSON, L. (1968): *Frames of mind: Ability, perception, and self-perception in the arts and sciences*. London: Methuen (166)

HUGHES, B., SULLIVAN, H.J., & MOSLEY, M.L. (1985): External evaluation, task difficulty, and continuing motivation. *The Journal of Educational Research*, **78**, S. 210-215 (264)

HULL, C.L. (1920): Quantitative aspects of the evolution of concepts. *Psychological Monographs*, No. 123 (128)

HULTEN, C.E. (1925): The personal element in teachers' marks. *Journal of Educational Research*, **12**, S. 49-55 (335)

HULTSCH, D. (1971): Adult age differences in free classification and free recall. *Developmental Psychology*, **4**, S. 338-342 (61)

HUNKINS, F.P. (1976): *Involving students in questioning*. Boston: Allyn and Bacon (219)

HUNT, E. & LANSMAN, M. (1982b): Individual differences in attention. In: STERNBERG, R.J. (Ed.), S. 207-254 (173)

HUNTER, M. (1977): A tri-dimensional approach to individualization. *Educational Leadership*, **34**, S. 351-355 (232)

HUTTENLOCHER, J. (1962): Some effects of negative instances in the formation of simple concepts. *Psychological Reports*, 11, S. 35-42 (136)

INGENKAMP, K. (Hrg.) (1962): *Praktische Erfahrungen mit Schulreifetests*. Psychologische Praxis, **30**

INGENKAMP, K. (1969): Sind Zensuren aus verschiedenen Klassen vergleichbar? *betrifft erziehung*, **2**, S. 12-14 (319)

INGENKAMP, K. (Hrg.)(1971): *Die Fragwürdigkeit der Zensurengebung*. Weinheim: Beltz (327)

INHELDER, B. & PIAGET, J. (1958): *The growth of logical thinking from childhood to adolescence*. New York: Basic Books. Dt. (1977): *Von der Logik des Kindes zur Logik des Heranwachsenden*. Olten: Walter (70, 77)

INHELDER, B., SINCLAIR, H. & BOVET, M. (1974): *Learning and the development of cognition*. Cambridge, Mass.: Harvard University Press (52)

JACKA, B. (1985): The teaching of defined concepts: A test of GAGNÉ and BRIGG's Model of instructional design. *The Journal of Educational Research,* 78, S. 224-227 (210)

JACKSON, P.W. & MESSICK, S. (1968): Creativity. In: LONDON, P. & ROSENHAN, D. (Eds.) (162)

JACOBSON, L. & ROSENTHAL, R. (1970): Schüler leisten, was ihre Lehrer von ihnen erwarten. *betrifft: erziehung,* 3, S. 21-25 (300)

JAMES, H.W. (1890): *The principles of psychology.* New York: Holt (157)

JAMES, H.W. (1927): The effect of handwriting upon grading. *The English Journal,* 16, S. 180-185 (336)

JAMES, W. (1899): *Talks to teachers.* New York: Holt, Rinehart and Winston. Dt. (1900): *Psychologie und Erziehung. Ansprachen an Lehrer.* Leipzig: Engelmann (22)

JECKER, J.D., MACCOBY, N. & BREITROSE, H.S. (1965): Improving accuracy in interpreting non-verbal cues of comprehension. *Psychology in the Schools,* 2, S. 239-244 (223)

JENKINS, J.J. (1973): Remember that old theory of memory? Well, forget it. Paper presented at the meeting of the APA, Montreal (186)

JENSEN, A.R. (1969): How much can we boost IQ and scholastic achievement? *Harvard Educational Review,* 39, S. 1-123 (39)

JENSEN, A.R. (1974): Cumulative deficit: A testable hypothesis? *Developmental Psychology,* 10, S. 996-1019 (40)

JENSEN, A.R. (1977): Cumulative deficit in IQ of blacks in the rural South. *Developmental Psychology,* 13, S. 184-191 (40)

JOHNS, J.P. (1968): The relationship between teacher behaviors and the incidence of thought-provoking questions by students in secondary schools. *The Journal of Educational Research,* 62, S. 117-122 (219)

JOHNSON, D.M. (1955): *The psychology of thought and judgement.* New York: Harper & Row (141)

JOHNSON, D.M. (1961): Formulation and reformulation of figure-concepts. *American Journal of Psychology,* 74, S. 418-424 (147)

JOHNSON, D.M. & STRATTON, R.P. (1966): Evaluation of five methods of teaching concepts. *Journal of Educational Psychology,* 57, S. 48-53 (138)

JOHNSON, D.W. (1970): *The social psychology of education.* New York: Holt, Rinehart & Winston (282)

JOHNSON, D.W. (1980): Group processes: Influences of student interaction on school outcomes. In: MCMILLAN, J.H. (Ed.), S. 123-168 (298, 299)

JOHNSON, D.W., JOHNSON, R.T. & MARUYAMA, G. (1983): Interdependence and interpersonal attraction among heterogeneous and homogeneous individuals: A theoretical formulation and a meta-analysis of the research. *Review of Educational Research,* 53, S. 5-54 (297, 299, 300)

JOHNSON, D.W., MARUYAMA, G., JOHNSON, R. & NELSON, D. (1981): Effects of cooperative, competitive, and individualistic goal structures on achievement: A meta-analysis. *Psychological Bulletin,* 89, S. 47-62 (294)

JOINER, L.M., MILLER, S.R. & SILVERSTEIN, B.J. (1980): Potential and limits of computers in schools. *Educational Leadership,* 37, S. 498-501 (229)

JONES, B.F. & HALL, J.W. (1982): School applications of the mnemonic keyword method as a study strategy by eighth graders. *Journal of Educational Psychology,* 74, S. 230-237 (196)

Jones, H.E. (1946): Environmental influence on mental development. In: Carmichael, L. (Ed.), S. 582-632 (46)

Jones, R.S. (1980): Teachers who stimulate curiosity. *Education*, 101, S. 158-165 (251)

Jones, R.T. & Evans, H.L. (1980): Self-reinforcement: A continuum of external cues. *Journal of Educational Psychology*, 72, S. 625-635 (123)

Judd, C.H. (1908): The relation of special learning to general learning. *Educational Review*, 36, S. 28-42 (158)

Jüttemann, G. (1983): *Psychologie in der Veränderung.* Weinheim: Beltz (11)

Kagan, J. (1965a): Individual differences in the resolution of response uncertainty. *Journal of Personality and Social Psychology*, 2, S. 154-160 (151)

Kagan, J. (1965b): Impulsive and reflective children: The significance of conceptual tempo. In: Krumboltz, J.D. (Ed.), S. 133-161 (151)

Kagan, J. (1965c): Reflection impulsivity and reading ability in primary grade children. *Child Development*, 36, S. 609-628 (151)

Kagan, J. (1966): Generality and dynamics of conceptual tempo. *Journal of Abnormal Psychology*, 71, S. 17-24 (151)

Kagan, J. (1970a): The determinants of attention in the infant. *American Scientist*, 58, S. 298-306 (66)

Kagan, J. (1970b): Attention and psychological change in the young child. *Science*, 170, S. 826-832 (66)

Kagan, J. & Klein, R. (1973): Cross-cultural perspectives on early development. *American Psychologist*, 28, S. 947-961 (56)

Kagan, J., Rosman, B.L., Day, D., Albert, J. & Philips, W. (1964): Information processing in the child: Significance of analytic and reflective attitudes. *Psychological Monographs*, 78, 1, whole No. 578 (151)

Kainz, F. (1964): Das Denken und die Sprache. In: Bergius, R. (Hrg.), S. 564-614 (138)

Kalbaugh, G.L. & Walls, R.T. (1973): Retroactive and proactive interference in prose learning of bibliographical and science materials. *Journal of Educational Psychology*, 65, S. 244-251 (182)

Kaplan, R. & Simons, F.G. (1974): Effects of instructional objectives used as orienting stimuli or as a summary/review upon prose learning. *Journal of Educational Psychology*, 66, S. 614-622 (186)

Kates, S.L. & Yudin, L. (1964): Concept attainment and memory. *Journal of Educational Psychology*, 55, S. 103-109 (137)

Kath, F.M. & Hecht, B. (1981): *Einführung in die Didaktik und Curriculumtheorie.* Alsbach: Leuchtturm (199)

Katona, G. (1940): *Organizing and memorizing.* New York: Columbia University Press (160)

Keasey, C.B. (Ed.) (1979): *Nebraska symposium on motivation.* Lincoln, Neb.: University of Nebraska

Keeny, T.J., Cannizzo, S.R. & Flavell, J.H. (1967): Spontaneous and induced verbal rehearsal in a recall task. *Child Development*, 38, S. 953-965 (175)

Keller, J.A. (1981): *Grundlagen der Motivation.* München: Urban & Schwarzenberg (245f.)

Kelly, G.A. (1963): *A theory of personality.* New York: Norton (127)

KEMMLER, L. (1957): Untersuchungen über den frühkindlichen Trotz. *Psychologische Forschung*, **25**, S. 279-338 (48)

KEMMLER, L. & HECKHAUSEN, H. (1962): Ist die sog. „Schulreife" ein Reifungsproblem? In: INGENKAMP, K. (Hrg.), S. 52-89 (49f., 315)

KENDLER, H.H. (1974): *Basic psychology* (3rd ed.). Reading, Mass.: Benjamin (8)

KERLINGER, F.N. (Ed.)(1975): *Review of research in education*, Vol. 3, Itasca, Ill.: Peacock

KERLINGER, F.N. (Ed.)(1976): *Review of research in education*. Vol. 4, Itasca, Ill.: Peacock

KERLINGER, F.N. (Ed.)(1980): *Review of research in education*. Vol. 8, Itasca, Ill.: Peacock

KERN, A. (1954): *Sitzenbleiberelend und Schulreife.* Freiburg: Herder (49f., 315)

KEUPP, H. (1975): Der Widerspruch von Präventionsgedanken und „medizinischem Modell" in der Schulberatung. *Gruppendynamik*, **6**, S. 415-436 (27)

KIBLER, R.J., BARKER, L.L. & MILES, D.T. (1970): *Behavioral objectives and instruction.* Boston: Allyn and Bacon (209)

KIDD, A.H. & RIVOIRE, J.L. (Eds.) (1966): *Perceptual development in children.* New York: International University Press

KINTSCH, W. (1970): *Learning, memory, and conceptual processes.* New York: Wiley (137)

KIRCHNER, W.K. (1966): A note on the effect of privacy in taking typing tests. *Journal of Applied Psychology*, **50**, S. 373-374 (326)

KLATZKY, R.L. (1975): *Human memory. Structures and processes* (2nd. ed.: 1980). San Francisco: Freeman (174, 184)

KLAUER, K.J. (1974): *Methodik der Lernzieldefinition und Lehrstoffanalyse.* Düsseldorf: Schwann (199, 201f.)

KLAUER, K.J. (Hrg.) (1978): *Handbuch der Pädagogischen Diagnostik*, Band 1. Düsseldorf: Schwann

KLAUER, K.J. (1984): Intentional and incidental learning with instructional texts: A meta-analysis for 1970-1980. *American Educational Research Journal*, **21**, S. 323-339 (186, 202, 203)

KLAUER, K.J. (1984a): Die Wirksamkeit von Zielangaben im Unterricht. In: TROMMELS-DORFF, G. (Hrg.), S. 85-103 (187)

KLAUER, K.J., FRICKE, R., HERBIG, M., RUPPRECHT, H. & SCHOTT, F. (1972): *Lehrzielorientierte Tests.* Düsseldorf: Schwann

KLAUER, K.J. & KORNADT, H.J. (Hrg.) (1980): *Jahrbuch für empirische Erziehungswissenschaft.* Düsseldorf: Schwann

KLAUSMEIER, H.J. (1976): Instructional design and the teaching of concepts. In: LEVIN, J.R. & ALLEN, V.L. (Eds.), S. 191-217 (131, 132, 136)

KLAUSMEIER, H.J. & GOODWIN, W. (1966): *Learning and human abilities* (2nd ed.). New York: Harper & Row (134)

KLAUSMEIER, H.J. & RIPPLE, R.E. (1971): *Learning and human abilities. Educational psychology* (3rd. ed.). New York: Harper & Row. Dt. (1973): Moderne Unterrichtspsychologie, 4 Bände. München: Reinhardt (231)

KLEITER, E. (1973): Über Referenz-, Interaktions- und Korrelationsfehler im Lehrerurteil. *Bildung und Erziehung*, **26**, S. 100-117 (320)

KOCH, S. (Ed.) (1959): *Psychology: A study of science.* Vol. 2. New York: McGraw-Hill

KOCH, S. (Ed.) (1959): *Psychology: A study of science.* Vol. 3. New York: McGraw-Hill

368

Köhler, W. (1917): *Intelligenzprüfungen an Anthropoiden.* Abhandlungen der Preußischen Akademie der Wissenschaften. Berlin: Königliche Akademie der Wissenschaften (68, 153f.)

Kornmann, R., Meister, H. & Schlee, J. (Hrg.) (1983): *Förderungsdiagnostik.* Heidelberg: Schindele (22)

Kounin, J. (1970): *Discipline and group management in classrooms.* New York: Holt, Rinehart and Winston (29f., 31, 108, 121, 287)

Kounin, J.S. & Gump, P.V. (1961): The comperative influence of punitive and non-punitive teachers upon children's concepts of school misconduct. *Journal of Educational Psychology,* **52** S. 44-49 (114)

Krahé, B. (1984): Der „self-serving bias" in der Attributionsforschung: Theoretische Grundlagen. *Psychologische Rundschau,* **35**, S. 79-97 (267)

Krampen, G. (1985): Differentielle Effekte von Lehrerkommentaren zu Noten bei Schülern. *Zeitschrift für Entwicklungspsychologie und Pädagogische Psychologie,* **17**, S. 99-123 (98)

Krapp, A. (1979): *Prognose und Entscheidung. Zur theoretischen Begründung und Differenzierung der pädagogisch-psychologischen Prognose.* Weinheim: Beltz (315)

Krathwohl, D.R., Bloom, B.S. & Masia, B.B. (1964): *Taxonomie of educational objectives: Handbook II. Affective domain.* New York: McKay (207ff.)

Krieger, R. (1981): Ungewißheit und Wißbegier. Von der reizinduzierten Motivation zu einer Wert-Erwartungs-Theorie. In: Voss, H.-G. & Keller, H. (Hrg.), S. 80-108 (256)

Krohne, H.W. (1975): *Angst und Angstverarbeitung.* Stuttgart: Kohlhammer (270)

Krohne, H.W. & Laux, L. (1982): *Achievement, stress, and anxiety.* Washington: Hemisphere

Kropp, P.R., Stocker, H.W. & Baskow, W.L. (1966): The validation of the "Taxonomy of educational objectives." *Journal of Experimental Education,* **34**, S. 69-76 (206)

Krueger, W.C. (1929): The effect of overlearning on retention. *Journal of Experimental Psychology,* **12**, S. 71-78 (196)

Krueger, W.C. (1930): Further studies of overlearning. *Journal of Experimental Psychology,* **13**, S. 152-163 (196)

Krumboltz, J.D. (Ed.) (1965): *Learning and the educational process.* Chicago: Rand McNally

Kulik, C.-L.C. & Kulik, J.A. (1982): Effects of ability grouping on Secondary School students: A meta-analysis of evaluation findings. *American Educational Research Journal,* **19**, S. 415-428 (233)

Kulik, C.-L.C., Schwalb, B.J. & Kulik, J.A. (1982): Programmed instruction in secondary education: A meta-analysis of evaluation findings. *The Journal of Educational Research,* **75**, S. 133-138 (229, 230)

Kulik, J.A., Cohen, P.A. & Ebeling, B.J. (1980): Effectiveness of programmed instruction in higher education: A meta-analysis of findings. *Educational Evaluation and Policy Analysis,* **2**, S. 51-64 (229)

Kun, A. (1977): Development of the magnitude-covariation and compensation schemata in ability and effort attributions of performance. *Child Development,* **48**, S. 75-84 (260)

Lacey, J.I. & Smith, R.L. (1954): Conditioning and generalization of unconscious anxiety. *Science,* **120**, S. 1045-1052 (89)

LÄMMERMANN, H. (1927): *Das Mannheimer Kombinierte Verfahren zur Begabtenauslese.* Leipzig: Barth (335)

LAMB, M.E. (Ed.) (1978): *Social and personality development.* New York: Holt, Rinehart and Winston (290)

LAMB, M.E. & BAUMRIND, D. (1978): Socialization and personality development in the preschool years. In: LAMB, M.E. (Ed.), S. 50-69

LANGER, E.J. (1978): Rethinking the role of thought in social interaction. In: HARVEY, J.H. et al. (Eds.), S. 35-58 (18)

LANGER, E.J., RODIN, J., BECK, P., WEINMAN, C. & SPITZER, L. (1979): Environmental determinants of memory improvement in late adulthood. *Journal of Personality and Social Psychology, 37*, S. 2003-2030 (61)

LANGFELDT, H.-P. (1984): Die klassische Testtheorie als Grundlage normorientierter (standardisierter) Schulleistungstests. In: HELLER, K.A. (Hrg.), S. 65-98 (314, 326)

LANGFELDT, H.-P. & FINGERHUT, W. (1984): Empirische Ansätze zur Aufklärung des Konstruktes „Schulleistung". In: HELLER, K.A. (Hrg.), S. 40-45 (234)

LANTERMANN, E.D. (1980): *Interaktionen - Person - Situation und Handlung.* München: Urban & Schwarzenberg (16, 19)

LANTERMANN, E.D. (Hrg.) (1982): *Wechselwirkungen.* Göttingen: Hogrefe

LAUCKEN, U. (1974): *Naive Verhaltenstheorie.* Stuttgart: Klett (2)

LaVOIE, J. & ADAMS, G. (1974): Teacher expectancy and its relation to physical and interpersonal characteristics of the child. *The Alberta Journal of Educational Research, 20*, S. 122-132 (304)

LAWTON, J.T. & WANSKA, S.K. (1977): Advanced organizers as a teaching strategy: A reply to BARNES and CLAWSON. *Review of Educational Research, 47*, S. 233-244 (188)

LENK, H. (Hrg.)(1977): *Handlungstheorien interdisziplinär.* München: Fink (19)

LENNEBERG, E.H. (1967): *Biological foundations of language.* New York: Wiley (55)

LEPPER, M.R. & GREENE, D. (1975): Turning play into work: Effects of adult surveillance and extrinsic rewards on children's intrinsic motivation. *Journal of Personality and Social Psychology, 31*, S. 479-486 (268)

LERNER, J.S. & HULTSCH, C.E. (1983): *Human development: A life-span perspective.* New York: McGraw-Hill (43)

LEVIN, J.R. & ALLEN, V.L. (Eds.) (1976): *Cognitive learning in children. Theories and strategies.* New York: Academic Press

LEVIN, J.R., SHRIBERG, L.K., MILLER, G.E., McCORMICK, C.B. & LEVIN, B.B. (1980): The keyword method in the classroom: How to remember the states and their capitals. *Elementary School Journal, 80*, S. 185-191 (196)

LEVINE, F.M. & FASSNACHT, K. (1974): Token rewards may lead to token learning. *American Psychologist, 29*, S. 816-820 (110)

LEVINE, M. (1966): Hypothesis behavior by humans during discrimination learning. *Journal of Experimental Psychology, 71*, S.331-338 (148f.)

LEVINE, M. A (1974): Transfer hypothesis, whereby learning-to-learn, Einstellung, the PRE, reversal-nonreversal shifts, and other curiosities are elucidated. In: SOLSO, R.L. (Ed.), S. 289-305 (148)

LEWIN, K. (1946): Behavior and development as a function of the total situation. In: CARMICHAEL, L. (Ed.), S. 791-844 (248f.)

LEWIN, K., LIPPIT, R. & WHITE, R.K. (1939): Patterns of aggressive behavior in experi-mentally created social climates. *Journal of Social Psychology*, **10**, S. 271-299 (287)

LIEBEL, M. & WELLENDORF, F. (1969): *Schülerbefreiung. Voraussetzung und Chancen der Schülerrebellion.* Frankfurt: Suhrkamp (165)

LIEBERT, R.M. & MORRIS, L.W. (1967): Cognitive and emotional components of test anxiety. A distinction and some initial data. *Psychological Reports*, **20**, S. 975-978 (271)

LIENERT, G.A. (1969): *Testaufbau und Testanalyse* (3. Aufl.). Weinheim: Beltz (325)

LINDGREN, H.C., BYRNE, D. & PETRINOWICH, L. (1966): *Psychology: An introduction* (2nd ed.; 3rd ed.: 1971). New York: Wiley (162)

LINTON, M. (1979): Ein Gedächtnis wie ein Sieb. *Psychologie heute*, **6**, S. 35-39 (180)

LIPSITT, L.P. & REESE, H.W. (Eds.)(1973): *Advances in child development and behavior.* New York: Academic Press

LITTLE, A.W. (1985): The child's understanding of the causes of academic success and failure: A case study of British schoolchildren. *British Journal of Educational Psycho-logy*, **55**, S. 11-23 (266)

LOCKE, E.A. (1977): An empirical study of lecture note taking among college students. *Journal of Educational Research*, **71**, S. 93-99 (194)

LÖSCHENKOHL, E. (1975): *Über den prognostischen Wert von Schulreifetests.* Stuttgart: Klett (53)

LOFTUS, E.F. (1980): *Memory.* Reading, Mass.: Addison-Wesley (183, 190)

LONDON, P. & ROSENHAN, D. (Eds.) (1968): *Foundations and abnormal psychology.* New York: Holt, Rinehart and Winston

LORENZ, K. (1935): Der Kumpan in der Umwelt des Vogels. *Zeitschrift für Ornithologie*, **83**, S. 137-213 (54)

LUCHINS, A.S. (1942): Mechanization in problem solving: The effect of Einstellung. *Psy-chological Monographs*, **54**, Nr. 248 (147)

LUCHINS, A.S. & LUCHINS, E.H. (1959): *Rigidity of behavior: A variational approach to the effect of Einstellung.* Eugene, Oregon: University of Oregon Books (148)

LÜCK, H.E. (1985): *Psychologie sozialer Prozesse.* Opladen: Leske & Budrich (284)

LUITEN, J., AMES, W. & ACKERSON, G. (1980): A meta-analysis of the effects of advanced organizers on learning and retention. *American Educational Research Journal*, **17**, S. 211-218 (188)

LUMSDAINE, A.A. & GLASER, R. (Eds.) (1960): *Teaching machines and programmed lear-ning.* Washington: National Education Association

LYON, M.A. & GETTINGER, M. (1985): Differences in student performance on knowledge, comprehension, and application tasks: Implications for school learning. *Journal of Educational Psychology*, **77**, S. 12-19 (221)

MACKENZIE, B. (1984): Explaining race differences in IQ. The logic, the methodology, and the evidence. *American Psychologist*, **39**, S. 1214-1233 (40)

MacKINNON, D.W. (1962): The nature and nurture of creative talent. *American Psycho-logist*, **17**, S. 484-495 (163, 164)

MADAUS, C.F., WOODS, E.M. & NUTTALL, R.L. (1973): A causal model analysis of BLOOM's taxonomy. *American Educational Research Journal*, **10**, S. 253-262 (206)

MADDEN, D.J. & NEBES, R.D. (1980): Aging and the development of automaticity in visual search. *Developmental Psychology*, **16**, S. 377-384 (60)

MADSEN, C.H., BECKER, W.C. & THOMAS, D.R. (1968): Rules, praise and ignoring: Elements of elementary classroom control. *Journal of Applied Behavior Analysis,* **1,** S. 139-150 (108)

MAEHR, M.L. (1984): Meaning and motivation: Toward a theory of personal investment. In: AMES, R.E. & AMES, C. (Eds.), S. 115-144 (246)

MAGER, R.F. (1962): *Preparing instructional objectives.* Palo Alto: Fearon. Dt. (1977): *Lernziele und Unterricht.* Weinheim: Beltz (200f.)

MALTZMAN, I. (1960): On the training of originality. *Psychological Review,* **67,** S. 229-242 (166)

MANDL, H. & KRAPP, A. (Hrg.)(1978): *Schuleingangsdiagnose. Neue Modelle, Annahmen und Befunde.* Göttingen: Hogrefe (53)

MANSFIELD, R.S., BUSSE, T.V. & KREPELKA, E.J. (1978): The effectiveness of creativity training. *Review of Educational Research,* **48,** S. 517-536 (166)

MANZ, W. & LÜCK, H. (1968): Influence of wearing glasses on personality ratings: Cross-cultural validation of an old experiment. *Perceptual and Motor Skills,* **27,** S. 704 (304)

MARKMAN, E. (1977): Realizing that you don't understand: A preliminary investigation. *Child Development,* **48,** S. 986-992 (222)

MARSHALL, H.H. (1965): The effect of punishment in children: A review of the literature and a suggested hypothesis. *Journal of Genetic Psychology,* **106,** S. 23-33 (115)

MARSHALL, J.C. (1967): Composition errors and essay examination grades reexamined. *American Educational Research Journal,* **4,** S. 375-386 (336)

MARTIN, B. (1975): Parent-child relations. In: HOROWITZ, F.D. (Ed.), S. 463-540 (115)

MARTORANO, S. (1977): A developmental analysis of performance of PIAGET's formal operations tasks. *Developmental Psychology,* **13,** S. 666-672 (77)

MASLOW, A.H. (1962): Some basic propositions of a growth and self-actualization psychology. In: COMBS, W. (Ed.) (zit. nach HAMACHEK, 1977) (17)

MASLOW, A.H. (1968): *Toward a psychology of being* (2nd ed.). New York: Van Nostrand (19)

MASLOW, A.H. (1970): *Motivation and personality* (2nd ed). New York: Harper & Row (17)

MAYO, E. (1933): *The human problems of an industrial civilization.* New York: Macmillan (281)

McALLISTER, L.W., STACHOWIAK, J.G., BAER, D.M. & CONDERMAN, L. (1969): The application of operant conditioning techniques in a secondary school classroom. *Journal of Applied Behavior Analysis,* **2,** S. 277-285 (108)

McCANDLESS, B.R. (1967): *Children: Behavior and development.* New York: Holt, Rinehart and Winston (288)

McCONNELL, T.R. (Ed.)(1942): *The psychology of learning.* 41st Yearbook of the National Society for Study of Education. Chicago: Nelson & Henry

McDANIEL, M.A. & PRESSLEY, M. (1984): Putting the keyword method in context. *Journal of Educational Psychology,* **76,** S. 598-609 (196)

McDOUGALL, W. (1908): *An introduction to social psychology.* London: Methuen (246)

McGRAW, M.B. (1943): *The neuromuscular maturation of the human infant.* New York: Columbia University Press (45)

McKeachie, W.J. & Kulik, J.A. (1975): Effective college teaching. In: Kerlinger, F.N. (Ed.), 165-209 (223)

McKenzie, H.S., Clark, M., Wolf, M.M., Kothera, R. & Benson, C. (1968): Behavior modification of children with learning disabilities using grades as tokens and allowances as back up reinforcers. *Exceptional Children*, **34**, S. 745-752 (110)

McLaughlin, T.F. (1976): Self-control in the classroom. *Review of Educational Research*, **46**, S. 631-663 (122)

McLaughlin, T.F. & Malaby, J. (1972): Intrinsic reinforcers in a classroom token economy. *Journal of Applied Behavior Analysis*, **5**, S. 263-270 (110)

McLeish, J. (1968): *The lecture method*. Cambridge, England: Cambridge Institute of Education (223)

McLeish, J. (1976): The lecture method. In: Gage, N.L. (Ed.), S. 252-301 (224)

McMillan, J.H. (Ed.) (1980): *The social psychology of school learning*. New York: Academic Press

McMurray, N.E., Bernard, M.E. & Klausmeier, H.J. (1975): *An introductional design for accelerating children's attainment of the concept of equilateral triangle*. Technical Report No. 321. Madison, Wisc. (zit. nach Klausmeier, 1976) (139)

Meacham, J.A. (1972): The development of memory abilities in the individual and society. *Human Development*, **15**, S. 205-228 (186)

Mednick, S.A. (1962): The associative basis of the creative process. *Psychological Review*, **69**, S. 220-232 (162)

Meichenbaum, D. (1977): *Cognitive behavior modification: An integrative approach*. New York: Plenum (151)

Meichenbaum, D. & Goodman, J. (1971): Training impulsive children to talk to themselves: A means of developing self-control. *Journal of Abnormal Psychology*, **77**, S. 115-126 (151)

Melton, R.F. (1978): Resolution of conflicting claims concerning the effect of behavioral objectives on student learning. *Review of Educational Research*, **48**, S. 291-302 (203)

Mervis, C.B. & Pani, J.R. (1980): Acquisition of basic object categories. *Cognitive Psychology*, **12**, S. 496-522 (132)

Messer, S. (1976): Reflection-impulsivity: A review. *Psychological Review*, **83**, S. 1026-1052 (151)

Metzger, W. (1982): Psychologie zwischen Natur- und Geisteswissenschaft. In: Balmer, H. (Hrg.), S. 3-16 (11)

Metzig, W. & Schuster, M. (1982): *Lernen zu lernen*. Berlin: Springer (2)

Meyer, H.L. (1974): *Trainingsprogramm zur Lernzielanalyse*. Frankfurt: Athenaeum (199)

Meyer, W.-U. (1984): *Das Konzept von der eigenen Begabung*. Bern: Huber (259)

Meyer, W.-U., Bachmann, M., Biermann, U., Hempelmann, M., Plöger, F.O. & Spiller, H. (1979): The informational value of evaluative behavior: Influences of praise and blame and perceptions of ability. *Journal of Educational Psychology*, **71**, S. 259-268 (308)

Meyer, W.-U. & Butzkamm, A. (1975): Ursachenerklärung von Rechennoten: I. Lehrerattribuierungen. *Zeitschrift für Entwicklungspsychologie und Pädagogische Psychologie*, **7**, S. 53-66 (302)

MEYERSON, L. (1957): Special disabilities. *Annual Review of Psychology,* **8,** S. 437-457 (44)

MIETZEL, G. (1977): *Pädagogisch-psychologische Aspekte der Beanspruchung von Kindern und Jugendlichen durch Gegebenheiten und Regelungen im Bildungswesen.* Bayreuth: Bundesminister für Bildung und Wissenschaft (234)

MIETZEL, G. (1979): *Wege in die Psychologie* (2. Aufl.: 1982). Stuttgart: Klett (15)

MIETZEL, G. (1982): *Interpretation von Leistungen. Dargestellt aus der Sicht der Attribuierungstheorie.* Opladen: Leske & Budrich (267, 306)

MIETZEL, G., RÜSSMANN-STÖHR, C. & MASON, E. (1986): School psychology in the Federal Republic of Germany. *Journal of School Psychology* (in Vorb.) (315)

MILLER, A. (1981): Conceptual matching models and interactional research in education. *Review of Educational Research,* **51,** S. 33-84 (242)

MILLER, G.A. (1956): The magical number seven, plus or minus two: Some limits on our capacity for processing information. *Psychological Review,* **63,** S. 81-97 (175, 176)

MILLER, K.M. (1957): Einstellung, rigidity, intelligence, and teaching methods. *British Journal of Educational Psychology,* **27,** S. 127-134 (166)

MILLER, R.B. (1962): Analysis and specification of behavior for training. In: GLASER, R. (Ed.), S. 31-62 (200)

MOEBIUS, J.P. (1900): *Über den physiologischen Schwachsinn des Weibes.* Halle a.d.S.: Marhold (7)

MORENO, J.L. (1934): *Who shall survive? A new approach to the problem of human interrelations.* Washington: Nervous and mental disease publishing Co. Dt. (1967): *Die Grundlagen der Soziometrie* (2. Aufl.). Opladen: Westdt. Verlag (283)

MORGAN, M. (1984): Reward-induced decrements and increments in intrinsic motivation. *Review of Educational Research,* **54,** S. 5-30 (268)

MORRISETT, L.J. & HOVLAND, C.I. (1959): A comparison of three varieties of training in human problem solving. *Journal of Experimental Psychology,* **58,** S. 52-55 (160)

MOSKOWITZ, J.M., MALVIN, J.H., SCHAEFFER, G.A., & SCHAPS, E. (1983): Evaluation of a cooperative learning strategy. *American Educational Research Journal,* **20,** S. 687-696 (296)

MOSKOWITZ, J.M., MALVIN, J.H., SCHAEFFER, G.A., & SCHAPS, E. (1985): Evaluation of jigsaw, a cooperative learning technique. *Contemporary Educational Psychology,* **10,** S. 104-112 (296)

MÜLLER-WOLF, H.-M. & FITTKAU, B. (1971): Das Lehrerverhalten von Hochschullehrern und seine Bedeutung für Einstellungen und Verhalten von Studenten. *Zeitschrift für Entwicklungspsychologie und Pädagogische Psychologie,* **3,** S. 165-180 (289)

MUMMENDEY, H.-D. (1983): Selbstkonzept. In: FREY, D. & GREIF, S. (Hrg.), S. 281-285 (309)

NEIMARK, E.D. (1975): Intellectual development during adolescence. In: HOROWITZ, F.D. (Ed.), S. 541-594 (76)

NEISSER, U. (1976): *Cognition and reality: Principles and implications of cognitive psychology.* San Francisco: Freeman (15, 183)

NELSON, T.O. (1977): Repetition and depth of processing. *Journal of Verbal Learning and Verbal Behavior,* **16,** S. 151-171 (174)

NEUMANN, P.G. (1977): Visual prototype formation with discontinuous representation of dimensions of variability. *Memory and Cognition,* **5,** S. 187-197 (130)

NEWMAN, H.H., FREEMAN, F.N. & HOLZINGER, K.J. (1937): *Twins, a study of heredity and environment.* Chicago: The University of Chicago Press (39)

NICHOLLS, J.G. (1979): Quality and equality in intellectual development: The role of motivation in education. *American Psychologist,* 34, S. 1071-1084 (293)

NICHOLLS, J.G. (1983): Conceptions of ability and achievement motivation: A theory and its implications for education. In: PARIS, S.G. et al. (Eds.), S. 211-237 (261, 262, 265, 268, 269)

NICHOLLS, J.G. (1984): Conceptions of ability and achievement motivation. In: AMES, R.E. & AMES, C. (Eds.), S. 39-73 (259, 262, 269, 293)

NICHOLS, R.C. (1964): Parental attitudes of mothers of intelligent adolescents and creativity in their children. *Child Development,* 35, S. 1041-1049 (165)

NICKEL, H. (1981): Schulreife und Schulversagen: Ein ökopsychologischer Erklärungsansatz und seine praktischen Konsequenzen. *Psychologie in Erziehung und Unterricht,* 28, S. 19-37 (53)

NICKEL, H. (1984): Schulreife und Schuleingangsdiagnostik. In: HELLER, K.A. (Hrg.), S. 275-282 (53)

NICKEL, H. & WIECSERKOWSKY, W. (1974): Einflüsse auf die Beurteilung von Schüleraufsätzen. Ergebnisse einer quasi-experimentellen Versuchsreihe. In HELLER, K.A. (Hrg.), S. 271-308

NOBLE, C.E. (1952): An analysis of meaning. *Psychological Review,* 59, S. 421-430 (184)

NOBLE, C.G. & NOLAN, J.D. (1976): Effect of student verbal behavior on classroom teacher behavior. *Journal of Educational Psychology,* 68, S. 342-346 (311)

NOELTING, G. (1975): Stages and mechanisms in the development of the concept of proportion in the child and the adolescent. Paper presented at the Fifth Interdisciplinary Seminar on PIAGETian Theory and its Implications for the Helping Professions. Los Angeles (zit. nach CASE, 1981) (84)

NOLL, V.H. (1965): *Educational measurement* (2nd ed.). Boston: Houghton Mifflin (199)

NUNGESTER, R.J. & DUCHASTEL, P.C. (1982): Testing versus review: Effects on retention. *Journal of Educational Psychology,* 74, S. 18-22 (189)

NUNNALLY, J.C. (1972): *Educational measurement and evaluation* (2nd ed.). New York: McGraw-Hill (339)

NUNNALLY, J.C. & LEMOND, L.C. (1973): Exploratory behavior and human development. In: LIPSITT, L.P. & REESE, H.W. (Eds.), S. 59-109 (252)

NUSSBAUM, A. (1984): Entdeckendes Lernen: Probleme der Forschung und mögliche Lösungen. *Zeitschrift für Entwicklungspsychologie und Pädagogische Psychologie,* 16, S. 57-76 (215, 216)

OBLER, L.K. & ALPERT, M. (Eds.) (1980): *Language and communication in the elderly.* Lexington, Mass.: Lexington

OERTER, R. (1974): *Erkennen.* Donauwörth: Auer (304)

O'LEARY, K.D. & BECKER, W.C. (1967): Behavior modification of an adjustment class: A token reinforcement program. *Exceptional Children,* 33, S. 637-642 (110, 113)

O'LEARY, K.D. & DRABMAN, R. (1971): Token reinforcement programs in the classroom: A review. *Psychological Bulletin,* 75, S. 397-398 (109)

O'LEARY, K.D. & O'LEARY, S. (Eds.)(1977): *Classroom management: The successful use of behavior modification* (2nd ed.). New York: Pergamon (97, 113)

OLMO, B.G. (1975): Teaching students to ask questions. *Language Arts*, 2, S. 1116-1119 (219)

ORNE, M.T. (1951): The mechanisms of hypnotic age regression: An experimental study. *Journal of Abnormal and Social Psychology*, 46, S. 213-225 (183)

ORTONY, A. (1975): Why metaphors are necessary and not just nice. *Educational Theory*, 25, S. 45-53 (184)

OVERMIER, J.B. & SELIGMAN, M.E.P. (1967): Effects of inescapable shock upon subsequent escape and avoidance responding. *Journal of Comparative and Physiological Psychology*, 63, S. 28-33 (273)

OWEN, S.V., FROMAN, R.D. & MOSCOW, H. (1981): *Educational psychology* (2nd ed.). Boston: Little, Brown (166)

PAGE, E.B. (1958): Teacher comments and student performance: A seventy-four classroom experiment in school motivation. *Journal of Educational Psychology*, 49, S. 173-181 (98)

PAIVIO, A. (1978): Mental comparisons involving abstract attributes. *Memory and Cognition*, 6, S. 199-208 (178)

PARIS, S.G., OLSON, G.M. & STEVENSON, H.W. (Eds.) (1983): *Learning and motivation in the classroom*. Hillsdale, N.J.: Erlbaum (251)

PARK, O. (1984): Example comparison strategy versus attribute identification strategy in concept learning. *American Educational Research Journal*, 21, S. 145-162 (132)

PARKE, R.D. (1969): Effectiveness of punishment as an interaction of intensity, timing, agent nurturance and cognitive-structuring. *Child Development*, 40, S. 213-235 (117)

PARKE, R.D. (1977): Punishment in children: Effects, side effects and alternative control strategies. In: HOM, H. & ROBINSON, P. (Eds.), S. 71-97 (102, 116)

PARKE, R.D. & DEUR, J.L. (1972): Punishment and inhibition of aggression in children. *Developmental Psychology*, 7, S. 266-269 (116)

PARNES, S.J. (1967): *Creative behavior guidebook*. New York: Scribner (166)

PAWLIK, K. (Hrg.)(1976): *Diagnose der Diagnostik. Beiträge zur Diskussion der psychologischen Diagnostik in der Verhaltensmodifikation*. Stuttgart: Klett

PAYNE, D.A. (1968): *The specification and measurement of learning outcomes*. Waltham, Mass.: Blaisdell (336)

PECK, K.L. & HANAFIN, M.J.(1983): The effects of notetaking pretraining and the recording of notes on the retention of aural instruction. *Journal of Educational Research*, 77, S. 100-107 (193)

PENFIELD, W. (1969): Consciousness, memory and man's conditioned reflexes. In: PRIBRAM, K. (Ed.), S. 127-168 (183)

PERLINE, I.H. & LEVINSKY, D. (1968): Controlling behavior in the severely retarded. *American Journal of Mental Deficiency*, 73, S. 74-78 (110)

PERSELL, C.H. (1977): *Education and inequality. A theoretical and empirical synthesis*. New York: Free Press (304, 310)

PETERMANN, F. (1982): *Einzelfalldiagnose und kontrollierte Praxis*. Stuttgart: Kohlhammer (11)

PETERSON, L.R. & PETERSON, M.J. (1959): Short-term retention of individual verbal items. *Journal of Experimental Psychology*, 58, S. 193-198 (174)

PETERSON, P.L. & WALBERG, H.J. (Eds.)(1979): *Research on teaching. Concepts, findings, and implications*. Berkeley, CA: McCutchan

PHILLIPS, J.L. (1969): *The origins of intellect:* PIAGET's *theory* (2nd ed.: 1975). San Francisco: Freeman (66)

PHILLIPS, R. (1980): Teachers' reported expectations of children's sex-roles and evaluations of sexist teaching. *Dissertation Abstracts International,* 41, S. 995-996 (304)

PIAGET, J. (1924): *Le jugement et le raisonnement chez l'enfant.* Neuchâtel: Delachaux & Niestlé. Dt. (1972): *Urteil und Denkprozeß des Kindes.* Düsseldorf: Schwann (72, 76)

PIAGET, J. (1952): *The origins of intelligence in children.* New York: International Universities Press (Orig. Ausg. 1936). Dt. (1969): *Erwachen der Intelligenz beim Kinde.* Stuttgart: Klett (66, 254)

PIAGET, J. (1959): Apprentissage et connaissance. In: GRÉCO, P. & PIAGET, J. (Eds.), S. 21-67 (254)

PIAGET, J. (1971): *Science of education and the psychology of the child.* New York: Orion Press (82)

PIAGET, J. et al. (1975): Gesammelte Werke. Bände 1 - 9. Stuttgart: Klett.

PIAGET, J. & INHELDER, B. (1967): *The child's conception of space.* London: Routledge & Paul (74)

PIERSEL, W.C. & KRATOCHWILL, T.R. (1979): Self-observation and problems through behavioral consultation. *Journal of School Psychology,* 17, S. 151-161 (123)

PLASS, J.A. & HILL, K.T. (1979): Optimizing children's achievement test performance: The role of time pressure, evaluation anxiety, and sex. Paper presented at the biennial meeting of the Society for Research in Child Development. San Francisco (zit. nach HILL, 1984) (272)

PLATZKÖSTER, A. (1983): *Ein handlungstheoretisches Motivationsmodell des Hilfehandelns.* Frankfurt: Lang (18)

POPHAM, W.J., EISNER, E.W., SULLIVAN, H.J. & TYLER, L.I. (1969): Instructional objectives. *AERA Monographs Series on Curriculum Evaluation,* No. 3. Chicago: Rand McNally

PREMACK, D. (1959): Toward empirical behavior laws: I. Positive reinforcement. *Psychological Review,* 66, S. 219-233 (111)

PRESSEY, S.L. (1926): A simple apparatus which gives tests and scores - and teaches. *School and Society,* 23, S. 373-376 (226)

PRESSEY, S.L. (1955): Concerning the nature and nuture of genius. *Scientific Monthly,* 81, S. 123-129 (164)

PRESSLEY, M. & DENNIS-ROUNDS, J. (1980): Transfer of a mnemonic keyword strategy of two age levels. *Journal of Educational Psychology,* 72, S. 575-582 (196)

PRESSLEY, M. & LEVIN, J.R. (1980): The development of mental imagery retrieval. *Child Development,* 51, S. 558-560 (196)

PRESSLEY, M., LEVIN, J.R., KUIPER, N.A., BRYANT, S.L. & MICHENER, S. (1982a): Mnemonic versus nonmnemonic vocabulary-learning strategies: Additional comparisons. *Journal of Educational Psychology,* 74, S. 693-707 (196)

PRESSLEY, M., LEVIN, J.R. & MILLER, G.E. (1982b): The keyword method compared to alternative vocabulary-learning strategies. *Contemporary Educational Psychology,* 7, S. 50- 60 (196)

PRIBRAM, K. (Ed.) (1969): *On biology of learning.* New York: Harcourt, Brace & World

QUEKELBERGHE, R.v. & EICKELS, N.v. (1982): *Handlungstheorien, Tätigkeitstheorie und Psychotherapie.* Tübingen: DGVT (18)

RADATZ, H. (1980): *Fehleranalysen im Mathematikunterricht.* Braunschweig: Vieweg (318f.)

RASCH, G. (1980): *Probabilistic models for some intelligence and attainment tests.* Chicago, Ill.: University of Chicago Press (321)

RAUDENBUSH, S.W. (1984): Magnitude of teacher expectancy effect on pupil IQ as a function of the credibility of expectancy induction: A synthesis of findings from 18 experiments. *Journal of Educational Psychology,* **76**, S. 85-97 (304)

READ, S.J. & STEPHAN, W.G. (1979): An integration of KELLEY's attribution cube and WEINER's achievement attribution model. *Personality and Social Psychology Bulletin,* **5**, S. 196-200 (267)

REDD, W.H., MORRIS, E.K. & MARTIN, J.A. (1975): Effects of positive and negative adult-child interactions on children's social preference. *Journal of Experimental Child Psychology,* **19**, S. 153-164 (114)

REDFIELD, D.L. & ROUSSEAU, E.W. (1981): A meta-analysis of experimental research on teacher questioning behavior. *Review of Educational Research,* **51**, S. 237-245 (221)

REESE, E.P. (1966): *The analysis of human operant behavior.* Dubuque, Iowa: Brown (106)

REESE, H.W. (Ed.)(1975): *Advances in child development and behavior.* Vol. 10. New York: Academic Press

REESE, H.W. & LIPSITT, L.P. (Ed.)(1970): *Advances in child development and behavior.* Vol. 5. New York: Academic Press

REILLY, R.R. & LEWIS, E.L. (1983): *Educational psychology. Applications for classroom learning and instruction.* New York: Macmillan (59)

REJSKIND, F.G. (1982): Autonomy and creativity in children. *Journal of Creative Behavior,* **16**, S. 58-67 (165)

RESNICK, L.B. (1979): The future of IQ testing in education. In: STERNBERG, R. & DETTERMAN, D. (Eds.), S. 203-215 (318)

RESNICK, L.B. (1983): Toward a cognitive theory of instruction. In: PARIS, S.G. et al. (Ed.), S. 5-38 (66, 213, 216)

REYNOLDS, G.S. (1968): *A primer of operant conditioning.* Glenview/Ill.: Scott, Foresman (100, 102)

REZNIKOFF, M., DOMINO, G., BRIDGES, C. & HONEYMAN, M. (1973): Perceptions of alikeness and attitudes toward being a twin: Comparison of identical and fraternal twin pairs. *Perceptual and Motor Skills,* **37**, S. 103-106 (39)

RHEINBERG, F. (1980): *Leistungsbewertung und Lernmotivation.* Göttingen: Hogrefe (261, 263, 267)

RHEINBERG, F., KRUG, J., LÜBBERMANN, E. & LAUDSCHEIDT, K. (1980): Beeinflussung der Leistungsbewertung im Unterricht: Motivationale Auswirkungen eines Interventionsversuchs. *Unterrichtswissenschaft,* **1**, S. 48-60 (277)

RICKARDS, J.P. & DENNER, P.R. (1979): Depressive effects of underlining and adjunct questions on children's recall of text. *Instructional Psychology,* **8**, S. 81-90 (192)

RINGNESS, T. (1975): *The affective domain in education.* Boston: Little-Brown (208)

RIPPLE, R.E. & MAY, F.B. (1962): Caution in comparing creativity and IQ. *Psychological Reports,* **10**, S. 229-230 (163)

RIVERS, J. (1980): Older siblings as bases of teacher expectations. *Dissertation Abstracts International,* **40**, 4253-A (304)

ROBERTSON-TCHABO, E.A., HAUSMAN, C.P. & ARENBERG, D. (1976): A classic mnemonic for old learners: A trip that works. *Educational Gerontology*, 1, S. 215-226 (61)

ROBINSON, H.B. & ROBINSON, N.M. (1971): Longitudinal development of very young children in a comprehensive day care program: The first two years. *Child Development*, **42**, S. 1673-1683 (58)

ROE, A. (1953): *The making of a scientist.* New York: Dodd, Read (168)

ROEDER, P.M. (1974): Modelle der Differenzierung in Abhängigkeit von Leistungsdimensionen einzelner Fächer. In: ROEDER, P.M. & TREUMANN, K. (Hrg.), S. 11-130 (234)

ROEDER, P.M. & TREUMANN, K. (1974): *Dimensionen der Schulleistung.* Stuttgart: Klett

ROEHRS, H. (Hrg.) (1971): *Der Aufgabenkreis der Pädagogischen Psychologie.* Frankfurt/ M.: Akademische Verlagsgesellschaft (24, 34)

ROETHLISBERGER, F.J. & DICKSON, W.J. (1939): *Management and the worker.* Cambridge: Harvard University Press (281)

ROGERS, C.R. (1956): Implications of recent advances in prediction and control of behavior. *Teachers College Record,* **57**, S. 316-322 (12)

ROGERS, C.R. (1969): *Freedom to learn.* Ohio: Merrill (17)

ROGERS, C.R. (1970): *On becoming a person. A therapist's view of psychotherapy.* Boston: Houghton Mifflin. Dt. (1973): *Entwicklung der Persönlichkeit.* Stuttgart: Klett (17)

ROLFF, H.G. (1980): *Sozialisation und Auslese durch die Schule* (9. Auflage). Heidelberg: Quelle & Meyer (235)

ROSCH, E.H. (1975): Cognitive representation of semantic categories. *Journal of Experimental Psychology: General,* **104**, S. 192-233 (129, 130)

ROSCH, E.H. (1978): Principles of categorization. In: ROSCH, E.H. & LLOYD, B.B. (Eds.), S. 27-48 (128, 129, 130)

ROSCH, E.H. & LLOYD, B.B. (Eds.) (1978): *Cognition and categorization.* Hillsdale, N.J.: Erlbaum

ROSE, S.A. & BLANK, N. (1974): The potency of context in children's cognition: An illustration through conservation. *Child Development*, **45**, S. 499-502 (70)

ROSEMANN, B. (1984): Konstruktion und Auswertung informeller Schulleistungstests (Lernkontrolltests). In: HELLER, K. (Hrg.), S. 162-204 (341)

ROSENBAUM, J.E. (1980): Social implications of educational grouping. In: KERLINGER, F.N. (Ed.), S. 361-401 (233, 235)

ROSENBAUM, M.E. & TUCKER, I.F. (1962): The competence of the model and the learning of imitation and nonimitation. *Journal of Experimental Psychology,* **63**, S. 183-190 (119)

ROSENBAUM, M.S. & DRABMAN, R.S. (1979): Self-control in the classroom: A review and critique. *Journal of Applied Behavior Analysis,* **12**, S. 467-485 (123)

ROSENSHINE, B.V. (1977): Primary grades instruction and student achievement. Paper presented at the annual meeting of the AERA. New York (291)

ROSENSHINE, B.V. (1979): Content, time, and direct instruction. In: PETERSON, P.L. & WALBERG, H.J. (Eds.), S.28-56 (291)

ROSENTHAL, R. & JACOBSON, L. (1968): *Pygmalion in the classroom: Teacher expectation and pupils' intellectual development.* New York: Holt, Rinehart and Winston (300f., 304)

ROSENTHAL, R. & ZIMMERMAN, B.J. (1978): *Social learning and cognition*. New York: Academic Press (121)

ROSSER, R.A. & NICHOLSON, G.I. (1984): *Educational psychology. Principles in practice.* Boston: Little, Brown (59)

ROST, D.H. (1981a): *Token im Unterricht.* Berichte und Arbeiten aus dem Institut für Grundschulforschung. Nürnberg (110)

ROST, D.H. (1981b): *Kontingenzverträge im Unterricht.* Berichte und Arbeiten aus dem Institut für Grundschulforschung. Nürnberg (112)

ROTH, H. (1957): *Pädagogische Psychologie des Lehrens und Lernens.* Hannover: Schroedel (55, 256)

ROTH, H. (Hrg.) (1969): *Begabung und Lernen.* Deutscher Bildungsrat. Stuttgart: Klett

ROTH, H. (1974): Psychologie und Pädagogik und die Probleme einer Pädagogischen Psychologie. In: WEINERT, F.E. (Ed.), S. 108-110 (24)

ROTTER, J.B. (1966): Generalized expectancies for internal versus external control of reinforcement. *Psychological Monographs*, **80**, S. 1-28 (113)

ROYER, J.M. (1979): Theories of the transfer of learning. *Educational Psychologist*, **14**, S. 53-69 (156)

ROYER, J.M. & FELDMAN, R.S. (1984): *Educational psychology. Applications and theory.* New York: Knopf (59)

RÜPPELL, H. & RUDINGER, G. (1979): Entwurf einer Systematik pädagogisch-psychologischer Forschungsansätze. In: BRANDSTÄTTER, J. et al. (Hrg.), S. 239-266 (23)

RÜTTER, T. (1978): Formen der Testaufgabe. In: KLAUER, K.J. (Hrg.), S. 257-280 (341)

RUGER, H.A. (1910): The psychology of efficiency. *Archives for Psychology*, No. 15 (152)

RUSTEMEYER, R. (1984): Selbsteinschätzung eigener Fähigkeit - vermittelt durch Emotionen anderer Personen. *Zeitschrift für Entwicklungspsychologie und Pädagogische Psychologie*, **16**, S. 149-161 (308)

RYANS, D.G. (1960): *Characteristics of teachers.* Washington, D.C.: American Council of Education (289)

SADKER, M. & SADKER, D. (1977): Questioning skills. In: COOPER, J. (Eds.), S. 156-174 (220)

SAFER, D. & ALLEN, R. (1976): *Hyperactive children: Diagnosis and management.* Baltimore: University Park Press (110)

SAGARIA, S.D. & DI VESTA, F.J. (1978): Learner expectations induced by adjunct questions and the retrieval of intentional and incidental information. *Journal of Educational Psychology*, **70**, S. 280-288 (186, 188)

SALOMON, G. (1971): Heuristic models for the generation of aptitude-treatment interaction hypotheses. *Review of Educational Research*, **42**, S. 327-343. Dt. (1972): Heuristische Modelle für die Gewinnung von Interaktionshypothesen. In: SCHWARZER, R. & STEINHAGEN, K. (Hrg.), S. 127-145 (240)

SANDERS, R.F., MURPHY, M.D., SCHMITT, F.A. & WALSH, K.K. (1980): Age differences in free recall rehearsal strategies. *Journal of Gerontology*, **35**, S. 550-558 (61)

SAX, G. (1960): Concept acquisition as a function of differing schedules and delays of reinforcement. *Journal of Educational Psychology*, **51**, S. 32-36 (137)

SCANNELL, D.P. & MARSHALL, J.C. (1966): The effect of selected composition errors on grades assigned to essay examinations. *American Educational Research Journal*, **3**, S. 125-130 (336)

SCARR, S. (1985): Constructing psychology. Making facts and fables for our times. *American Psychologist*, **40**, S. 499-512 (9f.)

SCARR, S. & CARTER-SALTZMAN, L. (1982a): Genetics and intelligence. In: STERNBERG, R.J. (Ed.), S. 792-896 (39, 40)

SCARR, S. & WEINBERG, R.A. (1976): IQ test performance of black children adopted by white families. *American Psychologist*, **31**, S. 726-739 (40)

SCHAEFER, E. (1959): A circumplex model for maternal behavior. *Journal of Abnormal and Social Psychology*, **59**, S. 226-235 (289)

SCHAIE, K.W. (1980): Cognitive development in aging. In: OBLER, L.K. & ALPERT, M. (Eds.), S. 7-25 (60)

SCHALLBERGER, U. & TRIER, U.P. (1978): *Test für schulrelevante Fähigkeiten*. TSF 6-7. Weinheim: Beltz (234)

SCHANK, R.C. (1976): The role of memory in language processing. In: COFER, C. (Ed.), S. 162-189 (148)

SCHEIDT, vom, J. (1981): Humanistische Psychologie. In: SCHIEFELE, H. & KRAPP, A. (Hrg.), S. 170-172 (17)

SCHENK-DANZINGER, L. (1965): Latente Reifung. Die kritische Zeitspanne bei mangelnder Funktionsübung. In: Bericht über 24. Deutschen Konkreß der DGfP, S. 112-120 (46)

SCHIEFELE, H. (1964): Sozialpsychologie der Schulklasse. *Welt der Schule*, **17**, S. 337-341 (280)

SCHIEFELE, H. & KRAPP, A. (Hrg.) (1981): *Handlexikon der Pädagogischen Psychologie*. München: Ehrenwirth (19, 326)

SCHMIDT, G.W. & ULRICH, R.E. (1969): Effects of group contingent events upon classroom noise. *Journal of Applied Behavior Analysis*, **2**, S. 171-179 (110)

SCHMITT, R. (1983): Lernzielformulierung. In: HAMEYER, U. et al. (Hrg.), S. 607-616 (205)

SCHMUCK, R.A. (1978): Applications of social psychology to class life. In: BAR-TAL, D. & SAXE, L. (Eds.), S. 231-255 (284)

SCHOTT, F. (1972): Zur Präzisierung von Lehrzielen durch zweidimensionale Aufgabenklassen. In: KLAUER, K.J. et al. (Hrg.), S. 45-73 (333)

SCHOTT, F. (1977): Uni- versus multioperationale Testung. Versuche zur Reduzierung der Aufgabenzahl bei kriteriumsorientierten Messungen. In: GARTEN, H.-K. (Hrg.), S.175-188 (318)

SCHULZE, W. (1973): Lernprinzipien. In: BELSCHNER, W. et al. (Hrg.), S. 84-108 (100)

SCHWARZER, C. & SCHWARZER, R. (1978): Informelle Tests. In: KLAUER, K.J. (Hrg.) (Band 1), S. 317-330 (333)

SCHWARZER, R. (1981): *Streß, Angst und Hilflosigkeit*. Stuttgart: Kohlhammer (270, 271)

SCHWARZER, R. & LANGE, B. (1979): Implizite Unterrichtstheorien von Lehrern. In: BOLSCHO, D. & SCHWARZER, C. (Hrg.), S. 67-84 (316)

SCHWARZER, R & STEINHAGEN, K. (Hrg.) (1975): *Adaptiver Unterricht. Beiträge zur Wechselwirkung von Schülermerkmalen und Unterrichtsmethoden*. München: Kösel

SCOTT, P.M., BURTON, R.V. & YARROW, M.R. (1967): Social reinforcement under natural conditions. *Child Development*, **38**, S. 52-63 (113)

SEAVER, W. (1973): Effects of naturally induced teacher expectancies. *Journal of Personality and Social Psychology*, 28, S. 333-342 (304)

SEDDON, G.M. (1978): The properties of BLOOM's taxonomy of educational objectives for the cognitive domain. *Review of Educational Research*, 48, S. 303-323 (205, 206)

SEFKOW, S.B. & MYERS, J.L. (1980): Review effects of inserted questions on learning from prose. *American Educational Research Journal*, 17, S. 435-447 (189)

SELIGMAN, M.E.P. (1975): *Helplessness. On depression, development, and death*. San Francisco: Freeman (274)

SELIGMAN, M.E.P., MAIER, S.F. & GEER, J. (1968): The alleviation of learned helplessness in the dog. *Journal of Abnormal Psychology*, 73, S. 256-262 (273)

SHAPSON, S.M., WRIGHT, E.N., EASON, G. & FITZGERALD, J. (1980): An experimental study of the effects of class size. *American Educational Research Journal*, 17, S. 141-152 (236)

SHAVELSON, R.J. & BOLUS, R. (1982): Self-concept: The interplay of theory and methods. *Journal of Educational Psychology*, 74, S. 3-17 (309)

SHAVELSON, R.J., CADWELL, J. & IZU, T. (1977): Teachers' sensitivity to the reliability of information in making pedagogical decisions. *American Educational Research Journal*, 14, S. 83-97 (305)

SHAVELSON, R.J., HUBNER, J.J. & STANTON, G.C. (1976): Self-concept: Validation of construct interpretations. *Review of Educational Research*, 46, S. 407-441 (309, 310)

SHAW, M.E. & SHAW, L.M. (1962): Some effects of sociometric grouping upon learning in a secondary grade classroom. *Journal of Social Psychology*, 57, S. 453-458 (284, 285)

SHAYCOFT, M.F. (1979): *Handbook of criterion-referenced testing: Development, evaluation, and use*. New York: Garland STPM Press (324)

SHEPP, B.E. (1978): From perceived similarity to dimensional structure: A new hypothesis about perceptual development. In: ROSCH, E. & LLOYD, B. (Eds.), S. 135-167 (130)

SHRAUGER, J.S. (1975): Responses to evaluation as a function of initial self-perceptions. *Psychological Bulletin*, 23, S. 581-596 (258)

SHULMAN, L.S. & KEISLAR, E.R. (Eds.) (1966): *Learning by discovery. A critical appraisal*. Chicago: Rand McNally

SIEBER, J.E. (1969): A paradigm of experimental modification of the effects of test anxiety on cognitive processes. *American Educational Research Journal*, 6, S. 46-62 (240)

SIEGLER, R.S. (1976): Three aspects of cognitive development. *Cognitive Psychology*, 8, S. 481-520 (51f.)

SIEGLER, R.S. (Ed.)(1978): *Children's thinking: What develops?* Hillsdale, N.J.: Erlbaum

SIEGLER, R.S. & RICHARDS, D.D. (1982a): The development of intelligence. In: STERNBERG, R.J. (Ed.), S. 897-971 (51, 52, 76)

SIMON, H.A. & CHASE, W.G. (1973): Skill in chess. *American Scientist*, 61, S. 394-403 (144, 159)

SIMON, H.A. & GILMARTIN, K. (1973): A simulation of memory for chess positions. *Cognitive Psychology*, 5, S. 29-46 (144)

SIMONS, P.R.J. (1984): Instructing with analogies. *Journal of Educational Psychology*, 76, S. 513-527 (185)

SIMPSON, E.J. (1972): The classification of educational objectives in the psychomotor domain. In: ELY, D.J. et al. (Eds.), S. 43-56 (209)

SKINNER, B.F. (1938): *The behavior of organisms.* New York: Appleton-Century-Crofts (103)

SKINNER, B.F. (1953): *Science and human behavior.* New York: MacMillan (101)

SKINNER, B.F. (1954): The science of learning and the art of teaching. *Harvard Educational Review,* **24**, S. 86-97 (100, 226)

SKINNER, B.F. (1958): Teaching machines. *Science,* **128**, S. 969-977 (100, 226)

SKINNER, B.F. (1971): *Beyond freedom and dignity.* New York: Knopf. Dt. (1973): *Jenseits von Freiheit und Würde.* Reinbek: Rowohlt (16)

SLAVIN, R.E. (1979): *Student team learning as a total instructional program: Effects on achievement and attitudes.* Baltimore, Md.: John Hopkins University (296)

SLAVIN, R.E. (1980): Cooperative learning. *Review of Educational Research,* **50**, S. 315-342 (295, 299)

SLAVIN, R.E. (1983): When does cooperative learning increase student achievement? *Psychological Bulletin,* **94**, S. 429-445 (294, 295, 296, 299)

SMITH, E.E., SHOBEN, E.J. & RIPS, L.J. (1974): Structure and process in semantic memory: A feature model for semantic decisions. *Psychological Review,* **81**, S. 214-224 (130)

SMITH, M.C. (1983): Hypnotic memory enhancement of witnesses: Does it work? *Psychological Bulletin,* **94**, S. S.387-407 (183)

SMITH, M.L. & GLASS, G.V. (1980): Meta-analysis of research on class-size and its relationship to attitudes and instruction. *American Educational Research Journal,* **17**, S. 419-433 (236)

SMOKE, K.L. (1932): An objective study of concept formation. *Psychological Monographs,* **42**, No. 4 (138)

SMOKE, K.L. (1933): Negative instances in concept learning. *Journal of Experimental Psychology,* **16**, S. 583-588 (136)

SNOW, R.E. (1974): Representative and quasi-representative designs for research on teaching. *Review of Educational Research,* **44**, S. 265-291 (23)

SNOW, R.E., FEDERICO, P.-A. & MONTAGUE, W.E. (Eds.) (1980): *Aptitude, learning, and instruction. Vol. 1: Cognitive process analyses of aptitude.* Hillsdale, N.J.: Erlbaum

SOAR, R.S. (1973): *Follow through classroom process measurement and pupil growth (1970-1971): Final Report.* Gainesville, Fla.: University of Florida (291)

SOLOMON, D. & KENDALL, A.J. (1976): *Individual characteristics and children's performance in varied educational settings.* Rockville, Md.: Montgomery County Public Schools (291)

SOLSO, R.L. (Ed.) (1974): *Theories in cognitive psychology: The Loyola symposium.* Montomac, Md.

SOMMER, H. (1981): *Grundkurs Lehrerfrage.* Weinheim: Beltz (214, 219, 221)

SOMMER, R. (1967): Classroom ecology. *Journal of Applied Behavioral Science,* **3**, S. 489-503 (219, 225)

SPELKE, E., HIRST, W. & NEISSER, U. (1976): Skills of divided attention. *Cognition,* **4**, S. 215-230 (173)

SPENCE, K.W. & SPENCE, J.T. (Eds.) (1968): *The psychology of learning and motivation: Advances in research and theory.* Vol. 2. New York: Academic Press

SPERLING, G. (1960): The information available in brief visual presentations. *Psychological Monographs,* **74**, Whole No. 498 (172)

SPIELBERGER, Ch.D. (Ed.)(1966): *Anxiety and behavior.* New York: Academic Press

SPIELBERGER, Ch.D. (1966): Theory and research on anxiety. In: SPIELBERGER, Ch. D. (Ed.), S. 3-20 (270)

SPITZER, H.F. (1939): Studies in retention. *Journal of Educational Psychology,* **30**, S. 641-656 (189)

STAATS, A.W. (1973): Behavior analysis and token reinforcement in educational behavior modification and curriculum research. In: THORESEN, C.E. (Ed.), S. 195-229 (110)

STALLINGS, J.A. & KASKOWITZ, D.H. (1974): *Follow through classroom observation evaluation.* 1972-1973. Menlo Park, CA: Stanford Research Institute (291)

STANTON, H.E. (1977): Dyadic discussion as a teaching method. *Contemporary Educational Psychology,* **2**, S. 99-107 (225)

STAPF, K.H., HERMANN, T., STAPF, A. & STAECKER, K.H. (1972): *Psychologie des elterlichen Erziehungsstils.* Stuttgart: Klett (114)

STARCH, D. & ELLIOTT, E.C. (1913): Reliability of grading work in mathematics. *School Review,* **21**, S. 254-259 (335)

STEINACK, J. (1977): *Impulsivität und Reflexivität bei Kindern.* München: Oldenbourg (151)

STERN, C. (1965): Labeling and variety in concept identification in young children. *Journal of Educational Psychology,* **56**, S. 235-240 (134)

STERNBERG, R.J. (Ed.) (1982a): *Handbook of human intelligence.* Cambridge: Cambridge University Press

STERNBERG, R.J. (Ed.) (1982b): *Advances in the psychology of human intelligence.* Vol. 1. Hillsdale, N.J.: Erlbaum

STERNBERG, R. & DETTERMAN, D. (Eds.) (1979): *Human intelligence: Perspectives on its theory and measurement.* Norwood N.J.: Ablex

STEVENS, S.S. (Ed.) (1951): *Handbook of experimental psychology.* New York: Wiley

STEVENS, S.S. (1951): Mathematics, measurement, and psychophysics. In: STEVENS, S.S. (Ed.), S. 1-49 (314)

STEWART, A.J. (Ed.) (1982): *Motivation and society.* San Francisco: Jossey-Bass

STEWART, L.G. & WHITE, M.A. (1976): Teacher comments, letter grades, and student performance: What do we really know? *Journal of Educational Psychology,* **68**, S. 488-500 (98)

STRIKE, K. A. (1975): The logic of learning by discovery. *Review of Educational Research,* **45**, S. 461-483 (215)

SUCHMAN, J.R. (1960): Inquiry training in the elementary school. *Science Teacher,* **27**, S. 42-47 (141)

SUCHMAN, J.R. (1965): Learning through inquiry. *Childhood Education,* **41**, S. 289-291 (141, 143, 150)

SULZER, B. & MAYER, G.R. (1972): *Behavior modification procedures for school personnel.* Hindsdale/Ill.: Pryden (27, 28, 107f., 108, 114)

SUPPES, P., JERMAN, M. & BRIAN, D. (1968): *Computer-assisted instruction: The 1965-66 Stanford arithmetic program.* New York: Academic Press (230, 231)

SUSSKIND, E.C. (1979): Encouraging teachers to encourage children's curiosity: A pivotal competence. *Journal of Clinical Child Psychology,* **8**, S. 101-106 (219)

384

SUTTER, E.G. & REID, J.B. (1969): Learner variables and interpersonal conditions in computer-assisted instruction. *Journal of Educational Psychology*, **60**, S. 153-157 (272)

SWANSON, R.A. & HENDERSON, R.W. (1977): Effects of televised modeling and active participation on rule-governed question production among native-American children. *Contemporary Educational Psychology*, **2**, S. 345-352 (150)

SZEKELY, L. (1950): Productive processes in learning and thinking. *Acta Psychologica*, **7**, S. 388-407 (155)

TAUSCH, R. & TAUSCH, A. (1970): *Erziehungspsychologie* (5. Aufl.). Göttingen: Hogrefe (289f.)

TAYLOR, C.W. (Ed.)(1964): *Creativity: Progress and potential.* New York: McGraw-Hill

TENNYSON, R.D., CHAO, J.N. & YOUNGERS, J. (1981): Concept learning effectiveness using prototype and skill development presentation forms. *Journal of Educational Psychology*, **73**, S. 326-334 (130)

TENNYSON, R.D. & PARK, O. (1980): The teaching of concepts: A review of instructional design research literature. *Review of Educational Research*, **50**, S. 55-70 (132, 137)

TENNYSON, R.D., PARK, O. & ROTHEN, W. (1980): The adaptive design strategies for selecting number and presentation order of examples in coordinate concept acquisition. *Journal of Educational Psychology*, **72**, S. 362-370 (136)

TENNYSON, R.D., WOOLLEY, F.R. & MERRILL, M.D. (1972): Exemplar and non-exemplar variables which produce correct concept classification behavior and specified classification errors. *Journal of Educational Psychology*, **63**, S. 144-152 (136)

TENNYSON, R.D., YOUNGERS, J. & SUEBSONTHI, P. (1983): Concept learning by children using instructional presentation forms for prototype formation and classification-skill development. *Journal of Educational Psychology*, **75**, S. 280-291 (132)

THOMAE, H. (1965): Die Bedeutungen des Motivationsbegriffes. In: THOMAE, H. (Hrg.), S. 3-44 (245)

THOMAE, H. (Hrg.)(1965): *Motivation. Allgemeine Psychologie II.* Handbuch der Psychologie. Bd. 2. Göttingen: Hogrefe

THOMAS, J.D., PRESLAND, I.E., GRANT, M.D. & GLYNN, T.L. (1978): Natural rates of teacher approval and disapproval in grade seven classrooms. *Journal of Applied Behavior Analysis*, **11**, S. 91-94 (108)

THOMPSON, G.G. (1962): *Child psychology. Growth trends in psychological adjustment.* Boston: Houghton Mifflin (90)

THOMPSON, M., BRASSELL, W., PERSONS, S., TUCKER, R. & ROLLINS, H. (1974): Contingency management in the schools: How often and how well does it work? *American Educational Research Journal*, **11**, S. 19-28 (110)

THOMPSON, W.R. & MELZACK, R. (1956): Early environment. *Scientific American*, **194**, S. 38-42 (54)

THORESEN, C.E. (Ed.) (1973): *Behavior modification in education.* 72th Yearbook of the National Society of the Study of Education, Part I. Chicago: University of Chicago Press

THORNDIKE, E.L. (1924): Mental discipline in high school studies. *Journal of Educational Psychology*, **15**, S. S. 1-22 (156)

THORNDIKE, E.L. & WOODWORTH, R.S. (1901): The influence of improvement in one mental function upon the efficiency of other functions. *Psychological Review*, **8**, S. 247-261 (157)

385

THORNDIKE, R.L. (1968): Review of "Pygmalion in the classroom". *American Educational Review*, 5, S. 708-711 (301)

THORNDIKE, R.L. (1971): *Educational Measurement*. Washinton, D.C.: American Council of Education

THORNDIKE, R.L. & HAGEN, E. (1977): *Measurement and evaluation in psychology and education* (4th ed.). New York: Wiley (335)

TIETZE, W. (1973): *Chancengleichheit bei Schulbeginn*. Düsseldorf: Schwann (49)

TOBIAS, S. (1973): Review of the response mode issue. *Review of Educational Research*, 43, S. 193-204 (240)

TOBIAS, S. (1981): Adaptation to individual differences. In: FARLEY, F.H. & GORDON, N.J. (Eds.), S. 60-80 (240)

TORGESEN, J.K. & GREENSTEIN, J.J. (1982): Why do some learning disabled children have problems remembering? Does it make a difference? *Topics in Learning and Learning Disabilities*, 2(2), S. 54-61 (179)

TRAUB, R.E. (1966): Importance of problem heterogeneity to programmed instructions. *Journal of Educational Psychology*, 57, S. 54-60 (160)

TRAVERS, R.M.W. (Ed.) (1973): *Second handbook of research on teaching*. Chicago: Rand McNally

TRAVERS, R.M.W. (1977): *Essentials of learning* (4th ed.). New York: Macmillan (156)

TRAXEL, W. (1964): *Einführung in die Methodik der Psychologie*. Bern: Huber (12)

TREFFINGER, D.J., DAVIS, J.K., & RIPPLE, R.E. (Eds.)(1977): *Handbook of teaching educational psychology*. New York: Academic Press

TREML, A.K. (1983): Zielbestimmung und Zielanalyse. In: HAMEYER, U. et al. (Hrg.), S. 427-440 (199)

TRÖGER, H. & FRENZ, H.-G. (1977): Zur Orientierung einer Pädagogischen Diagnostik. In: GARTEN, H.-K. (Hrg.), S. 14-25 (314, 315f.)

TROMMSDORFF, G. (Hrg.) (1984): *Erziehungsstile*. Jahrbuch für empirische Erziehungswissenschaft. Düsseldorf: Schwann

TRUDEWIND, C. (1975): *Häusliche Umwelt und Motiventwicklung. Ökologische Faktoren in der Entwicklung des Leistungsmotivs*. Göttingen: Hogrefe (255)

TSUDZUKI, A., HATA, Y. & KUZE, T. (1957): A study of rapport between examiner and subject. *Japanese Journal of Psychology*, 27, S. 22-28 (326)

TULVING, E. & PEARLSTONE, Z. (1966): Availability versus accessibility of information in memory for words. *Journal of Verbal Learning and Verbal Behavior*, 5, S. 381-391 (179)

TURNER, G. (1982): The distribution of classroom interactions. *Research in Education*, 27, S. 41-48 (219)

TYLER, F.T. (1964): Issues related to readiness to learn. In: HILGARD, E.R. (Ed.), S. 210-239 (50)

TYLER, R.W. (1933): Performance of learning. *Journal of Higher Education*, 4, S. 203-204 (200)

TYLER, R.W. (1969): *Basic principles of curriculum and instruction* (32nd ed). Chicago: University of Chicago Press. Dt. (1973): *Curriculum und Unterricht*. Düsseldorf: Schwann (333)

ULLMANN, L.P. & KRASNER, L. (1965): *Case studies in behavior modification*. New York: Holt, Rinehart and Winston

ULSHÖFER, R. (1948/49): Zur Beurteilung von Reifeprüfungsaufsätzen. *Der Deutschunterricht,* **1**, S. 84-102 (335)

UNDERWOOD, B.J. (1957): Interference and forgetting. *Psychological Review,* **64**, S. 49-60 (181)

VANDER ZANDEN, J.W. (1984): *Social psychology* (2nd ed.). New York: Random House (287)

VANDER ZANDEN, J.W. & PACE, A.J. (1984): *Educational psychology* (2nd ed.) (1st ed.: VANDER ZANDEN, J.W., 1980). New York: Random House (17, 59)

VASKOVICS, L.A. (Hrg.) (1982): *Umweltbedingungen familialer Sozialisation.* Stuttgart: Enke (53)

VERKORZEN, J. (1975): Egocentrism: Stage or state? *Psychoanalytic Review,* **62**, S. 305-308 (74)

VERNA, C.B. (1977): The effects of four-hour delay of punishment under two conditions of verbal instruction. *Child Development,* **48**, S. 621-624 (116)

VERNON, P.E. & MILLICAN, G.D. (1954): A further study of the reliability of English essays. *British Journal of Statistical Psychology,* **7**, S. 65-74 (336)

VIDLER, D.C. (1977): Curiosity. In: BALL, S. (Ed.), S. 17-43 (251, 255)

VOLPERT, W. (Hrg.)(1980): *Beiträge zur psychologischen Handlungstheorie.* Bern: Huber (18)

VOSS, H.G. & KELLER, H. (Hrg.) (1981): *Neugierforschung.* Weinheim: Beltz

WAGNER, I. (1976): *Aufmerksamkeitstraining mit impulsiven Kindern.* Stuttgart: Klett (151, 152)

WAGNER, R.K. & STERNBERG, R.J. (1984): Alternative conceptions of intelligence and their implications for education. *Review of Educational Research,* **54**, S. 179-223 (327)

WALBERG, H.J., STRYKOWSKI, B.F., ROVAI, E. & HUNG, S.S. (1984): Exceptional performance. *Review of Educational Research,* **54**, S. 87-112 (298)

WALKER, H. & BUCKLEY, N. (1968): The use of positive reinforcement in conditioning of attending behavior. *Journal of Applied Behavior Analysis,* **1**, S. 245-252 (110)

WALLACE, I. & Pear, J.J. (1977): Self-control techniques of famous novelists. *Journal of Applied Behavior Analysis,* **10**, S. 515-525 (122, 124)

WALLACH, M.A. & KOGAN, N. (1965): *Modes of thinking in young children.* New York: Holt, Rinehart and Winston (163, 166)

WARRING, D., JOHNSON, D.W., MARUYAMA, G., & JOHNSON, R. (1985): Impact of different types of cooperative learning on cross-ethnic and cross-sex relationships. *Journal of Educational Psychology,* **77**, S. 53-59 (299)

WATSON, J.B. (1930): *Behaviorism.* New York: Norton. Dt. (1968): *Behaviorismus.* Köln: Kiepenheuer und Witsch (4, 13f., 37)

WATSON, J.B. & RAYNER, R. (1920): Conditioned emotional reactions. *Journal of Experimental Psychology,* **3**, S. 1-14 (90, 114)

WAUGH, N.C. & NORMAN, D.H. (1965): Primary memory. *Psychological Review,* **72**, S. 89-104 (171)

WEBB, N.M. (1982): Student interaction and learning in small groups. *Review of Educational Research,* **52**, S. 421-445 (297, 298)

WEINER, B. (1973): Die subjektiven Ursachen von Erfolg und Mißerfolg: Anwendung der Attribuierungstheorie auf das Leistungsverhalten in der Schule. In: EDELSTEIN, W. & HOPF, D. (Hrg.), S. 79-83 (266)

WEINER, B. (1979): A theory of motivation for some classroom experiences. *Journal of Educational Psychology*, 71, S. 3-25 (265, 266)

WEINER, B. (1980): *Human motivation.* New York: Holt, Rinehart and Winston. Dt. (1984): *Motivationspsychologie.* Weinheim: Beltz (265f.)

WEINER, B., GRAHAM, S.H., STERN, P. & LAWSON, M. (1982): Using affective cues to infer causal thoughts. *Developmental Psychology*, 18, S. 278-286 (308)

WEINERT, F.E. (Hrg.) (1974): *Pädagogische Psychologie* (2. Auflage). Köln: Kiepenhauer und Witsch

WEINERT, F.E., GRAUMANN, C.F., HECKHAUSEN, H. & HOFER, M. (Hrg.)(1974): *Funkkolleg Pädagogische Psychologie.* Bd. 1-2. Frankfurt: Fischer Taschenbuch Verlag

WEINERT, F.E., GRAUMANN, C.F., HECKHAUSEN, H. & HOFER, M. (1976): *Pädagogische Psychologie. Teil II: Entwicklung und Motivation.* Weinheim: Beltz

WEINSTEIN, G. & FANTINI, M.D. (1974): Affect and cognition. In: CLARIZIO, H.F. et al. (Eds.), S. 14-19 (207)

WEINSTEIN, R.S., MARSHALL, H.H., BRATTESANI, K.A. & MIDDLESTADT, S.E. (1982): Student perceptions of differential teacher treatment in open and traditional classrooms. *Journal of Educational Psychology*, 74, S. 678- 692 (305)

WEISBERG, R.W. (1980): *Memory, thought, and behavior.* New York: Oxford University Press (148, 149)

WEISS, C. (1967): *Pädagogische Soziologie. IV. Soziologie und Sozialpsychologie der Schulklasse* (5. Aufl.; Neufassung von EGGERS, P. & STEINBACHER, F., 1979). Bad Heilbrunn: Klinkhardt (280)

WEISS, R. (1965): *Zensur und Zeugnis.* Linz: Haslinger (335)

WEISS, R. (1978): *Grundintelligenztest CFT 20.* Handanweisung. Braunschweig: Westermann (234)

WERBIK, H. (1978): *Handlungstheorien.* Stuttgart: Kohlhammer (19)

WEST, C. & ANDERSON, T. (1976): The question of preponderant causation in teacher expectancy research. *Review of Educational Research*, 46, S. 613-630 (309)

WESTMEYER, H. (1976): Grundlagenprobleme psychologischer Diagnostik. In: PAWLIK, K. (Ed.), S. 71-101 (32)

WHIMBEY, A. & LOCHHEAD, J. (1980): *Problem solving and comprehension: A short course in analytical reasoning* (2nd ed.). Philadelphia: The Franklin Institute Press (143)

WHITE, B.L. (1971): *Human infants: Experience and psychological development.* Englewood Cliffs, N.J.: Prentice-Hall (255)

WHITE, H.B. (1932): Testing as an aid to learning. *Educational Administration and Supervision*, 18, S. 111-120 (317)

WHITE, M.A. (1975): Natural rates of teacher approval and disapproval in the classroom. *Journal of Applied Behavior Analysis*, 8, S. 367-372 (97, 108)

WHITE, R.K. & LIPPIT, R. (1968): Leader behavior and member reaction in three "social climates". In: CARTWRIGHT, D. & ZANDER, A. (Eds.), S. 318-486 (287)

WHITE, R.W. (1959): Motivation reconsidered: The concept of competence. *Psychological Review*, 66, S. 297-333 (253, 256)

WHITTAKER, J.O. (1970): *Introduction to psychology* (2nd ed.). Philadelphia: Saunders (47)

WIECZERKOWSKI, W., NICKEL, H., JANOWSKI, A., FITTKAU, B. & RAUER, W. (1974): *Angstfragebogen für Schüler.* Braunschweig: Westermann (271)

WILLIAMS, R.G. & WARE, J.E. (1976): Validity of student ratings under different incentive conditions. *Journal of Educational Psychology*, **68**, S. 48-56 (317)

WINE, J.D. (1971): Test anxiety and direction of attention. *Psychological Bulletin*, **76**, S. 92-104 (271)

WING, R.L. (1966): Two computer-based economics games for sixth graders. *The American Behavioral Scientist*, **10**, S. 31-35 (231)

WINNETT, R.A. & WINKLER, R.C. (1972): Current behavior modification in the classroom: Be still, be quiet, be docile. *Journal of Applied Behavior Analysis*, **5**, S. 499-504 (28)

WISHNER, J. (1960): Reanalysis of "impressions of personality". *Psychological Review*, **67**, S. 96-112 (304)

WITTGENSTEIN, L. (1969): Philosophische Untersuchungen. In: Ludwig WITTGENSTEIN. Schriften 1. Frankfurt/M.: Suhrkamp, S. 289-544 (128, 129)

WITTROCK, M.C. (1966): The learning by discovery hypothesis. In: SHULMAN, L.S. & KEISLAR, E.R. (Eds.), S. 33-76 (215, 217)

WITTROCK, M.C. (1981): Learning in memory. In: FARLEY, F.H. & GORDON, N.J. (Eds.), S. 242-264 (196)

WITTROCK, M.C., KEISLAR, E. & STERN, C. (1964): Verbal cues in concept identification. *Journal of Educational Psychology*, **55**, S. 195-200 (134)

WIXSON, K.K. (1984): Level of importance of postquestions and children's learning from text. *American Educational Research Journal*, **21**, S. 419-433 (189)

WOLF, M.M., GILES, D.K. & HALL, R.V. (1968): Experiments with token reinforcement in a remedial classroom. *Behavior Research Therapy*, **6**, S. 51-64 (110)

WOLPE, J. (1958): *Psychotherapy by reciprocal inhibition*. Stanford, CA: Stanford University Press (92)

WOOLFOLK, A.E. & McCUNE-NICOLICH, L. (1984): *Educational psychology for teachers* (2nd ed.). Englewood Cliffs, N.J.: Prentice-Hall (214, 310)

WORTMAN, C.B. (1976): Causal attributions and personal control. In: HARVEY, J.H. et al. (Eds.), S. 23-52 (256)

YAGER, S., JOHNSON, D.W., & JOHNSON, R.T. (1985): Oral discussion, group-to-individual transfer, and achievement in cooperative learning groups. *Journal of Educational Psychology*, **77**, S. 60-66 (297)

YATES, A. (Ed.) (1966): *Grouping in education*. New York: Wiley. Dt. (1972): *Lerngruppen und Differenzierung*. Weinheim: Beltz (234)

YATES, B.T. & ZIMBARDO, P.G. (1977): Self-monitoring, academic performance, and retention of content in a self-paced course. *Journal of Personalized Instruction*, **2** (123)

YONGE, G.D. (1966): Structure of experience and functional fixedness. *Journal of Educational Psychology*, **57**, S. 115-120 (147)

YSSELDYKE, J.E. (1977): Aptitude-treatment interaction research with first-grade children. *Contemporary Educational Psychology*, **2**, S. 1-9 (242)

ZECHA, G. (1984): Erziehungsziele - eine begriffsanalytische Untersuchung. In: TROMMSDORFF, G. (Hrg.), S. 27-46 (199)

ZEILER, M.D. (1978): Principles of behavior control. In: CANTANIA, A.C. & BRIGHAM, T.A. (Eds.), S. 17-60 (99)

ZELAZO, P.R., ZELAZO, N.A. & KOLB, S. (1972): "Walking" in the newborn. *Science*, **176**, S. 314-315 (46)

ZIELINSKI, J. & SCHÖLER, W. (1964): *Pädagogische Grundlagen der programmierten Unterweisung unter empirischem Aspekt.* Ratingen: Henn (226f.)

ZIGLER, E. & HARTER, S. (1969): The socialization of mentally retarded. In: GOSLIN, D.A. (Ed.), S. 1065-1102 (273)

ZIGLER, E. & SEITZ, V. (1982a): Social policy and intelligence. In: STERNBERG, R. (Ed.), S. 586-641 (53)

ZIMBARDO, P.G. (1979): *Psychology and life* (10th. ed.). Glenview, Ill.: Scott, Foresman. Dt.(1983): *Psychologie* (4. Aufl.). Berlin: Springer (173)

ZIMMERMAN, B.J. (1977): Modeling. In: HOM, H.L. & ROBINSON, P.A. (Ed.), S. 37-70 (216)

ZIMMERMAN, B.J. & ROSENTHAL, T.L. (1972): Concept attainment, transfer, and retention observation and rule provision. *Journal of Experimental Child Psychology,* **14**, S. 139-150 (216)

ZIMMERMAN, E.H. & ZIMMERMAN, J. (1962): The alternation of behavior in a classroom situation. *Journal of Experimental Analysis of Behavior,* **5**, S. 59-60 (113)

ZIVIAN, M.T. & DARJES, R.W. (1983): Free recall by in-school and out-of-school adults: Performance and metamemory. *Developmental Psychology,* **19**, S. 513-520 (61)

Sachwortregister

Abhängige Variable 10

Abrufreize 177, 179, 182f., 187, 197,

Abruf von Informationen aus dem Gedächtnis 170f., 179, 182ff.

Abwehrtendenzen 256, 263

Adaption, *siehe* Anpassung

Adoption, Adoptiv-Kinder 40, 57f.

advanced organizer, siehe Vororganisator

Affekt, *siehe* Emotion, Erregung

affektives Lernziel, *siehe* Lernziele

aggressives Verhalten 110, 113, 245, 288, 339
  Definitionsproblematik von - 6, 246
  Imitation von - 114f., 118ff.

Aha-Erlebnis, *siehe* Lernen durch Einsicht

Akkomodation 64ff., 68, 217

Aktivierungsgrad, optimaler 252ff., 248

Alltagswissen, -theorien, -handeln 2f., 7, 9, 178, 257ff., 260ff., 265ff., 304

Ambiguitätstoleranz 164

Angst (siehe auch Prüfungsangst, Furcht) 35, 88, 92f., 240f., 245, 255, 278
  Kennzeichnung von - 269ff.
  Messung von - *siehe* Test
  -abbau 92f., 241, 272f.
  - und Besorgtheit 264, 271ff., 277
  - und Leistungsbeeinträchtigung 245, 264, 269, 271f., 326
  angstfreie Erziehung, *siehe* Erziehung

Anlage (Erb-, Gene) 37ff., 164f., 237, 246, 250, 315

Anlagetheorie, *siehe* Entwicklungstheorien

Anlage-Umwelt-Problem 37ff., 164
  und Chromosomenanomalie 43
  und Intelligenz 38ff.
  und pädagogische Förderung 41ff., 165f.

Anpassung an die Umwelt
  als generelles Verhaltensziel 18, 101, 103
  durch Akkomodation 64ff., 68
  durch Assimilation 64ff., 68

durch Begriffslernen 126
durch Intelligenz 63

Anpassung des Schülers an die Unterrichtsbedingungen 25, 27f., 234ff., 305

Anregung, soziale 55

Anreiz 141, 242, 292, 295ff.
  - und Aufgabenschwierigkeit 257, 263f., 272
  - und Erreichbarkeit von Leistungszielen 61, 238, 249, 257, 259, 263f., 268, 316f.

Anschlußmotivation 242, 245ff.

Antriebstheorie der Motivation 244, 247f., 251

Apathie, *siehe* Gelernte Hilflosigkeit, Führungsstil, autoritärer

Arbeitsformen, *siehe* kooperative Arbeitsformen, Lehrverfahren

Arbeitsgruppen, *siehe* Gruppe

Arbeitsspeicher, *siehe* Gedächtnis, Kurzzeit-

Assimilation 64ff., 68, 185, 191, 213, 232, 256

Assoziation 93f., 103, 184, 210

A-T-I-Forschung, *siehe* Wechselwirkung zwischen Schülermerkmalen und Lehrverfahren

Atmosphäre im Unterricht (*siehe auch* Klassenklima, Führungsstil) 166f., 255, 273, 288, 298, 311, 326

Attribuierung (*siehe auch* Kausalattribuierung) 265

Aufforderungscharakter 106

Aufgaben der Pädagogischen Psychologie, *siehe* Pädagogische Psychologie

Aufgaben des Lehrers, *siehe* Lehrerrolle

Aufgaben zur Messung von Schulleistungen, *siehe* Testaufgabenanalyse, Auffabenformen, Lernziele

Aufgabenformen zur Diagnostik des Entwicklungsstandes, *siehe* Denkentwicklung

Aufgabenformen zur Lernzielüberprüfung 334ff.
Aufgaben mit Alternativantworten 338f.
Aufgaben mit Zuordnungsantworten
341f.
Ergänzungs- und Kurzantwortaufgaben 337f.
freie Aufgabenbeantwortung, Essay
Test 335ff., 340f.
Mehrfachantwortaufgaben, *multiple-
choice* 339ff.
Umordnungsantworten 342
Aufgabenschwierigkeit als wahrgenommene Leistungsursache, *siehe*
Kausalattribuierung
Aufgabenschwierigkeitsniveau 221, 257f.,
260, 263f., 267ff., 271ff., 284, 308,
332
- und Testkonstruktion 322f., 341
aufgaben-zentrierte Einstellung 262, 265,
267f.
Aufmerksamkeit
-skapazität 173f., 183
-sverhalten 27f., 84f., 94, 110, 117,
119ff., 133f., 144, 171, 173, 178, 184,
186, 188ff., 193, 203, 208, 212, 214,
219, 238, 252, 255f., 263, 271, 291,
306f.
-szuwendung durch den Lehrer, *siehe
auch* Lehrerlob, Verstärker, soziale,
Erwartungseffekte
Aufsatz als Lernzielüberprüfung, *siehe*
Aufgabenformen, Essay- Test
Aufsatzbeurteilungsproblematik, *siehe*
Beurteilung
Ausbildung des Lehrers 2, 301
Ausblenden 105ff.
Ausdauer 237, 257, 284, 288, 310
Ausformung 100
Auslese, schulische, *siehe* Selektion, Test
Ausschluß 103
Auswendiglernen, *siehe* Übungsarten
autokratische Erziehungspraktiken im
Elternhaus (*siehe auch* Erziehungsstil
der Eltern) 165
Autokratische Leitung im Unterricht,
siehe Führungsstil
Automatisierte Verhaltensabläufe 18f., 173
autoritär, *siehe* Führungsstil, Erziehungs-
stil

aversiver Reiz (*siehe auch* Konditionierung) 99, 102, 109, 113ff., 122, 274

Bedeutungsgehalt von Lerninhalten 60f
Begabung 233f., 237
- außergewöhnliche (*siehe auch* Leistungsfähigkeit, außergewöhnliche)
42ff., 165, 233, 235
- und Anstrengung, Verhältnis von 260,
262f.
- und Leistungsniveau 260, 272ff.
- als wahrgenommene Leistungsursache, *siehe* Kausalattribuierung
Normalverteilung von -en 238
Begabungseinschätzung, subjektive, *siehe*
Selbstkonzept der eigenen Begabung
Begabungseinschätzung durch den Lehrer
304ff., 308, 311, 315, 325
Begabungsmängel (*siehe auch* Leistungsfähigkeit, verminderte) 53, 260, 262
Begriff
- als Determinante des Problemlösens
125ff., 155
- als Lernhilfe, *siehe* Lernhilfe
- der Zahl 75f.
Hierarchie von -en 127, 131, 185
Kennzeichnung eines -s 125ff.
wissenschaftliche -e, *siehe* Konstrukt
Begriffsbildung
- und positive/negative Beispiele 135ff.
- und Reizkomplexität 135, 137
- und Rückkoppelung 137
Merkmalsansatz in der - 128ff., 137ff.
Prototypansatz in der - 128ff.
Begriffslernen 35, 126ff., 168, 191, 210f.,
229
Behalten (*siehe auch* Gedächtnis, Einprägung, Vergessen)
- und Üben (*siehe auch* Übung) 157
- und Überlernen 196
Behaltensdauer 172, 174, 180
Behaltensbeeinträchtigung
- durch fehlende Abruffreize 182f.
- durch proaktive Hemmung 181
- durch retroaktive Hemmung 181
Behaltensförderung 184ff., 193ff.
Behaltensleistung 134, 175, 181ff., 185,
189ff., 193, 196,
- und Verarbeitungsniveau 179f., 193

Behaltenstechniken (*siehe auch* Mnemotechniken) 174ff.
Behaltenstest 180, 297
  Methode der freien Erinnerung 179, 226
  Methode des Wiedererkennens 179, 226
Behaviorismus, behavioristischer Ansatz 4f., 13ff., 16, 20, 37, 82, 86f., 117f., 121f., 124, 152, 159, 200, 247ff.
Benotung, *siehe* Beurteilung, Zensuren
Beobachtung
  - im Klassenzimmer 207
  direkte - 5f., 13f.
  Methode der - 10, 13f.
  Selbst- 11, 122f.
Beobachtungslernen (*siehe auch* Imitation) 117ff., 150ff.
  - und aggressives Verhalten 114f., 118ff.
  - und Verstärkung 118
  Förderung des - s 118ff.
Beschleunigung der Entwicklung, *siehe* Entwicklung
Besorgtheit, *siehe* Angst
Beteiligung im Unterricht 34, 277, 283, 286, 294, 307, 311
Bestrafung 99, 102f., 113ff., 287, 290
Beurteilung
  - der Leistung durch den Lehrer 34, 97f., 123f., 234, 258, 261, 264f., 291, 316f.
  - durch Noten und Zensuren (*siehe auch* Zensuren) 7, 258f., 335
  - und Bezugsnorm-Orientierung 261ff.
  - und Lernprozeßsteuerung 317, 320
  - und Schülermotivation 317
  - von Aufsätzen 335f.
Beurteilung der Leistungsfähigkeit des Schülers 97f., 123f., 258, 261, 264ff., 291, 316, 319f.
  - und Erwartungseffekte 303ff.
  - und Tests 304f.
Beurteilungsfehler 335f., 320
Bevorzugung von Schülern 165, 219, 306
Bewertungsmaßstab
  - von Einzelleistungen 295, 319f.
  - von Gruppenleistungen 295ff.
Bezugsgruppe 261, 317, 319f.
Bezugsnorm
  - Orientierung 32, 34, 97f., 261ff.

individuelle - 32, 261f., 265, 267, 277f.
soziale - 32, 261ff., 267, 269, 272, 277f., 293, 295, 342
Bezugsperson 208, 254, 298
Bildungsziel, *siehe* Lernziele, Erziehungsziel
black box 14, 18

Chunks 175

deklaratives Wissen 211
demokratische Leitung, *siehe* Führungsstil, Erziehungsstil
Denken, *siehe* Problemlösen, Begriff, Regellernen, kognitive Prozesse, kognitive Strategie, kognitiver Stil
Denkentwicklung 35, 50ff., 63ff.
  Egozentrik in der - 73f., 78
  Stadien der - (*siehe auch* Phasen der Entwicklung) 67ff.
Denkprozesse als Untersuchungsgegenstand der Psychologie, (*siehe auch* Denkentwicklung) 4, 10, 125ff.
Depression, *siehe* Gelernte Hilflosigkeit
Deprivation 48, 54ff., 251f.
Desensibilisierung, systematische 92f.
destruktives Verhalten, *siehe* Verhalten, unerwünschtes, aggressives Verhalten
Diagnostik von Leistungen (*siehe auch* Test, Beurteilung) 34, 314ff.
Disequilibrium 66
Diskrepanzerlebnisse 254ff., 262, 265
Diskrimination 89, 91, 105, 115, 130, 136f., 210f.
Diskriminativer Reiz (*siehe auch* Konditionierung) 99, 103f., 274
Diskussion im Unterricht, *siehe* Lehrverfahren
Distraktoren 340f.
Disziplinschwierigkeiten, *siehe* Verhalten, unerwünschtes
Down-Syndrom 43
drive 247
Drogen 60, 87, 99

Effektgesetz 95
Ego-involvement, *siehe* ego-zentrierte Einstellung
ego-zentrierte Einstellung 261ff., 265, 267f., 272

Eigeninitiative 17, 224, 250
Eigenverantwortung, Übertragung von -
    auf den Schüler, *siehe* Selbstverantwortung
Eignung
    -suntersuchung, -test, -verfahren, *siehe*
    Test
Einprägung (*siehe auch* Gedächtnis, Behalten, Vergessen)
    -sbedingungen 35, 174f., 178, 181,
    184ff., 190, 192f., 196, 297
    -sgeschwindigkeit 170, 176
    -stechniken (*siehe auch* Mnemotechniken, Lernhilfe) 33, 61f., 174, 176ff.,
    211f.
Einschulung, -salter, -sfähigkeit, *siehe*
    Schulreife
Einsicht, *siehe* Lernen durch Einsicht
Einstellung im Problemlösungsprozeß
    147f., 300
Einstellung zum Lernen, *siehe* Lernmotivation
Einstellung zur Schule 91, 284, 298
Einstellungen, Werthaltungen als Lernziel
    207ff., 223, 225, 229, 285, 296, 298ff.
Einstellung, soziale, *siehe* Stereotype
Einzelarbeit 28, 214, 225, 285, 297
Einzelfallanalyse, *siehe* Methoden
Emotion
    - im Leistungshandeln 259, 262, 264f.,
    268ff., 308
    - und Neugier 251ff.
    Bedeutung der - 18f., 318
    Erlernen von - 86, 90ff., 207f.
empirische Methode, Empirie (*siehe auch*
    Methoden) 7, 9ff., 24
endogene Programmierung/Steuerung,
    siehe Entwicklung
Entdeckungslernen 17, 198, 214ff., 217,
    241
Entscheidung
    instruktionsrelevante - *siehe* Instruktion
Entspannung 92f., 167
Entwicklung
    - des Selbstkonzeptes (*siehe auch* Selbstkonzept, Selbstwert) 309f.
    - der Intelligenz, *siehe* Intelligenzentwicklung
    - der Kreativität, *siehe* Kreativität

- der Motorik 45ff., 55
- des Denkens, *siehe* Denkentwicklung
- und Reifung, *siehe* Reifung,
- Diagnostik des -sstandes (*siehe auch*
    Denkentwicklung) 49ff.
endogene Steuerung in der - (*siehe auch*
    Reifung) 48f., 314
Irreversibilität von - *siehe* sensible Phasen
kognitive - (*siehe auch* Denkentwicklung, Intelligenzentwicklung) 50f.,
    67ff., 79ff., 292
soziale - 290, 292, 299f.
Entwicklungsbeschleunigung 34, 50f., 67
Entwicklungsdefizite 34, 76, 110
Entwicklungsquotient 48
Entwicklungsphasen (*siehe auch* Phasen
    der Entwicklung) 35, 52, 54ff., 67ff.
Entwicklungspsychologie 37ff.
Entwicklungsspsychologische Methoden,
    siehe Methoden
Entwicklungstheorien 38ff.
Entwicklungsverläufe (*siehe auch* Phasen
    der Entwicklung, sensible Phasen) 34,
    45, 48
Epistemologie 64
Equilibrium 66f.
Erbanlage, -faktor, *siehe* Anlage
Erfolg
    -serlebnis 257ff., 263, 292, 310
    -serwartung 249, 257, 259, 276
    -sinterpretation 265ff., 293, 308
    -skonsequenzen 265, 268f., 308, 310
    -swahrscheinlichkeit 264, 317
Ergänzungsantworten, Aufgaben mit - ,
    siehe Aufgabenformen
Erkundungstrainingsprogramm 141f.,
    143, 149f.
Erkundungsverhalten, *siehe* Neugier, entdeckendes Lernen
Ermüdung
    - und Lehrverfahren 33, 224
    - und Lernen 87
Erregung, physiologische 60, 92f., 167,
    183, 241f., 247f., 251f., 255, 270f.
Erreichbarkeitsgrad von Leistungszielen
    und Motivation 249, 258f., 264f.
Erster Eindruck 304
Erwachsenenalter, Lernen im - 2, 55f.,
    59ff., 76f., 83, 166ff., 170, 184, 217, 223

Erwartungseffekte 36, 41, 43, 234, 280, 300ff.
Erwartungsschemata von Lehrern 301ff.
- und implizite Persönlichkeitstheorie 304
- und Lehrerverhalten 305ff.
- und Leistungsbeurteilung 335ff., 320, 325
- und Neugier 255
- und Schülerreaktion 307ff.
- und Stereotype 303ff., 336
Erwartungsschemata von Schülern 301, 309, 311f.
Erziehung
-sstil der Eltern 54, 114f., 142f., 165, 254f., 289f., 282
-ssystem, siehe Rahmenbedingungen
-sziele (siehe auch Lernziele) 24f., 28f., 199, 315, 318
angstfreie - 24
Essay-Test, siehe Aufgabenformen
Explorationsverhalten, siehe Neugierverhalten
expressives Lernziel, siehe Lernziele
Extinktion 90, 92f., 101f., 112f.
EZ, siehe Zwillingsforschung

facilitation 120
fading, siehe Ausblenden
Fähigkeit, siehe Begabung, Leistungsfähigkeit
Fehleranalyse 318f.
fehlerhafte Antworten
- als Entwicklungsstandkriterium 51f., 55, 63, 69ff., 75ff., 82,
- bei der Testkonstruktion 327f., 338, 340
- beim Problemlösen 136, 143, 149, 151f.
- beim Verschlüsseln von Informationen 177f.
Fehlerhafte Schülerantworten
Einstellung des Lehrers zu - 83, 149, 306f., 319, 336,
- und Angst 241, 272f., 276
- zur Diagnostik von Leistungsschwächen 318f.
Fehlerrisiko 221
Fertigkeit, siehe Leistungsfähigkeit, Lernvoraussetzungen, Lernziele

Förderung
-sdiagnostik 22, 316, 329, 332ff.
-sprogramme 26, 50, 52f., 58, 141f., 143, 149f., 166, 200, 219, 276, 300f., 315, 326
-sunterricht 232, 233, 236ff., 240f., 329
- von Spitzenleistungen 42f., 164f. 233
formale Bildung, Doktrin der - 156f., 160
formal-operationale Phase 52, 67, 76ff.
Frage
Lehrer- im Unterricht 31, 151, 167, 186, 188ff., 191, 198,   214f., 218ff., 232, 270, 291, 303, 306, 311, 336, 338
Schüler- 82, 150, 192, 212, 219, 224, 263, 311
- zur Problemlösung 70, 73, 143
Frame 226f
freie Aufgabenbeantwortung, Aufgaben mit -, siehe Aufgabenformen
Fremdkontrolle, Abbau von - 20, 110, 290
Frustration 102, 165, 288
Führer-Rolle 283, 285ff.
Führungsstil 280, 283, 287
antiautoritärer - 291
autoritativer - 290f.
autoritärer, autokratischer - 287ff.
demokratischer - 287f.
laissez-faire - 287ff.
sozial-integrativer - 289f.
und Gruppenklima 288
und Leistungseffektivität 287f., 291f., 287, 292
funktionale Gebundenheit 147
Funktionslust 251
Furcht
Erlernen von -reaktionen 90ff., 120, 274
- und Angst 270
- und Neugier 253ff.

Galatea-Effekt, siehe Erwartungseffekte
Gedächtnis (siehe auch Behalten, Einprägung, Vergessen)
Kennzeichnung des -ses 169, 170ff., 177
Kurzzeit- 84f., 87, 171ff., 174ff., 180, 184, 190, 192, 271, 331
Langzeit- 171ff., 177ff., 182ff., 192, 211, 331
Sensorisches - 171ff., 174, 184, 271
Teilprozesse des -ses 170ff.

Gedächtnisausfall 172, 183
Gedächtnisentwicklung 59ff., 84, 169, 175
Gedächtniskapazität 169, 171, 173, 177
Gedächtnisinhalte 15
  Nachweis von -n, *siehe* Behaltenstest
Gedächtniskünstler 184
Gedächtnismodelle 170ff., 179
Gedächtnisschwäche 59ff., 197, 241
Gedächtnistraining (*siehe auch* Mnemo-
  techniken) 157
Gedächtnisverfälschung 183, 276
Gefühle, *siehe* Emotion
Gelernte Hilflosigkeit 36, 244f., 257f.,
  264, 268, 274ff.,
Gen (*siehe auch* Anlage) -Differenzen
  39ff.
genetische
  Ähnlichkeit, *siehe* Zwillingsforschung
  -r Defekt 43
Generalisation 89, 91, 100, 114f., 130, 136,
  155
  Über- 136
  Unter- 136
Geschichte der Psychologie, *siehe* Psycho-
  logie
Geschlecht 44, 303ff., 307, 310
Gestaltpsychologie 152ff.
Gestaltung des Unterrichts, *siehe* Instruktion, Lehrverfahren
Gestik, *siehe* nonverbale Kommunikation
Gleichgewicht
  kognitives - 83
  - und Antrieb 248
  - und Schema 66
Golem-Effekt, *siehe* Erwartungseffekte
Grundleistungstest, *siehe* Test
Gruppe
  Leistungsvorteil von -n 294, 297
  -narbeit als Unterrichtsmethode 31,
    214, 272, 285, 292, 294ff.
  -ndruck 164, 283f.
  -größe 224f., 236ff.
  -zusammenhalt, *siehe* Kohäsion
Gruppierung
  fachgebundene - 234
  fachunabhängige - 233
  heterogene - 232ff., 296
  homogene - 232ff.
  - nach globalen Fähigkeitsunterschie-
    den 233ff.

- nach Jahrgangsklassen 233, 315
- und Lernerfolg 233ff.
Gültigkeit (von Tests) 305, 329ff., 341
  - und Zuverlässigkeit 329
  Kennzeichnung von - 329
  Konstrukt- 329ff.
  Kriteriumsbezogene - 329, 331f.
  Inhaltliche - 329f.
Gütekriterien von Tests 284, 325ff., 329ff.
  Gültigkeit, *siehe* Gültigkeit von Tests
  Objektivität 325ff., 335, 337, 342
  Zuverlässigkeit 327ff., 337, 341
Gütemaßstab (*siehe auch* Bezugsnorm-
  Orientierung, Leistungsstandard) 201,
  258, 261

Handlung
  Begriff der - 19
  -stheoretischer Ansatz 13, 18ff.
Hausaufgaben 34, 173, 244f.
Heimunterbringung 57ff.
hermeneutische Verfahren, *siehe* Metho-
  den in der Psychologie
heuristischer Wert von Theorien 9f., 32
Hilfestellung des Lehrers (*siehe auch*
  Lernhilfe, Übung) 105ff.
Hilflosigkeit, *siehe* Gelernte Hilflosigkeit
Hochbegabte, *siehe* Leistungsfähigkeit,
  außergewöhnliche
Homöostase 248f., 251,
Humanistische Psychologie, - Ansatz 13,
  16ff., 206
Hypnose 183

Imitation (*siehe auch* Beobachtungslernen)
  47, 69
  - aggressiver Verhaltensweisen 114f.,
    118f
  -slernen 47f., 235, 282, 287, 290
implizite Persönlichkeitstheorie 304
Impulsivität 151f.
Individualisierung des Unterrichts 232ff.,
  262, 316
induktives Denken 215
Information
  -sangebot 33, 223, 230
  -saufnahme 211, 232, 271
  -saufnahmekapazität 71, 84
  -seinheit 175
  -seinholung beim Problemlösen 149f.

-skonflikt 252
-snutzung 33, 149
-sorganisation 33, 144, 177, 195
-sreichtum 33
-sspeicherung, *siehe* Gedächtnis, Behalten, Einprägung
-sverarbeitung 4, 15, 61, 66, 126, 170ff., 173, 175, 179, 184, 187, 191, 193, 203ff., 216, 230, 232, 271, 297, 303, 335
-sverarbeitungskapazität 18, 71, 84
-sverschlüsselung, *siehe* Verschlüsselung
inkompatible Reaktionen 92, 117
innere Prozesse, *siehe* kognitive Prozesse
innere Repräsentation, *siehe* Repräsentation
Instinkt
-begriff 244, 246f., 249
-theorie 34, 246ff.
Institutioneller Rahmen, *siehe* Rahmenbedingungen
Instruktion 32f, 35f., 132, 186
- und interindividuelle Schülerdifferenzen 232ff.
computer-unterstützte - *siehe* Lehrverfahren, Programmierte Unterweisung
Durchführung der - 214ff., 296, 317, 320f.
Planungsphase der - 31, 131ff., 198ff., 204ff., 238, 255, 291, 296
Instruktionspsychologie 22, 35f., 132, 198ff.
Instruktionstraining zur Entwicklungsbeschleunigung 67
Instruktionsmethode, *siehe* Lehrverfahren
Instrumentelle Konditionierung, *siehe* Konditionierung
Integration, soziale 299f.
integrierendes Verbinden, Prozeß des -s 218
intellektuelle Leistungsfähigkeit, *siehe* Intelligenz, Leistungsfähigkeit
intellektuelles Leistungsvehalten, *siehe* Intelligenz, Leistungsfähigkeit
Intelligenz
Definitionsproblematik der - 7
Erblichkeit der - (*siehe auch* Anlage-Umwelt-Problem) 38ff.
Funktionen der - 67
Veränderbarkeit der - 260f., 300f.

- und Anlage-Umwelt-Problem 38ff.
- und Lernfähigkeit 233f., 237
- und schöpferisches Verhalten 163
- und schulische Föderung 26
- und Sinnesorganschädigung 43f.
- und soziale Herkunft 40, 235
- und Stereotype 44, 304f.
Intelligenzalter 58
Intelligenzentwicklung (*siehe auch* Denkentwicklung) 57ff., 76, 300f.
- und Erziehungsumwelt 38ff., 48, 57f.
- und visuelle Stimulierung 47f.
- und Vorschulerziehung 82
Intelligenzmessung, *siehe* Intelligenztest
Intelligenz-Quotient 38, 57f., 163, 233, 301, 236
Intelligenztest 7, 26, 38ff., 57, 63, 163, 234, 273, 278, 300f., 303ff., 321f., 326, 331
Entwicklung von -s (*siehe auch* Testkonstruktion) 26, 63, 322, 331
Interaktion Lehrer-Schüler 16, 20, 42, 79, 116f., 166, 218, 221, 228, 280f., 292, 303f., 306ff., 310ff., 335
Interaktion Schüler-Schüler 280f., 283ff., 292ff., 299f.
Interaktionismus, Begriff des - 20
interaktionistische Sichtweise in der Entwicklungspsychologie (*siehe auch* Anlage-Umwelt-Problem, Menschenbilder) 42, 50, 53, 63ff., 79
Interesse, *siehe* Motivation
Interferenz, Interferenztheorie 181ff., 196
interindividuelle Differenzen 35, 198, 226, 228, 232ff., 250, 305ff., 316, 324, 330f.
interkultureller Vergleich (*siehe auch* Methoden) 46f., 51
Interventionsprogramme, *siehe* Förderungsmaßnahmen
Introspektion 5
Invarianz-Prinzip 51f., 69ff., 74ff., 79
Irreversibilität von Entwicklungsverläufen (*siehe auch* sensible Phasen) 67f., 72

Kausalattribuierung 262ff., 276
Faktoren der - 264ff., 277
Globalitätsdimension der - 275
Kontrollierbarkeitsdimension der - 266f., 275, 277, 293, 308f.
Lokalitätsdimension der - 266, 275, 277

Stabilitätsdimension der - 266f., 275, 277

Training zur - 277

- bei Erfolg und Mißerfolg 263, 265ff., 293

- und emotionale Reaktion 268f.

- und Erwartungseffekte 302, 304, 307ff.

- und Selbstverstärkung 124, 268f.

- und Vergleichsmaßstab 267

Kenntnisse des Lehrers, *siehe* Lehrerkompetenz

Klasse

Jahrgangs- 233, 315

-narbeit (*siehe auch* Beurteilung, Zensuren, Test) 91, 258, 317, 334ff.,

-ngröße 236ff.

-nklima (*siehe auch* Atmosphäre) 117, 284, 287f., 306

-nleistungsniveau 319f.

-nmanagement 29, 36

-nzimmergestaltung 219, 241, 291

Klassifikationsleistung 72f., 75f.

Klassische Konditionierung, *siehe* Konditionierung

Klassische Testtheorie 320ff., 327

Klinische Psychologie 18, 122, 273

Kodieren von Informationen, *siehe* Verschlüsselung

Kognitionen 33, 207, 257

kognitive Manöver 259, 263, 278

Kognitive Prozesse 4, 14, 15f., 18f., 20, 83, 117ff., 125ff., 139ff., 170ff., 187, 193, 210ff., 216f., 221, 223, 232, 249, 273, 293, 297, 341

kognitive Strategien 33, 137, 142, 144, 159ff., 161, 170, 175, 179, 209, 212f., 222, 259, 275f., 293

kognitive Entwicklung, *siehe* Entwicklung, Denkentwicklung, Intelligenzentwicklung

kognitiver Ansatz 4, 13, 15ff., 91, 125, 170, 200ff., 213, 249ff.

kognitiver Konflikt 66, 83, 252

kognitiver Stil 151f.

Impulsivität als - 151f.

Reflexivität als - 151f.

kognitives Lernziel, *siehe* Lernziele

Kohäsion 283ff.

- und Leistungsverhalten 285

konditionierte Reaktion, *siehe* Konditionierung

konditionierter Reiz, *siehe* Konditionierung

Konditionierung 86, 88f., 210, 274

Instrumentelle - 274

Klassische - 86ff., 94, 96, 248

Operante - 86, 94ff., 117

Konformität, konformes Verhalten 165, 255

konkret-operationale Phase 52, 67, 74ff.

Konstrukt 6, 19, 127, 166, 245f., 249f., 331

Beziehung zwischen -en, *siehe* konzeptueller Zusammenhang

Konstruktgültigkeit, *siehe* Gültigkeit

konstruktivistische Theorie der Instruktion 216

Kontakt, *siehe* sozialer Kontakt

Kontiguität 93

Kontingenz 96, 97, 122, 124, 274f.

-verträge 111f.

Kontrollierbarkeit von Ereignissen, wahrgenommene 256, 266f., 274, 276f., 309

Kontrollverlust 258, 275

konzeptueller Zusammenhang 8, 12

Kooperationsverhalten (*siehe auch* Gruppenarbeit, kooperative Arbeitsformen, Beteiligung im Unterricht) 288, 292, 296, 299

kooperative Arbeitsformen 36, 280, 294ff, 299f., 305

Kreativität 161ff.

Entwicklung von - 164ff.

Kennzeichnung der - 161f.

-tests, *siehe* Test

- und Intelligenz 163

- und Lehrverfahren 203, 220

kriteriumsorientierte Tests, *siehe* Test

kritische Phase in der Entwicklung, *siehe* sensible Phasen

Kritische Psychologie 19

kumulatives Lernen 209f., 212ff.

Kurzantworten, Aufgaben mit - *siehe* Aufgabenformen

Kurzzeitgedächtnis, *siehe* Gedächtnis

Labor-Experiment, *siehe* Methode des Experiments

Laissez-faire-Leitung, *siehe* Führungsstil

Langeweile, *siehe* Lernmotivation

Langzeitgedächtnis, *siehe* Gedächtnis
Laufenlernen, *siehe* Entwicklung der Motorik
Lehrerausbildung, *siehe* Ausbildung
Lehrerentscheidungen (*siehe auch* Instruktion) 30ff., 288, 290, 314ff
Lehrererwartung, *siehe* Erwartungseffekte
Lehrerkompetenz 29f., 119, 223, 287
Lehrerlob 15f., 97ff., 101, 108, 110, 242, 259, 263, 287f., 292f, 306f.
Lehrerpersönlichkeit 29f., 286, 316
Lehrerrolle
- als Erzieher 28, 37
- als Führer 29, 31, 285ff.
- als Informationsvermittler, Instrukteur 28, 279
- als Leistungsbewerter 18, 279
- als Machtinhaber 286f.
- als Staatsbediensteter 30, 286f., 313ff.
Aufgaben innerhalb der - 18, 28ff.
Lehrer-Schüler-Beziehung, *siehe* Interaktion, Führungsstil
Lehrertadel 34, 97, 108, 288, 307
Lehrerunterricht, *siehe* Lehrerverhalten, Unterricht, Lehrverfahren, Instruktion
Lehrerurteil, *siehe* Beurteilung, Selektion
Lehrerverhalten als Modell für Beobachtungslernen 119ff., 287
Lehrerverhalten und Erwartungseffekte 303, 305ff.
Lehrerverhaltensdimensionen (*siehe auch* Führungsstil)
Aktivität - Passivität 18
aufgabenorientiert - personorientiert 290f.
freundlich - unfreundlich 18, 91, 116, 119, 291
kontrollierend - permissiv 289f., 291f.
Phantasie - Routine 289, 291
Wärme - Kälte 18, 116, 288ff.
Lehr-
form, *siehe* Lehrverfahren
sequenz 31, 50, 201, 204, 212f., 226, 230, 238, 317f.
Lehrstil, *siehe* Führungsstil, Unterrichtsstil
Lehrverfahren 28, 41, 214ff., 241, 267
computerunterstützte Instruktion 230f., 232, 240, 318
darstellender Unterricht 210, 217f., 225, 232, 242, 291

deduktive - 242
Dialog-System 230
Diskussionsmethode 198, 215, 223ff., 232, 241f.
Einzelarbeit 28, 214, 225, 285, 297
entdeckendes Lernen 17, 198, 214ff., 217, 241f.
Erklären 214, 222ff., 232
Förderunterricht, *siehe* Förderungsunterricht
Frage, *siehe* Frage
fragend-entwickelnd 214
Frontalunterricht 219
gelenkte Entdeckung 210, 215, 217
Gruppenarbeit 31, 214, 272, 285, 292, 294ff.
induktive - 241f.
kooperationsorientierte -, *siehe* kooperative Arbeitsformen
kumulatives Lernen 209f., 212ff.
Lehrervortrag 222ff.
mastery learning 36, 232, 237ff.,267, 313, 318, 325
Programmierte Unterweisung 100, 105, 107, 200, 225ff., 240
Vormachen 216
wettstreitorientierte -, *siehe* Wettstreit
zielerreichendes Lernen 36, 232, 237ff., 267, 313, 318, 325
Lehrverfahren
- und die Art der Aufgabe 216f., 230, 240
- und ihre Angemessenheit 23, 31, 35, 198, 214, 222ff., 229f., 232, 240ff
- und ihr Wechsel 28, 31, 41, 214, 229, 243
- und Individualisierung 198, 232ff., 318
- und Schülermerkmale, *siehe* Wechselwirkung zwischen Schülermerkmalen und Lehrverfahren
- und Zeitaufwand 223, 296
Lehrziel, *siehe* Lernziele
Leistung
Definition von - 258
Leistungsbeeinträchtigung 93, 245, 262, 265, 269, 271ff., 275, 285, 299, 321, 326, 340
Leistungsbeurteilung, *siehe* Beurteilung, Zensuren, Test

Leistungsdiagnostik in der Schule, *siehe* Bewertung, Beurteilung, Test
Leistungsdruck (*siehe auch* Zeitdruck) 166f.
Leistungserwartung, *siehe* Erwartungseffekte
Leistungssfähigkeit (*siehe auch* Begabung, Lernfähigkeit) 209ff., 225, 233f., 263, 306f., 326
-, außergewöhnliche 42, 163, 300f.
-, verminderte 41, 43f., 60ff., 137, 151, 176, 237, 261, 271, 299, 301, 305ff., 313, 325
-sfortschritt, *siehe* Leistungssteigerung
Leistungsgrenze, genetisch bestimmte - 41, 55f., 237
Leistungshandeln 257ff.
Leistungshöchststand, absoluter 41, 56, 60
Leistungskurs 233f.
Leistungskurve 238
Leistungsmessung, *siehe* Klassenarbeit, Beurteilung, Bewertung, Test
Leistungsmotivation 18, 34, 36, 242, 249, 257ff., 288
Selbstwert-Theorie der - 257ff.
- und Affekte 259, 265
- und Anstrengungsbereitschaft 260, 262
- und Aufgabenschwierigkeit 264ff., 232
- und Bezugsnorm-Orientierung 261ff., 277f.
- und *ego-involvement* 261ff., 265, 267f., 272
- und Erfolg, Mißerfolg 257ff., 265, 267ff.
- und Kausalattribuierung 265ff.
- und Leistungssteigerung 261, 264f., 269, 272f., 276f.
- und leistungsthematische Anreize 242
- und *task-involvement* 262, 265, 267f.
- und vorweggenommene Handlungskonsequenzen 259
Leistungsniveau 234f., 241, 285, 296, 310, 320, 322, 324
Leistungsschwäche (*siehe auch* Leistungsfähigkeit, verminderte, Begabungsmängel, Lernfähigkeit, verminderte, Lernschwierigkeiten) 27, 98, 235, 237, 240f.

Leistungsstandard 42, 123f., 257
Leistungssteigerung 41f.,45, 53, 61, 157f., 160, 186, 203, 233, 235, 241, 257, 265, 276f., 301, 317, 324, 326
Leistungstest, *siehe* Test
leistungsthematische Situation 258f., 268, 317
Leitung, *siehe* Unterrichtsstil, Führungsstil
Lenkung, *siehe* Unterrichtsstil, Führungsstil, Erziehungsstil
Lernbereitschaft, Konzept der - 49ff., 53f.
Lernchance 41, 44f., 48
Lerndauer (*siehe auch* Übung) 137, 237
Lerndefizit, *siehe* Lernfähigkeit, verminderte, Lernschwierigkeiten
Lerneffektivität 56, 105, 133, 212, 215, 217, 229, 234, 240, 264
Messung der -, *siehe* Beurteilung, Test, Zensuren
Lernen
Definition von - 87, 170
- durch Beobachtung (*siehe auch* Imitationslernen) 114f., 117ff., 150ff
- durch Einsicht 125, 153f.
- durch selbständiges Entdecken, *siehe* Lehrverfahren
- durch Versuch und Irrtum 75, 152ff., 255
- im Erwachsenenalter, *siehe* Erwachsenenalter
kumulatives - 209f., 212ff
lebenslanges - 59, 161
lernen zu - 33, 215
- nach dem Kontiguitätsprinzip 93f.
programmiertes - *siehe* Programmierte Unterweisung
- und Entwicklung, *siehe* Entwicklung, Denkentwicklung, Erwachsenenalter, Anlage-Umwelt-Problem
- und Problemlösen, *siehe* Problemlösen
- und Reifung 44ff., 48ff., 84
- von Begriffen, *siehe* Begriffslernen, Begriffsbildung
- von Regeln, *siehe* Regellernen
- von sinnlosen Silben 2, 22, 181
Voraussetzungen für -, *siehe* Lernvoraussetzungen
zielerreichendes - *siehe* zielerreichendes Lernen

Lernerfolg, *siehe* Lerneffektivität

Lernfähigkeit 7, 26, 35, 55, 59ff., 160, 215, 226, 228, 234f., 238, 242, 316
- und Alter 35, 55, 59ff.
-, verminderte 26, 55, 188, 240

Lernförderung, *siehe* Förderung, Lerneffektivität, Lernschwierigkeiten, Lerndefizit

Lernfortschritt 31, 36, 41, 56, 100, 136, 139, 213, 230, 258, 261, 269, 291, 316
Messung des -s, *siehe* Test, informeller

Lerngeschichte, individuelle 16, 175f., 216, 237, 243, 248, 254, 258f., 262, 267, 303, 307

Lerngeschwindigkeit 238, 248, 318

Lerngruppe, *siehe* Gruppe, Gruppierung

Lernhilfe (*siehe auch* Übung, Lehrverfahren) 232, 241
Abrufreize als - 179
advanced organizer als - 186ff.
Begriffsdefinitionen als - 132ff., 138, 187
Beispiele als - 132, 135ff., 160, 194, 215, 218
Diskussion als - 194
Frage als -, *siehe* Frage
Hervorhebungen in Texten als - 192, 194
Hervorhebung relevanter Merkmale als - 132ff.
lautes Denken als - 143, 145, 275
Medien als - 190, 194, 241
Mnemotechniken als - 61, 194ff., 212f.
Notizen als -, *siehe* Notizen
schematische Vereinfachungen als - 133, 186, 190
Übersichten als - 186
Verbalisierungen als - 138f., 152, 174
visuelle Vorstellungsbilder als - 195ff.
Wiederholungen als - 171, 174f., 178, 180, 189, 192ff., 238

Lernkurve 22

Lernmethode, *siehe* Lehrverfahren, Einprägung, Lernhilfe

Lernmotivation 46, 53, 56, 61, 134, 175, 188f., 190ff., 196, 203, 215, 223ff., 229, 232, 238, 242, 250, 261, 264, 284, 298, 307, 317, 326

Lernprogramm, *siehe* Programmierte Unterweisung

Lernschwierigkeiten 34, 36, 41, 50, 54, 86, 178, 236f., 240, 243, 262, 265, 272, 275, 319, 325

Lernsequenz, *siehe* Lehrsequenz

Lernschritte, Abfolge von -n, *siehe* Lehrsequenz, Lehrverfahren, Instruktion, Lerneffektivität

Lernstrategien 62

Lerntheorie
-n behavioristischer Genese 35, 86ff.
kognitive - 35, 117ff., 125ff., 212ff.

Lernübertragung, *siehe* Transfer

Lernvoraussetzung 31, 34, 47, 49ff., 51, 53ff., 134, 137, 152, 154, 173, 201, 212f., 228, 236, 240, 315, 317, 332
-, entwicklungsbedingte (*siehe auch* Lernbereitschaft) 34, 47, 49ff., 51, 53ff., 83

Lernziele 25, 29, 198ff., 214ff., 224, 228f., 238f., 284
affektive - (*siehe auch* Einstellungen als Lernziel) 35, 204ff., 285, 296, 298
Definition von -n 35, 199ff., 318
expressive - 202f.
Formulierung von -n 200f., 291
Klassifikation von -n 198, 204ff., 209ff.
kognitive - 35, 204ff., 285
operationalisierte - 186, 200ff., 204, 207, 333
psychomotorische - 35, 204f., 209
Taxonomie der - 198, 204ff., 212, 221, 334

Lernzielhierarchie 204ff., 210ff., 318

Lernzielorganisation 35, 204ff.

Lernzielorientierter Test, *siehe* Test

Lernzielmatrix 333f.

Lernzielüberprüfung (*siehe auch* Test, Unterrichtseffektivität) 139, 155f., 205, 238f., 295, 333ff.

Lob, *siehe* Lehrerlob

Löschung, *siehe* Extinktion

Lösen von Problemen, *siehe* Problemlösen

Macht, soziale 281, 283, 286ff.

Management, *siehe* Klassenmanagement, Lehrerrolle

mastery-learning-Konzept 36, 232, 237ff., 267, 313, 318, 325

mechanistisches Modell 15, 20, 91

Medien
    Auswirkung der Massen- 33, 94
    -Einsatz im Unterricht 190, 194, 241
Mehrfachantworten, Aufgaben mit -, *siehe* Aufgabenformen
Mengeninvarianz, *siehe* Invarianz-Prinzip
Menschenbilder in der Psychologie (*siehe auch* Theorie, Methode, Versuchsperson) 13ff., 24, 318, 343,
Merkfähigkeit, *siehe* Gedächtnis, Einprägung, Behalten
Messung (*siehe auch* Test) 314ff.
Metakognition 33, 161
Methode des Rassenvergleichs 38ff.
Methode der Zwillingsforschung 38ff.
Methode des Experiments 10f., 22, 70, 74
Methoden
    - in der Psychologie 3, 5ff., 10ff., 22
    - in der Entwicklungspsychologie 26, 38ff., 45ff., 51, 69ff., 72,
Mimik, *siehe* nonverbale Kommunikation
Minoritäten 299f., 304, 307
Mißerfolg 258, 263
    -serlebnis 91, 257ff., 263, 308
    -erwartung 245, 257, 259
    -sinterpretation 258f., 263ff., 266ff., 293, 308
    -skonsequenzen 262, 268f., 308, 310
    -smotiviertheit 259
Mnemotechniken 61, 194ff., 212f.
Modellernen, *siehe* Imitationslernen, Beobachtungslernen
Mongolismus 43
Motiv
    Angst als -, *siehe* Angst, Prüfungsangst
    Anschluß -, *siehe* Anschlußmotivation
    Begriff des -s 34, 244, 246, 250
    Leistungs -, *siehe* Leistungsmotivation
    Macht- 245
    Neugier-, *siehe* Neugierverhalten
    soziale -e, *siehe* Anschlußmotivation
Motivation (*siehe auch* Lernmotivation) 33f., 36, 49, 61, 124, 244ff.
    Begriff der - 244, 246, 249f.
    - nach Reizung (*siehe auch* Neugierverhalten, Deprivation) 242, 251f.
    -sentwicklung 48, 56
    - zur Leistung, *siehe* Leistungsmotivation
    wiederkehrende - 264, 268

Motivationspsychologie, Aufgaben der - 246
Motivationstheorien 244ff.
    Antriebs-Reduktions-Theorie 247f., 251
    Attribuierungstheorie 265ff.
    Erwartung x Wert-Theorie 249
    Homöostase-Konzept 248
    Instinkttheorie 246f.
    Kausalattribuierungstheorie 265ff.
    kognitive Theorien 248ff
    Selbstwert-Theorie 244, 257ff., 272ff.
motorische Entwicklung, *siehe* Entwicklung der Motorik
motorisches Lernziel, *siehe* Lernziel, psychomotorisches
multiple choice, siehe Aufgabenformen
Mustererkennung 172f., 178

Nachahmung, *siehe* Imitation, Modellernen
Nachprüfbarkeit als wissenschaftliches Kriterium 10
Neugierverhalten 15, 36, 82f., 167, 203, 244, 250
    Förderung des -s 83, 251, 254ff.
    diversives - 251f.
    epistemisches - 251ff.
    spezifisches - 251ff.
Neuigkeitsgrad von Lehrstoffen 232, 252ff.
neutraler Reiz, *siehe* Konditionierung
nonverbale Kommunikation 209, 222, 224, 241, 298, 306, 308f., 311
Normalverteilung 238, 321f.
normbezogener Test, *siehe* Test
Normen
    - bei Tests, *siehe* Testnorm
    - in der Erziehung, *siehe* Erziehungsziel
    -, soziale, *siehe* soziale Normen
Notizen 33, 59, 122f., 138, 189, 193f., 263
Noten, *siehe* Zensuren, Beurteilung

Objektivität als wissenschaftliches Kriterium 10
Objektivität von Tests, *siehe* Gütekriterien
ökologische Psychologie 53f.
Operante Konditionierung, *siehe* Konditionierung
operantes Verhalten 96ff., 104

operationale Definition, Operationalisierung 6f., 25, 188, 271

operationalisierte Lernziele, *siehe* Lernziele

Originalität, *siehe* Kreativität

Pädagogische Psychologie
  Definition und Einordnung der - 21ff.
  Gegenstand der - 19, 21ff.
  Methoden der - (*siehe auch* Methoden) 22
  Nutzen der - 32ff.
  Ziele der - 23ff., 36
Persönlichkeit
  - des Lehrers, *siehe* Lehrerpersönlichkeit
  - des Schülers, *siehe* Schülerpersönlichkeit
personale Konstrukte 127
Phasen der Entwicklung 67ff.
  formal-operationale Phase 52, 67, 76ff.
  konkret-operationale Phase 52, 67, 74ff.
  sensumotorische Phase 67f., 80
  voroperationale Phase 67ff., 80
Phobie 93
Positivismus 8
postinstruktionale Maßnahmen 188ff.
Prägung (*siehe auch* sensible Phasen) 54f.
präinstruktionale Maßnahmen 186ff., 198ff., 203
PREMACK-Prinzip 111
proaktive Hemmung 181
Problem
  -analyse 142f., 159, 212
  -definition 140f.
  -findung 140
Problemlösen (*siehe auch* Denkentwicklung) 35, 41, 125ff., 139ff., 240f., 256
  - als Lernziel 203ff., 208, 210f., 215, 220
  Förderung des -s 152ff., 161, 300
  Prozeß des -s 140ff.
  - und Gedächtnis 144, 159
  - und Lebensalter 77
  - und Motivation 140ff.
Problemlösungsstrategien (*siehe auch* kognitive Strategien) 142ff., 158ff., 275f.
Programmierte Unterweisung 100, 105, 107, 200, 225ff., 240

progressive Differenzierung, Prinzip der - 218
prosoziales Verhalten 18, 297, 298f.
prozedurales Wissen 210
Prüfung 268, 271
  -sangst 92f., 183, 244, 257, 269f., 272, 277f.
  -sdruck 166, 255, 326
  -serwartung 223, 263, 271, 317
  -sinstrumente, *siehe* Test, Klassenarbeit, Aufgabenformen
  -svorbereitung 259
Psyche als Gegenstand der Psychologie 3f.
Psychoanalyse 8, 19, 55
Psychologie
  - als Wissenschaft 5ff.
  Definition der - 4
  Gegenstand der - 4ff., 14
  Geschichte der - 2f.
  Methoden der -, *siehe* Methoden
  Ziele der - 3, 5ff.
Psychomotorik, *siehe* Entwicklung, motorische
psychomotorisches Lernziel, *siehe* Lernziel, psychomotorisches
Pubertät 48, 55
Pygmalion-Effekt, *siehe* Erwartungseffekte

R = Reaktion 14, 88ff.
Rahmenbedingungen für das Unterrichtsgeschehen, institutionelle 22, 25ff., 28ff., 33, 36, 44, 156, 207, 234f., 258, 263, 279ff., 286, 290, 313ff., 321
Rasse 39ff., 44, 46f., 299, 304ff., 310
  -ndiskriminierung 40,44
  -nvergleich, *siehe* Methode des Rassenvergleichs
reaktives Verhalten 95
Reflex 46, 68, 88, 209
Reflexivität 151f.
Regellernen 51, 118, 121, 126, 131, 154, 158, 168, 191, 210f., 216f., 229
Reife
  genetische Determiniertheit der - *siehe* Reifung, Anlage-Umwelt- Problem
  - und Umwelteinflüsse, *siehe* Reifung und Lernen
  Schul-, *siehe* Schulreife

- als Lernvoraussetzung, *siehe* Lernbereitschaft
Reifung 34, 44ff., 84f.
  Kennzeichnung von - 44
  - und Lernen 44ff., 48ff., 84, 86f., 315
Reizarmut, *siehe* Deprivation
Reiz-Reaktions-Verbindungen 87ff.
  - als Gegenstand der Psychologie 14
Reizüberflutung 171
Reliabilität, *siehe* Gütekriterien von Tests
Repräsentation 80, 83, 249
  aktionale - 80f.
  bildhafte - 142, 159, 195f.
  externale - (*siehe auch* Lernhilfe, Notizen) 144
  ikonische - 80f.
  innere - 66, 68, 142, 213
  symbolische - 80ff.
  verbale - 142, 159
Retardierung, Retardation 44, 48
retroaktive Hemmung 181
Risiko
  -bereitschaft 60
  -verhalten 78
Röteln 54
Rolle, soziale 280, 282f., 285
  - des Lehrers, *siehe* Lehrerrolle
Rollenübernahmefähigkeit 74
ROSENTHAL-Effekt, *siehe* Erwartungseffekte
Rückkoppelung 19, 29f., 32, 303, 305, 309
  - im Lernprozeß 106, 143, 230, 236
  Informationsfunktion der - 119, 222, 226, 230, 277
  Motivierungsfunktion der - 56, 226
  Schnelligkeit der - 137, 230
Rückmeldung, *siehe* Rückkoppelung

S = Stimulus 14
Sättigung 196
Schema
  angeborenes - 66
  Begriff des -s 65f.
Schicht, *siehe* Sozialschicht
schöpferisches Verhalten, *siehe* Kreativität
Schüler
  - Persönlichkeitsmerkmale (*siehe auch* interindividuelle Differenzen) 29, 151f., 156, 163f., 199, 201f., 216, 226, 233ff., 238ff., 250, 254f., 259, 264, 270,

272ff., 302ff., 307, 309f., 313, 315ff., 322, 342
  - Alter 33ff., 49ff., 55f., 68ff., 135, 137, 151, 169f., 175, 184, 188, 192, 196, 216f., 222, 234, 236, 260, 263, 266, 271, 276, 278, 294, 314, 339
  - Anzahl, *siehe* Klassengröße, Gruppengröße
Schule als soziales System 279ff., 314ff.
Schulklasse als formales und informales System (*siehe auch* Klasse) 279ff.
Schulleistung, *siehe* Zensuren, Beurteilung, Test
Schulleistungstest, *siehe* Test
Schulnoten, *siehe* Zensuren, Beurteilung, Test
Schulpflicht, *siehe* Rahmenbedingungen
Schulreife 49ff., 53
  - und Einschulungsalter 49ff., 314f.
  - und Reifung 49ff., 53, 314f.
  - und soziale Herkunft 53
Schulsystem. *siehe* Rahmenbedingungen, Schule
Schulversagen 49, 53, 313ff.
  Lehrerentscheidungen bei - 314ff.
Schwierigkeit von Testaufgaben, *siehe* Testaufgabenanalyse
Scripts 148f.
Selbstbeobachtung, *siehe* Beobachtung, Introspektion
Selbständigkeit 307
  Förderung der - 165, 230, 254, 290ff.
Selbstbewertung (*siehe auch* Selbstkonzept) 123f.
Selbstbild (*siehe auch* Selbstkonzept) 17, 215, 238, 258, 270, 298
Selbstentdeckungsmethode, *siehe* entdeckendes Lernen
selbsterfüllende Prophezeiung, *siehe* Erwartungseffekte
Selbstkontrolle 18, 110, 112
Selbstkonzept 284, 298, 303, 309
  - eigener Begabung 245, 258f., 261, 264f., 267f., 270ff., 276ff., 299, 293, 309f.
  Entstehung des -es 309f.
Selbstkonzept hoher/geringer Fähigkeit, *siehe* Selbstkonzept der eigenen Begabung
Selbstregulationsmechanismen 33, 67, 151

Selbststeuerung, Prozeß der - 117, 121ff.
Selbstverantwortlichkeit der Schüler 17,
    20, 25, 215, 258, 297
Selbstverstärkung 123f., 269
Selbstvertrauen, -sicherheit, -bewußtsein
    43, 53, 164, 167, 290
Selbstverwirklichung, *siehe* Humanisti-
    scher Ansatz
Selbstwert 250, 258, 263, 267ff., 298
    -dienliche Motivation, *siehe* Motiva-
        tionstheorie
    -gefühl 235, 259, 264, 275ff., 290, 298f.
    -Theorie 244, 257ff., 272ff.
    Angst vor -Verlust 258, 275ff.
Selektion
    schulische -s-Maßnahmen 26, 36, 239,
        278, 313, 315f., 332
sensible Phasen 54ff.
sensorische Deprivation, *siehe* Deprivation
Sensorisches Register, *siehe* Gedächtnis
Sensumotorik (*siehe auch* Entwicklung)
    48, 68
sensu-motorische Phase 67f., 80
shaping, *siehe* Ausformung
Sinnesorganschädigung 43f.
sinnlose Silben, *siehe* Lernen von sinnlo-
    sen Silben
Sitzenbleiben, *siehe* Schulversagen
soziale Konflikte 292
soziale Lerntheorie 86
soziale Motive, *siehe* Anschlußmotivation
sozialer Kontakt 53, 280ff., 292, 298, 300,
    304, 306
soziale Normen 282f.
soziale Position 281ff.
soziale Stereotypie, *siehe* Stereotype
soziales System
    Definition 279
    formales - 279ff., 286
    informales - 281, 283, 285
    Struktur 36, 280ff., 312
soziale Vergleichsprozesse 261ff., 267,
    269, 272, 277f., 309, 318
soziales Verhalten (*siehe auch* prosoziales
    Verhalten) 55, 100
sozialintegrativ, *siehe* Führungsstil
Sozialisationsprozeß 54
Sozialschicht 30, 40, 53, 58
    - und Erwartungseffekte 303, 305, 310
    - und Intelligenz 40, 57f.

- und Leistungsverhalten 235ff., 273,
    291
- und Lernbereitschaft 53
- und Problemlösen 142f.
Soziogramm 283f.
Soziometrie 283f.
sozioökonomischer Status, *siehe* Sozial-
    schicht
spontane Erholung 113
Sprache (*siehe auch* Begriffsbildung,
    Denkentwicklung, Regellernen)
    Entwicklung der - 55, 69, 79
    Erlernen der - 43, 55, 158, 182, 195
    - und Denken 69ff., 128ff.
S-R-Psychologie 14
Standard, *siehe* Leistungsstandard, Güte-
    maßstab, Bezugsnorm
Standardisierung 320, 325f.
statistische Gesetze 12
Stereotype
    - und Erwartungseffekte 303ff.
    - und Geschlecht 44, 94, 299
    - und Minoritäten 299f.
Stillarbeit 151
störendes Verhalten, *siehe* Verhalten,
    unerwünschtes
Symbolbildung 69, 76
Sympathiebeziehungen 281, 284, 299f.

tabula rasa 14
Tadel, *siehe* Lehrertadel
Talent, *siehe* Begabung, Leistungsfähig-
    keit, außergewöhnliche
task-involvement, *siehe* Leistungsmotiva-
    tion, aufgaben-zentrierte Einstellung
Test 3, 36, 275
    - als schulische Erfolgskontrolle 226,
        230
    diagnostischer - 313, 318f.
    Funktionen von -s (*siehe auch* Zensu-
        ren, Beurteilung) 316ff., 327
    informeller - 36, 333ff.
    kriteriumsorientierter - 313, 318
    lernzielorientierter - 36, 238, 313, 318,
        320, 322ff., 333, 340
    normbezogener - 317, 320f., 323f., 333
    Plazierungs- 332
    Selektions- 332
    Vorhersage- 332

Testaufgabenanalyse 322ff., 327f., 330, 333f.
   Distraktorenanalyse 340f.
   Fehleranalyse 318f.
   Schwierigkeitsindex 322f.
   Trennschärfe 323ff.
Testaufgabenarten, *siehe* Aufgabenformen
Testaufgabenschwierigkeit, *siehe* Aufgabenschwierigkeitsniveau
Testgütekriterien, *siehe* Gütekriterien
Testinhaltsbereiche (*siehe auch* Intelligenztest)
   Angst- 271
   Behaltens-, *siehe* Behaltenstest
   Eignungs- 26
   Grundleistungs- 49f, 315
   Kreativitäts- 163
   Rechen- 319
   Schul- 7, 294, 316f., 321ff.
   Schulleistungs- 98, 138, 234, 297, 304f., 317
Testkonstruktion 36, 200, 321ff., 340ff.
Testleistung als Erfolgskontrolle 226, 230
Testnorm 317f., 326, 320
   Fehler bei der - 327f., 338
Testtheorie
   Klassische - 320ff., 327
   probabilistische - 321
Theorie
   Alltags-, *siehe* Alltagstheorien
   - Ansätze, allgmein 13ff.
   -Entwicklung 8f., 26, 331
   Funktionen einer - 10
   heuristischer Wert von -n 9f., 32
   Kennzeichnung wissenschaftlicher -n 8f.
   -npluralismus 19ff.
   ökologische Validität von -n 10
   - und Praxis 8f.
   vorwissenschaftliche -, *siehe* Alltagstheorien
Therapiemaßnahmen, *siehe* Förderung, Verhaltensmodifikation
Tierverhalten 12, 54f., 68, 125, 152ff., 251, 273
Tierversuche 2, 14, 88, 94ff., 102, 104, 274
time-out, *siehe* Ausschluß
token, *siehe* Verstärker, Wertmarken
Training, *siehe* Übung, Förderung
Transfer

- beim Speichern von Informationen, *siehe* Gedächtnis, Einprägung, Vergessen, Behalten
   lateraler - 156
   negativer - 155
   nichtspezifischer - 159f.
   positiver - 155, 212
   - und Problemlösen 75, 155ff.
   spezifischer - 159
   Theorien des -s 156ff., 160
   vertikaler - 156
Trennschärfe 323ff.
Trieb, Begriff des -es 34
Triebkräfte 16f.
Trotz, frühkindlicher 48
Tutor 230, 238

Überforderung 222f., 239, 263, 313f.
Übergangsauslese, *siehe* Selektion
Überlernen 196
Übung
   Grenzen der - 41, 45, 50, 55f., 148
   - und Gedächtnis 33, 61, 84f., 136, 157f., 176
   - und Problemlösen 131, 138f., 140f., 147f., 152ff., 213, 215, 217
   - und Reifung 41ff., 49ff., 54ff.
   - und schöpferisches Verhalten 165f., 168
   - und sensible Phasen 54ff.
   verteilte - 147
Übungsanzahl 137, 139, 173f., 178, 198, 217, 221, 223, 327
Übungsarten
   Aufschreiben (*siehe auch* Notizen) 138
   Auswendiglernen 93f., 133, 135, 185, 192
   Drill 157, 166, 230
   elaborierende Wiederholung 174, 178, 180, 192
   erhaltende Wiederholung 174, 180, 192
   in eigene Worte fassen 138f., 192ff.
   Lückentext 138, 226
   Textlesen 192
Übungseffektivität 94, 100, 136f., 139, 160, 315
Übungszeit 31, 42, 154, 160, 184, 189, 192, 196, 198, 237, 239
Umordnungsaufgaben, *siehe* Aufgabenformen

Umwelt
  -Anpassung, *siehe* Anpassung
  -Einfluß, *siehe* Anlage-Umwelt-Problem, Reifung, Lernen
  -Theoretiker, *siehe* Entwicklungstheorie
Unabhängige Variable 10
unerwünschtes Verhalten, *siehe* Verhalten, unerwünschtes
unkonditionierte Reaktion, *siehe* Konditionierung
unkonditionierter Reiz, *siehe* Konditionierung
Unterforderung 222f., 263
Unterricht
  Förder-, *siehe* Förderunterricht
  Individualisierung des -s, *siehe* Individualisierung, Lehrver— fahren
  - als Entscheidungsprozeß 30ff., 198ff.
  -, Programmierter, *siehe* Programmierte Unterweisung
  -sdurchführung (*siehe auch* Lehrverfahren, Instruktion) 198ff.
  -seffektivität 2, 30ff., 36, 86, 200, 214, 229, 236, 243, 312, 316
  -seffizienz, *siehe* Unterrichtseffektivität
  -seinflüsse von außen, *siehe* Rahmenbedingungen
  -serfolg, *siehe* Unterrichtseffektivität
  -sform, *siehe* Lehrverfahren
  -sgestaltung, *siehe* Instruktion, Lehrverfahren
  -smethode, *siehe* Lehrverfahren
  -splanung, *siehe* Instruktion
  -squalität, *siehe* Unterrichtseffektivität
  -sstil (*siehe auch* Führungsstil) 2, 28, 30, 108, 165f., 236, 291
  -svorbereitung (*siehe auch* Instruktion) 32, 131ff., 198ff.
  -sziele, *siehe* Lernziele, Erziehungsziel
Ursachenzuschreibung, *siehe* Kausalattribuierung

Valenz 249
Validität, *siehe* Gültigkeit, Gütekriterien von Tests
Vergessen (*siehe auch* Gedächtnis, Einprägung, Behalten) 35, 59ff., 87, 169ff., 178, 207

Vergessenstheorien 180ff.
  Interferenztheorie 181ff.
  Spurenverfallstheorie 181
  Theorie der verlorenen Abrufreize 182ff.
Verhalten, unerwünschtes 25ff., 27ff., 30ff., 103, 105, 108f., 112f., 115f., 121, 165, 307, 319
Verhaltensauffälligkeiten, *siehe* Verhalten, unerwünschtes
Verhaltensbegriff
  behavioristischer - 4, 88ff., 200
  handlungstheoretischer - 19
Verhaltenshäufigkeit
  -serhöhung durch Aufmerksamkeitszuwendung 108f.
  -serhöhung durch Verstärkung 95ff., 111, 119, 125
  -sverminderung durch Bestrafung 102f., 113ff., 125
  -sverminderung durch Verstärkerentzug 101ff.
Verhaltensmodifikation 27ff., 92f., 95, 97, 105ff., 113ff., 122f.
Verhaltensstörungen, Modellvorstellungen von - 27f.
Vermögenspsychologie 157
Verschlüsselung von Informationen 170, 177ff., 193, 212
  akustische - 177
  semantische - 177f.
  verbale - 178
  visuelle - 178
Verstärker
  Begriff des -s 96
  soziale - 97ff., 103ff., 108ff., 112, 242
  Wertmarken- 109ff.
  Verstärkung 303
  Kennzeichnung 96
  kontinuierliche - 100f., 110, 113
  in der Klassischen Konditionierung 90, 93
  in der Operanten Konditionierung 96ff.
  negative - 99, 116
  partielle - 101, 110, 112f.
  positive - 96ff.
  stellvertretende - 119
Versuchsperson, Rolle der - 11, 13
Versuch und Irrtum 75, 152ff., 255

Voreingenommenheit, *siehe* Stereotype, Erwartungseffekte, Kausalattribuierung
voroperationale Phase 67ff., 80
Vororganisator 132f., 186, 188
Vorschulalter
- und Denkentwicklung 69ff., 168
- und Förderprogramme 50ff., 110
- und intellektuelle Entwicklung 50ff.
- und kognitive Strategien 142f., 150, 175
Vorurteil, *siehe* Stereotype

Wahrnehmung 4, 15, 70f., 127
Wahrscheinlichkeitsaussage, *siehe* statistische Gesetze
Wechselwirkung
- zwischen Anlage und Umwelt 37ff., 43f., 164f.
- zwischen Lehrer und Lernenden, *siehe* Interaktion
- zwischen Reifung und Lernen 44ff., 50
- zwischen Schülermerkmalen und Lehrverfahren 36, 239ff., 291f., 302, 320
Welleneffekt 121
Wetteifer, Wettstreit, Wettbewerb und Leistungsverhalten 18, 36, 92, 98, 230, 244, 250, 258, 263, 267ff., 272, 292ff., 295f., 298f., 305
Wettstreit und Sozialverhalten 280, 299f.
Wiederholbarkeit als wissenschaftliches Kriterium 10
Wiederholungen, *siehe* Übung, Einprägungstechniken, Lernhilfe
Wir-Gefühl, *siehe* Kohäsion

W-S-U-Forschung, *siehe* Wechselwirkung zwischen Schülermerkmalen und Lehrverfahren

Zeitdruck 60, 62, 167, 272f.
Zensuren (*siehe auch* Beurteilung) 7
- als Machtmittel 287
- als Messung der Lernfähigkeit 7, 319f.
Anreizfunktion von - 98, 259, 292, 295f., 316f.
Auslesefunktion von -, *siehe* Selektion
Objektivität von - 320, 335f.
Rückmeldefunktion von - 265, 316
- und Tests, Vergleich von - 319f., 331
Ziele
- der Erziehung, *siehe* Erziehungsziel
- der Pädagogischen Psychologie, *siehe* Pädagogische Psychologie
- der Psychologie, *siehe* Psychologie
- des Unterrichts, *siehe* Lernziele
- im Leistungshandeln 249, 257ff.
zielerreichendes Lernen 36, 232, 237ff., 267, 313, 318, 325
Zuhören 224f.
Zuordnungsantworten, Aufgaben mit -, *siehe* Aufgabenformen
Zusammenarbeit in Gruppen 242, 284f., 295ff.
Zusammenhalt in Gruppen, *siehe* Kohäsion
Zuverlässigkeit, *siehe* Gütekriterien von Tests
Zwillingsforschung 38ff., 45f.
EZ, Eineiige Zwillinge 38f., 45
ZZ, Zweieiige Zwillinge 38 f.